谨以此书献给敬爱的李昌麒教授

中国经济法学的理论思潮与认知范式

单飞跃　张玮——著

法律出版社 LAW PRESS·CHINA
北京

图书在版编目（CIP）数据

中国经济法学的理论思潮与认知范式 / 单飞跃，张玮著. -- 北京：法律出版社，2024. -- ISBN 978-7-5197-9395-1

Ⅰ. D922.290.1

中国国家版本馆 CIP 数据核字第 2024A9C025 号

中国经济法学的理论思潮与认知范式
ZHONGGUO JINGJIFAXUE DE LILUN SICHAO YU RENZHI FANSHI

单飞跃　张　玮　著

策划编辑 陈　妮
责任编辑 陈　妮
　　　　 张思婕
装帧设计 李　瞻

出版发行 法律出版社
编辑统筹 法治与经济出版分社
责任校对 王　丰
责任印制 吕亚莉
经　　销 新华书店

开本 710 毫米×1000 毫米　1/16
印张 32　　**字数** 543 千
版本 2024 年 9 月第 1 版
印次 2024 年 9 月第 1 次印刷
印刷 北京中科印刷有限公司

地址：北京市丰台区莲花池西里 7 号（100073）
网址：www.lawpress.com.cn
投稿邮箱：info@lawpress.com.cn
举报盗版邮箱：jbwq@lawpress.com.cn

销售电话：010-83938349
客服电话：010-83938350
咨询电话：010-63939796

书号：ISBN 978-7-5197-9395-1
定价：158.00 元

凡购买本社图书，如有印装错误，我社负责退换。电话：010-83938349

作者简介

单飞跃

1965年7月生，湖南省平江县人。法学博士，上海财经大学法学院教授、博士生导师。中国法学会经济法学研究会常务理事、中国法学会经济法学研究会经济法理论专业委员会主任、中国法学会财税法学研究会常务理事、中国法学会财税法学研究会学术委员会委员。主要研究领域为经济法学理论、经济宪法、财税法学。

张　玮

1987年9月生，安徽省宿松县人。经济学博士，铜陵学院法学院副教授。中国法学会经济法学研究会理事。主要研究领域为经济法学、证券法学。

法律法规简称表

全称	简称
《中华人民共和国中外合资经营企业法》(已废止)	《中外合资经营企业法》
《中华人民共和国中外合作经营企业法》(已废止)	《中外合作经营企业法》
《中华人民共和国外资企业法》(已废止)	《外资企业法》
《中华人民共和国海南自由贸易港法》	《海南自由贸易港法》
《中华人民共和国农村土地承包法》	《农村土地承包法》
《中华人民共和国私营企业暂行条例》(已废止)	《私营企业暂行条例》
《中华人民共和国企业破产法》	《企业破产法》
《中华人民共和国全民所有制工业企业法》	《全民所有制工业企业法》
《中华人民共和国预算法》	《预算法》
《中华人民共和国中国人民银行法》	《中国人民银行法》
《中华人民共和国价格法》	《价格法》
《中华人民共和国反不正当竞争法》	《反不正当竞争法》
《中华人民共和国反垄断法》	《反垄断法》
《中华人民共和国产品质量法》	《产品质量法》
《中华人民共和国广告法》	《广告法》
《中华人民共和国出口管制法》	《出口管制法》
《中华人民共和国反食品浪费法》	《反食品浪费法》
《中华人民共和国农业法》	《农业法》
《中华人民共和国数据安全法》	《数据安全法》
《中华人民共和国中小企业促进法》	《中小企业促进法》

续表

全称	简称
《中华人民共和国外商投资法》	《外商投资法》
《中华人民共和国乡村振兴促进法》	《乡村振兴促进法》
《中华人民共和国消费者权益保护法》	《消费者权益保护法》
《中华人民共和国台湾同胞投资保护法》	《台湾同胞投资保护法》
《中华人民共和国个人信息保护法》	《个人信息保护法》
《中华人民共和国对外贸易法》	《对外贸易法》
《中华人民共和国反外国制裁法》	《反外国制裁法》
《中华人民共和国民法典》	《民法典》
《中华人民共和国政府采购法》	《政府采购法》
《中华人民共和国企业国有资产法》	《企业国有资产法》
《中华人民共和国个人所得税法》	《个人所得税法》
《中华人民共和国车船税法》	《车船税法》
《中华人民共和国银行业监督管理法》	《银行业监督管理法》
《中华人民共和国税收征收管理法》	《税收征收管理法》
《中华人民共和国会计法》	《会计法》
《中华人民共和国反洗钱法》	《反洗钱法》
《中华人民共和国农业机械化促进法》	《农业机械化促进法》
《中华人民共和国循环经济促进法》	《循环经济促进法》
《中华人民共和国证券法》	《证券法》
《中华人民共和国立法法》	《立法法》
《中华人民共和国宪法》	《宪法》
《中华人民共和国宪法修正案》	《宪法修正案》
《中华人民共和国环境保护税法》	《环境保护税法》
《中华人民共和国耕地占用税法》	《耕地占用税法》
《中华人民共和国关税法》	《关税法》
《中华人民共和国进出口关税条例》	《进出口关税条例》
《中华人民共和国城镇土地使用税暂行条例》	《城镇土地使用税暂行条例》

续表

全称	简称
《中华人民共和国城市维护建设税暂行条例》(已废止)	《城市维护建设税暂行条例》
《中华人民共和国土地增值税暂行条例》	《土地增值税暂行条例》
《中华人民共和国资源税法》	《资源税法》
《中华人民共和国个人收入调节税暂行条例》(已废止)	《个人收入调节税暂行条例》
《中国人民政治协商会议共同纲领》	《共同纲领》
《中华人民共和国土地改革法》(已废止)	《土地改革法》
《中华人民共和国暂行海关法》(已废止)	《暂行海关法》
《中华人民共和国经济合同法》(已废止)	《经济合同法》
《中华人民共和国民法通则》(已废止)	《民法通则》
《中华人民共和国企业破产法(试行)》(已废止)	《企业破产法(试行)》
《中华人民共和国公司法》	《公司法》
《中华人民共和国合伙企业法》	《合伙企业法》
《中华人民共和国个人独资企业法》	《独资企业法》
《中华人民共和国合同法》(已废止)	《合同法》
《中华人民共和国票据法》	《票据法》
《中华人民共和国劳动法》	《劳动法》
《中华人民共和国工会法》	《工会法》
《中华人民共和国物权法》(已废止)	《物权法》
《中华人民共和国农业税条例》(已废止)	《农业税条例》
《中华人民共和国农业技术推广法》	《农业技术推广法》
《中华人民共和国乡镇企业法》	《乡镇企业法》
《中华人民共和国种子法》	《种子法》
《中华人民共和国土地管理法》	《土地管理法》
《中华人民共和国水法》	《水法》
《中华人民共和国电力法》	《电力法》
《中华人民共和国气象法》	《气象法》
《中华人民共和国渔业法》	《渔业法》

续表

全称	简称
《中华人民共和国审计法》	《审计法》
《中华人民共和国耕地占用税暂行条例》(已废止)	《耕地占用税暂行条例》
《中华人民共和国户口登记条例》	《户口登记条例》
《中华人民共和国海关法》	《海关法》
《中华人民共和国标准化法》	《标准化法》
《中华人民共和国进出口商品检验法》	《进出口商品检验法》
《中华人民共和国个人所得税法实施条例》	《个人所得税法实施条例》
《中华人民共和国特种设备安全法》	《特种设备安全法》
《中华人民共和国森林法》	《森林法》
《中华人民共和国草原法》	《草原法》
《中华人民共和国煤炭法》	《煤炭法》
《中华人民共和国企业所得税法》	《企业所得税法》
《中华人民共和国就业促进法》	《就业促进法》
《中华人民共和国食品安全法》	《食品安全法》
《中华人民共和国计量法》	《计量法》
《中华人民共和国疫苗管理法》	《疫苗管理法》
《中华人民共和国电子商务法》	《电子商务法》
《中华人民共和国商业银行法》	《商业银行法》
《中华人民共和国突发事件应对法》	《突发事件应对法》
《中华人民共和国农民专业合作社法》	《农民专业合作社法》
《中华人民共和国矿产资源法》	《矿产资源法》
《中华人民共和国统计法》	《统计法》
《中华人民共和国城市房地产管理法》	《城市房地产管理法》
《中华人民共和国海域使用管理法》	《海域使用管理法》
《中华人民共和国律师法》	《律师法》
《中华人民共和国注册会计师法》	《注册会计师法》
《中华人民共和国农产品质量安全法》	《农产品质量安全法》

续表

全称	简称
《中华人民共和国铁路法》	《铁路法》
《中华人民共和国公路法》	《公路法》
《中华人民共和国民用航空法》	《民用航空法》
《中华人民共和国节约能源法》	《节约能源法》
《中华人民共和国可再生能源法》	《可再生能源法》
《中华人民共和国清洁生产促进法》	《清洁生产促进法》
《中华人民共和国建筑法》	《建筑法》
《中华人民共和国烟草专卖法》	《烟草专卖法》
《中华人民共和国邮政法》	《邮政法》
《中华人民共和国港口法》	《港口法》
《中华人民共和国资产评估法》	《资产评估法》
《中华人民共和国循环经济促进法》	《循环经济促进法》
《中华人民共和国石油天然气管道保护法》	《石油天然气管道保护法》
《中华人民共和国长江保护法》	《长江保护法》
《中华人民共和国海岛保护法》	《海岛保护法》
《中华人民共和国湿地保护法》	《湿地保护法》
《中华人民共和国黑土地保护法》	《黑土地保护法》
《中华人民共和国野生动物保护法》	《野生动物保护法》
《中华人民共和国网络安全法》	《网络安全法》
《中华人民共和国道路交通安全法》	《道路交通安全法》
《中华人民共和国矿山安全法》	《矿山安全法》
《中华人民共和国核安全法》	《核安全法》
《中华人民共和国生物安全法》	《生物安全法》
《中华人民共和国水土保持法》	《水土保持法》
《中华人民共和国防洪法》	《防洪法》
《中华人民共和国动物防疫法》	《动物防疫法》
《中华人民共和国行政处罚法》	《行政处罚法》

续表

全称	简称
《中华人民共和国各级人民代表大会常务委员会监督法》	《各级人民代表大会常务委员会监督法》
《中华人民共和国农业机械化促进法》	《农业机械化促进法》
《中华人民共和国黄河保护法》	《黄河保护法》
《中华人民共和国人民法院组织法》	《人民法院组织法》
《中华人民共和国民事诉讼法》	《民事诉讼法》
《中华人民共和国劳动合同法》	《劳动合同法》
《中华人民共和国传染病防治法》	《传染病防治法》
《中华人民共和国促进科技成果转化法》	《促进科技成果转化法》
《中华人民共和国民族区域自治法》	《民族区域自治法》
《中华人民共和国保险法》	《保险法》
《中华人民共和国畜牧法》	《畜牧法》
《中华人民共和国香港特别行政区基本法》	《香港特别行政区基本法》
《中华人民共和国澳门特别行政区基本法》	《澳门特别行政区基本法》
《中华人民共和国城市维护建设税法》	《城市维护建设税法》
《中华人民共和国契税法》	《契税法》
《中华人民共和国印花税法》	《印花税法》
《中华人民共和国动植物检疫法》	《动植物检疫法》

前　　言

中国经济法是与中国改革开放、中国社会主义市场经济、中国式现代化同步发展，并为之提供重要法治保障，具有鲜明中国特色和自主性知识体系的法律事物。尽管在一些国家对经济法以何种形式存在争议，但中国是当今世界唯一以立法宣言形式确认经济法是一个独立法律部门的国家。经济法这一法律部门与法学学科的种种特质，既寓示着经济法自身就是一个值得专门研究的对象，也寓示着经济法自身需要证成一个相对完整的法学理论体系与法律制度体系，向公众来展现经济法的理论形象与制度形象。中国经济法现象的产生与形成，以及中国经济法学的学术研究史轨迹，具有鲜明的"中国印记"。中国当代经济法是经济立法大潮催生的，是改革开放中产生的，是从计划经济向市场经济转型中发展的，是全球化与国际化进程中壮大的，是与中国特色社会主义法律体系与法治体系同步成长的，是在解决中国经济社会发展矛盾问题中成熟的。这些特定的历史条件与社会背景是研究中国经济法需要把握的前提。由于中国经济法生成语境的特殊性，中国经济法学的理论来源与价值偏好也具有不可复制性。无论是政府失灵理论，还是市场失灵理论，都不足以完全解释中国市场经济建构过程中产生的迫切发展需求与整体利益共识，中国经济法的主要目标就是要解决中国经济社会发展中的实际问题。经济法是国家治理需求与各种政策工具的法律表达，中国经济法理论建立在具有中国特色的市场经济环境中，这就意味着既不能直接套用所谓的"国际惯例"或"域外经验"作为中国经济法学理论生成的依据或者检验标准，也不适合用"国际惯例"或"域外经验"来看待和分析中国经济法现象。例如，具有中国特色的经济社会发展模式、政府与市场关系、新型工业化、区域协调发展、营商环境优化以及共同富裕等问题，需要个性化的经济法解释依据与解决方法。

由于中国经济法学作为独立学科的形成历史较短，经济法学基础理论研究路径在初期具有平行散发的外部特征,不同学说之间在表述方式和理论内涵等方面存在一定差别。但这并不意味着不同观点是偶然触发并随机生成的,同一时期的研究仍然遵循着一些共同的基本范式,而理论思潮的形成就意味着学术研究在一定范围内共识的达成。我们可以从经济法学理论思潮的形成过程中发现经济法学术研究群体凝聚力的生成轨迹,以及在此基础上逐渐形成的个人研究志趣、经济法学术研究群体的集体目标及国家重大战略共同指引下的学术研究路径。通过对既有理论思潮的归结与升华,能够厘清学术资源在不同时期的分布情况,可以有效避免重复性的低效研究。当前中国法学研究与法学教学活动依然建立在部门法区分基础之上,学科的发展处于特定的论域范围之内。但长期以来,经济法学理论范畴体系建构受到外部学科知识输入的影响较大。由于缺少专门的法典支撑和司法表达路径,经济法基础理论知识的传播与考核难以有确定性的客观标准。在经济学与宏观经济政策的影响下,经济法学对一些经济学的概念进行了一定程度的借用,并进一步整合成为经济法的概念与范畴。经济法学也经常通过对政策进行注释来向外界证明其合理性,经济法基础理论也因此而遭受一些质疑。如何加强经济法学研究的法律规范性,如何形成一些必要的经济法学基本共识,提升经济法基础理论的科学性和稳定性,打造经济法学的理论品格与法学品格,这已成为经济法学术研究群体的集体目标和内驱动力。

若仅从学科内部考察经济法学研究的学术生态,个体性知识的自由生产与输出确实带来了不少的经济法学成果积累。但若要越过学科边界考察其他学科对经济法学的认知,过于多元的个性化知识结论可能有碍于学术共识的达成,进而有碍经济法学理论的对外输出。我们认为,经济法学理论研究的进路和范式,与其他部门法学有着较为明显的区分,有必要实现研究方式从个体视角到整体视角的转变,为未来经济法学研究提供公共知识的增量。由于经济法体系以法群形式呈现,经济法学专业的内部分工也十分精细和复杂,经济法基础理论研究要求的整体性与以专业分工为基础的研究者学术偏好的个体性之间存在着比较强烈的反差。一名研究反垄断法的学者可以将自己划入经济法学术研究群体中,但一名专门研究经济法基础理论的学者并不必然精通反垄断法。经济法学的名与实之间存在割裂的风险,经济法总论研究与分论研究之间存在鸿沟。目前的经济法总论研究主要呈现政策法学的面貌,而分论研究则追随热点问题变得越来越微观化和技术化。

作为新兴法律部门的经济法,与传统部门法的关系经历了脱离与协调的过程。自经济法学科诞生以来,经济法学基础理论研究便一直具有危机意识与革新意识。虽然一代代经济法学者在外界的怀疑声中逐步建构经济法学理论体系,但是经济法学人的群体性焦虑依然存在,那便是,如何在既有研究成果的基础上拓宽研究视野并更新研究路径?经济法基础理论如何走进社会生活?经济法基础理论如何与立法、执法、司法等机制相衔接?经济法学理论研究的空间需要拓展、路径需要优化,而重复解释性的研究并不足以提升经济法学基础理论的科学性程度。我们认为,解决自我怀疑的路径之一便在于了解学科的发展历程,认识学科发展的总体趋势。本书旨在从多个视角对中国经济法现象进行较全面的解读,力图呈现中国经济法的基本面貌;旨在通过对中国经济法学术史的整理,发掘中国经济法学的理论成果,凝聚中国经济法学的理论精华;旨在通过对经济法立法、经济法理论、经济法实践较全面的体认,总结中国经济法的认知规律与认知范式。

胡适在《中国哲学史大纲》中提到了研究学术史的目的在于明变、求因和评判。那么,经济法学理论研究经历了怎样的变迁?经济法学理论在变迁过程中又达成了怎样的共识?经济法学基础理论又将如何解释新出现的各种问题?我们认为,学术研究目的从个体知识输出到公共知识转化的转型,是学科成熟的重要标志。经济法学研究需要承载经济法学术研究群体记忆与期盼的公共知识产品。经济法学研究具有周期性总结与自我反思的传统,肖江平教授所著的《中国经济法学史研究》对改革开放伊始至2000年间的中国经济法学研究成果进行了全面系统的整理,为中国经济法学研究作出了独特贡献。本书致力于对中国经济法学理论研究历史进行新一轮的整理与分析,提出了梳理经济法学理论思潮的主张,力图呈现中国经济法学理论研究成果的整体性与丰富性。我们在梳理经济法学理论思潮的过程中,摒弃“只见树木,不见森林”的研究习惯,注重经济法学基础理论之间的传承关系与相互支持关系,力图将相互封闭的若干学术“圆环”转化为具有知识增量的有机学术循环系统。重复性研究、折返性研究以及追随性研究,对经济法学理论研究的发展并无裨益。如果依然是偏好“自说自话”式的观点输出,而忽略对既有学术思想的整理,就难以描绘出经济法学研究的宏伟疆域。若割裂个体研究与群体思潮的关系，经济法学理论始终无法形成统一而又鲜明的外在形象，也就难以对其他学科产生理论输出的作用。

本书的主要目标如下：

第一，通过对经济法学学术史的梳理与评述，展示经济法学理论思潮的形成与发展脉络。经济法学理论思潮是经济法学术研究群体集体智慧的体现。我们认为，以个体偏好为中心的经济法学研究方法论，应当向以学科群体需求为中心的系统性研究方法论转化。经济法学理论研究者应当在学术史中确定自己研究的坐标，降低重复性研究发生的概率。经济法学理论历经了诞生、发展、危机与重生的过程，在此过程中，经济法学术研究群体形成了善于自我反思，敢于论战，且开放包容的学术心态与学术品质。通过对经济法学术史的梳理，可以凝聚经济法学科的群体意识并强化身份认同。除此之外，本书试图对经济法学研究方法的可创新空间进行再探索，推动理论研究的可持续发展与代际传承。本书中所梳理的中国经济法学认知范式，旨在为经济法的学习与研究群体供给一定量的“公共知识”，降低学习与研究中的公共学术资源获取难度。

第二，经济法学理论本土资源的发掘。中国经济法基础理论的内生性和本土性特征十分明显，中国经济法学的发展史同时也是理论本土化的思想供给史。由于中国经济法赖以生成的社会环境与制度环境具有不可复制性，中国经济法学研究也自然就有“求新”和“求异”的偏好，经济法学也是某种程度上的经济法治民族志和地方性知识。中国的国情是本土资源生成的基础，也是中国法律运行的客观环境。超大规模的国土面积和人口总量导致了超大规模市场的形成，在此基础上的政府与市场关系呈现多元利益交织的结构形式。央地关系、区域间关系、政企关系影响了中国经济立法的重点领域、外在形式及实施模式，这也是德国经济法、日本经济法所不具备的外在环境。中国共产党对经济工作全面领导的体制，同样是中国经济法研究所不可忽视的制度前提，执政党的执政理念与宪法中的国家目标共同构成了我国经济立法的价值理念基础。中国经济法在人类法律体系中的地位和贡献是什么？那就是超越了传统的政府与市场二元对立的主体预设，以社会的整体利益作为政府与市场共生共容的正当性根基。由此，经济法的价值、经济法的功能、经济法的实施、经济法的表达方式等范畴便具有了极强的本土价值意蕴，这些都是经济法学研究从抽象走向具体、从原则走向个性的突破口。中国经济立法来自中国大地上生动的历史记忆、国民性格、地理风貌、社会风俗等多元化因素。中国经济法学研究应当持有中国立场并立足于中国语境,对国家重大战略及社会民生需求保持关注。中国语境包括中国经济法学须研究中国历史、中国国情、中国经验、中国问题等内涵。中国经济法学研究应当具有中国大历史观,应当从中国历史中找寻制度变革的轨迹。中国国情决定着经济法问题的生成基础,经济法学研究的不仅是经济国情,还应当包括政治国情、社会国情、资源国情等。中国国情的基本特点在于超大规模性和发展不均衡性带来的治理难度,以及如何处理政府与市场的关系等。经济法学研究的目的既以解决中国问题为导向,也以建构中国式的经验为归结,而中国式的经验中就涵括经济法思维的引入。中国经济法学应当与具体的制度实践相结合,用以解决中国经济社会发展中出现的各种矛盾和问题。

第三,本书试图将经济法学理论、制度、规范与中国经济法治的具体实践相结合。经济法具有回应型法的特征,经济法学的品格必然是积极入世的。外界存在着对经济法基础理论以务虚性特点为主的偏见,并以缺少专门诉讼程序为由否定经济法基础理论的价值意义。如何证明经济法基础理论的科学性是经济法学术研究群体持续性的奋斗目标。经济法理论研究与公众生活之间的脱离现象客观存在,经济法在社会公共讨论空间中也存在着迷失困境,究其原因在于学术话语体系与社会理解之间存在鸿沟。经济法在与其他学科“论战”过程中过于追求学科独立性研究方法,容易导致与现实需求的脱节,而经济法总论与分论内容的衔接也一直是经济法教学科研的难题。本书致力于经济法学基础理论与法治实践的结合路径,以及与中国式现代化进程之间的关联;致力于解决经济法法律规范性不足的问题;致力于经济法理论朝务实性方向的建构;致力于向学界与社会展现经济法学的公共知识与认知方法;致力于证明经济法与现代市场经济、经济法治建设、中国问题方案之间的一致性、协调性及其相互促进作用。

目　录

第一编　作为立法现象、文化现象、知识现象的经济法

第二编　中国经济法学理论思潮

第一编　作为立法现象、文化现象、知识现象的经济法

经济法是20世纪以来富有争议,但又充满活力的法律部门与法学学科。围绕经济法所发生的争议,主要指向于经济法是不是一种明显区别于传统法律部门与传统法学学科的法律现象。持经济法独立法律现象主张的研究者认为,经济法具有一整套区别于传统法律部门与法学学科的语词、概念、对象、功能、体系,经济法能够在法律部门建构与法学学科体系方面自成一体。持经济法非独立法律现象的研究者认为,经济法并不具有特殊、稳定和可持续的经济关系领域中的调整对象,经济法主要是以特别法的形式而存在,并不具有法律部门与法学学科的内在规律性和严密逻辑性,在部门建构与学科体系方面不能自成一体。法律部门争议与法学学科争议无疑是推动法律向前发展的动力,但如果只是囿于这种争论,局限于经济法是不是一个独立的法律部门与法学学科的观察视角,经济法应有的生命力就不可能得到充分的展现。在被称为经济法的法律现象中,经济法的立法规模与立法速度远远超出了同期其他传统的法律部门,即使以经济法为主要研究方向的研究者,也很难对数量众多、复杂多元的经济法法律规范进行全面深入的研究。而不是以经济法为主要研究方向的其他法律部门与法学学科的研究者,如果只是坚持固有的部门立场与学科立场,对经济法采取一种自我屏蔽的排斥式态度,就得不出关于经济法的科学结论,也无法洞察到经济法对现代法律体系的形成与发展所产生的巨大影响。如果我们以一种开放性立场、发展性思维来看待经济法,将经济法作为一种现象进行考察,不急于给经济法下结论,"让子弹飞一会儿",那么我们完全有可能得出一些更为科学的关于经济法的结论。我们在这里所选择的研究立场,就是采取不过多纠缠于理论争执的做法,从客观存在的经济立法现象、经济法文化现象、经济法知识现象中去尝试找到一些关于经济法的规律性结论,并且这些结论自身不是一成不变的,而是开放和发展的。

把"经济法作为一种现象"这一理论命题提出来,并考察经济法得以生成的历史环境要素,有助于探讨隐藏在经济法现象背后的社会运行原理,即为什么会有经济法现象?经济法现象是在特殊环境中发生的,还是在各国都存在的普遍现象?经济法现象之间是孤立的,还是可以相互解释的?影响经济法现象的因素有哪些,它们是如何影响经济法的?经济法现象中的矛盾与冲突是如何形成的,有没有消除的可能?

长期以来,经济法学研究比较注重对经济法词义的发掘与解释,对"经济法”语词起源的研究投入了比较多的学术资源。作为一个新兴的法律部门,研究者从各种历史典籍中找到些许和经济法相关的词组或者解释,仿佛是一种“自我激励”以及“自我肯定”。当我们打开任何一本经济法学教科书或者专著,就可以发现,关于“经济法”词源的讲述存在高度的一致性,即大多从摩莱里、蒲鲁东、德萨米等的著作中找寻提及经济法的“只言片语”,[1]包括经济法中的“国家干预”(dirigiste)一词源自法语词根的考证。[2] 历史文献意义层面的经济法词源要远远早于现代的经济立法现象,在当时历史背景下提出的“经济法”词源也很难说对如今的经济法研究有多么重要的借鉴价值。德国的各种经济法学说对我国经济法概念的形成有重要影响。中文语境的经济法并不能直译为英文的“economic law”,德语中却有“Wirtschaftrecht”的专门词语,因此从德国经济法学理论进行经济法词源考究也是一种常见的方法。不过德语中的“经济的法”也并非我国现在学术研究中的“经济法”之意。肖江平教授在对经济法概念起源进行考察后认为,莱特(Ritter)首先使用经济法概念的通说是值得怀疑的。[3] 总体而言,经济法作为现代法律现象的持续时间并不长,且产生于巨大的社会变革背景中。拉德布鲁赫认为经济法是公法与私法相互融合渗透而产生的“第三法域”。[4] 我们认为个体之间的关系、利益和纠纷或许在历史长河中相对稳定,但社会经济关系经常会发生较大变革,这就会增加经济法在进行概念精确化时的难度。对经济法词源历史的考据或许能提供一些关于经济法存在的历史必然性与客观事实性方面的论据支持,但即便是这样的考据研究,研究者主要也是用域外论据,尤其是德国、日本等经济立法发达国家的相关考据,来佐证经济法的独立性与必要性。我国大多数经济法学研究者在研究经济法词源时很少从中国古代经济立法现象中找寻佐证,而是将中国经济法学研究的起点设置为与改革开放同步,只有少数学者对中国经济法的

---

〔1〕 凡是论及经济法词源的研究成果基本上都会提及摩莱里的《自然法典》、蒲鲁东的《论工人阶级的政治能力》、德萨米的《公有法典》这几本著作。

〔2〕 参见[美]威廉·伯恩斯坦:《财富的诞生:现代世界繁荣的起源》,易晖、欧阳珊、姜汉忠译,中国财政经济出版社2007年版,第214页。

〔3〕 参见肖江平:《中国经济法学史研究》,人民法院出版社2002年版,第56页。

〔4〕 参见[德]拉德布鲁赫:《法学导论》,米健译,法律出版社2012年版,第91页。

语词作了比较精深的历史发掘与研究。[1] 事实上，经济法的词义解释与经济法的本质解释之间有着较大距离，[2]并且中国经济法概念的本土语境解释也同样值得研究。中国古代的经济立法现象虽然没有现代经济立法体系的完整性，也没有体现社会整体利益的立法目的，却能够生成国家干预传统并影响至今。中国经济法基础理论研究历经了域外理论输入后的本土化再造，对经济法概念的研究也并非在进行简单的词语组合的游戏，并未陷入对"茴香豆的茴字有几种写法"这一类型问题的过度考究，而是在对经济法概念的解释与建构中找寻共识，最终为政府经济行为设定边界、为经济法法律品格的优化提供学术思想支持。过度深陷概念分析的泥潭并非可持续的研究路径，正如费肯杰教授所认为的，法律概念自身并没有生命力，讨论法律概念必须结合其背后的法律目的。[3] 相比经济法词源的产生和经济法概念的辨析，乃至经济法独立性的问题，经济法现象本身更值得深入研究，这也是研究当代中国政治经济生活的一种独特视角。

中国经济法是中国特色社会主义法律体系中的一个重要组成部门，也是中国法学研究现象中的一道独特风景。中国经济法在当代法律文化中占有重要的一席之地。中国改革开放的伟大实践以及市场经济体制的形成过程，为中国经济法学研究提供了丰富的研究素材。与此相适应，中国经济法学研究立足于中国自身土壤，以解决中国经济社会发展中的法律问题为使命。在学科专业与知识传播体系中，中国经济法学是我国法学学科专业体系中的独立学科专业形态。在高等教育中的法学与商学教学中，经济法学是重要的课程板块。在国家组织的法律与经济管理等职业资格考试中，经济法学是重要的知识板块。由上述可以看出，中国经济法既是一种立法现象，也是一种文化现象与知识现象。同时我们还应当看到，中国经济法作为立法现象、文化现象、知识现象完整地呈现在人们面前，在当今世界也是独一无二的。我们完全可以基于此种前提培育出中国经济法应有的理论自信与制度自信。

---

〔1〕 张世明教授认为，我国民国时期的学者就对经济法现象进行了研究，如张则尧于 1942 年便对经济法的实质和特征进行了阐述，因此张世明认为张则尧是中国最早提出"经济法"概念的学者。参见张世明、王济东：《中国早期经济法文献辑注与研究》，社会科学文献出版社 2019 年版，第 51 页。

〔2〕 参见单飞跃：《公共经济法：经济法的本质解释——兼与李曙光〈经济法词义解释与理论研究的重心〉一文商榷》，载《政法论坛》2006 年第 3 期。

〔3〕 参见[德]沃尔夫冈·费肯杰：《经济法》（第 2 卷），张世明等译，中国民主法制出版社 2010 年版，第 560 页。

第一章　作为立法现象的经济法

经济立法是20世纪以及21世纪初期最活跃的立法现象，一方面表现为绝大多数国家使用经济立法的方式解决社会经济生活中的突出问题，如外资准入问题、经济安全问题、消费者权益问题等；另一方面表现为国家间的竞争展开与关系调整越来越频繁地使用经济立法的方式来进行，如贸易管制立法、经济制裁立法等。经济立法已经成为现代国家进行本国经济治理和参与全球经济治理的主要抓手和重要工具。就经济法的研究者而言，经济立法是从事经济法研究的一个事实前提。正因为有大量的经济立法的存在，经济法不再停留于摩莱里与德萨米等所描述的空想世界，也没有必要纠缠于概念化的抽象世界，而是着眼于国家治理与社会生活中的实在法律现象。中国的改革开放史从某种意义上来说，就是一部经济立法史，经济立法在改革开放中发挥了独特的制度功效：一是用经济立法去"闯"，制定《中外合资经营企业法》《中外合作经营企业法》《外资企业法》《广东省经济特区条例》《海南自由贸易港法》等；二是用经济立法去"定"，制定《农村土地承包法》《私营企业暂行条例》等；三是用经济立法去"改"，制定《企业破产法》《全民所有制工业企业法》《全民所有制工业企业转换经营机制条例》[1]等；四是用经济立法去"调"，制定《预算法》《中国人民银行法》《价格法》等；五是用经济立法去"管"，制定《反不正当竞争法》《反垄断法》《产品质量法》《广告法》《出口管制法》《反食品浪费法》等；六是用经济立法去"稳"，制定《农业法》《数据安全法》等；七是用经济立法去"促"，制定《中小企业促进法》《外商投资法》《乡村振兴促进法》等；八是用经济立法去"保"，制定《消费者权益保护法》《台湾同胞投资保护法》《个人信息保护法》等；九是用经济立法去"防"，制定《对外贸易法》《反外国制裁法》等。

---

〔1〕 已被2024年《国务院关于修改和废止部分行政法规的决定》废止。

识别经济法立法现象,有形式化与实质化两条路径,并因此产生形式经济法与实质经济法两种类型。形式经济法所指的是直接使用"经济法"一词对法律规范或法律部门进行表达,但形式经济法并不是识别经济法的唯一路径。实质经济法是指不以"经济法"语词形式进行立法表达,但在本质属性上仍属于经济法的法律规范。

从现有史料分析,有三个国家出现过"形式经济法"的法律现象,这三个国家分别是德国、前捷克斯洛伐克社会主义共和国、中国。德国在 1919 年颁布过以"经济法"一词直接命名的《煤炭经济法》和《钾素经济法》。前捷克斯洛伐克社会主义共和国在 1964 年颁布过《捷克斯洛伐克社会主义共和国经济法典》,这是世界上到目前为止唯一一部经济法典。中国通过立法宣言的形式宣布经济法是中国特色社会主义法律体系的组成部门之一。形式经济法对经济法的存在虽具有一定的宣示意义,但又具有非实质性。形式经济法并不一定是表达经济法的必要条件与充分条件。以"形式经济法"标准来识别经济法的意义并不是绝对的,关键还是在于被称为"经济法"的这些法律是否能够真正解决社会经济生活中遇到的新问题,这些法律在解决新的问题时是否有不同于传统法律的新方法。中国经济法学界的一些学者一直主张制定"经济法典"或"经济法纲要",以使经济法的识别变得更容易,使经济法的体系变得更完整。这些主张的背后隐含着比较强烈的形式经济法情结。在具有部门法划分习惯的大陆法系传统国家,经济法的形式化显得特别重要。[1] 经济立法能够为政府干预提供法律依据,为市场经济参与主体提供行为指引,并对破坏市场秩序的行为进行制裁。具有稳定形式的经济立法也为经济法知识的传播提供了文本载体。经济法调整的经济社会关系具有现代性特征,不断出现的新经济形态或新交易模式对法律规范的变动产生较大影响。相较于经济法而言,传统部门法例如民法调整的人身关系及财产关系则具有相对稳定性特征,其法律规范随历史发展的变动幅度较小,由此进行法典化的可能性相对较大。经济法作为回应型法,往往采用单行立法的方式,这就使经济立法是一个持续性、开放性、综合性的法律成果的积累过程。经济法的表现形式和传统部门法相比,具有多样性

---

〔1〕 参见薛克鹏:《法典化背景下的经济法体系构造——兼论经济法的法典化》,载《北方法学》2016 年第 5 期。

和复杂性的特点。经济立法是一种外在的规则供给，经济立法是立法者对市场自发调节制度的适当补充与必要修正。经济法的产生不仅是立法者的主动干预，也来自对不平等、不公正等现象排斥心理的回应。[1]

实质经济法是识别经济法法律现象的重要标准。一些国家的竞争法现象并不以“经济法”形式进行表达，但可视为实质经济法法律现象。这些法律之所以被称为实质经济法法律现象，是因为自由市场经济领域第一次出现了法律化的国家干预之手，与传统法律之间存在着价值判断与调整手段方面的差异性。因为这些法律体现了国家政治意志对经济生活的“特别性法律关照”，将其视为实质经济法并无不妥。随着政府与市场关系的日益紧密和复杂化，经济法性质的法律在各国事实上已经普遍存在，只不过很多不冠以“经济法”之名而已，但仍可以通过其经济法属性进行识别。

在当代市场经济条件下，纯粹的形式经济法已经越来越少见，实质经济法已经成为最主要的经济法表现形式。在我们看来，凡是对公共经济关系进行调整的法律规范，都可视为法律现象意义上的经济法。在本章中，我们将经济法作为一种现实存在的立法现象来进行考察与解释，并从经济法的表现形式、经济立法的发展过程中的时间观、经济立法的目标选择、中国经济立法的历史周期划分与重点调节对象、经济立法技术的改进、超前性经济立法模式等几个方面来展开论述。

第一节 形式经济法与实质经济法的区分

经济法的调整对象主要是公共经济关系。在公共经济关系中，国家是重要的参与主体之一。经济法立法的目的就是要为国家参与经济生活设定程序与权责。经济法的法律渊源主要有宪法中的基本经济制度条款、宪法相关法和单行的经济法法律法规。学理上，经济法的体系由经济宪法、经济行政法、社会经济法三个部分组成。经济法立法有自上而下和自下而上两种方式。自上而下是目前经济法立法的主流形式，包括各种以维护社会整体利益为目标，运用国家干预、管理、调控手段调整社会经济关系而制定的

---

〔1〕 参见柴瑞娟：《民众愤怒的回馈控制：经济立法的心理解释》，载《山东大学学报（哲学社会科学版）》2016 年第 4 期。

各种法律法规。自下而上的经济法立法则表现为立法者对原有的市场交易习惯、商业惯例、行业惯例等的确认，以及将民间的交易习惯引入宏观调控法、市场规制法、社会经济法之中。例如《反不正当竞争法》第 2 条对“商业道德”所作出的规定，实则就是对市场中的交易惯例、商业惯例进行了一定程度的吸收。市场中的民间交易惯例存在的时间要远远早于国家的经济立法活动，一些柔性约束的社会规范是否可以纳入国家经济立法成果之中？一般而言，能够衡量社会信用水平的商业惯例较容易被国家经济立法所吸收。在认定经济犯罪和违法行为时，正当的交易惯例也会被考虑。例如《反不正当竞争法》中对“商业贿赂”行为的认定，就需要将商业贿赂行为与正当的商业折扣进行区分。在反垄断相关立法中也会考量商业惯例的影响，如我国国家市场监督管理总局《禁止滥用市场支配地位行为规定》第 18 条中便有“交易习惯”和“行业惯例”作为“正当理由”的规定。但经济法立法主要还是以国家法、成文法的形式表现出来。

一、形式经济法

形式经济法是指直接以“经济法”语词形式进行立法表达的经济法。形式经济法立法中，经济法立法活动的过程及载体清晰且可辨识，立法成果具有规模化、体系化的特征。形式经济法主要包括系统调控经济关系的规模化立法活动、经济法的法典编纂、立法中的独立经济法部门等形式。立法者意图用形式意义的经济法调整特定的社会关系。在形式经济法的立法者看来，经济法显然具有独立存在的部门法价值。

（一）系统调控经济关系的大规模立法活动

这种经济立法模式主要以德国为代表。1871 年德意志帝国建立后，俾斯麦政府为促进本国经济发展，加速兴国强国，维护民族利益，开始摒弃自由放任主义，试图建立干预型经济，加大了立法力度，出台了一系列有关经济和社会的法律，形成了具有明显大陆法系国家特色的法律规范和法制框架。需要提及的是，20 世纪初，德国法学界已明确提出了“经济法”概念，拓宽了法律理论范围，适应了当时迅速发展经济的需要。有学者认为，德意志帝国时期的法律体系是当代社会市场经济法制体系的雏形和基础。[1] 第一次世界大战期间及以后,德国建立起军事统制经济机制,制定了许多经济统制法令,形成了德国战时经济法,并出现了使用"经济法"名称的法律,如1919年的《煤炭经济法》和《钾素经济法》。但这些法律均属于经济强行法范畴。第二次世界大战前,德国经济法已初具规模,如1896年的《禁止不正当竞争法》、1932年的《买卖佣金法》、1933年的《折扣法》。第二次世界大战结束后,德国实行社会市场经济的国家经济政策,颁布了大量经济法规,包括1948年的《币制改革法》、1957年的《反对限制竞争法》、1967年的《促进经济稳定和增长法》,由此形成了内容广泛、种类繁多的经济法体系。德国在长期的经济立法活动中也产生了诸如经济公法、经济宪法、经济行政法等概念。由以上可以看出,德国的经济立法活动具有持续性、体系化、广泛性特征。德国经济法学研究的繁荣也与德国经济立法的体系化有着重要关联。

(二)经济法的法典编纂尝试

"法典是指18世纪以来对法律予以分科之后对某一法律学科进行系统编制而形成的有国家强制力的书面文件。"[2] 法典化对立法技术提出了较高要求,以学科研究的稳定化和体系化为基础,法典化可谓形式性立法的终极状态。法典化一方面是在对国家权威进行宣示,另一方面也提高了法律的可操作性和适用便利性。在《民法典》实施的背景下,我国其他部门法研究也在思索各自法典化的路径。具体到经济法而言,为什么要法典化、能否法典化及怎样法典化都是亟须回答的问题。一部经济法典或许很容易就在学者的脑海中制定出来,但极有可能成为美丽且布满尘埃的四脚书橱。法典编纂活动不是为了法律在形式意义上的完美,也不是为了印证部门法研究的卓越成果,而是为了提高法律的实施效力。前捷克斯洛伐克社会主义共和国于1964年制定的《捷克斯洛伐克社会主义共和国经济法典》是世界上迄今为止唯一一部经济法典。前捷克斯洛伐克社会主义共和国在制定经济法典的同时,也分别制定了《捷克斯洛伐克社会主义共和国劳动法典》和《捷克斯洛伐克社会主义共和国民法典》。其中《捷克斯洛伐克社会主义共

---

[1] 参见吴必康、张丽等:《世界历史(第8册):西方国家政府与市场经济》,江西人民出版社2012年版,第286页。

[2] 参见朱广新:《民法典编纂:民事部门法典的统一再法典化》,载《比较法研究》2018年第6期。

和国经济法典》规定:“经济法调整在国民经济管理和社会主义组织的经济活动中所发生的下列关系:国民经济的计划领导和社会主义公有财产的管理;经济活动的组织,社会主义组织的地位及其经济活动;社会主义组织间的协作及违反规定的义务时应负的财产上的责任;社会主义组织间的支付和信贷关系。”这部法典确定了经济活动需要以国家计划为基础,经济建设任务需要由国家经济组织完成,并将供货合同、运输合同、信贷合同等内容都纳入其中。[1] 这部法典的产生与当时东欧国家所确定的计划经济体制有关,其主要内容也和我们经济法学研究的范围大相径庭,因此该部法典只能算是以“大经济法”为外衣的经济类法律汇编。当然,我们不能因为经济法典编纂的失败而否定其法典化思维的尝试,经济立法从分散模式到体系模式的大方向是值得肯定的。中国的经济法学术研究群体一直没有放弃为经济法的体系化乃至法典化而努力。中国人民大学法律系民法教研室早在1963 年 3 月便起草了《中华人民共和国经济法(草案)》,这被视为制定经济法典的最初尝试。[2] 但直到现在,经济法法典化的设想仍然停留在学术讨论层面,在公共空间内的关注程度仍然有限。[3] 到目前为止,中国经济法学界已经组织了四次关于制定《中华人民共和国经济法通则》的讨论,但依旧存在共识不足、理论准备不足和立法推进乏力等问题。[4]

此外,法典化的路径选择也影响了经济法法典化进程的难易程度,究竟是将总论和分论内容作为整体法典化,还是部分内容法典化?是追求绝对形式意义的法典化,还是实质意义的法典化?我们认为法典化始终和社会生活需求相关,脱离法律实施环境的法典化只会造成立法与实践的脱节。法典类似于工具书所具有的信息整合与检索功能。民法得以法典化的社会

---

〔1〕 参见中国社会科学院法学研究所民法研究室编:《捷克斯洛伐克社会主义共和国经济法典》,谢怀栻校,中国社会科学出版社 1981 年版,第 2 页。

〔2〕 参见张世明、王济东:《中国早期经济法文献辑注与研究》,社会科学文献出版社 2019 年版,第 58 页。

〔3〕 一些经济法学者希望通过制定《经济法纲要》来统领经济法部门中的法律法规,如杨紫烜:《关于制定〈中华人民共和国经济法纲要〉的建议》;李昌麒:《制定〈基本经济法〉的框架构想》;徐杰、刘俊海:《抓紧制定〈经济法纲要〉完备我国经济法规体系》;漆多俊:《经济法系统化方式的探讨——兼论经济法法典的制定》;史际春:《制定我国基本经济法新议》;王全兴:《中国经济法纲要的体系设计与框架结构》;程宝山:《〈中国经济法纲要〉的理论定位》;陈乃新:《论创制〈中国经济法纲要〉》等。参见湘潭大学法学院编:《湘江法律评论》第 3 卷,湖南人民出版社 1998 年版。

〔4〕 参见商红明:《我国〈经济法通则〉研究的过去、现在与未来》,载《财经法学》2020 年第 1 期。

共识基础比经济法要深厚,能够真正降低法律实施的成本。与经济法相比,民法法典化也存在法律移植的可能性。[1] 法典化的前提在于法律规范及其调整对象的相对稳定,是对司法实践历史的总结,而经济立法活动具有回应性与预测性的特征,这与法典编纂的封闭性特点之间存在冲突。除此之外,经济法的内容较复杂,因此进行整合的难度较大,法典化编纂后反而更加烦琐。但经济法有"局部体系化"[2]的特征,也为经济法的统合性立法提供了可能。[3] 因此有学者认为可以先尝试竞争法、消费者法、劳动法、资源环境法、财税法、金融法等经济法子部门的法典化。[4]

我们认为,经济法的法典化思维和编纂一部真正的经济法法典并不是一回事。经济法的学科地位并不一定需要通过法典化的形式得以进一步提升。经济法的法典化思维是将零散的经济立法按照应有的标准进行有机整合。法典化的思维有助于发现经济立法的本质规律,有助于提高立法的科学性。法学家是对立法规范进行体系化整理的主力。民法法典化历经了漫长时间的积累,制定经济法的法典也绝不是轻而易举的事情。波斯纳认为,一项成文法越难变更,它就越不适用于管理经常变化、随时间迁移的社会、政治和经济制度安排。[5] 法典的不易变动性和经济生活的复杂多变性之间存在冲突,这也是经济法的法典化面临的最大难题。我们认为,经济法法典化的进程和经济法基础理论的研究水平有关,唯有经济法学术研究群体达成最大的共识,法典化进程才有向前推进的可能。此外,经济法的责任形式与责任机理,以及宏观调控行为的可诉性也是制约经济法法典化的重要因素。即使学界就这些问题达成了一些共识,但在法律适用中也比较难以实施。因此,经济法的法典化必须要以提高法律规范的适用性为目标。

(三)官方立法宣言中的独立经济法部门

相较于略显激进的法典化尝试,对单行法的部门整合是一个折中方案。

---

〔1〕 参见李玉虎:《民法典时代的经济法体系构造——兼论〈经济法通则〉的结构》,载《财经法学》2020年第2期。

〔2〕 参见尹亚军:《"问题导向式立法":一个经济法立法趋势》,载《法制与社会发展》2017年第1期。

〔3〕 参见张守文:《经济的立法统合:需要与可能》,载《现代法学》2016年第3期。

〔4〕 参见薛克鹏:《法典化背景下的经济法体系构造——兼论经济法的法典化》,载《北方法学》2016年第5期。

〔5〕 参见[美]理查德·波斯纳:《法律的经济分析》(第2版),蒋兆康译,法律出版社2012年版,第931页。

恩吉施认为法学的严谨体系化是较难实现的,但科因则认为体系化在法学工作中具有重要性。[1] 我国以立法宣言的形式确认了经济法是一个独立的法律部门,经济法从学理现象成为官方承认的法律现象。中国经济法的研究不再是一种自圆其说式的空想研究,开始逐渐具有社会认同的基础。法律体系建构便是法典化思维的一种形式。[2] 体系化的立法常被视为社会关系的复杂化促成了法律部门分工的精细化,大量兼有不同法律部门特点的新领域开始出现,经济法便属于其中的混合法律部门。[3] 虽然有学者认为中国的经济立法活动从民国时代便已经开始,但是民国时代的经济立法仍然建立在小农经济为基础的经济体制上,经济立法的内容也较单一,主要是以政府的经济干预为中心,体现为较强的战争经济法和危机对策法的特点。[4] 当时的国民政府并没有将经济立法进行系统化的整理,既没有制定专门的经济法典,也没有把经济法纳入"六法全书"的体系中。我们认为,真正能够体现现代性特征的经济立法还是从改革开放开始的。从 1979 年立法者最先使用"经济法"一词,到 2011 年正式确立经济法在中国特色社会主义法律体系中的部门法地位,中国经济法部门的形成轨迹与发展路径清晰可辨。中国经济法部门的形成轨迹(以经济法立法为主线)体现为:经济法规→经济法规体系→市场经济法律体系→中国特色社会主义法律体系中的经济法。其发展轨迹具有规划性、渐进性和整合性的特征。[5] 官方所认可的法律体系资源具有稀缺性,那为什么作为新兴法律部门且基础理论薄弱的经济法可以位列其中?我们认为有三个方面的原因:一是经济法立法活动的规模效应已经产生,相当数量的单行经济法积累规模是经济法成为独立法律部门的外在基础。二是经济法与市场经济生活的高度相关性,市场经济是法治经济的共识也已达成。经济法立法不再是临时性或者紧急状态下的对策立法,经济法立法在未来相当长的时间内具有稳定性和持续性。三是中国经济法学对政府与市场关系的研究符合社会主义市场经济的本质规律。社会主义市场经济与计划经济以及自由放任的市场经济存在本质

---

〔1〕 参见[德]卡尔·拉伦茨:《法学方法论》,陈爱娥译,商务印书馆 2003 年版,第 43~45 页。

〔2〕 参见封丽霞:《法典编纂论——一个比较法的视角》,清华大学出版社 2002 年版,第 360 页。

〔3〕 参见朱景文:《中国特色社会主义法律体系:结构、特色和趋势》,载《中国社会科学》2011 年第 3 期。

〔4〕 参见张廉:《中国经济法的起源与发展》,中国法制出版社 2006 年版,第 19 页。

〔5〕 参见单飞跃:《中国经济法部门的形成:轨迹、事件与特征》,载《现代法学》2013 年第 4 期。

不同,政府与市场的关系是良性互动的,而非相互冲突。在我国的历次重大改革中,市场机制的调节作用被不断强化,历经从“基础性作用”再到“决定性作用”的表述变迁,这和经济法的基本价值判断是相契合的。因此,虽然经济法的学术研究和立法成果之间存在不够协调的问题,但经济法作为独立的法律部门已经成为超越学术的共识。经济法部门的独立性为经济法学研究提供了成体系且成规模的法规资源,为经济法学研究提供了法律文本支持,经济法学研究自此不再陷入与其他部门法进行苦苦论战的泥淖之中,进而可以转向对经济法本质规律、具体制度及实施方式的研究。在《中国特色社会主义法律体系》白皮书中,中国经济法也第一次有了官方层面的定义,这也为经济法知识的传播提供了依据,经济法的学科辨识度也大大提高。经济法概念的确定化与稳定化有助于逐渐缩小专业理解与社会理解之间的差距,更有助于消除其他部门法研究群体对经济法“过分注重国家干预”的成见与误解。法律体系的生命力在于其体系的开放性,这也是体系化立法和法典化立法的区分所在。法典化立法意味着集大成的总结,而体系化立法意味着可以在大框架内进行修饰乃至重整。经济法部门规模从 2011 年形成至今仍在不断扩大,这也说明了经济法的体系还在不断完善中。我国的经济法部门从外观上看是由不同的单行法组成的法群形式,单行法之间大多是平行的线性关系,平行的单行法之间如何分类仍然难以达成令人信服的共识。一名研究竞争法的学者和一名研究财税法的学者,两者完全可以不用发生学术对话层面上的交集,但他们都可以成为经济法学术研究群体中的一员。这种结构的立法体系化也给经济法学教学与研究带来具体的影响,数量庞多的单行经济法为经济法学研究的精细化提供了条件,但也让贯穿总论与分论的系统研究变得困难。由于经济法部门的单行法数量众多,一名经济法学研究者若想同时精通所有领域的经济法知识变得十分困难,只能选取其中的某个或者某几个单行法进行深入研究,经济法的碎片化研究由此也具有扩大化的趋势。这种研究取向与民法、刑法、行政法的研究存在着本质上的不同,当然也不利于经济法学术研究群体的自我认同,大多数研究者还是更倾向为自己打上“竞争法研究”“财税法研究”“金融法研究”的标签,而非笼统模糊的“经济法学研究者”。长此以往,经济法学基础理论研究的资源也会随之分散。[1] 经济法作为部门法虽然在形式意义上存在，但最纯粹的经济法研究可能最后只剩下基础理论的空壳。独立的经济法部门并非经济法立法研究的终点，经济法部门中结构体例的科学化是接下来的研究目标。

二、实质经济法

大多数学者认为英美法系传统国家并没有严格意义上的“经济法”概念。但随着政府与市场的关系日益紧密和复杂，具有调整政府与经济关系属性的法律在各国普遍存在，只不过不冠“经济法”之名而已，大多可以通过其经济法属性进行识别。在自由市场经济领域第一次出现的法律化的“国家干预之手”，与传统法律之间存在着价值判断与调整手段方面的差异性，其体现了国家政治意志对市场经济生活的渗入，将其视为经济法并无不妥。实质性经济立法活动中，立法者以具体问题为立法驱动力，没有事先预设立法规划或计划，后续也没有促成法律体系化的意图。例如，一些国家的反垄断立法并非源自政府对市场公平竞争秩序的有意识维护，而是源自对市场竞争需求的反馈。实质性经济立法的代表性成果包括日本的《禁止私人垄断和确保公正交易的法律》、美国的《谢尔曼法》、加拿大的《禁止限制性贸易合并法》等。

日本是实行民商分立的国家，分别制定有民法典和商法典。但是日本并未因其民商法体系的完整而排斥经济法的生成和发展。相反，日本的经济法立法异常活跃。在第一次世界大战结束后到第二次世界大战期间，为了适应垄断资本主义和军事国家垄断资本主义经济政策的需要，日本制定了一系列应对经济危机和统制经济资源的经济法规，但是这些经济法规并不属于现代意义上的经济法，而是属于经济强行法或经济行政法。第二次世界大战结束后，日本在恢复和发展经济过程中，非常重视运用经济法律改革、调整和管理经济，制定了大量的经济立法，从而使经济法成为日本战后发展最快的法律领域，也使日本成为资本主义国家中经济立法最完备、经济

〔1〕 近年来，经济法学年会论文集中收录的经济法基础理论主题的论文数量相对偏少，尤其是年轻学者对这一问题的关注依然不够。以 2019 年经济法学年会论文集中收录的论文情况来看，归类于经济法基础理论类的论文只有 55 篇，其中“80 后”作者的论文总数不超过 30 篇。这也从一个侧面反映了年轻学者对经济法基础理论这一议题讨论的参与程度有限。

法研究最活跃的国家之一。

19 世纪下半叶,美国处于由自由竞争向垄断过渡的时期。南北战争中北方联邦的胜利为美国的资本主义经济发展扫清了最后一道障碍,开辟了全国统一的大市场,加速了产业革命的形成。随着科学技术和生产规模迅猛发展,资本的积累与集中加剧,垄断成为经济生活中的突出现象,托拉斯成为美国垄断组织最普遍的组织形式。各种托拉斯组织为攫取超额垄断利润,凭借其雄厚的经济实力,控制原料来源,划分销售市场,限定产品价格,不断挤垮或兼并中小企业,严重损害中小企业及广大消费者的利益,引起了严重的社会矛盾,并且与美国自由贸易、公平竞争等观念形成冲突,威胁到美国市场经济的基本结构。面对突如其来的大托拉斯垄断与合谋,美国原有的法律制度显得软弱无力。一方面,美国各州独立的立法不能有效地制止州际的或对外贸易中的垄断行为和限制贸易的不公平行为;另一方面,根据早期的普通法对具有限制贸易性质的合同或协议,法院也只能根据其违反"公共政策"宣布不能执行或无效,却缺乏强有力的制裁措施。在此种情况下,美国国会于 1890 年 7 月 20 日通过了《保护贸易和商业不受非法限制与垄断之害法》,又称《谢尔曼法》或《谢尔曼反托拉斯法》,旨在通过控制垄断的实际实施步骤,协调州际之间的商业活动和对外贸易活动。该法规定:"任何契约、以托拉斯形式或其他形式的联合、共谋,用来限制州际间或与外国之间的贸易或商业,是非法的。""任何人垄断或企图垄断,或与他人联合,共谋垄断州际间或外国间的商业和贸易,是严重犯罪。"由于《谢尔曼法》本身规定不够具体,解释伸缩性大,加之政府当局所执行的放松反托拉斯控制政策,以及控股公司合法化等原因,尽管制定《谢尔曼法》后美国政府有关部门和法院曾采取解散大托拉斯措施,但并没有有效地遏制托拉斯组织的迅速发展。而要保证经济的正常发展,必须制止资本过分集中及由此带来的经济力量滥用。在总结《谢尔曼法》实施经验基础上,美国于 1914 年通过了《克莱顿法》及《联邦贸易委员会法》。前者管理企业间的反竞争性兼并,并制止某些独家交易安排;后者制止不公平的竞争手段。1936 年,美国又通过了《罗宾逊—帕特曼法案》,该法案旨在制止价格歧视。上述法案共同构成了美国反托拉斯法的基础。由于联邦反托拉斯法仅适用于州际间的贸易活动,因此,美国各个州也相继制定了一批法律来规范在本州内进行的贸易活动中的托拉斯行为。至此,包括联邦、州两个层次立法和三大基本法律(《谢尔曼法》《克莱顿法》《联邦贸易委员会法》）以及大量判例在内的美国反托拉斯法体系初步形成。此外，1962 年颁布的《反托拉斯民事诉讼法》，1974 年的《反托拉斯诉讼程序和惩罚法》，1976 年的《哈特—司各特—鲁迪南反托拉斯改进法》，1980 年的《联邦贸易委员会改进法》等，使由三个基本法律确立的美国反托拉斯法律制度体系得到了不断的修改和完善。

形式经济法立法与实质经济法立法的区分在于：第一，是事前规划立法，还是问题导向立法。形式经济法立法依靠立法者事前的规划，而实质经济法立法则主要解决市场竞争中出现的具体问题。例如，美国《谢尔曼法》的制定目的并非基于立法者对垄断行为可能产生危害的认识，而是为了迅速平复当时中小企业和农民对托拉斯的抵触情绪。第二，国家需求主导和市场需求主导的区分。因为国家需求较为复杂，形式经济法立法的体系较完善，存在一般经济法与特别经济法的区分，如在一般意义的经济法基础上，还有特别层面的促进型经济法。促进型经济法实则是立法者对市场规律带有目的性的矫正，将实质公平及正义的理念融入市场调节机制之中。而以市场需求为导向的实质经济法立法则是以自生自发的秩序为基础，其诉求相对单一。第三，权力主导型和权利本位型的区分。形式经济法立法活动主要以国家的需求为出发点，保证国家干预权力的实现及干预效果。而实质经济法立法活动多以市场参与主体的权利为中心而展开。

现代市场经济条件下，形式经济法与实质经济法都有其自身的存在意义。我们认为，只要是调整公共经济关系的法律，均可作为立法现象意义上的经济法来看待。是否一定需要用法典化的形式来表达经济法的立法成果？我们认为目前没有可能，并且也没有必要。这是由经济法调整对象的特点所决定的，因为我国市场经济关系具有发展性、开放性、变动性等特点，经济法的调整领域十分宽广，不适合以法典的形式来进行统括性规制。经济法仍主要是由各种单行的经济法法律法规组成。但未来仍可以对经济法立法现象进行整理与研究，主要路径可以作如下考虑：一是在宪法中强调宪法性经济权力的配置与宪法性经济制度的完善，通过经济法的宪法化为经济法的发展提供指引；二是遵循分析实证与实证分析相结合的路径，将看似分散与孤立的经济法法律法规按照一定的法理标准进行整理与整合，从中总结出经济法特有的发展规律、法律功能与价值理念。中国经济法研究比较紧迫的任务之一，就是要对中国特色社会主义法律体系中属于经济法部门的单行经济法法律进行分析实证与实证分析,从中寻找这些经济法法律的共性与个性特征。

第二节 经济立法中的时间观

在经济立法过程中,立法者的时间观同样值得关注。时机与时刻能够成为经济立法活动的缘起,并达到衡量经济立法的效果。我们在此以中国经济法法律文本中蕴含的时间元素为样本进行分析。

一、经济法规范中的时间元素

时间观念真实存在于经济法文本中,但不同的经济立法阶段与不同的经济法法律文本又反映出立法者不同的时间观(见表1-1-1)。

表1-1-1 中国经济法法律文本中有关“时间”的例证、功能及表述方式

功能	表述方式	法条体现
程序意义①	定时、定期、及时、在××行为之前、自××起具体时间内	《政府采购法》第11条、《企业国有资产法》第73条、《预算法》第25条与第26条、《个人所得税法》第11条、《车船税法》第5条、《银行业监督管理法》第22条、《税收征收管理法》第49条等
计量功能	预算年度、纳税年度、会计年度	《会计法》第11条、《预算法》第18条、《个人所得税法》第1条等
参考标准②	居住累计满……天的	《个人所得税法》第1条等
监督依据③	保存……年	《政府采购法》第42条等
安全保证	及时向……报告、临时冻结	《反洗钱法》第13条、第26条等

①我们认为,在一些经济法律中,时间的表述可以成为经济法执法的程序基础。时间节点的规定可以规范经济执法的流程、提高经济执法的效率。

②我们认为,可以将持续时间作为区分经济法主体的依据,如《个人所得税法》中的“居民纳税人”和“非居民纳税人”。

③必要的时间累积可以检验经济立法的效果和质量。

中国经济立法具有一种“紧迫性”的时间观。改革开放初期,立法者始终秉持着“时不我待”“时间稍纵即逝”的紧迫时间观念,经济立法自一开始便不是“等待式”的自我演化,而是具有极强的以国家意志推动的急迫性。在中国经济法部门的形成过程中,立法者的法律时间观值得研究。我们梳理了改革开放期间党和国家领导人关于经济立法活动的主要观点,从中可以看出经济法在诞生之初便承担了较多的发展改革使命(见表1－1－2)。

表1－1－2 党和国家领导人对"经济立法"的部分观点梳理

姓名	观点
邓小平	"现在的问题是法律很不完备,很多法律还没有制定出来"①
叶剑英	"我们还需要经济法"②
彭真	"立法要积极、要加快步伐,但是也需要稳定性和连续性,不能朝令夕改"③

①邓小平:《邓小平文选》(第2卷),人民出版社1994年版,第146页。

②时任全国人大常委会委员长叶剑英在五届人大二次会议上的讲话。

③彭真:《论新时期的社会主义民主与法制建设》,中央文献出版社1989年版,第189～190页。

与此同时,我们也能够从立法史的角度看到经济立法成果的快速累积,以及经济立法活动所体现出来的一定超前性。从当时国家的重要会议、政策乃至文件中,可以看出决策者对经济立法所持的鲜明立场及所要完成的阶段性立法任务(见表1－1－3)。

表1－1－3 重要会议、政策、文件中关于经济立法的部分表述

会议/政策/文件	关于经济立法的表述
1984年中国共产党十二届三中全会通过的《关于经济体制改革的决定》	经济体制的改革和国民经济发展,使越来越多的经济关系和经济活动准则需要用法律的形式固定下来,国家立法机关要加快经济立法
1993年12月第八届全国人大常委会召开座谈会	《全国人大常委会立法规划(1991年10月—1993年3月)》共列入立法项目152件,其中列入第一类属于在本届内审议的经济立法53件;列入第二类属于研究起草阶段的经济立法37件
第八届全国人大常委会	5年任期内大体形成社会主义市场经济法律体系的基本框架

从表1－1－3可以看出,经济法的立法成果呈现跨越式的发展,我们认为任期制和发展任务的紧迫性是经济立法突飞猛进的原因之一。在1979～

1991 年,全国人大及其常委会制定的经济法约占立法总数的 50%。与此同时,国务院共计制定了 425 部经济法规,约占到国务院所制定的行政法规的 71%,月均 2.75 部经济法规出台。[1] 当时的经济法学术研究群体也持类似的观点,即经济立法需具有一定的超前性。[2] 在我国经济立法初期,立法者的时间观念影响了我国经济立法的基本格局和发展走向。在特殊的时代背景下,大多数经济法都经历了先制定、后修订,甚至是先制定下位法,后完善上位法的情形。这一现象在税法部门中尤为明显。

地方政府在制定促进民营经济发展政策时也有关于时间的表述,并大多设置了任务完成的目标时间或者要在规定时间内实现的预先计划。[3] 如表 1－1－4 所示。

表 1－1－4 地方政府民营经济促进政策中的"时间"表述

政策文件	表述
《中共贵州省委贵州省人民政府关于进一步加快全省民营经济发展的意见》(2011 年)	民营经济三年倍增目标
《吉林省新一轮民营经济腾飞计划》(2011 年)	力争利用 3 年时间,培育销售收入超 100 亿元企业 10 户,超 10 亿元企业 60 户
《中共河北省委关于促进民营经济又好又快发展的意见》(2016 年)	到"十三五"末,全省民营经济力争实现四个稳步提高、三个成倍增长、三个显著增强
《中共安徽省委安徽省人民政府关于大力发展民营经济的意见》(2013 年)	力争到 2017 年,万人拥有企业数、个体工商户数分别比 2012 年翻一番以上和增长 50% 以上,民营经济对经济发展的贡献率明显提高

综合表 1－1－2、表 1－1－3、表 1－1－4 可以看出,政府大多希望在短时期内(政府任期内)实现经济立法形式上的完整,更希望在短时期内产生立法或政策的实效。在这样一种时间观念的驱使下,中国经济立法呈现出

〔1〕 参见沈玮玮:《百年中国立法的革命背景:一个重述与反思》,载《时代法学》2015 年第 2 期。

〔2〕 孙亚明认为还要加快制定一系列必要的经济法规。参见孙亚明:《加快经济立法是进一步发展有计划的商品经济的保证》,载《法学杂志》1985 年第 5 期。

〔3〕 地方政府主要采取各种政策驱动的方式促进当地民营经济的发展。大多对民营企业的数量、规划、发展速度做了指标要求,而且要求在规定时间内实现。参见张玮:《振兴民营经济:从政策促进到立法保障——基于地方民营经济促进政策为样本的分析实证》,载《科学·经济·社会》2015 年第 3 期。

更强的国家干预性。

二、经济立法的线性时间观

必要的时间积累是检验立法成效的必然方式。线性时间观在一定层面塑造了现代法律。[1] 法律的正当性和合理性便体现为守法者对先定承诺的一代又一代的践行。[2] 就经济法而言,私人经济主体的投资决策来源于他们信赖国家经济立法继续有效。[3] 经济立法最初也体现了历史发展惯性,如经济法体系中的一些单行法对商业传统和惯例进行了继承,也对诚实信用原则和公序良俗原则进行了扩充。例如,《反不正当竞争法》中列举了一系列的不正当竞争行为,其精神根源便根植于自然法中。虽然经济法是本土性较强的法律部门,但其中有很多法律规定成为超越国别的共识。[4] 德国在魏玛共和国时期出现了一个关于有计划经营并由社会进行控制的国民经济的设想,转变成了"国民经济"的理念,这一理念和费希特在 1800 年提出的"封闭贸易国"观点有所关联。[5] 从这个层面来说,经济立法既是对商业文明和市场经济的忠实记录,又是对国家干预经济生活这一惯性的延续。但经济立法活动绝非僵化和一成不变的,经济立法也不断地回应正在发生的经济社会矛盾,所以经济法也有"危机对策法"的特征,例如,在战争和经济危机时期,国家的经济立法活动也会相应跟进。我国的经济立法便和经济体制变革具有同步性。[6] 除此之外,经济法也具有批判过去和指涉将来的表现,如最初的经济立法活动只涉及国家干预的实施,而如今的经济立法则要关注国家干预的程度和范围。一些国家产生经济宪法、经济行政法的学说并付诸立法实践,经济法也逐渐从国家经济权力扩张法成为国家经济

---

〔1〕 参见熊赖虎:《时间观与法律》,载《中外法学》2011 年第 4 期。

〔2〕 有学者认为,美国宪法在时间性的维度内表现为一种先定承诺。参见田雷:《宪法穿越时间:为什么? 如何可能? 来自美国的经验》,载《中外法学》2015 年第 2 期。

〔3〕 参见[德]罗尔夫·施托贝尔:《经济宪法与经济行政法》,谢立斌译,商务印书馆 2008 年版,第 309 页。

〔4〕 比如,当代大多数国家的经济立法都承认了尊重市场经济、维护公平竞争、反垄断、环境保护、消费者权益保护等基本准则。值得一提的是,不管是社会主义国家,还是资本主义国家,其经济立法中都有"国家规划"的存在。

〔5〕 参见[德]弗里茨·里特纳、迈因哈德·德雷埃尔:《欧洲与德国经济法》,张学哲译,法律出版社 2016 年版,第 10 页。

〔6〕 参见单飞跃:《中国经济法部门的形成:轨迹、事件与特征》,载《现代法学》2013 年第 4 期。

权力限制法,这都体现了经济立法活动本身便具有发展的品质。从历史继承到回应现实需求,再到自我批判和改进,经济立法活动体现了时间线性发展所带来的进步。

虽然各种经济政策具有一定的灵活性,但经济政策的随意性和不稳定性也会对市场经济秩序造成一定影响,因此经济法需要具备一定的稳定性,而法律的稳定性便和时间的持续性之间建立起了联系。立法者将时间作为重要的变量,相信时间是实现立法目的和检验立法成果的方式。在经济立法活动中,时间能够带来发展的增量。我们认为,促进型经济法是我国经济法体系中的重要组成部门类型之一,促进型经济法体现着立法者鲜明的干预意图。在促进型经济法中,各种形式的"规划"是立法者线性时间观的体现形式。规划是具有时间持续性的经济政策的集合,具有一定的稳定性和预期性,可以上升成为经济法律规范。例如,曾经的《捷克斯洛伐克社会主义共和国经济法典》便直接用法律条文的方式确定了长期计划的时间为15~20年。[1] 促进型经济法多是对一国较为薄弱或者有发展前景的产业或者行业进行专项的支持,其支持促进手段要有一定的延续性,应当超越政府的任期而被纳入国家中长期的发展规划中。例如《中小企业促进法》第3条规定了国家将中小企业发展作为长期发展战略。"长期发展战略"的表述便体现了经济立法的线性时间观念,即中小企业的发展并非朝夕之举,需要把时间作为检验立法成果的手段。《农业机械化促进法》第3条规定了县级以上的人民政府要将农业机械化纳入国民经济和社会发展计划中。《循环经济促进法》第6条也规定了县级以上人民政府编制的国民经济和社会发展规划及年度计划、环保规划、科学技术规划中都应当包括循环经济的内容。对于这些需要支持和扶持的产业或者行业,急功近利式的发展模式自然是不可取的,立法者也考虑到了这一点。又如,《中小企业促进法》第60条规定了不得强制或者变相强制中小企业参加考核和评比,要为其创造较为宽松的发展环境。从此也可以看出,立法者在促进型立法的制度设计过程中,充分考虑到了时间积累对于产业发展的必要性。例如,国务院制定了一系列的中长期发展规划中便有时间段的体现,将发展促进任务分解到一

[1] 参见中国社会科学院法学研究所民法研究室编:《捷克斯洛伐克社会主义共和国经济法典》,江平译,谢怀栻校,中国社会科学出版社1981年版,第6页。

个个时间段中。如表1－1－5所示。

表1－1－5　国务院中长期发展规划中的时间段

规划文件	时间段
《国务院关于印发新一代人工智能发展规划的通知》(2017年)	战略目标分三步走:2020年、2025年、2030年
《国务院关于印发"十三五"市场监管规划的通知》(2017年)	到2020年,按照全面建成小康社会和完善社会主义市场经济体制的要求,围绕建设统一开放、竞争有序、诚信守法、监管有力的现代市场体系,完善商事制度框架,健全竞争政策体系,初步形成科学高效的市场监管体系,构建以法治为基础、企业自律和社会共治为支撑的市场监管新格局,形成有利于创业创新、诚信守法、公平竞争的市场环境,形成便利化、国际化、法治化的营商环境
《国务院关于印发物流业发展中长期规划(2014—2020年)的通知》(2014年)	到2020年,基本建立布局合理、技术先进、便捷高效、绿色环保、安全有序的现代物流服务体系
《生物产业发展规划》(2012年)	到2015年,我国生物产业形成特色鲜明的产业发展能力,对经济社会发展的贡献作用显著增强,在全球产业竞争格局中占据有利位置。到2020年,生物产业发展成为国民经济的支柱产业

三、经济立法的周期性时间观

国家干预和时间节点是有关系的。经济活动具有周期性,防止经济的过冷或过热现象交替出现是经济立法需要面对的矛盾问题。立法者虽然不能精确地预计金融危机发生和结束的时间,金融危机发生后的各种国家干预手段便是依据临时性的经济立法而作出,但围绕金融监管进行的立法活动还是可以反映出立法者的时间观,主要包括国家干预的介入时机、国家干预的持续时间以及国家干预的退出时间等方面。在立法者的眼中,金融危机会以周期性的形式出现,但同样也会在国家干预和市场调节的共同作用下逐渐消退。各种危机虽不是市场经济的常态,但也是检验经济立法质量的契机。循环往复出现的危机也使得临时性的经济立法逐渐成熟化和稳定化,并在特定的时机予以适用。金融危机状态下的经济立法会受到一定的时间观念影响，关键是如何在相对的确定状态和不确定状态中界定准确的干预的介入时机和干预的持续时间、退出时机。

（一）国家干预的介入时机

在金融危机发生时，市场主体通常会陷入恐慌状态。市场对政府公信力通常具有较高的信任度，且由于政府掌握了更多的监管资源，因此国家干预可以最快地消除市场恐慌。国家干预的介入时机实质上体现了一个国家政府干预和市场自我调节机制的力量对比。在强国家干预的环境之中，国家干预通常更加积极和主动。反之，在市场调节为主导的环境之中，国家干预的介入较消极。国家干预介入过早可能会造成不当干预，而国家干预介入过晚则可能会扩大市场损失。美国在次贷危机爆发之初仍然迷信市场的自我修复功能，贻误了最佳的干预时机，付出了比较高昂的干预成本。因此，国家干预的介入时机是经济立法应当考虑的重要因素。国家干预的介入时机需要建立在对金融危机的定量分析和定性分析相结合的基础之上。[1] 但在实践中，由于法律具有一定的滞后性，国家干预的精确时机往往很难掌控。为了最大限度降低危害结果的发生，国家干预的介入可能要远远早于危机发生的时刻，影响了正常的市场经营。因此，有学者认为金融危机的干预也需要在宪治的场景中去实现，以最大限度减少国家干预的随意性和危险性。[2] 我们在证券监管的相关法律规定中也可以看出立法者对于“干预时机”的关注。例如，证券交易所采取技术性停牌或者决定临时停市的措施时，必须及时报告国务院证券监督管理机构，一般也不轻易改变已经发生的且合法合规的交易结果。[3] 这都说明，立法者尊重市场交易结果的延续性和不可逆性，慎重考虑干预介入的时间点。

（二）国家干预的持续时间

我们在讨论国家干预限度的时候应当从时间和空间两方面进行。所谓空间是指国家干预的范围，所谓时间便是国家干预的持续时间。国家干预的持续时间需要受到关注，干预持续时间太短不足以起到干预效果，而干预市场时间太长则阻碍了市场自我调节功能的发挥。在金融危机发生之后，

---

〔1〕 参见沈明：《经济危机与经济学的危机——从波斯纳的研究切入》，载《北大法律评论》2012年第1期。

〔2〕 参见单飞跃：《宪法政治场景中的金融危机干预》，载《法学家》2010年第6期。

〔3〕 详见《证券法》第114条、第120条的规定。

国家在强化监管的同时会抑制金融创新的力度。金融抑制是经济立法的一种时间观体现，其要求在较长的时间内保持较为严格的规制状态。[1] 金融抑制体现为更多的金融监管立法，包括建立新的金融监管机构。在这样一种状态之下，市场的自我调节机制乃至自律管理空间会受到一定挤压。立法者通常认为，金融危机的复苏时间是不确定的或者是较长的，这也延长了国家干预的持续时间。我们认为，应当对危机发生后的经济运行情况进行及时的监测和预警，以便确定合理限度的干预的持续时间。

（三）国家干预的退出时机

当金融危机结束后，国家干预是否要退出？一般来说，取决于两方面因素，一方面是市场失衡的严重程度及相应的国民经济可承受度；另一方面是市场复苏的程度及相应的市场行为者信心恢复状况。所以，国家干预也应当在必要的时候及时退出。在金融危机中，经济立法具有一定的灵活性。在周期性的时间观指引下，经济立法具有动态和静态相结合的特征。所谓静态的立法便是决定金融监管的总体目标和程序性规定。例如，《中国人民银行法》第 3 条规定了货币政策目标，这种目标就具有长期性和稳定性。动态立法则是根据经济运行的具体情况采取临时性的监管手段。当经济恢复到平稳状态时，临时性的干预措施应当适时退出。国家干预的退出并非绝对的去除监管，而是要对下一次可能爆发的危机进行预警。金融危机中的国家干预虽然从表面上看不适用于常态化的市场环境，但其中一些取得共识的举措仍然会被吸纳到更加正式的法律规定中。例如，罗斯福新政中的干预措施虽然是在特殊时期内进行的，但最终成为国家未来发展的“更高目标”，即要保证国民的安全，包括物理安全、经济安全、社会安全和道德安全。[2]

第三节　经济立法的目标选择

一、经济立法的目标选择与经济法法律中的目的条款

调控式的经济立法具有较强的目标取向。调控式立法的典型特征是，

〔1〕 1945 年后，金融抑制主要有三个历史时期：第一次是 1945～1970 年，第二次是 1960～1980 年，第三次是 2009 年至今。从中可以看出，金融抑制的持续性一般较长。

〔2〕 参见［美］凯斯·R.桑斯坦：《罗斯福宪法：第二权利法案的历史与未来》，毕竞悦、高瞰译，中国政法大学出版社 2016 年版，第 10 页。

它与政治有紧密的联系,是一种政治工具,用来为政府和行政部门实现一定的制度目的。[1] 经济立法遵循的是漏洞填补思维,还是通过以立法作为积极手段维护权益及对经济社会进行发展,我们通过对现行的经济法立法目的条款进行文本分析发现,该类条款多采取"为了实现某某目的……"的积极性表达方式,体现了立法者较为主动的干预意图。这种表达方式与经济法具有较强的政策性、对社会经济矛盾的回应性等特点有关。

有学者认为,经济法具有动词化的特征。[2] 立法目的条款中的动词体现了立法者干预经济的积极意图。我们对现行经济法法律中的立法目的条款进行了整理分析,发现使用频次最高的动词是"促进"(40 次)、"维护"(34 次)、"保护"(34 次)、"加强"(31 次)、"保障"(25 次)等词。如表 1-1-6 所示。

表 1-1-6 经济法立法目的条款中的高频动词归类分析

高频动词归类	表达体例	频次总计/次
保护权益类	保护、维护、保证、保障、巩固	97
促进发展类	促进、支持、引导、鼓励、提升、改善、扩大、发展、强化、增加、加快、推进、推动、有利于发展	42
消极预防类	预防、制止、防范、化解、遏制、防治、减轻	11
新建构类	建立、确立、建设	7
规范行为类	规范、合理、明确、稳定、保持	31

从表 1-1-6 可以看出,在所有的高频动词中,保护权益类及促进发展类的频次最高,这体现了经济法具有保护弱势群体及产业、加强行业监督管理以及促进经济发展的多重功能。我国经济立法的目的不仅在于法益保护和秩序维护,更在于积极追求经济社会的全面发展。经济法中的国家主体具有能动性的特点,积极在事前分配资源、确定秩序及审核准入资格。能动性国家不仅意味着国家干预具有合理性,也对政府干预的责任和目标提出

[1] 参见[奥]托马斯·西蒙:《何为立法? 为何立法? ——法典编纂与调控性立法:立法上规范制定的两种基本功能》,载[奥]汉斯·凯尔森等:《德意志公法的历史理论与实践》,王银宏译,法律出版社 2019 年版,第 172 页。

[2] 参见刘光华:《经济法的分析实证基础》,中国人民大学出版社 2008 年版,第 151 页。

了具体要求,这在我国及其他国家的宪法及经济立法中都有所体现。[1] 达玛什卡教授认为能动性国家致力于实践涉及美好生活图景的全面理论,并在此基础上设计一个理念上面面俱到的改善公民之物质和道德情况的计划。[2] 能动性国家要求政府责任在法律实施中得到体现,而不能仅依靠自我实现与自我约束。国家干预应当从权力扩张转向责任约束,这也体现了经济法理念的不断转型,即从扩权到限权的变化。

经济法的立法目的条款中,高频名词的使用也有其自身特点。经济法立法目的条款中的高频名词体现了国家干预社会经济生活的重点对象及重点领域,具体如表 1-1-7 所示。

表 1-1-7　经济法立法目的条款中的高频名词归类分析

高频名词分类	表述方式	频次统计/次
政策类	××安全(如国家安全)	17
社会发展类	社会发展	6
经济发展类	经济发展、竞争、经济秩序	13
环境保护类	资源、可持续发展、环境	27
法益保护	合法权益、社会公共利益、国家利益、消费者利益、人民的利益等	31

从表 1-1-7 可以看出,经济法的立法目的既包括以法律形式确立的基本国策和大政方针,也包括特定的法益保护目标。经济法立法目的条款实质上是对宏观调控、国家干预等多重目标进行合法化凝聚的载体。与此同时,经济法立法目的多体现了不同行业的个性化特征,表述方式及内容较为丰富。在立法目的中吸纳基本国策与大政方针,有利于统合社会整体利益,凝聚社会总体共识。立法目的中的环保、社会发展类的表述也是非常有积极意义的,体现了国家确保国民的生存发展权的责任。[3] 除此之外,经济

---

〔1〕 例如,德国《魏玛共和国宪法》第 151 条规定了国家发展经济的职能,德国《经济增长与稳定法》也规定了国家的相应经济职能,我国《宪法》第 15 条也表明了国家通过经济立法的方式完善宏观调控。

〔2〕 参见[美]米尔伊安·R. 达玛什卡:《司法和国家权力的多种面孔》,郑戈译,中国政法大学出版社 2015 年版,第 104 页。

〔3〕 现代国家承担起了使经济生活符合正义的基本原则的责任,尤其是要为所有的人保障一个符合人类尊严的生存。参见[德]弗里茨·里特纳、迈因哈德·德雷埃尔:《欧洲与德国经济法》,张学哲译,法律出版社 2016 年版,第 24 页。

法立法目的的确立也与我国经济法产生的特殊语境有关,如经济发展紧迫性,对执政党的执政思想及方针政策的吸收融合等。

综上所述,我国经济法在目标选择上以积极式建构型立法目的为主,以消极式漏洞填补型立法目的为辅,但部分经济法法律规范缺少立法目的的约束,如大多数税法规范中的立法目的条款缺失,其中的原因值得探讨。

二、一元多层次税法立法目的体系:经济立法目的的个案分析

立法目的条款是我国制定法的一个非常明显的特色,[1]我国的绝大多数法律会在第一条以"为了"或"为"的祈使句形式,开宗明义地阐释该法的立法目的。但在我国已经制定的12部单行税收实体法中,仅有两部税法设置了明确的立法目的条款。此外,各单行税收实体法也并未按照主流的立法表达结构设置编、章、节,使得税法文本的逻辑结构相较于其他立法而言显得不甚清晰,特别是关于税法的立法目的(税法目的)始终众说纷纭,学术界也欠缺对税法的立法目的进行深入研究的体系性成果。然而,"目的是全部法律的创造者。每条法律规则的产生都源于一种目的,即一种事实上的动机",[2]税法也概莫能外。党的十八届三中全会提出了"深化财税体制改革,建立现代财政制度"的国家治理目标,并将税收制度定位为国家治理体系现代化的重要组成部分。[3] 将财税体制改革的政策话语体系转换为法学话语体系无疑具有重大的理论意义与现实意义,在这个过程中,税法目的的澄清是其中关键一环。

(一)税法立法目的问题的提出

税收的历史源远流长,有国家即有税收,从此种意义上讲,税法也因此源远流长。[4] 与封建时期税法强调"法自君出"不同,近代税法遵循"无代表,不纳税"原则。近代税法大体肇始于1215年英国《大宪章》,其后历经

---

[1] 很多域外法特别是英美法一般并无立法目的条款,比如《美国统一州法典委员会统一法案或示范法案的起草规则》第22条规定:"不需要规定法案的目的和法案确定的事实,除非这些内容对抵制违宪性攻击有用或是任意解释条文有作用。"

[2] [美]E.博登海默:《法理学:法律哲学与法律方法》,邓正来译,中国政法大学出版1999年版,第109页。

[3] 参见楼继伟:《深化财税体制改革,建立现代财政制度》,载《求是》2014年第20期。

[4] 例如,《周礼》"执邦之九贡、九赋、九式之贰,以均财节邦用"的记载,《宋史·王安石传》"青苗法者,以常平籴本作青苗钱,散与人户,令出息二分。春散秋敛"的记载。

400余年的斗争与反复，最终在1689年英国《权利宣言》中明确了“非经国会同意不得征税”的原则。易言之，征税与否，应征得代表纳税人利益的国会的同意。纳税人同意纳税的理由就是发生征税的合法性所在，没有纳税人公意的支撑，税收也就失去了财政的公共性意蕴。因此，国家在征税前必须声明因何缘故须由纳税人集体众筹资金投入某项共同事业中，又以何种公共物品的方式还之于民。从历史的维度观察税法变迁，税法立法目的的声明是税法现代化的一个剪影。《税收征收管理法》第3条也特别提示了任何机关、单位和个人不得擅自作出税收开征的决定。但令人疑惑的是，在普遍规定立法目的的我国制定法视域中，为何独有税法不设立法目的条款，这一现象引人深思。

1. 税法立法目的缺失与法律认识漏洞

按照德国学者拉伦茨对法律漏洞的分类，税法立法目的的缺失属于“规整漏洞”，即“依根本的规整意向，应予规整的问题欠缺适当的规则”。[1] 在立法者认识到有漏洞而未予规定时，王泽鉴教授进一步解释道，“立法之际对某些应予规定的问题，不设规定，而让诸判例学说的，颇为常见，此乃所谓有认识的法律漏洞”。[2] 我国2020年之后先后制定了《城市维护建设税法》《契税法》《印花税法》《关税法》等税收相关法律，在此种条件下仍然省却立法目的条款，这一方面是因为我国税收立法与税法学研究起步较晚，当时尚不具备提炼目的的制度基础、本土经验与理论共识；另一方面是因为目前的税收单行法是作为未来的“税法典”分则设计的，相关缺失可以留待制定“税法总则”时作出。唯有在税法分则已经制定齐备的情况下，方可借助“提取公因式”的方法提取总则以及总则必备的立法目的条款。

2. 税法目的存在意义的争论

税法目的在立法上的有意留白使税法目的本身究竟有无存在的必要成为争议之点。学理上就此分为无意义说与有意义说两种不同的观点。

(1)无意义说。该说认为，除非有正当且合理的理由说明设置立法目的条款是必要的，否则，由于立法目的条款已经隐藏在看起来并无法律实质的条款中，而这一条款的目的很难为立法者所阐明，或者立法目的已相当清

---

〔1〕 参见[德]卡尔·拉伦茨：《法学方法论》，陈爱娥译，商务印书馆2003年版，第250页。

〔2〕 参见王泽鉴：《民法思维：请求权基础理论体系》，北京大学出版社2009年版，第199页。

楚,没有必要在法律中专门予以表述,因此最好的办法就是把立法目的条款省略掉。[1] 税法的立法目的已经融入了具体的税收规则中,专门设置立法目的条款并无必要。

(2)有意义说。该说认为,立法目的条款是各种法律文本的必备条款,缺之法律文本则不完整。[2] 立法目的条款最简要地概括了一部法律的精神,是认知一部法律的观念基础。税法立法目的条款不仅有助于认知税法,还在于税法与税收政策具有密不可分的关系。税法具有鲜明的政策性,因应政策变更而调整,税法学研究也因此容易落入解读税收政策的窠臼。税法目的条款则有助于澄清税收政策背后的恒定法理,夯实税法的法律品格。

有意义说既是学术界的通说,也是立法实践的普遍遵循。《立法法》第119条规定"……并符合立法的目的、原则和原意",从规范层面明确了立法目的的必要性。

3. 税法目的是统合税法体系的基石范畴

成熟的学科体系要求一以贯之的基石范畴,如民法中的请求权基础,刑法中的法益论。税法学的体系化也需要类似的基石范畴,立法目的即为选择之一。首先,制定任何法律均有其目的。正如德国学者耶林指出,法律乃是人类意志的产物,有一定的目的,应当受"目的律"的支配,恰似自然法则受"因果律"的支配。[3] 欠缺立法目的的税法体系,至多不过是一堆凌乱的细则。其次,立法目的决定具体规范的设计。税法涉及私人财产与公共财产的转换,私人利益与公共利益、初次分配与再分配、效率与公平如何调和等矛盾,对税法目的的不同取舍,也就决定了不同的法律制度调整取向。

值得注意的是,税法的立法目的并非绝对的单一指向,其可以是一个包含不同层次的目的体系。这一点中外学者皆有附和之声。马寅初先生曾言:"我们要知道,租税之目的,不止财政收入一种,政府往往利用之以达到其他目的也。"美国学者普莱恩(C. C. Plehn)解释道:税收是一种强制的分担,虽取自私有财产或所得,但应以公共目的为指向,而最主要的公共目的有三:一是公安(social safety),二是公道(social justice),三是公益(social

---

〔1〕 参见刘风景:《立法目的条款之法理基础及表述技术》,载《法商研究》2013年第3期。
〔2〕 参见刘风景:《立法目的条款之法理基础及表述技术》,载《法商研究》2013年第3期。
〔3〕 参见梁上上:《利益衡量论》(第2版),法律出版社2016年版,第23页。

welfare, material and immaterial)。[1]

税法目的作为基石范畴,在统合税法体系时至少有以下意义:其一,重述税法的理论体系,即将税法目的作为税法体系的观念基础,在税收政策流变中固守法律的安定性。其二,作为"税法总则"的必备条款,统合单行税法的运行。其三,拘束税法的解释、续造,通过在税法个案的适用过程中再现法律精神。正因如此,缺失的税法立法目的有待学术界提炼。而且,目前来看,提炼税法目的不仅是必要的,而且是可能的。必要性体现在税法目的是统合分散化、碎片化的税法子部门的观念基础;可能性体现在目前单行税收实体法的格局已经逐渐成型,学术研究也已经有逾35年的积累与相当程度的共识。[2]

(二)法益层面的税法立法目的:以纳税人权益为核心

"法益是指根据宪法的基本原则,由法所保护的,客观上可能受到侵害或者威胁的人的生活利益。"[3]法律生活中,法益已经超越了刑法的范畴,在一般法的意义上存在,具体指"法律所保护的利益和价值"。[4] 任何法律均有其保护的利益和价值,这一点充分地体现我国大多数制定法中的第1条"为……制定本法"之中。在欠缺立法目的的税法视域中,有必要从理论上审视税法所保护的法益,补充税收立法的背景信息,同时也为人们理解税法提供根本的价值指引。

1. 法益与立法目的是两个需要区分的规范概念

法益与立法目的的区别至少体现在以下几方面:第一,内涵不同。法益是指法律所保护的利益和价值,立法目的所指则是"立法者制定某部法律的出发点及欲达到的目标"。[5] 前者仅指客体意义上的"好处",后者还包括立法者的意志。立法目的除了保护法益外,尚需要顾及社会政策等其他因素。第二,性质不同。法益的实体是生活利益,但由利益上升为法益,还需

---

〔1〕 参见杨大春:《民国时期税法目的评析——以民国时期财税法学研究为依据》,载刘剑文主编:《财税法论丛》第12卷,法律出版社2012年版,第106~126页。

〔2〕 学界一般将1986年刘隆亨教授所著的《中国税法概论》一书作为我国税法学形成的标志。

〔3〕 参见张明楷:《法益初论》,中国政法大学出版社2000年版,第167页。

〔4〕 参见高铭暄、王作富、曹子丹主编:《中华法学大辞典(刑法学卷)》,中国检察出版社1996年版,第113~114页。

〔5〕 参见李挚萍:《环境基本法立法目的探究》,载《中山大学学报(社会科学版)》2008年第6期。

要立法者的筛选、确认。而立法目的正是这个过程中的评价基准,两者分别属于评价基准和被评价的对象。[1] 第三,适用路径不同。法益在立法中往往转换为权利、权益等更具象的表达,其适用的起点是发生权益被侵害的事实;而立法目的则是任何法律适用所要追求的目标。

2. 税法的法益包括纳税人的个人法益与公共法益

法益在规范构造上首先是利益,为识别税法中的利益,必须回到税法规范的核心行为"纳税"上。"纳税"是一个复合词,在《现代汉语词典》中,"纳"字作动词有"交付(捐税、公粮等)"的意思,"税"字作名词则意为"政府依法向纳税人征收的货币或实物"。[2] 可见,税法在主体上涉及纳税人与政府双方,在直接利益关系上表现为纳税人将私人财产转移给政府。由此,经由纳税行为,纳税人的部分私人财产转而形成由政府所管理的公共财产。

为廓清私人财产和公共财产所表征的法益,我们借助个人利益与公共利益的二分法,将税法的法益区分为纳税人的个人法益和纳税人的公共法益。其中,具有竞争性和排他性的法益是个人法益;反之则为公共法益。[3] 之所以没有根据主体之别采取"政府法益"的概念,原因在于:第一,政府的任务是为纳税人服务,如果承认其也具有独立的法益,恰恰会落入公共选择学派所批评的寻租与部门本位主义之中;第二,政府职员与纳税人间存在畅通的双向流通机制,纳税人是共有的身份,成为政府职员则是部分纳税人兼有的身份,即政府职员是由纳税人组成的。

(1)纳税人的个人法益。个人法益具有竞争性和排他性,是作为个体的纳税人的利益诉求。个人法益在静态上要求税负能少则少,藏富于纳税人。低税负不仅意味着纳税人拥有更多的财富以及财富所代表的发展机会,而且也是社会激励机制的题中应有之义。再者,财政规模的扩张对市场机制的有效运转有所影响,也不符合"让市场在资源配置中起决定性作用"[4] 的基调。个人法益在动态上要求税负应物尽其用,造福于纳税人。税收的使用应当遵循勤俭节约、讲求绩效的原则,投入纳税人最需要的公共物品领

---

[1] 参见于改之:《法域协调视角下规范保护目的理论之重构》,载《中国法学》2021年第2期。

[2] 参见中国社会科学院语言研究所词典编辑室编:《现代汉语词典》,商务印书馆2012年版,第223、928页。

[3] 参见刘水林:《经济法是什么——经济法的法哲学反思》,载《政治与法律》2014年第8期。

[4] 参见《中共中央关于全面深化改革若干重大问题的决定》。

域,在经济上创造自由、公平的竞争秩序推动纳税人财富的增长,在社会、文化等其他方面创造良好的环境促进更多价值的创造。

(2)纳税人的公共法益。公共法益不具有竞争性和排他性,是作为纳税人的利益诉求。公共法益以市场不能、不得、不愿提供的公共物品为客体,能与当下和未来的、不特定的人分享,萨缪尔森(Paul Samuelson)对英国灯塔制度的解释即为著名例子。公共物品有利于纳税人,却没有任何一个纳税人有能力、有动力填补空缺,只能期待政府积极作为。政府凭借公共财产的运用,建设公路、铁路等基础设施,进行宏观调控维持经济总体平衡,进行市场监管纠正市场公害行为,都是"从社会整体利益出发,对经济活动实施干预、管理或者调控",[1]而且不限于经济领域,政治、文化、社会、生态等领域也都需要政府的积极作为。

纳税人的个人法益与公共法益间具有共生关系:公共财产源于私人财产的让渡,公共法益也源于私人法益的让渡。一方面,每个纳税人让渡的财产极其微小,只有合并在一起才能发挥"1 + 1 > 2"的效果,也只有这样巨大的资金积累才有能力支撑公共物品的供给,为纳税人服务;另一方面,公共法益归属于全体纳税人,但并非均等的分布,仍有相机调整、倾斜配置的必要。总之,公共法益既源于纳税人,最终也会回归于纳税人。

3. 税法的立法目的应当以纳税人权益为核心

纳税人是税收的"源头活水",纳税人私人财产是公共财产的逻辑起点,公共财产的存在是为了私人财产的保有、存续、积累与增长。此种意义上,将纳税人权益作为税法立法目的的核心并无疑问。《宪法》第 56 条规定:"中华人民共和国公民有依照法律纳税的义务。"该条规定一般被解读为公民的义务,但在纳税人权益保护的价值指引下,该条规定中的纳税义务并不局限于纳税人的义务层面,更确切地说,其是包含着纳税人权利的纳税义务。易言之,该条所规定的纳税义务,是为了确认纳税人享有以宪法为基础,仅在税收的征收、使用符合宪法基本原则的条件下才承担纳税义务的权利。税法并非仅为国家征税技术之法,更应当是纳税人权益保障之法。

(三)功能层面的税法立法目的:三重目的的层次结构

学术史上关于税法功能的讨论硕果累累。税法的本质即私人财产向公

---

〔1〕 参见《中国特色社会主义法律体系》白皮书。

共财产的无偿转移，而现代各国法律莫不将财产权保护奉为圭臬。例如，《宪法》第13条第1款、第2款规定："公民的合法的私有财产不受侵犯。国家依照法律规定保护公民的私有财产权和继承权。"《民法典》第114条第2款规定："物权是权利人依法对特定的物享有直接支配和排他的权利，包括所有权、用益物权和担保物权。"以上条款在不同层面宣示了财产权的专属性、独占性与不可侵犯性。税收作为物权变动的方法之一，与财产权保护不可避免地存在紧张关系。自洛克以降，财产权即为人权的核心范畴，任何对人权的限制都负有充分论证其合理性之义务，而且此种限制还需经过比例原则的再限制。税法既然是无偿转移私人财产之法，那么对转移之理由应予明示，对理由之形成应予以充分的讨论。此种意义上，税法的立法目的即成为税收合法性的基石，也是税收法定视野下纳税人公意的书面表达。为了说明私人让渡私益成就公益在法理上的正当性，可以从功能层面确立税收立法的三重目的，分别是财政目的、经济目的和社会目的。这三重目的又以财政目的为首要目的，财政目的支撑着另外两重目的之达成。

1. 财政目的：维持政府的有效运转

作为税法的首要目的，财政目的的基本含义有二：其一，筹措维持政府运转的基本费用。现代国家系"租税国"，[1]正如马克思所言，"赋税是喂养政府的奶娘"。尽管在我国，公债规模和国有资本经营所得不可小觑，但税收仍是全部财政收入来源的大部分。税收转化为公共财产后首先要保证政府有能力招揽人才有效运转，主要表现在公务人员之雇佣、公权力机关之营运、公共财产之用益；否则，政府在自身难保的情况下也难以满足纳税人的期待。其二，支付政府提供的公共物品的费用。政府本身并不创造财富，但政府为了履行公共职能、提供公共物品必须要有一定财产的支撑。无论是市场监管还是宏观调控，无论是经济发展还是民生保障，政府但凡想有所作为都必然产生相对应的行动成本。这些公共物品有利于纳税人，当然其成本也应当由纳税人分担。

值得注意的是，税法塑造的政府不同于传统行政法学的管理者角色，而

---

〔1〕 关于"租税国"的论述，可参见高军：《租税国理论及意义初探》，载《河南社会科学》2010年第5期。

是兼有“有限政府”和“有为政府”的双重面向。[1] 有限政府是市场经济的客观要求，政府不是取代市场的干预力量，而只是市场的监管者之一；有为政府是现代社会的客观要求，在市场失灵、社会建设等纳税人有所期待的领域，政府必须积极作为。前者要求限制政府的征税权；后者要求保障政府的征税权。由此，公共财产在一国内应有适当之规模，大体相当于维持政府运转费用与政府提供公共物品费用的总和。

2. 经济目的：维护宏观经济的稳定

市场经济是自发秩序与设计秩序的兼容。一国经济持续、有效、稳定的发展不独是以市场机制为中心的自发秩序的结果，也包括政府调控为必要辅助的宏观结构秩序的支撑。一般认为，宏观调控主要依靠国民经济与社会发展规划、财税、金融、产业政策等手段，但财政的统筹协调作用是全方位的，可及于经济社会生活的方方面面。税法不仅是财政收入法的重要组成部分，而且按照《预算法》“以收定支”的要求，税法实施在很大程度上决定了财政法的实施以及相应的宏观调控。

税法在宏观调控中主要发挥以下作用：第一，维持适当的央地关系。中央与地方关系的一个重要侧面即财权与事权在中央政府与地方政府间的配置，财权决定事权，而税收是财权的主要来源。1994 年分税制改革以来，税种按归属区分为中央税、地方税和中央与地方共享税，由此决定了中央与地方的财权配置以及随之而来的事权分割。同时，因各地税源差异，各地方政府的公共收入也有差异，由此形成了地方政府间竞争的初始优势与劣势。第二，矫正区域发展不平衡。我国经济呈现“西低东高”的结构性不平衡局面，优势企业集中在东南沿海，中西部企业普遍缺乏竞争力。为缓和东西部经济的绝对差异从而保障各地的公平发展权，税法以税收重课与税收优惠为手段，引导企业的流动，重塑企业在全国的分布。同时，中央政府与税收充裕的地方政府也通过转移支付对落后地区进行援助。第三，协调各产业合理布局。第一、二、三产业间应当保持适当的比例，当各产业比例紊乱或有紊乱之虞，政府通过差别化税率、补助等予以调节，将各产业的数量维持在适度的动态范围内。同时，为因应服务业发展、绿色生产、节约资源等要

[1] 关于“有限政府”与“有为政府”的论述，可参见陈云贤：《中国特色社会主义市场经济：有为政府 + 有效市场》，载《经济研究》2019 年第 1 期。

求,税收应当相机调整,助力经济转型和产业结构优化升级。

3. 社会目的:纳税人收入再分配

以往的自由主义经济理论主张国家对财富的分配持中立态度,国家不应介入财富的分配问题。但迫于贫富差距、劳资冲突等招致的各种社会问题亟待解决,国家不得不对初始分配状态进行矫正,即进行再分配。[1] 与最低工资制度、价格管制制度、社会保障制度等其他制度设计相比,税法是国家最重要的再分配手段。

再分配在社会层面主要有两层含义:其一,保障个人发展权的实现。纳税人是一个抽象的范畴,掩藏在政治权利平等表述下的是现实中各人因家境、天赋、学历、体质等先天或后天的因素而处于事实上的不平等状态,例如,有人以体力谋生,有人以技术谋生,有人以资本谋生,如此云云。为保障弱势群体的发展能力,税收一方面通过累进税率的设计对初次分配进行调节,另一方面转化为社会福利倾斜于救助弱者。其二,保障社会安全。历史的治乱规律表明,贫富悬殊是社会安全的重大风险。当社会财富长期不能公允地在纳税人之间进行分配,就会酝酿出潜在的危机。因此,税收通过对私人财富的再分配矫正初次分配的格局,照顾国民感情,有利于社会稳定、健康、良性的发展。税收对个人发展和社会安全的保障,也为企业家精神培育了土壤,契合经济动能转换的客观要求。另外,税收作为再分配的手段,应当坚持效率优先、兼顾公平的原则,不得过度调节,避免损害社会的正常激励机制。

综上,税法虽然在形式上表现为纳税人为完成共同的事业而订立的集体契约,实质上却是纳税人集体购买政府公共物品的"价目表"。税法的立法目的是公共物品内涵的外显,公共物品是什么,税法的立法目的也就应当包含什么。随着信息化、数字化的新浪潮以及新技术对人的新一轮边缘化,纳税人提出了新的公共物品需求,由此决定了三重目的并不能绝对周延地解释公共物品的内涵,公共物品是一个开放性的框架性范畴,税法的立法目的也应当是一个开放性的体系。

(四)规范层面税法立法目的的考察

规范层面的分析是另一个观察税法立法目的的重要层面。尽管我国税

---

[1] 参见[日]金子宏:《日本税法》,战宪斌等译,法律出版社2004年版,第4~5页。

收实体法在立法目的的规定方面一反常态，但对税法的立法目的进行规定也有初步尝试。

1. 法律与行政法规整体层面的考察

基于税收法定主义的要求，税法在严格意义上仅指全国人大及其常委会的狭义立法，但鉴于我国税收立法往往经由行政法规过渡而来，也有学者认为国务院的授权立法在效力上等同于狭义立法，故本书不区分二者，统一处理。

目前，《环境保护税法》《耕地占用税法》《进出口关税条例》《城镇土地使用税暂行条例》《城市维护建设税暂行条例》《土地增值税暂行条例》等6部法律法规规定了相应的立法目的（见表1－1－8）。

表1－1－8　法律与行政法规中的税法立法目的

法律和行政法规	立法目的
《环境保护税法》	为了保护和改善环境，减少污染物排放，推进生态文明建设，制定本法
《耕地占用税法》	为了合理利用土地资源，加强土地管理，保护耕地，制定本法
《进出口关税条例》	为了贯彻对外开放政策，促进对外经济贸易和国民经济的发展，根据《海关法》的有关规定，制定本条例
《城镇土地使用税暂行条例》	为了合理利用城镇土地，调节土地级差收入，提高土地使用效益，加强土地管理，制定本条例
《土地增值税暂行条例》	为了规范土地、房地产市场交易秩序，合理调节土地增值收益，维护国家权益，制定本条例

梳理以上法律法规对立法目的的规定，可以发现：相关法规范分布在财产税、商品税领域，尤其是作为公共财产的资源保护领域，其立法目的也印证了前述功能层面的三重目的。例如《环境保护税法》第1条规定："为了保护和改善环境，减少污染物排放，推进生态文明建设，制定本法。"环境属于公共物品，环境保护兼有财政、经济、社会层面的价值。"减少污染物排放"是经济转型的要求，而良好的环境不仅减少了政府治理的财政支出，也是民生福祉。又如《进出口关税条例》第1条规定："为了贯彻对外开放政策，促进对外经济贸易和国民经济的发展……"从该条规定也可以看出，国内市场与国际市场的平衡属于公共物品，该规定不仅彰显了经济目的，也间接促进

了社会目的的实现。

2. 一个细分领域的考察:以《资源税法》为例

如果将视角聚焦到《资源税法》这一部法律,有助于更清晰地观察税法的立法目的如何展开。为保障样本范围的适当性,本部分将规范考察范围扩大到规章层面(见表1-1-9)。

表1-1-9　资源税法的税法立法目的

资源税法文件	立法目的
《关于实施煤炭资源税改革的通知》①	为促进资源节约集约利用和环境保护,推动转变经济发展方式,规范资源税费制度
《水资源税改革试点暂行办法》	为促进水资源节约、保护和合理利用,根据党中央、国务院决策部署,制定本办法
《扩大水资源税改革试点实施办法》	为全面贯彻落实党的十九大精神,按照党中央、国务院决策部署,加强水资源管理和保护,促进水资源节约与合开发利用,制定本办法
《资源税法(征求意见稿)》	—
《资源税法》	—

①已失效。

从前引规范性文件的表述看,资源税是敦促企业节约资源和保护环境之税。概言之,即推动我国经济发展方式转型之税。《资源税法》兼有激励与约束机制,如第7条第1款规定:"有下列情形之一的,省、自治区、直辖市可以决定免征或者减征资源税……(二)纳税人开采共伴生矿、低品位矿、尾矿",即通过激励纳税人开发非优质矿的方式防止资源浪费;同时只要涉及资源开发就必须向公众付费,以此约束纳税人。由此看来,对开发资源征税的实质原因在于自然资源一方面是全民所有的公产,使用理应向全民付费;另一方面在于当今世界生态环境形势日益严峻,人类面临因生态环境恶化、资源过度开发利用所带来的增长极限。[1] 结合煤炭资源税、水资源税改革成果以及《资源税法》的立法沿革,资源税法的立法目的也在一定程度上印证了税法的三重目的。例如,《关于实施煤炭资源税改革的通知》规定:"为

〔1〕 参见李宇:《民法总则要义:规范释论与判解集注》,法律出版社2017年版,第49页。

促进资源节约集约利用和环境保护，推动转变经济发展方式，规范资源税费制度。”以节约资源为抓手，延伸到经济转型、社会建设上。

此外，无论是基于经济转型、资源保护、环境治理，还是基于国内国际市场的平衡，《资源税法》作为公法有利于全体纳税人，故也印证了以纳税人权益为核心的主张。

(五)税法立法目的的提炼

税法并非“空中楼阁”，而是建立在真实的经济生活场景之上。税法立法目的的提炼也必须从经验世界出发，并且能够接受经验世界的检验。《宪法》第15条第1款规定“国家实行社会主义市场经济”，这是我国经济运行机制的顶层设计，也是税法实施的语境条件。如果将税法的立法目的定位为税法的必备要素，须规定于“税法总则”之中，那么税法立法目的的提炼路径可以从宏观与微观两个层面进行伸展，从宏观言之即具体化经济宪法的目的，从微观言之为整合具体税法的立法目的。具体而言，对税法立法目的的提炼，可以沿着“经济宪法—税法总则”的演绎和“单行税收实体法—税法总则”的归纳这两条路径来进行。

1.“经济宪法—税法总则”路径

经济宪法对税法目的的约束至少有以下三点：其一，社会主义市场经济体制对税法目的的基本框定。社会主义市场经济以“市场经济”为基础，以“社会主义”为要求。前者要求税收征收应秉持谦抑的品格，防止过度挤压市场的空间，对各种所有制企业在税收上“一视同仁”。后者要求税收的积极使用，既要维持有效市场，也要负责市场外的社会、文化、生态等领域的建设。其二，财产权保护是税法目的的逻辑起点。财产权本质上是私人劳动果实的凝结，在近代自由主义盛行时期“财产权绝对”的观念深入人心，法国《人权宣言》第17条规定“财产是神圣不可侵犯的权利”是财产权绝对观念最著名的口号。但权利亦有其边界，德国《魏玛宪法》第153条第3款规定“所有权负有义务，财产权的行使要以公共福祉为目的”，财产权的社会义务第一次被写入宪法。[1] 尽管如此，也不能以社会义务为理由恣意干涉私人财产，财产权的保护仍是第一性的，所附义务是第二性的，不能本末倒置。其三，税法目的对宏观调控权的法治约束。《宪法》第15条第2款规定“国

[1] 参见张翔：《财产权的社会义务》，载《中国社会科学》2012年第9期。

家加强经济立法,完善宏观调控”,这就明确了宏观调控必须于法有据。同时,宏观调控权的行使也受制于税收规模,税收规模的大小决定了宏观调控的范围、深度与限度。

2.“单行税收实体法—税法总则”路径

根据征税对象的不同,税法可分为商品税法、所得税法和财产税法,这些单行法律承担着不同的任务,也因此有并非完全相同的税法目的。

第一,商品税法的立法目的。所谓商品税,也称流转税、货物和劳务税,是以商品为征税对象的税的总称。[1] 自2016年“营改增”废止营业税以来,商品税仅包括增值税、消费税和关税三个税种。在市场经济时代,“商品是市场的核心,社会财富主要表现为庞大的商品堆积”,[2]因商品税覆盖了商品的生产、交换、分配、消费全部环节,征税范围广、税源充裕,所以能够提供大量的、稳定的财政收入,也因此被确立为我国的主体税种,进而奠定商品税的多元目的。[3] 首先,商品税因其稳定与规模化保障了我国政府的持续有效运转,在税收收入中占有重要地位。其次,商品税的征税已经广泛渗入经济链条的方方面面,从而承担着调节宏观经济运行的任务,例如,以出口退税鼓励出口达到平衡调节国内市场与国际市场的目的,通过免征农业生产者销售自产农产品的增值税的优惠措施支持农业发展。最后,商品税中的消费税主要针对奢侈商品课征,而且消费税是在课税商品已经征收增值税的基础上进行的二次征收,通过最终转嫁至消费者来引导社会消费,塑造良好的社会风气与消费习惯。

第二,所得税法的立法目的。所得税以所得为征税对象,可再分为个人所得税和企业所得税两种。所得税制度首创于英国,最初仅仅是临时性、应急性的税种,主要是为了筹措军费以及战争赔款。[4] 但由于所得税在调节贫富差距方面的重要作用,其能体现“量能课税”原则的要求,“能力强者多纳税,能力弱者少纳税,无能力者不纳税”,[5]因而成为现代各国普遍开征

---

〔1〕 参见张守文:《税法原理》(第10版),北京大学出版社2021年版,第151页。

〔2〕 参见邱本:《经济法研究(下卷:宏观调控法研究)》,中国人民大学出版社2008年版,第159页。

〔3〕 参见张守文:《税法原理》(第10版),北京大学出版社2021年版,第151~152页。

〔4〕 例如,美国为筹措南北战争之军费始于1862年开征所得税,德国为偿付第一次世界大战战败之赔款始于1920年开征所得税。

〔5〕 参见许多奇:《论税法量能平等负担原则》,载《中国法学》2013年第5期。

的税种,不仅享有"良税"之美誉,而且在西方国家被确立为主体税种。我国个人所得税的起点是1980年制定的《个人所得税法》,该法对个人800元以上的月收入按照超额累进税率征税。1986年制定的《个人收入调节税暂行条例》只对中国公民征收,对超过基数3倍以上的部分才按照20%~60%的超额累进税率征税。显而易见,此种个人所得税仅对极少数富人征收,用以调节极端贫富差距,其立法目的可视为以社会目的为主要目的。企业所得税则不然,从2008年至2016年的数据来看,中国企业所得税约占全部财政收入的15%~18%,且呈现逐年上涨的趋势,[1]可见企业所得税在组织财政收入方面的重要性。另外,企业所得税的重课与优惠也能起到配置资源、调节宏观经济的作用。由此可知,所得税在税法的三重目的上均有作为的空间。

第三,财产税法的立法目的。财产税以财产为征税对象。早在秦汉时期,我国已征收车船税、牲畜税。传统农业社会源于土地等不动产的田赋、土地税曾是封建王朝收入的主要来源,其主要目的就是筹集财政收入。[2]在工商业发达的资本主义时期,私人资本迅速增长、动产大量增加,社会财富的持有分化严重,财产税不可避免地承担起对社会财富进行再分配的功能。[3]尽管其历史非常悠久,但由于现代各国通常选择商品税、所得税为主体税种,财产税在各国的税制中往往被定位为辅助性税种。[4]目前,我国财产税采用的是宽泛定义,房产税、土地税、契税、车船税乃至资源税等均被囊括其中。就其立法目的而言,首先,财产税是地方财政收入的主要来源,因课税财产的价值额相对固定,缺乏增长的空间,所以财产税在筹集财政收入方面的功能逐渐减弱。其次,财产税通过对土地、房产等生产要素征税,敦促财产用益者更积极、更有效率地配置财产,甚至是引导财产用益者积极消费以规避税收,拉动经济增长。最后,财产税通过对私人财富征税调节贫富差距,缓和社会矛盾。由此可知,财产税在税法的三重目的上均有作为空间。

---

〔1〕参见林蔚:《欧美国家减税动向与中国制造企业所得税改革的功能定位》,载《华南师范大学学报(社会科学版)》2017年第6期。

〔2〕参见张守文:《税法原理》(第10版),北京大学出版社2021年版,第255~256页。

〔3〕参见高亚军、王银梅:《财产税功能研究》,载《中南财经政法大学学报》2006年第5期。

〔4〕参见张守文:《税法原理》(第10版),北京大学出版社2021年版,第255~256页。

综上所述,商品税法、所得税法、财产税法在立法目的上各有侧重,相互配合,但在总体上可以全面覆盖财政目的、经济目的和社会目的。如果从更细致的层面进行分析,则可以分别考察个人所得税的立法目的、契税的立法目的及城市建设维护税的立法目的等,如此方可有更全面的了解与更深刻的认识。

(六)税法立法目的的表达与进一步展开

1. 税法立法目的的表达:一元多层次

从经济宪法和单行税收实体法两条路径出发,可以发现中国税法的立法目的并非某一层面的单一追求,而是一个多元的体系。同时,只有在财政目的实现的前提下,其他目的的实现才有可能,而且政府的税收规模也在很大程度上决定了其他目的实现的程度。因此,我们将税法的立法目的初步概括为"一元多层次的目的体系"。所谓一元,即以纳税人权益为核心;所谓多层次,即兼有财政、经济、社会等多重目的,且以财政目的为首要,财政目的对其他两重目的起支撑作用;同时,多层次也是一个开放的层次体系,可以随着经济社会的发展而吸收新的目的,回应经济社会发展中的新要求。

以纳税人权益为核心是税法的价值追求。纳税人是税收来源主体,离开了纳税人的支持,税收也就无以为继。而且,税收在财政、经济和社会层面的功能最终也是为纳税人服务,即税收取之于纳税人,又回归纳税人。

以财政目的为基础的多元追求是税法的功能定位。在当代社会中,不仅每个人、每个群体基于其个性而具有不同的利益诉求,而且政府也在不断寻找最佳的定位,因此税法应当及时反映社会生活中有益的公共需求,拓展税法的目的体系。

2. 税法立法目的的进一步展开:迈向宪治主义

世殊时异,税法学研究也应当推陈出新。"税法就是税收行政法"已经不能解释税法在我国经济社会中所承担的任务,也没有关注到税法与宪法、经济法、行政法、民法等法律之间的衔接与互动。我们认为,结合一元多层次的税法目的体系,税法学应当迈向宪治主义,实现纳税人与政府的共治。

第一,从干预主义到合作共治。就政府与市场关系的规约而言,经济法学界提出了"协调说""调节说""干预说""纵横统一说""调制说"等多种解释,但在法律关系结构上始终难以摆脱纵向的主客体结构关系模式。税法的目的体系则明确了政府与纳税人之间的关系,纳税人让渡私人财产给政府，政府供给公共物品服务于纳税人，由此塑造了两者合作共治的横向关系。合作共治预设的政府不仅是市场的管理者，还要求市场管理以及其他公共物品的供给都以纳税人权益为核心，政府对纳税人承担信赖义务。共治不仅是《宪法》第 2 条第 1 款规定的"人民主权原则"在税法中的展开，也是中华文化自古以来的向往，有助于推动税法的观念转型与内涵再造。

第二，从"权利—义务范式"到"权利—权力范式"。"法学是权利义务之学"是学术界广为流传并被普遍接受的命题，法律也表现为权利义务的配置规则。税法学的规范结构突破了个体与个体间权利义务分配的双边性，纳税人的税权并非与纳税人的义务相对应，其对应政府的征税权以及以征税权为支撑的公共物品供给。凡具有纳税人身份者皆享有纳税人税权，无论其是否实际履行纳税义务。同时，纳税人的纳税义务也对应着政府的征税义务。法权中心说认为，权力和权利是法律世界中最常见的法律现象。权力与权利之对立关系表现为公共利益与个体利益的冲突与协调，归根结底是财富的个体所有者与财富的公共所有者在经济关系层面的对立，而税法正是此种对立关系的彰显。在税法视域中，政府的财政权力基于私人财产权的让渡，税法所关注的也是财产权与财政权以及其衍生的权力（利）束的紧张关系，因此应于"权利—权力"的认知范式中解释税法现象。

第四节　中国经济立法的历史周期划分与重点调节对象

一、经济立法是中国现代化进程的重要制度变量

经济立法作为法律现象和治理模式在新民主主义革命时期就已出现。中国共产党早期经济工作实践中即有外在规则植入型的经济立法初步尝试，这一经济立法模式在中华人民共和国成立后的前 30 年里也一直被沿用。进入改革开放和经济体制改革阶段，经济立法作为政策名词和法律术语，被普遍运用于经济体制改革与发展、法律体系建构与完善之中，并以"加强经济立法"的表述形式出现在党内法规、人大报告、政府公文、法律规范之中。从 1981 年《关于加强经济立法工作的几点建议》中"经济法规是国家用来保护和完善社会主义生产关系、促进生产力发展的有力工具"的工具论到 1996 年"九五"计划中"把经济立法放在重要位置，用法律引导、推进和保障社会主义市场经济的健康发展"的有机论，1992 年党中央作出的建立社会主义市场经济体制的决定成为关键的转折点。1981 年 9 月，国务院经济法规

研究中心《关于加强经济立法工作的几点建议》报告中提出“经济法规是国家用来保护和完善社会主义生产关系、促进生产力发展的有力工具。在国民经济调整时期,正确运用经济立法,对于保障调整任务的顺利实现和巩固经济改革的成果,具有重要的现实意义”。1992 年 10 月,中国共产党第十四次全国代表大会正式提出建立社会主义市场经济体制的目标。为与党的十四大报告和新党章中有关社会主义经济制度的阐述相统一,1993 年全国人民代表大会对《宪法》进行了修改,“经济立法”在宪法规范层面得到了确认。“加强经济立法,完善宏观调控”作为宪法主张,其在对国家角色进行定位的同时,也为抓紧制定有关社会主义市场经济方面的法律提供了最高法律依据。1996 年 3 月,第八届全国人民代表大会第四次会议通过的《中华人民共和国国民经济和社会发展“九五”计划和 2010 年远景目标纲要》在“深化经济体制改革”板块第七点“加快经济立法”中提出“把经济立法放在重要位置,用法律引导、推进和保障社会主义市场经济的健康发展。继续制定和完善规范市场主体和市场行为、维护市场秩序、改善和加强宏观调控、建立和健全社会保障制度、促进对外开放等方面的法律。制定和完善振兴基础产业和支柱产业、规范政府行为、保护环境资源、保护知识产权等方面的法律”。2008 年国务院新闻办公室发布的《中国的法治建设》白皮书,在“规范市场经济秩序的法律制度”板块中作出了“改革开放以来,在从计划经济体制向市场经济体制转变过程中,中国不断加强经济立法和相关立法,符合社会主义市场经济要求的法律制度已基本形成”的表述,并回顾了社会主义市场经济法律体系在民事法律制度、市场主体法律制度、市场管理法律制度、宏观调控法律制度等方面取得的成就。2011 年国务院新闻办公室发布的《中国特色社会主义法律体系》白皮书,在法律体系的完善部分提出了“继续加强经济领域立法”的要求,并从民事商事、财税金融、宏观调控、经济安全等法律制度层面给出了完善目标。2024 年 7 月中国共产党二十届三中全会通过的《中共中央关于进一步全面深化改革　推进中国式现代化的决定》,明确提出了一些重要经济立法任务,包括制定民营经济促进法、金融法等。这些战略设计与制度安排反映了中国式现代化建设进程中,经济立法已经成为国家经济治理的重要手段。

我国在运用经济立法进行经济治理的过程中,也注重其与党的政策、国家战略、经济社会发展规划之间的协调配合,四者之间通过相互联动,形成了一个具有稳定性、系统性的制度组合(如图1-1-1所示),国民经济运行体系主要围绕党的政策、国家战略、经济立法和经济社会发展规划之间的协调配合而展开。党的政策先行、试行,从宏观上指导、转化为国家战略、经济立法和经济社会发展规划。与此同时,国家战略、经济立法和经济社会发展规划又对党的政策进行不同层面的细化、解释和实施。在国家战略、经济立法、经济社会发展规划三者之间,国家战略指引并规范经济立法和经济社会发展规划,经济立法和经济社会发展规划吸收并转化为国家战略,经济立法与经济社会发展规划之间则互为依据。

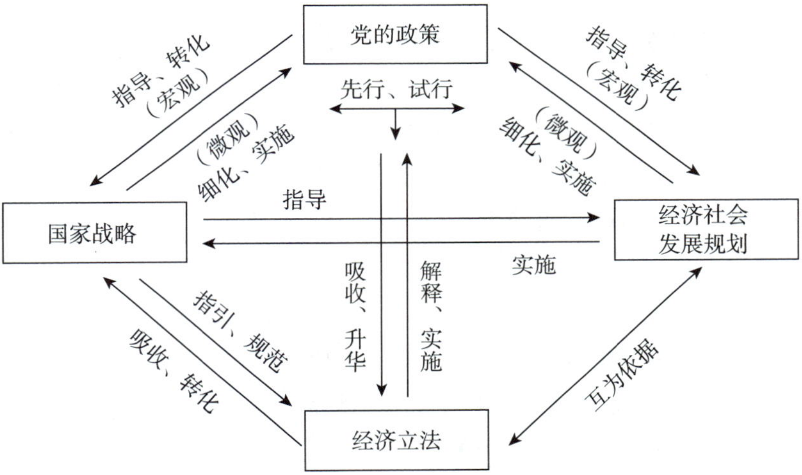

图1-1-1　中国现代化进程中四大重要制度变量关系

二、中国经济立法的历史周期划分

"历史是至关重要的。它的重要性不仅仅在于我们可以向过去取经,而且还因为现在和未来是通过一个社会制度的连续性和过去连接起来的"[1]。"立法不只从社会经济生活中汲取源泉,也从先前时代的立法与成果中汲取养料"[2]。从此种意义上来说,经济立法是具有承继性和连贯性的。

〔1〕参见[美]道格拉斯·C.诺思:《制度、制度变迁与经济绩效》,刘守英译,上海三联书店1994年版,第1页。

〔2〕参见郭道晖:《当代中国立法》,中国民主法制出版社1998年版,第13页。

(一)1949～1978年:以工业化、公有制和计划经济为重心的经济立法初创期

在解放战争接近尾声时,国家财富与主要物资被国民党反动派大量转移,生产力的衰弱、生产工具的落后和生产资料的缺失造成了国民经济的凋敝,增加了新中国成立后恢复经济的难度。中华人民共和国成立前颁布的、具有宪法性质的《共同纲领》围绕当时经济社会中各经济成分之间最突出的四组矛盾,规定了"以公私兼顾、劳资两利、城乡互助、内外交流的政策,达到发展生产、繁荣经济之目的"的新中国经济建设根本方针,提出新中国的任务主要解决从农业社会向工业社会的转型(工业化)问题,展现了党和国家对恢复经济的通盘规划和部署。[1] 这一时期的经济立法主要是围绕农村层面的农业土地、城市层面的工商管理、国家层面的财税金融三大领域展开。在国民经济恢复期,国家制定了《土地改革法》《暂行海关法》《新解放区农业税暂行条例》和《关于决算制度、预算审核、投资的施工计划和货币管理的决定》等经济法律法规,以重建国民经济和进一步推进土地改革。在社会主义改造期,1954年颁布的《宪法》把"逐步实现国家的社会主义工业化,逐步完成对农业、手工业和资本主义工商业的社会主义改造"这一过渡时期的总任务纳入序言之中并明确了我国基本经济制度,[2]同时围绕"一化三改"制定了《公私合营工业企业暂行条例》《国家经济建设公债条例》《国务院关于改进财政管理体制的规定》《国务院关于改进工业管理体制的规定》《国务院关于改进商业管理体制的规定》等经济法规,通过法律制度安排落实"过渡时期"的总路线。在调整期,围绕1960年中共中央在全面建设社会主义时期提出的恢复与发展国民经济的"调整、巩固、充实、提高"的"八字方针",相继制定了《农村人民公社工作条例草案》《国营工业企业暂行条例》《商标管理条例》等经济法规,对"大跃进"后遭受损失的经济进行重建。从1966年至1975年的10年间,立法工作的停滞和经济建设的"停摆"直至1976年才逐渐开始恢复。

新中国成立后到1978年的这段时期,经济立法呈现出集中性、计划性和改造性的特点,形成了以国营经济为主导、建立和发展公有制与计划经济

---

〔1〕 参见《中国人民政治协商会议共同纲领》,人民出版社1952年版,第9～10页。

〔2〕 参见田克勤、于文藻:《中国共产党七十年:1921—1991》,吉林文史出版社1991年版,第407页。

体制为目标的经济立法初创期。

(二)1978 年至今:以中国特色社会主义现代化建设为核心的经济立法推进期

改革开放以来,经济立法始终是国家立法工作的重点。为恢复经济运行的法律秩序和提供经济改革的保障机制,经济立法呈现出规模化、系统化的发展态势,经历了从经济法规体系,到市场经济法律体系,再到中国特色社会主义法律体系的演进过程,形成了以中国特色社会主义现代化建设为核心的经济立法推进期。这一时期也是我国经济法治实践最为活跃和最为生动的时期。

1. 经济法规体系阶段,时间上从 1978 年持续至 1992 年。经济法规体系的建设和完善是在我国改革开放全面展开的背景下,“七五”和“八五”计划期间所提出的经济立法目标。[1] 这一阶段的经济立法“以需定立”,呈现出综合性和探索性的特征。一方面是对经济法和民法没有作出严格区分,综合民事关系和国民经济管理关系,把政府经济行为、市场交易行为和企业组织行为均囊括在经济法规中。例如,1981 年颁布的《经济合同法》就对计划经济关系与商品交易关系进行了结合性调整,为经济生活中纵向经济关系与横向经济关系的调节提供了制度纽带。另一方面是打破既有体制束缚,释放个体经济活力,通过民商事法律制度的牵引和有针对性的经济立法,解决当时经济体制探索中所遇到的经济法律问题。又如,1986 年颁布的《民法通则》吸收了法人制度,为国有企业改革提供了组织形式保障。同时,《民法通则》规定了个体工商户和农村承包经营户两大特殊自然人主体,巩固了经济改革与实践探索的成果。除此之外,《企业破产法(试行)》设计了企业退出市场的机制,《全民所有制工业企业法》规定了厂长负责制,《中外合资经营企业法》《外资企业法》《中外合作经营企业法》构建了新型的企业组织形式,为旧体制束缚的经济单元解套,为释放企业活力创造条件。

2. 市场经济法律体系阶段,时间上从 1993 年持续至 1997 年。市场经济法律体系的建设和完善是在我国改革开放加快发展背景下,基于 1993 年《宪法》修改后对建立社会主义市场经济体制和加强经济立法的迫切要求而

---

[1] 参见全国人大财政经济委员会办公室、国家发展和改革委员会发展规划司:《建国以来国民经济和社会发展五年计划重要文件汇编》,中国民主法制出版社 2008 年版,第 287、331 页。

提出的经济立法目标。[1] 这一阶段的经济法律增量明显，形成了一波为市场经济集中立法的高潮，并带有强烈的功能性特征，重点解决市场的内部构造和政府的宏观调控，以及政府与市场关系等市场经济中的重大法律问题，以保障市场经济体制的建立及其有效运行。这一时期，在市场主体立法方面，按照市场主体传统组织形式的三分法，分别制定了《公司法》《合伙企业法》《独资企业法》。在市场秩序立法方面，逐步澄清了市场与政府的边界，市场自发秩序交由以《合同法》《公司法》《证券法》《破产法》《票据法》为主体的民商法进行维护，市场管理秩序交由以《反不正当竞争法》《消费者权益保护法》《产品质量法》为主体的经济法予以建立。在宏观调控立法方面，形成了以《预算法》《中国人民银行法》《价格法》和各行业法为主体的宏观调控法律体系。在劳动与社会保障立法方面，制定了《劳动法》《工会法》等法律。同时，在对外开放领域制定了《对外贸易法》。市场经济法律体系对中国特色社会主义法律体系的形成和社会主义市场经济的有序运转，起到了骨干性的支撑作用。

3. 中国特色社会主义法律体系阶段，时间上从 1998 年持续至今。中国特色社会主义法律体系的全面建立是在改革开放深入推进背景下，依据依法治国方略所提出的立法目标，并经历了初步形成、基本形成和宣告形成的渐进过程。[2] 该法律体系是由以宪法为统率的七大法律部门组成，在这一体系结构中，经济立法呈现出强烈的法律部门性特征。法律体系中的部门性虽然对民商法和经济法进行了区分，但并不妨碍两个法律部门在维护市场秩序方面的配合。这一时期，随着骨干性经济法律的陆续出台，经济立法进入平稳的发展时期，主要围绕着完善市场主体和中介组织、市场交易、宏观调控、市场监管和对外开放等领域，制定了维护我国基本经济制度的《物权法》《企业国有资产法》，保障市场机制有效运行的《反垄断法》和一系列税收法等法律，同时对《公司法》和《证券法》等既有法律进行了调适与修改。中国特色社会主义法律体系将市场经济法律体系纳入更高级、更广阔的综合性法律体系之中，是对经济立法的再凝练与再升华，使经济立法的宏观定位更加清晰，立法目标更加明确，并强调经济立法与社会立法、民事立

---

〔1〕 参见全国人大财政经济委员会办公室、国家发展和改革委员会发展规划司：《建国以来国民经济和社会发展五年计划重要文件汇编》，中国民主法制出版社 2008 年版，第 168 页。

〔2〕 参见朱景文：《中国特色社会主义法律体系的形成与完善：结构、原则和制度阐释》，中国人民大学出版社 2013 年版，第 4 ~ 5 页。

法、刑事立法的全面协调。在 2011 年中国特色社会主义法律体系形成之后，经济立法在现代财政、营商环境、电子商务、外商投资、区域经济、乡村振兴、粮食安全、个人信息保护、数据安全等领域持续推进与不断完善，对新型工业化、信息化、城镇化、农业现代化的经济社会发展目标，以及经济社会发展所带来的新挑战、新风险、新问题进行了全面的立法回应。

三、中国经济立法重点调节的社会关系

基于不同时期的国情与社会基本矛盾，我国经济立法重点调节的对象主要锁定在与经济发展密切相关的工业与农业、城市与农村、中央与地方、政府与市场、国内与国际关系这五大社会关系方面。

（一）工业与农业：工业化与现代化主导下的产业转型升级

工业与农业作为国民经济中的两大支柱产业，两者关系是否协调不仅关涉工农业自身的发展状况，而且会对国家经济基本盘产生举足轻重的影响。正确认识和处理工农关系是我国经济建设的首要课题。我国工业与农业的关系在经济立法的调整下经历了“重农育工—以农养工—工农并进—以工哺农”的渐变过程。

新中国成立初期，《共同纲领》所树立的工业国理想决定了“以工为主”的经济发展主线，并以工业化的目标形式延伸至其后的宪法规范构造中。在依靠高度计划组织方式和强力行政控制的早期工业体系建设阶段，基于“优先发展重工业”的工业化指导思想，农业产出作为“中间投入”环节，以商品粮和工业原料的形式供应工业生产，并保持持续输送，高度集体化的农业部门成了工业体系的依托。在这一阶段，我国有关土地改革、农业生产合作社、农业税收等方面的农业立法均是以促进农业生产、加强社会主义工业化为主要宗旨。1950 年 6 月 28 日中央人民政府委员会第八次会议通过的《土地改革法》第 1 条立法目的条款规定，“废除地主阶级封建剥削的土地所有制，实行农民的土地所有制，借以解放农村生产力，发展农业生产，为新中国的工业化开辟道路”。1955 年 11 月 9 日全国人民代表大会常务委员会第二十四次会议通过的《农业生产合作社示范章程》第 1 条立法目的条款规定，发展农业生产合作社的目的，是要逐步地消灭农村中的资本主义的剥削制度，克服小农经济的落后性，发展社会主义的农业经济，适应社会主义工业化的需要。1958 年 6 月 3 日全国人民代表大会常务委员会第九十六次会

议通过的《农业税条例》第1条立法目的条款规定,为了保证国家社会主义建设,并有利于巩固农业合作化制度,促进农业生产发展,根据《宪法》第102条的规定,制定本条例。1960年4月11日经第二次全国人民代表大会第二次会议讨论通过的《一九五六年到一九六七年全国农业发展纲要》,开篇即提出"这个纲要是在我国第一个到第三个五年计划期间,为着迅速发展农业生产力,以便加强我国社会主义工业化、提高农民以及全体人民生活水平的一个斗争纲领"。"以农养工"的国民经济发展路线虽然加快了我国现代工业体系的建设进程,但也造成了农业生产与农村发展自身的乏力。工业体系的快速扩张对当时的农业基础产生了一定的消蚀性影响,工业化导向下的农业生产资料外流和"剪刀差"模式下的工业资本积累,导致了工农业部门间的比例失调,"三农"问题开始显现。"二五"计划期间,作为经济发展主流思想的"以钢为纲"重工业发展中心论,进一步加剧了工农业之间的紧张关系。1962年党的八届十中全会提出"以农业为基础,以工业为主导"思想,开始调整国民经济发展方针。[1] "工农并进"指导思想的核心在于修正工业增长方式,将农业从抑制型发展模式中解放出来,成为独立发展、自我增强的产业部门,并以此确保国民经济根基的稳定与可持续发展。这一时期,以全民所有制工业企业改革为主导的工业立法和以农村经济体制改革为主导的农业立法服务于各自的本体,实现了工业和农业的全面发展。在工农并进时期,以保障和促进农业发展为立法目的专门立法包括《农业技术推广法》《农业法》《乡镇企业法》《种子法》《农村土地承包法》等,其他涉及农村经济体制改革和保障农村生产经营组织、农业劳动者合法权益的立法包括《民法通则》《土地管理法》《水法》《电力法》《气象法》《渔业法》;以加快工业发展为立法目的的专门立法包括《国营工业企业暂行条例》《全民所有制工业企业法》《全民所有制工业企业承包经营责任制暂行条例》《全民所有制工业企业转换经营机制条例》等,其他涉及国有企业改革的立法包括《公司法》《审计法》《企业国有资产监督管理暂行条例》等。2004年,党和国家提出把"以工促农、反哺农业"作为新时期处理工农关系的准则。"以工促农"是指以工业化、新型工业化和信息化推动农业现代化,这既是国家工业体系日臻成熟的体现,也是农业产业发展方式的转型标志。2006年《农业税

---

[1] 参见赵晓雷:《中国工业化思想及发展战略研究》,上海财经大学出版社2010年版,第65~66页。

条例》的废止，宣告在我国延续两千多年的农业税时代的终结，是我国从农业国向工业国转型、以工业带动农业、从农业税体系过渡到工业税体系的重大突破。在此之后，机械化、科技化、标准化、信息化等先进社会生产力形式，以基本建设、科研开发、质量保障、推广应用、信息服务等方式，融入农业立法中，通过资源要素的配置和生产方式的革新，加快传统农业的改造进程和现代农业的建设步伐。2004 年颁布的《农业机械化促进法》以“为了鼓励、扶持农民和农业生产经营组织使用先进适用的农业机械，促进农业机械化，建设现代农业”为立法宗旨；2007 年颁布的《耕地占用税暂行条例》以设立新税种的方式保护农村耕地；2010 年发布的《国务院关于促进农业机械化和农机工业又好又快发展的意见》通过支持农用工业的发展来推动“以工促农”；2012 年修改后的《农业技术推广法》在其立法目的条款中增设了“增强科技支撑保障能力，促进农业和农村经济可持续发展”的内容并修改了农业技术推广的职责、机构、保障和法律责任等方面的问题；2021 年颁布的《乡村振兴促进法》在总则部分第 6 条规定“坚持以工补农”的立法原则并贯彻到具体规范内容之中。

（二）城市与农村：从分割到融合的均衡型社会发展模式

城市与农村是以区域为基础的社会产业分工的结果，两者关系的调整一直是中国革命和现代化进程中不断探索的重点和难点问题。城乡关系与工农关系高度重叠并且相互渗透，工业化和城市化之间带有某种程度的一致性和协调性，工业化在分配资源时具有明显的向城市集中的趋势，而农村则是农业经济发展的依托和载体。工农关系在一定程度上决定了城乡关系的基本走向。我国城市与农村的相互关联，在经济立法的调整下经历了“乡村本位—城乡二元—城乡统筹—城乡融合”的变迁。

新中国成立后，为完成从落后农业国向现代工业国的转型，我国经济建设聚焦于构建独立的现代工业体系。“优先发展重工业”的“一五”计划指导思想，1955 年《农村粮食统购统销暂行办法》所确立的农产品统购统销流通制度，以及 1958 年《户口登记条例》所确立的城乡户籍分割管理制度等，在推进工业化进程的同时也加剧了城市和农村关系的割裂，造成了农村社会经济的边缘化。[1] 改革开放以来，为改变城乡二元经济结构，缩小城乡鸿沟，经济建设目标系统的优先序列被重新安排，以农业农村现代化为主导的

---

〔1〕 参见张岩松：《统筹城乡发展和城乡发展一体化》，载《中国发展观察》2013 年第 3 期。

农村改革成为国家经济工作中的重要议题。随着家庭联产承包责任制的实践创造,农产品流通与定价的市场化改革,以及乡镇企业的兴起,经济立法稳步跟进改革进程和配合改革需求,在土地、经营、贸易、金融等领域对农民基本权利进行有效保障,对农村改革成果予以及时确认,对农业经济发展提供有力的制度支持和激励。[1] 在农村改革取得成果后,城市改革也开始有条不紊地推进。以国有企业改制为切入口的现代企业制度建立,以经济特区设置为窗口的对外开放实践,以城市社区建设为接口的基层组织职能调整,这些具有极强回应性、开放性、综合性和示范性的经济立法,为城市发展中培育工业文明和塑造市场机制创造了条件。2002 年党的十六大提出了"统筹城乡经济社会发展"主张,成为处理城乡关系和破解二元结构的核心思路。[2] 在此期间,农业税的废止使国家与农民的关系发生了从"取"到"予"的根本性转折,强农支持和惠民保障的力度也在不断加大。2019 年,在城乡统筹发展的基础上,党中央提出了城乡融合发展的战略方向,力图在弥补城乡差距过程中,加强城乡间的发展互动。这一时期,耕地保护立法、粮食安全立法、乡村振兴立法不断出台,以法律手段战略性地调整农村发展方式,整体性地筹划城乡融合进路,形成具有均等性、一体性、互补性的城乡发展格局。以人为本的新型城镇化和农业现代化战略,既充分发掘了农业生产价值和农村经济潜力,又实现了城乡间的协调联动和相互促进。

(三)中央与地方:统一性与积极性协调下的财政体制变革

中央与地方关系是与国家统一、民族团结、社会稳定和经济发展密不可分的重要命题,也是决策者需要长期面对和谨慎处理的重大问题。新中国成立后,我国中央与地方关系的基本格局并未发生太大改变,对单一制国家结构形式的根本遵循和两个积极性的充分调动,始终是中央与地方关系的主基调,这也使我国中央与地方关系整体上呈现统一、规范、高效、协调的总态势。由于国家治理理念和地方治理愿景的不断革新,中央与地方关系在经济社会事务管理权限与职责划分上的变动历程仍是非常曲折的,经历了"中央集中领导—高度中央集权—权力收放反复—放权让利下的地方分

---

〔1〕 参见洪银兴:《中国共产党领导建设新中国的经济发展思想演进》,载《管理世界》2021 年第 4 期。

〔2〕 参见杜志雄、肖卫东:《用科学的理论和决策调整城乡关系——中国共产党调适城乡关系的百年探索和实践经验》,载《中国领导科学》2021 年第 2 期。

权—分税制下的财政分权—现代化治理与责任化自治”的变动过程。

新中国成立初期,在完成社会主义改造后,我国开始实行高度集中的计划经济体制。财政管理上的“统收统支”和物资调配上的“定价配额”把中央与地方关系塑造成了“政府的政府”关系。1956 年,伴随国家行政体制改革和工业管理体制改进,原本由中央包揽的经济管理权开始有选择地下放给地方。然而,与中央与地方关系结构改革相伴而生的是区域利益催化下的经济跃进。盲目且重复的地方生产在引发资源浪费的同时又扰乱了经济建设秩序,使中央不得不部分收回下放的经济管理权并重新审视中央与地方关系。[1] 1970 年的经济体制改革为下放经济管理权限而再次对央企进行调整,但到 20 世纪 70 年代中期又再度集权,权力收放的两次反复也反映了计划经济体制固有的集权惯性。[2] 1978 年改革开放拉开了财政体制改革的序幕,从“财政分灶吃饭”到“财政大包干”,通过不断放宽地方政府和行业管理者的经济决策权来调动地方经济发展的积极性。1982 年《宪法》规定了中央与地方职权划分的基本原则,强调兼顾全局统一性和地方积极性,并进一步渗入之后的经济立法之中。[3] 财政收入的地方分流导致了我国财政实力分布的“弱干强枝”,中央宏观调控能力被削弱的同时,也抑制了统一、开放、竞争、有序的商品经济体制的建立。1993 年的分税制改革是具有历史性意义的财政体制变革,建构了规范的、稳定的、均衡的分配结构,使中央与地方关系基本定型,并通过 1994 年制定的《预算法》加以巩固。随着党的十八届三中全会提出国家治理体系与治理能力现代化的重大命题,中央和地方间的职能明晰与职责划分被提上议事日程。2016 年国务院发布《推进中央与地方财政事权和支出责任划分改革的指导意见》后,我国陆续出台了关于基本公共服务、医疗卫生、科技、教育、交通运输、生态环境、应急救援等领域的中央与地方财政事权和支出责任划分改革方案,对经济社会生活中重要领域的央地间财政关系作出了具体的安排和划分,“责任化自治”成为了中央与地方关系的新特征。在“统一的多民族国家”宪法体制统

---

〔1〕 参见钱周伟:《新中国 70 年中国共产党处理中央与地方利益关系的探索与经验》,载《中共成都市委党校学报》2020 年第 2 期。

〔2〕 参见胡鞍钢等:《中国国家治理现代化》,中国人民大学出版社 2014 年版,第 176 ~ 177 页。

〔3〕 《对外贸易法》第 4 条规定:“国家实行统一的对外贸易制度,鼓励发展对外贸易,维护公平、自由的对外贸易秩序。”

领下,单一制、分税制、“一国两制”、民族区域自治、特别行政区、自由贸易区、功能性行政区等富含中国特色的制度设计在保障国家统一性和凝聚力的同时,也为地方积极性和主动性的发挥预留了空间及增强了活力。

(四)政府与市场:从否定到肯定的市场经济体制机制选择

政府与市场是现代市场经济的重要两端。政府与市场关系不是静态的、固定的,而是动态调整的。新中国经济法律制度的变迁史实质上就是政府与市场关系的变革史与法律调整史,政府与市场关系这条线索一直贯穿其中,并在经济立法的调整下经历了“政府代替市场—政府开放市场—政府发展市场—政府服务市场”的渐进变动过程。

对政府与市场关系的认识与把握,从历次宪法修改中经济体制条款的相关变动中也可以体现出来。从1949年具有临时宪法性质的《共同纲领》规定在国家统一的经济计划内恢复和发展公私经济各主要部门,到1954年《宪法》明确国家运用经济计划指导经济建设和发展,从中可见“计划”一直是当时经济治理的主要线索。新中国成立并实行了计划经济体制,政府与市场之间也呈现出单向度的替代关系。1982年《宪法》第15条的经济体制条款,明确了计划经济与市场调节在保障国民经济协调发展中的主辅地位。这一融入了市场因素的宪法经济体制变动,源自改革开放所带来的历史性转折。从1978年党的十一届三中全会开始,党中央对国家经济系统的运作原则与管理制度进行了重大调整,并在1978年至1992年提出了从计划经济到有计划的商品经济再到社会主义市场经济的运行构想。政府与市场关系在这段改革实践中进行了大幅度调整,经历了从“主辅之分”到“内在统一”再到“两相结合”的市场化程度不断加深的过程。1993年《宪法修正案》第7条作出了“国家实行社会主义市场经济”的规定,我国经济体制实现了对市场经济的定位从调整式修补到改革式替换的重大变革,形成了以市场为导向的体制改革根基。与此同时,以建立现代企业制度、赋予公有制经济与非公有制经济同等地位、保护私有财产权为核心,在改革加速期制定的一系列促进经济发展的立法,为市场经济建设铺平了道路。“充分发挥市场在资源配置中的决定性作用,更好发挥政府作用,推动有效市场和有为政府更好结合”,是党的十九届五中全会对社会主义市场经济体制中政府与市场关系的新定位,也凸显了我国政府与市场关系发展的新高度。

现代市场经济是政府与市场同构与同在的市场经济,从“政府开放市场”到“政府发展市场”再到“政府服务市场”，在市场化不断加深的过程中，政府在经济社会发展中的价值与作用并没有被否定，而是借助经济立法不断调整政府与市场的边界，以减少市场机会主义或行政机会主义所带来的消极影响。经济立法通过以民商法为载体对市场主体赋权和维权，以经济法为载体对政府管理授权和限权的双重方式调节政府与市场关系，在不断强化市场机制作用的基础上，以对政府经济权力进行控制为前提，对危害市场秩序的行为加以法律规制，推动政府与市场的功能互补。此外，经济立法遵循市场第一性、政府第二性的市场经济基本价值判断，在尊重现代市场制度自发形成的普遍性规则体系基础上，针对中国经济社会发展中的基本矛盾和特殊问题，提供相应的专门法律制度安排。当前，新的生产力、新的市场构成、新的投资者需求、新的风险机理，对政府经济职能转变与政府经济职权转型提出了新要求，政府与市场关系也面临着新矛盾、新问题与新挑战。2020 年《中共中央、国务院关于新时代加快完善社会主义市场经济体制的意见》提出了“按照包容审慎原则推进新经济领域立法”的新要求，也体现了通过经济立法来调节政府与市场关系的一贯主张。2024 年《中共中央关于进一步全国深化改革　推进中国式现代化的决定》提出，“聚焦构建高水平社会主义市场经济体制，充分发挥市场在资源配置中的决定性作用，更好发挥政府作用，坚持和完善社会主义基本经济制度。”“保证各种所有制经济依法平等使用生产要素、公平参与市场竞争、同等受到法律保护。”这些规定反映了高水平社会主义市场经济体制对经济立法所提出的更高要求。

（五）国内与国际：国际化战略引领下的市场化、法治化、便利化

国内与国际关系的核心是处理好独立自主与对外开放之间的矛盾。经济立法是中国对外开放的重要法律标志，其不仅需要满足中国国内经济发展的要求，还要为融入国际经济体系提供法律支持。在经济立法的调整下，我国国内与国际关系经历了“战时联合—国内统制—对外开放—扩大开放”的变动过程。

新中国成立后，西方国家在朝鲜战争后对中国经济的封锁使新中国对外贸易受阻，有限的对外经济联系决定了这一时期中国经济发展是以国内市场为主体的半封闭格局，而后随着外交策略的调整逐渐得到改善。[1] 这一阶段

〔1〕 参见张幼文：《70 年中国与世界经济关系发展的决定因素与历史逻辑》，载《世界经济研究》2019 年第 7 期。

虽然制定了一些涉外行政法规,但是对外贸易仍未融入国际经济秩序中。1978 年实施改革开放后,我国制定了大量调整涉外经济关系的法律规范,建立贴近国际市场运作逻辑的涉外规则体系。2001 年我国加入世界贸易组织(World Trade Organization,WTO),是中国经济发展进程中的标志性事件,对我国的经济生活、经济规划、经济立法都产生了系统性影响。为了落实世界贸易组织的要求和融入国际经贸规则体系,使中国能够进入统一的对外经济活动的法律空间,经济立法进行了符合国际化要求的相应改造。《反不正当竞争法》《公司法》《中外合资经营企业法》《中外合作经营企业法》《外资企业法》《海关法》等一系列法律,以扩大国际经济合作和技术交流、促进对外经济贸易和科技文化交往、促进社会主义市场经济的健康发展为立法目的,有力推动了中国经济发展的现代化、市场化、法治化、国际化进程。在为加入世界贸易组织的前期准备阶段,以促进对外经济贸易和技术合作为立法目的的经济立法包括《海关法》《标准化法》《进出口商品检验法》等;以扩大国际经济合作和技术交流为立法目的的经济立法包括《中外合资经营企业法》《广东省经济特区条例》《中外合作经营企业法》等;以促进社会主义市场经济发展为立法目的的经济立法包括《商标法》《反不正当竞争法》《消费者权益保护法》《公司法》《对外贸易法》《合伙企业法》《证券法》等。从经济特区到自由贸易区,从《中外合资经营企业法》到《外商投资法》《海南自由贸易港法》,以经济立法的形式保护开放、促进开放、扩大开放的主线,始终贯穿于我国改革开放的进程之中。目前,大国间的政治角力、经济制裁等多重因素,造成了全球化进程受阻。在未来相当长的时间里,外在变量影响下的国际国内关系将成为对执政党和中国社会的巨大考验。中国经济高速发展取得的成就中,既包含着改革红利,也包含着开放红利,开放与包容已经成为中国经济社会发展的必然选择。经济立法应当在借鉴、吸收、改良、发展的立场上,持续性地与国际化标准、全球市场规则保持统一。只有这样,才能使生产力发展和经济社会进步始终处于良性循环的系统之中。党的十九届五中全会通过的《中共中央关于制定国民经济和社会发展第十四个五年规划和二〇三五年远景目标的建议》提出了"加快形成以国内大循环为主体、国内国际双循环相互促进的新发展格局"的国际国内经济关系政策。"双循环"政策旨在通过整合区域市场、带动全国市场、参与国际市场,实现国内市场与国际市场的联动与协同发展。

第五节 经济立法技术的改进

经济立法技术的改进有助于提高国家干预的质量,降低制度运行的成本。经济立法技术的改进能够调整立法主体与守法主体之间的信息不对称结构,防止“被遗忘的权利”“不知情的违法”等情况的发生。

一、纵向立法可操作性的加强

部分经济法的法律规范内容具有较强的特殊性,其中的部分条文并没有直接规定权利义务内容,而是作出机构、职权、行为、术语解释等方面的规定。这些法条规定的功能在于确定具体制度的规范、程序和标准,其并不能通过私人诉讼的方式完成权利义务的分配。以财税法为例,我国现阶段税收法定的水平与程度仍然需要进一步完善,税收规范体系中税收政策的数量相当庞大,其中所反映出来的经济立法与经济政策比例不均衡。政策性特点在经济法法律规范中的过度渗入会导致经济法立法技术的退化,表现为立法语言的空洞化、原则化和泛政策化。政策性较强的经济法法律规范的实施需要下位实施条例、实施细则予以配合。下位实施条例、实施细则与上位法相比,虽然法律位阶层级低,但由于语言表述更为细致,实际上成为了法律适用的主要依据。我们从《个人所得税法》与《个人所得税法实施条例》的对比中来进行相应分析。从条文数量来看,《个人所得税法》一共只有22条,而《个人所得税法实施条例》有36条,更长的篇幅意味着更多的信息量,也有助于将各种可能发生的实施中的问题包含于其中。从条文内容来看,《个人所得税法》第2条规定了个人所得税的缴纳范围,但该条第1款内容仅仅列举了名称,在实际的税收征纳行为中,这种模糊化的规范较难直接予以适用。因此,在《个人所得税法实施条例》第6条便是对应的细化条款,用列举的方式对“个人所得”的形式和范围进行了相应细化。我们认为,税法实施条例的核心在于对税法规范实施过程中可能遇到的问题进行解释说明,主要是为税收征纳行为提供了规范适用指引,并非对国家与纳税人之间的权利、义务与责任进行重新分配,这种类型的实施条例类似于法律的“技术说明书”。纳税人与税务部门之间的信息不对称,会对税收征纳效率、税收公信力及纳税人权利保护产生不利影响。正如社会上曾经热议的“月饼税”的传言及其争议,也正是基于纳税人对《个人所得税法实施条例》中的相关规定缺乏了解。我们认为,税收法定原则不应当只追求形式上的绝对法定,更应当重视其实质内容,尤其是具体适用规范内容的法定。此外,立法机关应当尽可能少地采用先进行粗糙的上位法立法,然后在公众不太熟悉的实施条例或者政策中进行细化规定的做法,尽力调适立法者和守法者之间的信息不对称结构。

我们再以《中小企业促进法》为例,分析地方政府是如何对上位法规定进行细化分解的。我们最易担心的"复制粘贴式"的下位细化模式并没有出现,下位的实施办法在主要内容的编排体例上并没有和《中小企业促进法》完全一致。例如《中小企业促进法》法条结构安排上具有明显的总分特征,主要是按照不同的促进方式分章编排。以下位实施的《湖北省实施〈中小企业促进法〉办法》及《武汉市实施〈中小企业促进法〉办法》为例,其在内容体例上没有采取清晰可见的总分结构,而是将各类法条杂糅在一起,其间并没有进行有效的衔接与区分。从可视化乃至法律形式性的层面来看,所谓的"中小企业促进法办法"并没有比上位法表现出更强的操作便捷性。从条文的数量对比来看,作为上位法的《中小企业促进法》共有61条,而从湖北省再到武汉市的各级"实施办法"的条文数量却在不断递减。那么这样的"实施办法"起到的是细化解释还是补充说明的作用?我们认为,它主要起到的还是补充说明作用,其只不过是对需要授权给地方各级政府可以"因地制宜"的部分,才制定相应的下位"实施办法"。仍以《湖北省实施〈中小企业促进法〉办法》为例,其对中小企业信用机制的建立以及中小企业开拓实施的具体方式等方面作了细化性规定,这种根据地方实际情况而进行补充说明的方法,也是一种常见的法律辅助实施机制。当然,这样的补充说明仍然需要在上位法设定的框架内进行。具体如表1-1-10所示。

表1-1-10 经济法中上位法与下位法之间的对比:以《中小企业促进法》为例

文件	条款数	制定时间	主要内容	细化之处
《中小企业促进法》	61	2002年	总则(7)、财税支持(5)、融资促进(11)、创业扶持(8)、创新支持(6)、市场开拓(5)、服务措施(7)、权益保护(7)、监督检查(4)、附则(1)	

续表

文件	条款数	制定时间	主要内容	细化之处
《湖北省实施〈中小企业促进法〉办法》	59	2005年	没有采取明显的总分结构体例	中小企业信用机制 中小企业出口创汇较多的大中城市,可以设立中小企业国际市场开拓资金,支持当地中小企业开拓国际市场
《武汉市实施〈中小企业促进法〉办法》	29	2005年	没有采取明显的总分结构体例	享受税收优惠政策的企业类型

从税收法律规范的实际执行情况来看,地方立法为吸引人才或者招商引资所出台的税收优惠政策,往往是对上位法授权的一种细化,但其中一些内容的规定已经与税法立法目的不相符合,且超越了授权允许的范围。在这样一种下位补充的法律实施模式之中,应当防止下级政府对立法授权条款的无限制补充,而对限权的条款视而不见。

二、地方经济立法的主题选择与功能配置

法律也是一种地方性知识。毛泽东同志在《论十大关系》中提出:"我们的宪法规定,立法权集中在中央。但是在不违背中央方针的条件下,按照情况和工作需要,地方可以搞章程、条例、办法,宪法并没有约束。我们要统一,也要特殊。"地方是平衡发展、充分发展、区域协调发展的权责主体。"在中国的政治环境中,无论是改革的发动还是改革的可持续,地方的动力都非常重要。从中央—地方关系中寻找改革的动力,早已经成为中国改革的定律"[1]。"以制度化来保证和稳定中央与地方的分权,逐步使作为一种政治策略的两个积极性转化为中国政治制度的一个重要组成部分,使两个积极

〔1〕 参见郑永年:《中国的"行为联邦制":中央—地方关系的变革与动力》,邱道隆译,东方出版社2013年版,中文版序。

性都得到制度化的保证。”[1]《宪法》第 3 条同时规定了民主集中制原则和发挥地方主动性、积极性原则,反映了民主集中制条件下国家机关上下级的关系和统一领导的在先地位,并通过事权划分制约了中央国家机关(上级)的权力集中。我国是经济、社会、文化发展不平衡的多民族大国,民族众多,地区资源差异巨大,地方经济社会所面对的矛盾各不相同,与此相适应,解决矛盾与问题的方式也应当不同。将整个国家的管理职责全部交由中央政府,既无法保证效率,也不具有可能性。经过这些年的实践,地方之间通过社会主义市场经济建立了有机联系。与此同时,分税制改革也增强了中央的宏观调控能力,横向权力与纵向权力的配置在逐步建立一种新的协调机制。而地方有限度的自主权具有激励制度创新和制度竞争的功能,地方间制度的互相吸收、学习,乃至协调,也反映出社会主义市场经济日趋活跃的趋势。

地方经济立法是我国经济立法的重要组成部分。《宪法》第 15 条第 2 款规定:“国家加强经济立法,完善宏观调控。”其中的“加强经济立法”当然也涵括加强地方经济立法在内。地方经济立法在建设社会主义市场经济体制、促进地方经济社会发展中发挥着重要作用。如在绿色发展领域,地方出台了《上海市浦东新区绿色金融发展若干规定》《山西省绿色建筑发展条例》《湖南省绿色建筑发展条例》《内蒙古自治区民用建筑节能和绿色建筑发展条例》等;在乡村振兴领域,地方出台了《上海市乡村振兴促进条例》《浙江省乡村振兴促进条例》《四川省乡村振兴促进条例》《江西省乡村振兴促进条例》等;在数字经济领域,地方出台了《浙江省数字经济促进条例》《深圳经济特区数字经济产业促进条例》《深圳经济特区人工智能产业促进条例》《江苏省数字经济促进条例》等;在对外开放领域,地方出台了《深圳经济特区外商投资条例》《上海市外商投资条例》《广东省外商投资权益保护条例》等。

(一)地方经济立法的主题选择

地方经济立法应当在解决地方经济发展不平衡问题上发挥作用,尊重地方的首创精神,从地方的特殊情况出发,有针对性地解决地方经济社会发

---

〔1〕 参见苏力:《当代中国的中央与地方分权——重读毛泽东〈论十大关系〉第五节》,载《中国社会科学》2004 年第 2 期。

展中的突出矛盾。地方经济立法主要围绕四个方面的主题来展开。

1. 细化上位法型立法。基于现行经济法律规范和《立法法》的规定，地方可以通过经济立法形式，对上位法进行实体规范和程序规范的细化，推动上位经济法律规范在该地方的实施。(1)在上位法整体指引下，依据经济法律和有关经济行政法规，制定地方性经济法规。此种地方经济立法情形中，通过规范的名称就可以识别其经济立法性质，并准确地找到其上位法，如《浙江省审计条例》《青海省实施〈中华人民共和国水土保持法〉办法》《江西省电信条例》《辽宁省实施资源税法授权事项方案》等。(2)在上位法个体指引下，基于经济法律中的某一项具体规定，制定更为具体明确的地方性经济法规。此类地方经济立法往往会在规范的第1条明确基于何种上位法而制定，如《福建省电梯安全管理条例》明确该条例依据《特种设备安全法》制定，《山东省生活垃圾管理条例》明确该条例依据《循环经济促进法》制定。

2. 经济功能区型立法。我国经济功能区主要包括经济特区、经济技术开发区、高新技术产业开发区、海关特殊监管区域、边(跨)境经济合作区、国家级新区、国家自主创新示范区、全面创新改革试验区、自由贸易试验区、社会主义先行示范区等多种类型。经济功能区型立法指的是结合经济功能区的经济发展目标，在不与宪法、法律、行政法规相抵触的前提下，由地方进行经济立法，推动经济功能区的发展。(1)经济功能区型地方经济立法具有明确、直接的经济目的，体现国家的经济政策要求，并且具体体现在经济功能区的批准文件之中。如国务院批准的《中国(上海)自由贸易试验区总体方案》中明确提出："建立中国(上海)自由贸易试验区，是党中央、国务院作出的重大决策，是深入贯彻党的十八大精神，在新形势下推进改革开放的重大举措，对加快政府职能转变、积极探索管理模式创新、促进贸易和投资便利化，为全面深化改革和扩大开放探索新途径、积累新经验，具有重要意义。"(2)针对省、市范围的某一特定功能区进行立法，有明确所指的区域。在经济功能区型立法中，往往明确了其实施范围(某一区域)。例如，《国务院关于印发中国(上海)自由贸易试验区总体方案的通知》规定试验区的范围涵盖上海外高桥保税区、上海外高桥保税物流园区、洋山保税港区和上海浦东机场综合保税区等四个海关特殊监管区域，并根据先行先试推进情况以及产业发展和辐射带动需要，逐步拓展实施范围和试点政策范围，形成与上海国际经济、金融、贸易、航运中心建设的联动机制。(3)授权立法的情形。授予地方人大及其常委会行使特定经济功能区的立法权。如《上海市人民代表大会常务委员会关于加强浦东新区高水平改革开放法治保障制定浦东新区法规的决定》。

3. 先行先试型立法。在国家尚未制定法律或者行政法规的事项上,以不与宪法、法律、行政法规相抵触为基本准则,进行经济立法,对实践中亟待解决的社会问题与亟须调整的社会关系提供对策方案与法律供给。先行先试型立法具有现实的社会生活实践基础,反映科学技术进步与经济快速发展的社会诉求。例如,这些年地方在人工智能与数字经济领域进行了大量的立法探索,具体立法成果主要有:《深圳经济特区人工智能产业促进条例》《深圳经济特区数字经济产业促进条例》《深圳经济特区个人破产条例》。先行先试型立法针对的事项具有普遍性和现实性,在地方实践的基础上,具有形成法律或者行政法规的可能。

4. 特别经济事项型立法。在不与宪法、法律、行政法规相抵触的前提下,针对地方的特殊区情和产业结构,制定具体的经济立法,推动地方经济发展。(1)基于地方本土资源的经济立法。其区别于细化上位法型的地方立法,更加强调"地方性",如《山西老陈醋保护条例》《吉林省人参产业条例》《内蒙古自治区草畜平衡和禁牧休牧条例》。(2)推广、复制适用的可能性较小。特别经济事项立法针对的事项具有地方特色,其他地区不具备相同或相似的实际情况,简单的推广、复制既起不到立法的作用,还会造成法律体系的冗杂。

(二)地方经济立法的功能配置

1. 延伸功能。延伸功能是指根据《立法法》和具体的上位法的要求,根据本行政区域的实际情况作出具体规定,更好地适用和执行经济法法律与经济行政法规的规定。以《消费者权益保护法》中的"经营者的售后义务"为例,该法第 24 条第 1 款规定:"经营者提供的商品或者服务不符合质量要求的,消费者可以依照国家规定、当事人约定退货,或者要求经营者履行更换、修理等义务。没有国家规定和当事人约定的,消费者可以自收到商品之日起七日内退货;七日后符合法定解除合同条件的,消费者可以及时退货,不符合法定解除合同条件的,可以要求经营者履行更换、修理等义务。"第 52 条规定:"经营者提供商品或者服务,造成消费者财产损害的,应当依照法律规定或者当事人约定承担修理、重作、更换、退货、补足商品数量、退还货款和服务费用或者赔偿损失等民事责任。”据此,《内蒙古自治区实施〈中华人民共和国消费者权益保护法〉办法》第二章第三节就专门规定了售后责任,其中第40条规定:“经营者对其售出的商品应当承担修理义务,免费修理期限不得少于六个月,但低值易耗商品除外。经营者承担免费修理责任的,应当自收到修理商品之日起三十日内修复;经营者应当在修理凭证上如实记录每次接受修理的日期、维修所占时间、修理部位、故障原因等情况。经营者未在三十日内修复的,消费者可以要求更换同型号同规格的商品;经营者未更换的,每延期一日按商品价款千分之二的标准赔偿消费者因延误使用该商品遭受的损失,或者提供同类商品供消费者在维修期间使用;经营者未在九十日内修复的,应当根据消费者要求,负责退货。商品在免费修理期内修理的,其修理部位,从修复后交付使用之日起重新执行原规定的免费修理期;其他部位的免费修理期应当扣除维修占用的时间。”

2. 试验功能。试验功能是指在国家尚未制定法律或者行政法规的事项上,根据实践需要进行地方经济立法,探索和回应现实需要,尊重地方的首创精神,有针对性地解决地方的特殊情况与矛盾。我国地理上的自然环境和人文条件差异、地方治理模式与政治权力运作以及南北经济发展差异,决定了我国不同地区存在着不同的经济发展矛盾。地方在政治和经济体制改革方面可以先行先试,不断地向中央输送改革的动力和经验,弥补中央立法的局限和不足。(1)规范的适当性。《全国人民代表大会常务委员会法制工作委员会关于2021年备案审查工作情况的报告》提出“着力增强备案审查制度刚性,就法规、司法解释等规范性文件中的合宪性、合法性、适当性等问题开展审查研究,对存在不符合宪法法律规定、明显不适当等问题的,督促制定机关予以改正”。(2)发展中不平衡、不协调的问题既需要中央立法统筹,更需要地方自身通过经济立法增加自身的发展动能。地方可以充分发挥信息优势,对地方自身发展中的问题进行针对性的经济立法。自上而下的中央立法与自下而上的地方立法之间的互补和磨合,能够推动中国特色社会主义法律体系的日趋完备。(3)各地的制度差异形成了竞争性的制度市场,客观上让人们有了更多的制度选择。统一大市场要求与地方经济立法之间保持协调。地方经济立法的规范构造在体现地方特色的同时,也要兼顾其法律适用问题,如《深圳经济特区个人破产条例》实施中的跨地域债权申报问题。

3. 区域功能。区域功能是指在市场、产业、品牌、绿色发展等领域的特殊发展促进功能。在具有特殊情况的区域，针对明确的地方经济发展实际问题和任务进行经济立法，有助于实现区域的经济发展目标。(1)市场目标。《中国(上海)自由贸易试验区临港新片区条例》第1条规定："为了深入推进中国(上海)自由贸易试验区临港新片区(以下简称临港新片区)建设，保障深层次、全方位、高水平改革开放，打造更具国际市场影响力和竞争力的特殊经济功能区，根据国务院批准的《中国(上海)自由贸易试验区临港新片区总体方案》和有关法律、行政法规，制定本条例。"(2)产业目标。《上海市浦东新区化妆品产业创新发展若干规定》第1条规定："为了促进浦东新区化妆品产业创新发展，培育化妆品领域新模式新业态，助力上海国际消费中心城市建设，根据有关法律、行政法规的基本原则，结合浦东新区实际，制定本规定。"(3)品牌目标。《山西老陈醋保护条例》第1条规定："为了保护山西老陈醋品牌和工艺特色，保障山西老陈醋品质，传承和弘扬山西老陈醋传统文化，根据有关法律、行政法规，结合本省实际，制定本条例。"(4)绿色发展目标。《北京市生态涵养区生态保护和绿色发展条例》第1条规定："为了贯彻习近平生态文明思想，践行绿水青山就是金山银山理念，落实北京城市总体规划，推动生态涵养区生态保护和绿色发展，实施绿色北京战略，保障首都生态安全，促进区域协调发展，建设国际一流的和谐宜居之都，根据有关法律、行政法规，结合本市实际情况，制定本条例。"

(三)地方经济立法的改进方向

地方经济立法是我国经济立法中的生动场景，地方经济立法对解决地方特殊的矛盾具有特殊的法律调节功效，应当重视对地方经济立法的研究，并培育地方经济立法的制度激励功能与区域竞争功能。

地方经济立法在细化上位法的实体与程序规定方面，具有一定的延伸与扩展功能，但也容易出现与上位法同质、地区间立法同质的低效率立法情形，客观上造成对地方立法资源的浪费。因此，应当进一步提高地方经济立法的资源效用。

同主题地方经济立法也保留有地方立法创新的空间，关键在于地方立法机关对"地方性"资源的认识与把握。

不同主题地方经济立法是地方立法创新的土壤与空间，地方立法机关应当在"特""专""新"上做文章。

第六节　超前性经济立法模式的思考

在理想的状态下，立法者应积极预测社会发展趋势，并通过立法规定未来的权利义务、利益分配及风险遏制等事项。但现实的悖论是，在社会关系较为稳定的领域，超前立法在技术上虽然容易实现却并没有太多价值。在社会关系复杂多变的经济领域，超前立法虽然有存在的价值，在技术上却难以实现。总体而言，法律体系的完备性仍被视为是衡量一个国家法治水平的重要指标，立法机关以法律体系完备性为目标的立法活动将持续进行。有学者对“完备的法律”[1]概念进行了论证和解释，体现了人们对立法科学化和精细化的朴素追求。但完备性的法律体系仅是一种理想状态及学理假设，它对立法者的预测能力和认知水平提出了极高要求。在市场经济领域，立法速度及效率的缺失容易引发市场风险和出现监管困境。除此之外，市场运行过程中的风险累积与时间演化也有一定关联。随着时间的发展，新科技及新交易模式会逐步引发立法缺失的风险。正如时间固然会冲淡一些情绪，但也能促进形成某些不良习性的路径依赖。事后总结或者回应型的立法活动只能在短期内弥补法律制度供给的不足，同时也增加了立法成本、法律解释成本，进而影响了立法活动的威严性。但过度超前的经济立法又可能引发政府对市场经济的过度干预，同时会对有限的立法资源造成浪费。已有学者对立法时机问题展开了讨论，核心问题在于如何处理立法稳定性与灵活性之间的关系。有学者从整体上对超前立法活动进行了分析。[2] 类似的讨论在经济法学界也有涉及。有学者认为经济法立法具有问题导向的趋势。[3] 有学者分析了立法者的时间观对经济立法模式选择的影响。[4] 有学者认为“立法是对现行规范的固定和经验的总结”的观念使我国法制建设不能适应经济建设的发展，并呈现出滞后现象。[5] 我们认为，经济立法调整的社会关系具有较强的变动性，社会变迁对经济立法缘由因素的影响较

---

〔1〕 参见许成钢：《法律、执法与金融监管——介绍“法律的不完备性”理论》，载《经济社会体制比较》2001 年第 5 期。

〔2〕 参见刘风景：《超前立法论纲》，载《中国人民大学学报》1999 年第 3 期。

〔3〕 参见尹亚军：《“问题导向式立法”：一个经济法的立法趋势》，载《法制与社会发展》2017 年第 1 期。

〔4〕 参见张玮：《论中国经济立法过程中的时间观》，载《经济法研究》2018 年第 2 期。

〔5〕 参见俞梅荪、吴承任：《经济立法超前性的初探》，载《法学》1986 年第 8 期。

深。而民法所调整的民事关系则相对具有稳定性,法典编纂活动受社会变迁的影响相对较小。[1] 除此之外,现代社会的风险具有随机爆发性与巨大破坏性相结合的特点,进而对整体市场经济秩序产生传导效应。基于回应型法理念而建构的经济立法模式难以从根本上消除市场经济运行中的风险。[2] 数字经济时代,新科技手段可以提升立法者的立法科学化水平。[3] 本部分的研究重点在于解释经济立法的介入时机选择、经济立法目标实现过程中的时间成本等问题。除此之外,经济法学界正在热议的法典化或统合立法的可能性也有赖于经济法内部体系构造逐渐稳定性这一前提。事后的修补式立法模式显然无法供给法典化所依托的稳定化的社会关系。本部分所探讨的超前性经济立法力图为经济立法技术的改善及立法成果稳定化提供另一种路径思考。

一、超前性经济立法的含义及其具体实践

立法模式的选择与立法者的未来观念有关。[4] 回应型立法多是对已经存在的法律制度的欠缺之处进行填补。在这种模式中,立法者对经济社会的干预观念相对消极,更多的是对经济社会风险引发的公共舆论危机的回应。但随着社会事务日益复杂化,风险社会观念深入人心,立法滞后在短时间造成的社会危害后果难以在短期内恢复,因此市场主体对立法提前介入风险管理的需求也日益增长。从字面解释来看,超前是指立法者对当下所处的经济社会环境或者思维理念的超越。超前立法是指立法目的、立法理念、立法内容、立法技术等超越了所处时代的经济发展水平与社会认知观念。超前立法既包括形式意义层面的制定新法,也包括立法规范中超越现实条件的前瞻性规定。《宪法》第 15 条第 2 款规定:"国家加强经济立法、完善宏观调控。"该条中的"加强"和"完善"表述是指立法覆盖面的扩大、立法

---

〔1〕 参见[美]劳伦斯·M. 弗里德曼:《法律制度:从社会科学角度观察》,李琼英、林欣译,中国政法大学出版社 1994 年版,第 316 页。

〔2〕 例如,在营商环境、普惠金融、中小企业发展等领域,隐性歧视的存在难以在短期内通过立法来实现根本扭转,即经济立法较难以在已经固化的利益、资源分配结构中进行解构与重组。

〔3〕 有学者讨论了人工智能在立法、司法领域中的运用情况。参见李超:《人工智能辅助立法:现状、困境及其因应》,载《人大研究》2020 年第 4 期。

〔4〕 有学者对法典编纂过程中的立法主体认知论进行了分析,法典编纂也可以视为立法主体对人类未来行为的预测及采取的相应规制。参见封丽霞:《法典编纂论——一个比较法的视角》,清华大学出版社 2012 年版,第 208 页。

技术的优化，还是指标志性立法成果的产出？从我国经济立法的历史轨迹来看，中国经济法部门的形成经历了从经济法规到社会主义法律体系中的经济法的结构演变。[1]《立法法》第11条也明确规定了需要进行立法转换的重点领域，其中就包括宪法中的基本经济制度等内容。但无论是"加强立法"还是"必须立法"，我们都无法直接推断出经济立法介入的准确时机。但这是否意味着立法可以不用考虑时间因素。事实上，时机是否成熟始终是立法机关在立法时需要考虑的因素。立法要在合适的时间介入才可以使国家干预在合理的时间段内发挥作用。我国经济立法活动具有政府主导特征，国家引导的发展模式对经济立法的重点领域及规划安排产生直接影响。中国在转型发展期过程中呈现的问题具有复杂性，无论是促进政策型资源，还是监管型资源的培育与积累，都需要经历一定的时间阶段。除此之外，立法者可以通过提高立法活动的前瞻性与预见性获得在相关领域的规则制定主动权，在国家间的法律竞争中占得先机。

(一)市场经济监管过程中的时间意蕴与时机选择

法律使过去成为实体规范的权威渊源。[2] 因此，立法活动的权威也来自对历史经验和惯例的总结，而面向未来的提前立法却难以获得这种天然的权威性。哈特认为法律具有持续性的特征。[3] 政府与市场关系并非泾渭分明的二元对立状态，而是随着时间推移不断产生变化。市场中的违法行为及损害结果的产生并不都是突然出现的，而是需要经过一定阶段的时间才能形成。在食品安全、市场竞争等领域，经营者违法行为所造成的危害结果的发生具有一定的滞后性。消费者甚至可以在短时期内享受来自经营者不正当竞争行为、垄断行为带来的短期福利。例如，掠夺性定价、不当有奖销售行为对消费者具有一定的迷惑，但消费者权益被逐渐侵蚀的后果是滞后出现的。对时间稀缺价值的忽视也使市场主体产生了诸如"资源无限""资金无限""权利保障无限"等各种幻觉，进而阻碍了立法主体预见未来的积极性，也导致了粗线条立法成果的存在。

以《反垄断法》的执法为例，以往的规制思路仅是处罚违法行为本身，而

[1] 参见单飞跃：《中国经济法部门的形成：轨迹、事件与特征》，载《现代法学》2013年第4期。

[2] 参见[美]保罗·卡恩：《法律的文化研究》，康向宇译，中国政法大学出版社2018年版，第95页。

[3] 参见[英]哈特：《法律的概念》，许家馨、李冠宜译，法律出版社2011年版，第47页。

较少对市场竞争状态进行逆转性的修复。经营者能够实施垄断行为且造成实质危害后果,与经营者在相关市场中份额及能力的积累时间相关,因此将市场结构与垄断行为的因果关系完全进行区分也是不科学的。有学者就认为,企业在有能力开展行为歧视之时便已经彰显了自己的市场力量。[1] 滥用市场支配地位行为中"市场支配地位"的形成过程,反映了经营者的交易机会与交易份额随着时间发展而不断累积和加固。在某些特定领域,经营者的市场支配地位一旦形成,在短期内就不会受到来自市场的实质性挑战。因此,新布兰代斯学派主张关注市场结构及竞争过程,而非关注绝对的竞争结果。[2] 我们认为,在界定相关市场时,需要考虑时间持续长短对市场竞争结构的影响,如短时期内市场竞争结构变化的稳定性程度。根据《反垄断法》第23条的规定,判断经营者是否具有市场支配地位时要考虑交易主体之间的依赖程度,而交易依赖性的形成与交易时间长短也有一定的关联。《关于平台经济领域的反垄断指南》第11条和第20条均提及了时间因素在认定市场份额中的作用。经营者在获得市场支配地位后,其他经营者由此对其产生的依赖结果在较短时间内具有不可逆性。例如,在北京锐邦涌和科贸有限公司诉强生(上海)医疗器材有限公司、强生(中国)医疗器材有限公司纵向垄断协议纠纷案(以下简称锐邦诉强生案)中,双方达成的长达15年的合作关系也能从一个侧面证明交易双方的依赖程度。市场支配地位的形成往往不是一蹴而就的,时间变量起着重要的作用。由此,经济立法就有提前介入的必要性。在对经营者集中行为进行事先申报审查时,就体现了事先防御优先于事后补救的内在逻辑。[3]

(二)体现超前改革理念的经济立法成果及其特征

阿图尔提出了发展型国家的概念,这些国家将快速的经济增长与国家安全等同起来。[4] 快速化的发展意味着发展的时间成本被节省。对经济后

---

〔1〕 参见[英]阿里尔·扎拉奇、[美]莫里斯·E.斯图克:《算法的陷阱:超级平台、算法垄断与场景欺骗》,余潇译,中信出版集团股份有限公司2018年版,第289页。

〔2〕 See Lina Khan, *The New Brandeis Movement: America's Antimonopoly Debate*, Journal of European Competition Law & Practice, Vol. 9:131, p. 131 - 132(2018).

〔3〕 参见张晨颖:《比例原则视角下经营者集中反垄断执法的规则修正》,载《当代法学》2021年第4期。

〔4〕 参见[美]阿图尔·科利:《国家引导的发展:全球边缘地区的政治权力与工业化》,朱天飚等译,吉林出版集团有限责任公司2007年版,第12页。

发国家或者新兴经济体而言,经济发展过程中的时间成本需要认真考量。超常规与大跨度的发展战略是中国改革进程中的主线。[1] 在有限的时间内实现跨越式发展,是我国在各项改革过程中达成的实践共识。审慎的立法者能够预测事物发展的未来趋势,预先采取有效措施。[2] 在国家引导的发展模式中,政府具有全能型的特征,全能型政府的国家干预可以在一定程度上减少经济发展或者改革的时间成本。但部分基于绩效导向、时间节约导向的政府改革行为则加大了法律供给短缺的风险,于是"良性违宪"成为一种权宜性的解决方法。但纯粹以经济增长结果来衡量法律实施效力的方式,无法消除程序瑕疵带来的风险。凡属重大改革都需要于法有据,以经济建设为中心的发展目标也不能违背立法的精神,这就对立法技术提出了更高要求,也就是立法在时机选择上要更具有超前性。经济立法须回应改革的需求。[3] 市场经济中的改革事件为经济立法提供契机,经济立法又是改革成果的法律转化形式。在以往"宜粗不宜细"的立法理念指导下,超前性立法在实现手段上具有了可能性。粗线条立法是提高立法覆盖面的最现实有效的选择,其主要特点是立法语言表述相对较为模糊,为后续的法律修改预留了空间。法律规范的相对不确定性为对新生行业的渐进式监管提供了解释依据。超前性立法与改革诉求也有着一定的关联性。改革带来的分配结果不确定性,需要通过事前的风险分担机制予以消解,这就需要立法确定秩序与预期。改革意味着创新与突破,改革者的立法时间观必然是面向未来的,也势必将政治理想通过规划的方式融入立法目的之中。发展中国家更加重视发展中的时间成本,主要解决方式就是以政府引导式的发展模式来解决经济发展中的信息不对称问题。我国超前性经济立法的需求源自重大的经济社会改革决定,首先表现为各种规划、战略、决定等形式。例如,1979 年《政府工作报告》中提出:"无论在三年经济调整期间或今后的长时期内,我国都将积极发展对外贸易,发展对外经济合作和技术交流,并且采取国际上通用的各种合理形式吸收国外资金。这是我国政府坚定不移的重要政策。"由此可见,我国经济立法的实践与国家的经济发展需求紧密相关,

---

〔1〕 参见曹锦清:《黄河边的中国:一个学者对乡村社会的观察与思考》,上海文艺出版社 2013 年版,第 268 页。

〔2〕 参见刘风景:《审慎立法的伦理建构及实现途径》,载《法学》2020 年第 1 期。

〔3〕 参见朱应平:《孜孜追求立法科学化的四十年》,载《法治现代化研究》2018 年第 5 期。

这也塑造了我国经济立法的改革品质。

改革理念要求政治决策与经济立法要有超前的眼光。1978 年 12 月，邓小平在中共十一届三中全会前的中央工作会议上提出："为了保障人民民主，必须加强法制。必须使民主制度化、法律化，使这种制度和法律不因领导人的改变而改变，不因领导人的看法和注意力的改变而改变。"〔1〕他还强调，应该集中力量制定一批法律，包括外国人投资法等。同时提出，"现在立法的工作量很大，人力很不够，因此法律条文开始可以粗一点，逐步完善。"1979 年制定的《中外合资经营企业法》，在我国还没有大规模对外开放实践条件下，就作出了国家对合营企业不实行国有化和征收，特殊情况下根据社会公共利益进行征收时应当给予相应补偿的规定，给外国投资者吃下了一颗法律保障的定心丸。由此可见，通过超前性立法引领改革实践、破解意识形态的困境，是促进改革开放的一种治理策略。在立法的实践中，《中外合资经营企业法》要早于宪法关于引进外资的相关规定，该法的立法篇幅较为精简，体现的是问题导向而非法典化思维，是一份以法律文本形式呈现出来的对外开放"操作说明书"。《中外合资经营企业法》第 4 条规定了有限责任公司的形态，立法理念远超前于我国当时的市场结构与立法环境。在合营企业的注册资本中，要求外国合营者的投资比例一般不低于 25%。合营各方按注册资本比例分享利润和分担风险及亏损。合营者的注册资本如果转让必须经合营各方同意。合营企业的职工依法建立工会组织，开展工会活动，维护职工的合法权益。这些规定都体现了改革诉求下的经济立法穿透了当时时间维度的约束。

(三)预防遏制风险的超前立法取向分析

基于历史上各种自然灾害、战争动乱、物价波动而带来的"不安全感基因"所塑造的社会风险观中，预警与储备机制是应对风险的常规对策，并最终成为了宪法中基本经济制度条款的组成部分。〔2〕现代社会各类风险爆发的难以预测性和极端破坏性的结合，也成为超前性立法的需求基础。立法者在对有限的立法资源进行分配时存在优先级的安排与取舍。金融监管立法始终要滞后于金融创新的速度，现阶段金融监管的介入在时间节点上仍然是基于瞬时间风险的形成与时间积累的关联性。资源领域的经济立法理

---

〔1〕《邓小平文选》(第 2 卷)，人民出版社 1994 年版，第 146～147 页。

〔2〕《宪法》第 14 条主要是国家正确处理积累与消费关系的规定。

念立足于资源不可再生的基本规律,由此对有限的自然资源进行规划利用,一方面进行严格的准入和过程监管,另一方面积极引导产业结构升级转型,通过法律规则减缓时间流转造成的资源短缺压力,并同时建立约束与考核机制。

风险的形成以及危害结果的产生,体现了时间线性特征与周期性特征相结合的规律。历史事件中总是蕴含着下一次事件的铺垫。[1] 风险现象通常历经预警、爆发、衰退等时间阶段,立法活动的侧重点也会相应地发生变化。在风险预测的概率不断加大的同时,风险的破坏性也在急剧增强。在这样的风险社会环境中,抑制风险的超前性立法便具有必要性。经济法法律文本中经常有"预防""防范""防止"等相应表述,表明的是对潜在风险所持的法律态度。《农业法》最能体现立法机关提前对风险进行监测和预防的意识,如其中农业风险防范机制的相关规定。行业管理类或者资源类的经济立法中,更多的是用"计划"或者"规划"来表述预防性或防范性的规范内涵。

二、对超前性经济立法的评价

事前的预测活动永远比事后的回应或总结更复杂。对超前立法的质疑主要集中于两方面:一是立法活动能否具有超前的预见性;二是立法活动是否必须具有超前性。超前性立法的可行性建立在立法者"全知全能"的基础上,但兼顾刚性和灵活性的完美法律制度难以在短期内形成。[2] 有学者认为立法与时代发展存在着误差,制度供给相对于制度需求总是不足的。[3] 超前性的经济立法活动既与市场经济法治观念有关,也与政治领导人的思想主张和政策推动有关。当经济社会关系处于相对平稳的时间阶段时,超前立法的需求会相对得到抑制。

超前立法的理念萌发于立法能动主义的信仰。在特定时间内,国家的

---

〔1〕 参见[马来西亚]沈联涛:《十年轮回:从亚洲到全球的金融危机》,杨宇光、刘敬国译,上海远东出版社 2009 年版,第 275 页。

〔2〕 参见[美]E. 博登海默:《法理学:法律哲学与法律方法》,邓正来译,中国政法大学出版社 2004 年版,第 424 页。

〔3〕 参见张世明、王济东等:《经济法哲学贯通论》,中国政法大学出版社 2020 年版,第 461 页。

立法资源是有限的。同样,立法对社会关系的覆盖面也是有限度的。[1] 过度立法会加重市场交易的制度识别成本、解释成本及学习成本。过度的法条主义会影响市场中的其他调节机制发挥作用。[2] 哈耶克也认为立法者的使命不是建立某种秩序,而是为秩序的形成和不断自我更新创造条件。[3]

(一)超前性经济立法是否会增加政府不当干预风险

超前性经济立法带来的是法条规范的膨胀,并且会改变相关领域的政府与市场的关系。有学者认为,地方立法对社会关系的调整在深度和广度上持续加强,总体呈膨胀性发展趋向。[4] 超前性立法主要是对尚未发生的社会关系进行事先的规范和调整,提升相关领域的规则密度。经济立法本质上是政府建立和提供公共性风险的阻却机制,主要是通过外部干预的方式对市场参与主体的能力资质、行动方向进行有目的的指引与调节,使市场秩序符合立法者的意图。立法主体基于专业技术信息、监管资源、公共信用等方面的优势,具有一定的风险预测能力。但不可否认的是,立法者的理性终究是有限的。在经济立法实践中,市场发展和科技进步会影响立法的重点领域,但立法很少能从实质意义上改变科技发展或者市场创新的走向。立法无法预测人工智能的具体产品或者技术,但人工智能技术的引入能够颠覆现行的立法体系。因此,有必要区分事前介入和后果控制的领域。如果风险发生的概率不可预测,且防范的成本过大,则不适合超前性立法。通过市场机制自我调节或者随着时间发展可以自行消除的风险或矛盾,也不需要超前立法。有学者认为风险预防原则需要结合整体比例原则。[5] 市场规制类经济法中的比例、金额、日期等技术类规范的设计,无法通过提前的预测而一次性完善,而要随着社会的变化实际进行修改调整,如《消费者权益保护法》中的多倍赔偿比例、不当有奖销售行为中抽奖式有奖销售的最高奖金额变化等。除此之外,纯粹的技术类规范没有可能也没有必要通过原

---

〔1〕 参见[美]博登海默:《法理学:法律哲学与法律方法》,邓正来译,中国政法大学出版社 2004 年版,第 441 页。

〔2〕 参见[英]科林·斯科特:《规制、治理与法律:前沿问题研究》,安永康译,清华大学出版社 2018 年版,第 120 页。

〔3〕 参见[英]弗里德利希·奥古斯特·哈耶克:《自由宪章》,杨玉生等译,中国社会科学出版社 2012 年版,第 229 页。

〔4〕 参见崔卓兰、孙波、骆孟炎:《地方立法膨胀趋向的实证分析》,载《吉林大学社会科学学报》2005 年第 5 期。

〔5〕 参见苏宇:《风险预防原则的结构化阐释》,载《法学研究》2021 年第 1 期。

初的立法活动予以一次性确定。

没有现实的矛盾诉求作为立法力度的基准,超前性立法容易陷入过度严格或者过度宽松的极端情况。风险社会的观念日益深入人心。现代社会风险的随机性极易与超大破坏性相结合,在有限空间内造成巨大恐慌。理想的立法不仅要实现百科全书式的全覆盖,也要尽可能地在各种风险实际爆发之前进行估测与预防。通过超前立法降低社会运行成本,也是全能型政府的理论假设之一。超前性经济立法活动倾向对可能出现的风险进行更加严格的估测与预防。为了防范未来可能出现的风险,超前立法的模式倾向于选择相对保守的态度,即设置严格的准入门槛进行限制。这样就会导致在追求绝对安全的同时,加重市场交易的成本。

(二)超前性经济立法导致立法成本增加

法律终究要回应社会实践的需求,而不是形式意义层面的自我满足。立法意味着利益分配与价值选择,不合时宜的立法势必会引发社会失序的风险。因此,黄仁宇先生认为法律的制定与执行需要与社会条件相匹配。〔1〕况且,法律的膨胀会影响法律质量。〔2〕中国市场经济现象的复杂多变性对立法者的预测认知能力提出了极大的挑战。过于超前的立法理念可能只能起到装饰性的作用。学界对立法功能持怀疑的观点也一直存在,如立法活动难以对未来的情况完全预测而具有盲目性。〔3〕也有学者认为中国在法律相对缺失的时期也经历了飞速的经济增长。〔4〕市场经济中的规则供给具有主体多元化和实用主义主导的特征,经济法中的大量法规的司法适用率很低,〔5〕有学者认为超前立法会造成立法资源的浪费,〔6〕面面俱到的

〔1〕 参见[美]黄仁宇:《大历史不会萎缩》,广西师范大学出版社2004年版,第272页。

〔2〕 参见[美]乔万尼·萨托利:《民主新论》,冯克利、阎克文译,上海人民出版社2009年版,第355页。

〔3〕 参见[美]布莱恩·Z.塔玛纳哈:《法律工具主义:对法治的危害》,陈虎、杨洁译,北京大学出版社2016年版,第62页。

〔4〕 参见[美]络德睦:《法律东方主义:中国、美国与现代法》,魏磊杰译,中国政法大学出版社2016年版,第218页。

〔5〕 参见张玮:《经济法立法目的条款司法适用路径的考察与解释》,载《财经法学》2020年第5期。

〔6〕 参见王怡:《社会主义核心价值观如何入法——一个立法学的分析框架》,载《法学》2019年第9期。

立法是不现实的,也将耗费巨大成本。[1] 在特定时期内,立法者的智识水平和法律实施资源是有限度的,因此,有必要对立法进行成本效益分析。[2] 立法对有稀缺性的规制资源和发展资源进行分配的活动,最直接的目标是保证立法成果的实用性,间接目标才是对法律体系进行完善。经济立法是政府与市场交互行为结果形成的法律产品,用以解决特定主体或者行业的秩序预期需求。理性的立法者通常会选择回应公共舆论契机进行适时立法,此时立法成果的“成本—效益”比例是较为合理的。超前性立法要求立法者在全面掌握数据的前提下对社会发展的趋势进行预测并主动提供规则,而这会加重立法者的信息搜集与分析成本。经济法所调整的公共经济关系比民法、刑法所调整的社会关系的变化更加频繁,经济生活的变动比社会生活、人类心理、交流方式的变化更大,因此经济立法对未来趋势的精准预测难度会加大。

鉴于立法者当前所处时代的各种局限性,超前立法的语言表述不能过于精细化和绝对化,“宜粗不宜细”的权宜式立法理念也就具有了某种现实合理性。在这种立法理念支配下,立法成果无法同时处理精细与广度的关系。适度的粗糙化处理技术为后续的法律修改调整提供了空间,也可视为国家为了有限度干预经济生活而采取适度沉默的态度。但过度抽象化是以内容及意义上的空洞为代价的,[3] 立法语言表述的模糊性往往会成为法律规避的借口。立法者虽有心预见未来,但客观上的立法能力及技术缺陷会影响立法目的的实现。单行法的法条规范在理论上都应当有适用的可能性,但鉴于立法者在当前时代的历史局限性,法条规范总是会保留不确定的领域。我国早期的超前性经济立法成果不在于司法适用,而是服务于未来不特定时期的改革开放需要。在一些技术性、专业性较强的经济法单行法中,立法语言所表达的内涵是较为有限的,法律的实施依旧通过专业性的宏观调控或者规制机构制定政策的方式来完成。

过度超前的立法是以宽泛原则化的语言和开放的体系结构来实现的。

---

〔1〕 有学者认为,不可能一劳永逸建立起“好制度”,因此需要衡量立法过程中的交易费用实施中的成本。参见靳文辉:《试验型规制制度的理论解释与规范适用》,载《现代法学》2021 年第 3 期。

〔2〕 参见王彦明、戴燕:《成本效益分析法在我国地方经济立法中的适用与改进》,载《学术论坛》2019 年第 6 期。

〔3〕 参见[德]卡尔·拉伦茨:《法学方法论》,陈爱娥译,商务印书馆 2003 年版,第 17 页。

由此，立法中的不确定性法律概念，主要通过后续说明书式的实施细则来解释完善。立法语言的模糊性所导致的后续“补丁”膨胀效应，会在一定程度上消解法律规范的社会认知基础。新法对旧法的修改虽非全盘取代，但也会在一定程度上破坏法的安定性和内在统一性。[1] 经济法在实施过程中存在大量的单行法加实施条例与实施办法的组合方式。[2] 例如，税法中的不确定概念主要是通过行政主导的方式来实现具体化的。[3] 大量后续的税法下位法规范会使得立法者忽视税收法定原则，因此，超前立法也是对立法机关认知理性的一种挑战。

三、超前性经济立法的路径选择

伟大的预言能够起到鼓舞人心的积极作用。单纯依靠事后对立法漏洞进行修补也影响了立法机关改善立法技术的动力。经济立法内容与程序具有同等重要的地位。“正确妥当高效的立法程序对实现最大公约数具有重大的价值”。[4] 适度超前的经济立法对市场主体的行为有一定的引导作用，可以减少立法目的实现的时间成本。立法者需要回应发展过程中的紧迫性问题，需要区分“循序渐进”的领域和需要“迅速推进”的领域。有学者认为，应当以“应急 + 良法”的标准判断立法是否有必要。[5] 在经济立法的语境中，所谓“良法”不仅指法益价值的正当性，也指立法程序的正当性。事后或者应急性的经济干预措施影响了经济立法在守法主体心中的权威性和必要性。经济立法实则改变了政府与市场关系的形态，因此经济立法在程序上要符合《宪法》第 15 条及《立法法》第 11 条等法律规范确定的必要性边界，正如有学者提出，需要在宪法体制框架内考察人大的立法能力。[6] 提案机关通常以“立法时机是否成熟”来判断是否有立法转化的必要性。立法资

---

〔1〕 参见[比]范·卡内冈：《法官、立法者与法学教授——欧洲法律史篇》，薛张敏敏译，北京大学出版社 2006 年版，第 124 页。

〔2〕 例如，税法便是一个典型，相关论述可参见冯铁拴：《论税法实施条例的功能定位与立法边界》，载《甘肃政法大学学报》2021 年第 3 期。

〔3〕 参见董学智：《论税法上的不确定法律概念》，载《交大法学》2018 年第 2 期。

〔4〕 参见李涛：《试论〈立法法〉提前参与制度——以司法程序为参照》，载《北方法学》2018 年第 4 期。

〔5〕 参见周伟：《立法项目论证制度研究》，载《甘肃政法学院学报》2017 年第 2 期。

〔6〕 参见宋方青：《立法能力的内涵、构成与提升以人大立法为视角》，载《中外法学》2021 年第 1 期。

源具有稀缺性,立法者需要根据问题的轻重缓急来配置立法资源。[1] 立法资源的优化配置也是实现监管资源优化配置的前提。随着科技的进步,立法者预见未来的能力不断提高,但时机和资源的局限性并不能成为立法者的借口。《法治政府建设实施纲要(2015—2020年)》规定了"加大立法前评估力度"。立法前的评估活动实则是对立法领域、立法时机、立法必要性等因素进行的论证,这是从根本上防止超前立法盲目性和低效的前提。传统的关于立法滞后性的论断建立在知识有限和科学技术水平尚不发达的环境之中,但如今立法机构对未来事务的预见能力已在显著提高。立法机构的权威性和规制机构的知识专业性相结合的合作型立法具有了可能性。

市场经济发展过程中的多变特征是否定经济法法典化的常见理由,但经济立法技术的创新及其对经济发展的促进作用仍然是有待发掘的。立法不仅是对惯例的传承,更是对未来的预测。奈特认为绝大多数的变化是有规律的,因此可以被预见。[2] 立法者对未来的预测能力建立在充分掌握数据的基础之上。一般的立法程序其实较少运用在经济立法的领域中,主要原因在于立法者专业知识的相对缺乏。[3] 超前性立法可以分阶段来实现,可以先从制定应急性的行政法规出发回应最迫切的需求,再将成熟的干预理念、工具及程序上升到更高阶层的立法形式。这一趋势在我国税收法定的建构路径中较为明显。超前性经济立法的总体目标在于解决立法的精确性和结构完整性之间的关系、解决临时应急性立法和长期规划性立法的平衡关系。

(一)宏观调控类经济法的超前立法路径

立法具有引导市场参与主体行为与预期的功能。因为立法语言准确表达的有限性,抽象的超前性经济立法在公共性与政策性特点突出的宏观调控法领域较为常见,但并不适宜技术性与专业性较强的领域,如市场规制法中就较少这种类型的立法规范条款。宏观调控类经济法立法的重点领域在金融监管、计划调控等领域,其立法目的主要是对政府的宏观调控行为设定

---

〔1〕 参见刘风景、周磊:《立法规划的属性、职能与编制》,载《扬州大学学报(人文社会科学版)》2020年第2期。

〔2〕 参见[美]弗兰克·H.奈特:《风险、不确定性与利润》,安佳译,商务印书馆2010年版,第190页。

〔3〕 参见[德]弗里茨·里特纳、迈因哈德·德雷埃尔:《欧洲与德国经济法》,张学哲译,法律出版社2016年版,第220页。

程序，明确政府干预的责任等，因此宏观调控的具体工具或具体方法并不适宜采取列举的方式在法条中进行规定。宏观调控类的经济法适宜在立法目的条款中体现超前性的特点，如体现政府干预的必要边界和时机等。宏观调控类经济立法的权源来自《宪法》第 15 条的规定，以经济法立法体系的优化为主要目的。在立法领域中，从加强立法密度到加强立法精准度的转变是一个总体趋势。宏观调控类立法重点在于对政府宏观调控程序及责任进行细化的规定，而非规定具体的调控内容。

政府与市场关系是经济法调整的核心关系，《法治市场监管建设实施纲要（2021—2025 年）》就有推动有效市场和有为政府的结合，注重运用法律和制度遏制不当干预微观经济活动行为的规定。“有为政府”建立的前提在于政府有为边界的确立，具体表现为政府责任比重的加大以及对政府行为的有效约束。宏观调控职能的履行前提在于中央政府的资源聚集和统合能力。超前性经济立法应立足于国情实际，对社会经济矛盾的变动趋势进行法律上的总体预测。宏观调控类经济立法的重心在市场调节的薄弱领域。宏观调控类领域经济立法和国家治理能力具有相关性，程序性规定比较清晰，可以为经济改革或者试点工作提供依据。因此，在该领域进行超前性立法的技术问题不难解决。其一，国家应急与动员能力的提升。在可以预见的未来，政府的公共经济符号供给能力需要不断加强，有助于对经济运行中的风险进行及时预警和应对。政府因临时应对风险而造成的应急成本和程序重置成本完全可以通过超前性的立法予以降低。其二，国家法治竞争力的提升需要经历一个积累过程。因为国际关系出现的新情况与新变化，势必带来国内立法方向的变化。在冲突与合作并存的国际环境之中，国家之间的经济竞争也体现为法律规则之间的竞争，集中体现为法律的域外适用范围与方式的竞争。立法效果的形成具有长期性，因此需要立法机关尽早在重点领域谋划立法。

我们认为“完善宏观调控”的重心在对政府采取宏观调控政策工具的动机审查、程序审查和责任审查等方面，不只是对宏观调控目标构成和工具选择的单纯强调。不当宏观调控的产生一般源于程序的缺失，而非具体工具的滞后性。在政府宏观调控领域中，市场在资源配置中起决定性作用的基本趋势具有稳定性，这也成为该领域进行适度超前立法的基本前提。政府对市场过程的介入在法律规范上应更多体现为程序法的内容，而非实体法上的细化性规定。正如有学者所指出的,法条中一般化的语言表达也有助于避免法律规定在将来过时。[1]

(二)行业监管类或者资源管理类的经济立法

传统的行业监管立法以事后应对模式与应急事件回应模式为主。在危害性结果最终出现之前,经营者会在监管真空状态下逐渐形成"大而不倒"的市场支配地位,进而导致监管成本的增加。除此之外,宏观审慎监管原则的过度适用,容易忽略时间变迁对市场结构、竞争秩序、交易习惯路径依赖的影响,淡化立法时机介入对监管效果的影响;放任市场运行过程中可能出现的风险,可能出现监管中的选择性执法或者不公平执法现象。我们认为,行业监管类的经济法应当区分为较为稳定的调整领域和存在变动的调整领域两种情形。行业监管类的经济立法与国家发展规划、产业政策之间需要协调配合,国家支柱型的基础性产业、需要支持发展的薄弱产业、战略新兴产业具有超前立法的必要。

超前立法介入的必要性与公共资源的稀缺性特征相关,资源存量将随时间流转而损耗。立法目标的实现及政策工具效力的形成需要时间积累。以环境保护领域的立法理念为例,我国经历了从"先污染、后治理""边污染、边治理"到高度重视环境保护的风险观的变化,现行立法或监管的介入时间点大幅度提前。超前介入的理由是立法者可以明确预见到自然资源稀缺的趋势,因此该领域适合提前进行风险防范和结构规制。例如,《森林法》《草原法》等资源管理类的经济法都含有大量规划式、预防性的规范,包括对资源保护及合理利用等方面的规定。基于对资源稀缺性总体规律、全球气候变化、自然灾害对国家安全影响等基本趋势的判断,有必要进行适度的超前性立法。

(三)促进型经济法的超前立法路径及其限制

过度空泛的立法语言表述容易使促进型经济法陷入法律形式主义的困境之中,对政府信用产生减损的不利后果。促进型经济法的制定依据在于产业结构升级与国际竞争中时间因素所产生的具体影响。促进型经济法立法的领域与国民经济中长期发展规划之间存在密切联系,具有较强的时间属性。

---

[1] 参见[美]查里斯·R.吉斯特:《美国垄断史:帝国的缔造者和他们的敌人》,傅浩等译,经济科学出版社2004年版,第28页。

促进法与保障法的区别在于立法理念的差异。保障法是对宪法规定的基本权利和已有发展成果的保障,而促进法的立法目的更多地在于激发市场主体的积极性,对潜在的科技创新能力、市场贡献能力予以激励。立法者通过预先设定规则、程序和秩序,增进市场主体的信心。促进型经济法的立法时间观着眼未来发展中的潜在问题,建立在对未来的长期预测基础之上。为了应对未来发生的不确定性现象,促进型经济法立法的语言表述较为原则化和笼统化,这就决定了促进法最主要的实施方式不是公共或私人诉讼,而是政府能够及时采取有效的促进政策并持续实施。促进型经济法中的政府责任以及绩效惩戒机制会影响立法目标的实现。现有促进型经济法的法律规范意蕴仍然存在欠缺,与政府采取的临时性促进扶持政策之间并没有明确的界限。我们认为,促进型经济法的核心目标是用现行的立法资源来提高特定行业或者特定主体的优质发展概率。促进型经济立法本身具有静态的资源储存成本,促进程度的偏差、促进时机的偏差、促进领域的偏差将造成超前立法的资源浪费。我们认为,促进型经济法的主体资格的获取是有准入门槛、标准认定和实施程序的,不能仅通过赋予资格的行政审查来使相应主体获得倾斜性保护。我国促进型经济法尚未形成完整严密的体系,现有的立法成果之间并没有形成相互的关联。促进型经济法的立法目标不是直接确定具体领域或者具体行业的扶持政策,而是对促进型立法的领域作出程序确定性的规定,以及对风险负担、资源配置、实施主体等作出规定。

第二章　作为文化现象的经济法

为什么不同国家对经济法有着不同的接受态度？为什么在有些国家经济法立法非常发达却没有产生繁荣的经济法学研究现象？为什么中国经济法学研究能够具有自身的中国特色？中国社会的文化基因中是否有促成经济法发展的因素？对这一系列问题的追问，反映出经济法作为一种文化现象的可能性。

世界上绝大多数国家存在经济立法现象，但并非每一个国家都会接受与经济立法密切关联的经济法这一概念。我们可以这样认为，“经济法”只是被部分法学家或立法者用来对一系列经济立法进行概括与描述的一个名称而已，其目的在于使人们便于掌握及研究这些经济立法的规律（一般规律与特殊规律）。一般来说，经济法文化现象的生成需以经济法法律现象作为载体和依托，但是经济法法律现象并非生成经济法文化现象的唯一因素。虽然当今世界绝大多数国家普遍采取经济立法的方式对国民经济生活进行调节，经济法立法现象已不鲜见，但经济法文化现象只在特定的国家中存在，经济法的文化现象与经济法的法律现象之间并不完全对应。我们发现，德国、法国、日本等大陆法系传统国家，存在比较明显的经济法文化现象，而英国、美国等存在金融法、竞争法等实质经济法现象的英美法系传统国家，却很少使用“经济法”概念，当然，其经济法文化现象也不如大陆法系传统国家的经济法文化现象突出。正如何勤华教授所言：民法学者比较唱衰经济法的发展，但是经济法在日本、韩国等大陆法系传统国家仍然是其法律体系中的重要组成部分。[1] 法律不仅是社会矛盾的运动结果，也是各国文化的选择结果。这一点用在经济法的分析上，其说服力更明显。经济法在单一制、文化呈中心发散式、现代发展矛盾比较突出的国家中相对发达。同一种

〔1〕 参见何勤华：《大陆法系变迁考》，载《现代法学》2013 年第 1 期。

法律现象（立法现象）在一些国家以"经济法"之名予以接受，在另一些国家则不被冠以"经济法"之名，这在一定程度上与这些国家的法律传统和法律文化有关。文化选择偏好会直接影响不同国家对待经济法的态度和立场。

经济法是体现地方文化特色的法律产物。经济法诞生之初并非用来解释人类的普遍性难题，而是优先满足民族国家的现实性需求。钱穆先生曾说一切问题皆由文化问题产生。虽然经济法立法现象具有普遍性，但经济法作为文化现象却具有特殊性。形式意义的经济法立法造就了文本之法，经济法规范的适用塑造了制度之法，社会各界对经济法的感受及认同则构成了观念之法。法律作为一种知识具有地方性，〔1〕地方性也意味着文化的多元性，而文化的多元性塑造了不同品格的法律。法律从应然到实然的转变同样是文化的选择与过滤过程。经济法主要调整的是人群与人群之间的经济关系，而不是具体的人与人之间的经济关系，因而更容易受到群体文化的影响。

法律是由具体的人制定与实施的，国内法又在民族国家群体内适用，法律因此具有了民族性格。孟德斯鸠在《论法的精神》中对民族精神与法律之间关系的论述具有启发性。文化影响虽然不易被精确量化，但却有潜移默化的影响。文化的影响具有世代延续性，民族精神的神奇之处在于它的基本内核不会发生颠覆性的改变。现有的法律文化理论包括法律观念的学说、法律传统的学说、法律意识的学说、法律解释的学说。高鸿钧教授将法律文化定义为特定社会中植根于历史和文化的法律价值和观念。〔2〕因此，法律文化总是生成于公共空间之中，基于群体的同质性因素而被抽象总结生成。我们所谈及的"国民性"和"地域性格"一般不是形容具体的个人，而是对集体、群团及不特定群体的描述。用法律文化解释部门法的主要成果集中在刑法、民法、〔3〕宪法〔4〕等部门法研究中。用文化现象解释法律并非

---

〔1〕 参见［美］克利福德·格尔茨：《地方知识》，杨德睿译，商务印书馆2016年版，第260页。

〔2〕 参见高鸿钧：《法律文化的语义、语境及其中国问题》，载《中国法学》2007年第4期。

〔3〕 参见单飞跃、杨期军：《中国民法典生成的文化障碍——西方民法文化的反衬》，载《比较法研究》2005年第1期。

〔4〕 在宪法领域，关于宪法人类学的解释方法的研究成果参见陈云生：《"宪法人类学"的创意与构想》，载《华东政法学院学报》2007年第1期；江国华：《宪法的人类学解释》，载《法学评论》2007年第5期；吴欢：《宪法宣示的机制原理及其完善——法人类学及宪法史学的视角》，载《东南大学学报（哲学社会科学版）》2018年第2期。

强调不同法律传统之间的隔阂,而是分析法律适用存在差异的深层次原因,以及从文化差异的基础上建构具有差异化的法律制度,防止僵化的法律移植而产生排异效应。

有学者研究了法系传统的差异对经济法现象产生的影响。[1] 但是法系差异对经济法文化生成的具体影响难以被精确量化,况且目前两大法系的差异正在逐渐缩小,法系差异的解释方法存在一定的局限性,法系差异的比较方法引导我们用更加丰富多元的实证方法解释经济法文化的内涵。在全球化的背景之下,各国之间的交往日益密切,人类作为社会族群的分子,其性格、观念、偏好不可避免受到文化的影响。

第一节 经济法文化现象的主要表现

美国法学家劳伦斯·弗里德曼认为一国的法律体系主要包括法律规则得以运行的架构、法律规则本身以及法律文化的观念和态度。[2] 这其中的法律文化指的是观念之法,体现的是整个社会群体对法律的认知与评价,在法律文化概念下又可细分为民法文化、刑法文化、行政法文化、经济法文化等多个子系统。我们认为,具体于经济法文化现象而言,它应包括清晰可识别的经济法部门、丰富完整的经济法概念学说体系、国家经济立法的持续性传统以及社会与民众对经济法的基本认知。

一、以经济立法为手段主动介入公共经济生活

大陆法系传统国家的立法活动是国家主权的象征,立法者的权威也常常通过立法活动得以体现,其常常影响政治生态、经济生活与社会心理,"只要立法者的三句话,整柜的书就可以毁掉"。[3] 经济立法调整手段在大陆法系国家具有持续性、主动性和稳定性的特点,是政府宏观调控手段的法律体现。大陆法系传统国家在介入市场经济的过程中积累了丰富的经济立法成果,形成了独立的、内容多元的经济法部门,具体涵盖竞争法、资源管理

---

〔1〕 参见单飞跃、张玮:《为什么是大陆法系传统国家——经济法文化现象的考察与解释》,载《财经法学》2015 年第 2 期。

〔2〕 参见高鸿钧:《法律文化的语义、语境及其中国问题》,载《中国法学》2007 年第 4 期。

〔3〕 参见[法]勒内·达维德:《当代主要法律体系》,漆竹生译,上海译文出版社 1984 年版,第 23 页。

法、产业行业促进法、市场管理法等多个领域。德国经济法立法体系以经济公法、经济宪法、经济行政法作为支撑。日本经济法立法体系构建完整,具体包括以反垄断法为基础的一般经济法、规制市场经济结构并维护竞争秩序技能的经济结构法、为保护特定主体和特殊经济领域的特别经济法。[1]截至2024年4月26日十四届全国人大常委会第九次会议闭幕时,中国特色社会主义法律体系中的经济法由85部法律,以及相关的行政法规、地方性法规组成,涵盖宏观调控、市场规制、对外贸易等多个领域。可以说,大陆法系传统国家的经济立法活动有鲜明的国家意志性、主动干预性,反映出自上而下的权力运行属性。

二、丰富多元的经济法概念与学说

概念是科学研究的起点,也是知识传播的基本载体。"经济法"语词在大陆法系传统国家的法学研究领域中有相应的体现,如日语中的"経済法",法语中的"droit economique",德语中的"Wirtschaftrecht"[2]都是表示经济法内涵的词汇。"尤其是在德国,经济法概念已经成为了许多系统研究的对象。"[3]20世纪30年代,苏联法学家M.帕舒卡尼斯及其门徒也开始使用"经济法"概念。[4] 经济法学中的经典概念"国家干预"(dirigiste)的词源也源于法语词根。[5] 反观英美法系传统国家,英语语言中并不存在经济法含义的专门单词,甚至到第二次世界大战前的美国都没有"经济法"这一概念的存在。

在大陆法系传统国家有为数众多专门从事经济法学研究的法学家,如日本法学家丹宗昭信、厚谷襄儿、金泽良雄等,均以经济法学研究作为自身的学术标签,并形成了"经济干涉法说"和"禁止垄断法中心说"等经济法理论。德国亦有施托贝尔、施利斯基、费肯杰等经济法学研究翘楚,形成了在

---

〔1〕 参见[日]丹宗昭信、伊从宽:《经济法总论》,吉田庆子译,中国法制出版社2010年版,第31~33页。

〔2〕 "经济法"(Wirtschafrecht)一词出现在1906年德国创刊的《世界经济年鉴》中。

〔3〕 参见[法]阿莱克西·雅克曼、居伊·施朗斯:《经济法》,宇泉译,商务印书馆1997年版,第3页。

〔4〕 参见[法]阿莱克西·雅克曼、居伊·施朗斯:《经济法》,宇泉译,商务印书馆1997年版,第72页。

〔5〕 参见[美]威廉·伯恩斯坦:《财富的诞生:现代世界繁荣的起源》,易晖、欧阳珊、姜汉忠译,中国财政经济出版社2007年版,第214页。

德国发源的经济宪法以及经济公法,极大地丰富了经济法的内涵,明确了经济法的历史使命。中国的经济法学者也对经济法的学术研究进行了深入探索,产生了多种经济法学理论思潮,形成了多种经济法认知范式与经济法学研究范式。经济法学术研究群体为经济法学概念的解释、经济法学说的形成、经济法知识的传播与普及作出了贡献。

三、社会对经济法的存在有较强感知

法律文化又有官方法律文化与民间法律文化的区分。[1] 民间对于经济法的认识、反应和传播也体现出了经济法文化现象中最为生动、最为感性的一面。以中国为例,经济法在中国实现了法律现象与文化现象的高度融合,立法层面的经济法、法学层面的经济法、知识传播层面的经济法相互交错。在百度上以“经济法”为关键词进行搜索可得出7000多万条结果,社会关注程度不可谓不高。在《中国图书馆图书分类法》下的D922.29项目对应的便是经济法,国内各主要法学院开设了经济法学课程,招收经济法学专业学生,也有些政法院校直接设置了“经济法学院”。德国的法学院也有经济法学教育的传统,柏林洪堡大学、海德堡大学、慕尼黑大学都将经济法或者欧洲经济公法等课程列为法学院学程设置的专业课程。[2] 此外,经济法学的相关知识也成为法律职业资格考试以及注册会计师考试的考核科目之一。从以上可以看出,社会主体对经济法的感知较为明显和强烈。

第二节 大陆法系传统国家接受经济法文化的主要原因

经济法文化现象区别于经济法立法现象,是经济法现象的独立组成部分。经济法作为文化现象的存在不具有普遍性,经济法文化现象只存在于大陆法系传统的国家。大陆法系国家所独有的法律传统选择了经济法文化,立法者在理性主义精神的指导下进行立法规划和法律整理,逐渐构筑了经济法部门的基本轮廓。大陆法系传统国家的职业法学家群体对经济法概念、范畴、理念、价值的不断研究,丰富了经济法文化现象的内涵。经济法文化现象的存在离不开人们对政府与市场关系的认知,经济法的实践意图在

---

〔1〕 参见高鸿钧:《法律文化的语义、语境及其中国问题》,载《中国法学》2007年第4期。

〔2〕 参见李承亮编译:《德国法学教育与司法考试法》,人民出版社2011年版,第246、264、272页。

于防范公共经济生活中的危险，这也是经济法文化得以在现代社会继续存在和发展的合理解释。

一、两大法系对公共经济生活中危险防范方式的差异性选择

在人类发展史中，紧急状态与常规状态相伴而生，人们在抵抗危险和防御暴力的过程之中确立维护社会安全的秩序规则。经济生活中的危险常来源于战争、自然灾害、经济危机等紧急状态，但在常态环境中，更大的危险来自力图控制市场机制的外在强制性干预。西方国家进入垄断资本主义时期以后，民族国家成为最主要的资源分配主体和经济政策供给主体，“国家的存在是经济增长的关键，然而国家又是人为经济衰退的根源”。[1] 国家之手在消除市场自发性的同时也会造成不当干预，其中的“审批”“准入”“许可”等规制措施亦可能创造寻租的空间，不受约束的国家干预很有可能演化为经济暴力。这种催生暴力和压制的危险是时刻需要防御的。两大法系为防范各自公共经济生活中的危险采用了不同的法律准备，大陆法系传统国家采用事前的经济立法方式规范国家干预的空间与程序，并由此产生了新的法律部门，而英美法系传统国家则以其宪法制度设计对国家干预予以随时制约。

（一）制定法形式的经济法：大陆法系传统国家的事前立法控制

现代经济法是回应社会诉求的法律部门，既要对市场失灵提出法律对策，也要对过度干预意图进行法律防范。经济法作为独立的法律部门在大陆法系传统国家得以产生并不是偶然现象。立法活动在大陆法系传统国家具有极强的仪式性和实证性，伟大的法典也常常是一个崭新时代的开端。在大陆法系传统国家，事前的立法是确立秩序、定分止争之基石，而法律的空白之处也往往是恐慌和紊乱的根源，立法者通过精密的立法灌输其维护公共利益的意志、协调各方利益的决心，而其自身的活动也要受到自身制定法的约束。

此外，以成文法为主要法律渊源的大陆法系传统国家有区分法律类型的传统，并以此确定法律调整的空间和范围，法律类型的划分不仅追求形式

---

〔1〕 参见[美]道格拉斯·C. 诺思：《经济史上的结构和变革》，厉以平译，商务印书馆 1992 年版，第 25 页。

意义上的严谨规整,更有追求实质意义上层面司法便利的需要。法律类型的划分有利于整合利用法律资源,保证有法可依。大陆法系传统国家沿用了古罗马时代流传下来的公法与私法的区分,其中公法用以调整国家事务,私法用来调整私人的身份与财产关系。这种事先蕴含主体意志的区分方式对于经济法的独立诞生是具有深远影响的。罗马法中的私法制度是其中最为精巧也是运用最为广泛的法律制度,也深远影响了资本主义基本法律制度的形成。当时社会认为只有法才能保证秩序与安全,[1]且往往只有分类清晰、规范细致、涵盖齐全的制定法才能为社会群体带来安全感。公法具有较强的政治性和强制性,私法具有鲜明的生活性和灵活性,两类型法的分工就可以很好地解决基本社会事务。于是在自由资本主义时期大陆法系传统国家主要采取市民法加上自由竞争的模式调节社会经济关系。但当自由资本主义进入垄断资本主义之后,社会经济事务日趋复杂和多变,尤其是资本主义经济危机之后,资本主义自发调节的弊端开始显现。此时国家开始介入经济生活之中,并产生了私法契约无法调整的公共经济空间。但当公共空间获得极大的拓展后,国家的危险性又开始进一步地显现出来。而传统的公法与私法无力单独调节这种新兴的经济社会关系,所以人们必须在民法调整之外再寻求对抗公共权力的新的法律机制。"经济法""社会法""经济公法""经济行政法""经济宪法"等概念的出现都可以被视为对传统私法调整方式的一种递进,也是立法者对法律部门进行有意创制的一种尝试,其目的是应对更加复杂的社会经济关系,并通过新的法律形式对公共经济生活中的危险性加以制约。

(二)英美法系传统国家灵活能动的宪治机制与司法传统

成文法在英美法系的法律渊源之中并没有显得那么重要。与之相反,英美法系传统国家有足够的力量制约政府对经济的随意干预,宪治机制则是有效的武器。英国《大宪章》(1215 年)开始对国王征税权进行法律制约,自此之后的一系列的宪法性法律、惯例、判例共同形成了英国宪治的基石。《人身保护法》(1679 年)限制了行政和司法机关对公民人身自由权利的非法侵害。《权利法案》(1689 年)则进一步限制了国王的征税、征兵等权

---

〔1〕 参见苏号朋:《民法文化:一个初步的理论解析》,载《比较法研究》1997 年第 3 期。

利。[1] 英格兰人民自此开始相信，国家、国会以及国王都必须受到实际的限制，即国家的行动范围是有限的。[2] 因此，危险的政治力量得以被宪治机制所牵制，国王的专制与暴力基本上被控制在安全范围之内。制衡哲学被认为是美国法律文化中的重要组成部分。[3] 美国宪法除了对权力制衡进行设计之外也含有大量的经济性条款。美国宪法第 1 条第 8 款就直接规定了国会具有征税、铸币、厘定汇率等经济性职能，也划分了联邦与各州在经济生活中的各自权限。其宪法文本中的经济条款构成了经济生活中的基本准则，因此，美国对制定其他单行的经济成文法的需求并不强烈，也难以形成经济法文化现象持续生存的制度土壤。除此之外，在英美法系传统国家，法官处于整个司法裁决的中心地位，法官可以依其能动性对法律予以灵活运用，可以依据法理进行创造性的立法。法官的能动性在于当面对具体的法律事件之时，可以依据具体的实际情况作出裁决，因此在英美法系传统国家并没有太多的单独设置经济法这一独立法律部门的需要。在英美法系传统国家，法官秉持着实用主义的司法理念，注重法律实施的具体效果，而不是法律的外在表现形式。英国的法院系统就有极强的解释能力，从某项条文触及其他所有的立法。[4] 他们是英美法独特法律技术的践行者，即热衷于精细而现实地探讨生活实际问题，专注于先例和案例的分析解读。[5] 因此，英美宪治框架是一个动态的治理框架，可以依照危险的政治力量的来源、强弱以及变化来相对灵活地予以化解，单独的类似经济法的部门也就显得不那么必需了。

英美法系传统国家并没有严格的法律部门划分，也没有特别规整、严格的法律形式主义选择偏好。法律的作用在于解决具体的诉讼问题，其并不需要像大陆法系传统国家那样事先确定经济法部门的存在空间与法律地位，也无太多必要进行规划性、体系化的经济立法活动。

---

〔1〕 参见吴必康、张丽：《世界历史(第 8 册)：西方国家政府与市场经济》，江西人民出版社 2012 年版，第 125 页。

〔2〕 参见[德]格奥尔格·耶里内克：《〈人权与公民权利宣言〉——现代宪法史论》，李锦辉译，商务印书馆 2013 年版，第 57 页。

〔3〕 参见[美]劳伦斯·M. 弗里德曼：《法律制度》，李琼英等译，中国政法大学出版社 1994 年版，第 246 页。

〔4〕 参见[美]阿瑟·库恩：《英美法原理》，陈朝璧译注，法律出版社 2002 年版，第 36 页。

〔5〕 参见[德]K. 茨威格特、H. 克茨：《比较法总论》，潘汉典等译，法律出版社 2003 年版，第 272 页。

二、法律整合传统与规划性立法活动的开展

通过不断地修正和调节政府与市场关系,大陆法系传统国家最终确立了“国家干预+经济法”的调整模式。大陆法系传统国家的经济法法律现象大多以“法群”形式存在,法群中的法律呈平行性的分布状态,但以某些特定类别标准而被整合。以法群形式存在的经济法部门按照调整领域和对象关系予以归类,就存在宏观调控法、市场规制法等子部门的划分。经济法部门的形成过程由此体现出较强的人为意志性,体现出在清晰立法目的指导下的整合,并按照立法规划予以渐进性的完善。除此之外,大陆法系传统国家的立法者们相信,形式规整的法律文本总能给人以视觉上和心理认知层面上的庄严感和敬畏感,也正如肯巴塞莱斯那句名言:“非颤抖的手不能触碰法典。”〔1〕

大陆法系国家的立法者习惯采用事先的立法规划将法律部门的调整空间予以确定和分类,并围绕规划构建相关法律法规层次体系。就经济法而言,大陆法系传统国家的经济法体系呈现出总分结合、纲目清晰的特点。一方面,经济法部门中虽然没有起支撑统领作用的经济法法典,却有起支撑统领作用的价值判断,那便是体现维护竞争与市场秩序等目标的社会整体利益,单行经济法的立法原则和目的都统一于此;另一方面,立法者通常也会对某些特定主体或者特定关系进行事先的立法规划和布局,形成具有特定立法目的和功能的法群。例如,宏观调控法类的法律是我国经济法部门的重要组成部分,其中就包含《预算法》《价格法》《中国人民银行法》等众多单行法。又如,日本的中小企业法律体系也体现出这样的特征。日本为扶持中小企业发展进行的相关立法,在日本《中小企业基本法》的统领之下还有中小企业组织化法、中小企业金融类法律以及具有特色的用以振兴相关中小企业现代化的法律。〔2〕 这些彼此平行分布的法律服务于同样的立法目的,分别从基本政策、组织形态、优惠措施、金融服务等领域实现扶持中小企业发展的需要。值得注意的是,法律整理习惯也是大陆法系国家重要的立

---

〔1〕 参见[日]大木雅夫:《东西方的法观念比较》,华夏、战宪斌译,北京大学出版社2004年版,第57页。

〔2〕 参见[日]丹宗昭信、伊从宽:《经济法总论》,吉田庆子译,中国法制出版社2010年版,第614~624页。

法技术传统，体现为对具有相同特征的法律以法群形式进行系统归纳。例如，中国特色社会主义法律体系中经济法与社会法的独立存在，德国经济法部门中经济公法、经济宪法、经济行政法的区分，都是法律整理传统的形象化展示。以我国的经济法部门形成轨迹来考察，我国自1979年提出“经济法”的立法概念到2011年将经济法确定为中国特色社会主义法律体系的组成部门，这一过程就具有鲜明的规划性、渐进性及整合性特征。[1]

（一）理性主义指导与经济法部门的整合

作为法律文化现象的经济法自然会与当时的思想文化环境产生一定的关联，法律理念的推导与论证离不开哲学思维方式的内嵌。在文艺复兴和地理大发现时代，古典哲学也开始向科学哲学推演，人们更加重视对知识体系的构建与思考。欧洲大陆理性主义与不列颠经验主义的分野体现出了不同的知识获取方式和理论结构方法。理性主义哲学观重视逻辑推理和数理分析，以天赋观念或者天赋原则作为逻辑起点而发展成为理性演绎法；而与之对应的经验主义则在观察和实验的基础上进行概括和提升而形成经验归纳法。[2] 理性主义与经验主义的分立同样在两大法系的法律传统中得以显现。大陆法系传统国家注重法律结构形式的严谨性与规整性，倾向于用事先制定、分门别类、规定翔实的法典来解决具体的法律问题，力图追求法律概念的精准、法学范畴体系的严密；而普通法系国家则更多关注法律实践问题，法律的存在便是为了解决一个个诉讼案件。这种哲学理念的差异也能很好地解释经济法文化现象为什么只在大陆法系传统国家得以明显地存在。经济法文化现象不仅需要经济法法律现象作为基本支撑，更需要围绕经济法本体而进行论证、解释与总结。

第一，体现理性精神的经济法范畴体系的建构。法律成果与哲学理念的融合产生了法哲学研究的理论体系，大陆法系传统国家始终将法律现象作为思考和研究的对象，他们不仅仅满足法律可以“做什么”，更时刻关注法律到底“是什么”。从传统的古罗马私法到近现代民法的飞跃过程同时也是民法法理科学化的进程。在理性主义精神的指导下，大陆法系传统国家的立法者与法学研究者用抽象的概念、凝练的原则和富有哲学意蕴的推导，论

---

〔1〕 参见单飞跃：《中国经济法部门的形成：轨迹、事件与特征》，载《现代法学》2013年第4期。

〔2〕 参见邓晓芒、赵林：《西方哲学史》，高等教育出版社2005年版，第119页。

证丰富了民法文化的内涵本质。围绕法律现象而进行的法学研究和范畴构建，一直是大陆法系国家法律传统的独特精神品质，这对经济法文化在这些国家的诞生与发展也是具有重要推进作用的。与民法相比，经济法是崭新的法律部门，公共经济关系也是不同于私人经济关系的经济关系新形式。经济法学的科学基石在于其独特的理论范畴体系，体现为经济法概念的解释论证、经济法所调整的社会经济关系的澄清、经济法组成部门的分析，以及经济法哲学的思考。这些原创性的知识体系需要特定的思维技术方式予以总结与创造。正是围绕着经济法而进行的知识体系构建才使经济法文化现象得以独立于经济法立法现象而存在。大陆法系传统国家有理性主义指导科学研究的传统，正是基于这样的思维方式，德国才会有经济宪法、经济行政法、经济公法这样的原创性概念。经济法不仅仅是解决实际需要的法律部门，也是可以用来研究和被研究的学术对象。理论范畴体系使经济法部门的形成有了科学的、有力的连接点，使经济法文化能够从法律层面真正走向知识文化层面和社会心理层面。在普通法系传统国家，法律的作用在于解决实际的诉讼问题，实用主义、经验主义的哲学思维方式使经济法更类似于规则工具，而不是解释工具。他们不会太沉溺于原则性的事务，也很少对是非问题进行过多的争辩，所以他们尽可能地会回避理论，而追求所谓的实用主义。[1] 因而，他们更加重视“经济法之用”，而非“经济法之名”。正是基于这样的思维习惯，英美法系传统国家中的经济法话语体系也就显得并不突出，也没有单独存在的必要性。

第二，理性主义法典编纂思想对经济法体系构造的影响。经济法文化现象总是要依托规模式、体系化、逻辑性的经济立法成果而存在。法典编纂是大陆法系传统国家进行立法活动的重要特点，部门化的法典是民族国家提供规则供给的重要方式，这些法典也能够确定社会秩序、确定权责分配、稳定社会治理结构。近代民法的法典化是罗马法向现代法律形式转变的关键工程。法典编纂和整理并非将古典法律规则予以整合，而是结合时代需求、立法者意志的主观创造和再造。潘德克顿法学派的出现标志着民法立法技术达到新的高度，法律的结构形式与法律规则内容一样成为立法工程

〔1〕 参见［英］P. S. 阿蒂亚：《英国法中的实用主义与理论》，刘承韪、刘毅译，清华大学出版社2008 年版，第 95 ~ 96 页。

中的必备环节。法典编纂运动不但意味着立法技术的进步,而且显示国家权力的不断扩大,以及信息资源控制能力的不断增强。经济法部门的出现表明现代国家成为政策供给主体与资源分配主体,经济法的规则构成也离不开国家意志的聚合。大陆法系传统国家的理性主义法典编纂思想有助于经济法部门的形成,最初随意的、临时的、偶然性的国家干预政策渐渐被规整、事先的法律条款所取代,这一过程便离不开体系化和逻辑化的法典结构的成文化。现代经济法的立法技术日益精湛、法律内容日渐丰富,出现了经济政策入法、促进型经济法、“权力—责任”法律关系等多种新形式、新体例。这些内容也形成了经济法文本中的“总则—分则—附则”体例、立法目的、立法原则和专有概念。单行经济法之间虽然对不同的法律对象和法律关系进行调整,但仍然可以按照一定的结构形式予以归类,并形成稳定的经济法部门体系。因此,理性主义指导下的法典编纂传统也使经济法得以成为可感知、可创造、可发展的法律文化现象。总之,经济法部门的形成过程也是经济法文化现象得以深化的过程,它体现了社会经济发展需求、立法主体经济意志与理性思维方式的有机统一。

英美法系传统国家并没有法律部门分类的传统,也没有编纂整理成文法典的习惯,国家在经济法中的地位也与大陆法系传统国家有所不同,扮演的是“裁判者”而非“法令供给者”的角色。因此,经济法在这些国家并不以国家主导形成的单独法律部门形式来体现其作用和反映其存在,而是内化于市场运行过程中,其法律品质特征也很难与传统的契约自治精神区分开来。

(二)规划性立法活动与经济法部门的形成

有法可依是进行司法活动的前提,因此立法活动就需要具备一定的前瞻性。大陆法系传统国家的成文法传统、法典编纂传统都体现出了立法规划性的特征。立法规划是法律资源与立法者目的紧密结合的产物,是自上而下的法群形态的推进方式。立法规划的预置使法律部门蕴含着国家支配力,使法律部门形成、法律作用空间在社会生活中得到更多的感知。经济法的出现与国家的权力扩张有着密不可分的关系,没有国家主体的存在也就不会有相关的经济关系产生。国家通过各种干预措施、手段、工具作用于市场主体和市场过程,经济法同样也是经济政策走向法律形式的产物,正是因为经济法的政策性特质,立法规划才能够与经济法文化的形成有天然的关联。首先,经济法律关系不同于契约与自治主导的私法关系,并非通过市场主体的平等交易而产生。经济法的立法目的也更加多元,是多种社会利益和价值的综合产物。正是基于这种特性,国家立法规划才有单独作用的可能性,才有聚合各种诉求的力量。其次,经济法体现出的是国家经济意志,而非市场主体的单纯诉讼需求。国家依靠经济法形式弥补民法调整的空白,依照法律条文中的各类政策规则工具实施这一职能,而传统的民商事法律总是要通过一定的诉讼程序得以实现权利的让渡。正是因为经济法的作用机制可时常独立于诉讼轨道,规划性立法才有必要性和现实性,才有可能事先预判新的调整领域。最后,经济法文化现象也意味着社会主体能够较明显地感知国家在经济生活的出现频率和作用范围。大陆法系传统国家往往通过规划性立法的方式寻找社会经济发展中的特殊问题,以更加主动的方式主导法治资源的分配流向。总之,立法规划与事先的立法防范机制能够互相发挥作用,体现出经济法明显的政策性品质。规划性的立法方式使大陆法系传统国家的经济法形成过程有清晰的脉络性和发展诉求回应性,因此也能够使经济法文化现象得以在这些国家清晰凸显。

三、职业经济法学家群体的形成

"法系的产生和存续取决于一个训练有素的法律职业阶层的存续和发展。"[1]法律职业阶层一般包括立法者、法学家、法官、律师等主体,这些主体本身既是法律文化现象的体验者,又是法律文化现象的创造者。在大陆法系传统国家,法律职业群体的主体之间呈现界限分明的板块式结构,即各主体间的职业区分度明显,立法者和法学家处于更加积极主动的地位,共同参与立法活动,而法官只是执行法律的规定。法学家则从纷繁复杂的法律关系之中提炼出法律概念、规则及原则,正如同自然科学家从自然现象的背后提炼自然规律一样。韦伯也认为应该把法律产生的原因更多地归结于法律专家的工作。[2] 经济法内涵的丰满和活力的体现离不开成熟科学的研究方法,离不开学术研究群体的深入研究。经济法从立法现象转向社会文化现象需要经济法相关知识成果的积累与传播。大陆法系传统中的职业经济

〔1〕 参见[美]约翰·H.威格摩尔:《世界法系概览》,何勤华、李秀清、郭光东译,上海人民出版社2004年版,第957页。

〔2〕 参见[日]大木雅夫:《比较法》,范愉译,法律出版社1999年版,第263页。

法学家群体将“技术层面的法”与“艺术层面的法”进行了精致区分，他们专注于法律教学与法学理论的深究，重视学科专业分工后的深耕细作，善于对法律规定进行学理注解。除此之外，大陆法系的职业经济法学家群体往往也扮演着“幕后立法者”的角色，自罗马时代开始，他们就将法律解释和研究与立法工程紧密地结合起来。《法国民法典》凝结了大革命前后启蒙思想家的法学思想，而《德国民法典》体例和内容的形成也离不开萨维尼、温德海得、祁克等著名法学家的理论贡献。[1] 以经济宪法而闻名的德国《魏玛宪法》则是自由主义“法学家”的杰作，社会学家韦伯、思想史家特洛尔奇和法理学家迈勒克对《魏玛宪法》的起草起到了重要作用。[2] 法学家在大陆法系传统国家的立法活动中扮演着重要的角色，使大陆法系传统国家的法律成为名副其实的“法学家的法”。[3] 而在英美法系传统国家中，律师、法学研究者、法官三者的联系较为紧密，法学研究者往往以“法官法学家”或者是“法律实务法学者”的面貌展现，法学研究者关注司法实践，思考法理如何在具体的诉讼案件中发挥作用，故而才有霍姆斯大法官“法律的生命不在于逻辑，而在于经验”的著名论断。

经济法从立法现象走向文化现象离不开职业经济法学家群体的解释与构造。职业经济法学家群体通过论证、解释与注释的方式对法律进行解读。“法学家一方面是产生法的一种自主渊源，另一方面法学家又以其解释活动对通过其他渊源而产生的所有的法进行完善。”[4]各种以文本形式存在的经济法法律是经济立法工作的直接产物，而与经济法相关的理论解释、范畴体系建构与学说论争，则是经济法学术研究群体推动的，以及以专业学理注解、思考论证的方式取得的。这些努力使得经济法部门成为法学之法、科学之法，进而是被社会感知之法。

第一，大陆法系职业法学家群体将法学研究工作作为最为主要的职业内容，并产生了部门法学研究分工。从部门法到部门法学是职业法学家群

---

〔1〕 参见谢冬慧：《法学家的力量——评西方法学家对法制发展的贡献》，载《法学评论》2007 年第 4 期。

〔2〕 参见刘金国主编：《人类法律文化的丰碑》，中国政法大学出版社 2005 年版，第 247 ~ 248 页。

〔3〕 参见[美]约翰·亨利·梅利曼：《大陆法系》，顾培东、禄正平译，法律出版社 2004 年版，第 58 ~ 62 页。

〔4〕 参见[意]桑德罗·奇斯巴尼、薛军：《法学家：法的创立者》，载《比较法研究》2004 年第 3 期。

体的重要贡献，部门法学的分工使学术研究的广度和深度得到了提升，经济法也从法律部门之法成为科学研究之法，其生命力得到了延续，科学性也大大增强。

第二，大陆法系传统的职业法学家群体热衷于法律概念的创造与解释。库珀勋爵认为大陆法系法学家的本能便是从事系统化的研究，而普通法系的法学家的运作规则是在具体的司法实践活动中解决的。[1] 精准的法律概念、规范的研究体例、逻辑严密的学术理论是职业法学家群体重要的工作成果。他们擅长总结法律的演变发展规律，不断改进法学研究方法，使法学研究逐渐成为科学。大陆法系国家民法文化的蓬勃发展离不开富有说服力和解释力的概念体系和逻辑结构，“法人”、“自然人”和“权利义务”等精确的、简洁的概念富有无穷的“魔力”，它们是破解纷繁复杂法律关系的“钥匙”，当然这都离不开法学家们的学术创造。正是因为这样的学术研究偏好，大陆法系传统国家才有生成经济法文化的意识土壤，才觉得有必要围绕经济法进行孜孜不倦的研究。法学家通过敏锐的学术判断力发现了崭新的经济关系，论证解释了“经济法”“经济宪法”“经济行政法”等专属概念，并推动经济法理论研究范式的向前推进。此外，大陆法系传统国家之间的法律学说相互借鉴和交流也是靠法学家推动完成的。日本法学家通过模仿和学习，对德国的经济法学说进行了移植和再造。[2] 中国早期的经济法学说也受到了苏联经济法思想的影响，其中的“纵横统一说”便有苏联法学家拉普捷夫学说的影子。

第三，大陆法系职业法学家群体与立法活动的紧密联系有助于新的部门法产生。职业法学家群体不是“两耳不闻窗外事”的书斋论道者，而是以意见咨询、学理解释的方式直接或者间接地参与到立法活动之中，为各种法律的诞生提供科学基础。经济法是市场经济高度发达后的法律产物，其诞生和发展与国家发展面临的具体问题、经济基础和现实需要密不可分。经济法部门需要回答政府与市场的哲学关系、需要设计出抗衡过度的国家干预的规则工具，也需要包含其他法律部门不能涵括的法律关系。职业法学

---

〔1〕 参见[德]K. 茨威格特、H. 克茨：《比较法总论》，潘汉典等译，贵州人民出版社 1992 年版，第 458 页。

〔2〕 参见程信和、刘国臻：《比较法在日本经济法发展中的作用及对中国的启示》，载《法学评论》1999 年第 2 期。

家群体通过学术研究成果为经济立法提供参考,并通过对经济法知识成果体系的构建与传播,向社会公众传递经济法文化。相比而言,英格兰的普通法是皇家法官的智慧凝集,而法律学者和他们的理论研究却在该国的法律史中处于相对边缘的地位。[1]

第四,经济法部门与其他的法律部门相比更具有鲜明的本土性和理论原创性,也需要职业法学家持续关注本国的发展命题和现实矛盾,这也是经济法学研究的重要使命。我们不难发现,职业经济法学家群体使经济法学研究走向了新的高度,经济法文化现象才能实现从法律到法学再到科学的跨越。

第三节　中国经济法的文化现象背景与独特发展语境

经济立法虽然是一种以国家意志为主的理性干预活动,但仍然不可脱离一国具体的经济立法最初动机。无论是基于反垄断的需要,还是对国家调控的坚守,都与一定的价值追求相关。经济立法现象虽然在各国都有体现,但经济立法的具体动机和需求存在差别。无论是形式性经济法国家,还是实质性经济法国家,经济法的生成语境都各不相同。中国经济法的产生、形成与发展也有其自身的特殊语境,中国经济法的立法目的与中国的发展诉求密切相关。中国经济法虽然借鉴了域外理论,但仍然植根于中国的文化传统和现实国情。

一、中国经济法文化现象的生成原因

(一)对大一统政治秩序的整体认同

良善社会的特征是具有相当程度的秩序。[2] 千百年来,中国人对统一秩序的渴求与建构的努力,是社会历史发展的主要潮流。大一统的政治秩序是抵御风险的根本性机制。我们认为,我国经济法学理论研究中的政府与市场关系并非来源于对经济学中“市场失灵”理念的认同,而来自对政府建构市场秩序及扩大市场规模的认可。作为一个超大规模的单一制国家,

---

〔1〕 参见[比]R. C. 范·卡内冈:《法官、立法者与法学教授——欧洲法律史篇》,薛张敏敏译,北京大学出版社 2006 年版,第 53 页。

〔2〕 参见[美]拉塞尔·柯克:《美国秩序的根基》,张大军译,江苏凤凰文艺出版社 2018 年版,第 5 页。

保证国家的稳定性成为法律制定和制度改革的起点，因此，维护整体利益和对风险的抑制成为立法的重要目标之一。社会主体对中央集权力量已经产生了心理认同，这也是经济法中的国家干预学说能够成为早期经济法学研究中主流学说的原因。大一统的政治秩序不仅具有保障安全的功能，更会产生经济效应，大一统的市场能够形成强大财政维持功能。[1] 对政治权威的认同、市场参与主体对稳定秩序的心理追求，成为社会的主流共识，这也可以解释我国自上而下式的集中监管文化为什么较为发达。

（二）单一制超大规模国家中的中央与地方关系

中国是一个具有超大规模特征的单一制国家，这就使我国的国家治理具有较大的难度。作为一个疆域面积大国，中央与地方的关系是我国政治生活中的重要议题。在中华人民共和国成立初期，我国撤销“五大行政区”，但是，由于我国的疆域辽阔、区域发展差异较大，地方依然是国家治理中不可或缺的主体。经济立法中关于央地关系的复杂界定也是民法、刑法、商法等部门法不能比拟的。我国部分经济法单行法关于“央地关系”的条款如表1－2－1所示。

表1－2－1 我国部分经济法法律中的中央与地方关系

部门法	法条规定	中央与地方关系
《预算法》	第3条第2款 全国预算由中央预算和地方预算组成。地方预算由各省、自治区、直辖市总预算组成	全国总预算；一级政府一级预算；上级人大对下级预算进行审查
《中小企业促进法》	第5条第1款 国务院制定促进中小企业发展政策，建立中小企业促进工作协调机制，统筹全国中小企业促进工作。 第8条第1、2款 中央财政应当在本级预算中设立中小企业科目，安排中小企业发展专项资金。县级以上地方人民政府应当根据实际情况，在本级财政预算中安排中小企业发展专项资金	中央与地方关于中小企业促进的职权划分

[1] 参见程念祺：《国家力量与中国经济的历史变迁》，新星出版社2006年版，第60页。

续表

部门法	法条规定	中央与地方关系
《反垄断法》	第3条　国务院反垄断执法机构负责反垄断统一执法工作。国务院反垄断执法机构根据工作需要,可以授权省、自治区、直辖市人民政府相应的机构,依照本法规定负责有关反垄断执法工作	中央可以授权地方政府反垄断执法机构进行反垄断执法
《中国人民银行法》	第7条　中国人民银行在国务院领导下依法独立执行货币政策,履行职责,开展业务,不受地方政府、各级政府部门、社会团体和个人的干涉。 第30条第1款　中国人民银行不得向地方政府、各级政府部门提供贷款,不得向非银行金融机构以及其他单位和个人提供贷款,但国务院决定中国人民银行可以向特定的非银行金融机构提供贷款的除外	中央银行在执行货币政策时与地方政府的关系
《反不正当竞争法》	第3条第1款　各级人民政府应当采取措施,制止不正当竞争行为,为公平竞争创造良好的环境和条件。 第4条　县级以上人民政府履行工商行政管理职责的部门对不正当竞争行为进行查处;法律、行政法规规定由其他部门查处的,依照其规定	各级人民政府的职责;地方政府的监督稽查权
《消费者权益保护法》	第31条　各级人民政府应当加强领导,组织、协调、督促有关行政部门做好保护消费者合法权益的工作,落实保护消费者合法权益的职责。各级人民政府应当加强监督,预防危害消费者人身、财产安全行为的发生,及时制止危害消费者人身、财产安全的行为。 第32条第1款　各级人民政府工商行政管理部门和其他有关行政部门应当依照法律、法规的规定,在各自的职责范围内,采取措施,保护消费者的合法权益	属地式的消费者权益保护模式

从表1-2-1可以看出,经济法中的政策制定权力集中在中央政府,诸如国务院负责制定中小企业政策、中央银行负责制定货币政策。但在具体的经济执法活动中,为了降低执法成本和信息不对称带来的风险,中央政府往往会授权地方参与执法,体现出较强的属地性。

中央与地方之间的关系体现为民众对社会稳定与国家安全的心理追求。中国的经济立法并非简单地围绕市场失灵与政府干预的关系而展开，而是要面对市场分割与市场统一之间的关系进行协调，通过中央权力的强化来实现市场的一体化，以保证宏观调控目标的实现。我国虽然是一个单一制的国家，但是由于幅员辽阔，且地方发展差异较大，市场经济问题其实又被具体化为差别各异的地方性问题。国家在治理地方性问题时不可避免需要依靠地方性的治理主体，而我国大一统政治格局下又有丰富的区域文化传统，这也就要求我国经济立法需要兼顾地方特色。大国效应对我国经济立法提出了特殊要求，监管资源的配置、区域间发展差异的克服、地方间竞争关系的协调，都需要在经济法律规则的设计中得以体现。

（三）基于差序格局建构的社会信任机制

中国社会中的信用机制会对经济立法产生具体影响。信用机制是对市场信息不对称结构缺陷的一种矫正机制。信用机制分为国家供给的信用机制和市场自发产生的信用机制。国家供给的信用机制体现为税收法定、币值稳定等，此外政府还通过监管市场的方式创造公共信用，如审批式的市场准入机制、强制性的信息披露机制等。由市场自发产生的信用机制，包含商会或者行业协会等自律管理组织制定的规则，以及诚实守信的商业道德等。传统中国基层社会的治理仍然是依靠基于熟人社会而建立起来的“差序格局”。市场参与主体习惯以自我为中心建构信任秩序，这在小规模的市场环境中能够起到降低交易费用的作用。一旦市场规模扩大，陌生市场交易主体间的信任度降低，就会缺少具有公信力的信用衡量机制。在信用衡量基准整体较低的社会中，自律管理传统也难以形成，这时就需要依靠外在的公共机制降低信息沟通成本和交易费用。集体主义观念并非来自人与人之间的自发合作，而是基于权力的压制而形成。超越熟人社会的低信任机制使交易成本增大，信息不对称加剧，单纯依靠市场调节无法形成可靠的公共经济符号。随着市场规模的不断扩大，由国家提供的公共信用机制就更加必要，国家立法作为国家信用机制的形式也因此而产生。

（四）基于对国家富强的共识性追求

国家在进行统治中形成的“富国强兵”“民富国强”等目标与国家干预、经济立法之间存在密切的关系。在重商主义时期，法国的国家干预、国家富强观念对经济立法产生了较大影响，法国历史上的一位首相科尔伯特就是重商主义时期干预主义的代表人物。因民族国家之间的竞争而产生的经济民族主义是国家经济发展的重要原因。[1] 经济民族主义具体体现为对国家富强的认同,这就需要国家经济职能的不断深化。德国是经济民族主义盛行的代表性国家之一。例如,德国《魏玛宪法》第151条规定:"经济生活之组织,应与公平之原则及人类生存维持之目的相适应。在此范围内,各人之经济自由,应予保障。"从中可以看出国家的经济职责得以产生,不过此时的经济职责停留在对存量发展成果的保护。第一次世界大战时期,德国制定了大量的战时经济法规,国家承担起了在物资紧缺的情况下为国民提供足够生活物资的经济责任。[2] 德国在第二次世界大战后确立了社会市场经济制度,在自由放任与计划集权中找到了相对平衡点。德国《基本法》第20条第1款和第28条第1款确立了"社会国原则",社会国家是指国家负责和主管社会秩序的构建,建设经济的、文明的、有基本生存的社会制度。[3] 社会国原则的核心组成部分就是国家团结原则,国家的具体经济任务之一就是为国民提供最低经济生存保障。[4] 此时的国家的经济职责还是有限的,直到德国《经济增长与稳定法》第1条作出"在市场经济体制下,促使经济持续适当增长,同时保持物价稳定、高度就业和外资平衡"的规定,才将宏观调控的四个总体目标予以了明确,将国家的经济责任予以了拓展。在保障市场经济的前提之下,国家不仅仅是市场秩序的维护者,更具有促进经济增长的积极作用。在富强观念的引导下,国家促进和引导经济发展的责任也被不断强化。

我国战国时期的法家大都以"富国强兵"为目标。商鞅与韩信皆有重"耕战"之主张,并以此作为强国之力。[5] 近代东亚国家的新法家,诸如大久保利通、朴正熙、李光耀、章太炎、梁启超等人也都以富国强兵为追求,而且付诸政治实践。[6] 自鸦片战争后,旧中国积贫积弱的现实让国人更增添

---

〔1〕 参见[美]里亚·格林菲尔德:《资本主义精神:民族主义与经济增长》,张京生、刘新义译,上海人民出版社2009年版,第1页。

〔2〕 参见[德]弗里茨·里特纳、迈因哈德·德雷埃尔:《欧洲与德国经济法》,张学哲译,法律出版社2016年版,第6页。

〔3〕 参见[德]乌茨·施利斯基:《经济公法》,喻文光译,法律出版社2006年版,第106页。

〔4〕 参见[德]罗尔夫·施托贝尔:《经济宪法与经济行政法》,谢立斌译,商务印书馆2008年版,第298~299页。

〔5〕 参见萧公权:《中国政治思想史》(上册),商务印书馆2011年版,第234页。

〔6〕 参见喻中:《论东亚新法家》,载《政法论坛》2018年第3期。

了对国家富强的期望。我们对国家富强的认识历经了民族独立、经济增长、共同富裕再到民族复兴与崛起的不同阶段。在实现民族独立和政局稳定后，经济增长成为国家富强的最基本表象，国家的经济发展职责也需要通过立法的方式予以确认。例如，《宪法》第14条作出了“发展社会生产力”“国家合理安排积累和消费”“在发展生产的基础上，逐步改善人民的物质生活和文化生活”的规定。从该条的表述中可以看出国家具有发展生产力、提高经济增量的职责。其他的部门法也有体现富强观念的表述，例如，社会主义核心价值观中的“富强”观念为《民法典》的立法目的条款所吸收。有学者认为，中国近代以来的立宪历程与对“富强”的诉求密不可分，“富强”最终也成为以“物质文明”为内涵的国家目标。[1] 也有学者持类似的观点，新中国成立后的各部宪法都体现了“宪法—富强”观，宪法中的各种经济政策类条款体现了革命合法性之后的绩效合法性，即用持续的经济增长和绩效为政权统治增加合法性。[2] 富强被赋予了直接的物质财富增长的内涵。而保持经济增长、维护经济秩序则是实现富强目标的最现实路径。近百年来的国家命运强盛的追求目标自然是经济立法不可回避的社会共识基础。中国的民族崛起史印证了国家繁荣富强的重要性，在危机时刻体现为上下一心的命运共同体意识。强大的中央政府在救灾、灾后重建、重大工程修建中发挥了不可替代的作用，集中力量办大事的优势已经成为国家富强的直接体现。有学者认为：“民富国强以人民富裕、国家富强为内涵，民富与国强不是完全对立而是辩证统一的关系。民富才能有足够的财力支持国家发展，从而使国家富强；国强则能够为民富创造良好的外部环境，合法保障民众财产。”[3]

我们认为，古代中国的央地关系常常陷入“地方割据”和“强干弱枝”两个极端之中，这和央地财税关系及国家与国民的财富分配关系是否健康、公平及正义有关。富强观念在财税法中具体体现为中央政府的财力增加，能够集中力量办大事，这也是我们进行分税制改革的思想基础。此外，富强观念也体现为国家与国民之间就财富分配关系所达成的协调主张，即分配的公平正义。

---

〔1〕 参见门中敬：《中国富强宪法的理念传承与文本表征》，载《法学评论》2014年第5期。
〔2〕 参见金欣：《中国立宪史上的“宪法—富强”观再探讨》，载《交大法学》2018年第1期。
〔3〕 参见席晓娟：《“中国梦”的财税法解读》，载《财税法论丛》2013年第1期。

二、中国经济法制度与文化产生和发展的独特语境

与传统部门法相比，经济法是较为年轻的法律部门，它诞生于特定的历史时代与政治经济环境之中。我们认为，经济法制度与文化的诞生背景是个性化和多元化的，需要加以识别与分类。唯有如此，我们才能够科学理解经济法的品格、特质及其发展规律。传统经济法制度与文化的诞生语境虽然可以从不同的角度进行解释，但这些语境与中国经济法制度和文化并不能完全匹配和吻合。中国经济法制度的诞生与经济法文化的形成，有其自身的独特语境，我们将这种独特语境称为中国的发展语境。中国经济法的产生与发展历程，便是对中国在发展过程之中遇到的尖锐问题和矛盾进行法律回应的过程，这些问题包括发展不充分、发展不平衡、发展不协调等。从另一个角度展开分析，虽然我国的经济法法律部门已经形成，但是各单行经济法法律规范之间的关系仍然是松散的、平行的，发展理念正好可以发挥对松散与平行的经济法规范进行相应统合的作用，并以此指导远期的经济立法工作。法学理论研究具有其历史使命，那便是以社会发展过程中形成的问题为导向，中国的发展问题也为经济法理论研究提供了丰富的问题源和素材库。中国经济法理论研究中要注意对国外经济法产生与形成的语境识别，不能简单机械地移植和模仿国外经济法的具体制度。我们认为，中国经济法理论研究需要植根于发展语境之中，主要关注中国复杂而尖锐的本土化社会经济矛盾与问题，将发展经济关系作为经济法的主要调整对象。

（一）域外经济法制度与文化产生和形成的四个传统语境

域外经济法部门、经济法文化、经济法理论的产生与发展，形成于一定的经济社会语境之中，这些语境主要包括集权语境、战争语境、危机语境、垄断语境。

1. 集权语境

与传统民法相比，经济法体现为国家对经济活动的法律干预。国家对经济生活的全面干预是一些国家经济法得以产生的契机，前苏联及前东欧国家的经济法制度与文化便依托于计划经济语境。前苏联经济法学家拉普捷夫就认为存在一种所谓的计划组织因素与财产因素相结合的经济关系，并据此形成所谓的“纵横统一说”。前捷克斯洛伐克社会主义共和国颁布过到目前为止世界唯一一部经济法典，认为国民经济领导管理和社会主义组

织经济活动中所产生的财产关系由经济法调整。如果我们只从经济概念的本身来看,经济法在这些国家与集权语境似乎关联不大,但从经济法的产生背景来看,这些国家的经济法是公有制、计划经济体制和高度集权政体相结合的法律产物。此种语境下的经济法只能是执行国家经济命令体系、组织体系、行动体系的一套刚性程序。

2. 战争语境

战争语境主要指以德国和日本为代表的战时经济法及战后经济法所依托的极端经济关系语境。这种语境下的经济法既包括为服务战争需要所制定的经济法令,也包括为应对战后危机所制定的经济法律,其特点是运用经济法令来统管经济资源。在法学研究层面,德国也出现了《战时企业论》《战时军事经济的法律形态》《战时经济法原理》等系统解释战时经济法的著作。[1] 战时经济法及战后经济法所依托的极端经济背景,是不可普遍复制的非常态社会经济语境,不代表经济关系的常态,不反映经济发展与经济运行的一般性和规律性。

3. 危机语境

在面临物质毁灭、生活必需品匮乏、失业和金融崩溃的情况下,国家便要为经济制定规章制度。[2] 美国在面临金融危机时制定了大量的危机对策法对金融危机予以法律回应。1929 ~ 1933 年的经济危机重创了美国的经济体系和经济社会秩序,原有的市场体系基本崩溃,新的市场体系和经济体系需要在政府的帮助下重建。罗斯福新政时期国家积极干预经济,大量的经济与社会立法随之产生,这些法律本质上属于危机对策法。同战争一样,经济危机也是不可机械复制的经济法语境,危机也不是经济关系的常态现象与一般规律。但这种语境有可能在某种历史周期中成为常态,当经济危机的爆发具有稳定周期规律性时,危机对策法就具有某种常态特征。

4. 垄断语境

垄断语境指以美国、日本为代表的反垄断法所依托的高度发达的市场经济关系语境。这种语境下的经济法也被称为"现代经济法",以美国《谢尔曼法》为标志,反映了国家以法律之手调整、干预原来纯属私人性质的竞争

---

〔1〕 参见谢怀栻:《外国民商法精要》(第 3 版),法律出版社 2014 年版,第 39 页。

〔2〕 参见[法]阿莱克西 · 雅克曼、居伊 · 施朗斯:《经济法》,宇泉译,商务印书馆 1997 年版,第 28 页。

关系。垄断是资本主义经济关系经自由竞争阶段后的一种质变，这种质变改变了原来比较均衡的，并且持续有利于消费者的竞争格局。垄断是市场力量自发调节的结果，也可以被认为是市场经济关系的另一重境界。垄断是反竞争的，垄断的目的是消灭竞争，因此从本质上讲，垄断是反市场的。当确信经济体制仍然要维持市场化时，就必须反对垄断。

以上四种语境都可以从不同的角度去解释经济法产生的背景和条件。需要注意的是，经济法虽然可以在极端的经济社会语境之中产生，但是现代经济法需要依托高度发达的市场经济环境，尤其是常态化的经济社会语境。经济法诚然可以在偶然的历史条件中产生，却需要在稳定的市场经济环境之中对社会经济矛盾予以法律回应。从历史发展的进程来看，经济法并非昙花一现。危机总会消失，但经济法或者围绕市场经济所进行的立法活动会长期存在。从这个意义说，我们理解的经济法不仅是危机对策经济法，而且是一种调节市场关系和发展市场关系之法。

（二）发展语境：中国经济法制度与文化产生和发展的个性化语境

对于我国的立法者与法学研究者而言，经济法无疑是一个新的法律部门，也是一个舶来概念。经济法的中国化与本土化一直是我国立法者与法学研究者关注的命题，为此我们有必要找寻中国经济法产生和发展所依托的个性化语境。我们认为，上述的四个传统语境不足以解释中国的经济法产生和发展问题。若仅以上述四个语境来解释中国经济法制度和文化，容易陷入极端化和简单化的不良后果。中国经济法在借鉴和参考域外经济法制度与文化时，要特别注意语境识别，以免水土不服。不加语境识别的经济法概念嫁接与语词输入，会延误中国经济法的理论发展进程。

极端经济关系语境的确是催生经济法产生的诱因，却不足以解释中国市场运行中的常态化问题。若仅以极端病态的社会经济环境作为经济法的语境之源，便容易造成经济法功能的异化，经济法便会成为公权力对市场资源的分配之法。若仅仅将经济法理解成为矫正市场失灵之法或者国家干预经济之法，也会错误地使经济法具有“集权”“统制”“极端权力主导”等特性，引发学界与社会对经济法品格的误解与忧虑。除此之外，我们还应当看到，大多数国家处于不同的市场经济模式之中，市场力量强弱对比差别很大。发达国家历经了工业化的发展，市场经济也发展到了较高形态，市场过度膨胀所导致的弊端是国家进行干预的理由和契机。因此，垄断语境的确是西方经济法的主流语境。但对于广大发展中国家而言,市场经济还没进入成熟阶段,政府仍然是资源配置中的主体,市场力量与政府力量相比仍然处于弱势地位,因市场而造成的垄断不易成为后发国家经济法所面临的共同语境。经济法主要是调整政府与市场关系之法,但若将经济法的全部对象简化为政府与市场关系,也不见得全面和准确,并且也不能完全解释中国经济法产生和发展的规律及现象。若只是在政府与市场关系的语境中思考经济法制度,则经济法有可能沦为纸面之法或者书斋中的法律,经济法研究也会有进一步"符号化"的趋势。因此,我们需要进一步思考中国经济法部门的形成与经济法文化的生成是否有其特殊的语境。我们认为,立法与法学研究都需要建立在对本国基本国情准确认识的基础之上,而中国的基本国情便是中国所面临的发展问题。中国是一个发展中国家,中国是一个处于并将长期处于社会主义初级阶段的国家,当前中国社会的基本矛盾是人民日益增长的美好生活需要和不平衡不充分的发展之间的矛盾。发展仍是解决我国所有问题的关键,并且特别需要注重发展的平衡性、协调性、可持续性。发展矛盾产生了具有中国特色的经济法语境,中国的发展靠思想解放、政治智慧、经验主义走到今天,但进一步的发展需要更高的哲学理论、价值观念和制度逻辑。中国经济法的源头和活水不仅仅是法典和书本上的文字,更是实实在在的中国现实的发展矛盾。

(三)中国特殊的经济社会发展矛盾需要经济法的调节

中国在发展过程中所遇到的矛盾和需要解决的问题具有特殊性,很难为别的国家所复制,也没有为别的国家的发展所经历。发展不平衡、发展不充分是对中国发展矛盾特殊性的一个总概括。

1. 人口多与资源少的矛盾

人口与资源的矛盾是人类社会发展的基本矛盾,在人类历史发展中永远存在。在中国,这个矛盾显得突出和尖锐:中国人口基数大,资源需求绝对量高,人口与资源关系紧张。有必要在公共财政预算与监督中加强对公务成本的控制,建立更强力的反浪费法律机制,既要反公务浪费,也要反私人浪费。市场调节型与进取型资源配置机制,会进一步放大资源的稀缺效应。

中国经济法的制度设计必须牢牢抓住人口多与资源少这一基本矛盾,从经济立法层面最大限度地控制这一矛盾。在我国已有经济法法律中,《农业法》中的粮食安全法律制度就是针对这一基本矛盾所作出的专门制度设计。《农业法》中的粮食安全法律制度体系由 7 个具体制度所组成:(1)耕地保护制度;(2)商品粮生产基地制度;(3)粮食保护价制度;(4)粮食收购资金制度;(5)粮食安全预警制度;(6)粮食分级(中央与地方)储备调节制度;(7)粮食风险基金制度。

2. 自然地理与经济地理反向配置的矛盾

我国就自然地理而言,呈现西高东低的特点;就经济地理而言,则是西低东高的表现。区域型的东、中、西部自然地理结构形成了梯次明显的发达地区、欠发达地区、不发达地区的经济地理结构。市场经济体制较为完善的东部地区地幅狭窄,人口压力大;自然资源丰富的西部地区地幅辽阔,但生态条件差,市场不发达,经济较落后。自然地理与经济地理的反向配置导致中国经济的空间反差大,社会流动性大,发展不平衡矛盾突出。

3. 城乡二元结构的矛盾

农村在中国属于地理概念、政治概念、经济概念、文化概念、法律概念的含义范畴。中国城乡的差别短期内不可能完全抹平。现阶段我们能做的主要是抹平在农民与市民之间尽可能实现基本公共服务的均等化。从乡土中国向现代中国的转化还需要相当长的时间,这是因为:(1)农村区域面积大;(2)农村人口基数大;(3)农业生产水平低,自然条件对农业生产力水平形成天然的制约。落后分为绝对落后和相对落后。绝对落后是指能力、素质、财富、收入在量上的低位性;相对落后是指城市化、工业化的步伐越来越快时,农民与市民的差距加大。针对不同的原因,应当有不同的解决办法。我们还需要注意到,中国的城乡是二元的,但乡村是多元的。

4. 经济与社会发展不平衡的矛盾

经济与社会发展不平衡的矛盾表现为:(1)经济与社会的发展速度不同步,两者尽管都在发展,但社会发展相对经济发展明显滞后。(2)经济与社会的发展规模不协调,经济发展从体制到机制、从数量到规模都在全面推进,而社会发展仍处在体制和机制的尝试之中,数量与规模明显不足。(3)经济发展撬动了原来相对稳定(固定)的社会结构,并加剧了结构内的不平衡性,产生了新的社会问题。(4)社会发展机制不能有效消融经济发展所带来的后果和矛盾。(5)社会预期不稳定。社会预期包括产权、未来生活的保障、美好生活的向往等方面。

以上矛盾的解决,没有现成的模式供我们去复制,中国解决自己矛盾的模式，别的国家也不可能复制。中国的问题最终要靠我们自己来解决。中国的问题说到底就是发展的问题，但中国的发展问题又只能靠发展的方式来解决，即用发展来解决发展问题。用发展来解决发展问题，制度无疑是最重要的，其中当然包括法律制度，尤其是当发展问题具有一定的长期性和稳定性时，经验主义就存在缺陷，而必须运用法律智慧。法律智慧包括创新法律制度，构建新型的法律制度。经济法的价值与中国解决发展问题的路径基本相符。用发展思维去思考中国经济法的建构是有意义的，同样，用经济法来调节中国特殊的发展矛盾也是可行的。从某种意义上说，中国经济法就是发展经济法，就是调整中国发展经济关系的法律规范。

中国当代经济法诞生于对外开放与经济体制改革的关键时期，其必须回应经济社会发展的法律调整要求。对于中国经济法而言，其不仅仅是对历史经验的总结，更是开创历史的一种法律实践。发展语境是中国经济法生成的主要语境，也是中国经济法部门逐渐形成以及稳固发展的大环境。发展过程中累积的问题需要经济法予以解决，发展理念应当成为经济法的首要价值选择。

三、发展理念在中国经济法法律规范中的体现

学界对发展的概念众说纷纭。发展的理念也是逐渐变化的，不同的国家处于不同的发展阶段，在不同的历史时期，国家对于发展的认识和理解也存在差异。但总体而言，市场经济制度是现代国际社会的主流选择，因此发展社会经济成为最为主流和朴素的发展理念。在社会大众的第一印象中，发展应当表现为各类经济指标及数据的增长。但是，发展是否有其更高的价值内涵和更丰富的构成要素？努斯鲍姆认为应当关注人类能力的提高，而不仅是看重国民生产总值等经济数据。[1] 我们认为，发展理念是中国经济法的核心理念，中国经济法部门与经济社会发展具有天然紧密的联系，经济法文本中有关发展语境、发展概念、发展方式、发展目标等的规定，都是体现经济法发展理念的具体印证。为此，我们以中国经济法部门中的各单行经济法法律为样本进行文本分析和梳理。

---

〔1〕 参见[美]玛莎·C.努斯鲍姆：《寻求有尊严的生活》，田雷译，中国人民大学出版社2024年版，第69页。

(一)将发展作为经济法的立法目标

把“发展”或类似表述纳入单行经济法的立法目的条款中是最为常见的形式。表达方式主要包括“经济发展”“经济与社会发展”“对外经济贸易发展”“生产、贸易和科学技术发展”“促进……行业或者产业发展”等,具体分类如表1-2-2所示。

表1-2-2 中国经济法法律中关于“发展”的表述

表述	法律
促进社会主义市场经济发展	《反垄断法》《企业国有资产法》《注册会计师法》《台湾同胞投资保护法》《对外贸易法》①《统计法》《价格法》等
经济和社会发展	《预算法》《税收征收管理法》《节约能源法》《可再生能源法》《土地管理法》《水法》《水土保持法》《草原法》《渔业法》《审计法》等
促进对外经济贸易发展	《进出境动植物检疫法》《进出口商品检验法》等
生产、贸易和科学技术发展	《计量法》等
扶持特定行业、产业或者特定主体发展	《中小企业促进法》《银行业监督管理法》《矿产资源法》《电力法》《煤炭法》《邮政法》《铁路法》②《航空法》《公路法》《港口法》《农业技术推广法》《农业法》《乡镇企业法》《动物防疫法》《种子法》《畜牧法》《农产品质量安全法》《农业机械化促进法》《广告法》等

①《对外贸易法》第50~58条专门规定了对外贸易的促进机制。包括建立对外贸易战略、建立对外贸易公共信息服务体系、扶持中小企业和特定地区开展外贸等。

②《铁路法》第4条规定:“国家重点发展国家铁路,大力扶持地方铁路的发展。”

从表1-2-2可以看出,促进发展是经济立法的重要目标之一,尤其是在行业管理类的经济法法律中大量出现。

(二)扶持、促进特定主体或者产业(行业)发展的经济法

仅仅在立法目标之中体现发展理念是不够的,为扶持促进特殊主体或者行业进行专门立法显得更加重要。我们从一些经济法的名称中便可以看出这些法律的功能与性质,有些国家也称为特殊经济法。[1] 这种类型的经

〔1〕 日本经济法体系中的一个组成部分便是特别经济法,其中便包括中小型企业及相关法律、农业法及相关法律等。

济法和传统的公平交易法和市场交易法具有不同的权利义务结构。我国经济法部门也含有与之类似的经济法单行法。[1] 主要包括《循环经济促进法》《中小企业促进法》《清洁生产促进法》《农业机械化促进法》等。我们也可以称它们为促进型经济法,其作用原理便是国家将特定的扶持政策用立法方式予以制度化和常态化,主要方式包括列入国家发展规划中、[2]为科技进步和创新提供物质奖励、[3]设立专门的发展基金、[4]给予资金补贴[5]、财税优惠[6]等。

(三)有待深化的发展理念:从模糊的象征性概念到具体的制度性体系

虽然促进发展已经成为我国经济法立法的目标之一,但发展仍然只是一个抽象化的概念,发展任务也仅仅只停留在理念或者道德倡导的层面,缺少硬性的法律责任约束。发展的目标主要是通过各类政策工具的适用而实施的,政策工具的供给与实施主体是各级政府。发展的政策供给是单行线性化的,缺少发展效果的评估与反馈机制。除此之外,各部门法之间的关系也是平行的、零散的,彼此之间并没有形成相互关联的体系。最后,发展措施针对的只是个别或者特殊的对象,并没有惠及市场之中其他需要扶持的参与主体。总之,我国的经济法部门的立法思路仍然是以行业行政管理为指导思想的,尚不能完全对发展型经济关系进行调节。我国的促进型经济法的体系内容尚不够精细。需要进一步调整立法思路,精细化促进型经济法的体系内容。

---

〔1〕 也有学者称为"促进型"经济法。参见张守文:《论促进型经济法》,载《重庆大学学报(社会科学版)》2008 年第 5 期;焦海涛:《论"促进型"经济法的功能与结构》,载《政治与法律》2009 年第 8 期。

〔2〕《农业机械化促进法》第 3 条规定,县级以上人民政府应当把推进农业化机械化纳入国民经济和社会发展计划。

〔3〕《电力法》第 9 条规定,国家对在研究、开发、采用先进的科学技术和管理方法等方面做出显著成绩的单位和个人给予奖励。

〔4〕《中小企业促进法》第 10 ~ 13 条规定了中小企业发展基金的设立、组成和用途等事项。

〔5〕《农业机械化促进法》第 27 条规定,中央财政、省级财政应当分别安排专项资金,对农民和农业生产经营组织购买国家支持推广适用的农业机械予以补贴。

〔6〕《循环经济促进法》第 44 条规定,国家对促进循环经济发展的产业活动予以税收优惠。

第三章　作为知识现象的经济法

经济法知识现象是指经济法作为一种知识被研究、被传播、被接受和被考核。那么中国经济法知识最早从何而来？经济法知识在形成过程中受到了哪些其他学科知识的影响？经济法的知识又如何才能成为学术与社会共识，如何成为影响立法、司法、执法与守法的智力支持？这些问题值得观察、思考与研究。

知识的积累来源于实践发现和抽象加工的集合。有的知识具有极强的职业技术性，可以直接用于指导工作实践。有的知识具有高度的理论性和抽象性，并没有具体的职业与之相对应。法学知识具有职业性和学理性相结合的特点。我们认为，经济法作为新兴的法律部门，其知识构成具有集合式的特点。经济法知识是法学规范知识、法学研究知识以及法律实践知识的综合体。经济法知识可以被发现、提炼、加工、创造、解释，并能够传承。我国经济法知识来源于对传统法学知识的吸收借鉴，对中国本土问题的分析实证，以及对历史传统的批判继承，也得益于从其他国家的经济法学知识中受到的启发。经济法知识的形成过程是专业化的思想创制过程，是在特定方法论指引下的知识整理与知识发展过程。经济法知识与经济法研究成果并不能等同，经济法研究成果并不一定都能转化为经济法知识，但经济法知识能够指导经济法学的研究。

第一节　中国经济法知识现象的形成

当代中国最早研究经济法这一现象的并非当下专门从事经济法研究的学术群体，民法学者最初是研究经济法问题的主力。“经济法”概念自立法者使用伊始即有争论，经济法知识的形成与发展离不开在讨论质疑环境中的自证之路。1979 年《法学研究》第 4 期试刊专门刊发了一组“关于民法、经济法的学术座谈”的文章，该组文章的标题即可反映出学者们在当时对如何理解和定位经济法所存在的不同看法。这些文章有《建设中国式的经济立法体系》(魏振瀛)、《经济法是一个重要的独立的法律部门》(齐珊)、《民法的对象及民法与经济法规的关系》(佟柔)、《民法与经济法的划分界限》(江平)、《经济法要不要成为一个独立的法律门类》(余鑫如)、《研究民法、经济法的基本出发点》(孙亚明)、《一定要制定民法》(王家福)和《民法与经济法如何划分好》(芮沐)。从这些文章题目中可以看出,主要是民法学者最先讨论经济法问题,经济法学研究群体当时尚在形成之中。江平教授和陶和谦教授呼吁将经济法从民法体系中脱离出来,成为独立的法律部门。〔1〕谢怀栻教授认为经济法是独立于民法存在的调整计划经济关系的法律部门,包括计划法、企业法、基本建设法、物资供应法、价格法等内容。〔2〕那么最早的经济法学专业研究者的知识从何而来?李昌麒教授和代大奎教授便从调整对象、法律关系的主客体、调整的原则、调整的程序等几个因素出发,考证经济法是一个独立的法律部门。〔3〕在我们看来,经济法知识形成的原初动力并非对经济法所涉法律世界的正向性解释,而是以法律部门之间关系的"论战"为手段所推动的部门法独立性的证成努力。在以部门法独立性才能建构知识独立性的思维定式下,"论战"思维倒逼经济法学者加快经济法自有知识体系与专属知识范畴的建构。由此可见,中国经济法学自一产生便没有选择既有的部门法理论作为基础支撑,而是倾向从法学之外尤其是民法之外的其他学科来寻求知识建构基础的支持。鉴于此,与经济法研究对象关系最为密切的经济学、政治学,便成为经济法学知识建构基础的最佳支持选择。

一、域外经济法理论对中国经济法学的影响

中国法学界在过往的研究中一度出现过对域外法学理论和法律制度的"崇拜情结",仿佛域外的经验就一定是好的,只要域外有立法动态,我们的研究就要紧跟模仿,这种研究偏好与我国当时经济立法领域亟须制度借鉴有关。时任全国人大常委会委员长乔石曾说市场经济已经有数百年的历史,其中一些规律具有共性,因此我们在制定市场经济方面的法律时必须借

〔1〕参见陶和谦等:《谈谈民法与经济法的划分问题》,载《北京政法学院学报》1979年第1期。
〔2〕参见谢怀栻:《从经济法的形成看我国的经济法》,载《法学研究》1984年第2期。
〔3〕参见李昌麒、代大奎:《经济法应当是一个独立的法律部门》,载《现代法学》1981年第1期。

鉴外国经验。[1] 在法律移植观念下,法学论文的写作也经常会有一定篇幅的域外观点论述及域外立法经验借鉴的内容,这似乎已经是一种不成文的惯例。经济法学在发展初期也不可避免地从域外的经济法研究成果中寻找论证经济法独立性的材料,域外经济法学研究成果的导入对中国经济法学知识体系的形成也起到了较大的推动作用。因此,最初的经济法学研究也常以翻译介绍国外的经济立法动态及理论,尤其是前苏联经济法学家的学术观点为研究起点。郭明瑞教授于 1979 年发表的论文就系统地介绍了前苏联法学家拉普捷夫的经济法学说。[2] 在经济法学研究发展的早期,学者们较重视将前苏联及前东欧国家的经济法学术成果或者教材翻译引入。[3] 1981 年,江平教授又将《捷克斯洛伐克社会主义共和国经济法典》翻译后引入我国,这也成为我国经济法学界法典化设想的初次体验。再之后便是对日本、德国、法国等国经济法学研究成果的翻译与介绍。[4] 由于当时意识形态及经济体制的原因,中国的经济法学最初的理论研究框架主要是在前苏联及前东欧国家经济法理论模式的影响下逐渐确立起来的。刘文华教授曾形象地用"兔子式"结构的文章说明在法学研究中容易出现的问题,即对域外制度沿革介绍较多,对域外制度本体介绍较多,而较少关注中国问题的解决方式。作为一个新兴的法律部门,其基础理论的薄弱也属于必然,通过域外理论的导入来实现理论的本土化也属于较为迅捷的方式。在金融监管法、竞争法等经济法分论领域中,英美法研究成果的导入现象也较常见。

总体而言,外语偏好及由此形成的研究习惯,对我国经济法学研究进程中出现的知识分化现象产生了直接影响。以经济法总论为例,德语的经济法学研究作品具有极强的"源泉"作用,中国学者从德国弗莱堡学派的秩序

---

〔1〕 参见刘风景:《法律隐喻学》,中国人民大学出版社 2016 年版,第 156 页。

〔2〕 参见[苏]B. B. 拉普捷夫:《论苏维埃经济法》,郭明瑞译,载《国外法学》1979 年第 4 期。

〔3〕 主要成果参见马骧聪:《苏维埃法学中的经济法问题》,载《环球法律评论》1979 年第 6 期;[苏]B. K. 拉伊赫尔:《关于经济法理论》,任正译,载《环球法律评论》1980 年第 6 期;[南]左・安多列耶维奇:《南斯拉夫经济法的含义及其产生和发展》,载《环球法律评论》1980 年第 2 期。[苏]B. 拉普杰夫:《经济法科学发展的问题》,王熙瑞译,载《国外社会科学》1981 年第 12 期;[苏]B. M. 切克瓦泽、C. Л. 齐弗斯:《苏联和东欧国家的经济法问题》,蒋恩慈译,载《现代外国哲学社会科学文摘》1981 年第 1 期;王正泉:《苏联法学界关于经济法问题的争论》,载《法学杂志》1981 年第 6 期。

〔4〕 主要研究成果参见[日]渡部桥一:《日本的经济法》(上),许少强译,载《外国经济参考资料》1979 年第 8 期;王存学:《日本法学家介绍日本民法、经济法和环境保护法》,载《法学研究》1980 年第 2 期。

自由主义理论中吸收营养,建构适合中国的经济宪法理论。但精通德语的经济法学者数量并不多,这就影响了中国经济法学界对德国经济法研究成果的持续关注能力,能够据此进行拓展研究的文本极其有限,但也因此间接加快了中国经济法总论知识的本土化转型速度。经济法分论的研究则呈现为截然不同的情况,由于当今英语的全球通用性以及英美法制度的地位,我国经济法学者也一直在成规模地引入及引用英美国家的法学研究成果及具体法律制度,而且其文本规模也远远超过了来自德国和日本的译作,这就导致了经济法分论深受英美法制度研究路径的影响。在这其中最具代表性的就是美国的法律经济学流派、[1]金融监管法、反垄断法等研究成果。由于英美国家并没有体系化的经济法部门以及研究经济法理论的成果,英美国家与经济法相关的研究成果大多和具体制度、交叉学科研究有关。这种研究偏好对我国经济法学知识的形成产生了深远影响,我国的一些法学院陆续开设了法律经济学、法律金融学相关学科专业。由于域外研究样本的丰富性,国内的反垄断法研究也成为显学。

二、中国经济法理论与知识的本土化与自足化过程

法学家在法治建设中扮演着重要角色。经济法学知识的形成也同样离不开有学术影响力的经济法学术研究群体的推动。只有在一定规模的经济法学研究成果基础之上,经济法学知识才可以被提炼与识别。中国经济法学研究历程和改革开放后的经济立法过程具有密切相关性。1980 年北京大学最先设立经济法本科专业,[2]经济法学本科教育开始兴起,之后有 100 多所高校设立了本科经济法专业。经济法教育在较短的时间内建立了从本科、硕士到博士的学历学位教育,这为经济法知识传授与传承提供了最重要的平台。经济法学术研究团体的兴起肇始于 1981 年广东法学会设立的经济法研究会。[3] 1982 年 7 月召开的华东地区财经院校经济法教学协作会议,对经济法概念、经济法主体、国家干预、经济法与民法的关系、经济法与

---

〔1〕 代表性的作品包括[美]波斯纳的《法律的经济分析》、[美]盖多·卡拉布雷西、菲利普·伯比特的《悲剧性选择》等。

〔2〕 参见肖江平:《中国经济法学史研究》,人民法院出版社 2002 年版,第 76 页。

〔3〕 参见张杰林:《广东法学学会成立国际法、经济法和民法三个研究会》,载《学术研究》1981 年第 3 期。

经济学的关系等问题进行了讨论。1983 年在沈阳召开的全国经济法理论学术研讨会对经济法学理论的发展具有推动作用。[1] 那么经济法学术研究群体在自主建构知识的过程中有哪些特点,我们认为经济法的知识来源具有多元化的特点,主要是来自学者们的法学专业知识、其他人文社科知识、生活经验与职业经验获得的知识、平时阅读思考形成的知识。[2] 大量的知识具有抽象性且不易被精确量化,但学者们的论文或者专著体现为知识成果的集聚,也可以记录研究群体思考的轨迹。我们以中国知网上最早发表的一批经济法学论文及中国经济法学 40 年的高频引用论文为对象进行分析,从这些论文的引证文献中可以看出研究群体的理论偏好,从中也可以透视经济法学家的知识来源。[3]

经济法知识的形成与发展是一个持续性的创新过程。经济法知识的建立和大规模的经济立法和经济司法实践活动有着密切关联。同样经济法知识的形成也具有代际性特征。代际性的区分以学者群体的年龄为基础,体现出鲜明的时代背景特色和个人研究特色。有学者研究了学者个人的成长经历、职业经历、时代背景对其学术观点形成的具体影响。[4] 第一代经济法学术研究群体主要出生于 20 世纪二三十年代,主要以政府与市场关系为研究对象,代表人物包括芮沐、潘静成、陶和谦、杨紫烜、刘文华、徐杰、李昌麒等教授。第一代经济法学术研究群体的集体知识多源自前苏联及前东欧国家经济法学理论的外在输入,然后再进行中国化的语境转换。在研究方式上多注重价值判断,理论视野较为宏大。第一代经济法学术研究群体的个人经历对研究偏好及知识形成也具有影响。第一代经济法学术研究群体职业经历较为丰富,大多经历过社会重大变革,基层和企业的工作经历也成为

[1] 参见梁慧星:《与导师王家福一同经历〈民法通则〉》,载《法律与生活》2016 年第 7 期。

[2] 经济学知识在经济法知识的形成过程中具有不可小视的影响。漆多俊教授曾说:"一个出色的经济法学家应该同时是一个够格的经济学家"。参见漆多俊:《经济法基础理论》,武汉大学出版社 1997 年版,第 278 页。漆多俊教授的"国家调节说"学说在形成过程中的两条线索分别是经济学考察及政治学、社会学考察。参见漆多俊:《"国家调节说"的形成和发展——我的经济法学术之路》,载《河北法学》2008 年第 12 期。李昌麒教授的"需要国家干预说"也在一定程度上受到斯蒂格利茨的经济学思想的影响。参见侯佳儒:《自由市场、政府干预与中国经济法诸理论》,载史际春主编:《经济法学评论》2002 年第 0 期。

[3] 参见张燕:《中国经济法学研究影响力与经济法实践发展——基于 CNKI 39 年文献大数据》,载《法学评论》2019 年第 3 期。

[4] 参见[英]妮古拉·莱西:《哈特的一生:噩梦与美梦》,谌洪果译,法律出版社 2006 年版,第 2 页。

他们理解经济法知识的社会实践之源,他们的研究往往能够做到知行合一。刘文华教授在从教之前曾长期在北京三通机械厂任职,这也使其对企业法制的感知甚深。李昌麒教授在从教之前曾长期在贵州省民政厅工作,掌握测绘、财会等知识,并长期投入农村问题的调查实践之中,因此,李昌麒教授对农村经济法制研究特别关注。第二代经济法学术研究群体多出生于20世纪五六十年代,这些学者的求学与成长经历与我国改革开放及市场经济确立的历史进程相重合,其知识构成多来自课堂学习、阅读偏好及改革浪潮的影响,他们的研究更加注重经济法理论的本土化建构,擅长用法学规范分析方法建构经济法的基础理论知识,在哲学思辨等方面有较为突出的成就。在第二代经济法学术研究群体的共同推动下,中国经济法基础理论体系日臻完善。第三代经济法学术研究群体主要指40岁以下的中青年学者,他们在知识构成与研究方法上更具有科学规范性及国际视野,绝大多数能够熟练查找引用国外文献甚至直接用外语写作,偏好对具体制度的解构研究、超越了部门法的思维定式,引入了跨学科和实证分析的方法,但存在偏重域外理论而忽略本土资源等缺点。中国经济法知识又有典型的学派性和地域性差异。虽然经济法学研究大多体现了研究者的个人研究偏好和习惯,但也和其所在院校专业的研究特长及其导师的研究方向有一定的关联。

近年来,中国经济法学研究的高水平成果多与竞争法、财税法、金融法等有关,而且多是与具体法律问题有关。在研究上采用制度的历史分析、比较法分析等方法,关注在中国问题语境下的对策建议与制度建构。经济法总论研究需要更贴近于具体的制度建构,需要用跨学科的方法论作为研究的手段支撑。

总体而言,中国经济法知识的形成过程中有这样一些问题值得关注。其一,中国经济法知识在早期的国外理论输入之后产生了本土化的需求,由此产生了经济法理论法哲学分析这一极具中国特色的分析模式。其二,中国的经济法学知识形成过程中,对域外知识进行系统性引入与传播的作品较为有限,这也进一步印证了不同国家的经济法理论与制度存在较大差异,直接移植的难度较大。德国、日本经济法理论学说较为丰富多元,本应成为中国经济法学研究的有益样本。但事实上,中国经济法学者对于这些国家经济法研究成果的翻译和引入力度是不够的。其中一个重要原因在于中国经济法学术研究群体的研究经历和外语能力的限制。中国经济法学术研究群体中的老一代学者主要偏好于对俄语文献的引入。中青代学者又主要以英文为研究语言,在著述中多引用英文文献,较少引用德国、日本乃至法国的一手经济法文献,这确实是一件较遗憾的事情。经济法学术研究群体中拥有完整海外留学经历,并且通晓英语之外如德语、日语的经济法学者数量极为有限。与此同时,国内经济法学者研究成果的海外交流与传播范围也相对有限,国内经济法学者较少在国外期刊发表论文或者出版外文著作。早期经济法基础理论的建构与创新多来自德国和日本的研究,但存在理论更新速度慢的缺陷。中国经济法学界对于德国、日本、法国等国的经济法学研究最新成果的引入规模不足。主要的市场经济国家经济法学理论著作翻译成果见表1－3－1。

表1－3－1　主要的市场经济国家经济法学理论译著

国别	年份	作者	书名	译者
法国	1997	阿莱克西·雅克曼、居伊·施朗斯	《经济法》	宇泉
德国	1991	埃里克·松尼曼	《美国和德国的经济与经济法》	南京大学中德经济法研究所
德国	1997	施托贝尔	《德国经济行政法》	苏颖霞、陈少康
德国	2008	施托贝尔	《经济宪法与经济行政法》	谢立斌
德国	2006	施利斯基	《经济公法》	喻文光
德国	2010	费肯杰	《经济法》	张世明
德国	2016	里特纳、德雷埃尔	《欧洲与德国经济法》	张学哲
日本	1985	金泽良雄	《经济法概论》	满达人
日本	1985	丹宗昭信、厚谷襄儿	《现代经济法入门》	谢次昌
日本	2010	丹宗昭信、伊从宽	《经济法总论》	吉田庆子

第二节　经济法知识化的识别与判断标准

一、经济法知识的可靠性

知识的可靠性建立在知识有用性的基础之上,脱离真实世界或者真实问题而产生的知识是无意义的。经济法的知识应当来源于现实问题,可以用来解决现实问题。例如,经济法知识往往和经济法的实施有关联。[1] 经济法知识与经济立法的知识、经济司法的知识以及经济执法的知识之间在发生着相互转化。

(一)经济法知识与经济立法的相互转化

早在1985年,杨紫烜、刘文华、徐杰、李昌麒等老一辈经济法学家就提出制定"经济法纲要"的建议。老一辈经济法学者的开创性研究成果对经济法立法有直接或者间接的影响。李昌麒教授所著的《经济合同简述》成为许多参与制定《经济合同法》相关学者的重要参考书目。《中国特色社会主义法律体系》白皮书中关于经济法学部门法地位的表述吸纳和反映了经济法学界长期研究所形成的理论共识。[2] 杨紫烜教授也曾参加过《全民所有制工业企业法》《公司法》《产品质量法》《反不正当竞争法》《合伙企业法》《煤炭法》《价格法》等经济法律的调研、起草、座谈讨论或修订工作。王晓晔教授自1994年8月从德国留学归国后就参与到《反垄断法》的起草工作中。由于留德学者参与,我国反垄断立法之初的德国法色彩较为浓厚,如市场支配地位概念、市场支配地位的推定及垄断协议申请豁免事由的规定都源自德国法。当然,我国经济法学中也有众多开创性的研究成果,如竞争法学对行政垄断的研究成果就转化为我国竞争立法中的相关规范。[3]

(二)经济法知识与经济司法的相互转化

经济法知识可以为法官审判、当事人举证直接运用。由于经济生活的复杂性,司法机关在处理经济问题时需要借鉴专业的经济法知识。我们需要区分的是,司法机关借鉴的是纯粹的经济学知识还是经济法知识,以及经济法知识有多少是真正转化为可以直接参与诉讼的司法知识。在具体的司法实践中,法官处理经济法律问题的知识主要来自经济学知识、法学知识和在处理案件过程中形成的但未组织起来的知识。[4] 反垄断法研究的理论成果对反垄断诉讼具有一定影响,如认定纵向垄断协议的"本身违法原则"和

---

〔1〕 参见吴元元:《反垄断司法的知识生产——一个知识社会学的视角》,载《现代法学》2014年第6期。

〔2〕 参见卢代富:《经济法对社会整体利益的维护》,载《现代法学》2013年第4期。

〔3〕 参见李国海:《论中国经济法学的价值》,载《经济法论丛》2013年第2期。

〔4〕 参见侯猛:《最高法院司法知识体制再生产——以最高法院规制经济的司法过程为例》,载《北大法律评论》2004年第00期。

“合理原则”,对法院审判就有一定的影响。锐邦诉强生案便是一场颇具学术研究特征的经典诉讼,负责此案审理的法官就仔细研究了经济学中的相关理论和美国反垄断法中的经典判决。此外,法学家作为专家证人参与到反垄断诉讼中,北京奇虎科技有限公司诉腾讯公司滥用市场支配地位案中,腾讯公司聘请了中央财经大学法学院教授吴韬作为专家辅助人。尽管经济法学家已经有参与反垄断案件审判中的实践案例,但我们仍然有必要追问,反垄断案件审判中运用的经济法知识是否具有局限性?经济法知识是否直接就可以解释真实的市场竞争世界?因为经济法学和真实的经济运行情况差异极大,一个反垄断法学的专家或学者在处理真实的垄断案件时仍然可能存在知识缺陷。经济法学知识在司法诉讼中是否只是当下特定情境中的工具,其客观性仍有待考察,比如北京奇虎科技有限公司聘请的律师就质疑吴教授的学术观点。我们还需要注意到,司法知识已经从权威化朝着兼具专业化的方向发展,专门法院也是一种发展趋势,如已经设立的金融法院、知识产权法院、互联网法院等。

(三)经济法知识与经济执法的相互转化

在经济执法中,执法人员的知识构成是怎样的?是源于生活经验、执法经验抑或是立法规定,甚至是学说理论?执法是实践性活动,因此需要技术性规范的支持。执法追求规则的确定性、过程的高效性,一般需要具有权威性及精确性的知识依据。但是,法学理论知识并不能转化为具体的执法知识,尤其是基层执法需要的知识。例如,反垄断执法机构在认定纵向垄断协议时主要依据的是“本身违法”原则。执法机关在适用“本身违法”原则时更高效,而并不倾向采用更具学理讨论意义的“合理性原则”。反垄断执法机构在执法过程中更多依据的是更具实际操作意义的各种指南,税务执法机构在执法过程中依据的是技术性的税收政策,包括各地政府出台的税收优惠政策等。因此,经济法执法知识与具体的个案情境和地方政府制定的个性化的政策有较强的关联性。但是也不能基于此否认执法机构对相关学术研究成果的参考借鉴。例如,国家税务总局在关于印发《税收法治宣传教育第七个五年规划(2016—2020)的通知》中便提及了:“(一)增进纳税人权利与义务对等观念。积极宣传税收法律法规赋予纳税人的权利和义务,重点宣传纳税人享有的权利,包括申请减免税、延期申报纳税,申请行政复议权、提起行政诉讼、检举权和取得赔偿权等,使纳税人全面、准确了解其在履行法定纳税义务的同时应享有的法定权利,培养纳税人权利与义务对等的现代法治观念,切实增强纳税人的责任意识和维权意识,更好地保护纳税人的合法权益。"从中可以看出,财税法学者关于纳税人权利的研究成果对执法行为产生了一定影响。

总体而言,经济法学研究中的"学院派知识"和经济法执法中形成的专业知识之间有一定距离,这与经济法学长期的研究偏好有一定的关联。经济法学知识在形成过程中偏重对政治理论、理论法学、经济学理论及域外理论的吸收,而对纯粹的法律适用问题和本土问题关注不足。经济法学术研究群体重研究而轻适用的自我隔离意识较为强烈,一方面原因是经济法法学研究者直接参与高层次的执法活动难度较大,大多是作为专家组成员提供咨询意见。另一方面也和法学研究者参与实务的习惯偏好有关系,法学院教师的兼职方式以律师、企业法务或者独立董事为主。当然,执法机构中的人员退出后也大多流向市场,向法学院流入的只是少数。但是日本的情况有所不同,日本的经济法学研究者和经济法执法机构之间有着较为紧密的联系。日本公平交易委员会委员长杉本和行担任过东京大学的教授,日本反垄断法研究的学者例如厚谷襄儿、今村正和、伊从宽、高桥岩和、村上政博、武田邦宣等在从教前也曾长期在日本公平交易委员会任职,而且其中很多人担任过课长等基层职务,税法学学者金子宏曾担任日本会计检察院院长。

二、经济法知识的基本稳定性

在经济法发展的早期,各派学说呈现多元化的特点,仅在经济法调整社会经济关系的对象层面,就存在国家调节说、国家调制说、需要国家干预说等的分野。经济法总论研究总体上呈现的态势是高度分散和自由放任的。[1] 百花齐放的经济法学研究自然是学术繁荣的象征,但学说过度繁荣的背后体现的是基本共识的缺乏以及经济法知识科学性的缺失。长此以往,并不利于经济法知识的传播。因此,经济法的共识是保证经济法知识基

---

〔1〕 参见刘光华、赵幸:《新中国成立70年来中国经济法学的现状、共识与前景》,载《中国矿业大学学报(社会科学版)》2019年第5期。

本稳定的前提,[1]这些共识形成了经济法知识的基础,虽然经济法的学说各有差异,但是能够在这些问题上基本达成一致。例如,经济法是市场经济之法、经济法中调整的经济关系的主体包括政府主体、经济法是社会利益本位之法等。经济法研究与时代热点问题联系较为紧密,但这并不一定会增进经济法知识的共识形成,因为一旦政策发生变化,相关的经济法知识又会陷入一种不稳定的状态。总体来看,经济法总论研究与研究者的个人偏好和国家政策有关,分论研究和司法实践与经济法立法成果有关(见表1-3-2)。

表1-3-2　中国法学会经济法学研究会的历年年会主题

年份	会议主题
2003	经济法责任制度、金融法改革、产业政策法与竞争法、弱势群体保护
2004	科学发展观与经济法的发展创新
2005	和谐社会建设与经济法
2006	科学发展观、和谐社会与经济法理论发展
2007	经济法的程序理论与程序制度、交叉领域的经济法问题
2008	中国经济法三十年、中国经济法学三十年
2009	金融危机与经济法
2010	经济法与我国民主法治建设
2011	经济发展方式转变背景下的经济法的理论创新与制度完善
2012	民生、发展与经济法
2013	经济法学重要范畴研究,经济转型、经济体制改革与经济法的完善
2014	国家治理能力现代化与经济法
2015	全面改革、依法治国与经济法
2016	规划、发展与经济法
2017	新常态、新经济与经济法
2018	现代化经济体系建设与经济法
2019	全面依法治国与经济法

[1] 参见邱本:《论经济法的共识》,载《现代法学》2013年第4期;刘光华、赵幸:《新中国成立70年来中国经济法学的现状、共识与前景》,载《中国矿业大学学报(社会科学版)》2019年第5期。

续表

年份	会议主题
2020	疫情防控、法典化与经济法
2021	数字经济与经济法的理论创新和制度完善
2022	疫情防控、经济发展与经济法
2023	数字经济时代的经济法发展

综观表1-3-2中历年中国法学会经济法学研究会年会(以下简称经济法年会)主题,我们不难发现:历年经济法年会主题词的构成较为宏观和概括,存在大词化的倾向。主题构成的模式较为单一,主要是“×××与经济法”的并列式结构,经济法年会主题的选择大多和当年发生的热点事件与国家大政方针有关。经济法年会的主题大多包含“经济”“改革”“民生”“发展”“法治”等词,这充分体现了经济法与国家经济法治实践的紧密联系,也体现了经济法学术研究群体的社会责任担当。但经济法年会主题的学术性稍显不足,只有2013年的年会主题涉及经济法学范畴研究这一学术问题。有学者认为,我国的经济法学研究因为过度追随时政话语而具有标签性、过度功利性、牵强性的特征。[1] 既然经济法年会是以学术讨论为主的年会,那么主题词应该更贴近于经济法学研究内容而非仅仅关注时政热点。财税法年会的年会主题与之相比则更为具象。例如,2015年财税法年会的主题之一是“财税法的性质、功能与体系”,2016年财税法年会的主题之一是“领域法学与财税法学研究范式转型”,2017年财税法年会的主题是“事权与支出责任的法治化研究”“个人所得税与房地产税立法问题研究”“供给侧改革背景下法学教育与财税法课程建设”。从中可以看出热点问题与学术研究具体问题的契合以及实践与学术的衔接。诚然,学术年会主题的宏观化和统括化有助于更多研究方向的学者携文参会,与热点问题相关联也是经济法作为回应型法的特色。但经济法年会作为学术交流的平台,应当在会议主题的设计方面更多体现学术研究中的焦点议题,充分重视年会主题的学术导向性功能,避免“天马行空”的随心研究以及脱离学科本质规律的跟风研究。

---

〔1〕 参见李友根:《论时政话语的经济法学研究——以“包容性发展”为例》,载《现代法学》2013年第1期。

三、经济法知识的可传播性

毫无疑问，经济法知识的传播主体是法学院，尤其是法学院中的经济法学术研究群体。但是以法学院为传播主体的经济法知识的传播效果千差万别，和法学院的平台、科研实力和所处地域学术水平的高低相关。法院通过公开判决书、最高人民法院通过发布指导性案例[1]等方式也可以传播经济法知识，但是这种知识传播方式的受众仍然有限。具体而言，学校教育的传播、科研传播、法律实践活动传播、[2]媒体舆论传播等都是目前较为常见的传播方式。总体而言，经济法知识的传播分为专业传播和社会传播两种方式。专业传播主要是依靠学术交流传播和法学院教育传播。学术交流传播的路径包括经济法专著、经济法学术论文、经济法教科书、经济法学术会议及经济法科研项目等。严格意义上的法学院教育传播是指通过经济法学教育向社会输送经济法学专业人才从事与经济法相关的职业。社会传播是指向非专业对象，特别是社会公众传播经济法知识。现时的经济法知识传播中存在的主要问题有：知识传播方式主要以专业传播为主，且集中在学科内部，经济法学知识对其他学科知识的影响有限，向社会传播的渠道也相对较少。在法学研究群体中，经济法学研究的总体影响力偏弱。[3] 经济法学术研究群体在《中国社会科学》之类的社科类顶级期刊发文的数量相对较少，纯粹的经济法理论文章更是稀缺。但也有学者认为总论论文在主流法学期刊中的比例降低并不是经济法学研究者持续低水平重复生产的借口，而应当成为经济法学界学术研究更加精细、更为系统、更有性格的动力。[4]

最大的经济法知识接受群体是法学院的学生，经济法知识也是日常的法学院考试、研究生考试、法律职业资格考试的组成部分。其他专业的学生也有学习经济法知识的需求，经济法中的消费者权益保护法和税法知识，对

---

〔1〕 在最高人民法院公布的第 1～21 批指导案例中，其中第 17、23、47、78、79 号指导案例和经济法内容相关，总体上与其他部门法相比数量偏少。

〔2〕 比如，反垄断执法机构对于《反垄断法》知识的宣传就有一定的推动作用。针对知名企业的执法以及巨额的罚款往往能够吸引社会关注。参见李剑：《中国反垄断执法机构间的竞争——行为模式、执法效果与刚性权威的克服》，载《法学家》2018 年第 1 期。

〔3〕 参见苏力：《从法学著述引证看中国法学——中国法学研究现状考察之二》，载《中国法学》2003 年第 2 期。

〔4〕 参见本刊编辑部：《中国经济法学发展评价(2010—2011)》，载《中外法学》2013 年第 6 期。

分析和解决社会热点问题、对民众日常生活也会起到法律知识上的帮助作用。其他学科的研究者也在接受及引用经济法学者的观点。近年来,我们也发现了经济法知识逐渐向其他学科输送的迹象。例如,法理学家朱景文教授在《中国社会科学》上发表的《中国特色社会主义法律体系:结构、特色和趋势》中便引用了经济法学家史际春教授的观点。[1] 涂永前博士在《中国社会科学》上发表的《碳金融的法律再造》也直接使用了经济法学者的经济宪治范畴。[2] 在财税研究领域,财税法学与财税学学者的研究对话也日趋密切。[3] 财税法在经济法部门法中属于跨学科研究交流较好的领域之一,究其原因,财税法的知识体系建构采取的是"领域法学"的思维理念,突破了传统的"部门法"思维带来的学科交流壁垒。经济法的知识构成中有很大部分来自外部学科的供给,经济法学研究长期形成的"固守领地"式的知识建构偏好也有一定改观,经济法学研究者开始主动探讨经济法制度对民法的具体影响、[4]经济法与法理学、宪法学开展了对话交流,经济法研究的观点和知识也正在对其他学科产生影响。[5] 对话必须建立在双方充分彼此了解的基础之上,因此经济法学在进行知识对外输出时也应当对其他学科的观点、方法及最新研究成果有充分的了解。

四、经济法知识的可识别性

经济法知识的可识别性是指经济法知识与其他知识具有一定的区分度和属于经济法自身的知识载体。独立的法学学科在一定程度上意味着其所

---

〔1〕 参见朱景文:《中国特色社会主义法律体系:结构、特色和趋势》,载《中国社会科学》2011 年第 3 期。

〔2〕 参见涂永前:《碳金融的法律再造》,载《中国社会科学》2012 年第 3 期。

〔3〕 比如,有财税专业的学者加入财税法的学术交流之中。上海财经大学的朱为群教授就是中国法学会财税法学研究会的监事长。朱为群教授的研究也涉及财税法的相关领域,包括纳税人权利保护、支出责任界定、税收立法问题等。参见朱为群、许建标:《论纳税人权利扩展及其在我国的实现》,载《现代财经(天津财经大学学报)》2009 年第 11 期;任晓辉、朱为群:《新型城镇化基本公共服务支出责任的界定》,载《财政研究》2015 年第 10 期;朱为群、缑长艳:《我国税法立法存在的问题及改革建议》,载《税收经济研究》2015 年第 3 期;朱为群:《中国财政法治建设的进展与方向》,载《财政监督》2016 年第 20 期。

〔4〕 相关研究成果主要参见钱玉文:《消费者权的经济法表达——兼论对〈民法典〉编纂的启示》,载《法商研究》2017 年第 1 期。

〔5〕 具体的活动有"经济法中的法理"学术研讨会(2019 年 4 月华南理工大学)、"宪法学与经济法学的对话:经济法宪法的当代使命"学术研讨会(2019 年 5 月武汉大学)。

拥有的知识范畴与知识体系能够被明显识别,并以范式的确立和建制化为标志。自1921年起,德国法学家大会将经济法和税法分别设立为一个单独的法律部门。[1] 早在民国时期,经济法在大学教育中曾被作为正式的课程。[2] 自改革开放后我国各法学院陆续单独开设经济法的课程,在硕博士研究生招生中设置有经济法专业,在法律职业资格考试、注册会计师考试及税务师考试中也都有经济法的考核内容,经济法学教育实现了从课程到学科专业的全覆盖,培养了大量的经济法专门人才。社会对经济法特别是经济法人才的认同与需求强烈。从知识载体而言,经济法最重要的知识载体便是经济法教科书。李昌麒教授认为教材是构筑学生知识大厦的基石,教材编写与科学研究应当是相辅相成的。经济法教科书又区分为大学课堂里使用的经济法教科书、国家考试使用的经济法教科书。大学课堂里使用的经济法教科书涵括法学专业的经济法教科书和财经类专业的经济法教科书,国家考试使用的经济法教科书包括法律职业资格考试的经济法教科书、注册会计师考试的经济法教科书、注册税务师考试的经济法教科书等。

我国最早一批经济法教科书代表作主要有:湖北财经学院经济法教研室编写的《经济法概论》,中国人民大学法律系经济法教研室编写的《中华人民共和国经济法讲义》,吉林大学王忠教授等编写的《经济法学》,北京大学刘隆亨教授所著的《经济法概论》,北京政法学院经济法教研室编写的《经济法讲义》,西南政法学院经济法教研室编写的《经济法讲义》,中国社科院法学研究所民法经济法研究室集体创作的《经济建设中的法律问题》等。[3] 这些经济法教科书与经济法著作受苏联经济法学著作与教材的影响较大,其中包括拉普捷夫主编的《经济法理论问题》、莫斯科大学与斯维尔德洛夫法学院合编的《经济法》教材等。通过相应的梳理,可以将我国法学专业经济法教材的发展脉络总结为:在苏联经济法理论影响下经过本土化加工的经济法教材→以学者或者学派主导的个性化经济法教材的编著和使用→基于共识而形成的经济法标准化教材。

---

〔1〕 参见[德]弗里茨·里特纳、迈因哈德·德雷埃尔:《德国与欧洲经济法》,张学哲译,法律出版社2016年版。第9页。

〔2〕 参见张世明、王济东:《中国早期经济法文献辑注与研究》,社会科学文献出版社2019年版,第42页。

〔3〕 参见刘文华、徐孟洲:《中国经济法学产生和发展的十年》,载《法律学习与研究》1989年第1期。

财经类专业为什么选择和法学专业不同的教材体系？主要原因在于财经专业对法学知识的需求不同，财经专业对经济法的知识需求主要在于防范在业务中可能产生的违法风险，也有各种合理规避风险的现实需要。财经类专业学生对经济法知识的需求是有选择的，偏好那些为市场经济主体提供具体对策或者直接指引的法律规范。在他们看来，与企业运行相关的经济法知识显得更重要一些，而经济法总论之类的纯粹理论性知识相对没有那么重要。此外，财经类专业经济法教材主要是法学学者基于财经专业学生的学习需求而特别编写的，如高程德主编的《经济法（民商法）》就是财经类专业经济法教材的代表之一，这本教材的内容就体现了法律和经济的交叉性。财经类专业使用的经济法学教材更加突出实践性法学知识的比重以及应试的针对性。当然，现代的财经类专业在学习“经济法”课程时也在逐渐使用马工程经济法教材，这也有助于缩小专业理解和社会理解之间的差异。

五、可用于考核和验收的经济法知识体系

经济法要作为一种稳定的知识，要求经济法必须具有一套可以作为知识传播的范畴、制度、体系与方法。经济法的总论知识目前进行考核和验收的难度仍然较大，而经济法分论在知识考核层面有着相对固定的标准。经济法知识也在转化为法律职业资格考试的知识以及注册会计师考试和注册税务师考试的知识（见表1－3－3）。

表1－3－3　国家考试中的经济法知识考查范围

考试	经济法知识的考查范围
法律职业资格考试中的经济法	竞争法（反垄断法、反不正当竞争法），消费者法（消费者权益保护法、产品质量法），银行业法（商业银行法、银行业监督管理法），证券法，财税法（税法、审计法），劳动法，土地法和房地产法（土地管理法、城市房地产管理法），环境保护法
注册会计师考试中的经济法	法律基础知识、个人独资企业和合伙企业法律制度、外商投资企业法律制度、公司法、证券法、企业破产法、企业国有资产法律制度、物权法律制度、合同法律制度、外汇管理法律制度、支付结算法律制度、票据法律制度、工业产权法律制度、竞争法律制度
注册税务师考试中的经济法	税法（一）、税法（二）、涉税服务相关法律

从表1－3－3可以看出，以上三大国家考试对经济法考核的内容与要求均存在较大差别，唯有财税法的知识考核存在较高的一致性，我们认为这和财税法知识的高度规范性以及实践理性有关。[1] 因为财税法的知识往往具有专业化特点，与其他学科相比更具有可操作性和独特性，其知识体系的边界具有比较明显的可识别性。

第三节　现有经济法知识的主要缺憾

一、经济法专有范畴的缺失

比利时法学家C.德尔马莫尔以这样的表达方式来形容经济法："取一个调酒器。放进一份商法；用社会法色素使之上色；加进大量的税法和行政法；用一份民法调味；撒上大量的社会学和政治经济学；随意摇晃，然后作为冷饮，并为这种法律饮料取名经济法。"[2] 从这段话中我们可以发现经济法的最大特点在于其范畴构成的混杂性。经济法在发展的过程中也在努力挣脱"经济的法"所带来的认知模糊问题。概念的混杂性与经济法产生的时代背景有关。相较于民法、刑法等学科成百年甚至上千年的历史积累相比，经济法作为新兴法律部门很难迅速建构自己专属的范畴体系。

虽然经济法知识客观上可以被研究与传播，但是经济法知识的基本确定性和基本稳定性不足。经济法范畴存在缺失，不具有专属性，大多用经济学术语来阐明经济法语境，经济法自身存在知识工具论不足的问题。因为经济法理论研究中一直比较喜好运用外生型的理论嫁接方法，特别是对"市场失灵"理论和"国家职能"理论情有独钟，这样的研究进路容易导致经济法学理论的自给性不足。具体而言，外生型理论主要来自经济学、社会学、政治学的理论范畴，如经济法中的"政府""干预""市场""竞争""垄断""监管"等范畴，均来自外生型理论的输入。在经济法的主体中，消费者、市场规制机构、宏观调控机构、经营者也并非只在经济法中使用。即使讨论权利问题，大多也是对民事权利的模仿性表述，或简单地在"权利"之前加上"经济"二字，变成"经济权利"，而经济法的责任更是难以体现独立性。由于经济法与现实经济生活的紧密联系，经济法中的范畴多体现研究对象的实质

---

〔1〕 参见刘剑文等：《财税法总论》，北京大学出版社2016年版，第352页。

〔2〕 参见[法]阿莱克西·雅克曼、居伊·施朗斯：《经济法》，宇泉译，商务印书馆1997年版，第52页。

化、个性化和差异化，与其他法律部门中抽象的拟制概念存在不同，这也导致了经济法的专业范畴很难完全做到理论层面的独创性。

中国经济法主要属于政府干预目的主导的法律规范，这会使法律与政策之间的边界模糊，出现经济法的法条表达泛口号化的情形，难以适用传统三段论的解释与分析模式。我们认为，中国经济法在发展过程所形成的，比专有范畴更有价值和实践意义的，是经济法的理念与思维范式，主要体现为对社会主义市场经济体制的坚持与捍卫，对政府宏观调控的科学理解与精准适用，对市场参与主体基本经济权利的维护等。未来经济法专属范畴的建构仍然要建立在对政府与市场关系的正确把握基础之上。

二、社会理解与专业理解的不一致

社会理解主要指的是大众理解，专业理解主要指的是经济法学界内部的专业理解、其他法学学科对经济法的学术理解、非法学学科对经济法学的专业理解。若抛开法学研究和法学教育的背景，经济法知识在公共讨论语境中究竟是如何体现的，对此，我们一般会将大众理解作为社会理解的直观表现形式。大众理解的经济法含义广泛，但同时也具有模糊性。就法律的各部门以及法学各学科的社会认知而言，各部门与各学科的命运也是不相同的，民法与刑法受到的社会关注度最高，社会理解和专业理解的共识度相对也较高。国际法、法理学、法制史、宪法等学科由于和普通人的日常生活离得较远，社会理解和专业理解之间的差距较大。当然任何学科都会存在或多或少的社会理解与专业理解不一致的情况，但过多的不一致也给知识普及带来了难度。经济法中的消费者权益保护法、产品质量法、财税法等知识内容有较为广泛的社会认知基础。即便是艰深晦涩的学科，也可以用大众能够接受的方式予以科普。

经济法的专属范畴较为欠缺，且标志性不明显，不同的人对经济法的理解各不相同。社会理解的经济法大多指的是关于经济的法律，专业理解的经济法则是指与其他法律部门的边界界定清晰的经济法。专业理解和社会理解存在相当大的差距，这种现象并不利于经济法知识的普及和传播。由于注册会计师考试、注册税务师考试等国家考试中经济法的内容与专业理解层面上的经济法存在较大差异，因此财经类专业经济法课程的教学与考核，总体上是偏向社会理解层面上的经济法的。这就产生了一个学校的商学院与法学院在教授同一门名为“经济法”的课程时，教学内容与考核范围完全不同的知识现象。

社会理解与专业理解不一致的原因还表现为法学教育的实用主义倾向使经济法总论教育在法学本科教育中处于相对弱势地位，以法律职业资格考试为导向的本科法学教学存在“重实务、轻理论”的问题。虽然现在的本科经济法学教材中包含基础理论的内容，但在各种资格考试中所占的分值比例较小，这对经济法理论知识的传播产生了一定的抑制性影响。

社会理解中经济法存在感不强的原因还在于，社会公众觉得经济法的宏观性、政治性、政策性离真实的个人社会生活距离较远，并且很难通过具体的法律规范来实现个人诉求。司法裁判中，法院也很难直接援引经济法的规范裁判具体案件。与经济法相比较，民法、刑法、行政法等部门法的案例生活化程度相当之高，几乎所有人都可能参与到民事法律关系之中，社会公众对民法的感知和理解非常强烈。重大刑事案件由于社会影响力较大，与公众安全有着密切联系，社会关注程度和讨论热度也较高。而经济法中宏观调控型的经济法律关系对参与主体有着一定的资格要求，政府的宏观调控行为也不具有可诉性，很多时候并不被社会理解成法律问题，更多的是被当作政治问题或者政策问题来看待。此外，经济法中的法律责任不具有独立性，也是制约社会理解的重要因素之一。

当然，经济法的专业理解与社会理解的差异也和经济法自身的理论架构较为复杂有关。正是因为经济法基础理论的艰深性，也使年青一代的经济法学者对基础理论的研究有些“望而却步”。

第四节　经济法知识生产与传播的改进

经济法知识的不稳定性和相对变动性是影响经济法知识传播的根本原因。尽管经济法学界就经济法的概念和调整范围已经形成了基本共识，但就经济法总论中的价值、原则、实施等方面仍有不尽相同的看法与观点，并且经济法理论的相对变动性矛盾已经不再集中于经济法知识的内容层面，而更多体现在经济法学理论思潮与研究方法层面。经济法分论的内容有具体的法律法规或者案例作为支撑，其知识的可辨识度高、体系也较为稳定、考核标准也相对确定。未来主要应当就经济法总论的教育教学找到更好的方法。

一、经济法总论教学方式的改进

相较于经济法学学术研究的火热，经济法学教学研究活动则稍显"冷清"，经济法总论教学又无疑是经济法学教学中"难啃的骨头"。经济法总论虽然有各种学说，经济法总论的教学方法却并没有太多的创新，即使在法学教育中常见的案例研习方法在经济法总论教学中的适用也并不顺畅。本科教育中的经济法总论教育很容易陷入师生之间难以形成共鸣的尴尬之中。虽然早在1982年就已经有了经济法学教学的专题研讨，但之后以经济法学教学为主题的大规模研讨会却并不多见。[1] 经济法只是法学16门核心课程之一，法学院学生学习经济法课程的时间极其有限，在短短十几周的时间内传授经济法知识必然要求有所侧重、有所取舍。但由于法学实践教育及职业资格考试的导向，经济法总论在本科法学教育中容易被忽略与轻视，并且能够熟练驾驭经济法总论教学的中青年经济法教师越来越少。有学者分析了经济法论文中的高频关键词，发现"经济法"与"教学改革"一同出现了122次，[2]这说明经济法教学并没有被经济法学术研究群体所遗忘。相比于民法总论、刑法总论、行政法总论在本科教学中的重要性，经济法总论教学究竟从何证明其不可替代性，我们认为与其纠结如何灌输经济法理论的"确定性知识"，不如去引导学生建立起经济法学的思维方式，以生活中的经济事件为例分析问题。[3] 理想的经济法学教育应当为公民参与经济社会生活提供知识储备。经济法学教育不应局限于部门法的专业化教育，可以以市场经济法治观念教育、消费者权益保护教育、公平竞争知识教育、正确投资理财观念教育、公民经济权利与义务教育等为主题来进行教育内容的拓展。经济法学需要内生型的法律解释学与法律教义学。内生型的资源源于中国的现实国情产生的经济法历史语境、中国特色社会主义法律体系中的

---

〔1〕 2019年10月在山西财经大学举办的"经济法三十人论坛"以"经济法学教学"为主题。

〔2〕 参见张燕：《中国经济法学影响力与经济法实践发展——基于CNKI 39年文献大数据》，载《法学评论》2019年第3期。

〔3〕 参见甘强：《经济法思维在教学中的运用——以案例教学为例》，载《经济法论坛》2019年第2期。从实践来看，经济法思维在教学中也逐渐被重视，例如，西南政法大学在经济法本科教学中，作为国家级精品资源课程的"经济法学"，单列了"经济法的思维方式和运用技术"一章；在国家级高校一流课程"经济法学"（线上线下混合式课程）中，单列了"经济法的思维"一章。又如，在"经济法学"教学大纲中，强调通过学习"最终让学生形成经济法独特的思维方式"。再如，中国政法大学在"学习通"开设的线上课程"经济法"也专设一讲"经济法的思维方式"。

经济法、社会主义市场经济法治建设的具体实践，不应拘泥于对域外理论的机械导入。

经济法总论与经济法分论的教学方式与教学效果差异较大。经济法总论的内容具有理论性与抽象性较强的特征，并非以特定的经济法部门法或者具体的案例直接体现，其体系的完善需要学术研究成果的持续供给，而经济法学术研究群体是建构经济法总论知识谱系的主导力量。经济法分论涵盖的单行法较为庞杂，与总论知识点之间的对应性并不强。学生在学习经济法之前大多已经学习了法理学、宪法、民法、刑法、行政法等部门法知识，在此基础上理解经济法分论的内容已基本足够。总论与分论的脱节是经济法教学中的难题。在案例教学层面，经济法学教材中的总论案例数量及类型要远少于分论，且大多比法院真实判决的范围要广泛。经济法总论的案例具有超越法律规范的政治、历史、经济、文化的复合性特征，这也加大了经济法总论案例教学的难度。总体而言，我国现阶段的法学本科教育大多是围绕概念讲授、法条讲述、案例分析等领域展开。本科生在学习经济法时也通常以指定教材为主，习惯接受已稳定的知识点并加以记忆、理解与运用，而对知识点背后的理论渊源、发展变迁、学术争议等深层次背景的理解和思考尚不能达到较高的标准。经济法总论的特点由经济法学家的学术供给而形成，其体系内容和观点大多存在差异，在特定的教材中却只能基于作者的研究或者主编的观点，难以做到全面的对比及识别。因此，经济法总论的学习对本科教学提出了较高要求，需要学生课前进行大量阅读及课后的加深理解，而且在应试中也难以用标准答案的方式予以考核。这背后体现了经济法总论的理论抽象性和法学本科生培养模式之间的冲突。我们认为，应当重视案例教学在经济法总论教育中的作用，具体而言，应当从已有的经济法文本中找到建构总论案例的真实性基础、从经济法事件与案例中提取具有规律性的经济法总论问题、将经济法总论中的知识点融入精细化的规则分析中。在具体的案例讲解中应当遵循这样的流程：生活中的事件（学生感兴趣的事件、热点问题与本课时的内容可以联系起来）→争议问题思考→思维导图介绍知识题→经典案例分析（最高法指导案例）→内容讲解（重点难点要突出）→升华与启迪。

经济法的知识传播也应当体现在课堂之外及学院教育之外，需要政府、社会、企业、学校乃至个人的多方努力。例如消费者教育、食品安全教育、税收法治宣传教育等方式也是普及经济法知识的重要途径。值得一提的是，参与式的预算模式通过知行合一的方式可以让公民更好地理解预算监督的意义。

除此之外，我们应当重视发挥专业学者在经济法知识传播中的作用。法学教授等专业学者需要承担一定的社会责任，不甘于做“书斋里的法学家”，通过对社会事件有节制地批判或者参与社会公共服务传递经济法知识。[1] 新媒体工具的出现为传播经济法学知识提供了新路径。也有专业学者利用互联网平台为媒介传播经济法学知识，但与民法、刑法等学科相比经济法的传播并没有形成太多的影响力，利用网络视频平台传播经济法学知识的专业学者也并不多见，其中大部分为注册会计师培训机构讲授应试类的经济法课程。也有学者以食品消费者教育的传播方式为例，认为当前的微信公众号传播安全知识的方式效果有限。[2] 如何用年轻人喜闻乐见的方式传播经济法学知识考验着当代经济法学人的教育教学能力。众多法律职业资格考试培训机构的教师在网络上的“走红”确实是值得研究的现象，他们对法学知识的社会化传播和普及作出了一定的贡献。经济法学教育和知识普及与自媒体工具的结合有助于提高经济法的社会影响力。

二、经济法学与其他部门法学科的沟通与交流

我们认为，经济法学与其他法学学科之间应淡化调整对象的区分边界，通过问题导向式研究方法达成基本共识。经济法学者在长期与民法学者论战中形成的惯性思维，以及固守部门法领地式的研究方法继续存在。为改变经济法学研究长期存在的“自说自话”现象，应建立经济法与其他部门法之间的沟通对话机制，这要求经济法学者主动更新知识体系，汲取其他部门法的最新理论融入自身的研究之中。对法理学理论的贡献是部门法成熟的标志，[3] 从这个意义上来说，一名经济法学家同时也应当是一名法理学家。

---

〔1〕 有关中国法学教授社会责任的论述，可参见宋远升：《法学教授论》，中国政法大学出版社2014年版，第214~216页。

〔2〕 参见应飞虎：《我国食品消费者教育制度的构建》，载《现代法学》2016年第4期。

〔3〕 参见李晓辉、程宝山：《经济法对法理学的借鉴、贡献与突破》，载《郑州大学学报（哲学社会科学版）》2009年第1期。

近年来,部分经济法学者以更为开放的心态开展经济法学与其他部门法的交叉研究。近年来,经济法学研究会与其他部门法研究会的对话交流深入开展,如经济法学与法理学的对话、[1]经济法学与宪法学的关系研究、[2]经济法学术研究群体对《民法典》编纂影响的研究。[3] 这也体现了经济法研究从划分学术领地的论战思维到相互吸收借鉴的兼容思维的改变。

(一)经济法与宪法的协调配合

宪法在法律位阶上具有最高效力,我国《宪法》第15条也被视为经济立法的合宪性依据。有学者认为,应从宪法层面统合和构建完整的经济权利法治保障体系。[4] 因此经济法学术研究群体有着较强的宪法思维意识,高度重视经济法与宪法的协调配合。[5] 有学者认为,社会责任就是经济法的宪法基础。[6] 为了防止经济立法这类制定规则的权力异化,有必要从经济宪法的高度对经济立法进行有效的牵制,建立经济立法的合宪性审查机制。经济宪法也就成为经济法与宪法之间沟通联系的纽带与桥梁。虽然目前的经济宪法审查制度尚无实践案例,但这不妨碍经济法学研究对这一思路的借鉴。李友根教授基于对美国联邦最高法院判例的考察提出了对我国经济法规合宪性审查制度设计的意见。[7] 宪法不仅仅具有政治性条款,基本经济制度条款也是我国宪法的重要规范组成部分,并且是经济法学应当重点研究的对象,宪法与经济法的共性在于两者都具有经济性。[8] 宪法中的"社会主义市场经济"条款为经济法的制定提供合宪性约束。[9] "社会主义

---

〔1〕 代表性研究成果参见蒋悟真:《迈向法理学的中国经济法学》,载《法商研究》2008年第3期;张继恒:《经济法的部门法理学建构》,载《现代法学》2014年第2期;张继恒:《走向"经济法法理学":经济法研究进路反思》,载《法制与社会发展》2018年第2期。

〔2〕 参见吴越:《经济法思维的宪法指向——兼论经济法学的历史命运》,载《法学论坛》2013年第3期;张守文:《论经济法与宪法的协调发展》,载《现代法学》2013年第4期。

〔3〕 例如,中国法学会经济法学研究会"经济法三十人论坛"第四期的主题便是"民法典编纂与经济法发展"。

〔4〕 参见翟国强:《经济权利保障的宪法逻辑》,载《中国社会科学》2019年第12期。

〔5〕 参见张守文:《论经济法与宪法的协调发展》,载《现代法学》2013年第4期。

〔6〕 参见王显勇:《论经济法的宪法基础》,载《湖南大学学报(社会科学版)》2006年第3期。

〔7〕 参见李友根:《经济法规的合宪性审查标准——基于对美国联邦最高法院判例的考察》,载《法学评论》2020年第1期。

〔8〕 参见张守文:《宪法与经济法关系的"经济性"分析》,载《法学论坛》2013年第3期。

〔9〕 参见单飞跃、徐开元:《"社会主义市场经济"的宪法内涵与法秩序意义》,载《东南学术》2020年第2期。

市场经济”条款也是国家机构应当遵循的宪法原则。[1] 作为经济法基本范畴的经济权利是对宪法中公民权利内容的具体化。[2]

(二)经济法与民法的协调配合

经济法与民法的长期论战从某种意义上促成了两个部门法之间的持续对话,经济法学者在论战的环境中有了完善基础理论的压力和动力。当下经济法的独立法律部门地位已不需要再证明,经济法学需要以更开放的心态关注民法学研究的新动向和吸收民法学研究的新成果。例如,经济法可以借《民法典》颁布的契机顺势而为,加快自身体系化的建设。[3] 与此同时,民法学研究也需要放下固有的“偏见”接纳经济法取得的成就。[4] 以经济法与民商法的关系为例,在非法学专业的知识训练系统与知识考核系统中,“经济法”是一种比较独特的知识现象。在非法学专业的知识训练与知识考核中,经济法是经济私法与经济公法的合成性体系。经济私法知识传播与考核中强调的主要是合同法、物权法、公司法、证券法、担保法,经济公法知识传播与考核中强调的主要是竞争法、财税法、金融法等。偏重于公法属性的经济法只有与传统民商法相互配合,才能满足现代经济法律知识传播与考核所提出的独特需求。“大经济法”雏形的非法学专业经济法知识体系可能与学术教育意义上的经济法学科知识体系存在差异,但这一类型的经济法知识已经成为经济领域专业知识的重要组成部分,中国经济法学教育不应忽视这一部分知识传播技术与考核手段的进步与完善。

(三)经济法与行政法的协调配合

在经济法与行政法的实施体系中,两个法律部门都将监督管理(监管)作为重要的实施手段。无论是经济法中的干预理论,还是正在勃兴的规制理论,都为经济法监管法律体系的建立以及监管法律理论的形成提供了重要支持。面对经济法中丰富的监管法律样本资源,经济法学既需要实现从干预理论到监管理论的转型,也要吸收监管领域包括行政法监管理论在内

---

〔1〕 参见潘昀:《论宪法上的“社会主义市场经济”——围绕宪法文本的规范分析》,载《政治与法律》2015年第5期。

〔2〕 参见廖呈钱:《经济法基本范畴的宪法基础——以经济法起源与现代宪法理念为视角》,载《温州大学学报(社会科学版)》2015年第4期。

〔3〕 参见胡光志:《〈民法典〉的实施与经济法的职责担当》,载《现代法学》2022年第3期。

〔4〕 参见邱本:《重思民法与经济法的关系——写在中国民法典制定之际》,载《社会科学战线》2012年第4期。

的最新理论成果。以往经济法理论研究中将经济法与行政法截然分离,甚至将经济法与行政法对立起来的观点,在现时的经济法学研究中是存在局限性的。"近年来,一些传统法学学科的研究成蓬勃之势,这既有传统学科力图回应现实或转型的内在动力,也有新兴学科知识体系构建不力而面临疆域散失的外在缘由。以往,经济法被称为管理者的管理之法,行政法一直被定位于管理管理者之法,而新行政法的研究学者为发展行政法基础理论,提出了监控者与管理者可否合一行政法学体系转型问题。照此学说,经济法所定位的行政机关具体调控市场行为的管理行为就有可能悉数归于行政法调整范围之下。经济法学者必须保持高度的学术热情来应对学科划分的新问题,否则很难跟上学科高速发展的节奏。"〔1〕经济法学应该以发展与包容的学术心态接受现代行政法的一些最新理论成果。现阶段运用行政法经典理论研究经济法问题取得的研究成果,已经在竞争法、〔2〕税法、〔3〕金融监管〔4〕等领域有所体现。

(四)经济法与刑法的交流对话平台

德国的经济法体系中包含经济刑法,经济刑法对违反经济规范的行为发挥惩戒制裁的作用。〔5〕早在1986年,就有学者讨论了经济法与刑法的协调问题。〔6〕《政治与法律》杂志也固定开设过"经济刑法"专栏。但是在经济法研究中,经济法与刑法的结合研究热度并不高。现有的经济刑法范畴主要是指违反市场经济秩序的罪名研究。在维护市场经济秩序这一共同目的下,经济法治与刑事法治存在契合之处。只不过刑事制裁作为一种最严厉的处罚方式应当尽量减少对市场经济的干预。有学者设想利用现有的诉

〔1〕 参见黎江虹:《坚守与创新——经济法学科建设的现在与未来》,载《财经法学》2017年第6期。

〔2〕 主要研究成果参见兰磊:《比例原则视角下的〈反不正当竞争法〉一般条款解释——以视频网站上广告拦截和快进是否构成不正当竞争为例》,载《东方法学》2015年第3期;王磊:《比例原则下公平竞争的深入审查》,载《西安交通大学学报(社会科学版)》2017年第6期;焦海涛:《我国反垄断法修订中比例原则的引入》,载《华东政法大学学报》2020年第2期。

〔3〕 参见付大学:《比例原则视角下税务诉讼"双重前置"之审视》,载《政治与法律》2016年第1期;叶金育、顾德瑞:《税收优惠的规范审查与实施评估——以比例原则为分析工具》,载《现代法学》2013年第6期。

〔4〕 参见曲光毅:《比例原则在我国金融监管中应用的初步探讨》,载《金融监管研究》2017年第8期。

〔5〕 参见[德]乌茨·施利斯基:《经济公法》,喻文光译,法律出版社2006年版,第6页。

〔6〕 参见赵国强、林建华、薛进展:《试论经济法与刑法的协调》,载《现代法学》1986年第4期。

讼机制解决部分经济法的可诉性问题，如违反经济法规定又违反刑法规定构成犯罪的情形可以归于刑法和刑事诉讼法解决。[1] 李友根教授通过对投机倒把罪名的规制史的研究，认为刑法在对经济关系进行干预时需坚持谦抑性原则。[2] 会计法、审计法、注册会计师法等相关部门法的研究是经济法研究的相对冷门领域，经济法与刑法的交叉研究可能在司法会计或者法务会计领域有更大的突破。目前学术界比较盛行的企业合规研究，也是经济法与刑法协调配合的一种研究范例。

---

〔1〕 参见张卫华主编：《经济法理论研究与制度创新》，中国法制出版社2006年版，第105页。

〔2〕 参见李友根：《中国经济法治七十年考——以投机倒把行为的规制史为研究对象》，载《南京大学学报（哲学·人文科学·社会科学）》2019年第5期。

本编小结

中国是当今世界唯一以立法形式确认经济法是国家法律体系组成部门的国家,经济法在中国已经形成了较为成熟的法律部门现象、法律文化现象、法律知识现象、法学教育现象和法学学科现象。经济法作为立法现象在中国已经是一种普遍现象和客观事实。经济法的表现形式有形式经济法与实质经济法之分,因此不能以“经济法”之名来简单识别经济法。经济法作为文化现象的存在不具有普遍性,经济法文化现象只存在于具有大陆法系传统特征的国家,同一种法律现象(立法现象)在一些国家以“经济法”之名予以接受,在另一些国家则不被冠以“经济法”之名,这与各国家的法律传统及法律文化有关,法律不仅仅是社会经济关系运动的结果,也是文化选择的结果。经济法作为知识现象,存在社会理解与专业理解的差异,对经济法知识的传播与经济法共识的达成存在着较大的制约。中国经济法现象是中国对于世界法律文明的突出贡献,是中国独特政治传统、经济体制和国民文化的折射。中国经济法学研究因此具有“求新求变”的特质。中国经济法学理论建构的根基便注定是中国国情引发的问题。中国经济法诞生于发展语境中,经济立法的目的包括解决发展不充分、发展不均衡等问题。立法目的、立法主体、立法成果表现形式具有自身独特性。中国经济立法表现出分散立法与集中立法、中央立法与地方性立法并存的特点。经济法学知识体系的建构经历了从外部输入到内部供给的历程。持续稳定以及可辨识的经济法外在形象是经济法理论研究的问题素材来源。

中国经济立法活动具有鲜明的对策性和回应性特征。经济法基础理论研究共识的直接来源便是已存在的经济法规范,而经济立法科学性如何提升的问题一直存在。由于法规中语言承载信息量的有限性,经济立法总是滞后于市场创新速率,这也造成了问题导向立法思维与法典立法思维之间的冲突。在《民法典》时代,大规模零散式的单行经济立法与体系化的经济立法之间将如何共存;在全国统一大市场背景下,中央经济立法的权威性如何与地方经济立法的变通性共存;这些都是中国经济立法活动过程中的现实性问题。

中国具有经济立法的历史惯性与政治传统,现代经济立法需要体现市场经济参与主体的多层次需要,将国家发展目标予以公开化,凝聚社会的共同利益,消除阻碍经济发展的分歧与冲突元素。虽然现代经济立法与古代经济立法的理念追求存在较大差异,但其鲜明的政治标签一直被保留了下来。经济立法是经济发展稳定预期的法律表达。经济立法质量的提高,立法表现形式的优化,有助于提升经济立法的权威性与稳定性,也有助于提高经济法的实施效力,使抽象的经济法价值理念与具体的社会经济生活需求相关联。

中国经济立法具有独特的形式体例,表现为若干单行法组合而成的法群体系,究其原因,市场经济运行环境具有复杂性特点,立法者的超前预测能力是有限的,简练的统合式立法难度较大,行业管理需要、扶持特定主体发展、国家理性干预诉求、回应发展矛盾等因素都可以成为经济立法的需求来源。经济法的体系超越了传统公法与私法之间泾渭分明的界限,具有综合性的特征。《民法典》时代,经济法统合立法的必要性共识基本达成,经济立法模式却无法直接参照《民法典》的体例,从拼盘式的法群中抽象出经济法的基础理论也有较大的难度,需要兼顾立法形式之美与法律实施效果之间的关系。具体而言,其一,需要兼顾法律规则统一性和法律实施环境差异化之间的关系。在推动全国统一大市场的形成过程中,区域之间的发展差异产生了异质性的法律实施环境,因此需要兼顾特定区域的个性化立法需求。其二,兼顾法典体例稳定性追求与法律规则多变性之间的关系。传统的力图全覆盖和时刻追随的经济立法思路并不可取,因此要在重点领域立法的思路下规划经济立法。其三,兼顾经济法规则体系中的自由裁量规则与严格执行规则之间的关系。严格限制自由裁量的空间,通过立法技术的改善降低法律实施的不确定性。其四,技术性的说明条款和立法目的类条款之间的关系。鼓励社会力量的参与,引导自律管理组织参与到市场经济管理规范的制定过程中,逐步降低国家经济立法中纯粹技术性规范的比例。从现有的经验来看,从宪法中的基本经济制度条款总结一般规则是较为常见的方法。

中国经济法产生的内生因素是大陆法系传统与中国独特的时空资源的结合。中国是世界上少数将经济法作为独立法律部门的国家,具有持续性的经济立法活动和大规模的经济法学术研究群体。中国的经济法文化现象是对世界法律文明的贡献。中国的法律历史传统中蕴含着有助于经济法生成的文化密码,是群体历史记忆和国民性格的法律表达。中国经济法生成语境的独特性,决定了中国经济法并不能复制其他国家的经济法发展模式与研究路径,也不能用其中某一种或者几种单行法代表中国经济法文化的特征。国家自上而下推动的市场秩序观是中国经济法生成的文化根源。大一统的政治观念与国家结构形式有助于自上而下的国家干预行为的生成。追求稳定、富强、发展的社会观念已经融入了中国经济立法的目标体系、规范形式及实施路径之中。市场经济参与主体对权威主体的信赖、对中央政府宏观调控行为的依赖,使宏观调控型经济法在经济法体系中占据突出的位置。中国经济法学研究需要处理横向与纵向两组关系。纵向关系主要是指要处理好中国经济法文化资源的代际传承问题,以及如何看待古代经济立法与现代经济立法的关系等问题。横向关系是指在经济法研究过程中处理本土资源与域外经验之间的关系问题。一个好的经济法学研究者必然也同时深谙中国传统文化要义和经济改革的历史进程。中国经济法学理论研究逐步走过了对西方法学理论的吸收借鉴过程,开始逐步向外部展现经济法学的中国视角和中国立场。

经济法也是一种特殊的知识现象。中国经济法学的产生与发展历程具有鲜明的本土特色。理论研究的任务并不是在封闭的论域中构建精致的概念体系,而是解释真实世界中发生的问题。经济法知识具有描述性特征,抽象的理论需要结合法规、案例、事件予以呈现,需要通过经济法知识传播来弥补学术理解与社会理解之间的鸿沟。经济法知识现象的发生不仅来自学术研究,更来自鲜活的生活场景。经济法知识应当成为一种公共性知识,是公民参与公共经济生活的智识基础。消费者受教育权的实现离不开经济法知识的形成与传播,经济法知识的普及与经济法守法行为之间也存在一定相关性,违法行为的发生与该领域的法律知识转化不足也是有关的。通过税法知识的传播降低税收立法、税收执法与税收守法行为间的信息不对称的程度,提高对纳税行为的价值认同。

经济立法活动为经济法知识提供了文本支持。经济法知识体系的形成经历了由外部输入到向外输出的过程。早期的经济法学理论吸收了其他学科的理论成果,使经济法学研究一直具有跨学科研究的方法论传统,经济法学作为知识现象必然是超越纯粹的法学范畴的。但另一方面又阻碍了经济法学专属知识范畴的生成节奏。伴随着学术研究群体不断的学术产出,中国经济法学知识体系的内涵日渐丰富。学术研究群体内部共识的达成也有助于经济法知识体系稳定性的逐步提升,经济法知识的可辨识化程度进一步提高。经济法知识生成的内部路径尤为重要,学术研究群体通过学术史研究与周期性整理活动确定经济法知识体系的边界,通过文本分析和案例研究获得真实问题的来源。经济法学术研究群体应当进一步提升经济法知识的可考核性,致力于经济法知识解释真实世界的可靠性的提升,如将经济法知识转化为立法知识、司法知识、执法知识和守法知识。经济私法知识和经济公法知识的形成与传播路径存在差异,经济私法知识可以通过司法裁判形成案例的方式予以凝结,而经济公法知识则主要以宏观调控、税收、金融监管等内容为主,其知识传播载体仍需要进一步优化。

经济立法中的专门性立法或者个性化立法的需求明显,因此经济法体系具有相对开放性的特征。经济法法规中的权利—义务结构与传统的民商法存在区别,体现为权利与义务规范在不同主体之间的倾斜性配置结构。经济法的实施方式和责任体系也与既有的部门法存在较大区别,如果完全以其他部门法为参照系来建构经济法的范畴体系与知识体系,将会产生理论排斥现象。因此,经济法理论研究要逐渐摆脱对传统部门法的方法论依附,逐步形成经济法学自己的方法论。

经济法理论研究有追随热点的一些偏好。中国经济法知识系统的建构来自学术界对所处时代发展主题的观察,视角多聚焦于国家层面的宏大叙事,对微观层面的行为规范关注较少。经济法基础理论的研究资源本身相对有限,在学术研究与发表的资源分配格局中处于相对边缘化的地位。追随政治经济热点问题的研究偏好,又让学术界的兴趣主要转向了部门法的具体制度研究。经济力量与政治力量的结合是中国市场经济的总体特征,经济法研究不可避免地要回应现实需要。经济法解决的不只是具体的经济问题,更是经济问题背后的利益分配与协调问题。社会矛盾问题虽然具有外在形式多元的特点,内核却具有相对的稳定性。经济立法需求源自市场经济的变迁过程，但经济法学毕竟不是专业的经济学、金融学、财政学，并不能直接供给具体的制度性规则和技术规范，经济法学所能供给的是理念价值、秩序价值、程序价值及方法论价值。

第二编　中国经济法学理论思潮

每一个时代都有其特有的思想范畴，每一个时代的思想成果也都能借助特定的话语体系得以体现，因而每个时代的思想可以被人们理解。[1] 正如胡适先生所言："研究哲学史的目的在于明变、求因和评判。"经济法学术研究可以出自学者的个人志趣，但终究要回归到经济法理论问题研究的路径上来。学术史的整理工作具有承前启后的作用，通常被视为学术公共物品的供给形式之一。过往的学术进路中往往包含了可供今天研究的丰富学术资源。[2] 张世明教授用走"平路"和"山路"的难易区分来说明经济法基础理论研究的不易。[3] 对经济法学术研究史的梳理能够体现学者的"学术勇气"和"学术公心"。在当下的时代背景中，可供学术研究的问题和素材源源不断地出现，但解决实际问题的对策性研究并不必然意味着基础理论的创新与更迭。学术研究中基础理论研究的创新需要相对漫长的周期，学术资源的前期投入与后期的成果产出之间并不是绝对均衡的，由此也会导致理论研究的困境。学术理论的贫困并非个例，作为相对年轻的经济法学面临的理论困境则更加现实。正如有学者所言，中国经济法学理论研究的基本体质是先天不足的，经济法自一开始便遭受"生死存亡"的考验。[4] 经济法学理论研究的欠缺之处在于原创性的不足和解释效力的缺乏。经济法学基础理论的知识来源包括经济学、政治学、社会学等其他学科，并且中国的经济社会问题又很难完全用既有的法律理论来解释。我国经济法体系构成的复杂性和现实性与理论研究的抽象性之间存在冲突，因此，经济法学理论研究的完善过程从来就不是一蹴而就的。受到学科生存的危机意识影响，经济法学是不断向前发展也是善于自我总结的学科，经济法学理论在不断发展的过程中也形成了丰富的思想成果，因此，透过经济法思想史的研究也可以认识不同经济法学理论思潮形成的时代背景以及发展经过。正如李昌麒教授所说："中国经济法研究的一个最大贡献就在于它的理论的创新性，正是这种创新丰富和拓展了法学的

---

〔1〕 参见［美］爱德华·S. 考文：《美国宪法的"高级法"背景》，强世功译，北京大学出版社 2015 年版，第 133 页。

〔2〕 参见肖江平：《中国经济法学史研究》，人民法院出版社 2002 年版，第 315 页。

〔3〕 参见张世明、王济东等：《经济法哲学贯通论》，中国政法大学出版社 2020 年版，第 4 页。

〔4〕 参见金励：《论经济法模型世界的构筑——对经济法理念研究的历程回顾与评价》，载《现代法学》2009 年第 4 期。

基本理论。"[1]经济法学者为理论创新所做的努力体现了经济法学术研究群体艰辛的探索之路,同时也为经济法研究提供了丰富的思想资源。"理论思潮"意在突出思想性、观念性和启迪性。[2] 不同理论思潮涌现的直接结果就是经济法学研究在法学研究体系中具有更高的识别性。不同理论思潮的出现体现了经济法理论向前发展的特点,体现了经济法学术研究群体发展壮大的过程。不同理论思潮之间绝非孰优孰劣抑或相互替代的关系,而是相互借鉴与相互补充的关系。学术史的梳理类似绘制地图的过程,经济法学需要在既有的研究基础上向前推进,而不是重复进行"折返跑"。以主要理论思潮勾勒经济法的知识体系,绘制经济法的知识地图,一方面,有助于后学者鸟瞰经济法学的基本面貌,并在需要时迅速找出需要的理论工具;另一方面,有助于后人站在前人的肩膀上开疆拓土,剔除反市场经济的旧说,修葺不合时宜的观点,着力刻画新经济、新业态催生的新思潮,不断地完善、更新经济法的知识地图。本编中,我们将对中国经济法学研究历程中产生的若干理论思潮进行述评。

经济法学研究从传统的法学研究中汲取的养分相对有限,中国经济社会发展的历史语境对经济法学研究理论思潮的形成与演变却具有直接影响。经济法学理论研究在不同历史时期的主要任务存在差异,因此理论思潮也存在鲜明的代际性特征。早期的经济法基础理论研究的目标在于论证学科的独立性。"综合经济法学说""纵横经济法学说""经济行政法学说""纵向经济法学说""学科经济法学说"等传统经济法诸论,或深或浅地反映、影响乃至塑造了一个时代的经济法事实。这些学说也可以被看作矗立在经济法的崇山峻岭间最醒目的几面旗帜,让我们一眼能够洞明当时学术风貌的基本指向。从历史发展的眼光来看,经济法学与经济学和政治学的"理论渊源"亲近并非偶然。宏观经济学的学科理论从外部证明了中国经济法研究所依托的市场经济环境。在我们看来,近年来,中国经济法学界前后

---

[1] 参见李昌麒:《直面中国经济法学的贡献、不足与未来》,载《法学家》2009 年第 5 期。

[2] 参见梁根林主编:《当代刑法思潮论坛(第一卷):刑法体系与犯罪构造》,北京大学出版社 2016 年版,陈兴良序。

形成了干预—调控主义、[1]整体主义、[2]理性主义、[3]历史主义、[4]分析实证主义、[5]立宪主义[6]六大理论思潮。干预—调控主义经济法理论基本厘清了经济法的调整范围，奠定了经济法在中国特色社会主义法律体系中的部门法地位，为经济法作为独立的法律部门和独立的法学学科提供了理论支持。该说至今仍居于多数说的地位，通过教育部、司法部的规划教材广为传播。整体主义经济法理论注意到了社会经济变迁中方法论的转向，由方法论的个人主义转向整体主义正是经济法与传统部门法最显著的区别。整体主义经济法理论为经济法的价值论建构提供了解释路径。理性主义经济法理论分为形式理性主义经济法理论与实质理性主义经济法理论。前者为经济法在既有标准下加入法律家族提供了充分的论证；后者则着力刻画这个新成员的种种新面貌。理性主义经济法理论有助于对经济法的形式和实质进行科学界定。历史主义经济法理论从历史视角阐明了经济法产生与发展的经济条件，从文化视角回答了经济法被接受的社会原因。分析实证主义是传统法学的重要方法，分析实证主义经济法理论的兴起，标志着经济法学研究从偏向法外论法转入对经济法规范本身的关注。分析实证主义经济法理论有助于提高经济法学研究的科学性和结论对策性程度。[7] 立宪主义经济法理论注意到了经济立法是以市场外的第三者身份向市场提供规则，并且是具有强制性实施效力的法律规则，这些规则极有可能扭曲市场或者构成对私人自由与权利的侵犯，成为一种来自规则的暴力。因此规制经济立法的法律与机制显得极为重要，否则，经济立法这类制定规则的权力完全可能发展为一种规则性质的经济暴力。立宪主义经济法理论从“宪法—经

---

〔1〕 代表性论著参见李昌麒：《经济法——国家干预经济的基本法律形式》，四川人民出版社1995年版；杨紫烜：《国家协调论》，北京大学出版社2009年版；漆多俊：《经济法基础理论》（第5版），法律出版社2017年版；张守文：《经济法理论的重构》，人民出版社2004年版。

〔2〕 代表性论著参见刘水林：《经济法基本范畴的整体主义解释》，厦门大学出版社2006年版。

〔3〕 代表性论著参见岳彩申：《论经济法的形式理性》，法律出版社2004年版；叶明：《经济法实质化研究》，法律出版社2005年版。

〔4〕 代表性论著参见于维君：《经济法的历史合理性研究：基于社会演化的考察》，法律出版社2014年版。

〔5〕 代表性论著参见刘光华：《经济法的分析实证基础》，中国人民大学出版社2008年版。

〔6〕 代表性论著参见吴越：《经济宪法学导论：转型中国权利与权力之博弈》，法律出版社2007年版；单飞跃：《经济公法理论问题——经济法的公共观念与宪治逻辑》，法律出版社2019年版。

〔7〕 中国经济法学在发展过程中也遭到了“科学性不足”的质疑。参见李国海：《论中国经济法学的价值》，载漆多俊主编：《经济法论丛》2013年下卷（总第25卷），法律出版社2013年版。

济法”的关联入手，尝试为经济立法建立一道宪法屏障，软化“干预—调控主义”内含的强制力。立宪主义经济法理论有助于沟通经济法学与其他学科的联系，有助于修正“干预—调控主义”的法律品格缺陷。

理论思潮的体系化过程是学术研究群体分工协作的进程，但总体上经济法学理论研究的解释说明效力仍需要进一步提高，特别是要警惕经济法基础理论研究逐渐萎缩的倾向。[1] 邱本教授在其《经济法研究》一书的序言中引用了李泽厚教授“这是一个思想家淡出、学问家凸显的时代”的观点，[2]尽管这一观点原是李泽厚教授对20世纪90年代中国知识界整体风气的判断，但用以评判当时法学研究的整体格局亦毫无违和感，很多法学学科都存在此种现象。王轶教授在2006年就提出过民法学界“过分侧重制度性研究”的问题。[3] 在论及民法学业已积累的共识这一问题时，王轶教授认为必须回归“元民法学”研究的层面上考察。“元民法学”的核心由两部分组成：其一，是指“塑造一个国家、地区与民法学思考有关的取向、前见、偏好有关的思想资源”；其二，是指“民法学的方法论”[4]。我们所总结的中国经济法学六大理论思潮，一定程度上也兼具此两层涵义。中国经济法学的研究也面临着这个问题，制度性研究、对策性建设逐渐走向学术舞台的中心，“元经济法学”问题逐渐地被边缘化，甚至鲜有问津。如果说古罗马在法律的精神衰落之际，需要编纂《国法大全》回顾其往昔的荣耀，那么，本编的写作不仅意在回顾我国经济法往昔的荣耀，也是为了推动中国经济法学研究理论传统的发展。

---

〔1〕 参见商红明：《我国〈经济法通则〉研究的过去、现在与未来》，载《财经法学》2020年第1期。

〔2〕 参见邱本：《经济法研究（上卷：经济法原理研究）》，中国人民大学出版社2008年版，第1页。

〔3〕 参见王轶：《对中国民法学学术路向的初步思考——过分侧重制度性研究的缺陷及其克服》，载《法制与社会发展》2006年第1期。

〔4〕 参见王轶：《民法典编纂争议问题的类型区分》，载《清华法学》2020年第3期。

第四章　干预—调控主义

进入中国经济法学的理论大厦，虽琳琅满目、异彩纷呈，但初入眼帘的便是干预主义和调控主义经济法理论学说。干预—调控主义是中国经济法学“新诸论”的结晶，随着市场化改革的推进，以计划经济为背景的经济法学说陆续走入历史，成为故纸堆里的旧事。为了证成新兴的经济法学的合法身份，回应来自民法学和行政法学的质疑，经济法“新诸论”陆续推出。干预—调控主义便是对经济法“新诸论”中部分学说的概括性描述。

经济法学界并无任何一种学说径称“干预主义”或“调控主义”，并且在哈耶克的眼中，调控与干预实为云泥之别，他写道：“在亚当·斯密和他的直接后继者眼中，执行共同法律的一般规则，肯定不是作为政府干预而存在的，只要这种规则的用意是要在无期限的时间之内一视同仁地适用于所有的人……但是在他们看来，干预是政府行使强制力，而不是例行地执行一般性的法律，而且旨在达到某种具体的目的。”[1]但在中国经济法学界的理解中，干预与调控的界限并不明显，二者更多地表现为孰轻孰重的差异。鲁篱教授曾经指出，“国家或经济自治团体对社会经济主体及经济活动之干预必须仰赖于法律之规定，不得与之相抵触，也不得在法律并无授权的情形下擅自干预”，“国家的干预必须符合法律规定之程序”[2]，在此后的发展中，依法干预始终是国家干预不变的主轴，为便于处理，我们将干预主义与调控主义合称为“干预—调控主义”。所不同的是，“干预”在《现代汉语词典》中解释为“过问（别人的事）”，“interventionism”在《牛津高阶英汉双解词典》中解释为“政府影响国家经济的政策或实践”，而调控则将这种笼统的干预界定和划分为几个小的领域，主要是主体准入、宏观调控、市场规制、国家投

---

〔1〕参见［英］弗里德里希·奥古斯特·冯·哈耶克：《自由宪章》，杨玉生、冯兴元、陈矛等译，中国社会科学出版社1999年版，第350页。

〔2〕参见鲁篱：《经济法基本原则新论》，载《现代法学》2000年第5期。

资、社会分配等。易言之,从干预到调控经历了一个具体化的过程。

在我们看来,中国经济法学界影响较大的需要国家干预说、国家协调说、国家调节说、国家调制说等学说均可归于“干预—调控主义”经济法学理论思潮范围。需要国家干预说是干预主义的代表性学说,国家协调说、国家调节说、国家调制说则是调控主义的代表性学说。此四种学说不仅长期占据经济法学理论的主流地位,也通过教育部、司法部的各种规划教材在新生代经济法学者中进一步传播。[1] 干预—调控主义已经构成了中国经济法学研究中绕不开的理论资源。在当时的学术交流中,无论赞同抑或批评,干预—调控主义都是中国经济法学学术话语体系的一根支柱。

干预—调控主义也是其他部门法学者对中国经济法学最直观的印象。例如,在经济法学科史上,江平教授与李昌麒教授有过一次关于民法和经济法关系的著名对话,江平教授认为李昌麒教授对经济法本质的认识是深刻的,国家干预就是经济法的本质,从而清晰地界分出了民法和经济法。[2] 2011 年《中国特色社会主义法律体系》白皮书给经济法下了一个定义:“经济法是调整国家从社会整体利益出发,对经济活动实行干预、管理或者调控所产生的社会经济关系的法律规范。”这个定义肯定了干预—调控主义的合理性,通过官方背书的方式对中国经济法的身份特征进行了贴切的说明。因此,在梳理既往研究成果的过程中,干预—调控主义应当是浓墨重彩的一笔。

第一节　干预—调控主义的思想谱系

干预—调控主义从政府与市场关系的规约入手,力图廓清政府与市场在现代市场经济关系中的角色、位置、功能与版图。现代国家普遍采用各种政策工具对市场经济进行干预,以实现其综合治理目标。因各国经济水平、发展阶段、社会制度存在差异,政府干预经济的形式与程度也存在相应区别。对政府与市场关系的理解可以从经济性维度和政治性维度展开。从经

[1] 代表性教材参见杨紫烜主编:《经济法》(第 4 版),北京大学出版社、高等教育出版社 2010 年版;李昌麒主编:《经济法学》(第 3 版),法律出版社 2016 年版;漆多俊主编:《经济法学》(第 4 版),高等教育出版社 2019 年版;《经济法学》编写组编:《经济法学》(第 2 版),高等教育出版社 2018 年版。

[2] 参见江帆:《江平先生与中国经济法》,载陈锐主编:《重庆大学法律评论》第 4 辑,中国社会科学出版社 2021 年版,第 11 页。

济性维度来看，政府干预市场的经济性意图包括持续性增长与稳定等诉求，政府干预的工具体系和效果衡量是检验干预合法性的主要指标。从政治性维度来看，政府干预市场可能引发一定的公共风险。私人参与经济生活的风险主要是由个人来承担的，但是政府不当干预经济的后果将会波及整个社会。所以，仅以干预效果来论证国家干预调控的合法性存在一定缺陷。我们认为，干预—调控主义思想是从经济维度及政治维度对政府干预行为的廓清，从时机、阶段、工具、程序、效果等多个角度界定政府与市场的关系。干预—调控主义的本质便是论证国家干预调控行为产生及运行的法治基础，政府主体与市场主体各自的权力（利）、责任谱系由此产生。

一、干预—调控主义经济法学说的梳理

干预—调控主义经济法学说的生成离不开中国特色的政治经济传统。国家主体或者政府主体积极参与政治经济生活，体现为各种可视的机构、人员及行为，这也为相关研究提供了丰富的场域和素材。所以不难理解，中国经济法学基础理论研究最先回应的就是政府与市场的关系问题。已有的干预—调控主义学说主要有“需要国家干预说”“国家协调说”“国家调节说”“国家调制说”。持干预—调控主义立场的经济法学理论在对政府与市场关系进行描述时，不同理论间存在一定差异，但这种差异主要是语词上的差异，实质意义上的差异并不大。“干预”“协调”“管理”“调控”“规制”“调节”“调制”等各种经济法学说，只是对政府与市场关系描述的角度以及相互间作用的方式、强度存在一些不同而已。定义是学说最精髓的部分，因此，我们先概述四种学说的定义，再对其基本指向与共识进行总结。

（一）需要国家干预说

需要国家干预说的代表性学者是李昌麒教授。李昌麒教授认为经济法是指国家为了克服市场失灵和维护社会公共利益的需要而制定的法律。经济法的基本精神体现了国家运用公权力对社会经济生活的干预。国家干预的广度和深度取决于市场和国家的需要。国家所实施的对经济的调节、协调、调控以及管理等行为都是干预的方式。[1] 李昌麒教授肯定了国家干预的积极作用，但也主张对国家干预进行必要的限制。政府应当干预经济，这

〔1〕 相关论述可参见李昌麒主编：《经济法理念研究》，法律出版社 2009 年版，第 2 页。

是由政府自身性质、政府的设置目的、为了克服市场失灵等因素共同决定的。政府干预的领域是受到限制的，应当对市场主体的组织和活动进行干预、对市场秩序的形成和发展进行干预、对宏观经济的运行和可持续发展战略的实现进行干预、对社会分配进行干预。政府干预的形式主要体现为经济法，经济立法的重要任务之一便是规范政府干预经济的行为，主要包括对干预程序的规范、对干预方式的规范、对干预领域和干预方面的规范、对干预责任的规范。[1] 因此，国家干预与国家理性存在关联。国家干预与法律相伴随是人类社会的常态，并且国家权威性的取得和维持，一条重要的路径就是以法律的形式保障国家干预的实施。经济法中的国家干预是一种规范和严格意义上的国家干预，并不等同于国家对经济生活的随意介入。[2] 在需要国家干预学说的理论体系中，经济法的基本原则包括资源优化配置原则、国家适度干预原则、社会本位原则、经济民主原则、经济公平原则、经济效益原则和可持续发展原则。[3]

(二)国家协调说

国家协调说的代表性学者是杨紫烜教授。杨紫烜教授认为经济法调整的特定经济关系是在国家协调本国经济运行过程中发生的经济关系。协调具有“配合适宜”的含义，与“平衡”概念有所区别。经济法的调整对象不是综合的。经济法不调整其他经济关系，更不调整非经济关系。[4] 国家协调是指国家运用法律的和非法律的手段，使经济运行符合客观规律的要求，推动国民经济的发展。国家行使经济管理的职能应当符合客观规律的要求，力求避免主观随意性。国家协调概念的适用既肯定了“国家之手”在经济运行中的作用，又体现了对国家权力的必要限制。[5] 在国家协调说的理论体系中，经济法体系包括企业组织管理法、市场管理法、宏观调控法、社会保障法。经济法的主体包括市场监管法主体、宏观调控法主体，而行业性的中介

---

〔1〕 参见李昌麒：《论市场经济、政府干预和经济法之间的内在联系》，载《经济法研究》2000 年第 1 卷。

〔2〕 参见卢代富：《经济法中的国家干预解读》，载《现代法学》2019 年第 4 期。

〔3〕 参见李昌麒主编：《经济法学》(第 3 版)，法律出版社 2016 年版，第 54 ~ 59 页

〔4〕 参见杨紫烜：《国家协调论——关于经济法基本理论的若干问题》，载《经济法研究》2000 年第 1 卷。

〔5〕 参见杨紫烜：《国家协调论——关于经济法基本理论的若干问题》，载《经济法研究》2000 年第 1 卷。

组织不属于国家协调主体的范围，只是在一定条件下可以成为国家协调受体。经济法基本原则包括经济法主体利益协调原则和国家协调本国经济运行法定原则。经济法主体利益协调原则的基本精神是，经济法主体的依法作为或不作为对经济社会的发展作出了贡献，就应当获得相应的利益，并不要求经济法主体之间的利益相等、均等或大致均等。国家协调本国经济运行法定原则的内容包括：经济法主体法定、经济法主体行为的法定、经济法主体行为的后果法定。[1]

（三）国家调节说

国家调节说的代表性学者是漆多俊教授。漆多俊教授分析了国家调节经济生活的理论背景，即在市场失灵引起的经济和社会其他方面严重后果的背景下，国家介入经济是为了对社会经济进行某种调节，以维护和促进社会经济结构和运行的协调、稳定和发展。[2] 漆多俊教授认为，经济法是国家调节社会经济之法，调整对象是在国家调节社会经济过程中发生的各种社会关系，也可以简称为国家经济调节关系。国家经济调节关系是在国家调节社会经济过程中因国家调节而引起的，以国家（其代表者）为一方主体的社会关系，是一种国家调节与被调节关系。[3] 国家经济调节关系具有经济性和社会性的特征，传统法体系中的其他部门法不能调整，必须由一个新的部门法即经济法所调整。[4] 国家调节关系又可以按照不同标准进行分类。若按照国家调节经济的基本方式，可分为市场规制关系、国家投资经营关系和宏观调控引导关系。按照国家调节经济的目标和任务所主要侧重的方面，可分为经济运行调节关系与经济结构调节关系。按照国家经济调节措施所要完成的目标、任务及其最后落实方式，可分为宏观经济调节关系与微观经济管理关系。按照国家经济调节实施过程各环节，可分为经济决策关系、组织实施关系、对国家经济调节过程的监督和对纠纷与违法的调处关系。按照国民经济各职能方面和各行业部门，可分为国家在调节经济中发生国家同它的各职能管理机关和各行业部门管理机关之间、各职能和各行业部门管理机关之间以及它们同企业、事业等社会各方之间的各种社会关

〔1〕 参见杨紫烜、徐杰主编：《经济法学》（第7版），北京大学出版社2015年版，第77页。

〔2〕 参见漆多俊：《经济法基础理论》（第5版），法律出版社2017年版，第24页。

〔3〕 参见漆多俊：《经济法基础理论》（第5版），法律出版社2017年版，第103页。

〔4〕 参见漆多俊：《经济法基础理论》（第5版），法律出版社2017年版，第104页。

系。按照经济成分,国家经济调节可分为国家对国有经济的调节管理和对非国有经济的调节管理。国家经济调节关系还可分为国内经济调节关系与涉外经济调节关系。国家经济调节还可分为平常时期的国家调节与特定或非常时期的国家调节。〔1〕

(四)国家调制说

国家调制说的代表性学者是张守文教授。该说认为:"经济法是调整在现代国家进行宏观调控和市场规制的过程中发生的社会关系的法律规范的总称。"〔2〕经济性、规制性和现代性是经济法的突出特征。〔3〕经济法体系具有二元结构特征,包括宏观调控法和市场规制法。宏观调控法包括财税调控法、金融调控法和计划调控法,分别为财税法、金融法和计划法;市场规制法包括反垄断法、反不正当竞争法和消费者保护法。在国家调制说的理论体系中,经济法的基本原则包括调制法定原则、调制适度原则、调制绩效原则。经济法的调整目标包括稳定增长目标、保障基本人权目标、保障社会公益目标及良性运行和协调发展目标。〔4〕

这四种学说在中国经济法学基础理论研究的版图中具有重要地位,廓清了经济法学的调整对象,提升了经济法学研究的法律规范属性。干预—调控主义经济法学理论十分强调与中国经济立法和改革开放实践的紧密结合,极大地提升了中国经济法学理论的原创性水平。

二、干预—调控主义经济法学说的共同特点

干预—调控主义经济法学说产生与发展的背景主要包括:其一,经济学研究中"政府—市场"关系理论的影响与介入。经济学研究中的"有效竞争""市场失灵""宏观调控目标"等结论构成了国家干预—调控行为的合法性前提与理性目标。经济法学基础理论研究不再是无本之木,与其他学科进行交流对话的渠道开始生成。其二,中国大一统国家与全能性政府的历史传统使国家干预—调控行为具有较强的辨识程度,中国经济法学研究的本土资源由此生成,并降低了经济法学理论研究的传播成本。其三,主体间

〔1〕 参见漆多俊:《经济法基础理论》(第5版),法律出版社2017年版,第105~109页。
〔2〕 参见张守文主编:《经济法学》(第7版),北京大学出版社2018年版,第11~12页。
〔3〕 参见张守文:《经济法理论的重构》,人民出版社2004年版,第212页。
〔4〕 参见张守文:《经济法原理》(第2版),北京大学出版社2020年版,第31页。

二元论的哲学思维方式是干预—调控主义学说的论证基础。二元论的叙事方法将复杂的政府与市场关系高度抽象化与类型化,也在一定程度上扩大了未来理论研究的准入范围。比较观之,这四种学说的定义有如下共同点:

第一,定义模式。各学说对经济法的定义基本按照“社会关系 + 法律规范”的模式进行,具体可以表述为:经济法是调整特定经济关系的法律规范的总称。按照“属 + 种差”的定义方法,首先,上述定义自我声明经济法是法律规范中的一部分,以回应经济法“三分法律、七分经济”的质疑;[1]其次,从种差的选取看,需要国家干预说和国家调节说选取两个要素:法律目的和调整对象,国家协调说和国家调制说只选取了调整对象这一个要素,但目的是全部法律的创造者,任何法律的制定都有其目的,经济法也不例外。

第二,国家作为恒定的一方主体。上述学说无一例外地认为,经济法所调整的经济关系中国家或政府总是或常常是一方主体,这一点在学说的命名上已经清楚地显示出来,国家被定位为干预、协调、调节、调制的主体。相应地,市场便顺理成章地成为被干预、被协调、被调节、被调制的对象。政府主体与市场主体之间的界限较为分明,国家干预行为被视为完全独立于市场调节行为的矫正机制。张守文教授的观点最具代表性,“经济法主体分为宏观调控法主体和市场规制法主体两类”,“宏观调控法主体可分为调控主体和受控主体(或称承控主体),市场规制法主体可分为规制主体和受制主体”,[2]在这个结构中,国家或具体的国家机关恒为一方,并且恒为施加影响的主导者。也正是在这种立场上,“经济法是确认和规范国家干预之法”。[3] 国家及其经济职能的安排是经济法学的核心关切,市场在这里反而是次要的,没有受到应有的重视。

第三,作用领域。各学说都认为经济法所调整的经济关系是在国家施加影响于经济运行过程中而产生的,只是对国家施加影响的方式采用不同的话语来予以表达,如协调、干预、调节、管理、规制、调控、调制等。这些话语刻画的国家与近代自由主义时期“守夜人”的形象迥然不同,中国经济法视域中的国家一开始就不是一个消极无为的“夜警国家”,为适应经济社会发展的需要,国家不仅承担着经济建设的重任,而且在这个过程中,国家的

[1] 参见叶明:《经济法实质化研究》,法律出版社 2005 年版,第 1 页。
[2] 参见张守文:《经济法学》(第 7 版),北京大学出版社 2018 年版,第 49 页。
[3] 参见邱本:《论经济法的共识》,载《现代法学》2013 年第 4 期。

经济职权和经济职能体系逐步拓展和优化,经济行政机关向综合性市场监管主体与特殊市场监管主体的演进就是一个有力的佐证。

第四,调整目标。各学说都直接或间接地表达了这样的观点,经济法调整特定经济关系时带有强烈的目的性,即保障和实现社会整体利益或社会公共利益。这种界说基本洞明了经济法与民法的关系。近代民法是个人主义的产物,其构造以个人的利益为底色,而经济法从一开始就立足社会的整体利益,通过对整体利益的维护促进不特定多数人的个人利益得以实现与增长。经济法的这一调整目标为后续的整体主义经济法理论主张埋下了伏笔。干预—调控主义学说的产生弥补了个人调节、私人意思自治理论对公共经济生活解释的缺陷。

第二节 干预—调控主义的具体展开

干预—调控主义是市场化改革后经济法学的第一座理论高峰。尽管前三种学说的代表性学者已经淡出学界有年,但当前的研究仍旧对此种立论情有独钟。正如卢代富教授所言:国家干预已经成为经济法学中的一个基本范畴,[1]是一座研习中国经济法学绕不开的理论界碑。当前的研究已经注意到了干预—调控主义的局限性,但学者们的态度主要是尝试改进干预—调控主义,以便其能够更好地解释中国的经济法现象。此种立论流传至今定然有其原因。我们认为,干预—调控主义成功地化解了中国经济法学的生存与发展危机,找到了经济法与市场经济共存的基本法则,为经济法在中国特色社会主义法律体系中谋得一席之地作出了巨大的理论贡献。

一、确立经济法在中国特色社会主义法律体系中的合法性

法律是世俗的学问,而非哲学家的清谈。一般认为,经济法作为一种新型的法律规范或制度出现于19世纪末20世纪初,其兴盛于1933年"经济大危机"结束至第二次世界大战后,至今不过100多年的历史。[2] 那么,是何种原因促成了经济法的诞生,李昌麒教授从经济、政治、法律文化、部门法专

---

〔1〕 参见卢代富:《经济法中的国家干预解读》,载《现代法学》2019年第4期。
〔2〕 参见刘水林:《经济法是什么——经济法的法哲学反思》,载《政治与法律》2014年第8期。

业化和理论思潮五个方面解释了经济法的产生原因。[1] 事实上,作为一种公共物品,经济法必然要具备某种有用性,且可以满足特定的需求,而洞明此种需求便成为揭示经济法合法性的必修课。

(一)克服市场失灵与政府失灵:经济法"有用性"的证成

干预—调控主义的主张者近乎一致地将此种需求界定为克服市场失灵,并认为国家干预或国家调控正是克服市场失灵的有效方案。[2] 这正是经济法学界通行的"一个失灵说"。克服市场失灵是社会经济运行提出的要求,既有的民法方案或行政法方案都不足以有效地解决这个问题,设计新的解决方案便成为顺理成章的选择,而这个新的解决方案正是经济法。与此同时,历史的经验与教训提醒我们:国家干预并不必然意味着经济繁荣,中华人民共和国成立后前三十年的探索就是一个显例。在此基础上,形成了经济法学界通行的"两个失灵说",即除了市场失灵,还有政府失灵。前述李昌麒教授的经济法定义清晰地表达了这一观点。也正因此,经济法的合法性在于克服市场失灵和政府失灵,反面推之,如果不存在市场失灵和政府失灵,那么经济法就没有存在的必要。对此,张守文教授通过逻辑推演的方法对该路径予以了呈现:

1. 市场失灵→经济失衡→宏观调控→政府失灵→依法调控→宏观调控法;

2. 市场失灵→竞争失效→市场规制→政府失灵→依法规制→市场规制法。[3]

在"两个失灵说"中,市场失灵在顺序上具有优先性,政府失灵是在克服市场失灵的过程中出现的。如果我国政府模仿西方自由竞争时代的"小政府"主义,认为越小的政府是越好的政府,那么政府失灵很难作为一个问题被提上日程。这再次反映了我国政府经济法中的角色,有学者将其表述为

[1] 参见李昌麒:《经济法:国家干预经济的基本法律形式》,四川人民出版社 1999 年版,第 109~115 页。

[2] 杨紫烜教授认为"不论在奴隶制国家、封建制国家、资本主义国家,还是社会主义国家,都有各自的经济法",但其同时也认为"为什么在实行市场经济的情况下经济运行也需要国家协调呢?因为市场对资源配置虽然起着基础性作用,但它并不是万能的,在经济运行中存在着'市场失效'或'市场失灵',市场调节具有自发性、滞后性和一定盲目性,这就决定了国家协调经济运行的必要性"。参见杨紫烜主编:《经济法》(第 4 版),北京大学出版社、高等教育出版社 2010 年版,第 12、22 页。

[3] 参见张守文:《经济法理论的重构》,人民出版社 2004 年版,第 207 页;张守文:《经济法学》(第 7 版),北京大学出版社 2018 年版,第 10 页。

"有为政府"。[1]

接下来的问题是什么是市场失灵,市场失灵有哪些具体表现。李昌麒教授和应飞虎教授将市场的失灵形式总结为六个方面:(1)市场的不完全;(2)市场的不普遍;(3)信息不充分和偏在;(4)外部性问题;(5)公共物品;(6)存在经济周期。[2] 漆多俊教授将其总结为三点:(1)市场调节机制发挥作用的障碍,其中又包括市场机制发育不健全和市场秩序无效两种情况;(2)市场机制的唯利性形成的市场飞地,主要是关系国计民生的长期投资;(3)市场机制的被动性和滞后性导致的治乱循环。[3] 对于市场失灵,学者们的认识尽管有些微差异,但更多的是共识。一言以蔽之,市场不是完美无缺的机制,市场内含着毁灭自身的否定力量,这种力量只能依靠外部的干预来解决。在克服市场失灵的需求如何被满足这一点上,经济法学界的共识是:传统民法与行政法的方案均不足以解决市场失灵的问题,唯有新兴的经济法能担此大任,因而经济法应运而生。正是在此种意义上,法国学者阿莱克西·雅克曼和居伊·施郎斯将经济法定位为"政治法与民法的补充和必然产物",[4]因为公法会造成政府过多地限制经济自由的危险,私法则无法影响经济活动的全部结构,唯有公私兼容的经济法最有可能实现社会生活矛盾的"普遍和解"。[5]

(二)公法与私法之间的"第三法域":经济法的资源空间

克服"两个失灵"的需求与传统法律方案的失败催生了新兴的经济法,也确立了经济法在现代法律体系中的身份——区别于以政治法为代表的公法与以民法为代表的私法的第三法域,或者说是社会法法域。将经济法定位为社会法是经济法学界的认识之一,然而突破传统的公私法二元结构另辟蹊径,实属另有原因。在改革开放以前,我国实行计划经济体制,在这个系统中并无市场可言,更不可能有市场失灵这一问题。改革开放意味着计

---

〔1〕 参见陈云贤:《中国特色社会主义市场经济:有为政府 + 有效市场》,载《经济研究》2019 年第 1 期。

〔2〕 参见李昌麒、应飞虎:《论经济法的独立性——基于对市场失灵最佳克服的视角》,载《山西大学学报(哲学社会科学版)》2001 年第 3 期。

〔3〕 参见漆多俊:《经济法基础理论》(第 5 版),法律出版社 2017 年版,第 12 ~ 19 页。

〔4〕 参见肖江平:《中国经济法学史研究》,人民法院出版社 2002 年版,第 55 页。

〔5〕 参见王涌:《私权的分析与建构——民法的分析法学基础》,北京大学出版社 2020 年版,第 80 页。

划经济体制的松动,国家开始转向市场化建设,逐步地归还原本属于市场的权利。中国经济法恰恰生成于这样一个计划与市场混合的语境中。"绝对的计划经济不需要经济法,绝对的市场经济容不得经济法,而改革开放起步恰恰在于二者的结合,这就是中国强大的经济法思潮的客观原因。"[1]在此两者的交会处,中国经济法找准了自己的位置,并在"经济行政法说""经济法学科说"等否认经济法独立性的学说论争中站稳了脚跟,一定程度上解决了中国经济法的生存危机问题。

干预与调控正是中国经济法学界为新兴的经济法贴上的学科标签,也可以说是一个新学科的身份宣言。干预和调控这两个术语所描述的行为均可以表述为"特定主体干预/调控特定对象"。在经济法视域中,特定主体专指国家或政府,而特定对象专指市场及市场上的私人行为,由此塑造了典型的主客体结构。从这里也可以引伸出政府—市场关系是认知中国经济法学的主线。许多学者选取"二元结构"来描述这一现象,张守文教授、刘水林教授等学者均采取"二元结构"建立自己的经济法理论体系。干预/调控预设了市场失灵,否则,也就没有干预/调控的必要了,由此也塑造了市场自治外的一股外在力量,干预/调控也成为区别于"自治"最显著的标签。

二、经济法体系的初步构建

经济法学理论研究的体系化程度关乎学科的科学性水平。由于学科历史底蕴的局限和法典化立法表达的缺失,经济法学体系的形成与发展便需要依托于法学研究群体的共同推动。干预—调控主义中的四种代表性学说均建立了各自的经济法体系。正如李昌麒教授将其经济法名作的副标题拟为"国家干预经济的基本法律形式",在依法治国的大背景下,干预/调控在变化无穷的市场中也必然转化为国家的权力并明确于具体的经济立法中,按照一定的标准整合上述经济立法形成的类型便是经济法的体系。经济法的体系差异,不仅与学者的类型化方法、个人偏好等个性化因素相关,更重要的是学者们对干预/调控范围的理解不同。

(一)经济法体系的主要组成部分

李昌麒教授建立的经济法体系包括四部分:(1)市场主体法;(2)市场秩

[1] 参见《佟柔文集》编辑委员会:《佟柔文集》,中国政法大学出版社1996年版,第397页。

序法;(3)宏观调控法;(4)社会分配法。[1] 漆多俊教授建立的经济法体系包括三部分:(1)市场规制法;(2)国家投资经营法;(3)宏观引导调控法。[2] 杨紫烜教授、张守文教授和邱本教授建立的经济法体系包括两部分:(1)宏观调控法;(2)市场规制/监管法。[3] 由此可知,市场规制法与宏观调控法是经济法体系的公约数,其他部分如市场主体法、社会分配法要么被市场规制法和宏观调控法所吸附,要么另有所属。[4] 例如,社会分配法中的税法、预算法也可以归入宏观调控法,而社会保险法已划入劳动与社会保障法中。市场主体法中的各类企业法主要被归入民商法的范畴。

(二)构建经济法体系的意义

作为现代法形式的经济法,很难如传统法一般确立精准的调整对象,其所调整的只能是一个大致的范围。经济法体系的建立能够初步界定国家干预/调控的范围,使经济法跳出调整对象研究范式的约束,转而确立一种新的现代部门法的研究进路。我国法学界向来以"调整对象"为主要方法识别部门法,正因经济法难以提炼出其他法律完全不调整的绝对清晰的调整对象,经济法的地位长期以来饱受质疑。民法的调整对象是"平等主体的自然人、法人和非法人组织之间的人身关系和财产关系",省却主语后可简化为民法调整人身关系和财产关系,界定清晰、便于识别。尤其是财产关系的"所指"与"能指"在汉语中与"经济关系"极为相似,所争的只是命名、归类与话语权,遗憾的是,真正重要的内理性的东西却沦为沧海遗珠。1986 年《民法通则》颁布之际,立法者对此进行了回应:"政府对经济的管理,国家和企业之间以及企业内部等纵向经济关系或者行政管理关系,不是平等主体之间的经济关系,主要由有关经济法、行政法调整,民法基本上不作规定。"[5] 最高立法机关的权威回应使民法与经济法之争告一段落,经济法的调整范围至少包括"政府对经济的管理,国家和企业之间以及企业内部等纵向经济关系或者行政管理关系"。但此种回应尚不足以解开"经济行政法"

---

〔1〕 参见李昌麒:《经济法:国家干预经济的基本法律形式》(第 3 版),四川人民出版社 1999 年版,第 257 ~ 457 页。

〔2〕 参见漆多俊:《经济法基础理论》(第 5 版),法律出版社 2017 年版。

〔3〕 参见邱本:《经济法研究》,中国人民大学出版社 2008 年版。

〔4〕 参见张守文:《经济法学》(第 7 版),北京大学出版社 2018 年版,第 26 ~ 27 页。

〔5〕 《关于〈中华人民共和国民法通则(草案)〉的说明》。

的迷思，1986 年，梁慧星教授和王利明教授合著的《经济法的理论问题》[1]鲜明地提出“经济法就是经济行政法”的命题，这一观点至今尚存。[2] 我们注意到，无论是干预还是调控，从结构上都是典型的纵向关系，这一点与行政法的天然亲和性有关，主张经济法独立性的经济法学界必须尝试在民法、行政法调整范围的夹缝中寻找栖息之地。以体系论的方式锁定经济法调整的主要的几种类型的经济关系，并且初步界定国家干预与调控的范围，既突破了传统法的研究思路，也为经济法的发展找到了一条新路。尽管事后我们反思这一段历史时，几乎异口同声地断言当时的学科之争严重消耗了学术资源，但体系论的建立对中国经济法学发展的历史贡献必须予以肯定。

经济法体系的构建与经济法调整范围的确立，初步将经济法衍生为更具体的子部门，一方面，使法学界对经济法的研究样本、素材、对象有了更直观的认识，经济法不再是空洞地倡导国家干预，也有其具体的作用领域；另一方面，为经济法研究的精细化打下了基础，此后的经济法研究大多投向具体的竞争法、财税法、金融法等细分领域，经济法的研究经历了从务虚到务实的转变。“在过去相当长的时间内，经济法学研究注重务虚，十分重视经济法基础理论的研究。”“但随着市场经济大潮汹涌而来，人们的研究已经发生了重大转向，非常偏好务实。”[3]

三、与传统部门法既关联又区分的中国经济法理论体系

经济法作为兴起不过 100 多年的法律家族新成员，与传统部门法进行比较是题中应有之义。“特色”原是中性词，《现代汉语词典》解释为“事物所表现的独特的色彩、风格”，本节所称之特色，一方面系指经济法较之于民法、行政法的特殊性，另一方面也是以出色为基础的。强调“特色应当以出色为基础”，[4]才能从根本上证成中国经济法的“合法性”，并为中国经济法确立其在中国特色社会主义法律体系与法治体系中的应有地位。

---

[1] 参见梁慧星、王利明：《经济法的理论问题》，中国政法大学出版社 1986 年版。

[2] 参见袁勇、朱淑娣：《经济行政法涵义评析》，载《甘肃理论学刊》2005 年第 3 期；王克稳：《我国经济行政法学研究的回顾与思考》，载《边缘法学论坛》2006 年第 1 期。

[3] 邱本：《经济法研究（上卷：经济法原理研究）》，中国人民大学出版社 2008 年版，总序。

[4] 程金华：《中国法治话语权的重要基础：出色的法治体系》，载《人民法治》2015 年第 1 期。

大多数经济法学家所撰写的经济法学专论无不围绕着经济法的特色展开，我们拟以几位经济法学家的代表性著作中的论证结构来加以说明。

(一)李昌麒教授所著《经济法：国家干预经济的基本法律形式》

第一章 绪论
第二章 经济法产生和发展的轨迹
第三章 经济法理论发展的回顾
第四章 市场经济条件下的经济法基本理论问题
第五章 经济法在我国法律体系中的地位
第六章 经济法调整范围之一：市场主体调控关系
第七章 经济法调整范围之二：市场秩序调控关系
第八章 经济法调整范围之三：宏观经济调控关系
第九章 经济法调整范围之四：社会分配调控关系
第十章 经济法律关系
第十一章 经济法的实施保障

以上各章可分为两个大的部分：第一章至第四章是关于经济法外部世界与理论主线的界说，主要从经济法与社会经济背景的双向互动出发，论证19世纪末以来新的经济社会变化所带来的法律冲击，进而论证经济法的产生与发展自有其现实基础，这是经济法生成语境的特色，张守文教授称之为“经济法的现代性”;[1]第五章至第十一章的内容与传统部门法体系既关联又区分，法体系中的地位、调整范围、法律关系、法律实施无一例外都是传统法所关注的中心，但李昌麒教授在书中对上述问题都进行了相应的经济法论证转换。在第五章对“经济法在我国法律体系中的地位”说明中，李昌麒教授专辟一节“经济法与相邻法律部门的关系”，讨论经济法与行政法、民法、商法、刑法的关系，述及的主要是经济法与其他部门法的异同。

[1] 参见张守文：《论经济法的现代性》，载《中国法学》2000年第5期。

(二)杨紫烜教授所著《国家协调论》

导 论
第一章 经济法的产生和发展
第二章 经济法学的产生和发展(上)
第三章 经济法学的产生和发展(下)
第四章 经济法的概念
第五章 经济法的调整对象
第六章 经济法的地位
第七章 经济法的体系之一:经济法体系的概念和结构
第八章 经济法的体系之二:市场监管法
第九章 经济法的体系之三:宏观调控法
第十章 经济法的主体
第十一章 经济法的理念
第十二章 经济法的基本原则
第十三章 经济法的渊源和经济法的制定
第十四章 经济法的实施和经济法的责任制度
结论 “国家协调论”的主要观点

杨紫烜教授所讨论的概念、调整对象、地位、主体、理念、基本原则、渊源、责任等无一例外均为传统部门法所关注,但其结合传统法的研究框架论证了经济法的特殊性。

(三)漆多俊教授所著《经济法基础理论》

第一章 经济法产生的社会根源
第二章 经济法的沿革与地位
第三章 经济法的概念
第四章 经济法的调整对象
第五章 经济法的法律关系
第六章 经济法的价值理念与基本原则
第七章 经济法的调整方法与责任制度

第八章　经济法的体系
第九章　经济法总则的原理与基本规定
第十章　市场规制法原理与制度体系
第十一章　国家投资经营法原理与制度体系
第十二章　宏观引导调控法原理与制度体系
第十三章　经济法的立法与实施
第十四章　经济法学科建设

漆多俊教授在著作中系统论证了经济法基础理论的研究对象。经济法基础理论不重在研究各种经济法规范的具体规定,而重在探求经济法规范和各种经济法现象共同的普遍规律和最基本、最一般原理。[1] 经济法基础理论的研究课题包括:(1)经济法产生和形成独立法律部门的社会根源;(2)经济法的沿革和地位;(3)经济法的本质和概念;(4)经济法的调整对象;(5)经济法法律关系;(6)经济法的价值、理念与原则;(7)经济法的调整方法与责任制度;(8)经济法的渊源与体系;(9)经济法的总则与分则;(10)经济法的立法;(11)经济法的实施;(12)经济法学科建设问题。在该书中,作者认为经济法学包括经济法基础理论和各部门经济法学两大部分。部门法经济法学的内容包括市场规制法学、国家投资经营法学、宏观引导调控法学这三部分内容。与其他理论学说不同的是,漆多俊教授在本著作中专章介绍了经济法的学科建设内容,系统阐释了经济法学科的创立和发展、经济法学科的建设任务等。

(四)张守文教授所著《经济法理论的重构》

第一编　方法论的重构
　第一章　方法论的基本问题
　第二章　经济法学的基本假设
　第三章　系统分析方法研究
　第四章　政策分析方法研究
　第五章　博弈分析方法研究

---

[1] 参见漆多俊:《经济法基础理论》(第5版),法律出版社2017年版,第1页。

第六章　本益分析方法研究
第二编　本体论的重构
第七章　经济法概念的界定
第八章　经济法特征的提炼
第九章　经济法地位的考察
第十章　经济法体系的解析
第三编　价值论的重构
第十一章　二元价值的形成
第十二章　双重宗旨的提炼
第十三章　基本原则的确立
第四编　规范论的重构
第十四章　主体理论研究
第十五章　行为理论初探
第十六章　“权义结构”分析
第十七章　责任理论发展
第五编　运行论的重构
第十八章　经济法运行的系统考察
第十九章　经济法的适用问题研究
第二十章　经济法上的程序问题研究

张守文教授的论著将经济法理论体系分为方法论、本体论、价值论、规范论和运行论等几大部分进行论述。其介绍了中国经济法理论的两次大规模重构：一次发生在1992年之后，重构的目标是寻求经济法理论的经济基础和社会基础；另一次重构发生在2002年之后，重构的目标是根据新的国际国内形势确定经济法理论的法理基础。[1]

经济法扩展了传统法学对法律的解释空间，人们逐渐意识到，法律不只是为了处理个人利益之间的对抗。随着社会发展的速度加快、社会化的程度加深，在人们的利益结构中，社会公共利益的权重不断提高。经济法通过对社会公共利益的保护促进不特定多数人的个人利益得以维护、增长，是商

〔1〕 参见张守文：《经济法理论的重构》，人民出版社2004年版，第1页。

品经济高度发达的必然产物。

中国经济法理论体系的建构,既要遵循传统法的模式惯性,又要突出经济法的特殊本旨。在这一方面,张守文教授构建的经济法理论体系(见表2－4－1)较为完整,故以其为例说明。

表2－4－1　经济法的理论体系

本体论	概念	特征	法律地位	法律体系
价值论	价值	宗旨	基本原则	—
规范论	主体理论	行为理论	权义结构理论	责任理论
运行论	运行系统	适用范围	程序问题	—

由表2－4－1可知,上述内容与传统法律的理论体系关联紧密,但又突出了经济法的特殊表现。

总之,在我们看来,干预—调控主义最大的贡献在于确立了市场经济条件下经济法的功能与定位,在传统法的模式基础上建构了一套相对完善的经济法体系,并为之后的经济法研究打下了坚实的基础。

第三节　干预—调控主义的新发展

随着经济立法的逐步完善,一些学者将目光移开对传统部门法的理论比附,转而检视干预—调控主义对经济法规范、实践的解释力,“观念是用来理解现实的,同时也形成现实”,[1]干预—调控主义也在塑造中国经济法生态的过程中继续成长。

一、有待升华的干预—调控主义经济法学理论品格

长久以来,经济法学基础理论的叙事风格多有经济学、法学、政治学、历史学、社会学多种学科语言交织的特点。诚然,经济法的调整对象是多元的,复杂多变的经济社会现象与抽象的干预—调控主义理论语言之间存在天然矛盾。在学科初创期,各种学说的建构多来自研究者的主观价值判断。干预—调控各学说之间更多的是修辞表达方式上的差别,缺少立法、司法、

---

〔1〕参见张维迎、邓峰:《国家的刑法与社会的民法礼法分野的法律经济学解释》,载《中外法学》2020年第6期。

执法活动的具体引用事实。干预—调控理论容易带来外部学科对经济法学宗旨与品格的误解，产生对政府与市场其中一方功能与价值的偏见。

除此之外，干预—调控理论很难完全还原中国政府与市场关系的全面景象，更无法进行精确的利益衡量和价值排序。中国的市场经济治理问题并不是政府失灵与市场失灵谁先谁后的问题，政府干预与市场调节之间的边界也绝非泾渭分明。在中国市场经济语境中，市场失灵并非在市场制度高度成熟后发生，更多是源自市场发展程度的不足。我国的政府干预不仅承担监管功能，也承担设计、发展乃至培育市场的职责。我国经济法产生的历史语境是经济发展诉求下的法律回应。经济法中的相关立法并非只用来解决"市场之恶"，而是要用来解决"市场不足"并确定"政府之责"。

二、干预—调控主义经济法学理论研究中的改进与完善

我们认为，对国家干预—调控市场行为的理解应放置于各国具体的国情环境中。政府干预与市场调节相互交织共同成为市场治理的内容，而不是一方对另一方的替代。现代政府不仅具有宏观调控及矫正市场失灵的职能，也有创制和发展市场的职能。正如沃格尔认为，所有的市场都必须被精心设计，包括市场设计的有意规划、市场在特定时刻启动、对某一产品和市场的创造。[1] 政府也积极采取行动来创造、培育和赋权市场。[2]

（一）国家干预在经济立法中的表现

国家干预调控行为应当体现在经济立法过程中。李昌麒教授细致地梳理了经济法中体现国家干预的制度，如《公司法》《全民所有制工业企业法》《中小企业促进法》等市场主体法所确立的企业设立变更和终止的审批制度、企业设立变更和终止的登记制度、法人人格否认制度、国有独资公司的职工董事制度、国有独资公司决策权限制制度、股东派生诉讼制度、累积投票制度、公司高级管理人员任职资格限制制度、企业社会责任制度、国有企业内部组织机构特别干预法律制度、国家对中小企业的资金支持制度、国家对中小企业的创业扶持制度等，从经济法的主体制度层面体现了国家的干

---

〔1〕 参见［美］斯蒂文·K.沃格尔：《市场治理术：政府如何让市场运作》，毛海栋译，北京大学出版社2020年版，第62页。

〔2〕 参见［美］斯蒂文·K.沃格尔：《市场治理术：政府如何让市场运作》，毛海栋译，北京大学出版社2020年版，第69页。

预;《反垄断法》《反不正当竞争法》《消费者权益保护法》《产品质量法》《广告法》等市场秩序法所确立的垄断行为禁止制度、不正当竞争行为禁止制度、惩罚性赔偿制度、消费者权利制度、产品质量管理的国家扶持和奖励制度、产品质量监督检查制度、产品质量状况公告制度、生产者和销售者的产品质量责任和义务制度、广告审查制度、特殊商品广告的特殊规定等,体现了在培育和维护市场秩序中的国家干预;《预算法》《政府采购法》《企业所得税法》《个人所得税法》《中国人民银行法》《价格法》《就业促进法》等,确立了包括预算编制和审批制度、预算收支制度、预算监督制度、政府采购制度、税收制度、货币发行制度、利率和汇率调控制度、金融监测制度、政府定价和政府指导价制度、价格监测制度、重要商品储备制度、价格调节基金制度、保护价制度、临时价格干预制度、就业促进制度等在内的国家干预制度。[1]

甘强教授选取了二十四种凸显经济法特性的经济法规范,对法律文本进行实证分析,认为中国经济法的立法从干预主体、干预目标、干预方法、干预边界和干预责任五个方面都证成了经济法是国家干预经济的基本形式。其中,干预主体以政府机关为主导,集中在经济领域;干预目标是维护社会公共利益,以经济秩序为重;干预方法采用公私综合调整方法,以公权介入为主;干预边界是限权与授权相结合,严格界定干预范围;干预责任以行政责任为主,综合设定责任形态。

这些研究补充了国家干预的解释力,国家干预不仅仅是法学家从外部对经济法的证成,在经济法内部国家干预也是一种可以辨识的客观存在。

(二)国家干预——调控行为的修正与完善

市场失灵是否能够解释经济法在中国的兴起。1978 年改革开放之际,事实上市场并不存在,市场失灵就更是无稽之谈。卢代富教授认为:“只要是国家为了实现个体意思自治难以及时、有效达成的公共目标而对经济生活进行的介入活动,都可归入国家干预经济的范畴,而不论干预的方式是强制性的还是指导性的和促进性的、是直接的还是间接的。”将市场失灵作为国家干预的唯一原因是有失偏颇的;将市场失灵作为解释经济法产生和发

---

〔1〕 参见李昌麒:《论经济法语境中的国家干预》,载《重庆大学学报(社会科学版)》2008 年第 4 期。

展的逻辑起点也是失之周延的。[1] 刘大洪教授认为，市场是配置资源的决定性机制，国家干预以一种克制和谦逊的品格嵌入市场失灵的边界当中，国家干预应当走向谦抑干预，[2]并进一步提炼为“市场优先原则”。[3]

除了上述从理论上讨论干预主义改进的研究成果外，也有学者对国家干预的技术标准进行了研究，以期对理论上的解释提供可操作、可评价的技术约束。例如，古小刚借鉴经济学的完全竞争市场理论，从反面界定了经济法中非失灵的市场标准。更多的学者从经济法的各个子部门出发，以房地产市场、[4]金融市场[5]等作为突破口，并对该领域存在的国家干预进行必要的反思。

我国市场经济的形成与发展具有自身的逻辑与特色，因此国家干预与调控行为的内涵也较为丰富。首先，政府具有创制市场的功能，通过公共资源形成市场基础设施降低市场运行的成本。干预—调控理论具体表现为经济法干预主体机构设置与职能范围，国家干预的程序与责任由此形成。其次，政府具有培育与发展市场的功能。在我国市场经济改革语境中，实现经济总量与财政收入的增长是发展的前提。在我国经济立法中，促进型经济法便有弥补特定市场主体能力不足的功能。最后，政府具有赋权市场的功能。国家干预—调控行为并非完全对市场调节空间的限制，而是在确保秩序的前提下对市场主体逐步赋能。例如，我国经济立法的实践过程中，多元化市场主体的形成、市场准入范围的拓宽、市场自律管理能力的强化，都和国家优化干预—调控行为相关联。

我国经济法学中的干预—调控主义借鉴了经济学理论中的政府失灵和市场失灵研究成果，并在中国市场经济改革的历史进程中不断演化出本土

---

〔1〕 参见卢代富：《经济法中的国家干预解读》，载《现代法学》2019 年第 4 期。

〔2〕 参见刘大洪、段宏磊：《谦抑性视野中经济法理论体系的重构》，载《法商研究》2014 年第 6 期。

〔3〕 参见刘大洪：《论经济法上的市场优先原则：内涵与适用》，载《法商研究》2017 年第 2 期。

〔4〕 参见袁野、徐海静、袁冰如：《经济法学与经济社会学视域下的国家干预——以系列“房地产新政”为例》，载《重庆大学学报（社会科学版）》2017 年第 3 期；凌维慈：《规制抑或调控：我国房地产市场的国家干预》，载《华东政法大学学报》2017 年第 1 期。

〔5〕 参见王彦明、张翼飞：《金融危机下国家干预经济的反思与对策——以国家干预行为的程序理性为视角》，载《广东社会科学》2010 年第 3 期；缪因知：《国家干预的法系差异——以证券市场为重心的考察》，载《法商研究》2012 年第 1 期；王宏：《用经济宪法的解释弥补宪法对金融制度规定的笼统——从国家干预有问题的金融机构谈起》，载《经济问题》2013 年第 4 期。

特色。国家干预—调控权力的形成在中国具有历史传统,但需要在法律语境中得以完善。现有的研究初步解决了干预—调控的主体以及必要性的问题,未来的研究需要进一步细化干预—调控的权属分类、主体分工、程序设计、责任承担等细节问题,由此提高经济法学理论研究的科学化程度。

第五章　整体主义

整体主义是中国经济法学又一重要的理论思潮。所谓“整体”，系与自由放任时代盛行的个体主义相区别，并旨在从整体主义的视角重新诠释当代经济社会以及新兴的经济法现象。从词源上考察，刘水林教授将整体主义翻译为“organicism”。《新牛津英语大词典》将 organicism 解释为“the doctrine that everything in nature has an organic basis or is part of an organic whole”，整体主义原本是自然科学的术语，用来表达所有个体都不是孤立存在的，而是有机体的一部分。冯果教授对整体主义作出了这样的解释：“整体主义是与个体主义相对应的范畴，其将事物整体作为解决问题的基本单位，强调事物之间的关联及其整体性，主张从宏观层面上对事物进行把握，通过整体研究来揭示事物的全貌和演进规律，反对‘只见树木、不见森林’的局部性思维。”[1]整体主义经济法理论得到了我国官方一定程度上的响应，《中国特色社会主义法律体系》白皮书在定义经济法时便吸收了整体主义的观点，特别强调经济法的调整是“从社会整体利益出发”。值得注意的是，整体主义并不是对干预主义的替代，相反，整体主义不仅可以在干预主义的框架内突出国家干预的立场，而且可以从理念与技术层面上对国家干预进行约束。

第一节　整体主义的研究谱系

在我国，整体主义在经济法理论中的第一次系统论述集中在刘水林教授 2005 年的博士学位论文《经济法基本范畴的整体主义解释》中，该文在 2006 年以同名著作的形式出版。《经济法基本范畴的整体主义解释》一书

---

〔1〕 参见冯果：《整体主义视角下公司法的理念调适与体系重塑》，载《中国法学》2021 年第 2 期。

也是到目前为止不多见的系统地从整体主义立场解读经济法的理论著作。[1] 在“内容提要”部分，刘水林教授开宗明义地指出：“本文的整体主义是指方法论的整体主义。”因此，方法论意义上的整体主义成为一个必须首先解释的问题，本节亦先说明方法论意义上的整体主义，再对整体主义的研究谱系进行勾勒。

一、方法论意义上的整体主义

“方法论”一词主要有两种用法：(1)关于认识世界、改造世界的根本方法的学说；(2)在某一门具体学科上所采用的研究方式、方法的综合。但此处的方法论更适合理解为如何看待人、如何看待个人与社会的关系的前见。“从私法观察角度出发所看到的经济关系，不过是两个私人之间以相互平等为前提的关系。这种观点忽视了第三者，即在任何经济关系中都是最大的利害关系人：公众……经济法产生于立法者不再满足于从公平调停经济参与人纠纷的角度考虑和处理经济关系，而侧重于从经济的共同利益，经济生产率，即从经济方面的观察角度调整经济关系的时候。经济法产生于国家不再任由纯粹私法保护自由竞争，而寻求通过法律规范以其社会学的运动法则控制自由竞争的时候。”[2]

刘水林教授认为经济法学语境中的方法论是指“在一定认识论(世界观)的指引下，探索经济法学发展的一般途径的研究”。[3] 在此基础上，又有方法论的整体主义与个体主义之分。[4] 这两种方法的冲突集中体现在两个问题上：(1)社会的构成，即社会是原子的集合抑或不可分割的有机体。换言之，社会是实在的抑或名义上的。(2)构成社会的要素之间的关系，即

---

〔1〕 在我们看来，王保树教授的社会公共性经济管理说也可以归入整体主义理论思潮。该说认为经济法是调整发生在政府、政府经济管理机关和经济组织、公民个人之间的以社会公共性为根本特征的经济管理关系的法律规范的总和。应当将调整经济管理关系作为认识经济法的主线，而经济法所调整的经济管理关系的本质特征在于社会公共性，经济法是社会整体调节机制的法，社会公共性不仅排除平等性，也排除行政隶属性。参见王保树主编：《经济法原理》，社会科学文献出版社 1999 年版，第 21、26、27 页；王保树：《市场经济与经济法学的发展机遇》，载《法学研究》1993 年第 2 期。

〔2〕 参见[德]拉德布鲁赫：《法学导论》，米健、朱林译，中国大百科全书出版社 1997 年版，第 77 页。

〔3〕 参见刘水林：《经济法基本范畴的整体主义解释》，厦门大学出版社 2006 年版，第 23 页。

〔4〕 参见刘水林：《经济法基本范畴的整体主义解释》，厦门大学出版社 2006 年版，第 63 ~ 66 页。

是否存在超脱于各要素之外的社会公共利益。

个体主义的方法论者在分析法律现象时,把个人视为法律世界中唯一值得关注的主体形态,相应地,社会或国家则被理解为一种保障个人利益实现的拟制物。这也是古典自由主义的基本立场,除了个人的利益之外,再无其他,此时的人们笃信“社会利益不过是个人利益的总和”。随着劳资冲突日益严重、垄断企业次第崛起,隐藏在政治平等旗帜下的经济不平等问题逐渐浮出水面,工会运动、消费者运动此起彼伏,人们最终才意识到个体主义并不能促使社会永久的繁荣,镀金时代的梦想已经化为乌有,所谓的自由对于弱者而言不过是忍饥挨饿的自由。星野英一精辟地指出,人的形象从抽象平等再度分化为“强而智”和“弱而愚”二者,而且这二者间的分化日益明显。在这种背景下,整体主义为社会治理提供了一种新的视角。整体主义并不着眼于个人利益的保护,而是从整体立场上统筹谋划个人利益的底层结构,致力于为所有个人利益的实现提供机会支撑。同样地,一旦个人利益存在的整体局面崩坏,那么所有的个人利益都处在风雨飘摇之中,正所谓“覆巢之下,岂有完卵”。

因此,在整体主义者看来,社会并不是原子的集合,而是一个不可分割的有机体。有机体也不是个体的简单相加,而且采取实在的立场上,有机体亦“有自己的目的”,[1]本身就足以充当一种经济法主体。而在个体主义者看来,仅仅存在名义上的社会或国家,社会或国家终归只是个人原子式的集合,仅仅是一种名义上的拟制。

二、整体主义经济法学理论的基本指向

整体主义方法论视角下的经济法学理论学说有着如下基本指向。

第一,社会唯实论。整体主义经济法学说无一例外地坚持了社会整体的观点,社会是实际存在的有机整体,因此存在超越个体的利益主体。虽然这种利益的终极享有者是个体,但个体只有参加社会经济活动才能享有,这种利益不能被个体所控制,也不能化约为个体利益。

第二,社会整体利益是经济法的基石范畴。“社会整体利益”与国家利益、社会利益、公共利益、个人利益的算术和等概念均有所不同,社会有机体

---

〔1〕 参见刘水林:《经济法基本范畴的整体主义解释》,厦门大学出版社2006年版,第58页。

"有自己的目的",[1]其本身就足以充当经济法主体的一元,另一元是功能性经济个体。"整体的构成要素的这一特性决定了作为目的主体的有机整体,其意志的表达不仅要体现当代全体人的意志,而且要体现包括未来人的整体的人类的意志",[2]这一组织体在现代只能是国家。社会整体利益是一个开放性的范畴,很难从正面给出清晰的界说,但其否定"社会利益不过是个人利益之和"是无疑问的。

第三,经济法的第三法域属性。经济法是面对大生产、大分工时代以来的社会经济问题时公法、私法折中的第三条道路。鉴于经济法是在传统部门法的基础上发展起来的,经济法的调整方法具有明显的后发优势,看似与民法、行政法有诸多相似性,但又因其着眼于社会整体利益的综合性,而不同于公法与私法。民法是典型的私人权利保护法,行政法虽然在观念上涉及社会整体利益,但主要还是协调特定行政相对人的私人利益,及其与公共利益、国家利益之间的冲突关系,还不是真正的保护社会整体利益的部门法,经济法对社会整体利益的关注决定了其作为第三法域代表性法律的地位。

第二节 整体主义在经济法理论中的具体展开

在整体主义方法论的指引下,经济法学界对经济法的基础理论进行了重新诠释,并从比较的视角出发,与建立在个体主义方法论上的民法和行政法进行比较,着力于廓清经济法学的特殊性。

一、经济法主体及其结构的重新诠释

人是法律世界中的唯一主体,现实世界中的人千人千面,各人有各人的境况与遭遇,但各个部门法对人的形象的刻画并非千篇一律,而是各有短长。正如拉德布鲁赫所言:"对于一个时代的法律风格而言,重要的莫过于对人的看法,它决定着法律的方向。"[3]整体主义对经济法主体的解读有两种进路。

---

[1] 参见刘水林:《经济法基本范畴的整体主义解释》,厦门大学出版社 2006 年版,第 58 页。

[2] 参见刘水林:《经济法基本范畴的整体主义解释》,厦门大学出版社 2006 年版,第 139 ~ 148 页。

[3] 参见[德]古斯塔夫·拉德布鲁赫:《法律智慧警句集》,舒国滢译,中国法制出版社 2001 年版,第 141 页。

第一,从宏观上考察经济法中人的形象。刘水林教授比较了民法中与经济法中“人”的假设的差异(表 2-5-1)。[1]

表 2-5-1　民法与经济法中“人”的基本假设

民法	经济法
平等性	差异性
互换性	位置刚性
最佳性	依赖性

平等性是指一切民事主体都是平等的,《民法典》第 4 条规定:“民事主体在民事活动中的法律地位一律平等。”互换性是指民事主体在市场交易中、在民事活动中频繁地互换位置,在市场交易中没有固定的法律身份。最佳性是指民事主体在市场交易中,每个人是自己利益的最佳判断者。法学的假设应当与客观现实保持一致,至少不应当过分地偏离客观现实。民法对“人”的上述假设在西方自由竞争时期是妥当的,但随着消费者权益保护、垄断、金融危机、经济周期等社会问题逐渐浮出水面,民法假设的“人”的形象遭遇了种种责难,已经不足以准确地反映客观现实。这种曾经备受推崇的形式平等反而使不平等变得天经地义。经济法对“人”的假设进行了修正,差异性是指经济主体是不平等的、有强有弱;位置刚性是指经济主体在经济活动中的位置是不变的,形成了稳定的买方和卖方等关系,具体表述为消费者、经营者、中小企业、市场势力等;依赖性是指个人利益的取得依赖于社会和他人,由于信息不对称,个人也无法判明自己的行为是否对自我最有利。对主体的重新认识揭示了现代经济体系中,原本平等的市场主体面临被再度分化为强弱有别,而且这种差别难以通过个人努力去改变,唯有寄希望于群体力量或外部法律的引导或干预。

薛克鹏教授认为经济法的主体应当符合以下标准:(1)身份的经济性,即经济法的主体应当是市场中的自然人或社会组织,经济法应当规范的是市场中人的行为。(2)行为的经济性,即从事的是如生产、流通、分配、消费或服务等具有经济意义的活动。(3)后果的公共性,即主体行为与社会公共利益有着直接关系。只有那些既从事经济活动,同时又与社会公共利益直

---

〔1〕 参见刘水林:《试析民法与经济法的基本假设差异》,载《法律科学》1998 年第 3 期。

接相关的个人或社会组织,才属于经济法的主体。[1] 这种识别方法也强调了“公共性”,英国法哲学家边沁将人的行为区分为自涉行为和涉他行为,前者是仅对自己的利益有所影响的行为,后者则是会影响他人利益的行为。边沁认为,只有后者才是法律应当予以干涉的对象。在整体主义的视角下,每个人的行为或多或少都具有外部性,即使这种行为并非专门针对特定主体,也会因为有机体内的相互联系而显现出来。

第二,考察经济法主体的结构。干预—调控主义提炼的经济法主体大多仍可以被行政法和民法的主体理论所吸附、所解释,最大的创新或许在于社会中间层主体或社会层面的主体的发现。刘水林教授提出了一种新的二元结构,即经济法的主体包括社会经济有机体和构成有机体的功能性个体。很显然,这种提法最新颖之处便在于刘水林教授认为社会经济作为一个有自己目的和意志的成长的有机体,本身可以构成经济法主体的一极。[2] 同时,参与经济生活的个体与有机体同气相求、同声相应,并没有脱离有机体而存在的个体,所有个体都在有机体内发挥着其独特的、个性化的作用,这些参与者发挥的功能相互协调,彼此合作,共同塑造了有机体的生态:维护有机体的整体生态,同时庇护参与形成有机体的个人利益。因此,在具体考察某一参与经济的个体时,应当从功能的角度出发思考其权义配置。例如,对经营者主要是科以义务,对消费者则是赋予权利,这是因为经营者和消费者是不同的功能性个体。同时,这些功能性个体又在交互行动中塑造了有机体的整体面貌。经济法的调整不仅有直接针对有机体的宏观调控,而且有针对功能性个体的微观规制。

整体主义并不着眼于个体利益的保护,因此对经济法主体的解读也不能停留在个体权利保护的视角。对此,《消费者权益保护法》等市场规制法中,经营者与消费者应当从群体的视角进行诠释。换言之,该法并不是以保护特定的消费者为首要,这种保护是民法等私法的任务,其所保护的主要是作为弱势群体的消费者的整体利益。从权义配置上看,通过区分市场参与者的经济身份而有所偏重地进行保护,就已经突破了私法的窠臼。《消费者权益保护法》第1条立法目的条款清晰地传递出“为保护消费者的合法权

---

〔1〕 参见薛克鹏:《经济法理论研究系列笔谈——对经济法主体理论的反思》,载张守文主编:《经济法研究》第14卷,北京大学出版社2014年版。

〔2〕 参见刘水林:《经济法基本范畴的整体主义解释》,厦门大学出版社2006年版,第61页。

益”,这种单方保护的模式与民法倡导的平等保护截然不同,究其原因便是,经济法已经不再坚守抽象平等的假设,而是从功能的视角审视各种主体的身份差异,从而为保护此种功能的发挥提供差异性的权义配置。这种整体主义的观点在市场规制法中得到了一定程度的传播,例如刘水林教授认为对《食品安全法》的解释,要从个人权利为中心转向社会责任为中心,[1]《反垄断法》也“从保护个体利益转向保护社会整体利益”。[2]

功能性个体的群体身份差异进一步决定了经济法的社会本位。所谓社会本位,是相对于“个人本位”而言的,各功能性个体因其在社会经济整体中的功能而有差异性的权义配置,正是因为个体不能离开整体而存在,没有任何一个人身处世界的孤岛。在个体主义者看来,“一个人的行为只对与他直接交往的人产生影响,对第三人则没有多大影响”,[3]这种无视私人行为外部性的看法在历史上招致了严重的经济社会危机,经济法主张的社会本位应运而生,从整体上评估私人行为的外部影响,同时也代表着一种新的法律治理模式。在认定经济法中的违法行为时,刘水林教授强调“经济法是规制经济公害行为之法”,经济法中“公害行为主要是对人的生存和发展所依赖的现代经济体系(市场经济体系)”的损害,[4]这种整体利益不宜直接归为任何个体的私益,通过有机体来代表能够解决技术上的困难。

二、社会整体利益的经济法解读

无论是持何种学术观点的经济法学者,几乎都无一例外地承认社会整体利益在经济法理论中的枢纽地位,问题的焦点在于社会公共利益究竟是什么、在经济法中又是如何表达的。

社会整体利益似乎很难被给出一个令人信服的定义,学界普遍从其特征入手识别社会整体利益。“迄今为止,法学界讨论社会利益、社会公共利益、公共福利这些相近的、相互替代的或他们的简称——公益概念,所着重

[1] 参见刘水林:《从个人权利到社会责任——对我国〈食品安全法〉的整体主义解释》,载《现代法学》2010 年第 3 期。

[2] 参见刘水林:《反垄断法的挑战——对反垄断法的整体主义解释》,载《法学家》2010 年第 1 期。

[3] 参见刘水林:《经济法基本范畴的整体主义解释》,厦门大学出版社 2006 年版,第 211 页。

[4] 参见刘水林:《经济法是什么——经济法的法哲学反思》,载《政治与法律》2014 年第 8 期。

的地方,并不在于对利益概念的讨论,而是一律地环绕在所谓‘公共’的概念。”[1]刘水林教授从以下四个方面对这种利益进行了说明:(1)不可分割性。第一,社会整体利益的载体是公共物品,如国防、有效市场竞争秩序等,公共物品的不可分性决定了公益的不可分性。第二,社会整体利益的主体是社会,而社会有机体虽以人为构成要素,但每个人都是据其功能处于社会结构的某一体系中。因而,社会不能简约为部分或个人。这种利益主体的整体的不可分割性,就决定了归属于其的利益是不可分的。(2)受益的不可排他性及非竞争性。社会整体利益不能排除作为社会构成要素的任何个体从社会整体利益中受益,而且任何一个个体从社会整体利益中受益并不减少其他个体从中受益的量。(3)受益的开放性及对象的不确定性。社会整体利益的辐射区域是对社会全体成员开放的,包括当代以及未来的不确定的群体。(4)生成的历史积淀性。社会公共利益与一个国家的科技文化、道德风尚、传统习俗等前见密不可分,能够被接受的社会公共利益概念其实是一个国家的总体抉择。

社会整体利益是由哪些方面构成的,法律上是如何表达的?刘水林教授认为社会整体利益由社会资本、人力资本、物质资本三个方面构成,社会资本主要指有效竞争秩序和良好的市场结构;人力资本主要指功能性个体的文化技术素质;物质资本主要指技术、自然资源等。[2] 卢代富教授考察了社会整体利益在我国经济立法中的四种表达方式:(1)纳入立法目的条款;(2)作为政策基准加以宣示;(3)融入经济法的权义结构;(4)在经济法责任制度中加以彰显。[3] 关于社会整体利益在这方面的主要研究成果还有:李昌麒教授、陈治教授的《经济法的社会利益考辩》,杨紫烜教授的《国家协调论——关于经济法基本理论的若干问题》,史际春教授、邓峰教授的《经济法总论》,刘少军教授的《论整体经济利益与经济法主体》,李友根教授的《社会整体利益代表机制研究——兼论公益诉讼的理论基础》,蒋悟真教授、李晟教授的《社会整体利益的法律维度——经济法基石范畴解读》,石慧荣教授、李永成教授的《论社会整体利益的经济法调整》,冯果教授的《求经世之

[1] 参见刘水林:《经济法基本范畴的整体主义解释》,厦门大学出版社 2006 年版,第 154 页。

[2] 参见刘水林:《经济法基本范畴的整体主义解释》,厦门大学出版社 2006 年版,第 160 ~ 171 页。

[3] 参见卢代富:《经济法对社会整体利益的维护》,载《现代法学》2013 年第 4 期。

道　思济民之法——经济法之社会整体利益观诠释》,冯宪芬教授的《社会整体利益解析》,王保树教授的《论经济法的法益目标》,刘红臻教授的《经济法基石范畴论纲》等著作和论文。

尽管社会整体利益在我国经济法学界还是一个未定稿,但仍然可以从已有的研究成果中梳理出其主要研究指向:(1)经济法中社会整体利益的侧重点在于社会是作为一个整体而存在的,组成这个整体的成员有:国际竞争中的国家与国家、一国范围内的中央与地方、国家与公民、公共与个体、政府与市场、当代与后代、人与自然、生态与环境、强者与弱者、发达地区与贫困地区、东部与西部、经营者与消费者、垄断企业与中小企业、农业与工业等。(2)经济法中的社会整体利益是组成这个整体的成员共生、共融、共同发展、共同受益,不致产生分化、分裂、断裂和剧烈对抗。(3)经济法中的社会整体利益是动态的、发展的,不是一成不变的。陈乃新教授就认为经济法是增量利益法,经济法应当有助于社会财富的积累与增长。[1] (4)经济法实现社会整体利益的手段有整合、鼓励、限制、转移等,各种手段相机使用,在具体使用时有鲜明的结果导向。

也有学者通过对整体利益的论证,力图改变其他学科对经济法学法律品格的误解。经济法的价值论的基础建立在国家本位基础之上还是社会本位基础之上?传统的个人本位或者国家本位主张具有鲜明的利益排序机制性,突出了某一单级利益的至上性。整体利益或者整体主义并非基于干预者由于自身利益优先需要而进行的价值筛选和排斥过程。社会利益是经由不确定多数的个体利益的协调与平衡而落实于具体、现实的利益,经济法中的社会利益需要干预者主动作为来实现。[2] 这种价值判断便实现了国家干预从权力体系到责任体系的转化。整体利益的内核不在于支配与服从,而在于不同主体利益之间的协调分配过程,以最终达到和谐善治的状态。陈婉玲教授认为经济法通过制度安排使市场结构中的强弱利益关系趋向平衡。[3] 有学者认为经济法具有社会本位法的属性,经济法的社会整体利益

---

〔1〕 参见陈乃新:《经济法是增量利益生产和分配法——对经济本质是另一种理解》,载《法商研究》2000 年第 2 期。

〔2〕 参见李昌麒、陈治:《经济法的社会利益考辩》,载《现代法学》2005 年第 5 期。

〔3〕 参见陈婉玲:《法律监管抑或权力监管——经济法“市场监管法”定性分析》,载《现代法学》2014 年第 3 期。

观有助于经济法摆脱国家本位的影响。[1]

社会整体利益作为一个典型的开放性利益概念,对其进行学术整理有助于揭示其理论内涵,但这些观点仍需在进一步的法律实践中检视得失。

截至目前,全国人大及其常委会制定的法律中并没有直接使用"社会整体利益"的概念,反倒是"公共利益""社会利益""社会公共利益"等相似概念被频繁地提及。但经济法的立法目的条款、政策目标条款往往从不同的侧面暗示了社会整体利益的内涵,例如,《中国人民银行法》第3条规定:"货币政策目标是保持货币币值的稳定,并以此促进经济增长。"《价格法》第1条规定:"为了规范价格行为,发挥价格合理配置资源的作用,稳定市场价格总水平,保护消费者和经营者的合法权益,促进社会主义市场经济健康发展,制定本法。"《水法》第1条规定:"为了合理开发、利用、节约和保护水资源,防治水害,实现水资源的可持续利用,适应国民经济和社会发展的需要,制定本法。"《计量法》第1条规定:"为了加强计量监督管理,保障国家计量单位制的统一和量值的准确可靠,有利于生产、贸易和科学技术的发展,适应社会主义现代化建设的需要,维护国家、人民的利益,制定本法。"从这些法律规定中可以清晰地发现:社会整体利益是经济法至关重要的立法目的。

三、整体主义对法律适用的影响

有学者按照整体主义的思维方式对经济法中的部分制度进行了探讨。

1. 惩罚性赔偿的解释

惩罚性赔偿又称"多倍赔偿",因其与传统民法要求的禁止非对称得利相违背,故一直被视为证成经济法责任独立性的有力证据。即使在《民法典》第179条第2款已经规定"法律规定惩罚性赔偿的,依照其规定"的场合下,惩罚性赔偿的解释仍须求诸于经济法理论,整体主义就是其中之一。整体主义对惩罚性赔偿的解释路径如表2-5-2所示。

---

[1] 参见蒋悟真、李晟:《社会整体利益的法律维度——经济法基石范畴解读》,载《法律科学》2005年第1期。

表 2-5-2 整体主义对惩罚性赔偿的解释

分类	对特定主体的影响	对社会经济有机体的影响
诱发惩罚性赔偿的行为	一倍赔偿	多倍赔偿

在这个过程中，整体主义特别关注行为的负外部性，不仅评估行为对特定当事人的影响，而且评估行为对社会经济有机体的影响，这就否定了个体主义方法论无视行为外部性的立场。因为受损害的特定主体提起民事诉讼，借助主张私人利益的契机也同时维护了社会整体利益，并且也能达到激励受害人积极主张权利，降低其维权成本的目的。对赔偿方而言，惩罚性赔偿不仅仅是对私人利益造成损害的赔偿，也包括对社会经济有机体造成影响的赔偿，较之于民法的禁止非对称得利，惩罚性赔偿也体现出了一定的制裁性质。

2. 经济法实施机制的理论探讨

首先，由于程序机制的相对缺失，经济法的可诉性较弱，再加之经济审判庭的废除，经济法诉讼的外在形式也逐渐模糊化，由此经济法更加依赖公共机构实施机制。但公共机构作为社会整体利益的代表机制不能被国家主体所垄断，应当建立社会整体利益的补充代表机制，并在此基础上思考经济法公益诉讼的建构路径。[1] 有学者认为，经济法和公益诉讼具有天然的契合性。[2] 关于公益诉讼的相关研究成果体现了经济法中整体利益的凝结方式，以及在司法适用中的体现方式，这对经济法司法适用及可诉性问题的相关研究具有重大意义。

其次，社会整体利益的主体是社会，而社会是一个没有自主思维能力的有机体，不能自行表示与维护自己的利益，其利益通常是由某一组织体代表与维护的，这一组织体在世界上还存在各具主权的民族国家的条件下只能是国家。[3] 国家作为社会整体主要通过两种路径实现社会整体利益：(1)在经济立法活动中建立广泛的公民参与机制。首先，参与立法的人民代表是由人民选举产生的；其次，国家机关在立法活动中采取各种措施广泛听

[1] 参见李友根：《社会整体利益代表机制研究——兼论公益诉讼的理论基础》，载《南京大学学报(哲学·人文科学·社会科学版)》2002 年第 2 期。

[2] 参见颜运秋：《经济法与公益诉讼的契合性分析》，载《北方法学》2007 年第 3 期。

[3] 参见刘水林：《经济法基本范畴的整体主义解释》，厦门大学出版社 2006 年版，第 155 页。

取公民意见。例如,《价格法》第23条规定的价格听证制度,这一制度的目的就是在征求利益相关者意见基础上,给政府定价提供依据,以便制定出符合社会整体利益的价格。(2)在执法与司法过程中,根据社会成员在经济活动中的角色与功能差异,赋予社会个体成员一些特别的社会经济权利,使其从维护自己权利或利益的立场出发,及时启动诉权促使及监督司法或执法机关及时行使公共权力,达到维护社会整体利益的效果。如在《消费者权益保护法》中赋予消费者的安全权、知情权、公平交易权、依法求偿权等,其目的在于在消费者维护自身权利的同时,达到对"交易秩序"这一社会整体利益的维护。

3. 经济法子部门法的解释适用

既有的研究主要集中在市场规制法领域。刘水林教授反思了以权利为中心的主流法学观念之不足,以整体主义的思维方式对《食品安全法》和《反垄断法》进行了重新解释。他认为,《食品安全法》可以说是社会责任的法制化,主要体现在三个方面:一是责任承担者的社会性;二是责任客体的社会性;三是责任实现的社会性。[1]《反垄断法》也对当前处于主流地位的部门法提出了一系列的挑战,主要体现为四个方面的转向:第一,从传统法注重对法律关系两端主体的保护转向对主体间关系的保护;第二,从保护个体利益转向保护社会整体利益;第三,从传统法对行为违法性判定的条件取向转向结果取向;第四,从传统法的责任导向转向规制导向,即从重在禁于已然之后转向重在禁于未然之前。[2] 刘水林教授、芦波博士认为,消费者保护法的范式经历着从私法范式向经济法范式的转换,这种转化可从利益的主体、客体和内容性质三方面来理解:第一,从主体看,《消费者权益保护法》从对因违约、侵权而产生的特定受害消费者的保护转向对不特定的、开放的消费者群体的保护。第二,从客体看,《消费者权益保护法》从对消费者财产、人身等私人物品的保护转向对公正的消费品交易秩序这种公共物品的保护。第三,从内容性质看,《消费者权益保护法》从保护消费者个人利益转向保护社会公共利益。从世界各国消费者保护法发展趋势看,早期的消费者保护

〔1〕 参见刘水林:《从个人权利到社会责任——对我国〈食品安全法〉的整体主义解释》,载《现代法学》2010年第3期。

〔2〕 参见刘水林:《反垄断法的挑战——对反垄断法的整体主义解释》,载《法学家》2010年第1期。

法私法范式的色彩较浓，而现代则是经济法范式的色彩较浓。[1]

值得注意的是，第一，“整体主义”在经济法学界其实并未形成固定的用法。王健教授用“整体主义”来描述“将法律上独立的多个公司视为一个整体加以处理”的情况，其梳理了整体主义在反垄断罚款中的三种处理方式：(1)将多个法律主体视为一个整体进行处罚；(2)基于控制与被控制关系，将多个主体视为一个整体进行处罚；(3)基于共同的被控制关系以及人员兼任、业务混同等关系，将多个主体视为一个整体进行处罚。[2] 整体主义还是经济学、生态学、美学等多个学科共享的概念，其所指却各不相同，因此，经济法中所使用的“整体主义”尚须进一步澄清、固定。第二，整体主义与个体主义并不是替代关系，而是相互为用。即使在经济法的典型立法中，彰显个体主义的赋权方法也在《消费者权益保护法》《食品安全法》中广泛使用。两者间的关系恰似经济法与民法的关系，当前的要务是寻求不同部门法的最佳配合，发挥法律的体系效益。

第三节　整体主义的贡献、反思与评价

一、整体主义的理论贡献

整体主义首先作为一种方法论澄清了经济法与传统部门法的差异，传统法是从个体权利的视角看待法律的，民法聚焦于实体权利的设计，有民法学者将全部民法归结为两个问题：一是权利是如何产生的；二是权利是如何实现的。行政法聚焦于权利的设计也甚为明显，凡外部行政行为必然要有实体法和程序法上的依据，“法无授权不可为”，实际上正是为了保障行政相对人的权利不受侵害。经济法的整体主义方法论恰恰相反，“经济法解决的是一国社会经济作为有机整体如何持续、稳定、有效发展的问题，而不是个人如何从经济活动中获益的问题”。[3] 换言之，经济法一开始就是从宏观的角度尝试解决结构性问题，而把微观的个人利益冲突交由传统部门法来解决。因此，经济法与传统部门法之间不是零和博弈，整体主义与个体主义

〔1〕 参见刘水林、芦波：《消费者权益保护法范式转化的经济学解释》，载《上海财经大学学报》2016年第6期。

〔2〕 参见王健：《我国反垄断罚款制度的革新——基于整体主义理念的研究》，载《法商研究》2022年第1期。

〔3〕 参见刘水林：《经济法是什么——经济法的法哲学反思》，载《政治与法律》2014年第8期。

也不是非此即彼,而是谋求如何配合以达至法治的理想形态。从问题指向看,经济法指向意思自治的底层结构,既超越民法,又回归民法。

其次,整体主义矫正了传统部门法的权利本位观,[1]从社会整体利益的角度重构了法律的利益谱系。自民国以降,法律就被称为权利义务之学,又因为权利和义务的对称性,故法律向来被誉为权利的学问。整体主义从社会整体利益的角度对人的行为重新思考,特别强调了所有个人都只能是社会中的个人,离开了社会,个人只能是孤岛上的鲁滨逊,法律也就没有存在的必要了。在此背景下,整体主义在肯定私人行为直接影响特定当事人利益的前提下,着重论述了私人行为对社会有机体的负外部性。因此,经济法在设计责任时,不仅要求责任者补偿受害者的私人损害,更要求责任者对社会公共物品的损害予以赔偿。即使对私人利益予以了充分关注的《反不正当竞争法》,也在其第 2 条一般条款特别强调了“扰乱市场竞争秩序”的界限,仅在对市场竞争秩序这种公共物品有所损害时,才足以认定涉案行为构成不正当竞争。经济法的利益谱系显然与传统部门法有所不同,其对于权利的关注是从社会整体立场上考虑的,通过对宏观环境的维护为权利的实现提供底层支撑。以往的部门法也或多或少关注社会整体利益,但是他们的关注都是在个人权利实现的基础上间接保护的,经济法则是直接着眼于社会整体利益的保护。因此,经济法是社会本位的典范,将法律关注的利益放在全局中思考,力求实现最大多数人的最大幸福。

最后,整体主义注意到了社会经济现实的复杂性,从功能性个体的视角重新思考权利义务的配置。这种进路表现在两个方面。第一,社会经济有机体的流动要素。我国在市场经济建设之初,邓小平就提出了“两个大局”的战略构想:一个大局就是东部沿海地区加快对外开放,使之先发展起来,中西部地区要顾全这个大局;另一个大局就是当发展到一定时期,比如 20 世纪末全国达到小康水平时,就要拿出更多力量帮助中西部地区加快发展,东部沿海地区也要服从这个大局。在这种全局谋划的思路下,社会经济作为一个有机体也有一个成长的过程,在这个过程中,不同的地区、行业、产业等都扮演着一定的角色、发挥着特定的功能,这些功能也随着社会经济的发

---

[1] 我国学术界在理解法的本位时有两种代表性的观点,一种是权利本位、义务本位和社会本位,另一种是个人本位和社会本位。

展而不断变化。第二,社会经济有机体的固定要素。社会经济有机体中,经营者、消费者、劳动者等依托身份而形成的权利义务关系相对固定,这些身份不同于民法,可互换性概率低,因此基于私法而取得的权利、负担的义务相对固定。值得说明的是,梅因所谓的近代法制史是一个从身份到契约的转变过程,此种“身份”主要指的是个人不得不依附于家庭才能够生存,个人的人格被家庭吸附,经济法中的身份并没有否定梅因的经典论断,而是强使经营者负担义务以倾向性照顾弱势群体,力图实现社会经济的永续发展。

二、整体主义的反思

整体主义有助于澄清经济法的模糊之处,但正如论者所说,经济法遵循的整体主义是“合理的整体主义”,〔1〕与极端的集体主义截然不同。但两者之间毕竟具有天然的亲和性,容易使人产生误解,尤其是经济法素以“国家干预”为特征,在市场经济的大背景下,整体主义更容易让人质疑经济法的合法性,甚至有人以一种敌视的态度视之。单飞跃教授采用了“个体主义公共观”的表述,特别强调了“公共并不必然优先于个体”的精神,“公共是个体间满足个体需要的合意”。〔2〕这在一定程度上削弱了国家干预的强制性。事实上,合理的整体主义也并不否定构成社会的个体的相对独立性和个体特性,这些因素是市场经济活力的源头,不能抹杀,也不容忽视。否则,整体主义就会落入极端的集体主义的陷阱,从而走向市场经济的对立面。此外,“整体主义”一词在学术界的用法多种多样,在一定程度上阻碍了学术交流与积累。经济法视域中的整体主义还应当进一步地再提炼,其核心内涵还应当进行更清晰的阐述。

三、整体主义的评价

在经济法的研究中到底应当坚持整体主义的方法论,还是个体主义的方法论,我们认为,应当对个体主义与社会整体主义进行正名。根据哈耶克的研究,个体主义有这样的特征:个人的自由选择、个体的优先理性、个体的

〔1〕 参见刘水林:《经济法基本范畴的整体主义解释》,厦门大学出版社 2006 年版,第 61～63 页。

〔2〕 参见单飞跃:《经济公法理论问题——经济法的公共观念与宪治逻辑》,法律出版社 2019 年版,第 125～126 页。

有限知识、个体没有在预设的更高层次的目标中朝着这一目标集体行动，个体主义也是有秩序的。个体主义是对个人权利的保护，体现的是绝对形式意义平等。[1] 个体主义在立法中的体现是各类民商事法律，个体主义在历史上是有进步意义的，它使个体的权利得以彰显，是身份到契约进步转变的基础。个体主义在外观上体现为个体权利在社会中像原子一般可以被清晰地识别出来。例如，股东对公司的投资用股权得以体现，表决权大小和股权多少挂钩。在个体主义观念下，即使少数人的权利也需要得到绝对平等的保护。但随着社会问题的日益复杂，个人参与公共经济生活的程度越来越深，极端的个体主义会对社会整体效益产生危害。有些强大的公司虽然创造了财富、税收和就业，但也会产生污染、垄断等破坏市场秩序的行为。有学者将此类行为称为经济公害行为。[2] 因此，需要在个体主义之上建立一种新的社会观念，整体主义便呼之欲出。而在整体主义视角之下，个体并非直接的权利承受主体。财税法领域中，纳税人在享受基本公共服务时不会因为缴纳税金的多寡而有所区分。过分强调个体主义容易导致完全自由放任的市场极端主义产生，进而出现社会分配不公的现象。[3] 整体主义将经济法定位于追求社会整体利益之法，侧重于维护社会整体利益。《中国特色社会主义法律体系》白皮书采纳的就是整体主义与干预主义相结合的经济法主张，其将经济法界定为“调整国家从社会整体利益出发，对经济活动实行干预、管理或者调控所产生的社会经济关系的法律规范”。经济法的社会整体利益在具体经济法中能够得到充分体现，最为典型的例证就是单行经济法中的立法目的条款。经济法立法目的条款中蕴含着多元的价值目标，彼此之间在整体主义的利益纽带之下协调配合。从《中国人民银行法》《价格法》《水法》《计量法》等经济法法律中的立法目的条款可以看出，社会整体利益是经济法至关重要的立法目的，并且整体主义绝非对个体主义的否定。

在我国这样一个超大规模国家中，区域差异问题始终客观存在。区域差异包括自然地理差异、经济发展水平差异、公共服务水平差异等情形。并

---

〔1〕 参见[英]弗里德里希·冯·哈耶克：《个人主义与经济秩序》，邓正来编译，复旦大学出版社2012年版，第2～15页。

〔2〕 参见刘水林：《从个人权利到社会责任——对我国〈食品安全法〉的整体主义解释》，载《现代法学》2010年第3期。

〔3〕 参见单飞跃、肖顺武：《市场极端主义的经济法矫正研究——基于经济法与民商法功能互补的视角》，载《北方法学》2011年第4期。

非所有的差异性问题都需要通过国家干预的方式予以化解。区域之间的正当竞争造成的资源差异性结果则无须通过行政干预机制加以改变，但如果资源或者要素分布的差异化影响社会整体利益及国家安全，那么经济法要提供资源再次分配的矫正机制。矫正机制的内核就是实现利益分配的差异化公平结果。靳文辉、陈婉玲、黄茂钦等学者有关区域公平研究的成果便可被视为整体主义的具体应用情形。靳文辉教授认为空间正义所要解决的是"差异性地理区域中过于突出的社会问题"，既包括空间中物质的存在和生产引发的社会矛盾，也包括空间本身生产中形成的社会问题。[1] 中国在发展过程中形成的各种区域性问题、不均衡发展问题唯有通过利益协调机制才能够最终化解。利益协调机制意味着主体之间遵守共同的价值理念自发实现利益的妥协和让渡。中国语境中的"大局意识""全局意识"等表达，也能够证明整体主义在我国的经济社会环境中有一定的社会认同基础。在整体主义的价值引领下，国家干预的目的便超越了以市场失灵作为依据的单一语境，而是具有增进社会群体集体福利的目的。但在我国现有的法治实践环境中，区域之间的差异协调更多的是依据自上而下的政治主导性力量推动而完成，横向主体之间自发达成的利益协调路径则相对缺失。研究者也开始关注到整体主义视角下的经济法实施问题，例如，陈婉玲教授认为有必要在区域利益补偿机制中引入权利设置。[2]

---

〔1〕 参见靳文辉：《空间正义实现的公共规制》，载《中国社会科学》2021 年第 9 期。
〔2〕 参见陈婉玲：《区际利益补偿权利生成与基本构造》，载《中国法学》2020 年第 6 期。

第六章　理性主义

理性主义源远流长，其起源可以追溯至古希腊时期，古希腊人民认为理性是认识和认知的唯一源泉。[1] 而后随着欧洲的启蒙运动，理性主义逐步兴起，成为十分重要的研究方法，尤其在自然科学领域中，理性思维的运用极为广泛。而近代以来，理性主义的理念与研究方法被广泛运用于社会现象和历史现象的研究中，理性主义也成为近代进行社会科学研究的基本方法论。令人遗憾的是，整个西方哲学的历史发展表明，尚不存在对"理性"的统一定义。[2] 我国大多数学者援引伍启元教授的定义：理性主义是指用理性的方法去解释宇宙间的现象、用理性的方法去分析各种问题和用理性的方法去管制个人和社会生活的各种活动。[3] 这个定义的重心是"理性的方法"，所谓"理性"，跟感性相对。但此种见解与本章所称的理性主义相去甚远。经济法是国家制定法，凝聚了立法者的经济干预意图。经济法的主要立法需求并非源自市场自发交易经验，而是来自立法者理性。因此，从理性的角度审视我国经济法律现象显得至关重要，并且已经有学者就此进行了规模性的研究尝试。

第一节　法律类型学的分析框架

理性主义与法律的结缘肇始于韦伯的法律类型学（见表2－6－1），韦伯采取"形式"和"合理性"两个比较维度，归纳出人类历史上出现的四种法律形态：(1)形式的不合理的法律；(2)实质的不合理的法律；(3)实质的合理的法律；(4)形式的合理的法律。其中，形式意味着"决定所采用的判断标准内在于法律制度之中"，合理性意味着"决定遵循的某些判断标准适用于所

---

〔1〕 参见季萍：《论形式理性的发展及其在经济法中的体现》，载《商业时代》2013 年第 21 期。

〔2〕 参见岳彩申：《论经济法的形式理性》，法律出版社 2004 年版，第 2 页。

〔3〕 参见伍启元：《公共政策》，商务印书馆（香港）公司 1989 年版，第 338 页。

有类似案件”。[1] 从中可知,前者强调法律至上,“法官”就意味着其不是道德官、宗教官,而是奉法为尊,依法律裁判纠纷的政府官员;后者则强调法律的规范性,即法律不是为个别情况而有针对性地进行设计,而是面向一类纠纷针对不特定多数人反复适用。形式合理性的法律迎合了资本主义经济的发展,也在近代法学史的交锋中占据主导地位。昂格尔对此总结道:“在现代西方法治的历史上,有一个压倒一切并包容一切的问题,即法律的形式问题。”[2]

表 2-6-1　韦伯的法律类型学

类型	合理的	不合理的
形式的	形式的合理的法律	形式的不合理的法律
实质的	实质的合理的法律	实质的不合理的法律

我们现在所用的“形式理性”“实质理性”,其实可认为就是韦伯意义上的“形式合理性”和“实质合理性”,这两个概念也是韦伯关注的重点。在韦伯看来,法律都具有“外部化”及“程式化”的特征,法律的适用有赖于对抽象法律概念和规则的逻辑分析以及从规则到具体判决的形式逻辑推理。[3]不合理的法律的讨论在当下已渐趋式微,故本节所讨论的问题集中在形式合理性与实质合理性两种类型上。

一、形式合理性

“形式合理性”是形式的合理的法律的简称。从语词结构上讲,形式合理性包括“形式”与“合理性”两部分。形式内含法律至上的基本精神,因此昂格尔将法律的形式问题视为压倒一切并包容一切的问题。形式要求“一断于法”,为当事人如何行为提供了标准。在自由竞争时代,形式主要是通过所有权、契约自由、自己责任对当事人提供基本的指引,以期充分发挥市场参与者的个性化才能与创造力,彼时立法对人的刻画是均质化无差别的,

〔1〕 参见叶明:《经济法实质化研究》,法律出版社 2005 年版,第 20~22 页。

〔2〕 参见[美]R. M. 昂格尔:《现代社会中的法律》,吴玉章、周汉华译,译林出版社 2001 年版,第 196 页。

〔3〕 参见黄金荣:《法的形式理性论——以法之确定性问题为中心》,载《比较法研究》2000 年第 3 期。

个人之间的现实差异被遮蔽在人人平等的拟制中。从另一个角度观察，正是此种忽视个性差别的实践为市场提供了整齐划一的标准，每个人可以准确地预料自己的行为将会产生何种法律效果，并在个人理性的指引下安排私人事务；同时每个人也可以借此预测其他人将会如何行为，因为所有的规则已经穷尽地规定于法律之中了。即便是法官、政府官员，其决定也不能逾越法律固有的限度，必须严格遵循法律的要求，由此塑造了一个和谐有序的市场，最大限度地缓解了信息偏在的影响。

合理性则是形式的延伸，因为所谓"形式"，言外之意，即偏重于有法可依的状态，其中的"法"本身是否合乎规律、是否正当均非所问。在此背景下，合理性进一步提出了"相同情况相同对待"的要求，强化形式法律所确立的行为模式。形式是常态下的要求，而合理性则在形式遭到破坏时及时递补，遵循整齐划一的标准修复形式所确立的初始要求。

二、实质合理性

"实质合理性"是实质的合理的法律的简称。较之于"形式"，实质的取向显然有所不同：第一，实质意味着对规则至上的否定，在作出具体决定时，除了法律，还要参考宗教规范、道德规范、社会习惯等多元标准，力图在多元规范中作出最妥当的决定。实质极为关注社会效果的正当性，从而也使决定的规则范围模糊化，削弱了市场参与者的准确预期。第二，实质意味着"天底下没有两个完全相同的案件"，即使在事实构成上高度相似的两个案件，也可能因为生成语境的变化、社会风俗的变化等而获致截然相反的结论。形式遵循规则至上，严格坚守规则的尺度，试图在流动性的世界里固定不变的锚点；而实质则紧随时情，力图作出最符合当时情况的决策，然而这种情随事迁的态度也削弱了规则的稳定性。

形式合理性与实质合理性均有其合理性。那么，在经济法视域中应当怎样理解呢？干预主义认为，经济法是确认和规范国家干预之法，此种干预极为重视干预的效果，甚至可以说，没有完全相同的两次国家干预，干预一定是针对特定的问题，提出一次性的解决方案。但干预却不是恣意的，岳彩申教授认为，"虽然经济法强调追求实质正义，以此解决现代社会的诸多矛盾,但经济法在多数情况下,形式理性仍然具有优先性”。[1] 因此,国家干预同样需要法治框架的约束。在自由市场经济时代,以民法为代表的形式合理性的法律为资本主义的繁荣作出了不可替代的贡献,因此传统法学认为形式合理性是法律的终极形式。与传统部门法不同,因为政府行动框架的设计较为粗放,经济法具体如何干预仍需要求诸政府的实质判断,授权政府针对特定情况进行实质判断。现代法律的发展呈现出了鲜明的“反形式主义”趋势,塞尔兹尼克和诺内特认为当代法律主要以“回应型法”的形式存在,实质合理性的因素在逐渐增加。经济法就是这种新趋势的典范,当然,从传统法中走出来的经济法也不可避免地仍然带有传统法的色彩。

第二节　经济法研究中的形式理性与实质理性之争

韦伯对法律类型进行了分类之后,指出一切现代法律的基本特征都应该是形式主义的。韦伯认为只有以形式化和理性化为特点的法律,才能够适应并促进西方资本主义的发展,因为形式理性化法律是合理、有逻辑地组合在一起的一套自成系统的规范,能够使人们以它为根据,预测自己行为的效力和后果,预测他人的行为,从而更合理地规划自己的行为,而这种可预测性也正切合了现代市场经济的需要。[2]

韦伯的形式理性化法律主张遭到了一些学者的反对,德国法学家鲁道夫・冯・耶林就认为“目的是一切法律的创造者”,反对韦伯式的“逻辑崇拜”,认为应该用“目的”而非“逻辑”来统率法律。霍姆斯、卡多佐也对形式主义展开了批评。[3] 中国经济法学界在运用理性主义方法研究过程中,形成了形式理性优先与实质理性法两种不同的经济法学理论。

一、形式理性优先

形式理性优先最终会发展成为手段优先于目的,成为技术和手段对目的的优先。按此理解,岳彩申教授认为,“经济法形式理性优先的一个基本精神或核心是规则优先”,因为在经济法的构成要素中,规则最具有工具的

[1] 参见岳彩申:《论经济法的形式理性》,法律出版社2004年版,第2页。
[2] 参见王晨光:《韦伯的法律社会学思想》,载《中外法学》1992年第3期。
[3] 参见叶明:《经济法实质化研究》,法律出版社2005年版,第35～36页。

属性。[1] “优先”一词具有逻辑与顺序上的含义。也就是说，其认为经济法中存在形式理性与实质理性两种理性，当二者矛盾不明显时，优先性的问题并不重要，但当二者发生冲突时，应该以形式理性优先。形式理性优先的观点并没有否认经济法实质化的趋势，虽然经济法具有反形式化的特征，但其并没有完全忽视规则、忽视程序，这只能证明经济法具有回应性的特点，不能就此得出经济法就是一种“回应型法”，其并没有为了目的而放弃规则，仍然属于“自治型法”的范畴。并不是只有“回应型法”才可以实现实质正义，在民法等“自治型法”中，类似于对公序良俗原则的确认、对诚实信用原则的强调都是追求实质正义。

（一）经济法形式理性的内涵

在经济法中，形式理性是对经济法规则至上的信仰，具体而言，就是在经济法实践中强调国家干预应当落在规则授权的范围内。形式理性的意义在于通过规则、技术和程序规范国家及其职能部门、授权部门的干预行为，使市场能够准确地预判干预行为的方向、大致内容与结果，并在此基础上安排私人事务。

经济法的形式理性对经济法提出了以下要求：(1)规则优先。规则优先是确立政府与市场关系的基本出发点，因为在规则优先的前提下才能实现市场经济发展所必须的三个分离：一是政治社会与市民社会的分离；二是国家与市场的分离；三是行政管理官员与行政管理工具的分离。(2)程序优先。正当的程序能够有效地抑制执法和司法人员的恣意擅断，为作出正确的决定提供理性基础。正义不仅要实现，而且要以看得见的方式实现。具体到政府与市场的关系上，形式理性对政府提出了如下要求：一是保证市场主体有充分的自主性；二是保证市场是自由的，不存在垄断，保证市场主体追求利益的普遍性；三是关注有效需求而不是需求本身，以此保证供需平衡条件下恰当的产品分配。

（二）经济法形式理性优先的理由

第一，经济事实与目标的不可预测性。国家作为一种严密而规模庞大的组织，必须致力于实现一系列严格设定且明确无误的具体目标，这是国家干预经济的一般假设。目标究竟能否实现并非国家干预过程本身，而仅仅

---

〔1〕 参见岳彩申：《论经济法形式理性的优先性》，载《社会科学研究》2003 年第 5 期。

是国家干预的一种结果性的指导。因此,在国家干预的整个行动过程中,目标只是一个预先设定的行动方向,由于目标本身不可能证明其自身是否可以实现以及实现过程是否正当,而且目标常常是多元的,每个目标都有其相对的合理性,目标通常是不确定的。正是因为目标的不确定性,当然不能成为国家干预行动最直接与优先的标准。与之相较,国家干预行动自身,即干预的方式与过程具有更明显的直接性与确定性。阿多尔诺与霍克海默认为,现代社会中工具理性的增长即来自对不确定性的恐惧,对不确定性的消解有助于构筑市场信心。

市场秩序的抽象性同样决定了规则自身的优先地位。按照秩序的具体化程度不同,秩序可分为抽象秩序与具体秩序。市场秩序是一种抽象秩序而非具体的秩序。在抽象性秩序中,规则的普遍性、统一性及规则外在的逻辑作为一种相对客观的表述是第一位的。而实质目标作为一种主观性很强的预先设定与追求,结果作为行为的具体影响,对于抽象意义上的秩序不具有一般意义上的标准和尺度作用。

第二,实质理性命题的可证伪性。所谓可证伪性,是指经济法实质目标可以被证明是不正确或不真实的。经济法实质理性的基本命题是:国家通过对经济的干预和宏观调控实现利益分配的公平,并促进经济的有效增长与稳定发展。然而,这个命题在有的情况下被证明不是真实的,国家并没有通过自身的干预实现利益的公平分配并促进经济有效增长与发展。因此,经济法真正的目标是保证政府干预的正当性,而这个正当性由于经济事实的不可预测性,只能是程序与手段上的,而非目的上的。正如波斯纳指出,理性指的是手段适合目的,而不是对问题仔细思考。

第三,实质理性的不可操作性。实质理性作为目标与结果的正当性要求,只具有方向与目标的指引性,而不具备可操作性。实质理性是一个价值判断问题,对于判断主体而言,价值判断是一种以价值的优先选择为媒介的高度主观性的活动。由于经济法所分配的利益是集团性利益,其目标是社会公共利益,各利益集团都拥有自己的价值体系,价值体系的分裂与对抗是不可避免的,由此,经济法价值体系的客观性程度相对是比较弱的。

岳彩申教授进一步认为形式理性优先与实质理性优先的区别主要不在于价值目标的区别,而在于方法论的不同,即就目标与规则而言,究竟应当以何者优先?实质正义优先认为经济法首先是确定目标,规则仅仅是实现目标的手段，为了目标的实现，可以脱离规则的约束。而形式正义强调首先确立约束人们经济行动的普遍性规则，然后，根据已经确立的规则解决争议。

二、实质理性法

实质理性法或“回应型法”经济法学理论认为经济法本身就代表了一种新的法律模式。虽然实质理性法经济法学理论参考了韦伯的法律类型说，但对韦伯提出的“一切现代法律的基本特征都应该是形式主义的”观点并不赞同，这一理论认为虽然民商法、行政法等领域中的反形式趋势并不明显，这是因为民法和行政法更偏重于逻辑意义阐释的抽象研究风格，是以形式合理性作为其构造基础，但是作为新兴法律的经济法，其反形式主义趋势呈现出实质化的特点，具体体现为：(1)法律内容更多标准性；(2)法律推理更具实质性；(3)法律职业更趋复杂性；(4)法律机构更加多元性。[1]

第一，法律内容更多标准性。法律规则基于其形式特征的不同，可分为规范性规则和标准性规则。规范性规则的假定、行为模式和法律效果都是明确、肯定和具体的，可以直接适用，且不需要加以解释。标准性规则的有关构成部分(事实状态、权利、义务)较为模糊，需要根据具体情况或特殊对象加以解释和适用。经济法的标准性规则居多，在适用中需要辅以复杂的司法判断。这主要是基于以下原因：(1)经济法调整的行为特征。沙弗尔指出：影响规则和标准之选择的核心要素在很大程度上是一项法律将要适用于行为的频度，当某类行为频繁出现且变化不大时，就更适合采用规则来调整；当法律所规范的行为类型多且不常发生时，标准则更有效率。国家干预行为是典型的非常规行为，或者说国家干预所要解决的问题在相当程度上是不确定的。(2)立法者预测经济情势的能力有限。国家也无法一一探知瞬息万变的经济情势，而且各自利益冲突纠缠在一起，国家也需要在不同价值目标间权衡取舍，难以针对特定情况作出万无一失的干预。(3)法律目的的变迁。不同于约束权力，新兴的经济法则通过大量运用法律标准授权国家享有干预经济的裁量性权力，“这表明经济法的任务是授权法而非限权法”。

---

〔1〕 参见叶明：《经济法实质化研究》，法律出版社2005年版，第66～139页。

第二,法律推理更具实质性。形式化的法律推理将司法过程塑造成"自动贩卖机",人们从上面放进事实,以便它从底下吐出判决和说明理由。而经济法的推理过程显示出了更强的实质性:(1)关注法律决定实际产生的社会效果。这不仅是因为经济法中存在大量的法律标准,而且主要是因为经济法十分关注国家干预的实际效果。(2)注重从法律之外寻求决定的正当性理由。实质理性法由于自治性程度较低,法律规范与其他规范(特别是经济政策)相互勾连,有时甚至难以区分,这就使实质理性法的大前提范围被拓宽了。(3)法律决定的创新性。一是并不固守过去的经验,不刻意与过去的法律决定保持一致;二是具有主动出击的姿态,干预承担决策的风险。

第三,法律职业更趋复杂性。经济法的兴起无疑对法律职业的自治性提出了挑战:(1)法律知识更加混合,大量的经济学知识、管理学知识进入法学的视野中,并与法律知识并肩作战。(2)经济法实务的开放性。法律人的垄断地位被打破,传统法律人之外的其他学科的专家、学者、专门技术人才甚至社会上的普通民众等在经济法实务操作中都发挥着积极的作用,法律人必须与这些"外行人"进行合作才能有效处理好复杂的经济法实务问题。

第四,法律机构更加多元性。经济法具有一种明显的反形式主义趋势,这种趋势体现在社会组织形态上,就是官僚组织向后官僚组织的演变:(1)机构设立上的民间性增强。不同于传统公私组织的第三部门,如各种民间的环保组织、消费者组织、经济协会、行业协会以及其他各自致力于促进和实现社会公益目标的民间志愿者团体等,在当代社会中扮演着日益重要的角色。何增科教授指出:"如果说代议制政府是18世纪的伟大社会发明,而官僚政治是19世纪的伟大发明,那么,可以说,那个有组织的私人自愿性活动也即大量的公民社会组织代表了20世纪最伟大的社会创新。"[1](2)机构职能上的混合性增强。在进入垄断资本主义时期以后,随着国家干预的增强,现代政府的管理权力急剧扩张,表现在组织形态上,就是在传统行政机构之外产生了众多的新型经济管理机构。由于这些机构一般都具有行政权和准立法权、准司法权,在机构权能上处于一种混合状态,难以直接归属于传统的立法、行政和司法三大机构的序列,这些机构常常被称为"无头的第四部门"。

---

〔1〕 参见何增科主编:《公民社会与第三部门》,社会科学文献出版社2000年版,第257页。

第三节 理性主义运用于经济法中的两个焦点问题

除了以上系统性地阐述形式理性优先和实质理性法的研究外,一些与理性主义相关的焦点问题也为经济法学界所关注,如经济法实质公平原则的法律解释问题以及经济法法典化的争议。

一、实质公平原则的法律解释问题

实质公平被很多经济法学者视为经济法的基本原则之一,也有学者用经济公平原则、社会公平原则、社会本位原则等作出相应的表述。杨三正教授认为,实质公平是经济法的价值追求,经济法的公平观强调分配公平、结果公平,是“剥去了所谓人格抽象平等、权利机会平等的外衣,而对‘人’进行真实具体的价值关怀”。这种实质公平旨在促使社会中人人都能“各得其所”。实质公平原则主要包含三层含义:(1)资源配置优化;(2)财富分配合理;(3)弱者得到倾斜保护。[1] 蒋悟真教授认为社会本位原则内含实质公平的要求,因而实质公平原则不宜定位为独立的经济法原则。[2] 肖顺武教授认为实质公平原则与社会本位原则是两个不同的原则。其认为,实质公平是在承认经济主体的资源和个人禀赋等方面的差异的前提下而追求的一种结果上的公平,要有效地克服影响实质公平实现的因素,传统部门法很难发挥作用,这正是经济法的作用领域。[3] 史际春教授和邓峰教授认为,实质正义在于实现社会范围内实质性、社会性的正义和公平,是一种追求最大多数社会成员之福祉的正义观,强调针对不同情况和不同的人予以不同的法律调整。[4]

从既有的研究成果看,经济法学界对实质公平着墨甚多,研究路径普遍采取与民法代表的形式公平进行对照,衬托经济法倡导的实质公平的特殊性。我们认为,实质公平并不是对形式公平的替代,而是建立在形式公平基础之上,既超越形式公平,又兼顾形式公平。值得注意的是,关于实质公平

---

〔1〕 参见杨三正:《经济法基本原则的提炼》,载《西北师大学报(社会科学版)》2012 年第 2 期。

〔2〕 参见蒋悟真、詹国旗:《现代经济法基本原则的梳理与提炼》,载《江西财经大学学报》2010 年第 4 期。

〔3〕 参见肖顺武:《论经济法的基本原则》,载《社会科学家》2007 年第 2 期。

〔4〕 参见史际春、邓峰:《经济法的价值和基本原则刍论》,载《法商研究(中南政法学院学报)》1998 年第 6 期。

的表述尚不统一，不同的学者在其论著中使用相似但又不同的概念，但就内容而言，他们所表达的意思大致是相同的。

二、经济法法典化的争议

法典是成文法的最高形式。经济法是否有可能实行法典化呢？经济法学界关于经济法立法论的研究中有两个主题一直是比较持续的。一是制定“经济法通则”的必要性与可行性；二是制定“经济法典”的必要性与可行性。

据商红明博士统计，以“经济法通则”“经济法总则”“经济法纲要”“经济基本法”“基本经济法”为篇名，总计检索到15篇文献，在这些文献中，又以“经济法纲要”为题的最多。[1] 就制定“经济法通则”的必要性而言，一般认为有以下几点：(1)发展社会主义市场经济；(2)建立体系协调的经济法体系；(3)学术积累。就可行性而言，杨紫烜教授认为，制定“经济法纲要”已具备了社会条件、法治环境和相应的理论准备。[2]

与之相对照，近几年程信和教授一直主张制定“经济法典”。程信和教授在《经济法典：经济法集成化之历史大势》[3]、《经济法典“总则”论》[4]和《经济法典“分则”论》[5]三篇论文中详细论证了制定“经济法典”的必要性与可行性，并且起草了学者建议稿，供立法者参考。程信和教授的“经济法典”设想可以说是代表了对经济法形式理性的一种追求。

除了完整的“经济法典”或“经济法通则”，在税法领域，2007年前施正文教授就呼吁制定税法通则，[6] 近年来更是主张制定一部完整的“税法典”。[7] 在金融法领域，邢会强教授主张中国应尽早制定一部法典化的“金融服务法”。[8]

---

[1] 参见商红明：《我国〈经济法通则〉研究的过去、现在与未来》，载《财经法学》2020年第1期。

[2] 参见杨紫烜：《关于制定〈经济法纲要〉的若干问题》，载《南华大学学报（社会科学版）》2015年第4期。

[3] 参见程信和、曾晓昀：《经济法典：经济法集成化之历史大势》，载《政法学刊》2021年第1期。

[4] 参见程信和、曾晓昀：《经济法典“总则”论》，载《法治社会》2021年第2期。

[5] 参见程信和、曾晓昀：《经济法典“分则”论》，载《法治社会》2021年第3期。

[6] 参见施正文：《论税法通则的立法架构》，载《税务研究》2007年第1期。

[7] 参见施正文：《税法总则立法的基本问题探讨——兼论〈税法典〉编纂》，载《税务研究》2021年第2期。

[8] 参见邢会强：《论金融法的法典化》，载《首都师范大学学报（社会科学版）》2016年第1期。

我们认为,法典化背景下经济法立法问题的研究,首先应当把握和区分好经济立法、经济法立法、经济法典编纂、经济法法典化四个概念:(1)就经济立法而言,其是一种国家治理的规范和手段,应当在国家治理层面讨论。(2)就经济法立法而言,经济法立法是经济法学的主要研究对象,这个方面的研究难点在于经济法如何从经济立法中被识别出来,这不仅需要立法和司法实践的努力,而且需要进一步确立和完善经济法的概念体系、学术体系、学科体系。(3)就经济法典编纂而言,需要明确两个问题:法典是用来干什么的,经济法典能用来做什么。应当说,法典存在的意义在于统合、体系化、消除法律之间的冲突、防止法律规范效力的稀释。如果说法典产生的原始动因在于限制法官的自由裁量权,那么经济法典的主要功能就应当设定为对政府经济行为进行限制。值得注意的是,经济法典必须建立在经济法立法规范已经高度完善的基础之上。(4)就经济法法典化而言,经济法法典化是指朝编纂经济法典的方向进行运动。从经济法未来的研究重心来说,经济法的研究应主要集中在经济立法和经济法立法两个方面。其次要注意到"法典思维"对经济法立法的启发意义。经济法立法不应以制定经济法典为目标,而是要将法典的功能、法典所能解决的问题和产生的效果带入经济法之中。法典思维的运用,可以提炼经济法规范性的纯度,并将经济法研究推向一个新的高度。

第四节　对理性主义经济法学理论思潮的评价

相较于干预—调控主义、整体主义两种理论思潮,理性主义的研究具有如下特征:第一,理性主义从一开始就将经济法置于法律发达史的比较视野中,通过与传统部门法的对照观察,尝试论证新兴的经济法之所以成为独立之"法"的法理依据,[1]解析经济法的特殊性,并就经济法与经济法之前的法律模式进行了深入比较。第二,理性主义的聚焦点并不是"中国经济法",而是略去"中国"的语境限制径直讨论经济法对传统部门法的突破,以及经济法在哪些方面重新诠释了法律与法学的整体风貌。总体来说,理性主义思潮中采用实质理性分析视角的学者为多数,这说明了中国经济法本质上的属性,但形式理性学者的观点也为经济法未来的发展提出了方向。值得

---

〔1〕参见叶明:《经济法实质化研究》,法律出版社2005年版,内容提要部分。

注意的是,虽然研究者在论述时采用不同理性主义的视角,但从他们的分析过程中可以发现,研究者大多数认为形式理性与实质理性在经济法中都有体现,即不存在纯粹的某一种理性主义的立场。从形式理性的角度来看,经济法具有基本的法律规则、有基础理论研究的学术研究群体,经济法规范可以通过司法方式得以适用。随着中国特色社会主义法律体系的形成,经济法表现为具体的法律规范及法律部门,其内在是由具体的部门法所组成。随着经济法学研究的不断深入,经济法的基础理论体系也体现了其独特的学术品格。中国经济法体系形成的过程便体现了经济立法者将形式理性的观念融入其中。[1] 近年来,诸如制定"经济法通则"的"经济立法统合"设想也体现了这样一种思维进路。[2]

经济法又具有实质理性的一面。与传统的法律部门相比,经济法内容的"政治性""经济性"等特点使经济法的部分法律规范不限于"法律性"。经济法的适用也涉及政策实施和民主程序范畴。经济法的调整对象也不局限于立法者设定的部门法框架,例如经济宪法学这类研究方式的出现则是对经济法形式理性的一种突破,经济宪法学并不完全和现行的经济法规范一一对应,经济宪法更是一种法律思维方式。

理性主义为中国经济法理论的论证提供了新视角。第一,从法社会学的角度看,经济法与民商法、行政法等传统部门法均可以在韦伯设想的法律类型中找到其位置,经济法的合法性得到了进一步增强。第二,从法制发展的进程看,形式法曾经在自由竞争时期居于绝对的主导地位,因应社会经济的变迁,现代法律出现了"反形式法"的趋势,更为重视法律的社会实效。实质理性并不是对形式理性的替代,而是一种有益的补充。第三,理性主义援用公认的理论,对经济法在多个维度上的特性进行了总结,有助于澄清经济法的本来面目,揭开覆盖在经济法之上的层层面纱。

从研究者的既有研究成果来看,经济法兼具形式理性与实质理性,事实上,这也是现代法律发展的趋势。例如,民法作为形式法的代表,也在一定程度上吸收了实质理性的重要元素。《民法典》第 10 条将习惯纳入正式法源,可以视作对法律至上观念的修正。我们认为,有关形式理性与实质理性

〔1〕 参见单飞跃:《中国经济法部门的形成:轨迹、事件与特征》,载《现代法学》2013 年第 4 期。

〔2〕 参见程信和:《经济法通则原论》,载《地方立法研究》2019 年第 1 期;商红明:《我国〈经济法通则〉研究的过去、现在与未来》,载《财经法学》2020 年第 1 期。

的争议在总体上是可以相容的，未来的研究应当侧重于经济法中子部门的焦点性研究，着重考察某一部法律中形式理性与实质理性的配置。经济法的子部门规模庞大，各子部门间的区别也较为明显，因而经济法总体上呈现出一种离心趋势。理性主义对经济法子部门的观察可能更有意义，更容易发现形式与实质在其中的结构及其影响。

第七章　历史主义

经济法调整的社会经济关系并不是抽象建构出来的，而是具有其真实形态的，并且随着历史的发展不断地有新的社会经济关系出现。历史主义法学的核心思想是任何制度与法律的正当性都是历史的和具体的，不存在永恒的、普适的正当性。[1] 历史主义的研究视角将经济法置于不同国家具体的时空环境与民族精神中来进行考察。经济法的产生是否是特定历史发展阶段的产物，经济法是否存在鲜明的地域性特征。将经济法置于人类历史发展的维度中去考虑，每个民族均有自己的独特性，不存在超越时空的理性法。[2] 李昌麒教授和黄茂钦教授认为经济法兼具独特的民族性和共同的时代性。[3] 在本土时空语境中产生的个性化问题仍然是中国经济法基础理论研究的本土资源，[4]这也是中国经济法学基础理论研究不断涌现"富矿"领域的根源。历史主义视角下的经济法研究理论路径主要从经济法的历史合理性角度、经济法的文化解释角度和经济法学的理论演变角度来展开，重点研究政府与市场的关系、经济法的产生原因以及经济法对未来的影响等。历史合理性属于本体论历史哲学的范畴，它的本义是以某种哲学观来查照历史，来考察某事物在历史中所呈现的本质，即回答"某件事物如何在历史中客观而持久地存在"这个问题。置于经济法之中的历史合理性，是指经济法能够在历史中存在的原因和意义。研究中国经济法问题需要有一种大历史的观念，以财税法研究为例，研究分税制、央地财政关系等问题时就需要有历史思维，这其中体现的"央地关系"也是数千年中国历史发展进程一直

---

〔1〕 参见谢鸿飞：《历史法学的思想内核及其中国复兴》，载《中国法律评论》2015 年第 2 期。

〔2〕 参见张世明：《中国大国空间特性的新历史法学透视》，载《中州学刊》2013 年第 5 期。

〔3〕 参见李昌麒、黄茂钦：《论经济法的时空性》，载《现代法学》2002 年第 5 期。

〔4〕 参见黄茂钦：《经济法视域下的"时空"之辨》，载《北大法律评论》2019 年第 1 期。

存在的问题。[1] 历史传统的延续性和社会矛盾的周期性是现代经济法理论研究的样本库。历史主义思潮研究的目的并不在于补充既有的理论体系，而在于从历史规律中建构中国经济法基础理论中的素材体系。

第一节 经济法产生与发展的历史维度

经济法的起源讨论的是经济法的历史论问题，或者说根源论问题。首先是经济法究竟产生于古代社会还是现代社会，其次是经济法产生的社会关系环境问题。经济法历史论的研究主要包括经济法思想史论和经济法制度史论。经济法思想史论主要讨论经济法的主要学说、主要学派、主要学者，经济法学对法律史与法学史的影响与作用，主要的代表性作品有：肖江平的《中国经济法学史研究》、杨大春的《中国近代财税法学史研究》、张世明的《经济法学理论演变研究》等。经济法制度史论主要讨论经济法律制度的发展变迁进程与规律，对社会经济发展的影响及其作用，主要的代表性作品有：蒋晓伟的《中国经济法制史》；张世明的《中国经济法历史渊源原论》；郭建的《中国经济立法史》；张廉的《中国经济法的起源与发展：民国时代经济法律的实证考察与理论分析》；杨勤法的《中国经济法治变迁》；高晋康、吴治繁的《新中国经济法律制度变迁》等。也有学者以不同国家经济法发展史的差异性为对象进行了比较研究，代表性的成果包括张寿民的《外国经济法制史》、王霄燕的《规制与调控：五国经济法历史研究》、魏琼的《西方经济法发达史》、于维君的《经济法的历史合理性研究：基于社会演化的考察》等。

一、经济法作为部门法得以生成的历史必然性

基于常态环境的背景，经济法历史研究的目的在于论证经济法功能的不可替代性。现代经济社会产生的法律问题需由经济法来进行回应。经济法作为独立部门法的历史相对较短，由此经济法是特定历史阶段的产物。经济法是以每个时代的经济、社会和政治思想为背景制定的。[2] 从时间线

[1] 参见刘剑文、侯卓、耿颖、陈立诚：《财税法总论》，北京大学出版社 2016 年版，第 416 页。

[2] 参见[日]丹宗昭信、伊从宽：《经济法总论》，吉田庆子译，中国法制出版社 2010 年版，第 424 页。

索来看,有学者认为人类自古代社会开始就有经济立法的现象。[1] 但目前的主流观点认为经济法只存在于商品经济阶段,具有现代性的特征。[2] 现代化大生产所引发的经济公害、垄断问题及消费者权益保护等新问题是传统的民商法所无法调整的,经济法的立法需求应运而生,所以经济法同时又是社会危机的对策法。一般的通说认为经济法产生于自由竞争向垄断过渡的市场经济阶段。经济法产生的直接原因可归纳为市场失灵与政府失灵两个方面。市场失灵的主要表现是垄断、信息不对称、负外部性、公共产品供给不足,政府失灵的主要表现是资源浪费、"寻租"、财政赤字、公共债务、通货膨胀、交易成本高、效率低。经济法最典型的表现形式是反垄断法等竞争性法律,例如,现代经济法的产生是以 1890 年美国颁布的《谢尔曼法》为标志。德国法学家拉德布鲁赫认为经济法产生于国家不再任由纯粹私法保护自由竞争,而寻求通过法律规范以其社会学的运动法则控制自由竞争的时候,而这种法律规范本身就是可能在社会学运动中有效干预的社会学事实。[3] 从中可以看出,自由竞争资本主义到垄断资本主义的过渡时期是经济法生成的关键时期。法国的学者也将经济法的诞生归结为工业经济时代的产物。[4] 历史阶段论经济法理论研究范式的基本研究手法是将经济法事物的产生与发展置于一定的历史阶段之中,认为经济法是社会矛盾发展到一定历史阶段的产物,现代经济法是法律分工的产物,或者将现代经济法定位为自由竞争进入垄断后的法律产物。历史阶段论研究范式的理论要点主要包括以下三个方面。

第一,经济法的产生是从诸法合体的法律系统中层层剥离而独立出来的。传统的古代法律是诸法合体的,随后民事法律与刑事法律开始分离。在民事法律体系之中商法也开始与传统民法分离。随着社会经济关系不断

---

〔1〕 徐国栋教授认为古罗马时代存在着经济立法现象。参见徐国栋:《罗马经济法研究》,载《现代法学》2015 年第 1 期。

〔2〕 关于经济法现代性理论的研究成果,可参见张守文:《论经济法的现代性》,载《中国法学》2000 年第 5 期;常健:《现代性、经济法理念与经济法治——科学发展观语境下的解析与重塑》,载《现代法学》2005 年第 6 期。

〔3〕 参见[德]拉德布鲁赫:《法学导论》,米健译,法律出版社 2012 年版,第 92~94 页。

〔4〕 在特殊时期,比如战争或者经济危机时期,国家会为经济制定规范规章。但从长期来看,从农业经济、手工经济和商业经济过渡到以能用较少费用提供较多商品和劳务的大规模生产和大规模销售技术占支配地位的工业经济,即"新工业状态"是促使经济法发展的决定因素。参见[法]阿莱克西·雅克曼、居伊·施朗斯:《经济法》,宇泉译,商务印书馆 1997 年版,第 28 页。

复杂,经济法律关系也开始脱离传统民事法律关系的调整,经济法律部门开始产生并且逐步独立存在,经济法也因此具有与其他传统部门法不同的规律特质。

第二,经济法或者社会法是新兴发展的第三法域。经济法作为一种独立的法律部门突破了原有的公法、私法的二元体系划分,其调整的领域也是随着历史的发展、社会关系的变化而逐渐确立的,因此经济法的调整领域具有不可替代性,这也是证明经济法作为独立部门法的根本依据。

第三,经济法是市场经济发展到一定阶段的产物。传统的市民法建立在自由竞争的资本主义经济制度之上,调整平等主体的人身关系与财产关系。但随着资本主义进入垄断时期,市场的自发调节存在无法调整的区域,也不能自动解决资本主义发展过程中的周期波动和经济危机,在这个时候以国家干预为具体形态的经济法开始出现。这也说明经济法的产生并非对国家权力扩张的辩护,而是基于现实的需要。

“经济法是现代法”观点的积极意义在于其证明了经济法体系的开放性。经济法的内部体系结构从来不是僵化的,其为经济法法治品格的转型提供了依据。

二、偶然性事件与经济立法的关联

一些重要的经济立法活动似乎并不完全是历史发展的自然产物,而是由偶然的突发事件、恐慌事件或者社会丑闻所促成。战时经济法与危机经济法便是一种典型的在非常态的历史时期中产生的经济立法现象。

现代经济立法越来越重视对公众舆论的反应。1890 年美国《谢尔曼法》的制定,便是为了平息当时的农民和中小企业对于托拉斯的愤怒。厄普顿·辛克莱的小说《屠场》直接引发了公众对于当时糟糕的食品安全问题的愤怒。[1] 美国的食品安全监管及立法制度也由此逐步建立。美国的金融立法更是与一些偶发性事件有着密不可分的联系,例如,1863 年《国民银行法案》是为了寻求资助内战迫切需要的资金;1913 年《联邦储备法案》的产生主要是由于 1907 年的金融恐慌;1933 年《银行法案》包含了《格拉斯 – 斯蒂

〔1〕 参见[美]劳伦斯·弗里德曼:《二十世纪美国法律史》,周大伟等译,北京大学出版社 2016 年版,第 72 ~ 73 页。

格尔法案》(Glass-Steagall Act)条款,将银行与证券业分离,并建立联邦存款保险系统,该法律是应对1929年证券市场崩盘和随后的银行恐慌和大萧条的结果;1980年《存款机构管制放松和货币控制法案》和1982年《戈恩-圣杰曼法案》,是为了回应20世纪80年代通货膨胀对存贷机构和银行偿付能力的影响;2010年《多德-弗兰克法案》是在2008年次贷金融危机造成大批银行倒闭,立法者开始的新一轮银行监管变革。[1]

新中国的经济立法活动主要从改革开放时起开始大规模进行,经济法部门的形成和经济法地位的确立也和一些重大的立法事件有关联。[2] 不过也有学者认为从民国时代开始中国就有学者系统论述过经济法的概念。[3] 但经济法概念的产生与大规模及有规划性的经济立法活动并不能画上等号,民国时代经济法概念的引入与介绍对当时的经济立法实践的指导价值也相对有限。我国的经济立法总体上体现了立法者将自身的目的理性融入立法规划之中,并且有着较为明显的对策性特征,同时一些具有社会影响力的公共事件也会对经济立法产生直接影响。例如,2008年的三鹿奶粉三聚氰胺事件促成了《食品安全法》的出台,当时的国家质检总局也发布公告宣布停止所有食品类生产企业获得国家免检产品资格。2018年长生疫苗事件的爆发促成了《疫苗管理法》的迅速制定。

经济法是否还会继续存在?尤其是在人工智能及数字经济时代,经济法又当如何回应?我们认为,经济法的"立""改""废""释""纂"的频次和时机,会与新兴经济形态和风险紧密相关。我们认为人工智能时代的经济立法需要注意处理好鼓励创新与抑制风险之间的关系,因为新的经济业态总会伴随诸多风险。立法者要合理区分突发事件的性质,辨识是偶发性事件还是具有极强的复发性,然后采取审慎立法的模式。比如《电子商务法》自2013年便开始酝酿,直到2018年才正式制定,体现了立法者对新兴经济业态的谨慎态度。电子商务领域的发展成果需要经过时间检验,不能因为零星的突发性事件而否定整个行业发展的前景。

看似偶然的孤立事件背后却是社会发展规律的体现,各类风险事件的

---

〔1〕 参见仇京荣:《谈一谈美国银行立法的变迁》,载《当代金融家》2014年第10期。

〔2〕 参见单飞跃:《中国经济法部门的形成:轨迹、事件与特征》,载《现代法学》2013年第4期。

〔3〕 张世明认为,民国时期的国内大学法学院就已经开设了经济法学科。参见张世明、王济东:《中国早期经济法文献辑注与研究》,社会科学文献出版社2019年版,第42~43页。

频繁爆发也会引发新的经济立法诉求。在突发性事件的背景下，一些学者对经济法传统研究范式进行了反思。有观点认为，以“需要国家干预”理论指引的经济法常常会陷入难以依法有效维护市场经济正常运行的尴尬境地，主要问题包括法律国家主义的影响、经济学的阴影、本土主义的缺失，应当从国家干预走向法律治理。[1] 有学者从组织社会学的视角分析突发性公共卫生事件中的经济法宏观调控原理，主张经济法宏观调控应实行行政组织主导的整体型调控，对企业组织面临的生产经营困境作出积极回应，并在调控中遵循组织运行的比例原则。[2] 即使在非常态的紧急时刻，国家的经济干预仍然要符合经济法治的原则，即在市场决定论的指导下避免过度干预和不当干预。

针对特定问题的应急性对策研究仍然要回归到经济法的基本价值理念轨道上来，而不能将应急状态完全脱离于政府与市场关系的基本分析框架之外。在紧急状态下，国家应当采取保障经济安全的措施并遵循分权原则、时效原则、比例原则和合法原则，[3]应急形态背景下国家干预研究的目的是为应急事件提供对策性方案，防止突发性事件的再次发生，不能为了追逐热点而得出“标新立异”的结论。从此类研究的整体趋势分析，对突发事件或者紧急状态的研究有明显的追随热点特征。[4] 未来的应急类研究不应当满足于提供临时性的对策，而要从危机或者风险中提炼出经济法的核心价值及运行规律。

三、中国经济法产生和发展的特定历史环境

中国经济法学基础理论研究的知识来源经历了从外来移植到本土重构的过程，主要是将经济法的“学科外衣之形”转化为“问题导向之实”。基于中国的现实国情和特殊发展阶段产生的经济社会问题是中国经济法学研究的对象。例如行政性垄断问题、区域经济协调发展问题无法单独通过民法

---

〔1〕 参见娄丙录、孙宇：《从国家干预走向法律治理》，载《河南理工大学学报（社会科学版）》2022年第2期。

〔2〕 参见唐士亚：《组织社会学视角下的经济法宏观调控原理》，载《北京科技大学学报（社会科学版）》2021年第1期。

〔3〕 参见单飞跃、阳永恒：《紧急状态下经济安全法律问题研究》，载《法商研究》2004年第1期。

〔4〕 例如，对“非典”的研究在2003年当年是高峰，在中国知网上以“非典”为题名搜索就有5529篇相关论文，但到了2004年仅有541篇，到了2006年仅有33篇。

学、行政法学研究提供制度回应。“社会主义市场经济”是我国经济法得以生成的基本经济制度语境,其中便内化了政府与市场关系这一基本的理论命题。中国社会传统中的交易习惯具有历史传承特征,中国市场经济传统中的心理特质因素并不会在短期内消失。正如孙隆基所言,中国历史发展的深层次结构具有超强的稳定性。[1] 国家经济立法活动基础的非市场需求性特征和国家引导的发展模式有关,国家经济能力提升目标是政府干预的利益凝结点。变革时期的国家干预活动更会导致法律调整模式的相应变化,一般在革除某种重大弊端之时,立法需求才会产生。[2] 改革是法律文化的核心,是理性与意志的交汇。[3] 改革与发展的时代诉求是中国经济法得以生成的历史语境,体现了立法者对经济社会变动的有目的性的干预,进而采取理性规划型的立法行动。中国经济法学界也擅长从中国的经济改革实践中论证经济法生成的必然性,很多学者以中国的改革开放为背景研究中国经济法生成与发展的独特路径,发表了一系列围绕改革与经济法关系的论著,[4] 主要观点是中国的经济改革和对外开放分别引发了大规模的制度变迁。有学者认为改革开放时代的中国经济法的特点包括政策性的文件不断上升为法律、经济法法律渊源呈现多样性、经济法立法重心的不断调整。[5] 有学者认为,中国的经济法生成路径不同于西方的经济法,中国经济法生成的经济基础是从计划经济向市场经济转变的转型经济,产生的是中国特有的经济转型问题。[6] 改革开放后的经济法律法规以及经济法部门地位在中国特色社会主义法律体系中的确立,为经济法学研究提供了文本基础和问题领域。有学者就认为,经济法作为独立的学术分类得益于改革开放后新兴部门法的建立诉求。[7] 还有学者认为,我国人口规模和结构的改

---

〔1〕 参见[美]孙隆基:《中国文化的深层结构》,广西师范大学出版社 2004 年版,第 9 页。

〔2〕 参见[英]亨利·萨姆奈·梅因:《古代法》,高敏、瞿慧虹译,中国社会科学出版社 2009 年版,第 33 页。

〔3〕 参见[美]保罗·卡恩:《法律的文化研究:重构法学》,康向宇译,中国政法大学出版社 2018 年版,第 35 页。

〔4〕 代表性作品包括张守文:《现代化、改革开放与经济法的生成》,载《法学论坛》2018 年第 4 期。

〔5〕 参见王霄燕:《规制与调控:五国经济法历史研究》,新华出版社 2007 年版,第 242～243 页。

〔6〕 参见王腊梅:《中国经济法的生成反思与完善路径——基于我国全面深化改革背景》,载《河北法学》2018 年第 4 期。

〔7〕 参见张世明、王济东编著:《中国早期经济法文献辑注与研究》,社会科学文献出版社 2019 年版,第 55 页。

变导致了社会经济规模和结构的变化，并由此影响了我国经济法制度的变迁。[1] 针对近些年国家提出的双循环新发展格局，有学者认为经济法应遵循从干预型政府向规制型政府的转变原则。[2]

第二节 经济法的文化解释与历史合理性探究

一、经济法历史渊源的文化解释

法律不仅是社会矛盾的历史选择结果，也是各国文化的自然选择结果。任何国家的法律都有其本国历史文化及民族精神的烙印。法律不是纯粹性的凭空创设活动，而是概念与范畴之间的历史传承。经济法是现代法的观点并不否认历史传统在现代经济活动中的传承，更非将经济法现象视为“横空出世”的产物。经济法聚焦国家经济职权与经济社会发展矛盾之间的关系，在法律制度上作出富有本国特色的设计与安排。一国经济法的生成路径与所在国家的主导性政治力量和经济发展模式有关。

蒋大兴教授认为：“在某一法域运作良好的法律，可能在历史、政治或文化背景不同的另一法域不具有相同效力甚至可能被拒绝，而这背后的原因就是文化决定了法律的发展道路。”[3]经济法在单一制的、文化呈中心发散式的、现代发展矛盾突出的国家里比较常见，比如法国、日本、前苏联等国家。文化选择偏好直接制约了不同国家对待经济法的态度与立场。可以说任何国家的法律史都体现出民族精神特性。如果时间性体现的是经济法在不同国家发展过程中所呈现的共性，那么民族精神性则体现了经济法在不同国家发展中的个性。经济法的民族性主要是指经济法的民族特质，是特定民族特有机能和习性的镜像，由民族文化、特定阶段的民族任务、具体的民族资源等因素决定。[4]

历史主义视角下的经济法研究注重经济法产生的时代背景，是对实证法学、形式理性主义研究方法的一种突破。萨维尼强调了“民族精神”在法

---

〔1〕 参见潘宁：《经济法的历史变迁与未来挑战——基于人口视角的分析》，载《地方立法研究》2021 年第 2 期。

〔2〕 参见靳文辉、苟学珍：《构建双循环新发展格局的经济法回应》，载《重庆大学学报（社会科学版）》2021 年第 1 期。

〔3〕 参见蒋大兴：《公司法改革的文化拘束》，载《中国法学》2021 年第 2 期。

〔4〕 参见单飞跃：《中国经济法的文化解释——一个现代法命题与传统文化间的沟通》，载《法治现代化研究》2017 年第 2 期。

律发展中的作用。张晋藩教授认为,中华民族精神和传统法律之间存在内在联系。[1] 民族精神可以体现为一国特有的"国民性"等形式,有学者用国民性来解释中国资本市场及相关的法律安排。[2] 民族精神是一种更加直观的解释法律的方法,实证法的正当性存在于法律的民族精神之中。[3] 张世明教授认为,经济法在德国产生有其文化背景,与德国偏好理论思辨、追求概念结构缜密性和理论精辟性的学术土壤有关。[4] 也有学者认为,中国的经济法与儒家文化具有互动相融关系。[5] 政府与市场关系问题具有国家差异性和历史继承性。例如,中国经济法中的国家干预论和中国传统社会中的反市场特征相契合,现代工业社会的反垄断法与中国古代的抑兼并在本质上相同。[6] 对民族精神内核发掘的过程有助于经济法研究路径的转型,改变传统的法律并基于本土化理念进行法律移植,主要是对法学基础理论的本土化再造,而不只是对法律条文的移植。[7] 就我国的经济立法历史来看,国家干预始终作为一种超越市场调节机制的力量介入市场经济运行之中,维护中央政府权威的制度设计也始终成为经济立法的目标选择。我国经济法的执法模式与监督模式的设计也和我国的政治制度传统有关,主要表现为政令统一与单向度的线性传递、同级部门之间的制衡机制等。

历史上的中国是一个以农业生产为主的文明古国,大江大河的定期泛滥对生命财产安全、社会稳定、政权稳固产生直接或可预见的影响。因而,客观上需要中央集权式的国家,能够令行禁止,有效调动全国资源,以开展河工,兴修水利,并在灾难发生时赈济灾民,重建秩序,以维持农业社会的持续发展。当中央政府富有权威的时候,社会就比较稳定,经济发展比较快;当中央政府权威衰亡之时,社会就比较动荡不安,经济发展滞后。在中国文化的熏陶之下,人们对国家抱有一种复杂的心态。千百年来,人们在"亲亲""尊尊"思想的影响下,总希望政府这只如父亲般的大手能温柔地保护自己。

---

〔1〕 参见张晋藩:《中华民族精神与传统法律》,载《比较法研究》2018 年第 1 期。

〔2〕 参见蒋大兴:《国民性、资本市场与法律的深层结构——民众的"好赌性"与市场调控法则》,载《北方法学》2009 年第 1 期。

〔3〕 参见唐丰鹤:《法律的民族精神正当性》,载《浙江学刊》2016 年第 4 期。

〔4〕 参见张世明:《经济法学理论演变原论》,中国人民大学出版社 2019 年版,第 41 页。

〔5〕 参见胡光志、王福波:《论中国经济法与儒家文化的耦合——关于经济法民族性的另一条探索路径》,载《学术探索》2010 年第 4 期。

〔6〕 参见张世明:《中国经济法历史渊源原论》,中国民主法制出版社 2002 年版,第 6 页。

〔7〕 参见侯利阳:《大历史视角下的反垄断法与本土化移植》,载《交大法学》2018 年第 4 期。

可以说,中国的普通民众大多怀有强势国家的观念情感与心理倾向。对于中国社会来说,积极国家形象一方面是历史积淀的结果,另一方面也是中国现实的选择,中国是一个自然资源分布极不平衡且地区发展极不均衡的国家,社会的有机整合需要国家的积极运作。经济法的出现与国家权力的扩张有着密不可分的关系,中国经济法是对积极国家的历史文化回应。经济法的积极国家干预文化取向并不排斥自由市场,而是主张国家对市场的支持、引导与培育。从现实来看,积极的国家与自由市场之间并不是彼此不容的关系。一方面,由市场调节自发产生的秩序是一种不完备的秩序,离开国家支持的市场是相当脆弱的。国家拥有任何其他组织都不具备的经济实力、信息获取能力及政策与法律资源。另一方面,市场是国家与公民之间缔结社会契约的经济基础所在,是国家合法性与正当性的重要推动力量。[1]

民族精神与文化研究方法的科学性程度有待进一步考证。文化研究路径的困境在于难以确定文化的内涵要素、缺少科学的量化分析的方法。民族性或者文化研究的结论又能在多大程度上转化为可直接适用的对策研究?当然我们并不能基于此否认这种研究路径的启发性价值。除此之外,民族精神与文化特质在当代全球化的进程中也呈现出同质化的趋势。人类行为基本一致性的因素尚且存在,比如,对秩序安全的需求、对风险的防范等。全球性议题的存在也不可避免地促成各国相关领域法律规则的趋同。因此也不能过分夸大民族特性对各国法律体系的塑造影响,甚至偏离对法律基本价值的信奉和追求。

二、经济法的历史合理性探究

对经济法历史合理性的研究主要呈现在于维君博士的《经济法的历史合理性研究:基于社会演化的考察》一书之中。[2] 历史合理性经济法学理论认为社会无时无刻不面临社会压力所形成的挑战,政府(代表国家)作为公权主体对社会经济生活进行干预的法律与政策(经济法或前经济法),作为国家回应社会压力的手段,其终极目标是经由对社会压力的回应,而让整个社会向更高的演化阶段迈进。具体观点主要有:(1)经济法是作为历史长

---

〔1〕 参见单飞跃:《经济公法理论问题——经济法的公共观念与宪治逻辑》,法律出版社 2019 年版,第 49~51 页。

〔2〕 参见于维君:《经济法的历史合理性研究:基于社会演化的考察》,法律出版社 2014 年版。

河中对社会进行政治管理与政治统治的国家，应对社会压力而运用公权对社会经济运行进行干预的手段；(2)经济法的产生原因与分析架构应当是国家安全、市场失灵与政府利益的综合；(3)现代经济法诞生的直接原因是政治的现代性。

于维君博士认为，自古迄今，经济法或前经济法都是一直存在的，前经济法与经济法所要解决的社会压力形态也有相当一致之处，但两者之间仍有相当大的差异存在，因此两者必然有相同的与相异的历史合理性。相同的历史合理性，证明了经济法与前经济法的实存与价值取向，而相异的历史合理性造成了经济法与前经济法的区分。两者相同的历史合理性表现为国家、市场失灵和政府利益；相异的历史合理性建立在三个命题上：一是正式经济法的概念产生于第一次世界大战的德国；二是经济基础决定上层建筑；三是现代性问题。现代经济法历史合理性的全貌应该是：社会演化的逻辑产生了解决社会压力的需求，而此需求进入政治系统中之后由政府输出经济法或经济政策，再由经济法或经济政策对社会产生正面或负面的效果，通过社会评价再对其进行反应，这种反应会强化或削弱“国家的政治正当性”或“政权的政治正当性”，再归结回到社会演化的逻辑，由社会演化的逻辑来判定能不能解决社会压力，而这个循环可以往复无穷(见图2-7-1)。

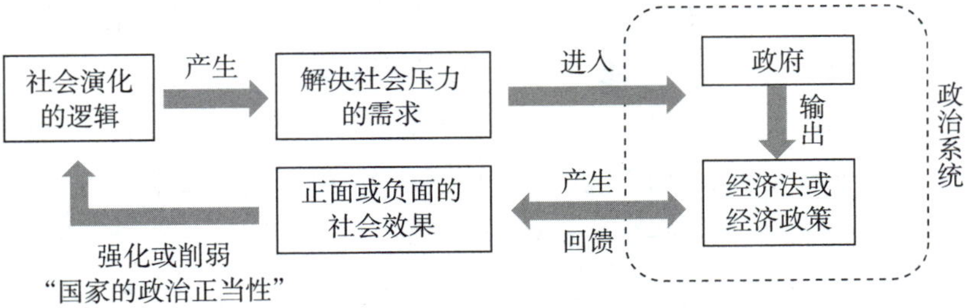

图2-7-1　社会演化逻辑体系中的经济法

第三节　历史主义经济法学理论思潮的评析

忘记历史就意味着背叛，忽略历史也会陷入不切实际的徒劳之中。历史主义经济法学理论思潮本质上是一种证明经济法功能的实证方法。历史阶段论研究范式强调是社会矛盾的发展选择了经济法，经济法也是对社会经济关系发生重大变革的一种回应。20世纪二三十年代资本主义经济危机时期,美国的罗斯福新政便出台了大量的经济法规,对经济恢复予以刺激。我国经济立法的蓬勃发展也离不开改革开放和市场经济这一宏观历史背景。这一分析立场无疑是重要的和科学的,但在历史阶段论的分析结论中,被选择作为经济法样本的样态特征不显著、不普遍、不权威。虽然经济法的被动调节法律功能(干预市场失灵),可以用反垄断法和反不正当竞争法来体现,但经济法的主动调节法律功能(宏观调控),则没有找到代表性的法律样本,如税法中的调节法与征收管理法还没有达到能够有机分离的水平。

从历史角度来看,我们需要思考的问题是经济法的超前性和滞后性的问题。法律与政策相比的"滞后性"似乎成为一种不言而喻的定理。但我国经济立法活动却常常有规划性、超前性的特征,这就是立法过程中存在"赶超现象"。[1] 因为我国的市场经济发展之路具有特殊性,我国的具体国情和民族精神也具有不可复制性,这也使我国的经济立法活动有自己鲜明的特色。

中国经济法学研究应重视对本国历史资源的研究,而非将西方的经济法发展史甚至是反垄断法发展史作为我国经济法研究的必然起点。将经济法的产生定位于反垄断的需要,明显收窄了经济法的历史时空,失灵理论是一种关于经济法起源的消极说与被动说,是基于市场缺陷的被动介入方式,忽略了经济法的积极性与主动性,只能为经济行政法提供解释论基础。我们应当充分地认识到中西方经济法生成路径的差异性。

也有学者认为,中国经济法学研究的起点要比改革开放的进程更长。例如,张世明教授便认为中国经济法学肇始于民国时期,[2]此种研究成果的意义在于拓宽了本土经济法研究资源的空间。我们认为,历史主义研究方法不应当局限于某一阶段历史时期,或者人为地将历史阶段割裂。因为不同学者资料搜集能力和知识储备深度存在差异,经济法的历史研究成果仍然受到信息不对称结构的影响。具有历史学知识背景的经济法学者在研究该问题时可能更具有比较优势。经济法学与法制史的交叉研究也有助于廓清中国经济法现象的真实起源问题。我们认为,无论是经济法规,还是经济立法,都不能简单地作为经济法的同义词来看待,否则便会降低经济法学研

---

〔1〕 参见张玮:《论中国经济立法过程中的时间观》,载《经济法研究》2018年第2期。

〔2〕 参见张世明:《中国经济法历史渊源原论》,中国民主法制出版社2002年版,第252页。

究的历史延续性。我们认为,未来可以以具体历史人物的经济法治思想、特定历史时期的经济法治事件为对象来研究经济法治思想的起源与具体呈现。除此之外,特定历史时期或者具体的经济立法活动也可以成为经济法学研究的问题素材来源,例如中国古代变法中的财税改革措施、民国时期的经济法理论研究、中国共产党在革命根据地时期的经济立法活动等都可以成为经济法历史研究的对象。对一手资料的研究仍然是经济法历史主义研究最直接也是最可靠的路径,需要从历史之中去探寻经济法的发展变革规律。历史主义研究方法对研究者的知识储备基础要求较高,这在一定程度上会加大研究者的研究成本。

第八章　分析实证主义

经济法研究不能仅停留于价值分析层面，应当逐步克服经济法学基础理论研究中宏大叙事的偏好，重视对经济法学研究方法的自我检视，思考作为新兴学科的经济法学如何在研究方法论上实现“弯道超车”。经过40余年的发展，中国经济法基础理论研究的思辨性达到了一定高度，但仍然存在宏大叙事有余而精细论证不足的缺陷。主流法学期刊上刊发的经济法论文的数量相比其他部门法相对偏少。[1] 青年学者对经济法基础理论的研究热情也亟需进一步调动。[2] 虽然法学研究的方法因人而异，但缺乏基本规范作为指引的研究不具备科学性与严谨性，也难以进行持续性的学术传承活动。经济法学研究有必要从纯粹的价值判断及定性研究，向建立在定量基础上的定性研究转型，将研究的重心从法律价值的是非判断，转向对法律适用效果的研究。目前的经济法学基础理论研究并不缺少问题与素材，也不缺乏具有本土原创性的理论，但缺少令人信服的方法论以实现论证过程的规范化，并以此增进研究结论的科学性程度。从客观的法律文本规范中抽取经济法理论共识性内容成了经济法研究者新的着力方向，而分析实证法学研究范式无疑具有这种天然优势。分析实证主义把某种特定的法律制度作为其出发点，并主要通过归纳的方法从该法律制度中提炼一些基本的观念、概念和特点，将它们同其他法律制度中的基本观念、概念和特点进行比较，以确定某些共同的因素。[3] 由此，分析实证主义研究范式与经济法理论研究的结合便具备了可能性。

---

〔1〕 参见刘光华、赵幸：《新中国成立70年来中国经济法学的现状、共识与前景》，载《中国矿业大学学报（社会科学版）》2019年第5期。

〔2〕 中国法学会经济法学研究会为鼓励经济法总论研究，于2019年开展了首届经济法总论优秀论文征文评奖活动。

〔3〕 参见[美]E. 博登海默：《法理学：法律哲学与法律方法》，邓正来译，中国政法大学出版社2017年版，第130页。

第一，分析实证主义经济法理论思潮的根本意蕴。已有学者将分析实证法学范式引入经济法理论研究中。刘光华教授所著的《经济法的分析实证基础》系统阐述了分析实证法学范式在经济法学理论研究中的导入与展开路径。他认为，传统的经济法价值论分析方法不利于社会发展所要求的法制统一目标实现，无法进入经济法认识的最深层，无法触及经济法的操作层面，无法协调经济法理论内部的分歧，无法有效解释和应对转型中国社会经济生活的内在矛盾。[1]

将分析实证研究范式引入经济法研究具有可行性。经济法体系兼具规范形式与价值功能。经济法除了作为一种独特的价值理念的表达体系和行动规则体系之外，同时还是一套关于经济法定义、经济法体系、经济法律关系、经济法律后果、经济法律适用机制等独特的语言符号和逻辑规则体系。[2] 经济法分析实证研究范式也具有积极意义。刘光华教授认为分析实证法学的形式化研究有利于识别和构建经济法的共通性。隐藏在经济法现象背后的、通过特定语言和逻辑体现的、为达到经济法律制度目的而存在的恒久形式与结构才是经济法的共通性，这样的共通性才是关于经济法应然体系的表达。[3]

由此可见，经济法学分析实证主义理论思潮的根本意蕴，在于从既有的经济法规范和经济法制度出发，研究经济法的“应然状态”，即回答经济法“是什么”的问题。在这一过程中，经济法规范的形式要求与经济法规范的价值意蕴是相分离的。

第二，分析实证主义经济法理论思潮的逻辑层次。第一阶段是分析实证法学研究范式与经济法学研究的初步结合。在这一阶段仍然以理念革新为主要的实现形式，主要解决研究对象客观性及分析方式规范性的问题。经济法的分析实证基础是经济法事实、经济法理念与经济法逻辑同构性的具体表达。[4] 分析实证法学范式与经济法学研究两者进行结合的前提在于经济法律制度和法律文本的日渐齐备与完善。[5] 刘光华教授根据分析实证

---

〔1〕 参见刘光华：《经济法的分析实证基础》，中国人民大学出版社 2008 年版，第 29～36 页。
〔2〕 参见刘光华：《经济法的分析实证基础》，中国人民大学出版社 2008 年版，第 27 页。
〔3〕 参见刘光华：《经济法的分析实证基础》，中国人民大学出版社 2008 年版，第 53 页。
〔4〕 参见刘光华：《经济法的分析实证基础》，中国人民大学出版社 2008 年版，第 119 页。
〔5〕 参见刘光华：《经济法的分析实证基础》，中国人民大学出版社 2008 年版，第 45 页。

法学范式的方法对经济法学文本规范进行了研究，并提出以下观点：(1)从名词体系的民法到动词、集合名词体系的经济法；[1] (2)经济法体系是具有“家族相似性”的集合体，而不是本质一致的金字塔体系；[2] (3)从简单陈述句的民法到复合条件句的经济法。[3] 在这一阶段，文本分析更多的是基于宏观视角而展开，是以语言学和逻辑学为主要的分析工具。第二阶段主要是在分析实证法学研究范式确定的分析框架基础上引入实证分析工具，是从抽象理论到实践运用的转型阶段。在这一阶段，分析实证法学范式主要是以单行经济法集合而成的部门经济法为文本样本。刘光华教授认为法律文本是接近真理性认识的知识表达。[4] 具体路径是：确定经济法法律体系为对象→以法律规范要素、法规中的某一概念或者制度的语言表达为研究样本(如经济法文本中的主体、立法目的、政策、责任等要素)→对这些法律规范中的要素进行语义分析与类型化处理，提炼语义结构中的共同形式及个性化表达→分析和预测阶段。这一分析方法与第一阶段的分析实证法学研究范式有一定的传承，但是分析角度却有一定的主观特征。第三阶段是引入统计分析工具的阶段。分析工具逐渐从单一到多元，从说理化到可视化。

第三，分析实证主义与实证分析的关系。分析实证主义与实证分析是两个不同的概念。分析实证主义侧重于思想层面，而实证分析更加侧重于研究方法的运用。法律实证分析只是法学研究的一种具体方法而非一种独立的法哲学或法理学理论。[5] 分析实证主义法学的核心命题就是强调法律和道德的分离，实然法和应然法的分离。[6] 社会科学的实证分析肇始于法国的社会学家孔德，孔德把自己的哲学称为“实证哲学”，他主张科学是万能的，精确的观察和实际的经验是科学的唯一手段。[7] 分析实证法学是对法律文本进行实证分析的法律科学。分析法学派最早起源于边沁，他在《道德

---

〔1〕 参见刘光华：《经济法的分析实证基础》，中国人民大学出版社 2008 年版，第 127 页。

〔2〕 参见刘光华：《经济法的分析实证基础》，中国人民大学出版社 2008 年版，第 170 页。

〔3〕 参见刘光华：《经济法的分析实证基础》，中国人民大学出版社 2008 年版，第 197 页。

〔4〕 参见刘光华：《经济法的分析实证基础》，中国人民大学出版社 2008 年版，第 39 页。

〔5〕 参见白建军：《论法律实证分析》，载《中国法学》2000 年第 4 期。

〔6〕 参见刘连泰：《分析实证主义法学方法在宪法研究中的局限性——以“分离命题”为中心》，载《厦门大学学报(哲学社会科学版)》2008 年第 1 期。

〔7〕 参见邓晓芒、赵林：《西方哲学史》，高等教育出版社 2005 年版，第 287 页。

与立法原理导论》和《法律概要》中分别提出科学的法理学应当将实在法作为研究对象以及将法律定义为主权者的命令。之后1832年奥斯丁的《法理学的范围》一书的出版被视为分析法学派诞生的标志,他主张法律是主权者发布的以制裁为后盾的命令,并区分了"应然法"和"实然法",将法理学的研究范围严格限定于"实然法"。继奥斯丁之后,凯尔森提出"纯粹法学"理论,纯粹从法律规范角度分析"什么是法律"的问题。第二次世界大战之后,哈特作为新分析法学的代表人物,将语义分析哲学引入法学研究,并将规则引入法学研究中,提出法律规则可分为第一性规则和第二性规则,前者设定义务,适用于简单的原始社会;后者授予权力,适用于复杂的大型社会。在哈特之后,拉兹、麦考密克、魏因贝格尔等人继承了分析实证法学的传统,进一步发展了分析实证法学的理论。作为最具影响力的法学流派之一,分析实证主义法学派的核心在于对法律进行一种实证的客观分析,注重对现实法律规则或法律规范本身的研究,通过对法律规则、法律规范和法律制度进行逻辑分析和语言分析,形成法律的一般概念、原理和体系。

学术界把那些接受"人类社会生活受到'普遍的因果律'制约(本体论),研究者必须保持'客观、中立'(认识论),遵循特定规则,研究结果可复制"信念的学者划归为"实证研究者"。[1] 实证研究方法事先以客观的视角搜集样本,用科学的方法和步骤分析样本,其结论能够最大限度接近事实真相。实证研究方法在部门法研究中的运用已经有一定程度的基础。左卫民教授认为,法学实证研究是基于数据的经验研究,具有广阔的前景。[2] 总体而言,刑事法实证研究方法较为成熟,主要原因在于样本的多元化、[3]方法论的规范性,[4]并且研究氛围较为浓厚,[5]这也是其他法学学科进行实证

---

〔1〕 参见韩巍:《论"实证研究神塔"的倒掉》,载《管理学报》2011年第7期。

〔2〕 参见左卫民:《一场新的范式革命?——解读中国法律实证研究》,载《清华法学》2017年第3期。

〔3〕 我们认为这和部门法的不同特质有关,一些部门法的适用方式能和实证研究产生契合。刑法实证研究的样本的多元化,刑法的司法适用程度较高,案例数量和类型都极其丰富,再加上裁判文书网的判决公开,使分析实证样本的获取和加工较为便利。

〔4〕 尤其是大数据研究方法的引入使法学研究结论的科学性和对策性不断提升。法律实证研究年会的参会者多为诉讼法领域的学者,也形成了大量关于实证研究方法论的著作。例如,白建军的《法律实证研究方法》(北京大学出版社2008年版)。

〔5〕 学术带头人的引领和研究团队的壮大也是支撑学科研究的重要因素。左卫民和白建军等人专业从事实证研究。左卫民和白建军的实证研究成果的数量和质量都极为突出,这对法学实证研究的氛围有一定提升。左卫民认为刑事诉讼领域若不运用实证研究会降低成果的影响力。

研究时需要参考之处。经济法学是善于自我批判与改进的学科,围绕经济法学研究方法论进行讨论与反思的研究成果层出不穷。[1] 经济法理论由于本土化程度较高,方法论也呈现多元化的特点。经济法学研究者通常从政治学、法哲学、法理学等角度进行价值判断研究。[2] 法教义学的兴起也给经济法学研究带来了启示。[3] 有学者认为应当在经济法学研究中引入实证研究的方法。[4] 实证研究并非对传统理论研究方法的彻底颠覆,而是一种不同的思维方式,有学者认为实证研究是对法教义学的补充和发展。[5] 也有学者认为没有实证便无法理解德沃金所确证的法官争论中存在一种"理论争论",也就无法发现那些规则背后"隐含的法律"。[6] 法学研究虽然是个性化的,但研究者在确定使用某种方法进行研究时仍然是有清晰的价值判断和操作流程的。方法论的科学化并非"走的人多了,就自然有了路"的洒脱,而是需要学术群体的铺路搭桥。中国的经济法文本、经济法事件、经济法案例为经济法研究提供了足够多的分析实证素材,也是经济法理论研究尚未完全开采的富矿,如果舍弃这些尚待剪裁的样本而盲目将域外理论直接嫁接,真的会是中国经济法学研究中的一件憾事。

从某种意义上说,分析实证与实证分析两种方法的精神追求是一致的,即通过方法论的革新提高经济法理论的解释力,避免纯粹价值分析可能产生的空洞论断。只不过分析实证法学研究范式聚焦于法律规范本身,而实证研究作为法学研究方法的一种,其研究范围并不仅仅局限于法律文本,也

---

〔1〕 2015 年,张守文教授主编的《经济法研究》(第 15 卷)(北京大学出版社 2015 年版)专门组织了"经济法学方法论"的专题讨论笔谈,参见蒋大兴:《你用了什么样的方法?——"经济法"以及法学的方法》,载《经济法研究》2015 年第 1 期;肖京:《经济法学研究中相关学科方法的运用》,载《经济法研究》2015 年第 1 期;叶姗:《经济法学研究的方法论问题》,载《经济法研究》2015 年第 1 期;邢会强:《法律经济学方法与中国经济法学研究》,载《经济法研究》2015 年第 1 期。

〔2〕 有学者主张经济法学的研究应当采用法理学的方法。参见张继恒:《从"规范教义"到"法理守则":经济法学研究之转型》,载《法商研究》2015 年第 5 期。

〔3〕 参见张继恒:《法教义学的勃兴对经济法意味着什么》,载《现代法学》2016 年第 1 期;尹亚军:《为什么是法教义学?——中国经济法学的方法论选择》,载《北大法律评论》2018 年第 1 期;刘凯:《经济法学科学化的法教义学路径》,载《政法论坛》2020 年第 1 期。

〔4〕 参见李友根:《经济法学的实证研究方法及其运用》,载《重庆大学学报(社会科学版)》2008 年第 5 期。

〔5〕 参见左卫民:《挑战与回应:关于法律实证研究的若干阐述》,载《中国法律评论》2018 年第 6 期。

〔6〕 参见蒋大兴:《你用了什么样的方法?——"经济法"以及法学的方法》,载张守文主编:《经济法研究》第 15 卷,北京大学出版社 2015 年版。

包括客观存在的法律现象，其可以用来测度法律规范在真实世界中的实施效果。总而言之，两者是从不同角度回答了经济法“是什么”及真实状态的问题。

第四，把实证分析方法纳入分析实证研究范式讨论范围中的必要性。在分析实证研究范式中引入实证分析工具有助于提高法学研究的科学性。哲学思想与具体技术的结合并不矛盾。在刑事法学界，白建军、左卫民等学者的分析实证成果显著，主要成果包括对刑事证人出庭率、〔1〕非法证据排除规则适用、〔2〕侦查监督制度、〔3〕犯罪率数据与罪因、罪刑与刑罚的关系〔4〕等的研究。白建军教授论述了在整个法学研究中引入实证方法的必要性，〔5〕随后又分析了大数据对法学研究的具体影响。〔6〕民法学者也对实证方法进行了讨论，在2011年举办的“中国民法实证方法学术研讨会”上，民法学者就民法学研究引入实证分析方法的可能性进行了研究。〔7〕在行政法领域，分析实证研究的成果主要有王学辉教授等的《行政立法成本分析与实证研究》。在宪法学领域，实证分析代表性成果有韩大元教授的《宪法文本中“基本法律”的实证分析》、刘连泰教授的《分析实证主义法学方法在宪法研究中的局限性——以“分离命题”为中心》等。从以上学术成果中可以看出，分析实证方法在不同法学部门有不同的热度。就目前来看，刑事法学、诉讼法学的实证研究较为多见。〔8〕经济法的分析实证研究及实证方法研究也具有可能性。

纯粹的分析实证法学研究有一定的局限性，即割裂了法律规范与社会环境之间的关系，模糊了文本形式与文本功能之间存在的客观差异。若只

---

〔1〕 参见左卫民、马静华：《刑事证人出庭率：一种基于实证研究的理论阐述》，载《中国法学》2005年第6期。

〔2〕 参见左卫民：《“热”与“冷”：非法证据排除规则适用的实证研究》，载《法商研究》2015年第3期。

〔3〕 参见左卫民、赵开年：《侦查监督制度的考察与反思——一种基于实证的研究》，载《现代法学》2006年第6期。

〔4〕 参见白建军：《从中国犯罪率数据看罪因、罪行与刑罚的关系》，载《中国社会科学》2010年第2期。

〔5〕 参见白建军：《论法律实证分析》，载《中国法学》2000年第4期。

〔6〕 参见白建军：《大数据对法学研究的些许影响》，载《中外法学》2015年第1期。

〔7〕 参见韩世远：《民法实证方法之内涵与展开：裁判规范、解释论与实证方法》，载《法学研究》2012年第1期。

〔8〕 参见胡平仁、蔡要通：《部门法学领域的法律实证研究——基于文章和课题统计数据的实证分析》，载《学术论坛》2017年第6期。

谈法律规范本身,并不能触及法律运行深层次的规律。以知假买假行为为例,若仅从法律文本分析,则无法了解真实语境中的学术争论和适用冲突,因此有必要对该条款的适用现状进行实证分析,进而了解真实的争议焦点。在此基础上,研究者可以根据实证分析结果形成的预设背景再回归文本进行规范分析。有学者认为,应当重视某些法律实施的区域差异和人群差别。[1] 我国地域辽阔、地区差异较大,同样的法律规范在不同区域会有不同的实施效果,对文本规范的语言分析难以直接推导出法律适用的必然后果。因此可以尝试对法律规范实施情况进行实证分析,进而反推法律规范语言形式和逻辑结构背后的隐藏意图。

第一节 经济法分析实证的基础理论研究

一、以要素为中心的语词分析实证

哈特将语义分析哲学与规则引入了法学研究领域,作出了法律规则的第一性与第二性的划分。在哈特之后,拉兹、麦考密克、魏因贝格尔等人继承了分析实证法学的传统,进一步发展了分析实证法学的理论。经济法的语词分析实证主要对经济法的具体法律规范进行语义解释、类型化分析和词频描述分析。研究者通常是以法律中的要素为具体研究对象,进而对样本进行加工。这些要素大多是基于研究者带着问题进行截取的,如法的主体、责任、权利、义务、实施等。

分析实证不仅仅是法学研究工具,其科学性需要理论研究作为支撑。刘光华教授的《经济法的分析实证基础》在肯定价值论研究范式对我国经济法研究作出的历史贡献基础上,提出经济法的研究和发展需要引入新的法学研究范式——分析实证法学范式。

刘光华教授围绕语言符号和逻辑规则展开经济法的分析实证,其认为经济法的研究范式需要实现从价值论到分析实证论的转向。价值论的研究由于范式本身的开放性和主观性,研究的规范性有所欠缺。离开了语言学与逻辑学引导的价值论研究,潜藏着“自言自语”和无法达成共识的危险性。他提出,必须要借助一套公认的、专注于法律制度的语言和符号,构成分析

---

〔1〕 参见应飞虎:《知假买假行为适用惩罚性赔偿的思考——基于法经济学和法社会学的视角》,载《中国法学》2004 年第 6 期。

实证研究范式，才能达到法律群体内部、外部的沟通与共识。经济法的分析实证基础是事实、价值、逻辑的三合一规律的现代展开，是经济法事实、经济法理念与经济法逻辑同构性的具体表达。经济法是一个特殊的行动体系、法律规则体系和知识体系。经济法概念具有动词化、集合概念特征，应该采取外延式或语境式的定义方法，而不是内涵式的定义方法。经济法的概念是动词和集合名词体系。经济法是一个动词、集合名词、集合概念和复合条件句构筑的知识体系。经济法是一个集合概念体系，不同于民法的类概念金字塔体系。经济法体系是一个具有“家族相似性”的集合体，而不是本质一致的金字塔体系。经济法的研究应该从家族相似性理论出发，并包括多元化的差异。经济法的研究应该抛弃名词和类概念的思路，回到经济法的动词和集合概念知识特征上来。经济法律关系是以法律上的反对关系为主的复合法律关系。反对关系的四组核心词：权利—无义务；义务—无权利；权力—无责任；责任—无权力。四组核心词构成复合法律关系的两个转变：(1)从简单陈述句的民法到复合条件句的经济法；(2)从单一经济法律关系到复合经济法律关系。经济法律的适用：(1)要从形式逻辑三段论的司法推理，到语篇下的非形式逻辑法律论证。语篇分析的对象不再是单个句子，而是语篇的组织特点。(2)非形式逻辑和法律论证与经济法的适用机制存在内在的契合。(3)要构建经济法的多元化动态适用机制。(4)要构建经济法律后果体系。[1] 分析实证主义经济法学理论运用于具体经济法法律文本及法律制度中的范例主要有：(1)反垄断法的文本特征表明反垄断法无意通过充满确定性的具体规则来提供三段论推理依据并确保推理结论的真理性，而是为各方主体特别是国家与市场主体间的商谈提供平台与框架，反垄断法的法律实施必须从传统法律适用的简单三段论转向非形式逻辑和法律论证。基于反垄断法的文本特征，各国反垄断法规定了以反垄断主管机关及其“第四种权力”为中心的多元化法律实施机制，而我国目前反垄断法实施所存在的问题使我国反垄断法法律实施机制改革成为必要。(2)经济法法律责任的配置需要根据经济法违法行为的社会危害程度来实现，即应当以违法行为是否构成犯罪为界限，以行为主体的身份性质为补充，辅以时间、情节与

---

〔1〕 参见刘光华：《经济法的分析实证基础》，中国人民大学出版社2008年版，第293~296页。

行为人态度等因素,梯次配置相应的法律责任。[1]

刘光华教授还将法学和医学上的循证学进行交叉研究,引入了法循证学的研究方法。[2] 刘光华教授对于经济法学实证研究的贡献在于语词分析方法的引入,这使经济法学的科学性得以提升,也保证了经济法基础理论的法本质属性。

二、要素量化与语义分析相结合的分析实证

要素量化与语义分析相结合的分析实证研究方法是以现行经济法的法律规范为样本,选取专门的关键词进行要素量化分析。其基本步骤是:首先确定样本(一般是能够体现经济法问题的文本或者事件);其次以关键词为要素进行语义分析和量化分析;最后根据分析的结果提出建议。这种分析实证方式是目前的主流形式,样本较为易得,量化方法一般体现为词频统计和百分比统计,对复杂数理统计的要求并不高。有学者以中国经济法的立法文本为研究对象进行分析实证,主要选取所有单行法中高频出现的关键词进行语义分析。这里的经济法文本主要包括社会主义法律体系中确定的经济法部门(所有的单行经济法总和)、经济法单行法、地方的经济立法规范以及经济政策等。这种方法将看似毫无联系的单行法用特定的方法和标准联系起来,进而为经济法学体系化的建构提供依据。学界对经济法文本研究的成果主要包括经济法中的政策、[3]经济法中的经济政策、[4]经济法中的社会组织、[5]经济法中的责任、[6]经济法中的国家干预、[7]经济法中的刑

---

〔1〕 参见单飞跃、余骁:《经济法法律责任:语义、规范及其整体谱系——基于法律文本的实证分析》,载《现代法学》2017 年第 3 期。

〔2〕 参见刘光华:《法循证学:法学与循证科学的交叉方法和领域》,载《图书与情报》2018 年第 3 期。

〔3〕 代表性成果包括邢会强:《政策增长与法律空洞化——以经济法为例的观察》,载《法制与社会发展》2012 年第 3 期;单飞跃、张玮:《经济法中的政策——基于法律文本的实证分析》,载《社会科学》2012 年第 4 期。

〔4〕 参见甘强:《论经济法中的经济政策——以银行法领域的政策运用为例》,载《江西财经大学学报》2019 年第 6 期。

〔5〕 参见张妮:《社会组织在经济法中的地位:现状、问题及对策——以我国 63 部经济法文本为样本研究》,载《社会科学研究》2015 年第 6 期。

〔6〕 参见单飞跃、余骁:《经济法法律责任:语义、规范及其整体谱系——基于法律文本的实证分析》,载《现代法学》2017 年第 3 期。

〔7〕 参见甘强:《经济法中的国家干预——基于法律文本的实证考察》,载《现代法学》2013 年第 5 期。

事责任条款、[1]经济法文本中的时间观表述。[2] 以经济法中的“政策”分析为例，首先是以“政策”为关键词在经济法文本中进行初步定位，其次对出现“政策”表述的法条进行类型化分析，区分政策不同的功能，最后对这些政策进行语义分析和适用解释，提出自己的改进建议。

以上的相关研究有助于理解经济立法的方式、经济法的原则、经济法的价值、经济法的实施方式及存在的问题等。对经济法文本进行分析实证可以在一定程度上改变经济法学总论研究高度抽象化及针对性不足的缺陷，有助于提高经济法的法律规范性，实现从立法中心主义到对法律适用分析的研究思路转型。

第二节　经济法学基础理论中的实证研究方法：现状及类型

一、实证研究方法在经济法基础理论研究中的引入与运用

实证法学主要是对法治和法律现象进行量化描述、实证分析和具体解释。[3] 法律实证研究主要研究和“法”有关的各种事实，包括定性和定量的研究。[4] 分析实证法学是对法律文本进行实证分析的法律科学。分析实证主义法学派的核心在于对法律进行一种实证的客观的分析，注重现实法律规则或法律规范本身的研究，通过对法律规则、法律规范和法律制度进行逻辑分析和语言分析，形成法律的一般概念、原理和体系。实证研究是从“未知”走向“发现”的过程，研究者不能根据自己的主观价值预设来筛选只对自己“有利”的材料。但并非所有的原始材料都能够成为实证研究的样本，样本中一定包含了尖锐的问题和矛盾。在进行实证研究时，研究者可以有若干“悬置性”的假设，经过对样本的分析，这些悬置的结论才可能落下。

总体而言，经济法学基础理论研究的方法主要有价值分析、规范分析、历史分析和实证研究的方法。根据分析工具的差异，实证研究方法包括语义分析实证、描述性实证和大数据方法。本章选取的样本是 1979 ~ 2020 年

---

〔1〕 参见郝晓玲、董玉明：《经济法中的刑事责任条款实证研究》，载《北京政法职业学院学报》2005 年第 3 期。

〔2〕 参见张玮：《论中国经济立法过程中的时间观》，载《经济法研究》2018 年第 2 期。

〔3〕 参见李林：《共建中国的实证法学》，载田禾、吕艳滨主编：《实证法学研究》第 1 期，社会科学文献出版社 2017 年版。

〔4〕 参见张永健、程金华：《法律实证研究的方法坐标》，载《中国法律评论》2018 年第 6 期。

的以经济法基础理论研究为主的论文或者专著。[1] 这些研究的标题或者内容体现了实证研究方法的运用,比如“基于对×××的实证研究”“对××的分析实证(实证分析)”等表述方式。有的虽然没有在标题上体现方法论的运用,正文却有量化分析实证的内容。[2] 现有的实证研究选取的样本较为多元化,包括对法律文本的分析实证、对具体案例的分析实证、对部门法学整体研究情况的分析实证等。在这其中,基于法律法规和案例的实证研究占据了多数。虽然最近法学实证研究的热度呈上升趋势,但相比其他研究方法仍属小众。[3] 实证研究方法在部门法学内部间也有较大差异,刑事法学、诉讼法学的分析实证研究较为多见。[4] 有学者认为应当关注实证研究在部门法之间的异质性。[5] 经济法学是否适合实证研究的展开?我们认为基础理论研究的叙事风格并不是一成不变的,若能从真实存在或者真实发生的法律现象中得出结论则更具说服力。

由于学科发展历史较短,经济法学所特有的方法论尚在形成过程中。早期的经济法学研究在“部门法独立性”的论战思维影响下,引入了法学之外的观点、知识乃至方法论。这一方面体现了经济法学的特色,但另一方面也稀释了经济法学的法学规范性。通过引入分析实证研究范式,借助于一套具有普遍性的语言学和逻辑学的知识,对经济法律文本进行解构,我们能够发现隐藏在经济法现象背后的具体经济法律制度的共通性,实现经济法的规范研究,为经济法的立法、执法和司法提供新的知识。虽然经济法总论的内容不以具体的法律规范体现,也难以在诉讼中直接援引,但这并非意味着理论研究和实证研究之间的绝缘。我们认为,实证研究的基础在于选择合适的样本。样本应当体现问题意识、构成元素之间的差异性。因此经济法基础理论的实证研究基础包含以下两个方面:其一,市场经济是实证性

---

〔1〕 在中国的经济法学讨论的语境中,经济法学基础理论和经济法总论在大多数情况下可以等同使用。

〔2〕 例如,中国经济立法过程中的时间观,在该文中就对经济法文本中的时间性的表述进行了量化分析,参见张玮:《论中国经济立法过程中的时间观》,载《经济法研究》2018 年第 2 期。

〔3〕 实证研究的论文只占到了不到6%的比例,参见赵磊:《当代中国法学学术生态分布——基于〈中国社会科学〉(1980—2015)法学论文的考察》,载《清华法学》2017 年第 1 期。

〔4〕 参见胡平仁、蔡要通:《部门法学领域的法律实证研究——基于文章和课题统计数据的实证分析》,载《学术论坛》2017 年第 6 期。

〔5〕 参见林少伟、林斯韦:《中国商法学实证研究测评——基于 2000 年至 2015 年的法学核心期刊论文》,载《法学》2018 年第 1 期。

的。政府与市场关系不是简单的二元论问题，而是政府与市场如何良性互动。经济法基础理论研究中的干预主义方法多采取的是大而化之的语言形式，将市场失灵及政府失灵等经济学的概念直接用于经济法研究之中，而对这些概念所具有的法律含义研究较少。政府与市场关系不是通过简单的"是非""对错""主次"就可以进行价值判断的，而应当充分考虑市场经济的时空差异性，包括地理差异性和历史差异性。正如美国的市场经济问题和非洲国家的市场经济问题必然是不同的，中国如今的市场经济问题和改革开放之初面临的问题同样是不同的。传统理论研究所提出的"需要国家干预""国家适度干预"等表述依然存在很多的模糊性表述，因此需要结合具体文本、案例、政策乃至事件具体分析，这就提供了从纯粹的价值分析转向量化分析的可能。其二，中国的经济法问题是实证性的。中国的经济法问题是生动而丰富的，经济法研究过程中，需要对中国本土问题进行解剖。中国的超大规模性特征导致区域之间差异较大，而发展水平的差异化又会导致市场经济矛盾性问题的不同。面对巨大的国土规模所导致的资源差异性、政策倾斜差异性、监管能力差异性，即使是同样的法律在不同地区的适用也存在差异，这些差异也可以用实证研究的方法予以揭示。比如东部沿海地区的反垄断案例的数量就比中西部地区要多，〔1〕此外，城市地区和农村地区的经济法适用也存在较大的差异。〔2〕

经济法学理论研究也有引入实证研究方法的现实可能性。有学者认为，这与国人的实用主义价值取向有关。〔3〕"实践出真知""没有调查就没有发言权""实践是检验真理的唯一标准"等观念已经深入人心。田野调查在人文社科领域已经是一种较为成熟的研究方法。实证研究的起点在于样本的可靠。经济法实证研究的可行性在于：第一，现有的经济立法文本规模提供了实证研究的样本基础。中国特色社会主义法律体系中的经济法文本

---

〔1〕 我们以北大法宝中的数据进行过统计，反垄断法诉讼案件数量就存在较为明显的区域差异。反垄断诉讼案件数量排在前五位的是北京、浙江、广东、江苏和上海。排在后五位的是黑龙江、辽宁、宁夏、甘肃、青海。

〔2〕 有学者研究认为农村地区的经济法意识相对较弱，参见葛方林：《农村经济法理念探析——基于我国新农村建设的探讨》，载《理论月刊》2013 年第 8 期。农村地区的市场监管执法力量相比城市也更加分散和薄弱，参见赵谦：《农村消费者参与食品安全社会共治的实证分析》，载《暨南学报(哲学社会科学版)》2015 年第 8 期；刘杨：《执法能力的损耗与重建——以基层食药监执法为经验样本》，载《法学研究》2019 年第 1 期。

〔3〕 参见陈柏峰：《法律实证研究的兴起与分化》，载《中国法学》2018 年第 3 期。

数量已经有80多部,且这些经济法单行法之间的差异性较大,这为经济法学基础理论研究提供了文本基础。第二,经济立法具有一定的地域差异性。比如《中小企业促进法》在不同省份的实施办法就存在一定的差异,体现了地方经济立法因地制宜的特点。第三,经济法的执法和司法存在地区差异性。比如职业打假人在不同区域的诉讼数量和判决结果存在较大差异。[1]

二、以法律现象为研究对象的描述性实证

所谓描述性实证主要是指对经济法制度、案例、历史的实证分析。描述性实证的样本并不局限于现成的文本,还包括研究者认为的能够体现经济法问题的各种现象。这些现象是客观存在的,但是要通过研究者的再次加工变成包裹"真实问题"的样本,通过对这些样本的描述体现差异性和变化趋势。现有的描述性实证主要包括两个方面。

(一)经济法实施效果的描述性实证

立法的目的在于实施,经济法的实施效果也需要通过科学的方式得以检验。经济法的实施方式较为多元化,包括监管、监督、诉讼等多种方式。经济法的实施效果需要对真实的案例进行实证分析,诉讼判决、指导性案例、行政执法机关公开的处罚决定书等都可以成为实证分析的样本。王泽鉴先生尤其强调了判决研究的重要性,认为法学研究应当从立法论转向法律解释适用。以往经济法基础理论研究的论据较为宏观,对具体案例的引证与分析有所忽略。有学者以司法裁判为样本进行分析,对经济法的政策性进行考察。[2] 对具体案例的实证分析有助于了解经济法实际运行的规律,也可以因小见大透视经济法总论对具体制度运行的影响,进而为经济法总论与分论内容的衔接提供路径。李友根教授认为,应当重视实证分析研究方法的重要性,尤其应当重视对司法裁判的总结与研究。[3] 李昌庚教授

---

〔1〕 职业打假的判决也呈现出较为明显的地域差异。有研究统计,广东、北京、江苏、辽宁、浙江等沿海地区主张惩罚性赔偿的诉讼案件较多。参见商红明:《职业打假人牟利性打假行为的司法认定——基于已公开高级法院司法裁判的实证分析》,载《法律适用》2019年第8期。

〔2〕 参见刘思萱:《经济法政策性特征的实证考察——基于31年最高人民法院工作报告的整理与分析》,载《南京大学学报(哲学·人文科学·社会科学版)》2011年第1期。

〔3〕 参见李友根:《法学研究的反思:美国最高法院维C企业垄断案的启示》,载《经贸法律评论》2019年第1期。

以国有企业分析实证为例对金融危机中的经济法价值进行了研究。[1] 实证分析方法可视化效果强,结论更具有科学性,但研究难度同样也较大,对案例公开和执法信息公开的要求也较高。

(二)对经济法研究现象本身的描述性实证

“不识庐山真面目,只缘身在此山中。”学术研究需要在前人积累的基础上向前推进,而不是来回进行折返跑。已经有学者认识到了经济法学基础理论研究存在的问题,但这些判断多是基于经验判断而得出。不过每到10年的周年庆时,经济法学界便会对既往的研究进行阶段性总结,这也可以被归类于描述性实证。[2] 经济法学研究具有内容广泛性的特点,经济法学研究现象本身也可以成为实证分析的对象。该研究方法主要以经济法学研究的著作、期刊论文、硕博士论文[3]、科研项目为分析样本,研究者通过一定的分类标准和方法,可以对经济法学研究的历史流变、发展现状以及未来趋势作出相应的分析与总结,通过研究的结果可以直观了解经济法学研究的热点乃至薄弱点。《中外法学》杂志编辑部对特定年份经济法论文发表的成果也进行过盘点和分析。[4] 这些实证研究的意义在于对经济法研究成果进行总结评述,对研究成果的数量、方向和方法进行细致深入的量化分析。研究者大多通过此项研究指出了经济法过往研究的不足。比如,蒋悟真教授认为,经济法总论研究在规模、创新、对社会现实问题的回应性等方面都存在问题。[5] 邢会强教授认为,中国经济法在发展过程中为了证明学科独立性而浪费了过多的学术资源,未来应当加强理论与制度的互动研究,提炼和

---

〔1〕 参见李昌庚:《金融危机视野下经济法价值拷辨——以国有企业为例的实证分析》,载《政治与法律》2010年第6期。

〔2〕 相关研究包括刘文华、徐孟洲:《中国经济法学产生和发展的十年》,载《法律学习与研究》1989年第1期;郑鈜:《经济法价值理念二十年:一个文献综述》,载《经济法论坛》2014年第1期;朱崇实、李晓辉、李刚:《中国经济法学三十年发展的回顾与展望》,载《经济法论丛》2009年第1期;单飞跃:《中国经济法理论研究四十年:反思、转型与再认识》,载《经济法论丛》2018年第2期。

〔3〕 参见江玉荣:《基于科学知识图谱的我国经济法学研究热点和前沿分析》,载《理论建设》2012年第6期。

〔4〕 参见《中外法学》编辑部:《中国经济法学发展评价(2010—2011)基于期刊论文的分析》,载《中外法学》2013年第6期;《中外法学》编辑部:《中国经济法学发展评价(2012—2013)基于期刊论文的分析》,载《中外法学》2015年第6期。

〔5〕 参见蒋悟真:《经济法总论研究之检视——以近年来法学主流刊物论文为视角》,载《法学评论》2011年第6期。

整理出越来越多的具有可操作性和解释力的经济法规则范型。〔1〕 这些研究成果的意义在于总结经济法研究的得失,为后续研究的选题、方法提供参考,也可以让其他部门法学术研究群体了解经济法研究的整体状况,为交流对话提供前提与基础。总体而言,描述性的实证研究方法较为简便易行,能够直观体现规则制度的变化趋势,有助于学科内部的总结反思,也有助于其他学科对经济法研究总体情况的了解。

三、以文献计量为方法的实证研究

现代化的研究工具有助于提升实证研究的科学性。左卫民教授认为大数据研究将带来法学研究范式革命性的变化。〔2〕 司法数据公开平台的建设为大数据实证研究提供了便利。〔3〕 经济法学研究可以从大数据技术的发展中获益。经济法学界利用大数据的方法进行实证研究的成果目前较少,主流的工具仍然是文献计量法,多用于对经济法学科的发展趋势进行分析。主要成果包括刘光华、赵幸对中国经济法学 70 年研究成果的整体分析,〔4〕 王煜宇以金融法学论文为分析对象对金融法特征与趋势的研究,〔5〕张燕以中国知网 39 篇经济法学文献为研究对象并使用文献计量法对经济法总论趋势的研究。〔6〕 大数据方法对于数据有更高的要求,更具有技术性,研究的结论和实证研究过程具有较强的相关性。经济法学实证研究从文献计量到真正的大数据计量还有较长的路要走。

---

〔1〕 参见邢会强:《经济法基础理论研究与经济法学术群体的建立——基于 CNKI 统计的 30 篇高频被引论文的深度分析》,载《南都学坛》2011 年第 2 期。

〔2〕 参见左卫民:《迈向大数据法律研究》,载《法学研究》2018 年第 4 期。

〔3〕 有学者分析了利用裁判文书网进行大数据实证研究的问题以及改进办法。参见左卫民、王婵媛:《基于裁判文书网的大数据法律研究:反思与前瞻》,载《华东政法大学学报》2020 年第 2 期。

〔4〕 参见刘光华、赵幸:《新中国成立 70 年来中国经济法学的现状、共识与前景》,载《中国矿业大学学报(社会科学版)》2019 年第 5 期。

〔5〕 参见王煜宇:《中国金融法学研究的实证分析——以 1979 年以来 CLSCI 金融法论文为分析对象》,载《西南民族大学学报(人文社会科学版)》2017 年第 4 期。

〔6〕 参见张燕:《中国经济法学研究影响力与经济法实践发展——基于 CNKI 39 年文献大数据》,载《法学评论》2019 年第 3 期。

第三节　对经济法分析实证主义思潮与实证主义方法论的评述

两可之事难成为科学之事。[1] 经济法学基础理论中的一些语言具有“两可性”,例如“需要干预”“适度干预”的提法如果要在量化和程序层面予以落实,其实是相当困难的。从看似“形散”的经济法中找到其内在的运行机理,经济法法律文本、经济政策、蕴含问题取向的经济法事件、经济法教育史、经济法学术史等都是极好的研究样本。经济法学界不断累积的共识也为经济法样本的提炼提供了一定的法理标准。对经济法法律现象的研究最终要回归到法律文本本身,从规范研究走向实证研究。目前经济法实证分析研究仍然处于起步阶段,研究方法也不够多样化。不过已经有学者用更加精细的方法进行实证分析,比如用法律经济学的方式对中国人民银行法[2]、商业银行法[3]进行实证分析。有学者认为法学实证研究的总体问题包括理论准备不足和资料获取困难等方面。[4] 结合经济法学理论而言,分析实证研究范式与实证研究的困境主要体现在以下几个方面。

一、分析实证研究范式解释真实经济法问题的局限性

(一)经济法规范的价值分析空间始终存在

有学者以宪法学研究为例说明了分析实证法学范式解释宪法学问题的有限性。因为宪法兼具法律性和政治性,宪法文本也融合了规范性和道德性,因此难以做到法律与道德的完全分离。[5] 其实,经济法文本也具有表现形式和价值功能,因而完全剥离文本隐含的价值期待也难以实现。例如区域协调发展、共同富裕、乡村振兴等具有中国特色的经济法治实践活动便体现了不同主体的价值寄托。《政府采购法》第 3 条规定了政府采购应当遵循“公平竞争原则”和“公正原则”。依字面意义层面的形式公平和公正理解

---

〔1〕 参见[德]拉德布鲁赫:《法学导论》,米健译,法律出版社 2012 年版,第 195 页。

〔2〕 参见席涛、陈建伟:《法律、货币与价格——〈人民银行法〉的一个法律经济学分析框架》,载《中国政法大学学报》2013 年第 4 期。

〔3〕 参见席涛:《货币、市场与〈商业银行法〉》,载《政法论坛》2015 年第 1 期。

〔4〕 参见雷鑫洪:《方法论演进视野下的中国法律实证研究》,载《法学研究》2017 年第 4 期。

〔5〕 参见刘连泰:《分析实证主义法学方法在宪法研究中的局限性——以“分离命题”为中心》,载《厦门大学学报(哲学社会科学版)》2008 年第 1 期。

该规范,并不能还原及解释真实世界中存在的复杂问题。因此该法第 9 条又规定了政府采购应当有助于实现国家的经济和社会发展政策目标,包括保护环境,扶持不发达地区和少数民族地区,促进中小企业发展等。综合这两条的内容分析可以发现,立法者在进行法律制度设计时融入了必要的价值判断,这也是经济法实质公平价值的体现。因此,经济法很难做到规范与价值的完全分离。

在我国经济法法律中含有诸多商业道德、职业道德的表述。例如《会计法》第 39 条规定了会计人员应当遵守职业道德;《电子商务法》第 5 条规定了电子商务经营者从事经营活动,应当遵守法律和商业道德。因此,仅从文本规范角度去理解道德意图是有难度的。道德标准在经济法中并非仅起到装饰作用,在一定条件下也可以起到衡量行为性质的功能。例如,《反不正当竞争法》第 2 条规定的商业道德就可以作为判断经营者的经营行为是否正当的依据之一。

完美的法律规范自然是可以做到在不同地域和群体中产生一致和有效的适用结果。事实上,各国的经济法规范依然在协调本土性和普适性之间的关系。法律规范形成的过程实质上也是争论和妥协的过程。但是,分析实证法学范式简化了法律规范背后的价值变迁历程。有学者认为,抽象原则在传播共性的同时可能抹杀个性分析,甚至使被传播者逐渐忽略那些差异。[1] 经济法规范植根于真实而复杂的市场经济环境,那么经济法规范是否可以脱离真实市场经济环境而单独存在?经济法文本是否蕴含了立法者期待传递的全部信息?经济法具有回应型法的特征,法律规范的变迁较为频繁,因此建立在文本规范上的分析实证法学研究结论也会有变动的可能性。

(二)经济法中难以实证化的规范客观存在

在经济法文本中仍然存在一定数量的不能实证化的规范内容。例如单行经济法法律中的立法目的条款是立法者价值意图的凝聚,立法目标本身难以形成直接的法律后果。除此之外,大量不以法律规范体现的经济政策、执政党理念也可以被视为经济立法的实质形式。

---

〔1〕 参见熊丙万:《法律的形式与功能:以“知假买假”案为分析范例》,载《中外法学》2017 年第 2 期。

经济法中还包含大量的不明确规定主体权义结构以及责任后果的条款,这些条款的内容具有提示、倡导、激励的作用,比如《中小企业促进法》中大量柔性的促进性条款。其他诸如优化类、倡导类的条款也并不指向明确的法律后果。又如,《税收征收管理法》第7条规定税务机关应当广泛宣传税收法律、行政法规,普及纳税知识,无偿地为纳税人提供纳税咨询服务。《消费者权益保护法》第5条规定了国家倡导文明、健康、节约资源和保护环境的消费方式,反对浪费;第6条规定了保护消费者的合法权益是全社会的共同责任。对于这些条款的分析需要借助于其他的综合分析方式。

(三)分析实证范式可能忽略经济法法律隐含的真实意图

以消费者权益保护为例,纯粹基于文本形式的理解与推理具有一定的局限性。虽然我国现行《消费者权益保护法》中并没有专门条款对非消费者身份的内涵进行明确界定,但在司法实践中依然有必要区分普通消费者与职业打假人群体。《消费者权益保护法》文本中对消费者的倾斜性保护并不意味着消费者在维权时毫无限制。维护社会经济秩序是《消费者权益保护法》的价值追求之一,对社会经济秩序的维护不仅要求对侵害消费者权益的行为进行打击,而且要求消费者通过合法的程序正当维权。因此,对职业打假行为的必要限制也体现了市场经济秩序中的道德根基,对惩罚性赔偿的有限度适用实则考虑到了法律适用的社会效果。这种效果恰恰是综合性的,既要维护消费者的合法权益,又要维护经营者合法的经营活动,最终保证市场经济秩序的稳定。因此,不同主体的利益协调需要必要的价值判断才可以实现。通常情况下,《消费者权益保护法》第2条的“生活消费”被视为消费者概念界定的依据。在司法实践中,一种方式是根据消费对象来确定消费者身份,另一种方式便是根据主观目的确定消费者身份。没有基于“生活消费”而购买商品的主体往往被排除消费者身份,进而不能享有惩罚性赔偿等专属于消费者的权利。基于法规本身的解释忽略了真实经济环境中消费行为的多元性。由此可见,知假买假行为的认定并不能从字面含义理解,也不能因为不是因为生活消费便直接将其归类于职业打假。由此可见,纯粹基于法律规范形式的推理是有缺陷的,要结合立法者的立法目的和法律的预期功能进行综合分析。有学者提出整体主义的分析方法分析此类问题。[1]

对分析实证研究进路过度依赖将导致经济法直接等同于国家干预的辩护之法，从而忽略经济法参与主体应当享有的基本经济权利，国家干预所隐藏的危险性便无法排除与预防。假如唯有实证且明文规定的权利、义务和责任才是客观存在的，那么隐含在整体规范结构之中的权利又当如何解释呢？纳税人的税权属于典型意义上被发掘出的权利，虽然没有法律文本的直接支持，但其权利生成的合法性可以结合法律体系的整体结构而推导出来。《宪法》第56条中的“公民有依照法律纳税的义务”不仅仅是强调公民有纳税的义务，同时也强调了公民非依法律规定可以拒绝纳税的权利，这是从权利义务一致的角度理解纳税人纳税义务的应有之义。[2] 同样，虽然我国现行经济立法规范中没有明确规定纳税便利原则，但是仍然可以基于法律体系的整体结构推导出该原则的存在。[3]

过度强调分析实证法学方法的功能会忽略经济法规范的价值意蕴及寄托，无视我国经济法制度及文本生成发展的个性化历史语境。分析实证主义无法完全解释中国化的经济法律问题，也无法对重大经济改革活动提供直接的文本依据。共同富裕目标的实现不仅是法律实证问题，也蕴含了道德意蕴。但仅从分析实证法学的视角并不能从现有的经济法文本中找到共同富裕的支持依据。有学者认为法治并不当然地支持共同富裕，在目前的共同富裕立法中，所涉及的共同富裕规定更多的还是基本原则或立法指导思想。[4] 但是，共同富裕目标的实现暗含着政府与市场、改革与法治、法治与发展等多种重要关系。[5] 对共同富裕的理解并非追随政策的即兴法律注释，而是对既有经济法规则进行发掘与整合的智识加工。从这个角度来说，分析实证法学范式的引入并不能掩盖经济法法律分析过程中的价值分析功能。

---

〔1〕 参见马辉：《经济法解释论的整体主义方法论立场阐释——以“知假买假”惩罚性赔偿争议为切入点》，载《政治与法律》2022年第10期。

〔2〕 参见单飞跃、王霞：《纳税人税权研究》，载《中国法学》2004年第4期。

〔3〕 参见单飞跃：《纳税便利原则研究》，载《中国法学》2019年第1期。

〔4〕 参见邵六益：《立法过程中的政法互动——以“共同富裕”立法为例》，载《法治社会》2022年第3期。

〔5〕 参见张守文：《共同富裕：经济路径与法治保障》，载《法治研究》2022年第5期。

二、实证研究的驱动力不足：投入与产出比的失衡

实证研究方法显然没有成为经济法学研究的主流方法,[1]《中国社会科学》期刊上发表的定量性研究的论文数量也总体偏少。[2] 虽然研究成果的规模和研究质量不能画等号,但也从客观上体现了学者对实证研究的复杂心态,即如何解决研究周期与成果产出周期之间的冲突。实证研究的方法仍然属于新兴的研究手段,对研究者的学科背景、分析能力提出了较高的要求。目前,经济法学中的实证研究的成果总量并不大,刘光华、李友根、刘思萱、甘强、邢会强等学者的实证分析研究成果相对较多,但也没有形成足够的规模。在经济法学研究中,很少有学者能够以实证研究作为自身的学术标签。在论文发表和项目驱动的研究环境中,实证研究的投入产出比对研究规模也有直接影响。实证研究需要收集样本并运用科学方法加以分析,耗费的时间较长,发表的周期进而增加,学者们基于“研究成本”的考量也会慎重选择实证研究的方法。除此之外,实证研究也有一定风险。实证研究当时选取的样本、数据和案例具有一定的时效性,随着时间推移可能会产生颠覆性的结论,因此很容易被后续的研究所推翻或者证伪。研究者基于“慎重”的考虑也会倾向于选择较为抽象的理论叙事方式。目前的实证研究多由研究者们根据自身的偏好各自探索,缺乏统一的理论和规范。因此有学者认为国内现有的法律实证研究成果参差不齐。[3] 研究者明知道实证研究是有意义和价值的,但自己着手起来有畏难的情绪。

三、经济法实证分析的问题意识尚有不足

过度使用的实证研究和自诩式的实证研究并不能带来预期的效果,反而可能被异化为炫技式或跟风式的研究。实证研究只有在其他研究方法难以解释的领域才能发挥更好的作用,比如,基于对海量数据的分析解释立法意图或者评估法律实施效果等。法学研究中问题意识的缺失会对实证研究

---

〔1〕 有学者认为法律实证研究与法教义学和社科法学研究相比算不上是主流的流派。参见左卫民:《挑战与回应:关于法律实证研究的若干阐述》,载《中国法律评论》2018 年第 6 期。

〔2〕 参见赵磊:《当代中国法学学术生态分布——基于〈中国社会科学〉(1980—2015)法学论文的考察》,载《清华法学》2017 年第 1 期。

〔3〕 参见左卫民:《一场新的范式革命?——解读中国法律实证研究》,载《清华法学》2017 年第 3 期。

的科学化产生影响。[1] 究竟是为了什么而采用实证研究方法呢？主要是为了论文发表而采用实证研究方法，还是为了强行的与众不同而采用实证研究方法？不可否认，由于"经济学帝国主义"的强势影响，其他人文社会科学的研究方法多少受到了数理统计分析方法的影响。法学研究的定量分析也正在成为一种流行思潮，若在法学论文里插入复杂的表格、弄上几个外行看不懂的模型，若有能力加一些复杂的公式推理，论文的颜值立马会增加不少。在这种思潮的影响之下，分析实证主义仿佛成为"标新立异"之举，甚至在不需要分析实证的领域强行"分析实证"。法学文章中的过度表现的"图表化""模型化"也难免有跟风之嫌。大多数学者在进行经济法实证分析时并没有系统性的问题意识作为支撑，其成果之间的逻辑关联性也并不强。耶林也指出了法律实证主义的思想性不足的弱点。[2] 过于迷信实证研究的叙事风格会将丰富的市场经济法律关系变成冷冰冰的百分比、数字或者图表模型，变成黑板上的经济法学。过度地引入经管类研究方法本质上是为了炫耀技巧而不能真正地解决问题。[3] 我们认为目前对经济法宗旨、价值、原则的判断需要进行实证研究。有关这些内容的学说较为纷繁复杂，并没有达成共识，大多来自研究者各自的主观价值判断。

四、实证研究方法的单一及可持续发展的不足

目前的实证研究还是以简单的要素量化分析为主，还停留在"小数据"或者"二手数据"的简单描述。与刑事法领域中的实证研究相比，经济法实证研究的难度在于案例的收集与整合，尤其是经济法基础理论与具体案例的衔接目前还较少。目前主要是基于已有的文本或者二手的资料，深入实际生活中的一线实证研究也较少。现有的研究主要还是从立法文本的角度开展，对于司法、执法乃至守法的实证分析成果相对较少。另外，学界对经济法文本之外的因素进行实证分析的研究也相对较少，比如文化、地域、历史的实证分析成果。经济法学的实证研究缺少像社会学一样的田野调查，

---

〔1〕 参见顾培东：《法学研究中问题意识的问题化思考》，载《探索与争鸣》2017 年第 4 期。

〔2〕 参见[德]鲁道夫 · 冯 · 耶林：《法学是一门科学吗?》，李君韬译，法律出版社 2010 年版，第 47 页。

〔3〕 参见李昌庚：《走出经济法学方法论误区》，载漆多俊主编：《经济法论丛》第 22 卷，武汉大学出版社 2012 年版。

也缺少像历史学研究中的对史料的裁剪与分析。经济法作为独立的部门法,一定数量的经济法文本分析实证主义有助于经济法科学化的进程。但实证分析也有其局限性,过分强调量化分析的数字结论容易忽略经济法的实施与现实的经济生活之间的关联,也忽略了经济法背后丰富的历史文化因素,这样对复杂法律问题的理解是远远不够的。法学的经济分析方法已经不再是新奇之举,虽然有不少学者认识到了实证主义思维的重要性,但实证分析的深度和细致度有待拓展。目前经济法学基础理论的实证研究还主要集中在简单的描述性的要素量化分析层面。由于专业背景和数理知识的局限性,早期的经济法学者大多缺少运用数理分析的方式进行实证研究的能力,现有的实证研究多集中于语句分析、简单的量化分析层面,这样的分析实证成果科学性有待考察。不过近期的经济法实证分析研究成果开始逐渐采用大数据的分析方法,其结论的说服力开始增强。[1] 我们认为,经济法实证研究需要不同学科背景研究群体的合作研究,鼓励交叉学科的参与。不同方法论之间的"研究—产出"比例存在差异,这也影响了不同研究群体的偏好。早期的经济法学研究者偏好宏大叙事和思辨的风格,却较少采用实证研究的方法,这和他们所处的时代背景有关。实证研究在国外的社会科学研究中已具有一定基础,但在当时的中国法学界还尚属新鲜事。因此让早期的经济法学术研究群体快速掌握精细的实证研究方法是需要花费大量成本的,甚至可以说是没有必要的。中青年法学研究群体普遍接受了严格的学术训练,但因为大多有繁重的学术考核压力,若采用较为费时费力的实证研究方法似乎有些"非理性"。这些因素都造成了经济法学研究中实证研究方法不温不火的现状。再加之经济法学理论研究长期形成的抽象叙事风格导致了研究思维惯性的形成,实证研究方法可以继续解释的空间并不多。此外还有一种傲慢的偏见认为实证研究就是一种冷冰冰的技术分析,不能体现基础理论研究的精深。但理论的语言风格一定就是"玄学式"和"非生活化"的吗?它是否可以用大众都能接受和认知的方式去传承呢?在司法实践中,经济法整体上的可诉性较低,导致能够体现经济法属性的案例的规模和种类都受到了影响,这给以裁判文书为样本的实证研究方法带来

---

〔1〕 代表性的成果有:刘光华、赵幸:《新中国成立 70 年来中国经济法学的现状、共识与前景》,载《中国矿业大学学报(社会科学版)》2019 年第 5 期;张燕:《中国经济法学研究影响力与经济法实践发展——基于 CNKI 39 年文献大数据》,载《法学评论》2019 年第 3 期。

了困难。宏观调控类经济法的适用大多以各种政策为载体,政策具有繁杂性、多头性和易变性的特点。政策在实际操作中又会有各种变通和调整,这就不如法律文书公开那样具有可预期性。因此这类实证研究的效果受制于政府信息公开的质量。总之,基于各种主观和客观的原因,经济法学基础理论研究中的实证研究方法的边缘化地位不是偶然。

第四节 经济法基础理论实证研究方法的改进

科学的方法论是依靠研究者各自摸索而自发形成的,还是在统一规范的指导下整体推进的呢?我们认为,学术研究的方法论并不需要统一,但方法论的传承和发展则需要科学化的路径和程序要素。方法论的科学性并不会扼杀学术思想的创造,反而有助于学科的进步。程金华教授认为,法律实证研究需要遵循正当的程序来实现科学化。〔1〕张翔教授认为,法学研究中的“方法论杂糅主义”也是客观存在的。〔2〕经济法学总论研究不能停留在文字游戏层面,也不能追随政策做注释研究。我们认为,经济法学总论研究中的一些基本价值判断建立在实证研究的基础之上,比如什么叫“更好发挥政府作用”、宏观调控法的目标如何在具体的立法或者政策中得以体现等。在“经济学帝国主义”的影响下,传统的人文社会科学也开始接纳并运用数理统计的研究方法。我们认为经济法的实证方法应当有如下的改进:首先,理念的转型,即理论研究并不排斥实证分析,实证分析并非没有思想灵魂的工具,反而可以提升理论研究的说服力。其次,实证的样本应当突破部门法学的边界限制。一切能够体现经济法调整关系的文本、案例及事件都可以成为研究样本。最后,需要重视经济法实证研究的基础设施和程序规范的建构。经济法基础理论的实证研究方法不能“喧宾夺主”,最终还是要确保经济法基础理论的法学规范性。

一、经济法学理论研究的方法论转型:精细化研究的意识

我们并非认为实证研究是超越其他研究方法的,因此所谓的方法颠覆的说法并不科学。经济法基础理论研究需要从文本、案例、历史的实证研究

---

〔1〕 参见程金华:《迈向科学的法律实证研究》,载《清华法学》2018年第4期。

〔2〕 参见张翔:《走出“方法论的杂糅主义”——读耶利内克〈主观公法权利体系〉》,载《中国法律评论》2014年第1期。

中得出科学结论。经济法的基础理论研究和分论研究并不是绝缘的,价值判断可以建立在对分论的实证研究基础之上。中青年学者在进行经济法基础理论研究时应当有方法论转换的主动意识,可以从案例实证、文本实证、历史实证逐渐过渡到大数据的实证方法。实证研究的目的不在于标新立异,而在于提出解决实际问题的方案。经济法基础理论研究不能被动接受经济学的实证研究带来的现成结论,而应当试图通过科学化的研究给其他学科提供观点。从本体论、价值论和运行论的角度出发,实证研究都有适用的空间。比如金融监管中中央银行相对独立性的论证、税收法定的必要性都可以引入实证研究方法。

(一)政府与市场关系的实证研究设想

中国特色的政府与市场关系问题具有实证研究的价值。国家通过自我限权的方式扩大市场调节的领域空间,这种变化通过改革决议、会议精神、领导人讲话、立法等多种形式完成。这些文本便可以成为实证研究的对象。除此之外,不同国家的政府与市场关系是不同的,所以就不能简单地根据"政府失灵"或者"市场失灵"的粗糙论断加以说明。维托·坦茨在《政府与市场:变革中的政府职能》中就政府干预效果进行了量化分析。[1] 即使是一国内的不同地区,市场经济的发展情况也存在较大差异,进而也会影响当地政府与市场的关系。董玉明教授曾以山西省为例,山西作为一个资源大省,第二产业的比例相对较大,在政府与市场结构中也体现为"大政府、小市场"的特点。这也给了我们一定的启示,经济法的干预主义研究范式需要重视定量的分析。我们认为,国家干预是实证化的,国家干预的必要性、程序性、适度性和时间性应当体现在具体的法律文本、经济政策、诉讼裁判之中。

(二)经济法宗旨和价值的实证研究设想

经济法的目的和宗旨的共识达成不能只来自研究者的自说自话,还应当建构在文本、政策和判决的实证研究基础之上。经济法的目的和宗旨需要进行定量分析才能够防止随意性的解释。立法目的条款是体现立法者意图的形式载体。经济法的宗旨和价值本质上属于实然状态,应当首先从立

[1] 参见[美]维托·坦茨:《政府与市场:变革中的政府职能》,王宇等译,商务印书馆2014年版,第277页。

法目的条款中加以提取。经济法的目的条款具有多元化的特点,比如行业规制类的经济法和促进发展类的经济法的立法目的是有区别的。

(三)经济法实施中的实证研究方法设想

经济法的实施方式较为多元,这其中的经济法司法适用方式适合采取实证研究方式加以分析。由于我国是一个超大规模国家,各区域之间存在客观的发展差异,经济法在不同群体及不同地区的实施效果也存在不同。例如,各地法院对消费者主体的认定方式也存在“同案不同判”的现象。这些蕴含矛盾问题的案例便可以成为实证研究的样本,进而可以检视立法规范中的漏洞和不足,并提出改进建议。

二、经济法学实证研究的样本选择

实证研究和个案分析并不相同。个案分析是对具体场景中的法律问题的解释,样本不一定具有典型性。实证研究是对具有问题意蕴的样本进行分析,其结论和真实世界的关联更加紧密。为提高实证研究结果的科学性,样本来源应当尽可能丰富,包括经济法文本、经济法案例、经济法事件等。除此之外,经济法学实证研究也应当突破部门法分立的思维界限,可以从其他部门法中搜索样本资源。例如《宪法》中的基本经济制度条款、《民法典》中的公法类条款都可以成为实证研究的对象。

(一)经济法文本

法律文本是实证研究的起点。原始的文本自身并不一定具有实证研究的价值,研究者仍然需要带着问题意识去重新解构文本。经济法文本并非仅限于经济法部门的单行经济法,也包括《宪法》中的基本经济制度条款、刑事法中的市场经济犯罪内容以及其他部门法中和市场经济相关的条款。例如《突发事件应对法》中的应对市场风险的条款也体现了政府与市场之间关系的意蕴。[1] 李友根教授以“投机倒把罪”为视角分析中国经济法治的变迁历史也是一种有益的尝试。[2] 除此之外,对经济法文本的分析不局限于法律规范自身,也包括各类产业政策、政府工作报告、会议主题、党代会报

---

〔1〕 参见《突发事件应对法》第32条、第35条。

〔2〕 参见李友根:《中国经济法治七十年考——以投机倒把行为的规制史为研究对象》,载《南京大学学报(哲学·人文科学·社会科学)》2019年第5期。

告、学位论文等。对文本进行分析时可采取传统语义分析、要素量化分析方法,也可以引入统计学方法。

(二)经济法事件

经济法事件是指可以从经济法的视角进行整理加工的社会事件。我们认为,应当围绕典型性、周期性、地域性等角度判断经济法事件是否可以成为分析样本。虽然很少有纯粹的经济法性质的社会事件,但即使是民事刑事案件亦可以从经济法的角度进行思考。"吴英案""于欢案"背后体现的也是中小企业普遍面临的融资难问题,和经济法中的《中小企业促进法》内容有相关之处。经济法事件的来源非常广泛,凡是可以借助经济法思维思考的社会热点问题都可以纳入其中。

(三)经济法案例

经济法的案例包括执法案例和司法案例。经济审判庭的取消以及经济法责任的不明确导致经济法案例的界定较为困难。我们认为可以从最高人民法院指导案例中找到具有经济法价值的样本。例如,最高人民法院指导案例23号的"孙某山诉南京欧尚超市有限公司江宁店买卖合同纠纷案"中就有关于消费者身份界定的内容。除此之外,经济法案例并不一定局限于部门法层面的经济法,也包括其他部门法中涉及政府与市场关系的类似案例。

三、经济法学实证研究的基础设施和程序规范

由于缺少数理研究的知识背景,法学研究者在运用实证研究方法时的心情可以简单概括为畏难和迷茫。畏难是指以人文知识背景为主的法学研究群体对数理统计工具的"心理畏惧",研究者也没有过多的精力投入额外的技能学习之中。迷茫则是指研究者获取样本数据时的"无从下手",对数据的整理和加工又需要投入大量的精力,仅靠研究者的单打独斗是难以胜任的。我们认为实证研究水平的高低取决于样本数据获得的全面性和便利性程度。经验事实也常常与人的利益、偏见纠缠在一起,需要存真才能接近事实真相。[1] 由此可见,实证研究需要以公共知识体系的完善、数据基础设

---

〔1〕 参见曹锦清:《黄河边的中国:一个学者对乡村社会的观察与思考》,上海文艺出版社2013年版,第229页。

施的充分供给为前提。

(一)样本库的建构

经济法学实证研究对数据、文本、案例的依赖程度较高,涵盖了裁判文书、统计数据、政府信息公开等多种形式。这些样本信息目前分散在多个平台,信息公开程度和信息完整性存在差异,而且样本数据的真实性参差不齐,研究者需要花费较长的时间进行甄别整理。相较于思辨性和抽象性的论证方法,实证研究充满各种不确定性。唯有符合经济法学基础理论研究特点的样本库才会对实证研究有实质性的推动作用。经济法学研究公共数据平台的搭建尚处于初步阶段,例如中国经济法学会的官网目前还是以通知、新闻和前沿论文为主,资料区的内容还偏少。中国财税法网的数据库包括法规库、案例库和论著库,中国竞争法网中也设置了执法司法的个案研究栏目。虽然经济法学术研究群体已经有构建公共知识的意识,但总体上案例的范围和规模较小,直接用来进行实证研究是不够的。现有的实证研究成果可以作为前期的积累和方法论层面的启迪。数据库的建构是一个开放和共享的系统工程,应当鼓励研究者自发地参与。

(二)经济法学人才培养模式的改进

俗话说"巧妇难为无米之炊",没有传承的方法论只能是"自说自话"。学科生命力体现为知识体系的稳定和研究方法的规范性,而且实证研究需要明确的分工,唯有团队协作才能提高效率。研究团队壮大的根基在于法学教育中的科学方法论意识的传输与培养。法学院的授课不仅在于传授既有的知识,而且在于教会学生用科学的方法发现问题和解释问题。目前的经济法学人才培养模式仍然是以法学课程为主,缺少法社会学研究以及实证方法论的相关内容。经济法学基础理论在本科经济法学课程中的比例是偏低的,和分论课程的衔接程度也不够紧密。经济法学理论研究吸收借鉴了经济学的方法论,也有不少高校的法学院开设了法律经济学专业,但是法律经济学研究与经济法学研究之间的区分并不明显,法律经济学的定位也不够清晰,大多仍然是传统的法学课程。我们认为法律经济学不是噱头,不是权宜之计,也不是简单地将法学和经济学知识进行叠加,而是要真正体现方法论的精髓。财经类高校法学专业具有法经融合的天然优势,在进行实证研究时具有一定的学科交叉优势。

（三）经济法学与其他学科实证研究合作平台的建构

法学实证研究中的学科交叉合作已经成为共识，但研究方法的交叉对研究者的知识背景又带来了新挑战。在如今法学研究高度专业化的时代，不同学科之间的分工研究显得尤其必要。我们认为，共同的问题和公共知识的形成是支撑持续性合作的动力，如经济法学可以尝试与刑事法领域开展对话交流。经济法学基础理论研究政府与市场之间的关系，刑法中有经济犯罪的规范，两者都有维护市场经济秩序的共同价值取向。经济法基础理论可以从经济犯罪判决的实证研究中得到启示，例如，国家干预的限度、市场经济秩序的内涵是如何在个案中体现的。当然，学科之间的合作不能仅限于研讨会上的发言和交流，平时也应当有实质性的互动和规模化的成果产出。

第九章　立宪主义

我国立宪主义经济法学理论思潮的形成与发展,受到了德国秩序自由主义学说、德国经济宪法学研究成果以及布坎南宪法经济学思想的影响,但更立足于中国社会主义市场经济的生动实践以及政府与市场关系的经济法治需求。近代“立宪主义的实质是要通过制定宪法来限制国家权力而保障人权”。[1] 随着资本主义的发展,财富偏向集中、劳动条件不断恶化、垄断集团不断形成,其结果是近代立宪主义所保障的自由对社会意义与经济意义层面上的弱者来说,只不过是贫困的自由与饥饿的自由而已。为了克服这种状况,确保人类的生存和自由,国家就必须在一定的限度之内积极介入一向被委之于市民自律的市民生活领域,不得不努力面对社会意义与经济意义层面上的弱者救济问题。为此,19 世纪的自由国家最终蜕变为以国家干预和计划为必要的社会国家。[2] 我国的情况更为复杂,一方面,当前经济法学的首要使命仍是捍卫市场主体的经济权利;[3] 另一方面,现代立宪主义的历史课题也已摆在了我们面前。立宪主义经济法学理论一定程度上也印证了这种观点,所谓“立宪”,主要是为国家立宪、为政府立宪,为国家干预经济提供一整套合宪性的行动规则与制衡框架。传统经济法以国家干预经济为主要特征,与凯恩斯经济学增加有效需求以刺激经济增长的理论密切相关。随着时代的变迁,当我们重新审视从“分配—产权型”向“产权—分配型”,从“以政策为主”向“以法律为主”,从“短期促进”向“短期促进与长期保障相融合”的制度变迁时,自由与干预、公共与个体、权力与权利能否在现

---

〔1〕 参见许崇德、胡锦光主编:《宪法》(第 6 版),中国人民大学出版社 2018 年版,第 4 页。

〔2〕 参见[日]芦部信喜:《宪法》(第 6 版),林来梵、凌维慈、龙绚丽译,清华大学出版社 2018 年版,第 10 页。

〔3〕 参见吴越:《经济法思维的宪法指向——兼论经济法学的历史命运》,载《法学论坛》2013 年第 3 期。

代市场经济条件下达成新的社会合作，这对已有的社会行动体系与社会制度体系提出了新的命题，立宪主义经济法学理论思潮由此而生。

第一节　经济宪法学的研究

我国经济宪法学的研究始于宪法学者而非经济法学者。赵世义教授认为，传统政治宪法学的研究视野及注重定性分析的传统宪法学理论不能适应经济建设与宪治建设同步发展的要求。[1] 早期经济宪法的动力在于经济学对宪法研究的冲击，需要用经济学的工具对宪法进行论证或对经济现象进行宪法学的分析，其本质仍然是一种宪法研究范式。经济宪法学多体现为“经济学＋宪法学”的组合式研究。

经济法学界对经济宪法学概念的引入源于对经济法学定位的反思，并尝试用宪法思维导向修正经济法的国家干预偏好。[2] 立宪主义经济法学理论认为：经济法是经济立法的产物，经济法是以经济立法的形式给市场提供外部性规则的法律，经济立法直接构成市场内生性规则之外的外部约束性规则。经济立法所创制的规则对市场运行形成直接制约，制定规则的权力以及规则本身就是经济暴力的一种表现。因此，对经济立法这样的制定规则的权力必须加以牵制，而这就必然依赖于宪法或宪法性法律，经济宪法的命题也就由此而提出。经济宪法是平面性的法律秩序无法阻却公共经济领域中的危险政治力量时，所力图建构的一种宪法性的更高秩序。宪法性是指不被作为一般制度对待，不被轻易怀疑、质疑和动摇的属性，是宪法所特有的稳定性和对抗性，并且为专门的护宪机构所看护。

经济宪法体现市场经济的原理和规律（观念形态），也是调整个人与国家、国家机关与国家机关之间经济关系的基本原则和根本法规范（规范形态），并据此形成一种宪治经济秩序。经济宪法以财产权为基石范畴，把公民权利与国家权力的关系限缩为个人财产权与国家财政权的关系，并将这一关系置于产权、人权与政权的相互作用结构中予以考察。从规范意义上来说，经济宪法不仅指宪法中的经济条款，还包括涉及基本经济权利与自由

---

〔1〕 参见赵世义：《经济宪法学——宪法学与经济学理论交融的历史启迪》，载《法律科学》1997年第3期。

〔2〕 参见吴越：《经济法思维的宪法指向——兼论经济法学的历史命运》，载《法学论坛》2013年第3期。

的宪法条款,以及涉及对国家经济权力进行综合性安排的法律。宪法并没有从经济制度层面全面统制经济、解决一切经济问题的能力,其须奉行经济中立原则。为了协调宪法的相对稳定性与经济生活的复杂多变性之间的矛盾,宪法对于经济制度的规定应尽可能简单和原则。经济宪法是国家为了保障经济自由秩序的实现,而采取经济行动时所必须遵循的根本准则,是国家经济行动的"绝对命令"。宪法之于经济法的法治要求,意味着国家干预经济的一切活动都应当有相应的法律依据,国家干预经济的行为应该受到制约。经济宪法的核心在于设定政府经济行为的正当程序,建构符合宪治要求的经济规则与市场规则,为社会经济行动提供一整套合宪性的经济命令。

一、经济宪法的概念起源与内涵描述

"经济宪法"概念肇始于德国的弗莱堡学派,该学派的核心主张有二:一是个体必须拥有经济自由,并且是法律秩序之下的自由;二是在国家和经济的关系上,国家不得随意干预经济生活,其职能仅限于经济秩序的维护。[1] 1937 年,欧肯、伯姆和葛斯曼·多尔特在《经济的秩序》丛书发刊词中写道:"应将经济宪法理解为国民经济生活秩序的整体抉择",因此也应"将法律秩序作为经济宪法来塑造"。[2] 弗莱堡学派把经济描述为一个各部分有着结构性关系的有机整体,如果选择了产权和竞争为基本的经济形式,那么它的制度安排和政策也必须与之形成完美的配合。正如政府的行为要遵守政治宪法一样,经济也必须受到一部经济宪法的规范,凡是涉及市场法律环境的决定,都要处在这部经济宪法的约束之下。在弗莱堡学派建立的竞争性制度模式中,政府避免直接干预市场过程,但它必须通过政治制度,确保市场经济"构成原则"的实现,从而建立起经济秩序。也就是说,国家职能在于建立经济秩序,但不得随意干预经济生活。

20 世纪 90 年代初,宪法与经济(学)的关联关系开始进入中国宪法学界

[1] 参见吴越:《经济宪法学导论——转型中国经济权利与权力之博弈》,法律出版社 2007 年版,第 2 页。

[2] 参见吴越:《经济宪法学导论——转型中国经济权利与权力之博弈》,法律出版社 2007 年版,第 2 页;张扩振:《经济宪法初论:经济宪法的理念、制度与权利》,中国政法大学出版社 2017 年版,第 9 页。

的视野。据高景芳教授考证，1997年赵世义教授在《法律科学》发表的《经济宪法学——宪法学与经济学理论交融的历史启迪》，[1]第一次明确地在题名中使用了“经济宪法”一词。[2] 2001年赵世义教授发表的《经济宪法学基本问题》[3]则被誉为中国经济宪法学研究的奠基之作，该文从理论定位、研究价值与知识体系三个维度构建了经济宪法学的基本体系，其提出的经济宪治、经济中立、经济权利和经济权力等范畴则成为之后研究者绕不开的主题。

尽管关于经济宪法的研究已有20余年，但目前尚无统一的定义，而且经济宪法还需与宪法经济学、立宪经济学、宪法经济制度等一众概念进行辨析与区分。赵世义教授认为：“经济宪法就是按照市场经济的原理和规律确立起来的，保障公民经济权利与自由、制约国家经济权力的根本法规范，以及据此形成的宪治经济秩序。”[4]吴越教授认为：“从实然的经济宪法角度看，经济宪法其实是指一个国家的宪法中涉及个体经济权利、国民经济制度以及个体与国家之间的经济关系的法律规范的总称。狭义的经济宪法，就是指宪法中涉及经济的法律规范的总和。广义的经济宪法，还包含了对于整体性经济秩序具有基础性和全局性的法律规范，例如竞争法规范、规划法规范以及经济稳定和经济促进法规范。”[5]单飞跃教授认为：“从规范意义上讲，经济宪法是指宪法中的经济条款、涉及基本经济权利与自由的宪法条款、涉及对国家经济权力进行综合性安排的法律。”[6]徐强胜认为，经济宪法是对一个国家基本经济关系的规定。[7] 喻中认为经济宪法是指规范经济活动的法律和机构安排的总和。[8] 德国学者乌茨·施利斯基梳理了“经济宪法”一词在德国的用法，指出经济宪法在德国有形式意义与实质意义两种

---

〔1〕 参见赵世义：《经济宪法学——宪法学与经济学理论交融的历史启迪》，载《法律科学·西北政法学院学报》1997年第3期。

〔2〕 参见高景芳：《中国经济宪法学理论研究：回顾、评析与展望》，载《河北法学》2009年第8期。

〔3〕 参见赵世义：《经济宪法学基本问题》，载《法学研究》2001年第4期。

〔4〕 参见赵世义：《经济宪法学基本问题》，载《法学研究》2001年第4期。

〔5〕 参见吴越：《经济宪法学导论——转型中国经济权利与权力之博弈》，法律出版社2007年版，第7页。

〔6〕 参见单飞跃：《经济宪法在中国经济法学研究中的导入》，载《经济法论丛》2018年第1期。

〔7〕 参见徐强胜：《德日经济法理论演进及启示》，载《石家庄经济学院学报》2002年第5期。

〔8〕 参见喻中：《在经济宪法与经济秩序之间——欧肯法律经济学思想的理论逻辑》，载《中国政法大学学报》2016年第5期。

用法,前者指所有包括经济内容并对经济制度进行规定的宪法规范,这也是德国的通说用法;后者指所有调整经济生活的法律规范的总称,而不问其处于哪一法律位阶。后者混淆了宪法和普通法的位阶,使人们误以为经济生活的方方面面都反映在宪法中。〔1〕 综上所述,不同的学者基于各自的学科背景对经济宪法的理解各不相同,但其基本指向是一致的。

二、中国经济宪法学的基本经济制度面向

基本经济制度是中国经济宪法学研究的一个主要重心。许崇德教授和胡锦光教授主编的宪法教科书对所有制、分配制和社会主义市场经济体进行了详细的说明,主要是对基本经济制度的历史、结构和意义的介绍。近年来,一些经济法学者也对"经济宪法—经济法"的路径延伸倾注了相当的精力,经济宪法在经济法学界日益受到重视。〔2〕

总体而言,宪法学与经济法学界的研究主要呈现出三种面向:第一,讨论基本经济制度条款的法律性质与效力;第二,对基本经济制度进行解释,尝试洞穿出法律条文的内涵;第三,以基本经济制度为原点,挖掘其中蕴含的价值追求与权利指涉。

(一)基本经济制度条款的法律性质与效力

对这个问题的研究主要集中在"社会主义市场经济"条款的性质上。传统学说认为,宪法与部门法是母子关系,宪法中基本经济制度的具体实施必须依靠具体的部门法,因此,基本经济制度条款具有客观法效力,要求立法机关履行宪法委托的义务,通过经济立法充实基本经济制度的内涵与外延,并在经济立法中适度赋予公民请求权。一些新近的研究成果对传统观点进行了补充与超越。潘昀认为,社会主义市场经济条款从表面上看是一种具有政策性构造的法规范,因其结构的开放性而具有宪法原则所必须的分量,同时也构成宪法确立的基本原则。其中的原则本质强于政策本质,并且其

---

〔1〕 参见[德]乌茨·施利斯基:《经济公法》,喻文光译,法律出版社2006年版,第20页。

〔2〕 近年来经济法学界涉及经济宪法的代表性研究成果可参见单飞跃、徐开元:《基本经济制度的经济宪法学解释》,载《经济法论坛》2020年第1期;胡丽文:《论经济法学正当性建构的经济宪法基础——基于范式转换的视角》,载《甘肃政法学院学报》2020年第3期;许俊伟:《经济宪法概念重释:还原经济宪法的起点》,载《华南理工大学学报(社会科学版)》2021年第4期;单飞跃、徐开元:《从国家的经济干预到经济的宪法治理——经济法学理论基础的转换》,载《社会科学战线》2021年第5期。

内涵通过中国共产党施政纲领的解释不断被具体化。“社会主义市场经济”也被定位为必须遵循市场经济发展的一般规律，其中，“社会主义”与“市场经济”之间的平衡点在于必须确保市场机制的有效运行，即这一制度的原则本质里潜藏了对个体所享有的营业自由与财产权之保护，构成了国家机构应当加以尊重的宪法原则。[1] 韩大元教授考察了中国宪法上“社会主义市场经济”的规范结构，认为“社会主义市场经济”作为宪法规范，是有关市场经济的政策与原则的法治化，具有严格的法律规范要素，对整个国家的经济生活、经济政策、企业自主权以及贸易等领域发挥统一规范的作用。[2] 单飞跃、徐开元认为，宪法将“社会主义市场经济”设定为国家经济目标，在其指引下对国家经济权力与市场主体的经济权利进行配置，从而框定了国家与市场的基本关系。“社会主义市场经济”的宪法内涵包括三个方面：在权利方面，表现为市场主体的经营自主权；在权力方面，表现为国家干预权力及其法治化要求；在价值方面，表现为公民的“经济自由”与国家干预的市场优先原则。以“社会主义市场经济”为基础，形成了由宪法与经济法共同构造的合宪性法秩序，在此秩序中，经济法实现了“社会主义市场经济”的具体化，“社会主义市场经济”为经济法的制定与实施提供了合宪性约束。[3]

（二）对基本经济制度的内涵进行解释

对基本经济制度的解释集中在所有制和分配制上：（1）所有制。既有的解释分为所有制和所有权两端。从所有制一端来说，《宪法》第 6 条是关于生产资料公有制的宏观概括规定，确立了生产资料公有制的基本原则，同时也明确了生产资料公有制的两种形式，即全民所有制和集体所有制。我国《宪法》第 10 条则是《宪法》第 6 条规定的具体化和进一步展开，确立了土地生产资料国家所有和集体所有的两种公有制模式。[4] 有学者认为，《宪法》第 6 条是纲领性规范，其他条款对各类经济成分与公私财产（权）的保护作

---

〔1〕 参见潘昀：《论宪法上的“社会主义市场经济”——围绕宪法文本的规范分析》，载《政治与法律》2015 年第 5 期。

〔2〕 参见韩大元：《中国宪法上“社会主义市场经济”的规范结构》，载《中国法学》2019 年第 2 期。

〔3〕 参见单飞跃、徐开元：《“社会主义市场经济”的宪法内涵与法秩序意义》，载《东南学术》2020 年第 2 期。

〔4〕 参见李海平：《论农村土地属于集体所有的宪法解释》，载《政治与法律》2017 年第 6 期。

了具体规定,可被解释为第6条的子条款。[1] 从所有权一端来说,有学者从国家所有权的角度出发,认为矿藏、水流、森林、山岭、草原、荒地、滩涂、野生动物资源、无居民海岛资源和无线电频谱资源等自然资源均应以一定方式特定化才能成为国家所有权的客体。全民所有只是作为一个经济学或者政治学意义上的概念,国家所有是自然资源全民所有的私法表达。国家公权力授权的行政机关等是国家所有权的行使主体,国家是自然资源的归属主体,通过行政许可程序设立的自然资源用益物权既是私益实现的方式,也包含公共利益保护的内容,这些用益物权可以统称为特许物权,自然资源国家所有权以设立用益物权的方式进入市场表现出公私法两种法律规制逻辑的接轨。[2] 有学者引入了公物理论,认为水资源国家所有权本质上属于受公法规范的公所有权,在公所有权中,国家形式上拥有水资源,但水资源实质上属于全民所有,水资源国家所有权应受全民所有的目的约束。[3] (2)分配制。有学者认为,现行《宪法》为按劳分配设定了效率目标,为了更好地实现按劳分配的效率目标,应当将"劳"的度量标准设定为劳动的产出而非投入,并采取物质鼓励、管理改革和利益兼顾的措施。[4] 有学者梳理了"按劳分配"概念的历史源流。制宪时,中国未效仿苏联等国对按劳分配作出规定,这是从实际出发、自主作出的决定。而"按劳分配"在成为通行中译后,历经曲折于1975年实现入宪。在七八宪法继续规定"按劳分配"以及在此前后展开按劳分配大讨论的基础上,八二宪法完善了相关规定。但随着按劳分配作为分配制度主体的地位在现实中相对下降以及1993年并未启动宪法解释,该规定最终在1999年被修改,按劳分配由此整体上趋于边缘。只有在理论上明晰当前条件下按劳分配的基本内涵进而使之走向实践,它才能摆脱百年来数度浮沉的困局并迈向勃兴。[5] (3)基本经济制度的价值追求与权利指涉。有学者认为,实现共同富裕是公有制经济制度的核心价

---

〔1〕 参见单飞跃、徐开元:《"社会主义市场经济"的宪法内涵与法秩序意义》,载《东南学术》2020年第2期。

〔2〕 参见李国强、李雨佳:《公私法接轨的自然资源国家所有权的规制逻辑》,载《社会科学战线》2021年第5期。

〔3〕 参见鲁冰清:《公物理论视域下水资源国家所有权性质研究》,载《甘肃政法大学学报》2020年第6期。

〔4〕 参见阎天:《宪法按劳分配规范的当代意涵》,载《法学评论》2022年第1期。

〔5〕 参见李响:《"按劳分配"在中国:一个宪法概念的浮沉史》,载《中外法学》2019年第5期。

值追求,也是国家所有权制度的设计初衷。[1] 单飞跃、徐开元认为"多种所有制"蕴含着生产资料的私有财产权与经济自由。基本经济制度的部分构成可以解释为框架性权利,从中孵化出具体的经济权利,或者承载着一定的价值判断。[2]

我国经济宪法学的研究重心尽管是以基本经济制度为本体,但这并不妨碍学者们对经济权利研究的钟爱。财产权是讨论最多的经济权利,[3]除此之外,吴越教授对职业自由、营业自由、迁徙自由、结社自由和经济平等进行了深入的讨论,[4]尽管这其中有些权利并未直接规定在宪法中,但部分学者尝试用解释学的方法来予以推导。例如,尽管我国现行宪法并未规定迁徙自由,但有学者认为迁徙自由可以由我国《宪法》第33条规定的平等权条款导出,[5]还有学者认为迁徙自由是一种复合型的权利,其以人身自由和行为自由为基础,兼具经济自由和政治权利的面向。[6] 再如,我国现行宪法也没有明确地规定职业自由,但有学者认为从宪法劳动权的规范中可以推导出职业自由的概念,并主张把职业自由作为宪法劳动权在当代的主要存在和运行状态,[7]高景芳教授也认为:"职业自由虽未在我国宪法上明确规定,但却是劳动权概念的题中应有之义。"[8]另外,结社权在传统上被归为政治权利,吴越教授对其经济意义进行了挖掘,认为结社权在现代市场上是弱势群体自治、自救的重要渠道,尤以工会、行会、消费者保护协会为典型。从理论上推导出这些权利并不是目的本身,其目的是试图为国家干预建立一道经济权利的防线。有学者以公民的住房权为视角分析了经济宪法抑或

[1] 参见徐海燕:《论实现共同富裕的法律途径——以国家所有权制度为视角》,载《北京理工大学学报(社会科学版)》2022年第2期。

[2] 参见单飞跃、徐开元:《"社会主义市场经济"的宪法内涵与法秩序意义》,载《东南学术》2020年第2期。

[3] 代表性研究参见谢立斌:《论宪法财产权的保护范围》,载《中国法学》2014年第4期;房绍坤、王洪平:《从财产权保障视角论我国的宪法财产权条款》,载《法律科学(西北政法大学学报)》2011年第2期;李累:《论法律对财产权的限制——兼论我国宪法财产权规范体系的缺陷及其克服》,载《法制与社会发展》2002年第2期。

[4] 参见吴越:《经济宪法学导论——转型中国经济权利与权力之博弈》,法律出版社2007年版,第132~169页。

[5] 参见朱全宝:《论我国迁徙自由的宪法保障和法律实施》,载《政治与法律》2015年第11期。

[6] 参见王理万:《迁徙自由的规范结构与宪法保障》,载《政治与法律》2017年第4期。

[7] 参见王德志:《论我国宪法劳动权的理论建构》,载《中国法学》2014年第3期。

[8] 参见高景芳:《论职业自由入宪》,载《青岛科技大学学报(社会科学版)》2011年第1期。

财税宪法的具体实施路径。[1]

德国经济宪法是以经济权利为核心来展开的,首先是欧共体法层面的货物、服务、资本、人员四大流通自由;其次是基本法上规定的财产权、职业(营业)自由、契约自由、迁徙自由、结社权等权利与自由。我国一些学者对此种模式比较认可,并致力于在我国《宪法》的文本基础上建立一套类似的体系。由于我国欠缺宪法司法适用机制,此种研究的主要意义在于建立解释学的价值基础,寄希望于在其他法律适用过程中,贯彻实施宪法的价值选择。

除了基本经济制度的主要面向外,中国经济宪法学研究中也将经济权力的研究作为一个重点来展开。陈征教授曾以国家从事经济活动、[2]征税行为、[3]举债行为[4]为视角分析了宪法中的基本权利条款便是国家权力的边界。大多数学者对经济权力的关注都强调权力的边界即是不得触碰基本权利。张守文教授也对国家经济职权分配的经济法意义进行了讨论。[5]

三、宪法与经济法的关系

经济法学者和宪法学者对宪法与经济法的关联性都进行了相应的研究,并开展了一系列的研讨活动。谢立斌教授认为,经济法和宪法之间存在相互作用,经济宪法条款需要通过具体化立法得以实施,经济法不得逾越宪法界限。[6] 学界主要的观点是将宪法中的基本经济制度条款作为经济法学和宪法学的连接点。党中央一直以来强调的关于"重大改革于法有据",实则在强调改革措施的法律转换进程。"宪法界限"及"宪法依据"强调的是宪法为经济法运行构建的基本秩序环境。经济改革虽然具有时间紧迫性和结果导向性,但宪法界限的存在对国家经济干预手段作了最根本的限制。

---

〔1〕 参见张扩振:《论住房权的国家义务及其限度——以经济宪法学为视角的考察》,载《湖北社会科学》2016 年第 10 期;张小罗:《论公民住房权的宪法保护——基于财政宪法的理论视角》,载《广州大学学报(社会科学版)》2008 年第 11 期。

〔2〕 参见陈征:《国家从事经济活动的宪法界限——以私营企业家的基本权利为视角》,载《中国法学》2011 年第 1 期。

〔3〕 参见陈征:《国家征税的宪法界限——以公民私有财产权为视角》,载《清华法学》2014 年第 3 期。

〔4〕 参见陈征:《国家举借债务的宪法界限》,载《政治与法律》2020 年第 10 期。

〔5〕 参见张守文:《宪法问题:经济法视角的观察与解析》,载《中国法律评论》2020 年第 2 期。

〔6〕 参见谢立斌:《经济法与宪法的交互作用》,载《中国法律评论》2020 年第 2 期。

而普通的经济法单行法则难以对国家综合性的宏观调控权起到有效的约束作用。在经济法学界,张守文教授认为可从经济法视角观察“宪法中的经济条款”,解析市场经济条款和计划条款的变迁与关联,从而揭示国家经济职权与市场主体经济自由的对立与统一。[1] 这种观点为经济法的调整对象或者所依托的经济环境提供了宪法依据。经济法中的政府与市场关系便不再是主导与附庸的关系,而是一种国家职责与公民基本经济权利相对应的关系。经济法所调整的社会关系决定了经济法的内部体系构成。政府与市场关系的立法表达并不存在于具体的经济法规范之中,却可以在宪法文本中得到锁定,其宪法渊源可以从《宪法》第15、16、17条中找到答案。宪法与经济法之间的关联性研究具有积极意义,经济法研究需要通过与宪法的关联来解决其法律品格中政策刚性过强的缺陷,而宪法学研究也需要结合经济法部门法将问题具体化。经济法学与宪法学的关联性研究虽面临种种挑战,但在方法论的革新层面却是体现学科之间开放性和包容性的尝试。

第二节　经济宪治:经济法学理论基础的重构

我国经济宪法对国家经济制度、公民的经济基本权利与国家机关的经济职权等事项进行了规范,以经济宪法为基础重构经济法理论体系,既具有充分的包容性,也具有现实的可行性。[2]

一、经济法的根本立足点:实现宪法确立的经济秩序

经济事务已被纳入现代宪法的治理范围。传统的立宪主义是政治立宪主义,宪法仅将公民的基本权利、国家权力配置等问题纳入视域,而认为经济事务无须立宪,宪法仅通过规定财产权与国家的相关职权,间接地影响经济秩序。现代经济生活日益复杂,宪法不再固守传统观念,经济事务逐渐进入其视野。1917年苏俄建立,社会主义宪法作为一种新的宪法类型登上历史舞台。苏俄宪法系统规定了经济制度,自此成为社会主义宪法的重要特色。[3] 异曲同工的是,1919年德国《魏玛宪法》也以专章的形式对经济生活

---

〔1〕 参见张守文:《宪法问题:经济法视角的观察与解析》,载《中国法律评论》2020年第2期。

〔2〕 关于本部分的论述,参见单飞跃、徐开元:《从国家的经济干预到经济的宪法治理——经济法学理论基础的转换》,载《社会科学战线》2021年第5期。

〔3〕 参见周叶中主编:《宪法》(第2版),高等教育出版社2005年版,第62页。

进行了规定,成为资本主义国家的第一部现代宪法,并被誉为"经济宪法"。[1] 第二次世界大战后,各国对经济体制与社会经济权利愈加重视,不少国家将经济规范直接写入宪法。[2] 新中国的宪法受到了社会主义宪法模式与现代立宪潮流的双重影响,从《共同纲领》到 1982 年《宪法》,我国历部《宪法》中始终存在大规模的经济规范,改革开放以来,宪法经济规范的内容持续更新。可以说,经济立宪是我国立(修)宪活动的显著特色,通过持续性、系统化的经济立宪活动,我国宪法已经包含内容丰富、体系相对完整的经济规范。经济立宪的实质是经济秩序的宪法化,其使理论化、经济学意义上的经济秩序转化为制度化、法学意义上的经济宪法。

首先,经济宪法确立了经济秩序的根本来源和效力层级,揭示了经济秩序与经济权力之间的关系。经济秩序由宪法直接确立,即表明经济秩序是宪法创设的结果,而非经济权力塑造的结果。由于宪法效力的最高性,经济秩序的位阶被置于经济权力之上,经济权力处于从属地位,并不具备塑造经济秩序的资格。在国家权力体系中,只有制(修)宪权才能够对经济秩序加以改造,立法、行政、司法等权力只能对经济秩序加以贯彻与解释。

其次,经济宪法在"国家—经济"的二元结构外塑造了更宏观、具有更高效力、背景性的经济秩序,同时规范着国家干预与经济过程。此时,经济法的立足点不再是实现国家对经济的干预,而是实现经济秩序本身,因为国家的干预行为也必须接受宪法的指引与约束。因此,经济法不再遵循"失灵—干预—经济法"的逻辑,而遵循"经济秩序—经济法"的逻辑。从这个角度看,经济法就是实现经济秩序之法。事实上,类似观点早在 20 世纪 90 年代就被介绍到了国内,[3]但当时并未引起广泛的理论共鸣,直到近年才有国内学者指出,从目的或任务的视角看,经济法是社会经济秩序保护之法。[4] 但

---

[1] 上述两部宪法在理念上是相互关联的,韩大元教授就此指出,扩大宪法调整范围、规定经济制度,是 1919 年《魏玛宪法》的重要特色,而 1919 年《魏玛宪法》直接受到了 1918 年《苏俄宪法》的影响。当然,《魏玛宪法》规定大量的社会权、扩大经济制度的调整范围、强化宪法的经济调整功能,并非完全根据《苏俄宪法》。参见韩大元:《苏俄宪法在中国的传播及其当代意义》,载《法学研究》2018 年第 5 期。

[2] 根据荷兰学者统计,在其研究的百余部宪法中,包含经济条款的宪法已超过 35%。参见[荷]亨克·范·马尔塞文、[荷]格尔·范·德·唐:《成文宪法:通过计算机进行的比较研究》,陈云生译,北京大学出版社 2007 年版,第 62 页。

[3] 参见[德]E. -J. 梅斯特梅克、王晓晔:《经济法》,载《比较法研究》1994 年第 1 期。

[4] 参见刘水林:《经济法是什么——经济法的法哲学反思》,载《政治与法律》2014 年第 8 期。

需注意,此处的经济秩序并不是指微观的市场秩序,而是指由经济宪法确立的、宏观的、最高层级的经济秩序。

最后,正如德国宪法学家黑塞指出,创制法秩序(rechtliche Ordnung)是宪法的任务之一,[1]经济立宪也塑造了经济领域内的法秩序。经济宪法在塑造经济秩序的同时,也实现了经济学语境向法学语境的转换,使经济秩序进入法律体系内部,转化为法秩序。经济领域内的法秩序是由经济宪法与经济法共同组成的,由于宪法的最高效力,经济宪法是该秩序结构中的规定性来源,经济法应当寻求法秩序内部自上而下的一致性。从这个角度看,经济法的根本立足点是实现经济宪法,遵循"经济宪法—经济法"的逻辑。

综上所述,从经济秩序的视角看,经济法是实现经济秩序之法;从法秩序的视角看,经济法是实现经济宪法之法。由于经济秩序与经济宪法本就是一体两面,经济法的根本立足点可被总结为贯彻经济宪法,实现经济宪治。以实现经济宪治为新的立足点,将使我们对经济法产生新的认识,摆脱长期以来的逻辑困扰。凡是能够贯彻经济宪法的法规范都可被纳入经济法的范畴,而不论其调整对象为何。在德国法学中,经济法的概念就已超越传统的部门法划分标准,乃至超越公私法的划分,[2]往往同时包含经济公法与经济私法,甚至经济刑法。[3] 德国经济法的内容与体系看似宽泛松散,其背后的经济宪法却发挥着基础性作用。可以说,只有结合经济宪法,经济法才不是经济领域内法律规范的简单堆积,在看似具有综合性、交叉性的经济法背后,有着坚实、统一的宪法基础。也正因如此,经济法的体系划分就可有多种方案,经济公法与经济私法之分、一般经济法与特别经济法之分、经济宪法与经济行政法之分,均是站在不同维度对经济法体系的认知,均具有合理性。只要经济法背后的宪法基础成为共识,对于经济法的体系问题,便可不再执着于寻求唯一正解。

---

〔1〕 See Hesse, Grundzüge des Verfassungsrechts der Bundesrepublik Deutschland, 20. Aufl., 1999, S. 5.

〔2〕 例如,有德国学者认为:"经济法是整体法律秩序中的一部分,因此,无论是从整体还是从具体的角度,均应超越公法和私法二分法理解。"参见[德]弗里茨·里特纳、[德]迈因哈德·德雷埃尔:《欧洲与德国经济法》,张学哲译,法律出版社 2016 年版,"前言"。

〔3〕 Schliesky, a. a. O., S. 7.

二、经济宪法：经济法的效力基础与规范基础

既然经济法的根本立足点已经转换为实现经济宪治，宪法与经济法的关系问题就变得尤为重要。宪法与部门法本就有着密切的关联，郑贤君教授认为，宪法与部门法的关系表现为两种关联，即意义关联与效力关联。[1]我们认为，经济宪法与经济法的关系也可以从"效力"与"规范（意义）"两方面来讨论。从效力方面看，经济宪法为经济法提供了效力基础，经济法因经济宪法获得了合法性；从规范方面看，宪法与经济法同时具有"经济性"，"经济性"成为二者的共同纽带，[2]经济宪法为经济法提供了规范基础，经济法应当对原则性、概括性的宪法规范进行具体化。

第一，经济法的效力基础。凯尔森认为，诸多法规范能够成为一体并形成法秩序，是因为在这些法规范背后存在更高位阶的规范作为基础，最终所有法规范都通向一个终极效力依据，即所谓"基础规范"（Grundnorm）。[3]尽管凯尔森的"基础规范"不具有实证性，"不是由造法机关用法律程序创造的"[4]，而仅是"实证地理解法律素材的必要预设"[5]，但我们仍可借用这一概念来描述宪法在法秩序中的地位与功能。事实上，凯尔森也把基础规范称为"意识层面的宪法"[6]，足见二者的可类比性。

我国的经济宪法即经济法的基础规范，是经济法的效力基础。例如，《宪法》第2条第3款规定，"人民依照法律规定，通过各种途径和形式，管理国家事务，管理经济和文化事业，管理社会事务"，该款是对人民主权原则的具体表述，其中规定人民依法管理经济事业的内容，可被解释为全部经济法的合法性基础。《宪法》第15条对经济法而言也具有重要意义，该条第1款确立了"社会主义市场经济"，为建立、支撑、维护市场经济体制的经济法提供了合法性；第2款与第3款分别使"宏观调控"与"社会经济秩序"成为法律范畴，国家干预论框架内的宏观调控法与市场规制法均能因此获得效力

---

〔1〕 参见郑贤君：《宪法虚伪主义与部门法批判》，载《中国法律评论》2016年第1期。

〔2〕 参见张守文：《宪法与经济法关系的"经济性"分析》，载《法学论坛》2013年第3期。

〔3〕 参见［奥］凯尔森：《纯粹法理论》，张书友译，中国法制出版社2008年版，第81页。

〔4〕 参见［奥］凯尔森：《法与国家的一般理论》，沈宗灵译，商务印书馆2013年版，第182页。

〔5〕 参见［奥］凯尔森：《纯粹法理论》，张书友译，中国法制出版社2008年版，第84页。

〔6〕 参见［奥］凯尔森：《纯粹法理论》，张书友译，中国法制出版社2008年版，第88页。

基础。[1] 再如,《宪法》第 56 条规定的“公民有依照法律纳税的义务”往往被认为是税法的效力基础。

第二,经济法的规范基础。由于大量经济宪法规范的存在,相较于其他部门法,我国宪法对经济法的实体性影响更为显著,经济宪法为经济法提供了规范基础,经济法是经济宪法的具体化。按抽象程度不同,宪法规范可分为不同类别,如宪法原则(基本原则与具体原则)与宪法规则。[2] 从法理上讲,宪法原则是具有高度抽象性与原则性的规范,尽管无法直接实施,其规范效力却不能因此被否认,不能仅将其视为对某种政策或方针的宣誓。以下观点已逐渐成为共识:原则性的宪法规范应被视为对立法者的一种委托,即形成宪法委托(Verfassungsauftrag),[3] 相关宪法原则应当以立法的形式得以实现。因此,立法担负着实施宪法的任务,负有具体化宪法规范内涵,并将之体现在生活关系中的义务。[4]

我国经济宪法中的不少规范具有高度抽象性和原则性,需要经济法加以具体化。以宪法经济制度规范为例,经济制度条款集中于总纲部分,即《宪法》第 6 条至第 18 条。《宪法》第 6 条规定了生产资料所有制及其对应的分配制度,并阐述了社会主义初级阶段的基本经济制度。第 7 条至第 13 条,第 16 条至第 18 条,分别规定了各类经济形式的地位与国家政策,自然资源与土地的权属与使用,公共财产与私人财产权的保护等内容,是对《宪法》第 6 条的具体化。经济法则将上述宪法规范进一步落实到法律层面。例如,《乡镇企业法》《农民专业合作社法》《个人独资企业法》等经济主体法均以《宪法》第 8 条、第 11 条为基础;《矿产资源法》《煤炭法》等自然资源法以《宪法》第 9 条为基础;《土地管理法》《农村土地承包法》等土地法均以《宪法》第 10 条为基础;《中外合资经营企业法》《中外合作经营企业法》《外资企业法》等外资经济法均以《宪法》第 18 条为基础。可以发现,上述法律均有明显的经济性,却并不全然遵循“市场失灵—国家干预”的逻辑,无法在国家干预论中得到完满解释。但如果我们遵循“经济宪法—经济法”的逻辑,

---

[1] 参见张守文:《论经济法与宪法的协调发展》,载《现代法学》2013 年第 4 期。

[2] 具体的论述参见沈岿:《宪法规范层次论:一种解释方法》,载《清华法学》2012 年第 5 期。

[3] 参见陈新民:《德国公法学基础理论》(增订新版 · 上卷),法律出版社 2010 年版,第 187 ~ 227 页。

[4] 参见郑贤君:《宪法虚伪主义与部门法批判》,载《中国法律评论》2016 年第 1 期。

就能够迅速识别这些法律的本质属性是经济宪法的具体化，在理论上为其提供恰当解释。[1]

第三，经济宪法的开放性。需要指出的是，尽管大量经济法旨在实现经济宪法的具体化，但这并不意味着经济宪法事先锁定了经济法的全部内容，也不表示所有经济法最终都能在宪法中找到渊源。立法机关依旧能够根据实际情况制定新的、宪法尚未提及的经济法，经济法的规范之树能够持续生长。张翔教授指出，"尽管立法要受到宪法约束，立法活动应当是具体化宪法的活动，但立法者仍然享有宪法作为'框架秩序'之下的'形成空间'或者'形成自由'"。[2] 虽然我国经济宪法调整范围非常广泛，但经济宪法的开放性（Offenheit der Wirtschaftsverfassung）[3]并未被取消，由经济宪法统领的经济法秩序并不是封闭的。相反，我国宪法中基本经济制度的包容性与市场经济体制的动态性，恰恰保障了经济宪法的开放性，为经济立法提供了充分的空间。也正因如此，经济宪法对经济法施加影响的方式并不全然表现为决定经济法的基本内容，更多的是对经济法进行价值指引与合宪性约束。

三、经济法的基本价值判断与合宪性约束

经济问题纷繁复杂，经济法无法依赖宪法为其提供全部内容，但是，来源于宪法的价值判断是经济法必须秉持的。从积极方面讲，经济法的制定与实施必须贯彻来源于宪法的价值判断；从消极方面讲，经济法不得违背这些价值判断，正如凯尔森指出，宪法"可以消极地决定法律必须不要某种内容"，[4]此时，经济宪法起到了"越界控制"的作用，[5]构成了经济法的合宪性约束。而且，由于宪法在法秩序中具有最高性与优先性，源于宪法的价值判断在经济法的价值体系中也应当具有最高性与优先性。因此，宪法不仅为经济法提供了基本价值判断，同时也塑造了价值判断的基本序列，当价值判断相互冲突时，经济法应当首先遵循源于宪法的价值判断。基于我国宪法的内容，经济法应当秉持的价值判断包括以下几个方面。

---

〔1〕一个显著的例证是，《矿产资源法》《土地管理法》《农村土地承包法》等法律的第1条均有"根据宪法，制定本法""根据中华人民共和国宪法，特制定本法"的明确表述。

〔2〕参见张翔：《宪法与部门法的三重关系》，载《中国法律评论》2019年第1期。

〔3〕Vgl. Stober, Allgemeines Wirtschaftsverwaltungsrecht, 18. Aufl., 2015, S. 37 ff.

〔4〕参见［奥］凯尔森：《法与国家的一般理论》，沈宗灵译，商务印书馆2013年版，第195页。

〔5〕参见张翔：《宪法与部门法的三重关系》，载《中国法律评论》2019年第1期。

第一,贯彻并维护宪法经济制度。《宪法》第 6 条第 2 款所确立的社会主义初级阶段的基本经济制度,以及《宪法》第 15 条所确立的市场经济体制,是构筑当前我国经济秩序的基础性规范,为经济法提供了价值指引和约束框架。从积极方面讲,经济法应当贯彻并维护这两项制度,积极构建符合其要求的经济法制;从消极层面讲,这两项制度为经济法的调整划定了框架与底线,经济法的制定与实施不得以伤害基本经济制度或市场经济体制为代价。落实到具体的部门经济法,上述价值判断将进一步演化为部门经济法的基本原则。以竞争法为例,国家在经济治理时应最大限度地避免限制或扭曲竞争的行为,采取竞争中立的态度,这是因为竞争是市场经济体制的基本要求,这一价值判断即源于《宪法》第 15 条所确立的“社会主义市场经济”。[1]

第二,实现并保护公民的基本经济权利。保护宪法确立的私有财产权、劳动权、获得物质帮助的权利、依法纳税的义务,是经济法的重要价值判断,公民的基本权利也为国家经济权力划定了边界。例如,财税法是较早开始与宪法进行视域融合的部门法,宪法中的财产权、公民依法纳税的义务等条款,已经成为财税法基本原则的宪法基础,对财产权的保护始终是税法的精神内核。20 世纪 80 年代,日本税法学家北野弘久就提出了“宪法化的税法学”这一命题,试图构建以“纳税者基本权”为基础的财税法理论,认为“纳税者基本权”虽然并未在《日本国宪法》中明文规定,却能以《日本国宪法》第 30 条为依据进行建构。[2] 类似地,我国财税法学界也普遍将《宪法》第 56 条作为“税收法定原则”的宪法基础,[3]学界也逐渐认识到,宪法为财税法提供了基本的价值原则和最高的规范依据。[4]

第三,规范国家机关的经济职权,构建以经济宪治为基础的经济法治。在我国宪法中,对国家机关经济职权的规范仅涉及预算、规划、审计等事务,广泛的经济立法权与经济行政权并未被宪法直接提及,而是在政治宪法的

---

〔1〕 参见张占江:《政府行为竞争中立制度的构造——以反垄断法框架为基础》,载《法学》2018 年第 6 期。

〔2〕 参见[日]北野弘久:《税法学原论》(第 4 版),陈刚、杨建广等译,中国检察出版社 2001 年版,第 79 页。《日本国宪法》第 30 条规定“国民有按照法律规定纳税的义务”。

〔3〕 参见熊伟:《法治财政的宪法之维》,载《财经法学》2015 年第 6 期。

〔4〕 参见刘剑文、苗连营、熊伟、熊文钊:《财税法学与宪法学的对话:国家宪法任务、公民基本权利与财税法治建设》,载《中国法律评论》2019 年第 1 期。

框架内运行。问题在于，政治宪法及其相关法在规范国家经济职权时，已显得心有余而力不足。一方面，经济问题的紧迫性要求国家迅速作出决断，这势必削弱传统立法背后的长期酝酿，委托立法、经济政策、经济行政的重要性与数量势必提高；另一方面，法治原则主要是在形式层面向国家权力提出要求，不能为经济权力的行使提供实质性指导。例如，经济法学者早已提出经济法不仅仅是“政府干预社会经济之法”，而应首先是“干预政府之法”，〔1〕但经济法以何种实质标准规范政府之干预，传统法治理论却难以回答。因此，能够有效规范国家经济权力的“经济法治”，不仅应当是法治原则在经济领域的展开，而且应当拥有独特的价值判断，而这些内容正来源于经济宪法。

依法治国，首先是依宪治国。经济法治必须以经济宪法为基础，成为经济宪治的具体表现。事实上，经济宪治是经济宪法与政治宪法共同实施的产物，一方面，经济法的制定与实施接受传统法治原则的支配，法律优先、法律保留等原则框定了经济法、委托立法、经济政策、经济行政之间的关系，是经济法应当遵循的形式层面的价值判断；另一方面，经济宪法中的基本经济制度、市场经济体制、基本经济权利等，为国家经济权力的运行提供了独特的价值判断与合宪性约束。政治宪法与经济宪法共同为经济法提出了形式要求与实质要求，形成了完整的权力治理方案。陈婉玲教授指出，经济法的观念应当实现从“权力干预”向“法律治理”的转变，〔2〕我们要补充的是，经济法“法律治理”的根本依循，应当是宪法，只有站在宪法的高度，考察政治宪法与经济宪法的内容，才能完整理解经济法治的内涵，也只有立足于经济宪治，才能实现经济法理论对“克服市场失灵”与“克服政府失灵”的统一。

第三节 经济法中子部门法的经济宪法语境

经济法部门的宪法化为经济法学正当性建构的范式转换提供了可能。〔3〕 周刚志教授认为部门宪法释义学是宪法学与其他学科交流合作的理

---

〔1〕 参见邱本、董进宇：《论经济法的宗旨》，载《法制与社会发展》1996 年第 4 期。

〔2〕 参见陈婉玲：《经济法调整：从“权力干预”到“法律治理”》，载《政法论坛》2014 年第 1 期。

〔3〕 参见胡丽文：《论经济法学正当性建构的经济宪法基础——基于范式转换的视角》，载《甘肃政法学院学报》2020 年第 3 期。

论平台。[1]

一、反垄断法的经济宪法语境

有学者认为,经济宪法致力于构建和制定维护竞争自由、发挥竞争效用的整体性制度框架和秩序政策,而反垄断法作为市场经济国家打击垄断、维护竞争的有效工具,与经济宪法的主张十分契合。[2] 经济法既是权力分配法又是控权法,其基本职能就是保障市场经济秩序,维持整体的市场自由和经济利益。市场经济最主要的特征是通过市场竞争配置资源,竞争是市场经济的活力所在,而竞争的前提是自由,阻碍、破坏经济自由和经济利益最危险、最基本的因素就是垄断。[3] 反垄断法提供了关于市场竞争的基本规则,而市场竞争对于建立和完善社会主义市场经济体制起着决定性的作用,是配置资源和推动国民经济发展的根本手段,[4]因而反垄断法在我国市场经济法律体系中占有极其重要的地位,将其视作我国经济法的核心确有可取之处。但反垄断法的"经济宪法"地位的提法仍然只是一种比喻,并没有直接触及宪法规范本身。

二、财税法的经济宪法化

财税法作为部门经济宪法的路径研究的成果最近较为突出,财税法学与宪法学之间的学科对话也日渐频繁。[5] 周刚志教授认为应当在宪法学的视野中研究中国的财税体制改革。[6] 除此之外,周刚志教授认为应当将公共风险的财税法规制措施纳入"合宪性控制"之下。[7] 有学者认为税收法定原则是宪法价值在财税法中的体现。[8] 还有学者认为缺少宪法原则指导

---

[1] 参见周刚志:《部门宪法释义学刍议》,载《法学评论》2010 年第 3 期。

[2] 参见金善明:《反垄断法的"经济宪法"定位之反思》,载《江西社会科学》2015 年第 11 期。

[3] 参见阮赞林:《论反垄断法在经济法体系中的宪法性地位》,载《法律社会学评论》2015 年第 1 期。

[4] 参见王晓晔:《竞争法的基础理论问题》,载《经济法论坛》2004 年第 2 期。

[5] 参见刘剑文、苗连营、熊文钊、熊伟:《财税法学与宪法学的对话:国家宪法任务、公民基本权利与财税法治建设》,载《中国法律评论》2019 年第 1 期。

[6] 参见周刚志:《宪法学视野中的中国财税体制改革》,载《法商研究》2014 年第 3 期。

[7] 参见周刚志、谢令怡:《"风险社会"中的财税法制及其宪法控制》,载《江苏行政学院学报》2021 年第 3 期。

[8] 参见刘国:《税收法定主义的宪法阐释》,载《华东政法大学学报》2014 年第 3 期。

是中国财税体制改革中的最大问题。[1]

值得注意的是，经济学界、财税学界对财税宪法命题也极其关注。李炜光教授、韦森教授长期致力于对税收法定及预算法定等问题的研究。贾康教授认为我国虽然并没有明文的财税宪法，但我国复合单一制下的财政分权格局被视为隐性财政宪法的集中表达。[2] 我们认为，财税法学部门宪法化研究较为流行的原因在于国家财税调控行为本身具有公共管理属性，也较容易成为公法的研究对象。

长期以来，经济法作为部门法的外在形态是以单行法为主体集聚而成的法群，法群中的单行法之间的调整对象迥异，因此法律价值追求千差万别。宏观调控类经济法更加注重国家经济职权的实现，市场规制类经济法更加注重市场秩序的建构和市场主体基本经济权利的维护，而促进发展类经济法则致力于被促进主体发展权的实现。无论是从国家职权中，还是从平行分布的单行法中，提取经济法基础理论的共性均有较大的难度，但基本权利、国家职权在宪法文本中可寻觅踪迹。经济法的部门宪法化有助于经济法内部体系建构的科学化。

第四节 对立宪主义经济法学理论思潮的评价

立宪主义主张以经济宪法的形式对从外部为市场制定规则的权力加以牵制，用以防范可能对市场机制构成损害的经济暴力。如果说政治宪法是对政治生活中危险政治力量的防范和制约机制，那么经济宪法就是对公共经济领域中危险政治力量的防范与制约机制，是经济领域中的民主政治规则。

经济法学研究为什么倾向于选择与宪法学研究相结合？我们认为经济法和宪法共同具有的公法属性，都有对国家权力进行必要限制的法律品格。宪法文本中的基本经济制度条款为经济宪法学研究提供了文本基础，也让经济宪法从纯粹的学理问题变成了法治实践命题。诚如张守文教授所言：

---

〔1〕 参见王世涛、汤喆峰：《宪法框架下中国财税体制改革的意义、重点与挑战》，载《财经法学》2015 年第 6 期。

〔2〕 参见贾康、吴园林：《复合单一制下的财政分权格局——对当代中国隐性财政宪法的考察与展望》，载《学术界》2020 年第 6 期。

“宪法与经济法所共有的‘经济性’是两者能够协调发展的重要前提。”[1]

法哲学方法论的引入解决了经济法学基本理论法律规范性不足的困境，而经济宪法又让相对分散的经济法学研究有了可以聚焦的法律适用场景。基于宪法在我国具有最高法的效力，部门宪法研究成为一种较为稳妥的研究路径，这也有助于奠定部门法的正当性基础。《宪法》第15条“国家加强经济立法、完善宏观调控”的表述，长期被经济法学界视为学科正当性建构的基石规范。但由于宪法规范本身的抽象性和规范性，中国经济宪法学研究仍然需要从形式上的法条走向规范上的具体。域外围绕经济宪法学的研究也从其他视角论证了这种理念的合理性。不可否认，德国经济宪法学丰富的前期研究成果为中国本土的经济宪法研究降低了入门成本，再加之中国经济法学界部分专家学者的留德背景，德国经济宪法成为中国经济宪法在进行观点建构时重要的参考依据。但经济法与宪法的结合性方式与类型是多元化的，并非只有德国经济宪法模式是绝对的参照系。

立宪主义经济法学理论能否从学术意义层面的学理解释工具，成为深入法律实践中的法治价值理念，能否从法律文本来到现实生活？我们认为立宪主义还有以下改进空间：其一，对市场主体经济权利的发现。在干预—调控主义研究范式中，过于单方面地强调干预主体的权力，而较少提及被干预主体的权利。在经济法学研究中，对权利范畴的引入并没有赋予其本位或者优先的价值地位。而立宪主义经济法学的研究进路则真正地将“经济权利”这一概念赋予了基本权利内涵。其二，立宪主义实施机制的思考。就经济宪法的存在状态而言，经济宪法更多的是一种宪法情结和宪法寄托。经济宪法到底应当如何识别与表达，我们认为经济宪法的研究需要以中国的实际问题为出发点，要为现实生活场景所触动。大量的宪法性经济问题的出发点在于问题而不在于文本，而且也不在于既有的经济宪法理论。当下立宪主义经济法学理论在实践中面临的主要问题是经济立法的合宪性审查机制如何得以真正有效地建立与运行，如何保持权力机关与专门监督机关对经济行政职权与经济行政行为的平衡与制约。

国内对经济宪法理论的研究主要集中在规范和价值层面，规范层面则主要集中于对宪法文本中的社会主义市场经济条款的解释，价值层面则主

---

[1] 参见张守文：《论经济法与宪法的协调发展》，载《现代法学》2013年第4期。

要集中于对经济法作为法部门正当性的证成。这些研究的共性在于实现经济法和宪法的对话,尤其着重于宪法向经济法的输入,但对于经济法向宪法的理念与制度输入则涉及不多。宪法与经济法的双向互动,应当成为今后立宪主义经济法学理论研究中的一个改进方向。

本编小结

中国经济法学是在中国改革开放实践与市场经济建设的土壤中成长起来的法学学科。虽然在成长过程中参考了域外经济法学的成果与经验，但中国经济立法与中国经济社会发展的规模与成果是远远领先于同时期世界上其他任何国家的，这为中国经济法学研究的自主性与原创性提供了充分的前提与条件。中国经济法学既不可能复制域外经济法学研究成果，也无须移植域外经济法学研究成果。创立具有中国特色的经济法学自主知识体系与自主科学体系，既有充分的必要性，更有现实的可能性，中国经济法学的研究者应当具有这样的学术使命与学术自信。

与其他成熟的、有诸多域外研究成果可以充分参考和充分吸收的传统法学学科相比较，中国经济法学需要研究者从对政府与市场关系的逐渐体认、对经济立法的观察思考、对经济法与相关法的关系辨识中，去探索和创造经济法学自身所拥有的概念、范畴、价值、方法、体系等。经过多年的积累与沉淀，中国经济法学研究已经形成了干预—调控主义、整体主义、理性主义、历史主义、分析实证主义、立宪主义六大理论思潮。各种理论思潮从不同的视角与出发点，用不同的手段与方法论，对经济法的产生与发展、对象与使命、形式与实质、规范与价值等进行了分析与论证，形成了比较体系化的理论框架。

干预—调控主义思潮的贡献在于明确界定了经济法独立的调整对象，确立了经济法基本的调整方法，奠定了经济法的本体论基础，为经济法学塑造了具有辨识度的外在形象。干预—调控主义提供了经济法的识别标志，使经济法能与其他法律部门区分开来，使经济法学的领域清晰可见。整体主义思潮的贡献在于引入了社会整体利益的概念，还原了我国市场经济发展过程中的秩序性法益，改变了以往传统法律部门固守各自本体利益一隅的单一利益立场，使各种可能发生冲突的利益关系在经济法这一法律部门的调节下能够各得其所、协调相处。整体主义对经济法学的方法论与法益论作出了独到的贡献,为干预—调控主义锚定了社会整体利益的出发点与归宿点。理性主义思潮的贡献在于对经济法的形式与实质进行了科学界定,为经济法治锁定了基本的程序性与实质性要求。形式与实质两个方面对经济法都是至关重要的,两者都不可偏废。形式理性能够对政府经济行为进行必要的程序锁定,为经济法治提供了基本前提。实质理性有助于对政府与市场关系进行动态的法律监测,使不对称的市场力量关系、不对称的社会分配关系能够得到实质性的调适。历史主义思潮的贡献在于洞明了经济法学背后的社会经济条件,对经济法的起源等前置性命题进行了补充论证。任何一个国家对经济法作为立法现象、文化现象、知识现象的态度都不是偶然产生的,而是历史与文化促成的。历史主义思维可以帮助我们培育科学的文化分析立场,不以他域法律现象来作为肯定或者否定经济法的学术根由。分析实证主义思潮有助于经济法学基础理论法律规范性的提升,为经济法理论研究提供实在性的文本印证。经济立法是开放的、发展的、以问题导向为主体的,但也是有规律可循的;经济立法是以经验性为主导的,但也是有严格的规范要求的;经济立法是具体的,但也是可抽象的。分析实证主义是打开庞杂的经济法法律样本库的一把学术钥匙,抽丝剥茧、分类整理、找出规律,是经济法学研究需要的基本态度与基本方法。立宪主义思潮有效沟通了经济法学与宪法学之间的学术交流渠道,也让经济法价值有了高阶法的实证来源。立宪主义注意到了政府干预经济的危险性,为政府经济行为预设了程序法治与实质法治的基本轨道。立宪主义超越了平面性的经济法体系框架,强调经济宪法对经济行政法的牵制与约束,使经济法的体系具有更强的立体性与法治性。

经济法学理论思潮的形成与演进,拓宽了经济法学的研究范围,凝练了经济法学的基本共识,提升了经济法学研究的科学化水平。经济法具有经世济民的特点,经济法学理论思潮的形成过程,就是经济法研究者个体的研究偏好和学术经历与国家改革发展实践的统一过程。经济法学研究的总体趋向呈现为从抽象到具体、从外部到内部、从主观到客观、从制度到文本的基本态势。经济法学各理论思潮之间并非割裂的关系,而是研究者基于不同的观察视角、不同的方法论运用、不同的研究偏好,对经济法的历史与现实、经济法的形式与内容、经济法的立法与实践等,所进行的自我体认与思想凝聚。需要注意到的是,经济法学研究也正逐渐突破学说之间的疆域意识,以"领域法""法典化"等议题尝试推动群体研究路径的进一步升级。

纵观中国经济法学的理论研究历史,干预—调控主义暂时缓解了学科领域中的生存焦虑意识,降低了识别经济法的成本;整体主义尝试扭转了其他学科对经济法品格的偏见;理性主义回应了经济法学的表现形式问题;历史主义研究进路强调要在本国生动的历史语境中发掘经济法学研究的问题与素材;分析实证主义增进了经济法学研究的科学内涵;立宪主义则沟通了经济法学与其他学科的对话渠道,一定程度上克服了经济法学研究论域相对封闭的局限性。

第三编　中国经济法学认知范式

部门法学研究的生命力主要体现为学术研究群体规模的不断扩大，以及基础理论研究成果的不断更新。传统法律部门理论研究的蓬勃生命力源自理论成果的代际积累、法典化带来的守法秩序预期以及司法实践对学术理论的修正和发展。相较于理论根基更为深厚的民法学和刑法学，经济法学研究有时候会陷入孤独和失落的循环之中。我们认为，经济法学研究的此种情形来自学科知识向外输出渠道的匮乏。在计划经济时代，“法律虚无主义”的盛行使法律的作用被技术手段所替代。[1] 对尚处在转型发展期的中国市场经济而言，经济法部门理应在市场经济法律体系中占据重要地位，但经济法学基础理论的解释领域却不足以与经济学、民法学、行政法学等相关学科的核心观点完全区分开来。经济法学的知识起源及形成过程不可避免地受到其他学科输入的影响。例如，经济法学研究中的干预—调控主义理论思潮同行政法学中的规制理论具有一定的相似性，二者都是以市场失灵理论来作为研究政府干预或者控制行为的起点。经济法基础理论的规范性既没有到博大精深的程度，也没有较严谨科学的方法论工具，实用性与对策性也还不够强。经济法在法学研究版图中的弱势状态是客观存在的。经济法学研究的专属领域存在不足，导致了其他学科难以辨识经济法学的存在。因此，经济法学始终在较为封闭的空间内来回摇摆以求证自身的独立价值。在“不发表即出局”的学术生态环境中，纯粹以经济法基础理论为主题的论文发表难度正在不断加大，也进而影响了年轻学者群体在相关领域的研究热情和高质量研究成果的产出。经济法学术研究群体内部的分离现象也值得关注，经济法学研究的可辨识度正逐步降低。经济法学更像一个集合式的研究群概念，实质上却被财税法学、竞争法学、金融法学等具体的研究分支所代表。我们可以轻松地辨识出民法研究、刑法研究、行政法研究的学术标签，但经济法的学术标签则很难以被锁定和识别。一个所谓的经济法学者其实不可能洞悉所有的经济法学知识，只能选择其中的个别方向展开深入研究。虽然经济法学界早已意识到经济法学理论研究资源短缺的事实，但也难以在短期内改变研究过程中的实用性及工具性偏好。其他学科对经济法学研究的困惑也通常来自经济法学研究的“政策追随性”偏好。事实上，经济法学术研究群体也经常反思政策追随与注释偏好。但如果脱

---

[1] 参见张世明、王济东等：《经济法哲学贯通论》，中国政法大学出版社2020年版，第374页。

离了政治经济语境,经济法学又如何才能找到与法律实践的最佳结合点呢?如果脱离了对“热点问题”的紧密追踪,经济法学理论研究又何以获得观点展示的机会?大量的经济法单行法并非纯粹依靠诉讼方式实施,而是与各级政府的政治决策过程紧密相关。经济法学知识具有较强的专业性、跨学科性及政治关联性等特征,因此经济法学知识体系的建构需要超越传统法学的知识范畴,而这无疑增加了经济法学知识的传播成本。新兴科技手段的出现改变了传统的市场交易模式,这也已成为经济法学研究所关注的问题。例如人工智能、大数据等手段和技术的出现,将会在一定时期内影响经济法学研究的热点偏好。我们认为,经济法基础理论研究既要符合法学规范性的特点,也要在研究视角和研究方法上进行大胆的创新。经济法理论与经济法实施的生命力在于对市场运行规律的科学把握。

经济法学研究为什么能够在中国法律文化语境中得以存在?为什么我们能自称是经济法学科的专业研究群体?这些都和经济法学术研究群体的自我认同心理有关。学科认同始终建立在研究水准不断科学化的基础之上。获得官方认可的独立经济法部门法地位以及经济法的法典化,绝非经济法学研究的终点。经济法学术研究群体的使命不在于坚守以“经济法”命名的学科阵地,而是力图解释中国市场经济发展过程中的重大实践性命题。中国独特的经济社会发展模式和地理结构对法律传统的影响是不言而喻的。中国经济法学研究一直在追求“个性”与适应“共性”之间保持平衡。所谓“个性”是指经济法与其他部门法相比具有专属的调整范围、价值宗旨及实施方式。所谓“共性”则是指经济法与其他法学学科一样具有共同的规范属性。由于经济法学的学科发展历程较短,经济法学研究的个性化工具尚在形成之中,稍显“小众”的经济法学也一直在追求进入主流法学语境之中。经济法学的个性化特征是以经济法思维的产生和运用为标志的。有学者认为,经济法思维是指经济法主体带着“经济法的思考”解决生活世界中问题时的方法,[1]但经济法思维也同样需要通过学术成果进行一定的转化。经济法学的相对成熟,体现为“范式”的生成以及范式间的不断飞跃。范式这一概念最早由美国哲学家托马斯·库恩在《科学革命的结构》中提出。范式和范例既有区别又有联系。范式是超越范例的,范例又可以发展范式。

---

〔1〕 参见甘强:《经济法思维的构造》,载《经济法研究》2017年第2期。

在新范例产生时,新范式有可能出现。范式不是固定不变的,而是不断发展的,既可以被不断解释,也可以被质疑。范式可以吸引一批坚定的拥护者,同时又为未来的实践者留下众多有待解决的问题。范式具有承上启下性,它既能解释问题,又能为后者预留问题的空间。范式是科学群体的知识前提和学术规范,并用以节约学术资源和研究成本,也用来约束后来研究者的学术基础和进入路径。范式是通往未来学术的预期之路。建构范畴体系是一门科学走向成熟的必由之路。[1] 经济法学研究总体上呈现出百家争鸣的形态,中国经济法学研究需要不断提高科学化的水平,特别是对经济法学理论的法理基础进行夯实与建构。经济法学研究如果脱离了中国经济法学问题产生的本土语境,就很容易使经济法学成为"概念考据学"或者"理论考古学",减少了对现实问题的针对性研究力度。经济法学理论的演化不能是在封闭空间内的"自我欣赏"或者"自我辩护",只有在开放的社科对话语境中才会有生存与改进的可能。由此可见,问题导向式的研究范式也成为经济法学研究的热门方式。问题导向式的研究方法建立在市场经济法律体系之上,以对策回应性为主要特征。传统经济法研究中的"政策注释"思维具有一定的局限性,其忽略了对经济法自身规律的发掘,淡化了其自身应有的法律规范属性。我们认为,经济法文本、经济法案例、经济法事件应当成为经济法学理论研究的新起点。回归法律文本的研究范式具有其现实意义,但对法律文本的研究也不能成为脱离实际的纯粹文字梳理。我们认为,经济法学研究应当在体现法学研究科学性的基础上,结合中国的实际问题提出具有本土对策性、思想原创性的建议。中国经济法学理论研究的生命力之源在于创新,而非制度移植或者翻译引入,学界应当关注影响经济法制定与实施的基本国情因素,诸如政治、历史、人口、国家规模对经济立法模式、具体制度设计、实施路径差异的具体影响。经济法学研究固然不能脱离具象化的制度,但也与民族性格及民族文化有着千丝万缕的联系。经济法理论研究的生命力不能局限于静态的法律规范,而是要着眼于社会生活的发展演变规律。以中国财税法研究为例,财税制度并非仅在财税法部门法中规定,其他单行法中的财税规范条款同样可以成为经济法学的研究对象,例如《反食品浪费法》第 26 条规定的国家实行有利于防止食品浪费的税收政策。

---

〔1〕 参见张文显:《法哲学范畴研究》(修订版),中国政法大学出版社 2001 年版,第 9 页。

同样,在《突发事件应对法》中也包含大量的政府经济规制类的法律规范。经济法学理论研究应当尝试在开放的市场经济领域中寻找研究资源。新一轮部门法法典化浪潮为法学研究疆域的重组提供了契机。部门法学在法典时代的前途又将如何?经济法如何寻找与法典化相容的路径,如何在保持现有法律体系完整性前提下实现与法典化的并存?这些问题都值得关注。

对新问题和新矛盾的回应性、经济事务的复杂性以及自由裁量空间的存在等因素,限制了经济法最终实现法典化的可能性。中国市场经济体制形成的背后动力并非自生自发的自然秩序,而是主导性政治力量将经济发展的意志渗透到法律部门的塑造进程之中。在中国的传统治理实践中,国家是社会经济秩序建构的重要主体。现代经济法突破了私人契约调整的时空界限,对国土范围内存在缺陷的经济秩序和分配结果进行适度矫正。经济法立法目的条款中存在大量超越法律的词语表述,例如《反垄断法》第1条中的"提高经济运行效率""促进社会主义市场经济健康发展"等规定,说明了经济法的功能不仅在于定分止争,还在于引领各类主体为实现立法目标而主动作为。

中国作为超大规模国家的历史传统与现实国情,决定了中国经济法学研究的本土资源极具丰富性,法律移植不是中国经济法学研究的主要方法。中国特色社会主义基本经济制度理论、中国特色政府与市场关系理论、中国特色经济立法理论,为中国经济法学理论的自足性提供了充分的理论支持。中国改革开放的伟大实践、中国式现代化建设进程的伟大实践、中国社会主义市场经济体制建设的伟大实践,为中国经济法学理论的自主性提供了充分的实践素材。中国经济法学完全能够建构属于自己的基本学术范式。

经过40多年的不懈努力,经济法已经成为中国特色社会主义法律体系的重要组成部门,经济法学研究也取得了大量成果。在迄今为止的40多年间,中国经济法学经历了几次重大理论转型,其理论周期呈递进式的发展态势。与此同时,中国经济法学术研究群体对经济法存在与发展的认知方式也逐步趋于成熟,对经济法内在规律性的把握日渐清晰,初步形成了传统的、基本的、特定的经济法认知范式。

第十章　中国经济法学研究的递进式理论周期

中国经济法学的产生与发展始终与经济体制改革和经济法制建设过程相伴随行。经济法学发展进程中的知识谱系历经了法律移植偏好再到本土问题再造的转化过程。中国经济法学在学科诞生初期参考了苏联以及东欧国家的经济法理论成果,同时也参考了德国、日本、法国等传统资本主义国家的经济法学研究成果。域外制度对中国经济法学理论体系的形成具有参考价值,为尚处在摸索中的中国经济法学提供了参考和思维启迪。更为重要的是,域外经济立法现象为中国经济法学的存在必要性论证提供了必要的素材佐证。但不可否认的是,经济法学仍是相对年轻的学科领域,学科独立性地位在不同国家之间也存在较大差异。再加之域外地区的市场经济生成模式、发展路径及政府干预力度和中国的基本国情存在不同,因此中国经济法学研究的问题导向意识更多地建立在本土国情语境之上。具有中国特色的市场经济制度是中国经济法学理论建构的基础,政府对市场的干预与调控涵盖事前、事中、事后等阶段,政府与市场关系的变化通过政府干预机制向市场调节机制让渡规则制定剩余权来实现,对政府调控进行的约束始终是我国经济法的重要目标之一。除此之外,经济法具有典型的回应型法的特征。突发性的危机事件、重大改革事件、标志性立法事件共同构成了中国经济法学理论生成与更新的契机。中国经济法学的理论与制度同其他法律部门研究相比,经济法学的理论知识体系始终处于比较剧烈的变化状态之中。科技创新、交易模式及国家政策的变动对特定时期内的经济法学研究偏好会起到指向作用。回应型的经济法规范体系也使经济法学研究很难成为“书斋中的遣词造字学”。作为较为年轻的法学学科,中国经济法学研究呈现出鲜明的递进式理论周期特点,出现过三个标志明显的理论周期,而每一个理论周期又都以外部发生的标志性立法事件作为区分标准。

第一节　以《民法通则》颁布为标志的第一个理论周期

一、大经济法与小经济法两个理论阶段的划分

以《民法通则》的颁布为标志的这一理论周期的时间跨度大体为1979年至1992年。在该周期内，以1986年《民法通则》的颁布作为标志和节点，这一周期可以划分为大经济法观点理论与小经济法观点理论两个阶段。

1979年8月中国社会科学院法学研究所召开了主题为“民法与经济法问题学术座谈会”，自此次会议开始，经济法学界与民法学界展开了长时间的学术论战，这些论战从客观上推动了中国经济法学理论的发展。以1986年《民法通则》的颁布作为标志和节点，《民法通则》颁布前的阶段可以视为大经济法观点的理论阶段。这一阶段由于经济法学与民法学等法学学科都处于没有太多的实证法作为支撑的理论建构阶段，在立法机关的经济立法主张影响下，经济法调整全部经济关系的大经济法理论观点较为盛行。例如有观点提出要按照苏联现代经济法学派的理论，建立一个纵到底、横到边的庞大体系。[1]《民法通则》颁布后，平等主体之间的财产关系被明确为民法所调整。依立法者的意图，经济法主要调整纵向经济关系。由此，经济法只调整部分经济关系的小经济法理论观点相应形成。

民法是商品经济的基本法，《民法通则》则是极具中国特色的过渡性民法总纲。在中国市场经济立法过程中，民法与经济法有着千丝万缕的联系。经济立法既包含经济法的立法，也涵盖民法中的市场主体与财产关系立法。尽管关于经济法与民法的关系定位一直争议不断，且学术界的意见往往有走向极端化的两极倾向，但这些年来的立法成果恰恰反映出市场经济既需要民法，也需要经济法，两者之间并非水火不容，而是相融共生。在《民法通则》颁布之前，民法、经济法、行政法三者间的关系如何厘清，立法者对此并未有明确的阐释。《民法通则》颁布之际，立法者借此对民法、经济法、行政法的关系进行了廓清。三个法律部门间关系的廓清，避免了在三者关系的理论论争上过多学术资源的浪费，有利于各部门立法重点的深化与立法路径的拓展，也为经济法外延的清晰化提供了指引。通过《关于〈中华人民共和国民法通则(草案)〉的说明》，从中可以看出，经济法的主体主要与政府、

---

〔1〕 参见孙沛成：《中国民法经济法论战初考》，载《国际关系学院学报》2009年第4期。

国家、企业相关,经济法的对象主要与纵向经济关系相关,经济法的手段主要与管理相关。“民法通则的制定,使我国的社会经济生活在许多方面有法可依了,但是民法通则并不代替和阻碍国家从控制宏观经济的需要出发制定更多的经济法。相反,由于民法通则对一些经济活动中应当遵守的共同规则作了法律规定,为制定单行的经济法提供了经验,创造了条件。民法通则的制定,实际是对制定经济法的促进。”〔1〕《民法通则》颁布后,有经济法学者提出应当按照体制改革的要求,确立经济法的调整范围,同时着眼于法律部门的协调发展来对待行政法、民法和经济法之间的关系。〔2〕

二、第一个理论周期的成果与局限

学术论战是理论研究公开化和刺激学术成果产出的重要方式。法学界关于重大法学理论问题的讨论对中国法学知识体系的形成与发展起到了巨大的推动作用。〔3〕 中国法学研究中的部门法论战现象并不鲜见,但关于市场经济发展法律模式的学术对话,主要是在民法学界与经济法学界之间展开的。学术论战的目的在于明辨学理而非争夺学术地盘,论战的实质是如何正确面对法学理论中的苏联观念影响,即如何协调外来理论与本土国情之间的关系。民法学与经济法学通过学术论战明确彼此的调整对象与研究对象,刑法学等学科也经历了类似的知识体系重构进路。〔4〕 我们认为,经济法学的生命与活力寄身于市场经济体制机制形成与发展的全过程之中。市场经济发展的总体趋势、公民权利意识的觉醒、重大改革立法事件对经济法形成与发展的影响至关重要。在这其中,市场经济的总体发展与公民经济权利意识的觉醒是经济法理论最为可靠的建构基础。经济法与经济政策有较为明显的互动关系,但由于政策主张具有较大的不确定性,经济法学理论的科学性并不适宜建立在经济政策基础之上。必要的学术论战有助于经济法理论成果的持续性产出,尤其是本土化经济法学理论范式的生成,经济法学理论研究的危机意识与自我净化意识也由此形成。以《民法通则》为标志

---

〔1〕 参见项淳一:《民法通则的中国特色》,载《中国法学》1986 年第 3 期。

〔2〕 参见李昌麒:《经济法调整对象新探》,载《现代法学》1988 年第 3 期。

〔3〕 参见陈甦:《新中国 70 年法学繁荣发展的成就与思考》,载《光明日报》2019 年 10 月 29 日,第 11 版。

〔4〕 参见邵六益:《法学知识“去苏俄化”的表达与实质——以刑法学为分析重点》,载《开放时代》2019 年第 3 期。

的这一经济法学研究理论周期的主要特点是对经济法部门边界的学术探索,并强调经济法调整对象的独特性,强调经济法学与其他法律学科的差异性。不可否认,关于经济法专属调整对象的界定对经济法学研究有着至关重要的意义,但这种研究也存在一定的历史局限性,表现为过分追求部门定位与学科地位的独立性,并因此而投入了太多的学术资源,缺少对经济法学科基础理论更深层次的研究。当时经济法学理论界将经济法调整对象独立性的论证建立在党和国家领导人的讲话精神、经济改革成果、域外相似理论介绍等外部因素之上,而对经济法学理论研究本土资源的认识有限,研究成果中的"泛经济化"或者"泛政治化"倾向比较突出,此时经济法学的法言法语范畴与体系尚处于初步建构之中。

在以《民法通则》的颁布为标志的中国经济法学研究的第一个理论周期内,经济法学迎来了自己的初创阶段,经济法学研究的对象和范围也被初步界定。经济法学研究更多地注重对经济法部门独立性的建构和论证,尽力凸显自身研究的个性化。与此同时,经济法学研究也与改革开放后的经济立法活动有较强的契合度。

第二节　以建立市场经济法律体系为标志的第二个理论周期

一、市场经济法律体系的建构对中国经济法学研究的影响

以建立市场经济法律体系为标志的这一理论周期的时间跨度为 1992 年至 2011 年。以 1992 年确立社会主义市场经济体制目标作为标志和节点,这一周期之前的经济法理论可以被视为计划经济(有计划的商品经济)的经济法理论,而 1992 年以后的经济法理论可以被视为市场经济的经济法理论。

社会主义市场经济制度是中国经济法学研究的外部环境。"市场经济就是法治经济"是市场经济与法治之间关系的直观描述。随着 1992 年市场经济目标的确立和 1993 年《宪法修正案》的通过,我国市场经济法律体系开始逐步建立,经济法学理论研究进入了一个井喷式的发展阶段。此时的经济立法和经济法学研究更多地聚焦于为维护市场经济发展而建立经济法治体系。1993 年八届人大一次会议通过的《宪法修正案》对《宪法》第 15 条进行了修改,规定:"国家实行社会主义市场经济。国家加强经济立法,完善宏观调控。国家依法禁止任何组织或者个人扰乱社会经济秩序。""市场经

济+经济立法+宏观调控”的宪法规范结构为中国市场经济制度确定了基本的秩序框架。在1993年的八届人大一次会议上,时任全国人大常委会委员长的乔石提出要“力争在本届全国人大任期内,初步形成社会主义市场经济法律体系”,“要尽快制定一批规范市场主体行为、维护市场经济秩序、完善宏观调控以及社会保障等方面的法律”。从1993年起至1997年党的十五大提出“到2010年形成中国特色社会主义法律体系”时止,建立市场经济法律体系是这一时期经济立法最重要的任务与使命。市场经济法律体系明确了经济立法的四大重点领域,使经济法立法的路径、指引、标准、领域更加清晰,经济法立法的内涵更趋饱满,为中国特色社会主义法律体系中经济法部门的确立奠定了基础,这一阶段可以被视为中国经济法法律部门的关键形成阶段。与此同时,市场经济体制目标也融入具体的经济法单行法之中,《反不正当竞争法》及《消费者权益保护法》等法律均将“促进社会主义市场经济发展”作为明确的立法目的。立法者的目标导向对经济法学研究也产生了直接影响,市场经济目标的确立为经济法学研究提供了价值指引。这一时期,经济法总论研究中虽然有各种各样的学说,但在论及经济法的基本原则时都强调要与市场经济目标相契合,比如市场基础和优先原则等。[1]在这一时期,经济法学研究也在思考重塑政府与市场的关系,政府干预与市场调节相比并不必然具有优位性,政府干预的范围需要受到限制,而且政府干预的程序应当符合法律规定。特别重要的是,在市场经济法律体系构想中提出的市场主体、市场秩序、宏观调控、社会保障四大重点立法领域,为市场经济条件下经济法学体系的建立提供了立法指引。中国当代经济法学体系中最具代表性的市场规制法与宏观调控法体系,就是在市场经济法律体系的影响下逐步提炼形成的。

在社会主义市场经济体制确立后,经济法学研究的侧重点开始转向对市场经济法治体系建构路径及其具体问题的研究。经济学中的“完全竞争市场”“市场失灵”等理论也逐渐融入经济法学的知识体系之中,为经济法学理论研究提供了新的视角。法学与经济学理论的结合成为经济法学研究的

〔1〕 例如,刘大洪教授认为市场优先原则是政府谦抑干预理念在经济法基本原则领域内的映射。市场基础原则要求任何经济领域都应当优先发挥市场机制的调节作用,国家干预应仅局限于市场失灵的范围当中。参见刘大洪:《论经济法上的市场优先原则:内涵与适用》,载《法商研究》2017年第2期。

特色路径之一。“市场失灵理论”为经济法学研究提供了科学性依据，政府干预的必要性成为学界的基本共识。在我国政府主导的发展模式之中，政府干预的权威性需要得到保障。有学者认为，国家干预是权力重新分配的过程，国家通过市场主体丧失某些权力和权利的同时获得了新的权力。[1]我国市场经济在发展过程中始终存在“自上而下”与“自下而上”的双层驱动力量，政府干预是对经济发展诉求的积极回应，社会经济重大改革通常以试点形式推动并逐步进行推广，并最终为经济立法所确认。在市场经济模式的形成过程中，政府干预主体基于自身的价值判断对被干预主体进行必要的筛选与审查，并通过各种宏观调控方式分配经济资源并矫正极端不公平的竞争结果。因此，政府干预在矫正市场失灵的同时，具有增进市场主体能力的功能。在承认市场失灵理论的同时，经济法学界也基于政府失灵的理论预设，对政府干预权力的规范予以特别关注。“需要国家干预”经济法理论就提出应当确定政府干预的合理边界。[2]

二、市场经济条件下中国经济法价值目标的确立

有学者认为，市场规制法旨在从无到有拟制市场要素，并使市场机制在拟制的环境中发挥作用。[3] 中国的经济立法具有规划性的特征。经济立法需求与国家干预的意图存在较大相关性，经济法是国家各类经济政策集合的法律表现形式。经济法的立法目的条款是经济政策与经济立法的连接点，因此具有实质性意义。经济法单行法的数量庞大且类型多元，因此经济法中的立法目的条款的语义内容、表达方式也存在较大差异，本身便蕴含丰富的问题资源。中国的经济立法根植于市场经济制度语境中，为市场经济主体提供基本的秩序预期。我们认为，不同时期的经济立法中心任务与当时的发展阶段与发展诉求紧密相关。在这一时期，经济立法的数量不断增加，是对具体领域经济问题的集中回应。

---

〔1〕 参见应飞虎：《需要干预经济关系论——一种经济法的认知模式》，载《中国法学》2001 年第 2 期。

〔2〕 参见李昌麒：《论经济法语境中的国家干预》，载《重庆大学学报(社会科学版)》2008 年第 4 期。

〔3〕 参见侯利阳：《市场与政府关系的法学解构》，载《中国法学》2019 年第 1 期。

（一）促进经济发展目标

有学者认为，经济法调整的是社会化生产中的增量利益关系。[1] 发展诉求是我国经济法产生的历史语境，在较短时期内实现赶超发展目标符合社会整体利益，但发展资本的稀缺性和不均衡性是我国长期面临的困境。由此可见，我国的经济发展有赖于政府主体积极采取措施对市场进行诱导与规划，政府干预的最初目标并非根治市场失灵现象，而是通过集中优质资源的方式弥补市场机制发育不足的劣势，以支持、促进、诱导等方式增进交易活跃度。国家以积极身份参与经济生活，其意图渗透到经济发展路径、目标及基本规则之中。为消除市场参与主体对国家干预的错误认知，经济法学中的价值研究则显得尤其重要。有学者论证了经济法中的社会利益范畴。[2] 有学者认为经济法学的资源价值在于发展公平。[3] 这些研究结论都有助于阐明经济立法的真实意图与潜在追求，提升社会对经济法的接受程度。事实上，经济法通过赋予政府主体发展经济的权力以及相应责任，用以证明立法意图的正当性。中国社会中的多元化利益存在现实冲突，但实现经济持续稳定增长却是社会共识。经济法因此具有降低经济发展成本，促进经济交易机会等最迫切的功能诉求。市场主体可以通过经济发展获得收入和增加利益，以改善自己在市场中的地位和处境，国家也可以从市场发展中扩大税源以提升财政汲取能力。在以经济建设为中心的国家大政方针指引下，经济发展具体表现为经济总量增长、经济增速递进、发展水平均衡及发展成果共享等各种细分指标。《反不正当竞争法》及《消费者权益保护法》中“促进社会主义市场经济发展”的表述，体现了立法者对经济立法功能的基本期待。这种宣示性表述也有助于提高市场主体的积极性。在国家引导经济发展的模式之中，法律被赋予了刺激经济增长的工具性功能。

在大一统国家的政治传统和单一制的国家结构形式的共同前提下，中央政府是经济发展的主导性力量，在经济立法中体现为“自上到下＋集中统一”的监管模式。因为我国幅员辽阔，地方之间的发展差异较大，地方政府参与经济社会治理活动又显得尤为必要。地方政府之间围绕经济增长目标

---

〔1〕 参见陈乃新：《经济法是增量利益生产和分配法——对经济法本质的另一种理解》，载《法商研究（中南政法学院学报）》2000 年第 2 期。

〔2〕 参见李昌麒、陈治：《经济法的社会利益考辩》，载《现代法学》2005 年第 5 期。

〔3〕 参见单飞跃：《经济法的法价值范畴研究》，载《现代法学》2000 年第 1 期。

而开展的竞争成为惯例，但各种基于促进经济增长目的而制定的“因地制宜”的变通性规定容易破坏法律适用的统一性。中国经济发展的逻辑有赖于超大规模市场形成的资源基础，区域之间的协调发展是超大规模市场的形成基础。长期以来，区域差异、城乡差异、产业差异是我国市场经济板块化结构的主要成因，各板块之间的隔阂影响了市场要素的自由流动。地方保护主义导致的竞争不畅成为具有中国特色的竞争问题。我国《反垄断法》中对行政垄断行为的规制起源于对地方保护主义的禁止。早在1980年，国务院发布的《关于开展和保护社会主义竞争的暂行规定》就明确提出：“开展竞争必须打破地区封锁和部门分割。任何地区和部门都不准封锁市场，不得禁止外地商品在本地区、本部门销售。”2001年国务院又发布了《关于整顿和规范市场经济秩序的决定》，明确规定“打破地区封锁和部门、行业垄断。查处行政机关、事业单位、垄断性行业和公用企业妨碍公平竞争，阻挠外地产品或工程建设类服务进入本地市场的行为，以及其他各种限制企业竞争的做法”。在中国的市场竞争格局中，不同企业获得发展资源和机会的能力与其资本规模具有相关性。因此，有必要区分不同的企业规模和类型，并根据主体之间的实质差异配置相应的具体权利。《政府采购法》第9条规定：“政府采购应当有助于实现国家的经济和社会发展政策目标，包括保护环境，扶持不发达地区和少数民族地区，促进中小企业发展等。”通过法律规定的方式提高政策适用的规范性，调动市场主体创新的积极性。国家通过经济立法的方式提供公共经济符号和市场基础设施，目的在于降低市场交易的成本，包括通过《标准化法》《计量法》《统计法》等立法，降低市场交易中的信息沟通成本与判断成本。《优化营商环境条例》对经济发展环境的改造，意在提高市场主体对其行为后果的预期以及对市场成果的分享机会。

（二）市场经济秩序保护目标

法律具有供给秩序的功能，秩序能够带来预期与安全感。市场经济秩序具有公共性和专业性的特征，包括效率和公平两个方面的目标。市场秩序的建构包括自律管理与政府监管两种方式。民商法主要调整平等主体间的社会关系，较少关注整体公平秩序的实现。民商事交易秩序依托的信息披露、信用评估、币值稳定等前提条件，无法单独保证经济增长目标的实现。市场秩序包括市场交易之前的规则设定，主要通过设定法律规则来实现，市场交易过程中的秩序的维护主要是通过执法及司法活动来完成。市场秩序具有变动性的特征,体现为常态性和非常态性时间节点的区分。在紧急状态中,市场秩序风险问题更为突出。现有的市场秩序主要用于约束经营者行为,例如,对《反垄断法》中的垄断行为及《反不正当竞争法》中的不当竞争行为的规制。市场秩序规则的供给与实施的主体主要为公权力机关,消费者在市场经济秩序建构中的积极性作用较为有限。但我们认为,市场经济秩序的风险不仅来自经营者的不法经营行为,也来自有的地方政府不当处理与中央政府的关系,尤其是有的地方政府在发展目标上对中央政府发展目标的偏差。有的地方政府长期将经济发展目标置于优先性,在金融管理、招商引资、环境保护、房地产市场调控等领域存在部门利益偏好。在地方保护主义的驱使下,市场秩序中的社会整体利益目标容易受到侵蚀。我国《宪法》第 15 条规定的市场秩序保护目标,建立在市场经济参与主体一致同意的基础之上,经济法单行法中所规定的市场经济秩序是宪法基本经济秩序的具体表现。

(三)消费者权益保护目标

经济发展有赖于消费需求的释放,长期被压抑的消费需求是消费者参与市场经济的直接前提。市场经济中的弱势群体权益保护无法通过民商法的绝对平等保护来实现。经济法的实质公平理念要求对市场中的弱势群体采取权利倾斜性的保护措施。消费者权益保护目标的引入既体现了经济法的民主价值,也体现了消费者主权意识的觉醒。现代文明社会的平等自由理念在消费领域体现得淋漓尽致,消费者的天性自由可以充分发挥。消费者的权利实则是经济法主体权利最为直接的表现形式,体现了经济发展成果的普遍惠及。我国《宪法》规定了"国家正确处理积累与消费"的关系,因此经济发展的目标不能仅服务于国家宏观调控需求,也应当对消费者需求进行回馈。对消费者权益保护问题的重视也体现了我国经济增长方式的变化。在国际国内双循环的背景下,对国内市场消费需求的发掘与刺激成为新的经济增长驱动力。对消费者权益保护的目标进行分解,可以发现消费者权益的类型在不同的法律调整规范中具有一定的共性。一部专门法只解决一个具体问题的思路已经过时,对消费者权益的保护也从单一部门法保护发展到了不同法律部门进行协调配合保护的阶段。在经济法学研究中,消费者权益保护研究具有特殊的针对性,很多问题的分析与回应,需要经济法价值目标上的判断标准与识别方法。例如,既往消费者权益保护研究主要停留在静态的法律规则供给层面，侧重对权利类型进行列举，分析权利的内容及形式，但缺少对权利如何落实的理论研究。中国特有的消费文化在消费者权益立法中的独特作用如何发掘，消费者群体具有朴素的正义观念，用价格是否对自身有利来衡量经营者行为是否具有正义性，如对任何层面的涨价行为是否都应当持否定态度；在对消费者权益保护的极端主义主张之下，因为消费者过度维权而导致的市场秩序紊乱风险也同样值得关注。

第三节 以中国特色社会主义法律体系形成为标志的第三个理论周期

大陆法系传统国家具有部门法划分的传统，法学研究的专业化分工也建立在部门法划分的基础之上。经济法体系的形成缘起于经济立法数量的激增。1987 年 10 月 19 日《人民日报》报道："中国经济法制体系正在形成，八年来，中国新制定的 500 多项法律和法规中，经济立法占 70% 以上。"1995 年，中共中央十四届五中全会通过的《中共中央关于制定国民经济和社会发展"九五"计划和二〇一〇年远景目标的建议》中提出："加强经济法制建设，建立和完善与新体制相适应的法律体系。"大规模的立法活动是有法可依的前提，但纯粹的回应型立法模式并不能自发形成科学化的法律体系，中国特色社会主义法律体系是立法者与学术研究群体共同推动而形成的理性化的立法表达形式。

一、中国特色社会主义法律体系中经济法部门确立的理论意义

以中国特色社会主义法律体系形成为标志的这一理论周期的时间跨度为 2011 年至今。以 2011 年全国人大常委会宣告中国特色社会主义法律体系已经形成作为标志和节点，这一周期之前的经济法理论可以被视为理性法形态的经济法理论，而 2011 年以后的经济法理论可以被视为实证法形态的经济法理论。

（一）经济法学研究群体归属感的形成

部门法的区分是法学研究专业化的前提。《中国特色社会主义法律体系》白皮书确立了经济法的独立法律部门地位，降低了经济法学研究论证学科独立性的成本，也有助于凝聚经济法学研究的共识，经济法学群体知识规模也因此不断扩大。有学者认为，经济法是市场经济的保障性法律，对一般

的正常经济关系则不加干预。[1] 部门法之间的必要界限并非对专业知识相互流动的阻碍,反而有助于学科部门集中优势科研资源推动群体性知识的增长,避免扎堆式或者重复式的研究。在经济法的独立部门法地位确定后,经济法学术研究群体的自我认同更加强烈,避免了研究资源的流失。对具体问题的务实性研究也成为经济法学研究自证独立的根本。[2] 部门法的形成既需要特殊的社会关系领域的形成,也需要法学家主观层面的解释与总结。[3] 中华法系诸法合一的历史传统对现阶段的立法模式仍然有持续性的影响。中国社会运行中的机构划分具有严密的等级区分和功能区分,“各司其职”的部门界限意识不可避免地影响部门法学研究对于身份认知的偏好。由于经济法发展历程较短,经济法学研究的身份认知危机感便格外强烈。官方对经济法部门法独立性的确认初步解决了经济法学长期以来的“生存危机”问题。这一方面得益于经济法立法成果的规模效应显现,另一方面也离不开经济法学界对基础理论研究的持续贡献。中国特色社会主义法律体系的形成,对经济法而言,标志着经济法独立法律部门地位的确定,经济法法律体系的框架已经形成。中国特色社会主义法律体系形成后,经济法由哪些法律具体组成已经变得清晰明确,经济法与传统法律部门之间基于建构立场的理性法之争基本结束。经济法学术研究群体的自信心和专注力持续提高,可以专注于对经济法学本质规律的深入发掘。

(二)经济法学研究规范性进一步提高

长期以来,经济法学总论研究中的专属性范畴较为稀缺,学术话语表达的法律规范性不足,研究结论也多源于主观的价值判断。例如,总论研究的内容与立法、司法和执法关联度不强,与整体法律制度存在脱节现象。[4] 经济法学理论研究的这种务虚偏好和经济立法表达形式不够清晰有关。民法学、刑法学、行政法学等学科研究的法律文本和诉讼样本较为丰富,故而可以确保论证过程的规范性和研究结论的科学性。以往部门法地位的不稳定

---

〔1〕 参见赵万一、赵吟:《论商法在中国社会主义市场经济法律体系中的地位和作用》,载《现代法学》2012 年第 4 期。

〔2〕 参见本刊编辑部:《中国经济法学发展评价(2012—2013)基于期刊论文的分析》,载《中外法学》2015 年第 6 期。

〔3〕 参见张世明、王济东等:《经济法哲学贯通论》,中国政法大学出版社 2020 年版,第 24 页。

〔4〕 参见本刊编辑部:《中国经济法学发展评价(2010—2011)基于期刊论文的分析》,载《中外法学》2013 年第 6 期。

导致了经济法理论生成的制度根基并不稳固,研究者不得不援引、套用、改造其他学科的理论。之前的经济法学总论研究更多的是从随机的社会现象或者学者的直觉判断出发,法律文本中的因果分析方法长期处于缺位状态,这也导致了其研究结论的稳定性和可靠性不足。从模糊不定的价值判断到严谨可行的实证分析,是经济法学理论进步的必经之路。

中国特色社会主义法律体系中的经济法部门的明确对经济法学科发展影响深远。80 多部具有经济法属性的单行法,极大地丰富了经济法学研究的文本样本和问题来源,基于立法文本的实证分析方法自此成为可能,有很多学者以此对经济法文本中的立法目的、价值追求、运行方式展开研究。[1]这些研究成果很好地揭示了经济法自身独特的价值取向和运行方式。经济法需要从观念想象形态走向实际适用的形态,经济法学的研究需要从纯粹的概念建构转向法律解释。传统的经济法理论研究范式具有比较明显的实用主义价值取向,即跟随经济立法或者经济政策之后进行注释性研究,以及针对法律漏洞开展修补性研究。这些研究方式虽然可以对社会热点问题和矛盾进行敏锐追踪,却忽略了对经济法法律品格的塑造,也使经济法学的科学化程度有所减损。此时的经济法学研究从经济法调整对象、单行经济法具体制度研究逐渐转向对经济法的整体性研究,从调整对象研究转向法律适用研究,从价值导向研究转向文本实证研究,一定程度上扭转了"重立法、轻实施"的研究取向。研究者普遍基于既有的立法成果提炼经济法的价值、宗旨和原则,经济法学研究中的公共知识开始形成,总论与分论知识开始具有结合的可能性。

(三)经济法实施问题研究的突破

传统的法学研究更多地将精力投入立法缺失和矛盾问题产生之间的原因分析之中,其研究结论自然偏向于从立法视角解决问题。在经济法体系逐渐形成后,经济法立法从四面发散的回应式立法转向重点领域立法,经济法学研究也逐渐从制度漏洞填补式研究转向经济法实施方式的研究。经济法单行法调整领域较为多元化,其实施方式也和其他部门法存在一定差异,

---

[1] 经济法学界已经取得了一些以经济法文本为实证样本的学术研究成果。参见单飞跃、张玮:《经济法中的政策——基于法律文本的实证分析》,载《社会科学》2012 年第 4 期;甘强:《经济法中的国家干预——基于法律文本的实证考察》,载《现代法学》2013 年第 5 期;单飞跃、余骁:《经济法法律责任:语义、规范及其整体谱系——基于法律文本的实证分析》,载《现代法学》2017 年第 3 期。

这种差异并非经济法游离于主流法律体系的表现，恰恰是经济法学研究值得关注的焦点。经济法丰富的实施方式正是体现其学科特色的领域，并不能因为经济法司法适用中的专门诉讼法缺失便否认经济法实施的客观性与现实性。经济法体系中的宏观调控类法、资源类法、促进型法有着区分于传统法的立法目的、语义结构、权责体系，更依赖于公共机构加以实施，公益诉讼、合宪性审查、监管监督等实施方式也大量存在于相关经济法规范之中。如果脱离了经济法文本而空谈经济法的适用，就无法真正理解经济立法的必要性。事实上，经济法立法规定与实施之间的冲突也大量存在。例如，《消费者权益保护法》第 2 条中规定的“生活消费”内涵并不具体，司法实践中存在的对“职业打假人”是否具有消费者资格的争议也源于此，这也体现了经济法中的公共实施方式和私人实施方式之间的边界问题。在税法体系相对完备后，税法学界长期讨论的“税收法定原则”便有了立法文本的支持基础。但是，传统理论疏漏了其中的司法内涵，这也导致了该原则难以直接指导和适用于税收司法活动。[1] 因此，对经济法具体制度的适用研究有助于提高经济法学理论研究的精细化程度。有学者认为，立法目的条款的司法适用可以为政府干预设定正当程序并有助于经济法知识的普及，为市场主体提供稳定的预期。[2]

(四) 问题与反思

经济法的部门体系具有开放性的特征，经济法单行法的数量仍然在不断增加。截至 2024 年 4 月，我国已经有 85 部经济法单行法，单行经济法的数量仍然呈持续增长的趋势。但具有经济法性质的法律规范正在膨胀的现实并不意味着经济学理论研究的同步发达。经济法部门的形成过程具有渐进性的特征，是特定社会历史条件下的产物。经济法的产生、发展甚至消亡等问题不是理所当然的结果。有学者认为有必要研究中国经济法部门形成的规律及其背后的原因。[3] 经济法部门的形成并非完全依托自上而下的政治力量，本质上仍然是法律演进规律的体现。经济法作为独立的部门法已经成为学术界的基本共识，经济法学术研究群体已经没有必要将大量的学

---

〔1〕 参见何锦前、赵福乾：《论税收法定原则的司法化》，载《河北法学》2022 年第 1 期。

〔2〕 参见张玮：《经济法立法目的条款司法适用路径的考察与解释》，载《财经法学》2020 年第 5 期。

〔3〕 参见单飞跃：《中国经济法部门的形成：轨迹、事件与特征》，载《现代法学》2013 年第 5 期。

术资源用于对学科独立性的论证,部门法之间的清晰边界也不再是研究者热衷于争论的议题。中国的经济法学研究受经济学、政治学、社会学乃至历史学的影响颇深,但在之前总是回避与民法学、行政法学等学科的协作式研究。在传统论战式思维的主导下,经济法学过多从理论层面探讨自身的特殊性,而较少从实际需要层面谈及经济法如何与其他部门法共存的问题。我们不难发现这样一个有意思的现象,经济法学术研究群体倾向于和自身论战较少的部门法学开展积极的比较式研究,比如经济法学研究中不排斥与宪法学、法理学乃至刑法学之间的关联性探讨。与此同时,其他部门法学如何看待经济法学的理论进展呢?其他学科似乎并不热衷于探讨自身与经济法学的相关联系。为什么经济法学在部门法具有独立性之后仍然受到质疑呢?甚至曾经还发生过因为疏漏而导致将经济法学从法学核心课程中被排除的争议风波。其他学科认为经济法学不具有科学性的看法依然存在。这也充分说明了部门法层面的经济法与学术研究层面的经济法学并不能画等号。与其他部门法的对话渠道缺失的原因是什么?是法理学基础的缺失,还是司法适用路径的有限性,经济法学界也在自我反思。有学者认为,经济法学研究缺少深层次的哲学思维。[1] 在现实法律文本基础上建构的部门法哲学应当是更具有生命力与说服力的,经济法需要向法学家决定的法、市场需求决定的法转型。

经济法部门法体系的形成,标志着中国特有经济法文化现象具有了文本基础和规范依据,经济法学研究的本土法律资源也变得更为丰富。大规模的体系化经济立法是经济法学理论演进的重要制度推力。经济法文本的形成过程是我国历史传统的记载,也是国情实际的投射。例如,中国竞争法体系的形成历程、品格特色及现实需求,就与欧美竞争法模式有着迥异差别,基于不当行政干预而形成的垄断行为是影响中国市场竞争秩序的风险来源之一。近代以来,中国社会发展与赶超需求也在影响中国经济法的体系构成,国家干预以促进发展、保护规划等多种具体面貌出现,这也从一个侧面说明了促进型经济法、产业政策类经济法、综合管理类经济法存在的必要性。中国经济立法在治理市场缺陷的同时也承担了发展市场的功能,专业性的宏观调控主体与市场规制主体一样,也是我国经济法的重要主体。

---

〔1〕 参见张世明、王济东等:《经济法哲学贯通论》,中国政法大学出版社 2020 年版,第 5 页。

中国作为一个超大规模国家，中央与地方关系始终是中国历朝历代统治者的治理议题，这种政治传统也体现在经济立法的文本规范之中，最为典型的就是财税法中的“分税制”“转移支付”等制度。在市场监管法之中也有中央与地方的职责分工与协调等内容。

经济法作为独立部门法的现实已客观存在，但经济法作为规模庞大的法群形态，其内部体系的优化整理仍需要完善。经济法是典型的混合法，注重经济部门与经济利益的综合平衡与协调。[1] 这也决定了经济法部门对外呈现为开放与复合的法群体系。法群体系中的法律文本规模较为庞杂，且呈现出四面放射的状态。经济法的单行法是以具体问题、行业、领域、主体等要素进行立法及细分的，单行法之间的离散特征较为明显，这就不可避免地导致分论研究的资源和重点方向比较分散。基于此，经济法部门在外观上呈现出专业化、碎片化和繁杂化的特点，对经济法体系的整合有赖于法学家的理性建构和彼此之间的共识凝聚。分散式的立法也导致了研究群体容易出现分散化趋势。由于经济法的法律规模过于庞大，且分散性极强，要成为经济法学研究通才和全才的难度极大，大多数学者只能将精力投向具体的单行法，这就容易出现经济法基础理论的整体性研究与支撑较为薄弱的问题，经济法的“名与实”出现脱节。

分散式立法容易使法律在适用过程中仅仅对某一领域的规范进行了解释，却忽视了经济法作为维护社会整体经济利益之法的体系性功能。[2] 除《消费者权益保护法》对消费者权益实施专门保护外，消费者权益保护内容还散见于其他的经济法单行法之中，如《反垄断法》《反不正当竞争法》《产品质量法》《广告法》等立法的目的条款中都有保护消费者权益的表述。《反不正当竞争法》《广告法》规定了不得欺骗误导消费者的内容，但在具体表述上存在细微差别或者不一致之处，如公益诉讼的发起主体有所区别，有的是法律规定的消费者权益保护组织，有的是人民检察院，同时也还存在消费者利益和消费者合法权益的不同表述等问题。

立法数量的增加并不能直接导致立法质量的提升。立法膨胀反而会有

---

〔1〕 参见朱景文：《中国特色社会主义法律体系：结构、特色和趋势》，载《中国社会科学》2011 年第 3 期。

〔2〕 参见刘凯：《法典化背景下的经济法统合性立法》，载《法学》2020 年第 7 期。

损法律的确定性、侵蚀法律权威并影响法律实施。[1] 以税法为例，有学者认为，我国税收法律体系过于庞杂会产生更多的税收成本，给纳税人的预期带来不确定性并降低税收效率。[2] 经济法文本规模的迅速膨胀，也可能会造成立法主体与守法主体之间的信息不对称。

二、法理学视域中的中国经济法与中国经济法学

经济法学研究要依托社会主义法律体系的基本构架解释法律，回答中国式的发展问题，进而夯实学科理论基础，并构建与其他法学学科对话交流的平台。经济法学术研究群体有必要从其他学科对于自身的描述和论述中得到参考。通过研究法理学著作之中的经济法，可以了解到经济法研究中的哪些理论成果在法学界得到了较为普遍的响应，还有哪些问题是需要继续深入研究的或者是需要改善经济法知识传播与学术交流方式的。

法理学在法学研究体系中占据特殊地位，是法学的一般理论、基础理论和方法论。[3] 法理学以本国的现行法律为研究对象，概括各部门法的共同规律、共同特征、共同范畴，从而为部门法学提供指南。[4] 经济法学在法学研究领域中属于新兴部门与新兴学科，经济法学研究也需要遵从法学研究的普遍规律与共同规范。法理学著作中有关经济法学的论述是法理学界对于经济法部门以及经济法学科的基本认识，也是折射经济法研究成果的"一面镜子"。对法理学中经济法问题的研究也可以从侧面印证经济法的一些研究路径。朱景文教授就经济法的存在意义作过这样的阐述："中国社会主义市场经济改革不是单向度的，而是一方面建立市场经济，另一方面加强宏观调控。对这两种情况需要用不同的手段治理，对前者需要进一步推进市场化的改革，国家减少行政干预；对后一种情况则需要通过国家干预，防治私权自治带来危害国家、社会和他人利益的后果。""进入 20 世纪以来，随着社会关系的发展，法律部门及其之间的关系也日益复杂，这种复杂一方面表现为法律部门越分越细，另一方面出现了许多新的领域，出现了大量的兼有

[1] 参见顾爱平：《节制是立法者的美德——兼论立法理念的错位与变革》，载《江苏社会科学》2010 年第 5 期。

[2] 参见刘剑文、赵菁：《高质量立法导向下的税收法定重申》，载《法学杂志》2021 年第 8 期。

[3] 参见张文显主编：《法理学》（第 3 版），法律出版社 2007 年版，第 10 页。

[4] 参见张文显主编：《法理学》（第 3 版），法律出版社 2007 年版，第 11 页。

不同法律部门特点的新领域，兼有几个基本法律部门特点的混合法律部门也出现了，最典型的就是经济法、环境法和社会法。再用公法与私法的两分法，甚至宪法、行政法、刑法、民商法、诉讼法等基本法律部门来归纳不同的法律文件就太简单化了。面对新的社会关系，在原有部门中首先出现一些不那么纯粹的规范，它们处在原有部门的边缘，于是就在这个部门中出现了不那么协调的现象。后来，这类条文变得越来越多，原有的法律部门再也不能容纳它们，最后逐渐形成一个或若干个调整同类关系的法律文件，经过法学家的理论化，新的部门产生了。"〔1〕我们选取了39本法理学著作作为考察样本，这些著作多冠有"法理学""法理学导论""法理学教程""法学概论""法学原理"等名称，范围涉及法理学专著、法学专业教材、非法学专业的教材。〔2〕这些著作的作者多为我国著名的法理学家，多来自北京大学、吉林大学、中国政法大学、西南政法大学、中国人民大学、复旦大学等法学名校。

这些著作大多采取"法律部门—中国特色社会主义法律体系—经济法"的编排方式，有35部法理学著作将经济法视为独立的法律部门而单独进行叙述。有一些著作并没有直接使用"经济法"这一概念，而是用其他相关或相近概念予以替代。比如，张哲与李放所著的《法理学》中采用的"财政法"部门这一概念，该书于1981年出版，属于较早时期的著作，此时经济法立法工作刚刚开始，相关的法律法规较少，也没有形成独立的法律部门。在样本中还有两部域外法理学著作也提及了经济法的存在，一本是德国著名法学家拉德布鲁赫所著的《法学导论》，在该书中有专门章节论述经济法与劳动法。〔3〕另一本是俄罗斯法学家马尔琴科的《国家与法的理论》，该书中采取了"土地法、农业法、财政法、环境保护法"的列举方式。〔4〕我们可以从中看出，在法理学著作中将经济法作为法律部门已经是一种客观存在的法学现象。

法理学著作中关于经济法部分的表述基本上采取相近的内容编排方

---

〔1〕 参见朱景文：《中国特色社会主义法律体系：结构、特色和趋势》，载《中国社会科学》2011年第3期。

〔2〕 在样本的选取上，本书并没有将一些法哲学著作纳入，只是选取内容上含有社会主义法律体系章节的法理学著作。

〔3〕 参见［德］拉德布鲁赫：《法学导论》，米健译，法律出版社2012年版，第92页。

〔4〕 参见［俄］M. H. 马尔琴科：《国家与法的理论》，徐晓晴译，中国政法大学出版社2010年版，第409页。

式,虽然内容篇幅、排列顺序有所差异,但大多包括经济法的学术定义、经济法的调整对象、经济法的构成体系等基本问题。

(一)经济法的定义方式

我们采取词频分析的办法,对相关经济法定义中出现的词语进行归类。按照经济法主体划分,主要有“国家”“市场”“经济组织”“企业”等;按照法律实施手段划分,主要有“调整”“协调”“干预”“管理”“调控”等;按照作用客体划分,主要有“市场经济活动”“宏观调控经济活动”“经济关系”“经济运行”“社会经济关系”“权利义务关系”等;按照立法目标划分,主要有“社会整体利益”“公共利益”等。

我们通过对样本进行词频统计可以发现:“国家”出现的频率为35次,“市场”出现的频率为13次,“经济组织”出现的频率为1次,“宏观调控”出现9次,“经济关系”(包含社会经济关系)共出现37次,“社会整体利益”出现6次,“公共利益”出现1次,“调整”出现39次,“协调”出现2次,“干预”出现9次,“管理”出现1次。从词频统计的结果可以发现,最常出现的词为“国家”“宏观调控”“经济关系”“调整”“市场”。这些词语构成了法理学视角之下经济法定义的主体部分。法理学对经济法下定义多采用这样的句式结构,即“经济法是因为国家对市场经济活动进行调整而形成的经济关系的法律规范的总称”。虽然不同的法理学家在具体的词语选择上有细微的差别,但是仍然基于这样的主干句式进行拓展。还有的定义方式便是在这样的句式之上添加经济法的立法目的、所遵循的原则等,比如“社会整体利益”也在定义中经常出现。有学者认为:“经济法法律部门是国家从社会整体利益出发对经济活动实行干预而产生的法律规范所构成。”[1]通过这种定义方式我们可以发现,法理学家眼中的经济法中最重要的特质是国家主导性、经济意志性以及社会公共性。

值得注意的是,部分法理学家在早期就已经开始区分广义的经济法和狭义的经济法,比如沈宗灵教授、李龙教授和付子堂教授在他们的著作之中便有对经济法相关问题的论述,他们认为应该区分“社会经济关系”与“由国家进行调整的经济关系”这两个概念。广义的经济法是指调整经济关系的任何法律,而狭义的经济法所调整的对象是国家在对经济进行干预过程中

〔1〕 参见舒国滢主编:《法理学阶梯》,清华大学出版社2006年版,第153页。

所发生的社会关系。在这些法理学著作中通常采用狭义的经济法定义，即在一个国家之中存在调整着社会经济关系的各种法律规范，但并不是所有的这些法律规范都是经济法。在经济法学的研究中最主要的关系也是国家与市场或者政府与市场之间的关系，是一种凝聚公共意志的经济关系。法理学界与经济法学界就这一理论基础问题的判断是一致的。

（二）经济法的体系构成

经济法的构成体系指的是经济法部门的组成情况。在这些法理学著作之中都有经济法体系相关内容的介绍，并且也是关于经济法的论述中篇幅最多的部分，这也从一个侧面反映了我国经济法立法进程在法理学家眼中的变迁认知。法理学界较为一致的观点是我国并不存在一部统一的经济法法典，经济法律体系是由大量单行的法律、法规组成的。经济法的立法是不断变化发展的，每年都会有新的单行法颁布。正是基于这样的特点，不同年份出现的法理学著作中都会对经济法的构成体系有不同的表述。随着经济立法工作的不断深入，经济法的构成体系也由单一到复杂，这种变化趋势在这些著作中都有所体现。

法理学著作中对于经济法的调整领域和调整对象都有着相应的论述，最为常见的调整对象是宏观调控关系和市场管理关系，这也构成了经济法构成体系的最基本部分。此外在这样的对象关系之下又有具体的调整部门和领域，并列举了相关的部门和领域之下有哪些重要的单行经济法法律。主要有以下三种编排方式。

1. 按具体的调整领域分类

这种编排方法主要是依据具体调整对象和作用领域进行门类划分，然后列举该门类之下的代表性法律。这种编排方式仍然是以涉及经济领域的法律作为经济法构成体系的重要部分。

比如有学者认为，经济法部门包括经济计划、市场秩序、基本建设、财政金融、投资信贷、外汇证券管理等方面的法律法规；也有学者认为，经济法部门包括企业管理、财政金融、税收、宏观调控、有关市场主体、市场秩序的法律规范等。这种分类方式比较直观，可以让读者了解到经济法律部门的重要组成部分以及某些特定的经济法律的立法目的。但正是因为经济法律部门所调整的经济关系分散、复杂的特点，有关经济的法律并不完全和经济法这一法律部门对等。仅采用调整领域而对经济法的构成体系进行分类是不够全面的。

2. 按调整关系分类

法理学家对经济法进行定义的落脚点在于国家所调整的社会经济关系，这种划分方式便是将社会经济关系进行更为具体和细致的分类，并以此作为经济法构成体系的门类标准。大多数学者将经济法的组成体系概括为宏观调控法、市场规制法或市场管理法，持这种观点的主要有费艳颖、夏锦文、蒋晓伟、张文显等学者。此外，还有将企业主体间的关系以及涉外经济关系作为分类的标准，有学者在《法学基础》中就将经济法的组成体系划分为三大部分：一是调整国民经济在管理活动中所发生的经济关系，即宏观经济管理关系类的法律；二是调整企业内部在管理经济的活动中所发生的经济关系，即微观经济管理关系类的法律；三是调整涉外的经济关系类的法律。[1] 随着经济法所调整的经济社会关系的变化以及复杂化，社会经济关系也有着更为新型和明细的分类，比如吴祖谋教授认为经济法所要调整的对象关系包括微观经济调控关系、市场调控关系、宏观经济调控关系、社会分配关系。按照调整关系对经济法的构成体系进行分类是大多数法理学者的研究方法，也和经济法学者的研究路径相似。

3. 简单的法律列举

除此之外，也有学者在编排经济法这一部门内容时只列举了单行法律，即经济法部门包含哪些具体的法律。比如郑成良、魏清沂、李步云、张光杰、张军、赵肖筠、史凤林以及高其才等学者在他们的著作之中都采用了这样的编排方式。李步云教授在其《法理学》著作中就认为经济法包括工业企业法、农业法、对外贸易法、银行法、计划法、统计法、会计法、物价管理法、产品质量法、基本建设投资法、反不正当竞争法等。[2] 有学者认为，我国经济法法律部门的主要规范性法律文件有《预算法》《审计法》《会计法》《商业银行法》《产品质量法》《税收征收管理法》等。这些著作有很多是非法学专业的教科书或者其他相关考试的辅导用书，采用这种编排方式的原因在于较为快速地普及法律知识和罗列内容重点。采用这种编排方式的好处是可以让受众在较短时间内了解哪些法律是经济法的组成部门，把握经济法的基本

---

〔1〕 参见修义庭主编：《法学基础》，上海人民出版社 1991 年版，第 59 页。

〔2〕 参见李步云主编：《法理学》，经济科学出版社 2000 年版，第 278 页。

内容,但是这种编排方法只是从某些具体的侧面去看待经济法,并不能完全还原经济法的整体性体系。

法理学家对于经济法构成体系的认识也是不断深入的。在早期的法理学著作中并没有对经济法的体系进行完整的说明,随着我国经济立法内容的不断丰富,对于经济法体系的分类也更加的细致,也包括了诸多新制定的经济法律法规,以及经济法调整的新领域。在一些法理学家看来,经济法的调整对象也不仅是纯粹对市场进行管理、调控而产生的经济关系,经济法的产生也不只是为了克服市场自发调节的弱点,而是有了更为超前的立法目的。比如研究者们也开始将一些产业促进性的、带有维护社会公平性的、调整分配关系的法律当作经济法构成体系的重要组成部分。这体现了我国经济立法的变化在其他法学部类中所产生的影响。

(三)经济法在社会主义法律体系中的地位

经济法在中国特色社会主义法律体系中的地位一直是法学界较为关注的问题,很多著作都提及了经济法与其他相关法律部门的区别与联系。

已经有越来越多的法理学家认为经济法已经成为独立的法律部门,经济法应成为我国社会主义法律体系的基本组成部门。[1] 经济法成为一门独立的部门法这一现象也符合法律体系发展的一般规律。[2] 一些法理学家也在其著作中详细区分了经济法与民商法、行政法等其他法律部门的差异。有关经济法和民商法的比较是最为常见的,大多数法理学家从经济关系主体地位的不同进行区分,即纵向经济关系和横向经济关系是经济法与民商法的主要区别,经济法是调整纵向经济关系的法律规范的总称。随着理论研究的不断深入,法理学者对于经济法与民商法的区别也有了进一步的认识。费艳颖教授在其著作《新编法学导论》中就从以下六个方面阐明了经济法与民商法的区别:第一,民法倡导意思自治,经济法限制意思自治;第二,民法对法律主体进行平等保护,而经济法对法律主体进行侧重保护,比如《中小企业促进法》便是一部对特定主体进行保护的经济法律;第三,民法侧重关注微观经济运行的过程及保障经济发展所需动力,而经济法则从宏观角度调节经济关系并注重整体利益的协调;第四,民法的立法目标较为单

[1] 参见蒋晓伟主编:《法理学》,同济大学出版社1999年版,第325页。

[2] 参见沈宗灵主编:《法学基础理论》,北京大学出版社1994年版,第359页。

一,保证正常的交易秩序,而经济法则将经济目标、社会目标和生态目标有机结合起来;第五,民商法的法律原则具有国际通用的特点,因此更加全球化,经济法的立法具有国别特色,突出本土化;第六,民商法的稳定性强,法律法规、法律理论以及原则变动较小,而经济法的法律法规以及学说变动较为频繁。此外,其还对经济法与行政法进行了区分:第一,行政法偏重人文精神,而经济法注重科学精神;第二,行政法受意识形态和文化传统影响大,而经济法受上述因素影响较小;第三,在理性程度上,行政法不如经济法,行政法比较重视规范分析,而经济法较为侧重实证分析。[1]

中国经济法的存在和发展历程并不长,因此有关经济法地位的问题一直是法学界关注的焦点,尤其在《中国特色社会主义法律体系》白皮书发布之前,经济法与民商法、行政法等其他相关法律部门的区别和界限也是学术界一直争论的中心问题,经济法学界也为证明经济法的独立地位进行了大量的研究。通过法理学家的研究成果可以发现,经济法部门的独立性已被越来越多的法理学家所承认和接受。

(四)经济法的其他范畴

法理学学者在描述经济法法律部门时通常也会对经济法的产生背景进行简要介绍,他们普遍认为经济法是经济社会发展到一定阶段的必然产物,中国的经济法伴随改革开放和市场经济的历史背景,经济立法的重要目的便是满足市场经济的发展和经济体制改革的需要。[2]

在这些法理学著作中也提及了经济法的某些原则和立法目标,归纳起来主要有"社会整体利益""公共利益""克服市场调节盲目性""克服社会公益性与个体营利性的矛盾""社会和谐发展""兼顾公平与效率"等提法。也有学者直接归纳出了现代经济法遵循的基本原则:其一,遵循客观规律原则;其二,促进和保证以社会主义公有制为主体多种经济成分共同发展原则;其三,兼顾国家、集体和个人利益原则;其四,经济利益与社会利益相结合的原则;其五,经济效益与社会效益相结合的原则。[3] 与早期法理学著作简单介绍经济法定义、构成体系不同的是,已经有越来越多的法理学学者开

---

〔1〕 参见费艳颖主编:《新编法学导论》,大连理工大学出版社2011年版,第129页。

〔2〕 参见李龙主编:《法理学》,人民法院出版社、中国社会科学出版社2003年版,第375页。

〔3〕 参见周掌珍、李少和、高秋萍主编:《法学概论》,北京工业大学出版社2004年版,第211~213页。

始研究经济法的本体问题和法理问题。

在法理学中介绍经济法的调整对象关系时最常用的词语为“管理”“调控”“干预”等词,从中可以映射出经济关系的两大基本主体:政府与市场。但是经济法的调整对象也在不断变化,相应的经济关系也变得越来越复杂,如果简单地用“管理”“调控”等词也不足以穷尽经济法的调整对象。因此有法理学学者认为,经济法的调整对象是指经济法应当促进、限制、取缔和保护的社会关系,亦指经济法规范效力所及的范围。[1] 概括来说,经济法的调整对象是国家需要干预的社会经济关系。从中可以看出,“促进”“限制”“取缔”“保护”等词是对“干预”“管理”的进一步细化,也是不同类型经济法法律不同立法目的的凝聚与再现,比如经济法法律部门中的促进法就体现出了国家对于特定对象以及特定社会关系的保护与促进。这说明法理学者也开始认识到社会经济关系的变化对于经济法研究对象变化的影响。

也有一些法理学学者对于如何进一步完善经济立法体系提出了自己的建议。比如,孙笑侠教授认为还需要制定和修改以下法律:国有资产法、外汇管理法、信贷法、投资基金法、税收征收管理法、反垄断法、反倾销和反补贴法、港口法、电信法以及外资投资法。[2] 这些观点的提出也反映出了我国经济与社会发展的要求,也给经济法学术研究群体的研究提供了参考意见。

在经济法的内部构成问题之上,法理学学者的观点也不尽相同。比如就环境法部门的归属问题法理学学者便有着不同的见解:吴祖谋教授认为环境保护法不属于经济法的组成部门;赵震江教授、付子堂教授则主张用环境保护法部门取代经济法部门,而将其列入社会主义法律体系的组成部门之一;周永坤教授认为资源环保法应成为独立法律部门,其主要包括森林法、草原法、渔业法、矿产资源法、农业法、土地管理法、节约能源法等;[3] 曾宪义教授和王利明教授则认为环境保护法和自然资源法属于经济法的组成部门。此外,关于各类企业法的性质问题,法理学界也有不同的观点,以外商投资法律规范为例就有两种不同的划分方法:一种观点是将《外资企业法》《中外合作经营企业法》等法律划分为企业管理类的法律法规;另一种观点便是将这类企业管理法

---

〔1〕 参见吴祖谋、李双元主编:《新编法学概论》(第 2 版),武汉大学出版社 1997 年版,第 292 页。

〔2〕 参见孙笑侠主编:《法理学》,清华大学出版社 2008 年版,第 67 页。

〔3〕 参见周永坤:《法理学:全球视野》,法律出版社 2010 年版,第 80 页。

视作扩大对外开放、促进对外贸易发展法律法规的组成部分。此外,有学者认为,《中国人民银行法》属于宏观调控类的法律,也有的法理学学者将其归类为金融类的法律法规。这说明法理学学者也开始对经济法研究中的一些细节问题进行深入关注,并提出了自己的学术观点。

通过分析法理学著作中的经济法现象,我们还能够发现这样一些特点:第一,同一作者的观点基本保持一致。比如付子堂教授、孙国华教授的观点较为稳定。孙国华教授在其新旧两个版本的《法理学》一书中都保持着较为一致的学术观点以及行文方式。付子堂教授也在其先后出版的两本著作中介绍了其自身对于经济法法律部门地位的认识,观点也较为稳定。第二,随着时代的变迁,法理学著作之中有关经济法问题的叙述和研究也随之发生变化,包括更加准确的概念的提炼,一些近期出版的法理学著作则很好地吸收了经济法的理论研究成果,也将一些新的经济法律法规纳入经济法组成体系之中。第三,同一所学校的学术观点存在一致性。比如,中国人民大学的法理学家们对于经济法的相关问题就有着较为相似的认识,在具体的行文描述中也保持着一致。

第四节 《民法典》时期经济法学理论研究的转型

各部门法围绕法典化竞赛的时代正在到来。《民法典》的制定对于经济法学研究的影响已无法忽视。法典化的实现与法律知识的科普水平、法律检索技术的不断提高有关。《民法典》的立法体例及内容设置具有百科全书的特征,势必对市场经济生活的诸多方面进行调整。《民法典》调整的市场经济关系也拓展到公共经济领域。经济法学研究中干预主义的解释空间受到一定的压缩。有学者认为,《民法典》不应当将经济法的特异性权利范畴纳入其中,例如消费者权。[1]《民法典》制定及实施后,各学科都在研究部门法与《民法典》之间的联系,经济法也需要重构与《民法典》之间的关联。在传统的论战语境中,经济法学研究关注的是经济法学的专属范畴,但也在一定程度上忽略了法律适用的可能性。事实证明,经济法的调整对象无法脱离民商事关系而单独存在。经济法的法律调整是门槛较高的补充方式。

---

〔1〕 参见钱玉文:《消费者权的经济法表达——兼论对〈民法典〉编纂的启示》,载《法商研究》2017年第1期。

《民法典》中的经济公法规范是经济法与《民法典》的适用连接点,经济法与《民法典》的合作交叉方法可以提供更多的学术研究资源与机会。与《民法典》受到的“万众瞩目”相比,经济法现象则显得相对小众。我们认为,应当从《民法典》的规范中寻找经济法适用的连接点,通过与《民法典》的衔接提高经济法的司法实施效力及社会影响力,尤其是经济法学基础理论研究是否可以借助《民法典》实施带来全新的公共讨论空间。已有学者就此问题展开了初步的研究。例如,甘强教授认为《民法典》的颁布对经济法司法产生了重要影响,而《民法典》对社会公共利益的重视、对经济法制度的吸收以及对公法规范的使用,为法官在特定民商事领域运用经济法思维提供了可能。[1]

一、《民法典》影响下经济法法典化的路径讨论

历经过学科生存危机的经济法学科一直关注经济立法成果的表达方式,希望通过法典化的方式提高经济法的实施效力、社会影响力及学术研究热情。经济法学界同样渴望经济法法典化时代的到来,并希望通过法典化的契机将经济立法成果进行系统性的统合。经济法学界讨论比较热烈的是关于“经济法通则”的制定问题。有学者认为,经济法在内部实现法典化是必然的选择,但是需要采取逐步推进的方式。[2] 焦海涛教授认为经济法是否需要法典化已经没有太多异议,更多的是对法典名称、编纂方式、进度设定的细节差异。[3] 经济法学界对法典化的具体进程也有讨论,例如有学者认为可以在经济法内部实现单行法的现行统合,构建以经济法总则为核心的一核多级的经济法体系。[4] 部分学者将制定“经济法通则”作为法典化的起点。例如,叶姗教授认为,“经济法通则”能够统辖经济单行法体系,为经济法典编纂奠定基础。[5] 孟庆瑜教授认为,经济法法典化是经济法立法的最高目标,渐进式体系化是实现最高目标的路径。[6] 但这种共识只是建

---

〔1〕 参见甘强:《〈民法典〉背景下的经济法司法发展进路》,载《当代法学》2023年第1期。

〔2〕 参见李玉虎:《民法典时代的经济法体系构造——兼论〈经济法通则〉的结构》,载《财经法学》2020年第2期。

〔3〕 参见焦海涛:《经济法法典化:从“综合法”走向“整合法”》,载《学术界》2020年第6期。

〔4〕 参见刘凯:《法典化背景下的经济法统合性立法》,载《法学》2020年第7期。

〔5〕 参见叶姗:《再议制定经济法通则的必要与可能》,载《人大法律评论》2016年第3期。

〔6〕 参见孟庆瑜、刘婷婷:《法典化背景下中国经济法的立法回望与发展前瞻》,载《河北大学学报(哲学社会科学版)》2022年第6期。

立在对未来发展趋势预测的基础之上。部门法的法典化浪潮实质上是部门法之间竞争的新形式,而这种竞争又有可能造成新的封闭环境。因此也有学者认为应当突破部门法分立的路径依赖,建构起以行业为单位的跨部门的行业法结构。[1]

《民法典》的制定具有一定的政治象征意义,体现了中国法律文明的新贡献。法典化分为形式上的法典化及实质上的法典化。形式上的法典化侧重将既有的不同的单行法规范按照一定的分类标准和编纂基础汇集成统一的部门法典形式。实质上的法典化侧重于法律适用过程中解释标准的统一化。法典化的前提在于法律调整对象的稳定性,司法适用频率高,法律适用的地域差异性、个体差异性、行业差异性较小,司法解释及实施细则更新频率较低。具体到经济法而言,经济法部门中不同单行法之间的立法目的、调整方式差异较大,因此进行统一整合的难度较大。因此有学者认为,经济立法不应仅选取单一立法路径,而要确定相互协调的多元立法路径。[2] 经济法基础理论的法律转化形式及司法适用的路径一直存在困难,这也导致了经济法基础理论部分的内容在转化为具体的法律规范时难以真正被援引,容易陷入"僵尸条款"的尴尬境地。经济法基础理论最直接的转化方式就是结合宪法中的基本经济制度条款,但我国宪法的实施体系还在逐步完善之中。经济法中的宏观调控法主要依靠专业性的宏观调控主体实施,可诉性程度仍然较低,因此宏观调控类的经济法规范的司法适用频次较低。在立法技术上最可能实现部分法典化的总论内容和宏观调控法,现阶段主要是通过宪法中的经济法规范和政治决策活动来体现的。因此,经济法的法典化存在立法成本与实施收益不均衡的困境,现行经济法不可能建立、也没有必要采用类似于"百科全书式"的全景式立法样态。

二、《民法典》中经济公法规范的结构、功能及其影响

2020 年 5 月 28 日通过的《民法典》是新中国成立以来第一部以法典命名的法律。作为"社会生活的百科全书",《民法典》立足于 21 世纪第三个 10 年的节点上,着力回填意思自治,"为市场经济提供完备的、精确的法律规

---

〔1〕 参见宋亚辉:《社会基础变迁与部门法分立格局的现代发展》,载《法学家》2021 年第 1 期。
〔2〕 参见张守文:《经济法的立法路径选择》,载《现代法学》2023 年第 1 期。

则”。[1] 现代民法自治思想的根本是“人是目的本身”的理念。历经19世纪和20世纪工业化对人的边缘化、21世纪信息化对人的边缘化,民法中的人早已不再是“均质化、无差别”的抽象存在,民事法律关系的发生、变更及消灭也不再单纯系于个人的意思,往往还需要公法彰显的公共意志的参与。事实上,近代民法的三大原则在相对化的过程,也就是民法不断地吸收公法元素调整意思自治的空间,矫正形式公平招致的种种弊端的过程。也正是在此种意义上,民法“既有私法性的规范和制度,也有公法性的规范和制度,既调整私法关系,也调整公法关系”。[2]

(一)经济公法规范在《民法典》中的表达方式与导入路径

公法与私法的划分是大陆法系国家或地区引以为傲的法律技术,自乌尔比安以降,[3]学术史上提出了异彩纷呈的区分标准,[4]诸说各有所长,又均难称具有普遍的解释力。具体到何谓公法,通说从其所调整的法律关系上观察,归纳出两种特征:其一,至少当事人之一方须有公权力主体之资格;其二,以行使公权力之方式,参与该法律关系之形成。[5] 易言之,国家以公权力主体地位作为法律关系的主体者,该适用的法律为公法。[6]

我们将“公法规范”置于《民法典》的特定语境中来予以界定,公法规范既是指外加于当事人、带有“公”的属性的规范,也同时包含非自愿、非自治、非协商、非当事人合意等特征。“民法是规范人类私社会生活之法律,而人类私社会生活不外乎经济生活与伦理生活。”[7]但“民法典不等于民法”,[8]《民法典》不仅有纯粹民法的规范,也有代表公共意志的管制条款。沿着此种进路,所谓经济公法规范,是指具有财产关系属性的公法规范,即在公法规范的基础上强调其调整内容的财产性质。

---

〔1〕 参见谢鸿飞:《〈民法典〉是市场经济的基本法》,载《经济参考报》2020年5月19日,第A08版。

〔2〕 参见徐国栋:《民法是私法吗?》,载《江苏行政学院学报》2009年第3期。

〔3〕 学术界一般认为,公私法的划分肇始于古罗马法学家乌尔比安,其认为,“公法是关于罗马国家制度的法,私法是关于个人利益的法”。参见沈宗灵主编:《法理学》(第4版),北京大学出版社2014年版,第260~261页。

〔4〕 参见[日]美浓部达吉:《公法与私法》,黄冯明译,中国政法大学出版社2003年版,第23~32页。

〔5〕 参见黄茂荣:《法学方法与现代民法》(第7版),台北,植根出版社2020年版,第10~11页。

〔6〕 参见王泽鉴:《民法总则》,北京大学出版社2014年版,第13页。

〔7〕 参见谢在全:《民法物权论》(上),台北,新学林出版股份有限公司2020年版,第2页。

〔8〕 参见苏永钦:《寻找新民法》,北京大学出版社2012年版,第532页。

1. 经济公法规范在《民法典》中的表达

根据上述标准,经济公法规范在《民法典》中广泛存在。“公”字在《现代汉语词典》中解释为“属于国家或集体的(跟‘私’相对)”,为便于更细致地观察经济公法规范的类型,可将此种“公”的属性拆解为不同的元素。在《民法典》的视域中,公法属性主要以公法主体、公法行为、公法资格、公法责任、公法依据和公法法益六种形态表现出来。如《民法典》中除民事关系中具有平等当事人地位的民事主体外,公主体与其他社会主体也会在民事法律行为中成为非民事关系当事人行为主体。作为非民事关系当事人行为主体的公主体,又可分为行使积极职权的公主体与行使消极职权的公主体。《民法典》中行使积极职权的公主体主要是指国家机关,如民政部门、公安部门、登记机关、监管机构等。行使消极职权的公主体主要是指人民法院。非民事关系当事人行为主体的其他社会主体包括中立性裁判机构、基层自治组织、行业组织、特定协会或组织等,如仲裁机构、居民委员会、村民委员会、妇女联合会、残疾人联合会等。依据上述标准,笔者通过相关关键词的检索和基于财产关系属性的筛选,初步统计了经济公法规范在《民法典》中出现的频次。(见表 3 - 10 - 1)

表 3 - 10 - 1　经济公法规范关键词在《民法典》中出现的频次

类型	经济公法规范关键词	总频次
公法主体	国家 7/有关机关 4/有关行政主管部门 2/有关行政主管部门 1/登记机构 21	35
公法行为	登记 127/许可 2/批准 13/管理 3/监督 3/补偿 6/征收 5/征用 2/发展 1/划拨 2/缴纳 6/减免 1	171
公法资格	营业执照 3/资质条件 1	4
公法责任	惩罚性赔偿 4/行政责任 2/刑事责任 2	8
公法依据	依照法律规定 24/依照法律、行政法规的规定 11/依照其规定 36/法律另有规定的除外 10/法律、行政法规另有规定的除外 1/国家有关工程建设标准 1/国家规定 5/国家有关规定 8/国家订货任务、指令性任务 1/国家批准的投资计划 1/国家颁发的施工验收规范 1/国务院的有关规定 2/征收决定 2/国有财产管理规定 1/土地管理的法律 2	106
公法法益	公共利益 5/公序良俗 5/国家利益 2	12

由表3－10－1可知,《民法典》中的经济公法规范以多种形态存在,尤其是大量的公法主体、公法行为、公法依据的嵌入,使《民法典》在规范配置上呈现出清晰的多元结构。中国《民法典》既不同于《德国民法典》作为私法普通法的定位,也不同于《瑞士民法典》作为网罗一切私法规范的私法法典的定位,[1]而是为"加强市场法律制度建设,编纂民法典"。[2]市场法律制度建设的综合性要求公私法的协作,也正是在此要求下,经济公法规范已经遍及《民法典》的各分编,特别是以物权编为代表的财产法领域,经济公法规范事实上已经深度介入了财产法律关系的发生、变更和消灭过程之中。即使在前民法典时代,已有学者意识到,"物权法为私法,是就其大体而言的",[3]并未对物权法的属性进行绝对的私法定位,一定程度上肯定了其中包含的公法意蕴。而这在采取民商合一体例的中国《民法典》中又得到了进一步强化,《民法典》既是民法的集大成者,又是商法的集大成者。虽然商法以私法规范为中心,但为保障私法规范的实现,多采取强制干涉主义。[4]例如有商法学者指出,"公司法具有私法公法化的特点,国家对公司经营活动的干预,使公司法具有了公法的属性"。[5]保险法、票据法、海商法等传统商法也具有不同程度的公法属性。有观点认为,公私法的划分已无必要,实用主义的立法取向使集合多种类型规范的"领域法"成为当代立法的主要动向。[6]笔者认为,公私法的划分仍是有效的法律解释工具,而且中国《民法典》的颁行恰恰提供了一个重新审视这一经典分类的契机。

2. 经济公法规范导入《民法典》的三种路径

遵循公私法严格的二分法,《民法典》中的规范大体可以划入公法或私法中的一方。"民法的主要特征及规范意义在于私法自治,即个人得自主决定,自我负责地形成彼此间的权利义务关系"[7],此种意义上的民法即学说上所称的"纯粹民法"。值得思考的是:纯粹民法还有空间吗?1942年的

---

[1] 参见张谷:《民商合一体制对民法典合同编的要求》,载《北航法律评论》2016年第1辑。

[2] 《中共中央关于全面推进依法治国若干重大问题的决定》,2014年10月23日中国共产党第十八届中央委员会第四次全体会议通过。

[3] 参见崔建远:《物权法》(第4版),中国人民大学出版社2017年版,第1页。

[4] 参见施天涛:《民法典能够实现民商合一吗?》,载《中国法律评论》2015年第4期。

[5] 参见罗培新:《公司法的合同解释》,北京大学出版社2004年版,第2页。

[6] 参见刘剑文:《论领域法学:一种立足新兴交叉领域的法学研究范式》,载《政法论丛》2016年第5期。

[7] 参见王泽鉴,《民法总则》,北京大学出版社2014年版,第13页。

《意大利民法典》首开先河，尝试将公法因素整合到民法典之中，很多条文不再只是处理市民间的公平问题，同时也加入了公民和国家的关系。[1] 近80年后的今天，混合立法的趋势更明显。而且，中国民法脱胎于计划经济体制松动之际，一方面承担着培育市场、发展市场的历史使命，另一方面也不可避免地继受计划经济时代遗留的政府父爱主义情结。《民法典》编纂伊始，就已然处于特别民法的密林之中，因此《民法典》的设计必须考虑与现行法律体系如何衔接，并及时剔除相互矛盾的规范，优化法律体系的整体效益。中国《民法典》通过三种路径对公私法的换轨进行安排，分别是民事制度与经济公法制度一体各表，民法对经济公法规范的摄入，以及经济公法规范对民法的渗入。

（1）民事制度与经济公法制度一体各表。在我国，土地及其他重要自然资源属于国家或农村集体所有，[2]但国家并不直接从事生产，为充分利用土地和其他自然资源，国家建立了自然资源有偿使用制度，既允许和鼓励民事主体利用其资金开发自然资源，又制定了严格的管理制度保护自然资源的可持续利用。由此，在自然资源领域形成了典型的民事制度与经济公法制度一体各表的状态。首先，国家通过民法中的用益物权制度让渡自然资源的占有、使用、收益权能，但保留所有权，形成“国家/集体所有—市场占有”的权利结构。其次，在设定用益物权的过程中，须严格遵守《土地管理法》《城市房地产管理法》《矿产资源法》《海域使用管理法》等经济公法规定的条件和程序，确保自然资源的有效配置。最后，“用益物权人行使权利，应当遵守法律有关保护和合理开发利用资源、保护生态环境的规定”。[3] 民事权利的行使须尊重经济公法的管制。此外，为防止公权力对民事主体依法享有的用益物权的恣意干预，《民法典》第326条第2款规定：“所有权人不得干涉用益物权人行使权利。”由此可知，自然资源有偿利用制度并非纯粹的民事制度或者经济公法制度，而是公私法协作的典型领域，任何一者均不可偏废。是故，《民法典》第325条规定：“国家实行自然资源有偿使用制度，但是法律另有规定的除外。”以统括式的表述与相关经济公法衔接，以求公私合璧。

---

〔1〕 参见苏永钦：《寻找新民法》，北京大学出版社2012年版，第530～531页。
〔2〕 参见《民法典》第246条及以下条款。
〔3〕 参见《民法典》第326条。

（2）经济公法规范的摄入。所谓摄入，即通过引致规范将外部的经济公法规范嫁接到民法的体系之中，使《民法典》既保障了民法规则的适用，又可以援引外部的经济公法规范。其中，引致条款发挥着管道的作用，沟通《民法典》与外部的经济公法规范，使《民法典》以一部法典的形式聚合全部法律体系的资源。摄入主要依托于公法依据，其在《民法典》中分为两种类型：其一，整体性摄入。《民法典》第 11 条规定："其他法律对民事关系有特别规定的，依照其规定。"《反不正当竞争法》《反垄断法》《消费者权益保护法》《广告法》等经济公法即可作为整体性规范摄入民事关系的法律调整之中，并以特别法优先原则修正民法所设计的一般规则。其二，个别性摄入。例如，《民法典》第 103 条规定："非法人组织应当依照法律的规定登记。设立非法人组织，法律、行政法规规定须经有关机关批准的，依照其规定。"非法人组织的一般设立与特别设立，具体指向的与此相关的经济公法规范，在本条中主要是《合伙企业法》《个人独资企业法》《律师法》《注册会计师法》等法律中的特定条款。通过这两种摄入方式，《民法典》明确地承认了外部的经济公法规范对民事关系的法律约束力，并以引致条款的方式吸收经济公法规范，塑造了开放性的法源体系。

（3）经济公法规范的渗入。所谓渗入，即在《民法典》中重申特定公法主体的公法义务，实现公法义务的民事义务化，进而提示民事主体能在紧急情况下及时请求公法主体的介入，强化民事权益的保护。经济公法规范的渗入主要依托于公法主体与公法行为，其在《民法典》中也分为两种类型：其一，重申特定公法主体对公共利益所承担的义务，维护不特定民事主体的合法权益。例如，《民法典》第 66 条规定："登记机关应当依法及时公示法人登记的有关信息。"及时公示信息有助于保持权利的公示状态与真实状态相一致，维护市场安全，相关部门的监管、监督、管理等职权也正是致力于此。其二，重申特定公法主体对特定事务承担的义务，保护特定民事主体的合法权益。该类义务又有作为与不作为之分。在作为义务中，如《民法典》第 70 条第 3 款规定："清算义务人未及时履行清算义务，造成损害的，应当承担民事责任；主管机关或者利害关系人可以申请人民法院指定有关人员组成清算组进行清算。"这就要求主管机关积极介入清算事务，保护特定民事主体的合法权益。此种积极作为义务的重申，凸显了现代市场中政府的积极角色，在中国的市场化进程中具有其特殊的意义。在不作为义务中，如《民法典》第 213 条规定，

“登记机构不得有下列行为……”重申相关部门的不作为义务,从而防止公权力的异化,为意思自治留足空间。由此可见,中国《民法典》语境中不仅有政府的存在,而且政府绝非消极无为的守夜人,而是深度参与市场的建设者。

3. 公私法规范混合配置的社会原因与约束原则

公法与私法规范混合立法在《民法典》中得到了充分展示,究其原因,正如埃利希所言:“在当代以及其他任何的时代,法的发展重心既不在立法,也不在法学或司法判决,而在于社会本身。”[1]当代社会可以从不同的角度加以观察,称为信息社会、风险社会、科技社会、多元社会均无不可,其构成了中国《民法典》独特的社会背景。

(1)政府与市场的关系。政府与市场两者关系密不可分,水乳交融,政府是市场中的政府,市场是与政府合作的市场。一方面,市场的自发性、盲目性导致的弊端需要政府的积极干预,市场的不完备性需要政府的积极补充;另一方面,市场的公平竞争与自愿交易要求政府干预的谦抑与节制,以便“使市场在资源配置中起决定性作用和更好发挥政府作用”。[2] 特别是在自然资源等重要生产要素国有的前提下,政府与市场关系的交错决定了公私法的混合,虽然政府干预与市场自治的最佳尺度言人人殊,但在价值序列上,市场是第一性的,政府是第二性的。这也就决定了《民法典》以私法规范为基础,以公法规范为补充的基本格局。

(2)公法与私法的关系。在公法私法化与私法公法化的双重背景下,公法与私法的界限日渐模糊,相互渗透逐步加强,已经难以清晰地断言某一部法律是公法还是私法。即使是传统公私法的典型例证,现在也渐渐遭受质疑。在现代多元社会中,公私法的划分已经力有不逮,在一部法律中兼有公法规范与私法规范已属常态。在政治国家与市民社会交互融合之后,市民社会内部衍生的平台以及其他市场势力,也渐渐脱离私法的平等属性,其虽不同于传统的公法主体,但却在事实上发挥了公法主体才具备的影响力。

(3)个体与公共的关系。公共既超越个体,又非个体之间的简单相加。尽管现代民法建立在个人主义的基础上,但随着劳资冲突、消费者主权运动

---

〔1〕 参见[奥]欧根·埃利希:《法社会学原理》,舒国滢译,中国大百科全书出版社 2009 年版,作者序。

〔2〕《中共中央关于全面推进依法治国若干重大问题的决定》,2014 年 10 月 23 日中国共产党第十八届中央委员会第四次全体会议通过。

的冲击,群体主义逐渐兴起。如何处理个体与公共的关系,受制于特定时代、特定地域的主流观念。《民法典》至少在以下三个层面面临个体与公共的冲突:第一,虽然民事权利与政治权利已经有机分离,[1]但以民事权利吸收经济社会权利、民事义务吸附公法义务,已成为普遍现象。[2] 第二,民事权益与公共利益的关系日趋紧张,特别是在城市化进程中,公共利益名义下公法手段对民事权利的抑制与挤压随处可见。第三,平等的民事主体在经济社会中已经演变为具体的生产者、经营者、消费者,民事主体基于其身份不仅要对市场承担责任,还要对社会、生态环境等公共领域承担责任。

对以上三对关系的回答基本折射了《民法典》公私法规范配置的逻辑,但公私法的规范逻辑不仅落实在具体的规则上,在规则未尽之处,仍须原则的补充。我国虽然在市场化进程中政府的"放、管、服"建设成效明显,但公私法配置的原则仍须强调市场优位的理念,防止经济公法规范的恣意干预。具体而言,经济公法规范介入的宽度与深度应遵循如下原则:第一,法定原则。介入民事关系的公法规范必须在法律上有明确依据。公法行为是带有强行性与强制性的行为,公法义务是一种法定的约束性义务,会对自愿与自治形成一定的抑制,其须于法有据。第二,保护原则。民法中的公法规范须是对民事权利进行加强性保护的手段、机制与方法,或是直接加强对特定主体权益的保护,或是通过保护公共利益的方式间接保护民事权益。第三,适度原则。民法中的公法规范不得摧毁民事法律关系的平等基础、自愿基础和交易基础。以上原则蕴含的市场优位与政府谦抑的理念,既有助于洞悉《民法典》的规范配置,又是解释与适用具体规则的价值准据。

(二)经济公法规范的权利保障与行为规约功能

传统民法的语境中,"越小的政府是越好的政府",甚至假设政府是一个不存在之物。法谚有云:"公法易逝,私法长存。"私法之所以长盛不衰,即在于私法是社会自生自发的规则。如前所述,中国《民法典》对政府着墨颇多。那么何以在这样一部典型的私法中如此广泛地嵌入人为设计的经济公法规

---

〔1〕《法国民法典》(1889年修正)第7条规定:"民事权利的行使与依宪法和选举法保有的政治上的权利的行使是相互独立的。"这就已经区分了民事权利与政治权利,而且两者分属两套独立的系统,互不影响。参见谢怀栻:《大陆法国家民法典研究》,中国法制出版社2004年版,第10页。

〔2〕参见《民法典》第509条、第680条、第1161条、第1162条、第1163条。

范呢？“公法之设，目的在保护私权。”[1]经济公法规范在《民法典》中的嵌入仍是以保障私权为目的，并以此而决定其功能定位。我们认为，经济公法规范不仅在宏观上充实民法的基本假设，也在微观上厘定民事法律行为的合理边界。经济公法规范并非取代私法自治的存在，恰恰相反，经济公法规范超越私法自治的目的在于回归私法自治。

1. 通过经济公法规范充实民法的基本假设

在法律制度史上，个人主义主导的民法曾有“万法之母”的美誉，彼时的民法与自由放任的经济政策相契合，每个人都是“具有充分理性和意思、自律性开拓自己命运的经济人”。[2] 经济人假设的核心思想有二：其一，每个人都是自己利益的最佳判断者；其二，社会福利的最大化是个人利益最大化的自然结果，[3]恰如吕克特抒情诗般的比喻：“当玫瑰花装扮自己的同时，她也装扮了整个花园。”[4]但此种假设还隐含着更深层次的前提假设，例如竞争自足假设、竞争充足假设[5]等。随着经济社会的变迁，以上原本真实存在的假设渐渐成为历史上的美谈，且不复存在，而且社会演进中催生的新生事物也在不同程度上消解传统民法的基本假设。因此，经济公法规范作为理性的设计应当及时充实民法的基本假设，支撑民法的有效实施。

（1）通过经济公法规范矫正市场公害行为，为民法的运行清除障碍。虽然合同编对交易关系的规范详细备至，但市场经济从来就不只是交易关系这样一个面向，还包括竞争关系等其他面向。民法的有效运行离不开自由、公平的市场竞争秩序，经济公法在此场合首先承担着市场警察的功能，及时矫正市场上的公害行为，维护民法实施的整体环境。例如，《民法典》第534条规定：“对当事人利用合同实施危害国家利益、社会公共利益行为的，市场监督管理和其他有关行政主管部门依照法律、行政法规的规定负责监督处理。”本条是典型的国家干预条款，要求有关部门积极作为，抑制私行为负外部性的溢出，维护公共利益。垄断协议、滥用市场支配地位、商业贿赂、不正当有奖销售等附着于合同但实则危害公共利益的行为，个别民事主体并不

---

〔1〕 参见梁慧星：《民法总论》（第5版），法律出版社2017年版，第35页。

〔2〕 参见［日］星野英一：《私法中的人》，王闯译，载梁慧星主编：《民商法论丛》第8卷，法律出版社1997年版，第170页。

〔3〕 参见侯利阳：《市场与政府关系的法学解构》，载《中国法学》2019年第1期。

〔4〕 参见张世明：《经济法学理论演变研究》，中国民主法制出版社2009年版，第247页。

〔5〕 参见侯利阳：《市场与政府关系的法学解构》，载《中国法学》2019年第1期。

具备制止的动机与能力，因此《反垄断法》《反不正当竞争法》《消费者权益保护法》《广告法》《价格法》等经济公法规范应当及时干预，维护有效的竞争秩序。同时，该类规范还在于以民事请求权的诱因把民事主体变成公益的维护者，激励民事主体积极主张权利，进而维护良性的市场环境。

（2）通过经济公法规范提供宏观指引，为民法的运行提供支持。市场的自发性、盲目性导致的经济风险从整体上有碍于民事交易的达成，阻滞民法的实践，经济公法通过国民经济与发展规划、金融法、财税法等手段人为地熨平经济周期，填补市场空缺，为民法的运行提供支持。《民法典》中的经济公法规范重申了上述意旨。例如，《民法典》第 494 条第 1 款规定："国家根据抢险救灾、疫情防控或者其他需要下达国家订货任务、指令性任务的，有关民事主体之间应当依照有关法律、行政法规规定的权利和义务订立合同。"《民法典》第 792 条规定："国家重大建设工程合同，应当按照国家规定的程序和国家批准的投资计划、可行性研究报告等文件订立。"重大交易应当服从国家战略，防止民事法律行为负外部性的溢出，实现民事权益与公共利益的一致，也是通过公共利益的维护支撑民事权益的增长。

（3）节制经济公法的干预，为民法的实践留足空间。在计划经济时代，国民经济依靠行政指令运作，民法一度消失。改革开放以来的经济建设无疑是回归市场，激发市场的活力与创造力的建设。此时，政府应当保持对市场的谦抑品格，为民法的运行留足空间。例如，《民法典》第 243 条第 1 款规定："为了公共利益的需要，依照法律规定的权限和程序可以征收集体所有的土地和组织、个人的房屋以及其他不动产。"首先，本条看似是通过对公共利益的强调而达到限制集体土地所有者权益的目的，但联系其"依照法律规定的权限和程序"的要求，与《土地管理法》进行相应衔接，其实是对公共利益进行的特定限制。《土地管理法》第 45 条通过对公共利益情形的具体量化，客观上能够达到抑制公共利益泛化的目的，在事实上为集体土地所有权的保护建立了一道经济公法屏障。其次，以征收行为强行改变物权的形态，该行为不仅为法律所严格限制，而且政府还应履行相应的补偿义务恢复民事主体减损的权利，进而维护市场的激励机制。

2. 通过经济公法规范厘定民事法律行为的合理边界

民事法律行为是指以意思表示为要素，因意思表示而发生一定私法效果的法律事实。《民法典》第 143 条从正反两方面规定了法律行为的一般生效要件,其中第 3 项规定:“不违反法律、行政法规的强制性规定,不违背公序良俗。”此处的“强制性规定”发挥着对民事法律行为的效力进行评价、对当事人的意思表示进行限制的作用。从限制的内容来看,其贯穿于民事法律关系的主体、客体和内容之中。

(1)民事主体的市场准入。我国民法采取自然人、法人、非法人组织的民事主体三分法。《民法典》首先确认了民事主体的权利能力一律平等,均有独立参与市场交易的资格。但在一些重要的市场领域,并非所有民事主体均可以自由出入。例如,《民法典》第 58 条规定:“法人应当依法成立。法人应当有自己的名称、组织机构、住所、财产或者经费。法人成立的具体条件和程序,依照法律、行政法规的规定。设立法人,法律、行政法规规定须经有关机关批准的,依照其规定。”法人的设立原则上采取准则主义,即符合设立条件者均予以登记,明确其法人地位。经济公法通过设立条件的调整控制市场准入,为市场供给合格的“经济人”。在银行、保险、证券等涉及重大风险与投资者权益的特定领域,经济公法规范例外地采取许可主义、特许主义甚至强制主义,准入控制极为严格。再如,《民法典》第 103 条规定:“非法人组织应当依照法律的规定登记。设立非法人组织,法律、行政法规规定须经有关机关批准的,依照其规定。”该条规定同样体现了经济公法规范对市场主体相关准入的控制。不合格的民事主体被拒之门外,不仅维护了市场整体的利益,而且也保护了民事主体的合法权益。

(2)交易标的的公法约束。首先,交易标的的范围受到公法控制。例如,《民法典》第 426 条规定:“法律、行政法规禁止转让的动产不得出质。”动产质押在商业行为中颇为常见,但毒品、文物、枪支弹药等禁止流通物、限制流通物等管制范围内物品不得以私法自治的方式规避公法规范的干预和管制。动产质押的标的物如果被划入管制物品的范围,该质押行为便不按照当事人的意思发生效力。其次,部分交易标的物的流转需经登记程序,即使是自由流通的客体,其流通也需要登记机关的配合。以不动产为例,我国民法在物权变动上采取折中主义,不动产的变动除了当事人双方的交易合意,还需要登记于特定机关方可生效。易言之,行政确认是物权变动的必备环节。经济公法规范对交易客体的控制,一方面可以降低交易成本、统一公示信息;另一方面也将众多重要的财产纳入其中,保护私人权利不受侵害。

(3)民事法律关系的过程参与。民事法律行为是实践私法自治的主要手段,法律行为即赋予当事人的意思表示以私法上的效果,按照当事人的意思发生私法上权利的变动,完成市场交易。经济公法规范会给民事法律关系当事人增加自治与合意之外的义务与约束,影响民事法律关系的成立、生效,或者补充民事法律行为的不完备性。

第一,影响民事法律关系的成立或生效。例如,《民法典》第 502 条第 1 款、第 2 款规定:"依法成立的合同,自成立时生效,但是法律另有规定或者当事人另有约定的除外。依照法律、行政法规的规定,合同应当办理批准等手续的,依照其规定。未办理批准等手续影响合同生效的,不影响合同中履行报批等义务条款以及相关条款的效力。应当办理申请批准等手续的当事人未履行义务的,对方可以请求其承担违反该义务的责任。"由此可知,办理批准手续等公法义务在特定场合构成民事义务的一部分,当事人未履行特定的公法义务,其应当承担相应的违约责任,对方当事人据此可以获得相应的违约责任请求权。再如,《民法典》第 790 条规定:"建设工程的招标投标活动,应当依照有关法律的规定公开、公平、公正进行。"《民法典》第 850 条规定:"非法垄断技术或者侵害他人技术成果的技术合同无效。"《招标投标法》、《建筑法》、《科学技术进步法》和《反垄断法》等法律的相关规定,构成了民事主体作为与不作为义务,并在违反时可以据此否认民事法律行为的效力。

第二,补充民事法律行为的不完备性。例如,《民法典》第 511 条规定:"当事人就有关合同内容约定不明确,依据前条规定仍不能确定的,适用下列规定:(一)质量要求不明确的,按照强制性国家标准履行;没有强制性国家标准的,按照推荐性国家标准履行;没有推荐性国家标准的,按照行业标准履行;没有国家标准、行业标准的,按照通常标准或者符合合同目的的特定标准履行。(二)价款或者报酬不明确的,按照订立合同时履行地的市场价格履行;依法应当执行政府定价或者政府指导价的,依照规定履行。……"为贯彻意思自治的原则,鼓励合同成立,仅在当事人就合同的必要之点达成一致时即认可合同的成立,"人民法院能够确定当事人名称或者姓名、标的和数量的,一般应当认定合同成立"。[1] 其他未尽事宜交由当事人再行商议,商议

---

〔1〕 参见《最高人民法院关于适用〈中华人民共和国合同法〉若干问题的解释(二)》(法释〔2009〕5 号)第 1 条,现已失效。

不成的,按照合同相关条款或者交易习惯确定;仍不能确定合同义务的,交由补充性规范直接填补。例如,如果买卖合同对标的物质量约定不明,就援引《标准化法》的规定确定涉案合同的标的物质量;如果涉案合同对价款约定不明且标的物属于实施政府价格管制的范围,就援引《价格法》的规定确定债务人应当履行的价款给付义务。在这种情况下,相关经济公法规范就对当事人意思疏漏进行填补,确保合同的顺利履行,进而保障交易的顺利进行。

由以上分析可知,经济公法规范对民事法律行为的实践至关重要,正如耶利内克指出:"整个私法都建立在公法的基础上。"〔1〕没有经济公法规范的支持,民法的自发秩序无疑会遭遇种种桎梏,乃至衰亡。但经济公法规范作为一种外在的规则强制,其对民事关系的作用领域不能无度伸展,应将其影响控制在适当的范围之内,以免喧宾夺主,造成民事关系结构发生根本性改变。

(三)《民法典》中经济公法规范的嵌入对私法自治的影响

"编纂民法典是党的十八届四中全会确定的一项重大政治任务和立法任务",〔2〕如何在"解法典化"浪潮中重构法典,经济公法规范的嵌入又将如何影响私法自治,成为当代中国民法学必须直面的问题。

1. 经济公法规范的嵌入使《民法典》成为法律资源体系的转换枢纽

经济公法规范在《民法典》中的广泛嵌入在法律制度史上独具特色,也是实用主义立法的典范。从立法技术上观察,经济公法规范既是克服法律滞后性的有效工具,又可以发挥其在《民法典》与法律资源体系之间的链接功能。通过经济公法规范建立的桥梁,《民法典》成为法律资源体系的一个转换枢纽。

(1)克服法典的滞后性。"法律从它制定那一刻就已经落后于时代了。"〔3〕以至于有学者质疑,现在还是法典化的时代吗?法典的稳定性如何适应大发展、大变革、大调整的当代社会,这始终是绕不开的话题。经济公法规范的广泛嵌入可以视为破解这一难题的中国方案。在《民法典》中,经

---

〔1〕 转引自[日]美浓部达吉:《公法与私法》,黄冯明译,中国政法大学出版社 2003 年版,第 35 页。

〔2〕 参见王晨:《关于〈中华人民共和国民法典(草案)〉的说明》,载《人民日报》2020 年 5 月 23 日,第 6 版。

〔3〕 参见杜承秀:《村居法律顾问制度与少数民族地区村寨非正式制度的融合》,载《广西民族研究》2021 年第 1 期。

济公法规范与纯粹民法规范同时共存。私法调整的平等主体间的财产关系和人身关系生成于现实的社会生活，放之四海而皆准；而公法的向度则因时因地而变，属于典型的地方性知识和阶段性知识。纯粹民法规范在经济全球化浪潮中日渐趋同，而各国的政治体制、社会风俗、文化传统等国别因素塑造了各国公法不同的价值取向与制度设计。《民法典》中的经济公法规范往往属于提示性条款，作为一个引子提示适用者去寻找外部规范，通过外部详尽备至的单行法与《民法典》的相关条款进行重新组合，成为可资适用的规范法条体系。一方面，民法调整的平等关系继续以自治法的形态保持中立，自生发展；另一方面，为回应社会经济变迁提出的新问题，以篇幅短小的单行法形式存在的外部经济公法规范，可以及时进行调整，以适应经济社会发展的新需求，不断地从外部为法典输送新鲜血液，保持法典的生命力。通过经济公法规范建立的法律通道，可以及时地将社会的新诉求反映到《民法典》之中，从而克服法典的滞后性，实现法典的与时俱进。

(2)链接法律体系的整体资源。在立法技术上，《民法典》中广泛嵌入的"引致条款"[1]恰似法典版图中的"环扣"，每一环扣都串联起一部单行法甚至是一个规范群，由此将全部法律规范都蕴含在一部法典中，形成了以《民法典》中的纯粹私法规范为核心，周围遍布鳞次栉比的经济公法规范的法律谱系。法律体系中的规范资源可以通过《民法典》的窗口得以适用，法典的规范容量与体系效益得以极大地扩张。同时，体系性也要求法官在裁判具体案件时不能仅仅将视野拘束在一部法典之内，而是要将找法的范围放宽到全部法律资源体系之中，任何一个条文都必须置于整体的语境中方可得到解释，同时全部法律资源体系的精神有可能在一个条文中被重新阐释。引致条款搭建了《民法典》与外部经济公法规范沟通的桥梁，外部的经济公法规范通过引致条款的指引附着在《民法典》的具体条文之上，对请求权基础的规范结构进行了补足。例如，《民法典》第153条第1款规定："违反法律、行政法规的强制性规定的民事法律行为无效。"具体的强制性规定散落在单行法中，作为构成要件与本条规定的无效法律后果相结合，重组为可资适用的请求权基础。

---

[1] 所谓引致规范，是指本身没有独立的规范内涵，甚至不具有解释规则的意义，单纯引致到某一具体规范，法官需要从所引致的具体规范的目的去确定其效果的法律条款。参见陈小君：《〈民法典〉物权编用益物权制度立法得失之我见》，载《当代法学》2021年第2期。

2. 司法裁判中经济公法规范的援引

在民事裁判中，经济公法规范的适用不乏其例。例如，商品房预售合同纠纷的裁判，往往需要先通过《城市房地产管理法》的规定确定预售合同的效力；损害赔偿纠纷中，消费者也经常主张《消费者权益保护法》规定的惩罚性赔偿请求权；涉及标的物质量的纠纷，《标准化法》的援引必不可少。凡此种种，不胜枚举。但并非所有的经济公法规范均在同一维度上适用。概言之，经济公法规范的适用主要有以下三种形式。

(1)经济公法规范作为裁判依据适用。部分经济公法规范直接赋予了民事主体请求权，从而使民事主体可以直接援引经济公法规范主张权利。例如，《民法典》第 243 条第 2 款、第 3 款规定："征收集体所有的土地，应当依法及时足额支付土地补偿费、安置补助费以及农村村民住宅、其他地上附着物和青苗等的补偿费用，并安排被征地农民的社会保障费用，保障被征地农民的生活，维护被征地农民的合法权益。征收组织、个人的房屋以及其他不动产，应当依法给予征收补偿，维护被征收人的合法权益；征收个人住宅的，还应当保障被征收人的居住条件。"该条规定直接赋予了民事主体主张补偿的请求权，当事人可以直接依据本条作为请求权基础，法院也可以直接依据本条裁判。

(2)经济公法规范作为说理依据适用。部分经济公法规范并不构成请求权基础，但具有一定的价值指引，可以作为裁判中的说理依据。例如，《民法典》第 9 条规定："民事主体从事民事活动，应当有利于节约资源、保护生态环境。"《民法典》第 509 条第 3 款规定："当事人在履行合同过程中，应当避免浪费资源、污染环境和破坏生态。"以上条文并不是具体规则的规范构造，也不能与其他法条联合形成请求权基础，但其中蕴含的价值理念可以成为民事裁判的说理依据，辅助具体规则的解释。

(3)经济公法规范作为行为规则适用。法律规范有行为规范与裁判规范之分，除前述在裁判中适用外，经济公法规范主要的适用方式是作为行为规范，构成民事主体从事民事活动所应遵循的约束。例如，《民法典》第 680 条第 1 款规定："禁止高利放贷，借款的利率不得违反国家有关规定。"《民法典》第 790 条规定："建设工程的招标投标活动，应当依照有关法律的规定公开、公平、公正进行。"在这些条文规定中，经济公法规范构成民事主体从事特定行为的法定义务，民事主体从事该种行为必须严格遵循经济公法规范设定的要求和程序。

3. 经济公法规范设定民事主体的相关义务

义务是指法律所加于当事人作为或不作为之拘束。依照义务的来源不同,有法定义务与约定义务之分。约定义务最能体现义务自主的精神,是当事人决定自我约束的义务。法定义务即由法律直接规定产生的义务,要求当事人必须如此作为或不得如此作为。经济公法规范是法定义务的重要法律依据来源。

(1)经济公法规范规定的作为义务。作为义务,即民事主体必须为一定行为。经济公法规范设定的作为义务分为两种:其一,强制性义务。例如,《民法典》第 1161 条第 1 款规定:"继承人以所得遗产实际价值为限清偿被继承人依法应当缴纳的税款和债务。"继承人必须履行此种纳税义务,否则将承担相应的不利后果。其二,提倡性义务。例如,《民法典》第 844 条规定:"订立技术合同,应当有利于知识产权的保护和科学技术的进步,促进科学技术成果的研发、转化、应用和推广。"所谓"有利于……",仅在提倡民事主体应当如此作为,即使民事主体未能遵循此项提倡性义务,也不能作为承担责任的依据。

(2)经济公法规范规定的不作为义务。不作为义务,即民事主体不得如此作为的义务,是法律为当事人划定的行为负面清单。例如,《民法典》第 267 条规定:"私人的合法财产受法律保护,禁止任何组织或者个人侵占、哄抢、破坏。"《民法典》第 680 条第 1 款规定:"禁止高利放贷,借款的利率不得违反国家有关规定。"以上规定在强制意义上要求当事人不得从事负面清单范围内的行为,要求当事人在履行合同义务的同时,应承担不损害社会公共利益的相应义务,该义务并不属于当事人之间的法律义务,但为合同本身所吸附,是合同当事人对国家与社会的一定义务。

第十一章　以调整对象和法律关系为核心的传统认知范式

“调整对象始终是法学总论研究的核心主题之一，并总是成为引领各个时期甚至整个经济法学理论研究的前奏。”[1]以调整对象的论说为基础，建构型的经济法理论成果在经济法研究中特点鲜明，“经济法调整对象”“经济法价值”“经济法原则”“经济法体系”这几个主题词一直是经济法研究的理论重点，形成了“调整对象—法律价值—基本原则—法律体系”的经济法认知范式。

与调整对象的研究进路相并行，以法律关系为主轴的经济法理论研究进路也十分盛行。法律关系是法律科学研究中常用的认知范式。通过对法律关系中的主体、权利、义务、客体的认知，能够为立法以及法律适用提供较为清晰的法律识别框架。中国经济法学研究中，受到传统法律关系范式的启示，但也结合经济法的多关系、多主体、多权利样态、多行为、多责任的具体特点，在经济法主体、经济法权利、经济法行为、经济法责任等研究领域产生了大量的理论成果，形成了“主体—权利—行为—责任”的经济法认知范式。有学者主张将“主体—行为—责任”作为经济法学的研究框架之一，[2]还有学者主张以“主体—行为—责任”经济法法律关系为中心建构经济法法理学，[3]也有学者认为中国经济法学的首要问题是如何科学合理地界定经济法主体与责任的范围和边界。[4]

---

〔1〕 参见曾东红、肖江平：《进路：经济法总论研究反思——以总论中调整对象的地位及其演进为例》，载《学术研究》2002 年第 8 期。

〔2〕 参见王全兴：《经济法基础理论专题研究》，中国检察出版社 2002 年版，第 47 ~ 51 页。

〔3〕 参见张继恒：《走向“经济法法理学”：经济法研究进路反思》，载《法制与社会发展》2018 年第 2 期。

〔4〕 参见刘光华、赵幸：《新中国成立 70 年来中国经济法学的现状、共识与前景》，载《中国矿业大学学报(社会科学版)》2019 年第 5 期。

以调整对象和法律关系为核心的经济法研究进路，可以从总体上归结为经济法学理论研究中对经济法的传统认知范式。

第一节　“调整对象—法律价值—基本原则—法律体系”的经济法认知范式

一、以调整对象为本体建构的经济法理论学说

调整对象是用来对法律部门与法学学科进行实质性区分的最为便捷的标准，确立经济法自身特定的调整对象，也因此成为经济法学理论研究中的一条主要探索路径。国内外经济法学理论学说中，绝大多数经济法学者采取基于调整对象对经济法进行定义的研究方法，并据此设计经济法学的理论体系。

日本经济法学家金泽良雄认为，经济法是适应经济性即社会协调性要求的法律，主要为了以社会协调的方式来解决有关经济循环所产生的矛盾和困难（市民法自动调节作用的局限）。对金泽良雄的经济法学说，如果要作名称上的界定，可以把它称为“社会协调说”，也可以把它称为“国家干预说”或者“经济性干预说”。我们认为将金泽良雄的经济法学说定义为“经济性干预说”是比较确切的。金泽良雄认为资本主义关于经济的法律就是两块：一块是市民法，另一块是经济法，关于资本主义经济的法律是由市民法和经济法组成的。市民法主张的是自由主义，经济法主张的是经济干预。在金泽良雄看来，市民法就等于平等关系加自治，经济法就等于政策目的加干预。置于经济语境中，金泽良雄将干预描述为“以人为的政策来变更和修改经济循环过程为自身目的”的行动。“经济性干预”是指以影响经济流转为目的的干预，是从社会总资本、国民经济的立场出发的国家干预。很明显，在经济性干预里面，金泽良雄描述的就是“以自己的目的，去干预别人”。金泽良雄把“干预”定义为“规制”，“规制”这个词，其认为最狭义的理解是：由于对一定的行为规定了一定的限制而起到限制的作用。[1]

日本经济法学家丹宗昭信认为，经济法是指在市场机制下建立的经济政策立法体系，它的核心是维持市场竞争秩序，即国家对自由竞争的限制（市场支配）和阻碍公平竞争（不公平竞争）行为进行规制的法律。经济法

---

〔1〕 参见［日］金泽良雄：《经济法概论》，满达人译，中国法制出版社 2010 年版，第 31～33 页。

是以私人自治为原则,通过国家对经济活动的积极干预来修正市民法。经济法的特点在于其是国家干涉社会经济的社会法。经济法的体系由三部分构成:一般经济法(维持竞争法、公平交易法、消费者保护法、结构经济法),特别经济法(公益、电信、运输、金融、中小企业、农业、对外经济等法律),国际经济法(IMF 协议、WTO 协议等)。[1]

前苏联经济法学家拉普捷夫认为,经济法作为法律部门,是规定领导经济活动和进行经济活动的方法、调整社会主义组织及其所属内部单位之间的经济关系并使用各种不同的法律调整方法以保证合理地进行社会主义经营管理的法律规范的总和。经济法作为独立法律部门的主要标志是社会主义经济关系的特殊性,即这种关系中计划组织因素和财产因素的密切结合。[2]

德国经济法学家费肯杰认为,经济法是在一般原则上通过总体或个别干预经济财产的流转安排的自由和其定分归属,在被确立的经济宪法框架内,保障依据经济正义的尺度所衡量的经济公民的自我发展和供给的重要法律规范的总和。对经济法可以作出一般经济法与特殊经济法的划分。一般经济法是指在市场经济秩序中致力于市场得以被形成、使用和巩固的法律规则,其主要解决的是有关市场经济中的竞争和财产所有之类的法律问题。一般经济法中的国家角色是经济领域中的“保护性国家”。特殊经济法与市场干预相关,所涉及的是超越了市场自我调控所保持的经济调控,也被称为计划或引导。特殊经济法中的国家角色是经济领域中的“生产性国家”。[3]

我国经济法学界传播较广的经济法理论学说,大多采取的也是以调整对象为路径的理论建构方法。杨紫烜教授认为,经济法是调整在国家协调本国经济运行过程中发生的经济关系的法律规范的总称;经济法的调整对象是协调经济关系,具体表现为市场监管关系和宏观调控关系;经济法的体系构成由市场监管法和宏观调控法两个部分组成。[4] 李昌麒教授认为,经济法是国家为了克服市场调节的盲目性和局限性而制定的,调整需要由国家干预的具有全局性和社会公共性的经济关系的法律规范的总称;经济法

---

〔1〕 参见[日]丹宗昭信、伊从宽:《经济法总论》,吉田庆子译,中国法制出版社 2010 年版,第 31~33 页。

〔2〕 参见杨秀清:《试论苏联经济法理论对中国的影响》,载《政治与法律》2002 年第 3 期。

〔3〕 参见[德]沃尔夫冈·费肯杰:《经济法》(第 1 卷),张世明、袁剑、梁君译,中国民主法制出版社 2010 年版,第 5~6 页。

〔4〕 参见杨紫烜:《经济法学发展中的理论问题研究》,载《财经法学》2016 年第 4 期。

的具体调整对象包括：市场主体调控关系、市场运行调控关系、宏观经济调控关系、社会分配关系；经济法的体系构成由市场主体规制法、市场秩序维护法、宏观经济调控法、社会分配法四个部分组成。[1] 漆多俊教授认为，经济法是调整在国家调节社会经济过程中发生的各种社会关系，以促进社会经济实现国家意志预期目标的法律规范的总称；经济法的调整对象是国家调节经济关系，也可称为国家经济管理关系或国家经济调节管理关系；经济法的体系构成由市场障碍排除法（市场规制法）、国家投资经营法、国家对经济的引导促进法（大致相当于宏观调控法）三个部分组成。[2] 张守文教授认为，从对象角度来定义，经济法是调整在现代国家进行宏观调控和市场规制过程中发生的社会关系的法律规范的总称，简单地说，经济法就是调整调制关系的法律规范的总称；从行为角度来定义，经济法是规范经济调制行为和市场对策行为的法律规范的总称；经济法的体系构成由宏观调控法（包括财税法、金融法、计划法）和市场规制法（反垄断法、反不正当竞争法、消费者保护法）两个部分构成。[3]

我们认为，经济法是调整公共经济关系的法律规范。社会经济关系中的公共因素不断增多是公共经济关系形成的重要原因。在商品形态和社会化大生产条件下，私人并不能在生产经营活动中随心所欲，不能完全按照私人自己的意志组织生产与经营。社会化大生产中发达的分工体系使生产经营者相互间的依赖性增强，人们只有遵从共同的市场制度与交易条件，才能在市场上进行活动，并且由此而受益。而市场交易条件与交易规则又需要统合众多生产经营者、消费者的私人意志才能形成。这一统合过程实质上是提炼公共因素的过程，人们将需要共同一致的行动与规则设定为公共性的约束，便于共同遵守、共同获益，并且逐渐区别于私人经济关系中的自治性。由此可见，社会经济生活中的自治性与公共性出现了并行趋势。

社会经济生活尤其是现代市场经济生活中的公共因素主要有公共经济符号、公共经济标准、公共财产、公共产品、公共分配、公共经济权力、公共经济政策、公共经济风险、公共经济安全等，这些公共因素导致了公共经济关系的形成。（1）为了便于计算与交易，需要统一基本的公共经济符号。

---

[1] 参见李昌麒主编：《经济法》（第3版），法律出版社2016年版，第44～46页。

[2] 参见漆多俊：《经济法基础理论》（第5版），法律出版社2017年版，第195页。

[3] 参见张守文：《经济法理论的重构》，人民出版社2004年版，第265页。

(2)设定一定的公共财产规模,满足社会对公共产品的需要。(3)通过公共合意,同意政府采取一定的经济行动。(4)通过一定的公共分配,实现社会公平与社会整合。(5)为了防范公共经济风险,建立一定的公共经济安全机制。

公共经济关系是国家、政府、社会成员共同参与所形成的具有公共性的经济关系。公共经济关系具体表现为公共经济标准关系、公共财产关系、公共产品关系、公共经济发展与促进关系、公共经济干预与调控关系、公共分配关系、公共经济风险防范关系等。公共经济关系已经形成了一类有别于私人经济关系的社会关系领域,在市民法已经对私人经济关系进行了有机调整的法律条件下,公共经济关系为经济法所调整无疑是合宜与适当的法律分工。经济法因此也就成为调整公共经济关系之法。如果从更为准确的意义上界定,经济法的本质就是公共经济法,并因此而与调整私人经济关系的市民法相区分和相识别。[1]

二、经济法的价值

经济法价值研究源于传统法学价值理论、利益法学理论在经济法学中的延伸。漆多俊教授认为,经济法的中心价值环节是社会总体经济效率和社会总体经济公平。[2] 史际春教授和邓峰教授认为,经济法具有实质正义、社会效益、经济自由和经济秩序的和谐。[3] 价值研究的意义在于提高经济法学理论研究的规范性。现有研究的不足之处在于经济法价值表述方式不够统一,价值研究的类型化和体系化程度尚存不足。究其原因在于提炼经济法价值来源的制度支持和实践支持存在缺陷,经济法学价值研究停留在话语修辞建构层面,而较少具有直接适用和法律解释的功能。

(一)经济法价值的体现与变迁

经济法价值不同于世俗层面的道德伦理和自然法层面的朴素价值偏好。经济法的内涵价值体现经济性、社会性和时代性。[4] 经济法的价值凝

---

〔1〕 参见单飞跃:《经济公法理论问题——经济法的公共观念与宪治逻辑》,法律出版社2019年版,第65页。

〔2〕 参见漆多俊:《经济法价值、理念与原则》,载《经济法论丛》1999年第2期。

〔3〕 参见史际春、邓峰:《经济法的价值和基本原则刍论》,载《法商研究》1998年第6期。

〔4〕 参见冯果:《经济法的价值理念论纲》,载张守文主编:《经济法研究》第14卷,北京大学出版社2014年版。

聚了社会群体的利益共识，而不是个性化价值追求的简单叠加。学术界对经济法价值的研究以类型化和体系化的确定为目标。既有研究的基本共识包括基本权利保护、秩序安定与经济发展等价值目标间的共存。经济法的价值由恒定价值与可变动价值构成，其中恒定的价值源于法律传统的自由、秩序、正义等价值，可变动价值则随着市场经济环境的变化而相应改变。在实践中，经济法价值体现为复合多元的立法目标，多种目标之间也必然存在排序和衡量。例如，经济法立法目的或者宗旨条款的修改便体现出价值排序的具体变化。修改前的《预算法》第1条规定："为了强化预算的分配和监督职能，健全国家对预算的管理，加强国家宏观调控，保障经济和社会的健康发展，根据宪法，制定本法。"修改后的《预算法》第1条规定："为了规范政府收支行为，强化预算约束，加强对预算的管理和监督，建立健全全面规范、公开透明的预算制度，保障经济社会的健康发展，根据宪法，制定本法。"从中可以发现，经济法的价值随着政府与市场关系的变迁而相应调整，更注重程序与行为规制。

（二）经济法价值的载体与表现形式

经济法价值内嵌于立法文本与法律适用过程之中，需要通过学术研究活动提炼共识元素。经济法作为部门法天然体现了法的一般价值内涵，例如公平、效率、秩序等。其他部门法的价值理念也与经济法价值之间存在契合之处。有学者认为，民法的自愿原则和税法的平等原则可以兼容并蓄以实现法益的平衡与分配正义。[1] 这种研究路径有利于沟通经济法学与其他部门法的对话渠道，为国家干预行为塑造善治的根基。但经济法相较于其他部门法又有自身特色，基于经济法部门法自身特点而生成的专有价值在经济法的单行法中具体存在，例如税法价值、反垄断法价值、反不正当竞争法价值等。有学者认为，反不正当竞争法亦需恪守自由竞争价值。[2] 叶卫平教授对反垄断法的价值构造进行了分析，认为反垄断法的价值构成有形式价值和实体价值、工具性价值和目的性价值之分。[3] 也有学者对税法、税

〔1〕 参见杨小强、吴玉梅：《论〈民法典〉与税法的价值协调》，载《税务研究》2021年第1期。

〔2〕 参见陈耿华：《反不正当竞争法自由竞争价值的理论证成与制度调适》，载《比较法研究》2021年第6期。

〔3〕 参见叶卫平：《反垄断法的价值构造》，载《中国法学》2012年第3期。

收法律行为的价值进行了研究。[1] 这些研究成果都极大地提高了经济法价值范畴的学科专属性。

经济法价值体系的生成源自法律文本。经济法文本中体现价值内涵规范的主要是立法目的(宗旨)条款。除此之外,具体的制度规范条款中也间接提示了经济法价值的内涵。例如,《消费者权益保护法》《食品安全法》中规定的“多倍赔偿”内容体现了经济法的实质正义价值,《农业法》中有关粮食安全的规定则是经济法安全价值在部门法中的投射。但经济法价值的文本直接供给是有限的,更多的是从间接供给中推导出来的,这也是经济法价值研究方式多元化的根本原因。

大量的法律适用是经济法价值共识的形成基础,价值目标的设置并非只起到“宣示”的作用。但经济法价值规范终究具有务虚属性,较少进入法律适用环节,这也导致了经济法价值长期被忽略,甚至沦为“僵尸条款”。经济法价值更多体现为法律解释方法和利益衡量的过程。值得注意的是,已有学者关注到经济法价值内涵的具体实施路径,例如,经济法立法目的司法适用、[2]具体的经济法原则司法化[3]等。这些研究成果体现了经济法价值内涵具有司法适用的空间。由此可见,经济法价值的范围边界逐渐确定,具有从私人知识转化为公共知识的可能性。

(三)经济法价值的功能

长期以来,经济法学研究存在“重立法、轻适用”“重实体、轻程序”“重技术、轻价值”等研究偏好。经济法调整领域具有较强的专业特性或者行业特性,法律规范承载的技术类信息较为丰富。因此,经济法价值与具体规则之间难以形成直观联系,容易被学界所忽视。当事人在援引经济法规范时,也偏向于考量“某一法律制度所追求的或者凝固的制度利益是其核心价值,深刻地影响着该制度的生存发展”。[4] 经济法价值的实质化进程最终需要通过利益衡量的方式完成。具体而言便是在法律适用过程中协调价值利益之间的冲突。实体法的裁判背后必然包含立法者和司法者的价值判断,以

---

〔1〕 参见邢树东、刘超群:《税法的核心价值与纳税人权利》,载《财经问题研究》2013 年第 7 期;徐梦堃:《税收法律行为的价值取向与范畴界定》,载《税收经济研究》2016 年第 6 期。

〔2〕 参见张玮:《经济法立法目的条款司法适用路径的考察与解释》,载《财经法学》2020 年第 5 期。

〔3〕 参见何锦前、赵福乾:《论税收法定原则的司法化》,载《河北法学》2022 年第 1 期。

〔4〕 参见梁上上:《制度利益衡量的逻辑》,载《中国法学》2012 年第 4 期。

及当事人之间的利益衡量。[1]

1. 为什么需要经济法价值

有学者认为，价值取向决定范畴边界，否则无法导向良法善治的结果。[2] 自发守法的积极效果源于守法主体对法律价值的认同，进而可以降低法律实施的成本。价值合理与否也是衡量立法质量并检验法律实施效果的重要依据。因此有学者认为，中国反垄断法实施乱象的原因在于自由价值的先天不足。[3] 立法者认为法律价值预先固定的目的在于预防风险。在经济法中，凝固的价值转化为国家干预的正当目标、合法程序及权责体系，为政府与市场关系划定了边界。除此之外，社会群体对价值认同标准的变化也会成为法律修改的契机。

经济法价值体现为多层次目标构成的体系，政府、市场、社会、个人等不同主体对经济法的价值追求存在差异。政府对经济法价值的诉求体现在秩序维护和促进发展层面，即通过经济立法提升国家的宏观调控能力、实现有效治理的需求。由此可知，宏观调控类经济法便有制定的必要。市场参与主体对经济法价值的诉求体现为鼓励交易和降低负担等方面，即经济立法可以保护市场参与主体的经营权、公平竞争权等。由此，竞争法、促进型经济法便有较强的社会认同基础。个人参与市场经济时的基本诉求主要是个体基本经济权利的保障，主要是通过消费者身份的获得而享有。因此，消费者权益保护类的经济立法也有制定的需求。《消费者权益保护法》采用了倾斜性的权利义务配置结构，立法者对处于相对弱势地位的消费者赋予倾斜性的权利以实现特别保护。为降低消费者的维权成本，《消费者权益保护法》规定了消费者在权益受到侵害时可以进行“择一求偿”，这体现了经济法价值对法律规范形成的具体影响。我们认为，虽然文本形式层面的经济法价值内涵规范有限，但实质层面的立法目标、法律解释及监督手段中体现了法律实施主体对经济法法律价值的理解及自觉运用。

2. 经济法价值内涵的具体适用

经济法价值以多元目标体系的形式来体现，不同目标之间便存在冲突与协调的问题，立法者需要衡量公平价值与效率价值而进行具体制度设计。

---

〔1〕 参见姚辉：《民法适用中的价值判断》，载《中国法律评论》2019 年第 3 期。

〔2〕 参见徐梦堃：《税收法律行为的价值取向与范畴界定》，载《税收经济研究》2016 年第 6 期。

〔3〕 参见叶卫平：《反垄断法的价值构造》，载《中国法学》2012 年第 3 期。

例如,《中国人民银行法》第3条规定:"货币政策目标是保持货币币值的稳定,并以此促进经济增长。"我们从该法条的文义表述中可以发现,币值稳定所蕴含的经济安全价值要比经济增长所蕴含的效率价值更有优先级。基于此,《中国人民银行法》中的具体规则便围绕着"币值稳定"目标而建构,主要体现为对中国人民银行独立性主体地位的保障。在税法中,特定主体或者行为所享受的税收减免或优惠政策体现了税法公平价值与效率价值之间的协调。在《反不正当竞争法》中,体现立法者价值意图的商业道德可以成为评价竞争行为正当与否的标准。因此,有学者认为,竞争行为正当性的判断标准是落实价值取向的重要桥梁和纽带,也是价值取向的重要载体。[1]经济法适用方式之一的公益诉讼制度也体现了经济法的社会效益价值对诉讼模式的影响。综上所述,经济法价值内涵并非研究者自说自话的文字游戏,而是具有可以具体适用的生活场景。在市场失灵和政府失灵的理论假设下,经济法调整的合理性建立在其工具性价值之上,国家干预行为本身的丰富价值内涵仍然值得继续发掘。

三、经济法的基本原则

"原则"的语义可以界定为根本性规则、源初性规则,其描述的是规则、原理、真理的根本性精神,是其他事物的源泉与支配。经济法基本原则是渗透和贯穿于经济法之中的起根本性和统率性作用的规则、精神与原理。经济法的基本原则应当反映经济法的规律性特点,应当具备准则性或者导向性,应当与经济法体系中的法律法规要求保持大体一致,应当表明经济法应有的法律精神与法律价值。构成经济法的基本原则,必须同时具备以下三要素:(1)普遍性,即经济法基本原则必须贯穿于经济法的全部实践过程,能够指导经济立法,规制经济执法和司法,并保障和促进经济守法。(2)法律性,作为经济法的基本原则,其法律性反映于两个方面:一方面,经济法的基本原则应当是具有规范性的内容。换言之,即应具有体现经济法权力(利)义务运作之特性或要求的内涵。另一方面,法律性体现在其可以作为执法和适法之依据。作为经济法的基本原则,对经济法主体的行为具有直接的

---

〔1〕 参见王艳芳:《商业道德在反不正当竞争法中的价值与标准二重构造》,载《知识产权》2020年第6期。

法律意义,任何违反经济法基本原则的行为,均会导致一种直接的法律后果,即其行为被确认为无效。不会导致上述法律后果的原则,不应作为经济法的基本原则。(3)经济法特性,经济法基本原则应是经济法所特有的原则,如合法性原则等一般性法律原则便不应成为经济法的基本原则。作为经济法的基本原则,必须鲜明地反映经济法这一部门法独具之特色。[1] 在经济法中确立基本原则的意义在于:(1)经济法调整的国家与市场之间关系的动态幅度大,需要原则确定基本界域;(2)经济法非基本法典化表现形式的成文法局限,需要原则予以克服;(3)经济法诉理机制与裁判机制中的规则缺失,需要原则予以补充。

经济法基本原则有哪些? 中国经济法学界的表述方式主要有以下几种类型。

第一,认为经济法的基本原则可以总结为资源优化配置原则、国家适度干预原则、社会本位原则、经济民主原则、经济公平原则、经济效益原则、可持续发展原则等七项原则。这七项原则是相互联系、相互促进、缺一不可的。它们的逻辑联系是:寻求资源的优化配置,是经济法首先追求的目标;在寻求资源的优化配置中,国家干预起着不可忽视的作用;但是,国家干预的范围又不是任意的,它必须以社会公共利益为自己的出发点和归宿;国家对经济实行干预的时候,又必须有利于促进和保障经济民主和经济公平的实现;经济民主和经济公平,是推动和提高经济效益的重要因素;最后,经济法所能做到的或者说经济法的现代化发展趋势,是要促进全球性的可持续发展战略在中国的实施。[2]

第二,认为经济法的基本原则可以概括为注重维护社会经济总体效益,兼顾社会各方经济利益公平原则,或称为社会总体经济效益优先,兼顾社会各方利益公平原则。经济法原则除基本原则外,还有仅适用于某个或某些种类经济法规范的局部性原则。基本原则统率局部性原则,局部性原则是基本原则在各局部性领域的体现。如计划法的"综合平衡"原则、自然资源法的"综合利用"原则等,都体现着维护社会经济总体效益和兼顾各方经济利益这一经济法基本原则的精神。[3]

---

[1] 参见鲁篱:《经济法基本原则新论》,载《现代法学》2000 年第 5 期。

[2] 参见李昌麒主编:《经济法学》(第 3 版),法律出版社 2016 年版,第 54 ~ 59 页。

[3] 参见漆多俊:《经济法基础理论》(第 5 版),法律出版社 2017 年版,第 173 页。

第三，认为经济法的基本原则主要有平衡协调、维护公平竞争、责权利效相统一三项原则。平衡协调原则是经济法的社会性和公私交融性所决定的一项普遍原则，在社会化条件下，经济法以兼容并蓄的精神，为消弭个体追求私人利益所生流弊，促进社会在竞争的基础上团结合作，以组织协调、平衡发展、公有精神的追求为己任。平衡协调原则作为一种法律规范，在多数情况下未必于具体的经济法律关系和经济法执法中直接适用，而是作为经济管理、经济执法暨司法所遵循的一项理念或宏观标准。维护公平竞争原则和制度的出现，是通过国家的"有形之手"来纠正市场"看不见的手"所导致的弊端，同时又力求使"看不见的手"在最大范围内、最高限度地发挥作用的产物。责权利效相统一原则，是指在经济法律关系中各管理主体和公有制经营主体所承受的权（力）利、利益、义务和职责必须相一致，不应当有脱节、错位、不平衡等现象存在。关于三大基本原则之关系，平衡协调原则体现了经济法力求实现实质正义和社会效益，维护公平竞争原则表明了经济法对市场精神和经济效益的追求，责权利效相统一原则则是公有制与市场经济之契合和连结点，三者协同一致，致力于实现公正、效益、经济自由、经济民主和经济秩序的统一。[1]

第四，认为经济法的基本原则由适当干预原则和合理竞争原则这两项原则所构成。适当干预原则是指国家或经济自治团体应当在充分尊重经济自主的前提下对社会经济生活进行一种有效但又合理谨慎的干预。适当干预包含正当干预与谨慎干预双重内涵。合理竞争原则是指经济法所维护的竞争是建立在合理竞争原则基础之上的，其旨在实现竞争的有序、有效。合理竞争包含有序竞争与有效竞争双重内涵。[2]

第五，认为经济法的基本原则可以表述为资源配置的帕累托有效（最优）原则和分配中的交叉公平原则。帕累托有效原则就是效率最优原则，它是整个经济立法的目的和价值追求之所在，它最精确地表达了经济法的特征——"经济性、效益性"，并在各经济法部门中得到体现和遵循。就分配中的交叉公平原则而言，经济法——"组织经济固有之法"，作为国家管理经济的重要手段，在构建其公平分配的制度设计上，融合了法哲学及经济学成

---

〔1〕 参见潘静成、刘文华主编：《中国经济法教程》（第 3 版），中国人民大学出版社 2008 年版，第 65 ~ 68 页。

〔2〕 参见鲁篱：《经济法基本原则新论》，载《现代法学》2000 年第 5 期。

果,对不同的分配对象以不同的公平标准进行分配,建立了其独特的,以纵横为经纬,以道德为基准的交叉公平体系。交叉公平的内涵包括:(1)水平公平:抽象经济权利分配中的法律公平。(2)垂直公平:实质权利或资源配置中的法律公平。(3)合理性——财富及收入分配中的公平。就两大基本原则的关系而言,它们相互联系,相互补充。第一原则侧重于经济法的经济性价值,第二原则侧重于法本身对公平的价值追求。[1]

第六,认为可以从经济法原则的研究中提炼出三项接近共识的基本原则:社会整体效率原则、经济公平与公正原则、经济协调行为法定原则。社会整体效率原则是指经济法规范从总体上看是以追求社会整体效率为基本准则。经济公平与公正原则的基本要求在于强调经济法规范所体现的维护经济法主体间的公平、维护社会公共利益和整体利益、注重社会经济分配的形式公正与实质公正的基本取向。经济协调行为法定原则强调国家特别是政府协调经济运行的职责、权限与程序的法定,强调经济法主体(包括经济管理职能部门、市场主体等)违法行为认定上的法定。将这三项原则提炼为经济法原则研究的共识,既有文献基础,又能突出地强调其作为经济法基本原则有机整体的独特性。[2]

对以上关于经济法基本原则的研究范例进行综合分析,可以发现,在经济法基本原则研究中已经取得的同位性认识主要有:(1)凸显效率思想。原则的研究范例都将经济法置于一种经济促进之法、经济发展之法、经济增长之法的分析框架之中。(2)彰扬公平精神。原则的研究范例都注意到了经济法在实现实质公平、结果公平方面的功能。

但已有经济法基本原则的研究也存在一些局限:(1)语境置换局限。原则的研究范例中有的直接将经济学境域和社会政策境域中的概念置换为经济法的原则,法律自身的评价标准模糊。(2)抽象性过强,指导性不足;社会性较泛,可裁量性较弱。这些局限的存在,促使我们有必要对经济法的基本原则进一步加强研究,力求能够发挥出基本原则在经济法制度中的法理功效与法律功效。

我们认为,经济法的基本原则可以从经济法对市场机制的保护、对政府

---

〔1〕 参见刘水林:《经济法基本原则的经济学及法哲学解释》,载《法商研究(中南政法学院学报)》1998 年第 5 期。

〔2〕 参见肖江平:《中国经济法学史研究》,人民法院出版社 2002 年版,第 228 ~ 229 页。

经济行为的限制、对社会利益状态的调节、对风险防范机制的准备等法律调整要求中进行总结、概括与提炼，具体可表述为保护竞争原则、经济宪治原则、社会公平原则、经济安全原则等四项经济法基本原则。[1]

（一）保护竞争原则

在经济法调整的政府与市场关系中，市场是第一性的，政府是第二性的。市场机制作为社会经济资源配置的决定性机制，是历史进化与制度筛选的结果。现代社会还没有找到更为有效的能够替代市场经济机制的经济运行机制。这里的“有效”是指在创造需求与提高效率两个方面没有超出市场经济机制的更优机制选择。在这样的经济运行前提下，法律制度设计必须在保护市场经济机制的框架内进行。竞争是市场机制中的主要资源配置手段，是面向公众的公开透明的择优机制。只有竞争能持续地给市场带来活力和给消费者带来福利。促进市场效率的核心在于保护竞争机制在市场中能动、有效、持续地发挥作用。

（二）经济宪治原则

国家的存在既有其合理性，也有危险性，关键在于要将国家的行动通过宪法秩序限定在一定的界面。国家权力与私人权利在经济领域中的活跃关系只有在宪治架构体系中，才能作出最合适的安排。政治与经济、国家与市场、政府与私人、公共与个体、自由与干预、民主与集中、中央与地方如此密不可分的关系只有宪治才能进行统领。经济法是规范政府经济行为的法律规范。社会经济制度的安排，尤其是国家参与的经济行动必须来自宪治上的安排，不能是国家的“自由”行动。经济宪治的核心在于设定政府经济行为的正当程序，防止政府利用公共权力侵犯市场机制与私人权利。而经济法则担负着对国家经济行为正当性进行法律监护之职责。如果将政府视为国家行动的主导载体，那么政府经济行为必须正当，政府经济行为必须符合经济宪治的要求。依照经济宪治的要求，政府是经济法律规则的执行者，不应是经济法律规则的供给者；政府作为干预者应当超越被干预的市场利益关系；政府与社会成员对称性地行使经济权力；政府不得干扰市场机制；经济暴力应当受到严格规制。

---

〔1〕 关于本书所主张的经济法基本原则，可参见单飞跃：《经济公法理论问题——经济法的公共观念与宪治逻辑》，法律出版社 2019 年版，第 81 ~ 93 页。

(三)社会公平原则

所谓公平,主要是一种社会利益的均衡状况,这种均衡状态能对社会基本结构产生影响,并能促进社会合作与社会发展。经济法上的公平,是在承认经济主体的资源和个人禀赋等方面差异的前提下而追求的一种结果上的公平,即实质公平。换言之,市民法是以平等而求得形式公平,经济法则是以对不平等的克服而求得实质公平。经济法的公平观采取了一种更加务实的切入点,与市民法的公平观在实现公平理想中共同携起手来。经济法的公平是在承认社会成员个体差异、地区发展不绝对均衡条件下,着眼于现实差异的分配公平。

国家作为利益分化与冲突的整合机构,在整合利益矛盾、构建分配公平秩序方面具有其他任何组织和个人所不可替代的作用与优势。国家发挥分配整合作用的制度路径是法律与政策,税收调节法、社会保障法、反贫困法等经济法律在整合社会利益、实现社会公平方面作用极为突出。经济法通过政府对差距过大的收入关系和财产关系进行直接干预,强调对社会财富的再分配和对社会上处于不利地位的个体予以补偿和救济,使社会分配关系在公平、正义的框架体系内得到再次调适。正是在"差异—分化—冲突—整合"这样的逻辑递进中,经济法实践着国家作为整合中心对社会分配关系进行再调整的公平使命。

(四)经济安全原则

经济安全是为了防范、克服、治理经济风险的法律命题,是经济生活所追求的利益保障和秩序稳定的状态。经济领域中,有交易即有风险,交易相对人在市场交易中面临的最大风险即是预期利益落空,交易人不能按照事先设定的权利义务实现交易上的期待。传统市民法对此设定了交易安全的理念与机制。但私人间的交易不安全只是会对交易中的主体产生利益风险与损害,不至于对社会整体经济秩序产生根本性危害。而现代市场经济条件下,经济的开放性、关联性程度日渐提高,再辅之以信息技术的高度发达,这种开放性、互联性的经济网络虽然可以促进市场繁荣,但又加剧了风险传递。货币、资本等经济要素的自由流动也带来了经济风险的全球性流动。现代经济的一荣俱荣、一损俱损的风险状态便由此形成。这也就使对经济安全机制的设定必须从私人间的交易风险领域引申到全球意义与国家意义上的公共经济风险领域。对公共领域经济风险的防范、克服与治理是经济法所强调的经济安全理念与机制,其实质就是由国家来承担并采取防范公共经济风险与危机的责任与措施。

经济安全既是一种状态、一种机制,也是一种意识、一种目标。在状态层面,经济安全意味着国民经济的发展、公共经济秩序和国家经济实力处于不受根本威胁的状态,一方面国家经济免于金融危机、失业、生态灾难、通货膨胀、大规模的贫困、商品不安全、外来人口等的冲击,而处在稳定、均衡和持续发展的正常状态;另一方面是指国家经济发展所依赖的国外资源与国际市场稳定而持续,具备免遭突然打击的能力。在机制层面,经济安全是一种可以通过监测、预警、评估机制及法律机制进行操作和实施的系统。在意识层面,经济安全是渗透在经济、社会、政治、文化中的治理主张,是法律、政策的神经中枢,是一种应有的法律思维与政策思维,是一种潜在的思想支配。在目标层面,公共经济安全的目标至少意味着:(1)物价稳定。物价稳定是经济稳定、币值稳定、结构协调的综合反映。物价稳定表明总供给和总需求大致平衡,产业结构基本合理,货币发行适度,经济运行状态良好。(2)经济增长。经济增长是衡量国民经济发展的重要指标,也是国民经济良性运行的结果。经济增长不仅为表现为增长率的数量提升,还表现为金融、能源、价格、产业、资本、财政等核心经济要素处于稳定与安全状态。(3)充分就业。劳动者充分就业表明劳动要素得以充分利用和居民收入相对均衡,充分就业是经济繁荣的标志,也是社会公平和社会稳定的标志。(4)国际收支平衡。国际收支平衡对国内货币稳定、经济稳定、经济发展影响极大,在国际收支中,外汇收支差额和偿债率要保持适当,汇率、利率等经济要素对宏观经济的调节起着健康、稳定和协调的作用。

四、经济法的体系

经济法的体系是指经济法的内在架构。一个清晰明确、规范完整、划分科学的经济法体系,对认知经济法、适用经济法、传播经济法具有重要意义。由于经济法属于不采用法典形式的开放性法群,经济法的体系所指的主要是经济法中法律规范的结构安排体例,并且这种体例安排需要遵循一定的标准,满足规范之间的协调性要求。“经济法体系是由多层次的、门类齐全的经济法部门组成的有机联系的统一整体。”[1]“所谓经济法的体系，通常是指各类经济法规范所构成的和谐统一的整体。而这样的整体，其实就是一个系统，即经济法系统。”[2]

（一）中国特色社会主义法律体系中经济法部门的规范构成

经济法是一个没有基本法典作支撑的法律部门，且经济法法律法规大多以平行而非线性的方式分布，相互之间的依赖性与交叉性也不强。如何使公众能够清晰地识别和运用经济法，就需要通过整合的方式，把为数众多、内容不同、形式各异的各种经济法律规范，根据具体调整对象和方法的不同，进行科学的分类，揭示和区别不同门类经济法律相互之间的内在联系和自身的逻辑性，从而把各种经济法律按标准、按秩序、按层次地组织成为和谐的统一整体。2011 年正式形成的中国特色社会主义法律体系，对经济法部门的整合标准进行了高度抽象，明确提出经济法是调整国家从社会整体利益出发，对经济活动实行干预、管理或者调控所产生的社会经济关系的法律规范。经济法为国家对市场经济进行适度干预和宏观调控提供法律手段和制度框架，防止市场经济的自发性和盲目性所导致的弊端。

2011 年，全国人民代表大会宣布中国特色社会主义法律体系已经形成的决定之时，中国已制定经济法方面的法律 60 部和一大批相关行政法规、地方性法规。截至 2024 年 4 月，我国经济法法律的数量为 85 部。

按照国务院新闻办公室发表的《中国特色社会主义法律体系》白皮书中的规定，经济法的体系归类大体可分为宏观调控与管理法、市场竞争法、对外贸易法三大部分。

1. 宏观调控与管理法

属于宏观调控与管理法范围的法律规范主要有以下几个部分：(1)综合调控法，主要有《预算法》《价格法》《中国人民银行法》等。(2)税法，主要有《企业所得税法》《个人所得税法》《车船税法》《税收征收管理法》等。(3)金融业监督管理法，主要有《银行业监督管理法》《反洗钱法》等。(4)农业法，主要有《农业法》《种子法》《农产品质量安全法》等。(5)行业监管法和产业促进法，主要有《铁路法》《公路法》《民用航空法》《电力法》等。

---

〔1〕 参见杨紫烜主编：《经济法》(第 4 版)，北京大学出版社、高等教育出版社 2010 年版，第 71 页。

〔2〕 参见《经济法学》编写组主编：《经济法学》(第 2 版)，高等教育出版社 2018 年版，第 28 页。

(6)自然资源法,主要有《土地管理法》《森林法》《水法》《矿产资源法》等。

(7)能源法,主要有《节约能源法》《可再生能源法》《循环经济促进法》《清洁生产促进法》等。

2. 市场竞争法

属于市场竞争法范围的法律主要有:《反不正当竞争法》《价格法》《反垄断法》等。

3. 对外贸易法

对外贸易法主要有《对外贸易法》等。2011 年以后,对外贸易法律制度领域根据我国改革开放的实际需要以及国际经济与贸易的变化情况,制定了一些新的经济法律,主要有《海南自由贸易港法》《出口管制法》《反外国制裁法》等。

尽管中国特色社会主义法律体系已经确立了经济法在我国法律体系中的部门地位,并且初步明确了组成经济法部门的法律规范构成,但由于政府与市场的边界不清晰,市场规制法律的具体内涵仍不明确,中国特色社会主义法律体系形成之时,只是形成了市场竞争法的基本框架,市场领域中的许多社会关系还有待新的经济法法律规范的调整。此外,对外贸易法律制度的基本框架也还没有形成,"反补贴法""反倾销法""保障措施法"还没有出台。同时我们还应当看到,经济立法是一个不断往前推进的历史过程,经济立法只有进行时,没有完成时,新的经济法法律规范会不断地加入到经济法的部门体系之中,并且也会导致经济法的内在体系发生新的变化。

(二)以竞争法、财政法(财税法)、金融法、贸易法、资源法、行业产业法等领域法为主要支柱的一般经济法

中国改革开放以来的经济立法成果,为中国经济法部门的体系建构提供了丰富的法律资源。通过对中国现行经济法法律规范的梳理,经济法可以采用以经济法直接作用的对象领域为标准的方法进行体系整合,由竞争法、财税法、金融法、贸易法、资源法、行业产业法六大子部门来共同构筑经济法的体系,其中竞争法、财政法(财税法)、金融法又是经济法体系中最核心的三大支柱。贸易法由国内贸易法(电子商务法、自由贸易港法),对外贸易法(对外贸易法、反倾销法、反补贴法、保障措施法、出口管制法、反外国制裁法),区域贸易法,国际贸易法四个部分组成。资源法由土地管理法、森林法、矿产资源法、草原法、水法等法律规范组成。行业产业法由农业法、种子

法、农村土地承包法、渔业法、建筑法、电力法、煤炭法、烟草专卖法、邮政法、铁路法、公路法、航道法、港口法、海域使用管理法等法律规范组成。

1. 竞争法

竞争法由反不正当竞争法、反垄断法、产品质量法、消费者权益保护法、价格法、广告法等法律规范所组成。

竞争法是一种介入性规则，是第三者提供的规则，是从市场主体外的第三者角度对市场行为作出的主观性法律评价。竞争法中反不正当竞争法的评价基础仍然是私法精神，如诚实信用原则、商业道德原则等，但不正当竞争违法行为的发现、评价与惩罚机制明显不同于私法机制，表现为行政执法规则与市场监管主体的介入，违法的代价不是仅由市场主体双方当事人说了算。竞争法中的反垄断法则是完全由市场外的另一种评估体系（反垄断立法、反垄断执法、反垄断司法）对竞争事实进行的一种独立评价，其所依据的主要不是私法精神，而是采用一些新的标准与理由对市场主体的市场行为进行考量，如有利于消费者福利的提供、竞争可持续、竞争中立等标准与理由，这些标准与理由已经超出了传统法律所提供的制定新规则的依据。

2. 财政法（财税法）

财政法（财税法）是指调整财政关系的法律规范。财政关系可以从财政的基础关系、财政的基本关系、财政的衍生关系三个方面来进行构成上的分析。财政的基础关系就是收入与支出的关系。财政的基本关系可以从四个方面来进行概括：（1）国家与国民的关系（分配与再分配、富民与强国的关系）；（2）政府与市场的关系（政府与企业的分配与再分配关系）；（3）中央与地方的关系（财权、财力、事权、支出责任的关系）；（4）财产权与财政权的关系。财政的衍生关系可以从以下几个方面来理解：（1）生产与消费的关系；（2）积累与投资的关系；（3）公共财产收益与公共财政收入的关系；（4）财政与财务的关系；（5）治国与理财的关系。如果要对财政法（财税法）的概念进一步地精确化，财政法（财税法）是指调整在国家为了提供公共物品、实现国家职能而取得、使用和管理资财的过程中所发生的社会关系的法律规范的总称。

财政立法有财政分散立法和以财政基本法为中心的财政立法两种模式。我国财政立法目前采用的是财政分散立法模式。财税法理论研究成果的通说认为，财政法（财税法）的体系可以基于财政行为类型标准进行相应的组合，由财政收入法、财政支出法、财政管理法、财政监督法四大部分构成。

财政收入法由税收法（企业所得税法、个人所得税法、烟叶税法、船舶吨税法、环境保护税法、车辆购置税法、耕地占用税法、车船税法、资源税法、城市维护建设税法、契税法、印花税法、税收征收管理法等）、政府性基金法、公债法、彩票法、国有资产收益法、行政事业性收费法、罚没法等组成。

财政支出法由预算法、转移支付法、政府采购法、政府投资法等组成。

财政管理法由国家账户管理法、国库法、会计法、统计法、注册会计师法、资产评估法、企业国有资产管理法、城市房地产管理法等组成。

财政监督法由人民代表大会及人大常委会议事规则、各级人民政府组织法、监督法、监察法、审计法等组成。

3. 金融法

金融法是经济法中的一个重要组成部门，金融法法律规范数量众多、体系庞杂，如何梳理金融法这一经济法的子部门法体系，是经济法体系建构中的一个重要部分。

我们认为，金融法的体系由五个层次的金融法律规范所构成。

金融法的第一层次为中央银行法，我国的中央银行法指的是《中国人民银行法》。

金融法的第二层次为金融业法。金融业法随着金融业态的发展会进行动态调整，我国现行的金融业法主要由以下几个部分所组成：（1）银行业法，涵括政策性银行法和商业银行法；（2）保险业法；（3）证券业法；（4）信托业法；（5）期货业法；（6）基金业法；（7）融资租赁业法；（8）互联网金融业法；（9）小额贷款公司法；（10）合作金融业法。

金融法的第三层次为金融要素法。金融要素法由以下几个部分来组成：（1）货币法；（2）外汇法；（3）票据法；（4）信用卡法；（5）金融合约（合同）法；（6）结算法；（7）离岸业务法；（8）交易所法。

金融法的第四层次为金融监管法，具体包括：（1）银行业监督管理法；（2）保险业监督管理法；（3）证券业监督管理法；（4）地方金融管理法；（5）反洗钱法。

金融法的第五层次为金融消费者保护法，由金融消费者保护法（金融服务法）、存款保险法等组成。

(三)以促进法、保护法、安全法、防控法等行为法为主要表现的特别经济法

经济法部门中的法律规范除了竞争法、财政法(财税法)、金融法、贸易法、资源法、行业产业法等一般性经济法法律外,还有一些带有鲜明的经济法特点、但又难以归入一般性经济法体系之中的特别经济法。这些特别经济法区别于一般经济法突出的领域法属性,主要以行为法的形式表现出来。这些属于行为法范畴的特别经济法主要有促进法、保护法、安全法、防控法等法律规范类型。促进法、保护法、安全法、防控法等经济法法律规范具有鲜明的促进、保护、防范、控制、禁止等价值立场,明确宣示法律的法益主张和基准立场,提倡、鼓励、保护或者限制、禁止某些类型的经济行为,并且往往以"职能—职责—职权"的权责配置模式以及"定责—负责—担责"的责任配置模式,来保障这些提倡性规范、鼓励性规范、保护性规范、安全性规范、预防性规范、限制性规范、禁止性规范的法律实施效果。

我国现行法律体系中,属于促进法范围的经济法法律主要有:《循环经济促进法》《清洁生产促进法》《中小企业促进法》《乡镇企业法》《农业技术推广法》《农业机械化促进法》《可再生能源法》《乡村振兴促进法》等。

属于保护法范围的经济法法律主要有:《外商投资法》《石油天然气管道保护法》《台湾同胞投资保护法》《消费者权益保护法》《个人信息保护法》《长江保护法》《海岛保护法》《湿地保护法》《黑土地保护法》《野生动物保护法》等。

属于安全法范围的经济法法律法规主要有:《农产品质量安全法》《食品安全法》《网络安全法》《数据安全法》《进出口商品检验法》《进出境动植物检疫法》《道路交通安全法》《矿山安全法》《核安全法》《生物安全法》等。

属于防控法范围的经济法法律主要有:《水土保持法》《节约能源法》《防洪法》《动物防疫法》《进出境动植物检疫法》《反食品浪费法》等。

(四)学理层次的经济法体系

经济法体系不仅是经济法部门内法律规范有机组合与紧密联系的框架结构,也是经济法作为法学学科向社会展现其知识体系和传播其法律原理的主要支撑。中国经济法的主流教科书都对经济法体系作出过阐释。

杨紫烜教授在其主编的全国高等学校法学专业核心课程教材《经济法》(第4版)中,认为经济法体系由市场监管法、宏观调控法两大部分组成,其

中市场监管法可以进一步划分为市场准入与退出法、竞争法、消费者权益保护法、产品质量法等,宏观调控法可以进一步划分为计划法、财政法(包括税法等)、中央银行法、价格调控法等。[1]

李昌麒教授在其主编的普通高等教育“十一五”国家级规划教材《经济法学》(第2版)中,认为经济法体系由市场主体法、市场秩序法、宏观调控法、经济监管法四个部分组成。就市场主体法而言,主要研究经济法中的政府、经济法中的行业协会以及经济法中的企业。其中经济法对企业的规制主要包括企业形态的法定化制度、企业的市场准入制度、企业运行中的国家干预以及企业的社会责任等。就市场秩序法而言,主要包括反垄断法、反不正当竞争法、消费者权益保护法、产品质量法。就宏观调控法而言,其范围主要包括产业调整法、计划法、投资法、财税法、金融法、价格法、国有资产管理法。就经济监管法而言,其通常包括以下几个组成部分:金融市场监管法;技术、信息市场监管法;房地产市场监管法;劳动力市场监管法;公用事业管制法;会计与审计法。[2]

张守文教授在其主编的马克思主义理论研究和建设工程重点教材《经济法学》中,认为部门法的体系构成主要取决于其调整对象,在国家进行宏观调控和市场规制过程中,形成了传统部门法都不调整的两类社会关系,既宏观调控关系和市场规制关系,这两类社会关系都需要新兴的经济法调整,由此形成宏观调控法与市场规制法两类经济法规范。宏观调控法可以进一步分为财税调控法规范、金融调控法规范和计划调控法规范,可分别简称为财税法、金融法和计划法。市场规制法可以进一步分为反垄断法、反不正当竞争法和消费者保护法规范。经济法体系的基本构成可以大略概括为“财金计划调控法,两反一保规制法”。[3]

甘强教授认为“体系化实际上就是法律规则的系统化,其基础在于法律规则也必须是逻辑严谨的法律规范”。“经济法体系化的构建,其实就是去寻找某个标准,然后依据这个标准对经济法的法律规范进行归集。”中国主流经济法学理论认为中国经济法所要解决的问题就是如何通过“国家干预”

---

〔1〕 参见杨紫烜主编:《经济法》(第4版),北京大学出版社、高等教育出版社2010年版,第74页。

〔2〕 参见李昌麒主编:《经济法学》(第2版),法律出版社2008年版,第110~112页。

〔3〕 参见《经济法学》编写组主编:《经济法学》(第2版),高等教育出版社2018年版,第29页。

的行为来克服“市场失灵”，可以将其称为“干预范式”。但“干预范式”在中国经济法学界所受到的质疑并不少见，有学者在比较权利范式和干预范式后，指出经济法应以权利本位论为指导，对自己的理论进行创新和完善，实行从国家干预论向权利本位论的变革。但甘强教授认为，依据“权利范式”的责任思维可能并不适合经济法，经济法更倾向于规制思维。[1]

有学者受卢曼与托依布纳系统论的影响，认为按照系统论的分析逻辑，作为经济政策与法律系统二阶耦合的经济宪法，具有将政治要素、经济要素及其耦合关联性经由立法过程在法律系统转译而成法律规范的结构功能，而这三重转译过程的法律规范产物则形塑了经济法体系化的形式构造：经济宪法—经济基本法—经济单行法。[2]

有学者通过分析现行经济法二元体系（市场规制法和宏观调控法）在构造内容和构造理论两个层面存在的问题，认为经济法体系构造需要建立在由宪法统领的“市场（社会）—政府”理论模式基础上，以我国既有经济法律规范为现实依据，以宪法中的经济性规范为起点，遵循“整体市场逻辑”“双重行为逻辑”“法律治理逻辑”，基于“公共利益”类型化和“经济行为”类型化的体系完善路径，将“经济公共利益”作为经济法体系构造的利益基础，将“市场主体经济行为”和“政府主体经济行为”作为经济法体系构造的行为基础，进而形成以“市场规制法”和“政府规制法”为基本内容，以“竞争法”“消费法”“劳动法”“金融法”“财政法”为主要内容的新体系形式。[3]

我们认为，经济法是一个类型特征相当鲜明的、具有综合性和开放性的法群，其既不是一部法典，也不是特指某一部法律，而是一系列经济性法律的概括性与综合性指称。经济法部门中的法律具有开放性、动态性、交叉性，与其他法律一道共同实现对经济关系的综合法律调整。经济法的开放性是指经济法的法群要素与体系构成不是一成不变的，而是变动与发展的。形式上的法群性而非法典性，体系上的开放性而非封闭性，关系上的平面性

---

〔1〕 参见甘强：《体系化的经济法理论发展进路——读〈欧洲与德国经济法〉》，载《政法论坛》2018 年第 5 期。

〔2〕 参见刘凯：《经济法体系化的系统论分析框架》，载《政法论坛》2022 年第 2 期。

〔3〕 参见杨尊源：《经济法体系构造研究：理论反思与完善路径》，载中国法学创新网，http://www.fxcxw.org.cn/dyna/content.php? id = 25070，最后访问时间：2024 年 6 月 27 日。

而非线性，既是经济法独有的特质，也是经济法巨大的优势。经济法在总的体系结构上不能用线性化的方式进行处理，经济法的子部门法具有强烈的块状特征，只能采用板块型的体系结构，并且板块之间的有机关联性还有待深入发掘。经济法学的理论研究在于发现法群式经济法法律中的规律性，而不仅仅是强调板块的独立性；在于发掘法群式经济法法律中的特点，而不是强调具有离心倾向的特殊。经济法研究不可能完全套用传统法律部门的研究手法，不能把经济法置于与民法、刑法等传统法律部门完全平行的水平线上来讨论问题。民法、刑法等传统法律部门是法典化或需要法典化的部门，部门内的规范关系可以进行线性化处理，法律体系中的总分关系十分明确。而经济法是一个综合性的法律部门，部门内部很难有严密的逻辑构造，不能进行简单的线性化处理。经济法带有强烈的描述性，诸多经济法规范是根据时代需求或特定经济法律事实由立法者、执法者、司法者、职业法学家、社会组织等群体描述出来的，而主要不是通过既有法律文本的本来面目呈现出来的，经济法并不是一个依托基本法典或基本法律而证成的法律部门。经济法理论研究要重在提取具体经济法法律中的最大法理公约数，为经济法的立法、执法与司法提供新的、更多的、更有助益的智识资源。

经济法学理论研究中的经济法体系并不一定要与经济法法律部门的构成体系保持完全的同一性。从某种意义上说，以法律部门构造为出发点的经济法体系是以法学理论研究为出发点的经济法体系的基础与前提，但以法学理论研究为出发点的经济法体系设计完全可以超越以法律部门构造为出发点的经济法体系，并对其作出理论上的抽象与升华。市场规制法与宏观调控法的经济法体系二分法，就是对实证规范层面上的经济法法律规范体系的超越。但“市场规制”与“宏观调控”两个概念的经济学意味浓厚，法学属性不突出，市场规制法与宏观调控法的二分法体系仍有进一步提升的空间。

我们认为，基于经济法是调整公共经济关系的法律规范的基本判断，经济法的体系由经济宪法、经济行政法、社会经济法三个部分所组成（具体内容详见本编第四章第六节“经济宪法—经济行政法—社会经济法”体系范式）。“经济宪法—经济行政法—社会经济法”的经济法体系，也是可以用于对经济法的子部门进行学理体系整合的学术框架。以金融法为例，学理体系的金融法可以整合为货币宪法（中央银行法为主体）、金融商法（金融业法和金融要素法为主体)、金融行政法(以金融监管法为主体)、金融消费者保护法所构成的体系。学理意义上的经济法体系的总结与凝练,是经济法知识体系与学科体系成熟化的一个标志,其对经济法部门的社会认知与经济法知识的社会传播能够起到重要作用。

(五)经济法与相关法的关系

1. 经济法与宪法的关系

在经济法与相关法的关系中,与经济法关系最至为密切的法律无疑是宪法。这不仅仅是因为宪法是根本法、是上位法,不仅是因为宪法规定了一个国家最根本的政治制度与经济制度,而是因为经济法的权力源泉来自宪法授权,经济法中的权力(权利)多属于宪法性经济权力(权利),经济法的基本制度多属于宪法性法律制度,经济法运行的根本目的在于实现经济宪治。

就宪法与经济法的具体关系而言:(1)宪法要为经济法确定基本的权力法则。政府用于管理经济、干预经济、调控经济的权力,源自公民与社会成员基于宪法对政府授予的经济权力。(2)宪法要为政府经济行为设定正当程序。政府不得基于自利目的参与、干预和调控经济活动。而关于政府干预经济的边界如何确定,宪法设定了私人财产权利与市场制度不可触动的基本制度界限。(3)宪法要规定社会成员与国家机关共享公共经济权力的机制。财政权、税收权、预算权、决算权、公共产品定价权等应当在公共界面由社会成员与政府所共享。(4)宪法应当为政府经济行为的法律审查提供相应机制,这种审查既应包括规范审查,也应包括行为审查;既应包括合宪性审查,也应包括其他宪法监督方式。

需要特别强调的是,经济立法是经济法中最鲜活、最有生命力的手段与方式,但由于经济立法是以市场外的第三者身份向市场提供规则,并且是具有强制性实施效力的法律规则,这些规则极有可能扭曲市场,或者构成对私人自由与权利的侵犯,成为一种来自规则的暴力。为了防止经济立法这类制定规则的权力异化为另一种类型的经济暴力,有必要从经济宪法的高度对经济立法进行有效的牵制,建立经济立法的合宪性审查机制。经济宪法也就成为经济法与宪法之间沟通联系的纽带和桥梁。

2. 经济法与民法的关系

就经济法与民法的联系而言:(1)经济法与民法共同调整着商品经济关

系,共同维护市场经济的发展。民法着力调整私人间的市场交易关系,通过主体、权利、契约等基本民事法律制度建立商品经济的基本法律制度。经济法则着力于运用市场外的力量对民法难以矫正的市场失败现象进行法律治理,以恢复和维护市场经济秩序。(2)经济法与民法相互吸收、互相补充。民法对商品经济关系的调整侧重于微观调整与平面调整,主要是对发生在民事主体之间的具体财产关系与人身关系的调整,并且在调整中贯彻和实施平等与自愿的原则。而经济法则侧重于宏观调整与立体调整,经济法一方面通过自己的调整使市场的微观关系达到平衡,另一方面又通过自己的调整使市场与国家之间的宏观关系达到平衡。通过两者之间的互相吸收与相互补充,共同促进商品经济关系的和谐发展。

就经济法与民法的区别而言:(1)主体不同,主要体现在两个方面:一是主体范围不同,民法主体只限于法人和公民,国家仅在特殊情况下为其主体,经济法主体则主要为国家机关;二是主体间关系属性不同,民法主体相互间不得直接强制对方,而经济法主体之间则存在直接强制对方的可能性。(2)调整对象不同,民法调整平等主体之间的财产关系和人身关系,而经济法则调整国家为了促进经济增长、社会发展和协调经济运行,对经济生活进行干预和调控所发生的公共经济关系。(3)调整手段不同,民法采取自愿、平等、等价有偿和诚实信用等原则和手段调整经济关系,而经济法的调整手段主要表现为干预、调控手段以及其他经济政策手段,并且具有调整手段上的综合性。(4)民法是最典型的私法,经济法则是以公为主的法律规范,我们认为,经济法就是经济公法。

3. 经济法与商法的关系

就经济法与商法的联系而言,商法的产生是基于对民法一般性调整的补充,以适应商事活动简捷、高效、营利的要求;经济法的形成则是对商法个体倾向的克服和对其走向垄断、妨碍竞争、滥用权利、造成整体不平衡等现象的纠正。现代商法具有公法性,它与经济法有相通之处,尤其是商事贸易管制、商事主体注册登记制度、商业会计制度等,这些制度既具有商事法律制度的典型特征,也具有经济法律制度的一般属性。

就经济法与商法的区别而言:(1)调整对象不同。商法的调整对象是营利性主体在商事经营过程中发生的商事关系,经济法的调整对象是国家为了促进经济增长、社会发展和协调经济运行,而对经济生活进行干预与调控过程中所发生的公共经济关系。(2)调整手段不同。商法对商事关系的调整所遵循的是经营自主与意思自治原则,手段上仍然是平等、等价、互利的方法与手段。经济法对经济关系的调整所遵循的主要是调控原则,国家意志主导色彩浓烈,手段上使用的有干预、参与、协调等多种手段。(3)法部门本质不同。商法是带有公法性质的私法,但仍然属于私法范畴,经济法以公法性质为主,自身就属于公法规范。(4)利益价值不同。商法的利益基点是确认和保护商人的地位和利益,经济法的利益基点是达到国家、社会、私人三者利益之间的整合与协调。

4. 经济法与行政法的关系

就经济法与行政法的联系而言:(1)两者都体现了国家对社会生活的干预或管理。(2)两者都是规范、控制和监督权力的法律,经济法作为运用国家权力干预社会经济生活的法律部门,必须遵循行政法最基本的原则——法治原则。(3)两者都采取一定的行政命令与强制手段来调整社会关系。(4)在法律关系的主体方面,行政机关作为一方主体的情形在经济法中大量存在。

就经济法与行政法的区别而言:(1)主体范围不同。行政法的主体范围严格限定在行政机关与行政相对人之间,而经济法的主体则包括国家权力机关、行政机关、司法机关、社会组织、公民及所有社会成员。(2)利益取向不同。行政法的利益价值取向是一种国家优位理念,尽管行政法也强调公共利益与公民利益的大体平衡,但贯穿在行政法中的国家利益与公共利益优先的理念是不容置疑的。而经济法的利益价值取向是寻求国家利益、社会公共利益、私人利益的平衡与协调,追求的是实现社会整体利益,其并不强调国家利益的绝对优先。(3)直接目的不同。行政法的直接目的是维护行政机关系统的正常行政组织管理行为,保障整个政府机器的协调运转,保障行政秩序和提高行政效率,建立和维护稳定、良好的政治秩序。经济法的直接目的是维护正常的市场经济秩序,促进经济与社会发展,提高市场效率,实现社会公平,保障经济安全。(4)权力重心不同。行政法的权力重心是国家的政治权力,经济法的权力重心则是公共经济权力。

在经济法与行政法的关系中,需要特别强调的是,监管作为现代经济社会治理中的重要手段,既已为经济法中的诸多法律作为法律实施手段,同时也为行政法作为法律手段所经常运用。经济法学研究须以更包容、更大度的学术心态接受行政法理论研究的最新成果。

5. 经济法与社会法的关系

经济法与社会法的关系相当紧密，表现如下：第一，经济法与社会法都是有关社会利益之法，都承载着实现社会公平的法律使命；第二，经济法与社会法都是和公法与私法关系极为紧密的法律，在一定程度上两者都是公法与私法渗透与融合的产物；第三，经济法与社会法共同担负着社会整合的法律功能，通过两者法律功能的配合，进而达到排除社会冲突、控制社会分化、实现社会和谐的目的。

但经济法与社会法仍然是存在明显区别的：(1)经济法与社会法存在经济性与社会性的区别。经济法调整的范围是公共经济关系，经济性是经济法的一个重要特征。经济法的经济性表现为调整对象的经济性、法益目标的经济性、运行机制的经济性、效果评价的经济性，而社会法的社会政策目标与社会效益指标决定了社会法具有鲜明的社会性，社会法的社会政策目标主要有：保护弱势群体、社会安全、社会保障、社会发展、社会公益。社会法的社会效益指标至少表现为四个方面，即受教育水平、医疗卫生水平、社会保障水平、社会福利水平。(2)经济法与社会法存在积极公平观与消极公平观的区别。经济与社会法都强调结果公平与实质公平，但两者在公平观念上仍是存在区别的。经济法所持的是积极的公平观，强调市场机制作用与效率的充分发挥，强调竞争机制的保护，强调制度的实施效果是优胜劣汰、强胜弱出。经济法的公平观是一种发展公平观、发展促进观，强调在经济更快发展的进程中用发展来积极地、动态地解决社会分化的矛盾。社会法所持的是消极公平观，强调对弱势群体的保护和对弱势群体利益分配的倾斜。社会法的公平观是一种对弱者保护的利益倾斜观，目的在于避免利益的边缘化，遏制利益边缘群体的形成。社会法关注的是对已经形成的和可能形成的弱势群体的保护和扶助，是一种利益分配的平均正义立场。

6. 经济法与公法、私法的关系

传统法律体系是以公法、私法划分为基本特征的二元法律体系，这也是市域社会与政治国家分立对峙的结果。市域社会是人类个人利益关系的总和，政治国家是变通的公共利益关系的总和，权力是政治国家存在的象征。个人利益与公共利益、市域社会与政治国家的二元关系，表现为法律上的权利—权力关系，也构成了私法和公法的实体因素。凡以保护公共利益为目的的法律为公法,如宪法、行政法、刑法等法律部门;凡是以保护私人利益为目的的法律为私法,如民法、商法等法律部门。私法固守私人利益关系领域,公法则以保护公共利益为目的。这种二元法律结构代表了一种保障权利和限制权力的法治状态。

关于经济法与公法、私法的关系主要有以下三种主张:(1)经济法是与公法、私法并列的法域,也有学者将经济法称为社会法、社会法和经济法、社会法或经济法、社会经济法。(2)经济法是公法与私法渗透与融合所产生的法律领域或法律部门,属于第三法域的法律现象。(3)经济法属于公法中的组成部分,经济法就是经济公法。在这三种主张中,我们所持的是第三种观点,主张经济法就是经济公法。

第二节 "主体—权利—行为—责任"的经济法认知范式

一、经济法主体

主体是法律关系中的核心要素,主体意味着其在法律上有独立的地位和人格,意味着其是权利和义务的具体承担者,意味着其对自己行为需要承担责任的一种法律资格。对经济法主体的界定一直是经济法研究中的重大理论问题,第一,经济法主体是抽象化的人格概念。经济法主体间的自然属性差别、身份差别、力量差别,并不影响其在主体序列中的同质性。第二,经济法主体是具有集合属性的概念,尤其是市场层面的经济法主体经常以群体属性的概念形式存在。比如《中小企业促进法》中的中小企业并不特指某个具体的中小企业,而是可以指代符合该法第 2 条规定标准的任何企业或者若干符合条件的企业相加后的集合主体,主体的数量范围是不确定的;《消费者权益保护法》中的经营者与消费者也属于群体属性的主体概念。第三,经济法主体在政治、经济、社会层面各有不同的呈现形式,可以进行类型化区分,在不同的法律关系中,经济法主体的功能角色各有不同。

经济法主体研究一直是经久不衰的经济法学研究主题。[1] 大多数学者认为经济法主体具有多元化和差异化的特征。与民法主体之间的形式平等特点不同,经济法主体是区分强弱差异和身份差别的。经济法中并不适用

---

〔1〕 有学者专门撰文介绍了中国经济法主体研究的历史。参见孟庆瑜:《反思与前瞻:中国经济法主体研究 30 年》,载《云南大学学报(法学版)》2009 年第 1 期。

强者优先的原则。[1] 最初关于经济法主体的研究意义主要体现在力图通过对经济法主体的呈现,揭示经济法部门与经济法学科的相对独立性。有学者认为,相对独立且具有特色的主体理论是树立经济法地位的象征,[2]经济法主体和民商法主体、行政法主体具有明显的区分。但也有学者认为,经济法主体的特殊性并不重要,认为凡是参加了经济法律关系的社会实体都应当成为经济法的主体。[3] 有学者认为,经济法主体并不具有专属性,而仅是参与经济法律关系的一种角色而已。[4] 也有学者认为,经济法主体的区分体现了经济法的实质正义性。[5] 经济法主体与民商法主体的区分在于"描述性"而非"拟制性",对中小企业主体、消费者主体、互联网经营者主体的区分是为了体现主体之间的实质差异及其对权利义务结构的具体影响。

经济法主体的类型化区分对权利义务配置的具体影响包括:其一,参与到特定的市场经济活动便可以获得。例如《消费者权益保护法》中的消费者,在市场条件下,认定消费者的主体资格并不需要过多的价值判断。唯独涉及公共经济秩序时才需要对主体资格进行必要的审查,例如,在涉及索要多倍赔偿时,尤其需要考察维权主体是否具有消费者身份。其二,大多需要立法授权或者行政机关审批。例如《中小企业促进法》中的中小企业需要有一定的规模限制与产业限制,需要行政机关赋予其特定资格,才可以随之得到相应的扶持政策或者优惠政策。其三,特定市场中的主体需要结合市场形态。例如互联网平台经营主体需要与特定的经营媒介形式相联系。

经济法主体理论的建构更多地建立在整体主义视角或者群体主体之上。经济法主体的特点在于基于"市场份额高低""客观能力差异""规模大小""营业额多少"等可以量化的指标对法律主体类型进行区分。例如,市场份额、营业额等因素可以推定经营者具有市场支配地位,由此可能成为反垄断法上承担特殊义务的主体。"能力"差异因素对经济法主体的区分也有意义。又如,《反垄断法》禁止具有市场支配地位的经营者从事的行为,于一般

---

[1] 参见[德]罗尔夫·施托贝尔:《经济宪法与经济行政法》,谢立斌译,商务印书馆2008年版,第109页。

[2] 参见李友根:《论经济法主体》,载《当代法学》2004年第1期。

[3] 参见张士元:《谈谈经济法主体的范畴和分类》,载《青海社会科学》1983年第5期。

[4] 参见焦海涛:《经济法主体制度重构:一个常识主义视角》,载《现代法学》2016年第3期。

[5] 参见蒋悟真:《传承与超越:经济法主体理论研究——以若干经济法律为视角》,载《法商研究》2007年第4期。

经营者而言则属于经营自由的范畴。

经济法的主体研究中承认主体之间的差异,由此奠定了国家干预的基础。经济法主体中不同类型的主体具有群团特点,虽然不同类型的主体差异明显,但同一类型主体间分享同一性。

在成文法的法律传统之下,需要用有限的法律条文来应对无限丰富的社会生活。为实现这一目标,必须用专业、抽象的经济法术语来解释、表达、描述、想象社会生活中的各类现象。换言之,只有完成从生活世界向经济法世界的转变,经济法这个部门法才能有效发挥其作用。[1] 经济立法条文中的“国家”“经营者”“消费者”“金融消费者”等概念已经完成了从生活世界向经济法世界的转变。“经济法主体”作为基本范畴,代表着法律思考高度抽象的一极;形形色色的具体的经济法主体,则是另外一极。在此两极之间,经济法理论根据一定的标准,对经济法主体进行分类,形成主体序列,用以描述、解释生活世界中形形色色的经济法主体,并使之呈现出一定的内在脉络,最终固定为经济法学理论的基础分析工具。

服务于不同的讨论需要,经济法的主体可以从不同的角度进行分类。

(一)从“市场—社会—国家”角度出发,可划分为市场层面的经济法主体、社会层面的经济法主体、国家层面的经济法主体

“经济法领域的一切制度安排,都是为了规范相关主体的行为,调整这些主体之间发生的社会关系,保护各类主体的合法权益。”[2]因此首先需要对经济法的主体进行描述,说明经济法的主体有哪些、是什么。我们以经济权利、社会自治权力和经济权力为标准,采用“市场—社会—国家”的结构,在市场、社会和国家三个层面归纳出三个开放性的经济法主体群。[3] 经济法中的主体大多可以在这三个层面找到自己的位置。(见图3-11-1)

---

〔1〕 这段话原是王轶教授对民事立法的解释,我们认为也可以适用于经济法。参见王轶:《民法典编纂争议问题的类型区分》,载《清华法学》2020年第3期。

〔2〕 参见张守文:《经济法理论的重构》,人民出版社2004年版,第347页。

〔3〕 参见单飞跃:《经济法理念与范畴的解析》,中国检察出版社2002年版,第237页。

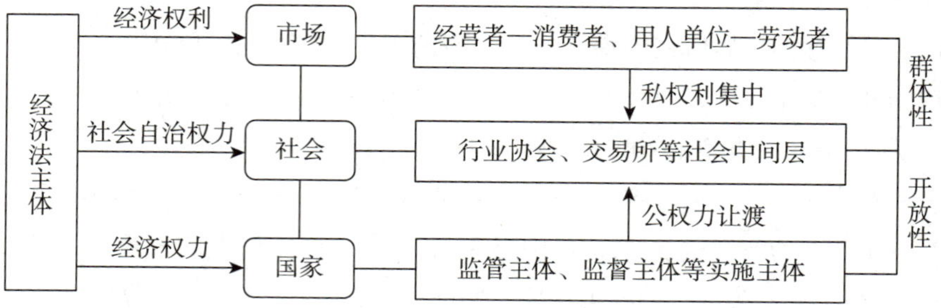

图 3－11－1　经济法的主体结构

1. 市场层面的经济法主体

“经营者—消费者”是市场层面经济法主体的基本结构，对应着市场经济的供给侧与需求侧。经营者与消费者是“群”意义上的概念，是对传统“卖方—买方”交易主体结构的替代与升级。[1] 这种升级意味着经济法对待主体的态度不再是平等保护，而是在识别主体特殊性的基础上进行差异化的权义配置。

经营者是市场的供给侧，在外延上也将生产者纳入其中，两者间的横向竞争与纵向交易共同构成了消费者的对立端。也正因如此，如何规范经营者便成为经济法的重要任务。[2] 《反不正当竞争法》第 2 条第 3 款规定：“本法所称的经营者，是指从事商品生产、经营或者提供服务(以下所称商品包括服务)的自然人、法人和非法人组织。”从“本法所称的”可以推知，经济法的诸子部门法对经营者的理解并非完全相同，事实上也确实如此。首先，经济法注意到了经营者的共性，《消费者权益保护法》第三章专设“经营者的义务”，《反不正当竞争法》也划定了经营者从事商业行为的负面清单，通过法律的强制性规定，所有经营者担负诚实经营的义务。其次，经营者依据其经济实力可分为大型企业、中型企业、小型企业、微型企业等类型。对待中小企业，《中小企业促进法》从财税、金融等多个角度给予支持。对待大型企业与潜在的大型企业，《反垄断法》则通过经营者集中审查、垄断协议禁止、滥用市场支配地位禁止等施加了额外的义务，通过法律的规定，经营者担负

〔1〕 参见单飞跃：《中国经济法学 40 年：理论周期与认知范式》，载《现代法学》2019 年第 1 期。

〔2〕 薛克鹏教授认为，经济法是围绕着如何规范经营者和如何规范政府而形成的法律部门。参见薛克鹏：《经济法理论研究系列笔谈——对经济法主体理论的反思》，载张守文主编：《经济法研究》第 14 卷，北京大学出版社 2014 年版。

维持市场秩序的义务。在一国经济的总体发展中，回应型的经济政策对各类经营者也采取区别对待政策。受产业政策与近些年推动的产业结构改革影响，一些产业领域中的企业明显地享受了更多的政策红利。

消费者是市场的需求侧与终端，所有居民都同时兼有消费者的身份，因此对消费者的保护实质上是对所有市场参与者的保护。《消费者权益保护法》《广告法》《产品质量法》等法律均在第1条目的条款中，特别强调了“保护消费者的合法权益”。在“经营者—消费者”的结构中，消费者是被赋权的一方，而经营者是被课以义务的一方。芝加哥学派就将“好的竞争”的重心放在了“消费者福利”上，并主张以此审查争议行为是否属于不正当竞争或垄断，凡无损于或有助于消费者福利增加的行为，都应当得到鼓励、支持与嘉奖。

另外，图3-11-1将社会法调整的“用人单位—劳动者”也列入其中，并非混淆了经济法和社会法的界限，如果将劳动者提供的劳动也视为一种商品，那么用人单位就是劳动者所提供劳动的购买者或消费者，劳动者就是输出者或经营者。但恰恰相反，在“用人单位—劳动者”结构中，提供劳动的劳动者才是需要法律特别保护的弱势群体。鉴于数字化、智能化对劳动者的影响颇深，故图1-1-1作出特别标示。

2. 社会层面的经济法主体

社会层面的经济法主体主要是行业协会、自律监管组织、社会中间层等，这类组织或者是市场层面的主体通过行使结社权自愿加入、组建的，或者是国家指导下的半官方组织，或者是前两种情况的结合。有学者认为，政府基于保护人们安全与自由的必要，也将一些原属于人们的权利，让渡给社团。“这种缔约过程不是静态的，也不是一次性的，它必须随着时代的变迁，进行动态的、多次的、连续性的让渡。”[1]在这种理解下，社会层面的经济法主体也是一个开放的、不断更新的主体群。以行业协会为例，中国互联网协会成立于2001年5月25日，在互联网尚未兴起之际，自然不会存在关于互联网行业的协会，随着更多种类的行业的兴起，行业协会也将随之兴起。同样值得关注的还有各种类型的交易所，越来越多的迹象显示，交易所作为社

〔1〕 参见郑少华：《动态社会契约论：一种经济法的社会理论之解说》，载《华东政法学院学报》2004年第2期。

会性规制机构的特征越来越突出。社会层面的经济法主体可以说是市场层面的经济法主体(主要是经营者群体)的再度细分与组合。

3. 国家层面的经济法主体

国家的经济行为是经济法关注的重心,有学者指出:“经济法是确认和规范国家干预之法。”〔1〕作为国家干预行为的具体实施者,国家层面的经济法主体应当受到重点关注。经济法的实施方式中,最主要、最常见的实施方式是监管与监督。与此相适应,监管主体与监督主体也是经济法最重要的实施主体。通常认为,经济法由市场规制法与宏观调控法两部分组成,监管主体与监督主体也与这两部分相契合。

监管主体主要是个别性地矫正经营者的经济公害行为,依照市场规制法的授权对不正当竞争行为、垄断行为等进行规制,保护市场有效竞争秩序进而保护消费者的利益。市场规制法对监管主体的授权较为严苛,以市场监督管理机关对《反不正当竞争法》的实施为例,《行政处罚法》第 38 条规定:“行政处罚没有依据或者实施主体不具有行政主体资格的,行政处罚无效。违反法定程序构成重大且明显违法的,行政处罚无效。”因为《反不正当竞争法》第 2 条第 2 款的一般条款没有设定相应处罚,所以市场监督管理机构并不能适用一般条款查处不正当竞争行为,〔2〕其只能依照第 2 章列举的不正当竞争行为表现进行认定。这时候一些新型的不正当竞争行为便超越了监管的范畴,实践中往往由法院通过解释一般条款补充监管的局限性。但是这并不意味着监管的地位被削弱,仅 2021 年,市场监督管理机关就查处垄断案 176 件,审结经营者集中案 727 件,查处滥用行政权力排除、限制竞争案 46 件,〔3〕市场规制法的实施主要还是通过监管来落实的。同时,严苛的授权也保障了市场的准确预期,防止监管暴力溢出,损害有效的市场秩序。

“监督是基于法律规定而由国家机关、社会团体、公民个人对一定的对象与行为进行建议、督促、批评、质询、举报的行为。”〔4〕由此可知,经济法三个层面的主体都可以视为监督主体,但“国家层面”的修饰主要指向承担监

---

〔1〕 参见邱本:《论经济法的共识》,载《现代法学》2013 年第 4 期。

〔2〕 参见王瑞贺主编:《中华人民共和国反不正当竞争法解读》,中国法制出版社 2017 年版,第 8 页。

〔3〕 参见国家反垄断局:《强化反垄断优化公平竞争 去年查处垄断案件 176 件 罚没金额 235.86 亿》,载微信公众号“市说新语”2022 年 3 月 13 日。

〔4〕 参见单飞跃:《中国经济法学 40 年:理论周期与认知范式》,载《现代法学》2019 年第 1 期。

督职能的国家机关,所监督的对象主要是宏观调控行为。宏观调控行为与私人决策行为不同,后者决策失败的后果由个人承担,而前者则是用政治决策设计经济秩序,决策失败的后果由市场承担。此外,经济法也无法通过事后责任的方式补偿市场的损失,目前最佳的解决方法就是强化监督,对政治决策进行事前、事中的控制,力求政治决策能够充分反映人民的公意。例如,全国人民代表大会对国民经济与社会发展计划的审查和批准,应当更充分地反映民意,力求计划的科学合理,最大限度地避免公共决策的失败。经济法中社会层面的监督主体可以以事后批评、质询和举报的方式及时建议纠正国家的宏观经济行为,国家层面的监督主体则更强调事前、事中风险的防范。

我们提出的所谓"市场—社会—国家"三层面的经济法主体结构,并不是一种封闭式的主体归纳,仅仅是经济法主体基本轮廓的初步归纳,力图尝试从这三个层面去寻找和确认经济法的主体。这个结构起于市场、结束于国家,也间接表达了市场优先与政府有效的理念,国家层面的经济法主体及其经济职权、职能如何安排,终归是为了满足市场层面主体提出的要求。

(二)从经济法与其他法律部门的关系角度出发,可以划分为复合性经济法主体(跨部门经济法主体)、重合性经济法主体、特定性经济法主体

各法律部门均建立在中国特色社会主义市场经济实践的基础上,其差异在于不同法律部门对社会生活素材的处理有所取舍,处理素材的取向、前见、偏好有所不同。复合性经济法主体(跨部门经济法主体)最典型的是例子是"国家",经济法中的"国家"并不特指立法机关、行政机关、监察机关或司法机关,需要根据不同的语境确定"国家"指涉的对象与范围。重合性经济法主体是经济法与其他法律部门共享的主体,这类主体在生活世界中是同一事物,进入法律世界时却因不同的取向、前见和偏好而另有不同。例如,个体工商户在民法中被定位为一类特殊的自然人,与法人、非法人组织居于平等地位、没有差别,经济法则考虑到个体工商户在国民经济和社会发展中的重要作用,所以特别制定《促进个体工商户发展条例》鼓励、支持、引导个体经济的健康发展,[1]并特别安排发展改革、财政、人力资源社会保障、

〔1〕 参见《促进个体工商户发展条例》第1条。

住房城乡建设、商务、金融、税务、市场监督管理等部门在各自的职责范围内具体负责。[1] 又如,买卖合同法中居于平等地位的买方和卖方,进入经济法语境中就转变成权利义务倾斜配置的消费者和经营者,这是因为民法和经济法的价值取向有所不同,但二者处理的交易素材未必有多大的差异。再如,立法机关既是一个宪法主体,也是预算、国民经济和社会发展规划的重要主导者。经济法主体与行政法主体的重合是最明显的,此处不再赘述。特定性的经济法主体是经济法特有的主体,观察各国的经济法实践,主要有竞争执法机构、审计机构、中央银行三类主体。以往的经济法研究过分关注特定性经济法主体,我们认为应当将更多学术资源投入复合性经济法主体和重合性经济法主体的研究之中,更多关注不同法律部门间的分工和协调。

（三）从经济法的实施角度出发,可以划分为监督主体与监管主体

经济法的实施方式包括国民经济与社会发展规划、经济政策、监管、监督、司法等多种方式。其中监督主体与监管主体是具体实施经济法的最重要主体。

经济法中的监督主体主要是指经济宪法的实施主体。监管可分为行政监管和社会性监管。行政监管主体主要是指经济行政法的实施主体,行政监管主体在经济法中一般按行业、领域配置,每一行业或领域都配置了专门的监管主体,例如市场监管、金融监管、价格监管、铁路行业监管、电信行业监管等。除了具有管理关系的纵向监管外,横向监管(社会性监管)也逐渐兴起。社会性监管主体主要是指社会经济法的实施主体,如交易所对上市公司的监管、大型互联网平台对平台内经营者的监管等。

（四）从主体的功能角度出发,可以划分为调节型主体、促进型主体、防控型主体、保护型主体等

调节型主体、促进型主体、防控型主体、保护型主体是从国家层面对经济法主体的细分。有些主体承担调节国民经济的功能,如中国人民银行及其下设的货币政策委员会,有学者将其称为宏观调控主体。有些主体承担促进特定主体、特定区域、特定产业发展的功能,如《促进个体工商户发展条例》《乡村振兴促进法》《农业机械化促进法》规定的促进主体,这些主体并

---

〔1〕 参见《促进个体工商户发展条例》第8条。

不是专门性的特殊促进主体，而是在各自的职权范围内制定促进措施，履行促进职能。有些主体承担防止特定风险、控制特定风险源的功能，如《防洪法》《动物防疫法》规定的防控主体。有些主体承担保护特定主体、重要资源的功能，如《消费者权益保护法》《个人信息保护法》《黑土地保护法》《黄河保护法》《湿地保护法》中规定承担保护职能的主体。

上述分类并没有穷尽，服务于新的讨论需要，仍可以设定新的分类标准。分类的关键在于能否有助于识别、认知、解释生活世界中的经济法主体，能否有助于洞悉围绕经济法主体展开的权利（力）义务配置，能否有助于积累学术共识并推动经济法学研究分析工具的形成。

（五）数字经济时代经济法主体结构的新变化

数字与智能的嵌入无疑会对经济法的主体结构产生影响，具言之，主要是新的市场主体的出现，并由此而牵动经济法主体结构的整体变迁。

1. 新主体的出现与经济法主体结构的更新

数字与智能作为一种新型生产要素，市场是第一个“吃螃蟹”的主体群。如今，各种 App 已经构成我们生活的一部分，须臾不可与之分离。平台的崛起意味着一种新市场主体的出现，随之而来的是新的主体间关系、新的社会组织以及新的监管者、监督者的出现。现代市场经济是一个有机体，牵一发而动全身，任何局部的变动都会影响整体，这其中最值得注意的就是平台的出现。

平台虽然采取公司登记，但公司已经不足以解释平台的新变化。以商业巨头亚马逊（Amazon）为例，亚马逊不仅直接与消费者进行交易，也为市场上各行各业的有效经营充当关键设施（essential facilities），事实上，亚马逊本身就是电子商务世界的枢纽。平台构成市场的结点，一头联结消费者和用户，另一头联结经营者；除此之外，消费者的身份在平台塑造的经济生态中也逐渐模糊，其一方面消费其他用户提供的数字产品，另一方面也作为生产者输出数字产品。由此可知，“生产者/经营者—消费者”的主体结构在平台经济中也显现出淡化的趋势，各行业、产业间的割据也日渐融合。审判实务已经认识到了平台企业的特殊性，例如，有法官指出：“微信生态系统包括平台提供方、平台其他经营者和用户。它们之间相互影响，组成了共同进化的经济共同体。"[1]而且,"微信生态系统安全、私密、避免骚扰的环境"[2]"微信生态准入的公平性"[3]等新型纠纷陆续出现,平台不仅是市场层面的经营者,而且也同时具有"平台管理者"的身份。在市场内部,供给侧原本单一的水平关系也逐渐分化出平台管理者与平台用户的垂直关系,[4]同时平台管理者又是国家层面主体监管、监督的对象,经济法的主体结构更加复杂。

另一个值得注意的是主体型智能产品的出现。传统的智能产品只是法律上的客体。有学者认为,智能机器人的智力虽不足以与人类媲美,但也具备了独立处理相关信息的意思能力,有的机器人甚至已经基本达到了人类智慧的水准,因此不能将智能机器人当成工具来看待,[5]人工智能产品已经从"客体型"走向"主体型"。但是如果我们将人工智能产品也拟制为主体,允许其自行参与市场交易,首先的问题便是其财产与责任能力的缺失。有学者认为,尽管现行刑法体系中的刑罚无法适用于智能机器人,但这并不妨碍智能机器人可以具有刑事主体地位,应当"在条件齐备时考虑应否对其进行刑罚处罚以及采用何种刑罚方式对其进行处罚"。[6]由此可知,产品责任的后端监管问题也将进一步转变为市场准入的前端问题。人工智能形式的主体可以取代一些技术性工作,有助于经济法主体资源更有效的配置。

2. 旧问题的新演绎与新变化

主体性的衰落与人的边缘化是工业时代与信息时代的共同议题,数字与智能的兴起不仅不会淡化上述问题,反而会使上述问题愈加复杂、愈加隐蔽。

第一,消费者问题的升级。首先,娱乐平台的出现模糊了消费者的身份,在抖音、快手等社交平台,用户既是其他用户作品的消费者,同时也为其他用户生产数字作品。其次,购物平台通过大数据的精准画像,对用户的消费偏好、消费水平、消费习惯等因素的充分掌握,使平台有能力就同一个商

---

〔1〕 参见江怡:《探索网络平台治理之司法保护新机制》,载微信公众号"杭州互联网法院"2019年10月17日。

〔2〕 参见天津市第三中级人民法院民事判决书,(2019)津03知民初450号。

〔3〕 参见杭州市中级人民法院民事判决书,(2019)浙01民终9556号。

〔4〕 目前,京东、淘宝等购物网站均设计了处理买卖双方纠纷的机制(如闲鱼小法庭),如果平台方认为卖家违规,就可以根据其行为情况采取没收保证金、冻结账号等管理行为。

〔5〕 参见王利明:《人工智能时代对民法学的新挑战》,载《东方法学》2018年第3期。

〔6〕 参见刘宪权:《对强智能机器人刑事责任主体地位否定说的回应》,载《法学评论》2019年第5期。

品针对不同的消费者差别定价,实现平台单方的效益最大化。大数据杀熟在我国已经屡见不鲜,为此,2022 年 3 月 1 日施行的《互联网信息服务算法推荐管理规定》,对大数据杀熟等商业方法进行规制。最后,消费者的选择权受限。娱乐、购物、社交等诸多平台都进入了寡头竞争的阶段,消费者的选择极为有限,以购物平台为例,淘宝、京东和拼多多三分天下,市场对更多挑战者的包容度在降低。在此背景下,消费者边缘化的问题非但没有消失,反而越发复杂。

第二,劳动者的进一步边缘化。劳动关系的传统主题是劳资关系,但平台不是资方,其对劳动者的掠夺更加隐蔽,用交易结构掩盖劳动关系的本质。外卖骑手的境遇已被反复提及,[1]除此之外,因为骑手与平台之间并没有劳动关系,不是平台为骑手的服务支付报酬,骑手的报酬已经被市场定价,反而是骑手为了从事配送服务不得不向平台支付佣金。劳动者的角色被掩盖在个体经营者之下,其与平台之间的纵向关系也被契约所淡化,表面上看,外卖骑手与平台是平等主体间的关系,骑手不能承受之重却被有意或无意地忽视了。因此,数字经济时代,劳动者的边缘化问题将会更加突出。

对照图 3－11－1 的经济法主体结构,即使置于数字化、智能化的新场景中,"市场—社会—国家"结构仍然具有相当的解释力。最大的变化是平台的出现一定程度上动摇了三分法的周延性,以及平台的出现会触发社会层面、国家层面对应主体的产生。

二、经济法权利

经济法权利亦是经济法学理论研究中经久不衰的主题。康德曾经感叹:"权利是什么"之于法学家,有如"真理是什么"之于逻辑学家,不可绕过却又棘手无比。[2] 一般而言,法理学中权利的基础框架系以民事权利为模型而建立,但经济法中的权利不是对民事权利范畴的简单复制,有必要将经济法权利与民法权利进行区分。李友根教授以消费者的知情权为例,分析了经济法权利和民事权利的不同。[3] 当代德国民法的通说将民事权利定义为"旨在维护特定利益的意思支配力",这一定义无法有效解释经济法中的

---

〔1〕 代表性观点参见赖祐萱:《外卖骑手,困在系统里》,载微信公众号"人物"2020 年 9 月 8 日。

〔2〕 参见朱庆育:《民法总论》(第 2 版),北京大学出版社 2016 年版,第 499 页。

〔3〕 参见李友根:《论经济法权利的生成——以知情权为例》,载《法制与社会发展》2008 年第 6 期。

权利现象。我们认为,经济法权利的产生基础是经济公法规范调整下的公共经济关系,是指经济法主体的能力,也就是经济法主体实现法律意愿所拥有的法律资源。

关于经济法权利的既有研究成果主要侧重于两个方面。[1]

一方面是经济法权利的划分方式及其主要内容。代表性的研究成果主要有:(1)基于经济法的主体划定经济法权利。例如,张守文教授认为经济法的权利可分为调制主体的权利和受调制主体的权利。[2] (2)基于经济法的原则和价值设定经济法权利的主要内容。例如,程信和教授认为经济法学是以发展权、分配权、安全权三种权利为基础的范畴体系。[3] (3)基于市场经济客观运行规律划分经济法权利。例如,岳彩申教授将经济法的权利划分为市场准入的平等与自由权、参与经济活动的平等与自由权、平等获得资源与机会及公平竞争的权利、公平获取经济利益的权利。[4] (4)基于政府和市场的关系划分经济法权利。例如,邱本教授将经济法的权利划分为市场竞争权和国家调控权,[5]冯果教授将经济法的权利划分为自由竞争权和国家经济调制权。[6]

另一方面是对特定经济法权利的研究。例如,张守文教授对发展权的研究,[7]王显勇教授对公平竞争权的研究,[8]陈乃新教授从财富创造的角度出发,认为劳动力权是经济法中的核心权利。[9]

上述研究可以从"权利—法律"关系的角度评析。就权利与法律的关系而言,至少有两种立场:第一,权利先于法律,法律规定仅仅是对权利的确认和记载;第二,法律先于权利,无法律依据即无权利。第一种立场是传统自然法学的立足点之一,但是在具体的法律适用尤其是公法的适用场景中,如

---

〔1〕 有学者对经济法权利的类型化进行了专题研究,参见王宇松:《经济法权利类型化、体系化的回顾与探索》,载《天津法学》2020 年第 4 期。

〔2〕 参见张守文:《经济法理论的重构》,人民出版社 2004 年版,第 398 ~ 399 页。

〔3〕 参见程信和:《经济法基本权利范畴论纲》,载《甘肃社会科学》2006 年第 1 期。

〔4〕 参见岳彩申:《论经济法的形式理性》,法律出版社 2004 年版,第 127 页。

〔5〕 参见邱本:《经济法总论》,法律出版社 2007 年版,第 252 ~ 264 页。

〔6〕 参见冯果:《宪法秩序下的经济法法权结构探究》,载《甘肃社会科学》2008 年第 4 期。

〔7〕 参见张守文:《经济发展权的经济法思考》,载《现代法学》2012 年第 2 期。

〔8〕 相关内容参见王显勇:《公平竞争权论》,人民法院出版社 2007 年版。

〔9〕 参见陈乃新:《论劳动力权是经济法的基本权利范畴——兼论研究经济法权利应突破三大理论障碍》,载《上海财经大学学报》2008 年第 4 期。

果没有法律规定,就无法提出有说服力的权利主张。

我们主张将目前已经制定的80余部经济法法律作为经济法权利的研究样本。

在我们看来,经济法中公权力、公权利、私权利、私权力等多种权利(权力)要素与权利(权力)形态同时并存,并且彼此交织,形成了比较复杂的经济法权利(权力)结构谱系。

首先,经济法中的权利(权力)可以作出公共层面的经济权力(经济权利)和私人层面上的经济权利(经济权力)的划分。其次,经济法中的权利(权力)是公权力、私权利、公权利、私权力等多重性质的权利(权力)交错形成的权利(权力)束与权利(权力)体系(见图3-11-2)。

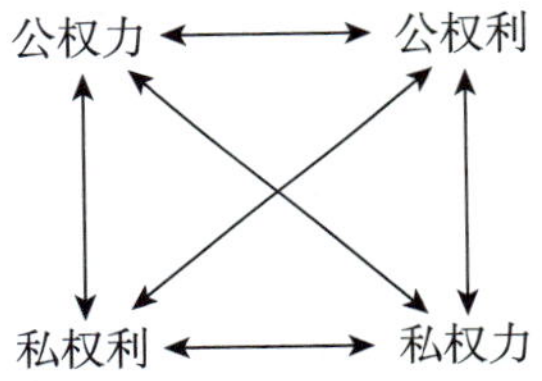

图3-11-2　经济法中的权利

经济法权利谱系的基本要点如下。

1. 经济法中的公权力是指传统公法意义上的公共权力,具体表现为监督权、行政管理权、行政执法权、审计权等。经济法中公权力的主要表现形式为国家机关的经济职权。经济职权又有积极职权和消极职权之分。在"国家—相对人"关系中,前者要求国家在特定情况下给予相对人或其群体一定的利益,后者则要求非有必要,国家不应干预相对人的经济行为。国家机关的经济职权既具有跨部门的复合性与综合性特征,也具有专门性国家机关的独立性与特定性特征。

2. 经济法中的私权利是指传统私法意义上的民事权利,具体表现为可以以请求权方式来予以实现。例如,当反不正当竞争行为与侵权行为重合时,受损害经营者可以通过提起民事诉讼的方式来保护自己的权益。

3. 经济法中的公权利是指非政治性公共组织基于成员权利的让渡所获得的,管理与私人有关的公共经济事务的资格与权能。如证券交易所的自律监管权、消费者组织的社会监督权等。市场第三方服务机构多享有此种权利,如证券公司、会计师事务所、律师事务所、资产评估机构,它们与发行人处于平等地位，但其出具的保荐书、审计报告、法律意见书、资产评估证明攸关不特定投资者的权益，属于围绕发行人展开的公共经济事务。

4. 经济法中的私权力是指社会成员基于政治权利产生的管理公共经济事务的资格和权能，如知情权、参与权、监督权、举报权、控告权等。

5. 经济法中的公权力与公权利均处在公共层面，前者之“公”源自法律的授予—人民的公意，后者之“公”源自特定人的意思或特定圈子成员的公意。前者是纵向的法律关系，后者是横向的法律关系。

6. 经济法中的私权利和私权力处在公共与私人的交织层面，这两种权利（力）行使的主体都可以精确到特定的个体。前者是为个体利益采取行动；后者既可以为个体利益采取行动，也可以为公共利益采取行动。私权力的行使是为了主张私人利益，亦具有维护公权力合法、合理行使的功能，具有公共利益的一面。

7. 经济法中公权力与私权力的行使受到公共利益的约束。私权力不具备强制因素，往往只是公权力启动的线索，也可以充当公权力的制衡力量，监督公权力依法行使。公权力只能为公共利益而行使，不得基于私人利益行使。

8. 经济法中的公权力以私权利的保护与增长为目标，又可以以此为理由限制、剥夺特定主体的私权利。但这种限制应当合法、正当、必要，控制在最低限度内。

9. 经济法中的公权利是私权利的重要补充。例如不特定的个别消费者因损失金额小而没有提起私人诉讼的动力，这时候消费者组织提起公益诉讼的必要性就得以显现。

10. 经济法中的公权利和私权力均与公共经济事务有关，二者相互间均起到重要的补充作用。社会成员与公民的经济权利（权力）不仅包括私人性实体权利与请求权，也包括公共性的监督权、自律监管权等。

经济法语境中权利产生的源头具有特殊性。部分权利不完全是基于合同的相对性而产生，而是基于公民身份或者特定市场参与主体身份直接获得。例如，消费者求偿权中的惩罚性赔偿权、中小企业经营者依法可以获得的各种支持促进政策、税法中可以获得的税收优惠政策等。经济法权利的实现不完全是依赖于诉讼裁判来实现，更多的是基于政府对公权力的必要约束和积极履行责任来保障。对经济法权利的讨论不仅停留在学理区分的层面，也需要进入适用环节。

经济法权利的实现方式具有特殊性。以经济法权利中税权和股权的区分为例，经济法中的权利不完全以直接对价的形式来体现，经济法权利的实现也不完全依照“资本多数”或者“胜者通吃”的方式进行分配。纳税人之间的纳税金额或许存在差异，但在享受政府提供的公共物品时，其权利份额都是均等的。

三、经济法行为

经济法行为理论源自法律行为理论的启示与运用。有学者注意到了经济法行为的特殊性，徐孟洲教授等认为，经济法行为不同于民法行为，经济法行为是分配正义、矫正正义、归属正义、结果正义的体现。〔1〕刘水林教授认为，最能反映经济法特征的法律行为就是“干预行为”，即公共经济组织的“公意”表示及执行行为，包括宏观调控和市场规制行为。〔2〕随着经济法学术研究群体的不断探索，经济法行为研究的深度也在不断提高。王全兴教授等对经济法行为进行了类型化研究。〔3〕张继恒教授认为，经济法行为应区分为干预主体行为和干预受体行为。〔4〕对经济法行为进行类型化的研究方式对法律实践具有指导意义。侯利阳教授认为，认为垄断行为类型化的区分有利于降低反垄断的执法成本。〔5〕也有学者对具体的经济法行为进行研究，例如焦海涛教授、张占江教授分析了不正当竞争行为的认定要素。〔6〕围绕经济法行为是否可诉以及是否应当承担相应责任，有学者讨论了宏观调控行为是否具有可诉性。〔7〕

---

〔1〕 参见徐孟洲、杨晖：《法律行为与经济法行为的关系——经济法行为的正当性》，载李昌麒主编：《经济法论坛》第5卷，群众出版社2008年版。

〔2〕 参见刘水林、高寒：《干预行为——经济法中的“法律行为”》，载《上海财经大学学报》2008年第1期。

〔3〕 参见彭飞荣、王全兴：《经济法行为类型化研究初探》，载李昌麒主编：《经济法论坛》第5卷，群众出版社2008年版。

〔4〕 参见张继恒：《现代经济法行为范畴论纲》，载《西部法学评论》2012年第6期。

〔5〕 参见侯利阳：《垄断行为类型化中的跨界行为——以联合抵制为视角》，载《中外法学》2016年第4期。

〔6〕 参见焦海涛：《不正当竞争行为认定中的实用主义批判》，载《中国法学》2017年第1期；张占江：《不正当竞争行为认定范式的嬗变：从“保护竞争者”到“保护竞争”》，载《中外法学》2019年第1期。

〔7〕 相关研究成果主要有：胡光志：《论宏观调控行为的可诉性》，载《现代法学》2008年第2期；邢会强：《宏观调控行为的不可诉性再探》，载《法商研究》2012年第5期；徐澜波：《宏观调控的可诉性之辨》，载《法学》2012年第5期。

（一）经济法行为研究的意义

经济立法中，有相当数量的以行为作为规制对象的经济法法律，其中较为典型的是《反垄断法》和《反不正当竞争法》。立法者对特定行为鲜明的干预意图成为设定主体权利、义务与责任的依据。就行为模式进行的立法，对市场主体的行动具有明确的导向作用，有利于高效利用诉讼资源和监管资源。经营者可以基于法律明文规定的违法行为提前进行合规制度设计。政府与市场的关系也不再是泛泛而谈，行为类型化的精确程度越高，政府干预行为与市场经营行为的边界也就越清晰。当然，行为边界的确定也并非总带来确定的守法后果，受规制的主体依然可以根据行为构成的要件作出相应的规避举动。

明确的经济法行为需要相应的程序性规定予以配套，以便于监管、监督及问责。例如，《预算法》中的预算编制行为与预算审查批准行为的区分，既有赖于也有助于预算监督程序的具体实施。在税收相关法中，税收征收行为也受到税收法定原则的强烈节制。类型化处理对于促进对高度抽象概念的相对统一理解具有重要意义。[1] 对行为进行类型化的区分便于执法和诉讼，能够起到迅速定分止争的效果。经济法行为的类型化也有助于经济立法技术的提升。

通过经济法法律对行为进行准确界定后，国家干预的边界便会变得清晰和可控。以《反垄断法》为例，垄断行为的认定与处理是该法的核心内容。《反垄断法》保护的是竞争而非具体竞争者这一观念，已是经济法研究者的共识。保护竞争的前提是对危害性垄断行为的精准识别，并要求合理协调公平与效率的关系。反垄断法从最初的结构主义观念到行为主义理念的变化，也可以在一定意义上被理解为国家适度干预的一种体现。

（二）经济法行为理论研究的不足及改进

陈婉玲教授认为，经济法从对微观市场的价格管制、垄断控制到对社会经济总量及其结构的调整，从个体经济活动规制到区域经济结构利益的协调，集中反映了其更具时代性和现实性的特质。[2] 由此也可以看出，建立在

---

〔1〕 参见吴莉娟：《互联网新型不正当竞争行为的类型化研究——兼论〈反不正当竞争法〉类型化条款之完善》，载《竞争政策研究》2019 年第 6 期。

〔2〕 参见陈婉玲：《经济结构调整对传统行为控制理论的超越——以经济法调整理念变革为视角》，载《法学论坛》2014 年第 2 期。

个体经济活动基础之上的传统行为规制理论，用来解释复杂的公共经济关系时存在一定的局限性。

1. 行为理论本身的封闭性

特定行为发生在特定的主体间，行为辨识与认定的难易程度与法律主体是否具有相对性有关。在经济法调整的社会关系领域中，主体之间并非简单的点对点关系，国家干预主体及第三方主体的介入使行为的内涵更加复杂。行为自身价值或者效力的二元认定结构，无法解决特定法律关系中的风险源头，若只关注微观行为的结果，便会忽略对社会整体利益的影响。以《消费者权益保护法》为例，传统的民事立法并不足以区分消费者权益保护和普通的买卖合同行为，行为理论忽略了主体之间的实质差异性。立法者对中小企业或者消费者等市场经济中的弱势群体的保护前提，是这类主体天然的身份劣势和能力劣势，但这些劣势也并非由具体的行为所引起。

2. 行为规制效果的滞后性

若单纯对已经实施的行为本身或已经发生的行为后果进行规制，便会出现滞后性，因为经济法中风险的产生与违法行为持续的状态也有关联。因特定不法行为造成的市场结构或者秩序损害结果具有不可逆性，若仅对行为本身进行规制或者处罚，并不能从根本上修补受损伤的市场状态。从源头上规范诱发违法行为的市场规模和市场结构同样重要。因此，《反垄断法》第 1 条中有"预防垄断行为"的表述，《反垄断法》对可能损害、排除市场竞争的经营者集中行为采取了事前申报和审查的规制模式。

3. 行为类型化区分方式的有限性

立法者的认知能力和预测能力是有限的，行为界定的困难会产生漏洞或者解释误区。行为的类型化归结总是基于过去的案例实践而发生的，其难以应对纷繁复杂的新问题。市场经济环境具有多变性，行为类型的演变远远超过立法频率，因此成文法难以涵括全部的行为类型。类型化处理终究是一种理想样态，且难以规制跨界行为。例如，联合抵制行为便难以完全归类于反垄断法中的某一单一行为类型。[1] 再如，反不正当竞争法中的互

---

〔1〕 参见侯利阳：《垄断行为类型化中的跨界行为——以联合抵制为视角》，载《中外法学》2016 年第 4 期。

联网领域不正当行为，一旦出现不能穷尽的行为，便会出现适用难题。有学者认为，互联网领域不正当竞争行为由于缺少成熟稳定的司法案例群，难以进行类型化。[1] 行为类型化的研究需要以较为稳定的社会关系为依托，而经济法调整对象的多变性加大了类型化处理的难度。

四、经济法责任

经济法责任的理论研究不仅是一个公认的“难垦之域”，[2] 也是经济法学中歧见最多、最混乱的问题之一。[3] 2017 年的统计表明，在 60 部经济法法律中，有 51 部经济法法律设有“法律责任”专章。[4] 我国学术界以往的研究“重权利主体责任，轻权力主体责任”，总体上偏向从私法路径展开经济法责任的研究，未能充分关注到经济法责任的公法属性。

（一）经济法责任研究路径的简要回溯[5]

1. 法律责任理论的延伸性研究路径

法律责任理论的延伸路径就是从责任的含义出发，延伸到法律责任和经济法责任。“责任”一词在《现代汉语词典》中有两种用法：一是分内应做

---

〔1〕 参见李扬：《互联网领域新型不正当竞争行为类型化之困境及其法律适用》，载《知识产权》2017 年第 9 期。

〔2〕 参见张守文：《经济法责任理论之拓补》，载《中国法学》2003 年第 4 期。.

〔3〕 参见焦海涛：《经济法责任制度再释：一个常识主义立场》，载《甘肃政法学院学报》2016 年第 3 期。

〔4〕 参见单飞跃、余骁：《经济法法律责任：语义、规范及其整体谱系——基于法律文本的实证分析》，载《现代法学》2017 年第 3 期。

〔5〕 关于经济法责任的主要研究成果，可参见陈婉玲等：《经济法责任论》，中国法制出版社 2005 年版；石金平：《经济法责任研究——以“国家调节说”为视角》，法律出版社 2013 年版；赵大华：《经济法中权力主体法律责任研究》，中国政法大学出版社 2016 年版；李建华：《论经济法责任的构成要件及承担方式》，载《法制与社会发展》1995 年第 6 期；吕忠梅：《经济法律责任论》，载《法商研究（中南政法学院学报）》1998 年第 4 期；张守文：《经济法责任理论之拓补》，载《中国法学》2003 年第 4 期；刘水林：《经济法责任体系的二元结构及二重性》，载《政法论坛》2005 年第 2 期；薛克鹏：《经济法综合责任论质疑》，载《政法论坛》2005 年第 4 期；汪莉：《论经济法责任的独立性》，载《政治与法律》2007 年第 3 期；陈婉玲：《经济法责任的归责原则》，载《政法论坛》2010 年第 6 期；李晓辉：《经济法责任研究路径的反思与突破》，载《厦门大学学报（哲学社会科学版）》2011 年第 2 期；邓纲：《争议与困惑：经济法中的法律责任研究述评》，载《现代法学》2012 年第 1 期；谭德凡：《论经济法责任的独立——以惩罚性赔偿制度的确立为例》，载《武汉大学学报（哲学社会科学版）》2012 年第 1 期；单飞跃、余骁：《经济法法律责任：语义、规范及其整体谱系——基于法律文本的实证分析》，载《现代法学》2017 年第 3 期；叶姗：《经济责任：范畴提炼及其构造》，载《北京大学学报（哲学社会科学版）》2022 年第 1 期；张守文：《经济法新型责任形态的理论拓掘》，载《法商研究》2022 年第 3 期；邓伟：《经济法责任转向经济法后果的规范依据与理论基础》，载《法学》2022 年第 5 期。

的事,二是没有做好分内应做的事,因而应当承担的过失。从此种区分出发,首先将责任定义为“应当承担的过失”,主要有义务说、后果说、代价说、第二性权利义务说,均表明了责任是一种应当承担的不利后果。还有学者就不利后果进行了更深入的研究,注意到不利后果的链式结构,即一个行为可以引发多种形式的不利后果,这些责任单元共同组成责任链。其次,将“分内应做的事”转换为权利和义务的话语,即经济法规定的义务应当适当履行,经济法规定的权利应当善意行使。如果相关主体违反以上要求,就要承担相应的不利后果。

2. 新型责任理论研究路径

这一研究路径将经济法责任定位为新型责任。所谓“新型”,可分为三个层次:第一,责任形式新。这部分重点关注传统法规范中没有的责任形式,形成了惩罚说和行为责任说。惩罚说集中于惩罚性赔偿的解释,行为责任说则着眼于产品召回、拆分企业等表现为积极行为的责任方式。也有学者对信用减等、资格减免等新责任形式进行了研究。第二,责任逻辑新。与传统私法强调事后责任不同,经济法为因应社会经济发展的复杂化,基于社会整体利益确立了适度的积极责任,同时因为追究责任并不要求损害结果的发生,而是基于风险的控制,由此形成了“主体—风险—法律责任”的新逻辑。第三,责任性质新。有学者认为,越来越多的责任现象已经无法用传统的三大责任来解释,有必要创设“社会责任说”,即与民事责任、行政责任和刑事责任并列的第四种责任,并以此来解释经济法的独特责任现象。

3. 经济法法律责任原则研究路径

这一研究路径从经济法法律责任的原则入手,目前主要形成了三种学术观点:第一,天平归责原则。天平归责原则又称定性定量结合原则,以定性原则解决政府或经营者是否应承担经济法责任的问题,以定量原则确认其责任程度。取名天平意味着责任设计应当通过限制强势主体的方法对弱势主体进行倾斜保护,回归经济法是社会本位法的基本立场。第二,分类归责、责任法定、责罚对应原则。分类归责源于宏观调控法与市场规制法的确定性程度不同,宏观调控法确定性弱,市场规制法确定性强,因此分类不可避免。责任法定原则与责罚对应原则是法治的基本要求在经济法领域的拓展,即要求责任有法可依、罚当其罪。第三,责任法定、责任适度、责任绩效原则。该说在前者的基础上突出责任绩效,强调责任设计的效益最大化,凸显经济法责任体系的后发优势。

4. 经济法规范中责任条款实证分析路径

这一研究路径对经济法规范中的责任条款进行实证分析。已有的研究初步考察了经济法规范中的责任条款，并模仿法律责任的传统要件进行推导，对责任条款在不同类型规范中的分布、责任形式、引起责任的法律事实等进行梳理，基本勾勒了经济法责任在立法中的要素配置。例如，有学者在考察60部经济法法律规范的基础上，对责任条款总体集中、少量分散的分布状态，违法行为的构成要件，法律责任的形式、配置规律等进行了有益的梳理，基本洞明了责任承担的要素配置。

（二）日益接近一致的经济法责任研究共识

学界对经济法责任达成了以下共识：

第一，经济法责任与经济法法律责任并不是直接等同或简单等同的概念，经济法责任的内涵与外延远远大于经济法法律责任。

经济法责任的丰富性，正是经济法作为现代法不同于和区别于传统法的所在。经济法责任并不全是围绕传统范式中的“制裁”来展开的，经济法责任并不全是惩罚性责任。

第二，经济社会发展和经济立法不断地丰富和扩展经济法责任的内涵与外延，经济法应以其开放性和发展性，不断地吸收这些实践成果与立法成果。

第三，追求经济法责任（法律责任）形式的差异性和独立性，已经不是经济法责任研究的主流趋势。责任需要发挥作用，责任须有存在价值。关于经济法责任的实用主义立场与实施效果立场，逐渐取代经济法责任研究中的部门主义立场与纯理性主义立场。

（三）经济法规范中的责任配置

责任不仅是抽象的理论建构，也是法律规范中的事实存在。从上述经济法责任研究成果的回溯中可知，相关研究或者沿用传统法的责任理论进行经济法语境的转换，或者聚焦于部分新型责任形式进行局部的阐释。即使是实证分析路径的研究，也未能摆脱私法范式的影响，过多关注责任承担方式这一个面向，未能注意到经济法规范中鲜活的经济法责任配置原理。

1. 经济法责任的发生机制

可以用“定责—负责—问责—担责”来概括经济法责任的发生机制。

(1)定责。“定责”即确定责任,此处的“责任”取第一性义务的含义,表示“份内应做的事”。所定之责,是指政府部门就特定任务所定的阶段性目标,目前主要集中在环境保护、乡村振兴、公民健康等社会公共议题。定责在立法上往往表述为“目标责任制”,且与考核评价制度相关联,所定之目标是考核的基础、前提与标准。如《森林法》第4条规定:“国家实行森林资源保护发展目标责任制和考核评价制度。上级人民政府对下级人民政府完成森林资源保护发展目标和森林防火、重大林业有害生物防治工作的情况进行考核,并公开考核结果。地方人民政府可以根据本行政区域森林资源保护发展的需要,建立林长制。”《乡村振兴促进法》第68条规定:“国家实行乡村振兴战略实施目标责任制和考核评价制度。上级人民政府应当对下级人民政府实施乡村振兴战略的目标完成情况等进行考核,考核结果作为地方人民政府及其负责人综合考核评价的重要内容。”

(2)负责。“负责”一词在《现代汉语词典》有两层含义:一为担负责任;二为尽到应尽的责任。经济法中的负责亦包含这两层含义,首先是就特定事务对特定机关的授权,特定机关即有权负责某项事务并可以采取适宜的措施;其次是被授权机关应当尽职尽责,完成该项事务是其应尽之义务。在市场层面亦然,经济法通过倾斜性保护消费者和其他弱势群体对经营者施加的义务,也是负责。如《银行业监督管理法》第30条规定:“国务院银行业监督管理机构负责统一编制全国银行业金融机构的统计数据、报表,并按照国家有关规定予以公布。”《消费者权益保护法》第三章专设“经营者的义务”,要求经营者依照本法和其他有关法律、法规的规定履行义务,也是负责。

(3)问责。“问责”即追究责任,是责任实现的程序机制。问责不仅是执政党系统内的责任追究机制,[1]在经济法规范中也占有重要的地位,主要表现为“依法追究责任”与“责任终身追究制”。前者是所有第一性责任的实现机制,后者则仅针对公法责任。“依法追究法律责任”是典型的引致规范。引致规范在经济法责任条款中举足轻重,究其原因:在形式上,简化条文,避

[1] 参见《中国共产党问责条例》。

免法律文本的大规模重复,保障立法的美学价值;在实质上,体现了经济法责任坚持实用主义导向的整体效率观。“责任终身追究制”具有如下特征:第一,被问责的对象限于政府及有关部门主要负责人、直接负责的主管人员和其他直接责任人员;第二,适用终身追责时效,终身问责;第三,针对的行为所造成的损害具有不可逆性、长期性或影响广泛性。《海南自由贸易港法》第37条规定:“海南自由贸易港实行生态环境损害责任终身追究制。对违背科学发展要求、造成生态环境严重破坏的地方人民政府及有关部门主要负责人、直接负责的主管人员和其他直接责任人员,应当严格追究责任。”

(4)担责。“担责”即承担责任的简称,是责任实现的结果。此处的“责任”取否定性后果的意思,担责解决如何将否定性后果施加到特定主体上的问题。“担责”又衍生出两个问题:一是担责主体,二是承担责任的方式。在经济法视域中,所有主体都可能担责,但是立法对不同主体配置的责任方式不同。总体而言,“重权利主体责任,轻权力主体责任”,责任的承担方式具有综合性。

2. 经济法责任的表现形式

经济法责任的表现形式主要有:财产责任、行为责任、身份责任、信用责任、域外责任等。

(1)财产责任。财产责任即特定主体以其财产为代价承担责任。财产责任是经济法责任中最主要的责任方式,具体的责任承担方式有:惩罚性赔偿、罚款、罚金、补偿、支付违约金、加收滞纳金、没收违法所得等。如《反垄断法》第57条规定:“经营者违反本法规定,滥用市场支配地位的,由反垄断执法机构责令停止违法行为,没收违法所得,并处上一年度销售额百分之一以上百分之十以下的罚款。”

(2)行为责任。行为责任是指根据经济法的规定强制经济法律关系的主体作出某项具体的行为,以实施该行为作为承担法律责任的形式。主要形式有消除影响、恢复原状、排除妨碍、责令改正、责令退还、责令限期拆除、采取补救措施、责令停止违法行为、责令停产停业。根据行为类型的不同,行为责任可分为积极行为责任和消极行为责任。积极行为责任即以作为形式表现的责任承担方式,不仅要求特定主体完成特定的行为,更重要的是实现预期的效果。消极行为责任是以不作为形式表现的责任形式,要求特定主体立即停止相关行为,终结违法行为的源头,或者施加制裁。

（3）身份责任。身份责任是基于特定身份而承担的责任。经济法中的身份责任有两层含义。其一，具有特定身份的人才能适用身份责任。例如，《银行业监督管理法》第40条第1款规定："银行业金融机构被接管、重组或者被撤销的，国务院银行业监督管理机构有权要求该银行业金融机构的董事、高级管理人员和其他工作人员，按照国务院银行业监督管理机构的要求履行职责。"其二，承担第二性责任本身也形成身份。例如，《出口管制法》第39条第1款规定："违反本法规定受到处罚的出口经营者，自处罚决定生效之日起，国家出口管制管理部门可以在五年内不受理其提出的出口许可申请；对其直接负责的主管人员和其他直接责任人员，可以禁止其在五年内从事有关出口经营活动，因出口管制违法行为受到刑事处罚的，终身不得从事有关出口经营活动。"

（4）信用责任。信用责任以信用利益为代价。信用责任的承担方式主要有纳入信息系统、"黑名单"制度等。信用责任是伦理责任向法律责任的转化。如《外商投资法》第38条规定："对外国投资者、外商投资企业违反法律、法规的行为，由有关部门依法查处，并按照国家有关规定纳入信用信息系统。"《出口管制法》第39条、《反不正当竞争法》第26条等均有类似的规定，主要表现为"纳入信用记录"和"记入信用记录"。

（5）域外责任。经济法中的域外责任或域外管辖采取结果主义，只要其结果影响到或可能影响到境内合法权益，国家即可以采取相应的措施予以反制。在反制域外行为时，依照中国法处理。域外责任与前四种责任并非同一层次的责任方法，其本身并非具体的责任承担方式，而是作为"引致条款"发挥气孔作用，将前四种责任吸纳其中。如《反垄断法》第2条规定："中华人民共和国境内经济活动中的垄断行为，适用本法；中华人民共和国境外的垄断行为，对境内市场竞争产生排除、限制影响的，适用本法。"域外责任最终还是要适用中国法的规定处理，依照具体规定还原为上述四种责任。

3. 经济法责任的具体性质

责任性质是对责任形式的再分析。传统的私法责任侧重于事后救济，经济法规制的经济公害行为具有损害的不确定性、无限性、不可预期性、不可控制性和公益性，因此事后责任已不足以控制经济风险，事前责任应运而生。对经济法的责任性质进行考察，我们可以发现经济法的责任分别具有提示性、矫正性、赔偿性或惩罚性。

(1)提示性。提示性的经济法责任主要体现在约谈制度中,主要是基于风险的控制和管理而采用。严格来讲,提示性的经济法责任并非责任的承担方式,所谓“提示性”,已经言明其并非特定行为的最终定论,而是相关部门认为特定行为或将担责而对特定主体的风险提示。如《森林法》第 67 条第 2 款规定:“省级以上人民政府林业主管部门对森林资源保护发展工作不力、问题突出、群众反映强烈的地区,可以约谈所在地区县级以上地方人民政府及其有关部门主要负责人,要求其采取措施及时整改。约谈整改情况应当向社会公开。”

(2)矫正性。矫正性的经济法责任是指通过强制特定主体为一定行为或强制改变利益状态以改正原有的错误。根据矫正的内容不同,矫正性的经济法责任可分为对结果的矫正和对行为的矫正。责令整改、责令改正是对行为的矫正,没收非法财物、没收违法所得是对结果的矫正。前者是对既有行为的否定,而如果既有行为仍在继续,就需要先从源头上终结该违法行为。如果行为已经形成了相应结果,就应当对结果予以变更,重新分配行为的相应所得。

(3)赔偿性。赔偿性的经济法责任是私法中常用的责任方式,嬗变为经济法责任后有不同于私法责任的部分。民法中的损害赔偿,损害可以估算,也有确定的受害人。有损害即有赔偿,无损害则无赔偿。但是归根结底,民法中赔偿是强制特定主体让渡其财产利益给受害人,究竟让渡多少则取决于损害大小,原则上要求等额赔偿。在经济法中,除了等额赔偿,还有超额赔偿和少额赔偿。超额赔偿常体现为惩罚性赔偿,能起到震慑违法经营者的功能,少额赔偿则是国家赔偿。

(4)惩罚性。惩罚性的经济法责任是指通过国家强制力对责任主体实施惩罚的责任方式,重在通过威慑以减少相关违法行为的发生。惩罚性的经济法责任依照主体不同,可分为机构责任和个人责任;依照其内容不同,区分为人身罚、声誉罚、资格罚。

五、经济法法律关系结构的特殊性

(一)权利义务的不对称结构

与民法权利义务相对应的结构不同,经济法权义结构的特殊性主要体现在权利义务结构的不对称,呈现出有权利—无义务、有义务—无权利、权利多—义务少、权利少—义务多等几种结构模式。

1.“有权利—无义务”结构。主要出现在《消费者权益保护法》中，消费者主要享有权利而不承担义务。消费者的权利通过法条列举的形式体现出来。

2.“有义务—无权利”结构。主要出现在《消费者权益保护法》中的经营者义务中，这种结构并非不承认经营者的合法经营权，而是在消费者与经营者这一对特定的主体结构中，经营者没有来自消费者提供正当对价之外的权利。

3.“多权利—少义务”结构。主要出现在促进型的经济法单行法中，例如《中小企业促进法》中对中小企业赋予了较多的权利。在特殊历史时期颁布的经济法也具有类似的权义结构，例如《中外合资经营企业法》给外国投资者提供了较多的自主权利。

4.“多义务—少权利”结构。主要出现在宏观调控类和行业规制类的经济法单行法中。在宏观调控类经济法和行业管理类经济法中，受调控或者受监管的主体的权利较少，但义务较多。

(二)“权利—责任”结构

经济法中权利的获得方式突破了民事法律关系的请求权基础，是基于经济公法所形成的权利—责任结构。国家责任源自宪法规定，宪法规定了国家促进经济发展的责任、提供社会保障的责任。国家责任理论产生了国家积极作为的义务。国家责任理论也是对国家干预权进行限制的重要依据。

(三)从契约再转向身份

从“身份到契约”是民法的贡献。民法追求绝对的形式平等，但经济法却要扭转绝对意义的形式平等所导致的新的不公平问题。因此，从契约又回归到身份，是经济法的特点之一。从契约到身份变革的动力在于市场经济发展造成的新的不公平现象，为了体现经济法的实质公平理念，法律主体基于特定被赋予的身份资格享有专属的权利，立法者应根据不同经济法主体的实质差异为其创造不同的法律实施环境。

第三节　基于传统认知范式的经济法司法适用专门化

传统经济法认知范式对于经济法的学科规范、科学化程度、理论体系建构有重要的影响,有助于夯实经济法的理论根基,打通经济法和其他法律部门的对话渠道,同时也有助于加强经济法知识传播的稳定性。但这种研究范式也有其局限性,过于强调经济法在理论研究中的独特性,过于强调拟制抽象性,在具体的法律实施中会存在局限性,具体表现为实践转化性较弱,部门法之间的法律适用联系可能出现割裂现象。传统的经济法主体研究范式,是通过对主体的类型化区分以及概念界定来解决相应的法律适用问题的。但随着市场经济发展程度的不断深化,市场主体的表现形式日趋多元化,市场主体会出现新的存在形式和新的组织方式,如《电子商务法》中的"用户"[1]"互联网平台经营者"等。随着互联网经济、人工智能技术的发展,市场主体将出现去中心化、去组织化、去人格化的趋势,这会给经济法学研究带来新的命题与新的挑战,经济法的认知将进一步从主体认知发展到行为认知。

我们认为,对主体、权利、责任专门化研究的目的之一是加强经济法司法适用的可行性与现实性。司法专门化是法律应对现代性危机的直接工具。[2] 现行的民事、刑事、行政三分的诉讼法体系并不能够完全回应经济法司法适用中的特殊性问题。经济法专门法典和经济法独立责任的缺失,制约了经济法的可诉性。宏观调控类经济法和市场规制类经济法具有不同的适用逻辑。宏观调控类经济法与国家干预存在密切关联,这也是经济法适用中存在"重政策而轻法律"现象的原因。[3] 宏观调控类的经济法法律不大可能采用私人诉讼的方式来加以实施,司法适用的缺位使国家干预失去一个有效的制约工具。消费者权益保护纠纷、反垄断纠纷等典型的经济法纠纷,与传统的民事纠纷相比较而言,这些纠纷的解决更需要专业知识的介入。经济纠纷领域的专业化审判方式具有实施的可能性,专业化的审判方式可以通过设立专门的审判庭、对特定类型纠纷集中审判以及建立专门法

---

〔1〕 参见马宇飞:《电子商务中"用户"主体的类型认定与立法完善——基于〈消费者权益保护法〉主体类型展开》,载《法律适用》2020 年第 9 期。

〔2〕 参见李大庆、侯卓:《我国税务司法专门化之路径取向——兼论税务法院之设立》,载《云南社会科学》2015 年第 3 期。

〔3〕 参见张守文:《"双重调整"的经济法思考》,载《法学杂志》2011 年第 1 期。

院等方式进行。现有的关于司法专门化的研究多集中在专门法院、[1]税务司法专门化[2]及环境司法专门化[3]等方面。有学者认为,司法专门化需要法理依据。[4] 我国经济法司法适用较为弱势的原因在于货币政策、财政政策等宏观调控行为的可诉机制及宪法基本经济制度条款的违宪审查制度尚未有效建立。全能型的市场规制机构所带来的行政权扩张,也在一定程度上抑制了私人诉讼的积极性。

一、经济法司法适用专门化趋势日益凸显

传统全能型的审判机构工作量日益增大,审判人员的学习成本相应提高。随着法学研究的专业化程度和精细化程度不断提高,某些专门类型的案件具有类型化和规模化的趋势,某些特殊的法律问题会超越现有的诉讼法分工框架。公共经济领域的新型纠纷,会对司法适用专门化产生需求。专门化具有"排他性""专业性""特殊性"的含义。司法专门化意指专业性的审判人员依托专门的审判组织审理特定类型的案件。司法专门化的需要在于对司法适用科学化和高效化的诉求,其主要路径包括建立专门的审判庭、对专门案件进行集中管辖和审理,以及建立专门的法院。经济法与传统的民商法、刑事法、行政法相比,具有较强的国家主动性经济规制目的。经济法的司法适用不仅具有定分止争的功能,也需要在一定程度上承载一定的执行和实现国家经济规制目的的功能。总体而言,经济法的司法适用不会从根本上突破当下大民商审判框架,但在局部领域会呈现专业化的趋势。

经济法司法适用比例低的原因固然和长久以来"重立法、轻司法"的偏好有关,也和我国法院内部审判组织形式的设置有关。现行经济法司法适

---

〔1〕 相关研究成果可参见:程琥:《论我国专门法院制度的反思与重构》,载《中国应用法学》2019年第3期;杜颖、章可:《中国知识产权专门法院的建构》,载《财经法学》2016年第6期;刘树德:《关于〈人民法院组织法〉专门法院设置的若干思考——立足互联网时代网络强国战略的背景》,载《法治研究》2017年第4期。

〔2〕 相关研究成果可参见朱大旗、何遐祥:《论我国税务法院的设立》,载《当代法学》2007年第3期;邓伟:《论我国税务司法专业化》,载《人大法律评论》2017年第1期。

〔3〕 相关研究成果可参见张璐:《中国环境司法专门化的功能定位与路径选择》,载《中州学刊》2020年第2期;张璐:《环境司法专门化中的利益识别与利益衡量》,载《环球法律评论》2018年第5期;宋宗宇、陈丹:《环境司法专门化在中国的机制障碍与路向转换》,载《重庆大学学报(社会科学版)》2013年第6期。

〔4〕 参见张璐:《环境司法专门化中的利益识别与利益衡量》,载《环球法律评论》2018年第5期。

用逻辑是将经济法纠纷转化为民事诉讼、行政诉讼或者刑事诉讼案件中的一种情形,然后依据三大传统诉讼模式加以审理。这种适用方式对经济法所特有的调整对象、立法目的、主体类型以及责任的特殊性有所忽略,并没有进行特殊的实体处理与程序处理。面对经济法中的国家宏观调控行为时,会根据行政法中的"具体行政行为"标准来判断是否具有可诉性。[1] 刑法中危害市场经济犯罪的存在,也会使经济法纠纷的解决出现刑事优先的适用情形。税法中的行政复议前置程序,也会减少税法纠纷进入诉讼领域的数量。此外,经济法的可诉性较低与专业化供给程度较低也有一定关系,因为很多经济法纠纷主要通过行政权的扩张来予以化解。

(一)经济审判庭的存与废

中国法院现行的审判庭划分依据来源于《人民法院组织法》的规定,法院内部审判庭的设立和三大诉讼法的划分基本一致。但是这种区分方式并非固定不变的,法院仍然可以根据实际需要增设专门的审判庭。例如2008年上海二中院就成立了反垄断案件专项审判庭,改变了以往反垄断案件审判"民事—行政"的二元结构。早期经济审判庭的出现和改革开放后的大规模经济立法现象和新型的市场经济纠纷有关。世界上一些国家的法院体系中,也有设立类似的专门审理经济纠纷审判庭的做法,如乌兹别克斯坦各级法院中的经济产业法庭,马来西亚的产业法庭等。我国经济审判庭也经历了设立与废除的历史过程,具体趋势如表3-11-1所示。

表3-11-1 人民法院经济审判庭的设立与废除

项目	相关内容
《人民法院组织法》	最高人民法院、高级人民法院和中级人民法院设立经济审判庭
《最高人民法院经济审判庭关于人民法院经济审判庭收案范围的初步意见》	明确经济审判的收案范围包括经济纠纷、涉外经济纠纷、经济犯罪案件
最高人民法院决定	经济犯罪案件由刑事审判庭审理,明确经济审判庭专门审理经济纠纷案件的职责

[1] 徐澜波教授认为宏观调控的可诉性可通过宏观调控立法的法律责任规范和宏观调控主体法律责任规范得到构建,并通过宏观调控行为的司法审查来实现。参见徐澜波:《宏观调控的可诉性之辨》,载《法学》2012年第5期。

续表

项目	相关内容
最高人民法院机构改革	将传统民事审判、经济审判、知识产权审判及海事海商审判庭室统一更名为民事审判第一、第二、第三、第四庭室，"大民事审判格局"由此形成

从表3-11-1可以发现，经济审判的范围不断地被民事审判和刑事审判逐渐统括。经济法纠纷与民商事纠纷相比较而言，更容易受到经济周期和市场交易活跃程度的影响。除此之外，经济审判庭的产生也与经济立法现象有关。最初经济审判庭收案范围的指导思想是"宜窄不宜宽"，收案重点放在保护公有财产和处理厂矿企业之间的某些经济纠纷，维护经济秩序，促进生产发展等方面，这也反映出最初的经济法司法适用是以"集中化"为导向的。由于经济法的立法并没有及时以法典化或者独立部门法的形式体现，经济法的司法适用在很长一段时间并没有稳定的模式。经济审判庭的命运和当时经济法是否具有独立性有关。《民法通则》的制定对经济审判庭的命运具有显著影响。经济审判庭的废除对经济法学研究的影响也是客观存在的，部分经济法学者对于经济审判庭的废除也提出了质疑的声音。[1]当下，经济法在部门法乃至法学研究中已经解决了独立性与否的问题，但在司法适用中并没有专门的方式予以区分。

(二)对特定类型经济纠纷案件的集中管辖模式

在此种模式下，法院主要是对涉外民商事案件、破产案件、证券案件进行集中管辖，具体方式是使用固定的审判人员及合议庭审理相关案件。集中管辖的优势在于提高审判专业化的水平，减轻其他普通法院的审理压力。现阶段需要利用集中管辖方式审判的案件具有较强的技术性，与公共利益有较强的关联性，涉及不特定多数人的权益保护，也涉及国际的经贸往来。与普通的民商事纠纷案件相比，特定类型经济纠纷案件具有更高的社会关注度，需要加快审判进度并确保执行的效力。专业化的目的在于提高审判的效率，例如，《北京市高级人民法院关于加快破产案件审理的意见》中将"效率原则"列为基本原则。关于集中管辖的案件范围见表3-11-2。

---

〔1〕杨紫烜教授认为应当重建经济审判庭。参见杨紫烜：《遵守〈人民法院组织法〉重建经济审判庭》，载《经济法研究》2009年第0期。

表 3－11－2 我国法院目前集中管辖的案件范围

案件类型	案件范围
涉外民商事案件	《最高人民法院关于涉外民商事案件诉讼管辖若干问题的规定》(2002)①确立了五类人民法院集中管辖涉外民商事案件
涉及证券交易所案件	上海证券交易所和深圳证券交易所所在地的中级人民法院分别管辖以上海证券交易所和深圳证券交易所为被告或第三人的与证券交易所监管职能相关的第一审民事和行政案件
金融商事案件	2008 年 11 月,我国第一家金融审判庭在上海市浦东新区人民法院成立。上海法院自 2009 年年底以来已经开始金融商事审判条线集中管辖和集约审理的实践
破产案件	2019 年北京全市区级以上市场监督管理部门核准登记公司的强制清算和破产案件,相应的衍生诉讼案件以及跨境破产案件将由北京破产法庭集中管辖。广州拟在南沙法院进行跨境破产案件集中管辖试点。上海铁路法院集中管辖全市地方国有企业强制清算和破产行业

①该规定已被修改,现为 2020 年修正版。

集中管辖又具体分为地域管辖集中和审判级别集中两个方面。地域集中管辖与特定类型案件的区域分布差异有关。根据《最高人民法院知识产权法庭年度报告(2019)》的统计,经济发达地区涉技术类的知识产权纠纷较多。《最高人民法院关于为设立科创板并试点注册制改革提供司法保障的若干意见》规定:“根据金融机构分布和金融案件数量情况,在金融案件相对集中的地区探索设立金融法庭,对证券侵权案件实行集中管辖。”由此可见,集中管辖的目的在于整合诉讼资源,并同时节省当事人的诉讼成本。审判级别领域的集中管辖主要是指对传统的“循级上诉”模式的突破,如环境司法专门化中的“三审合一”或者“四审合一”。集中管辖的目的在于提高效率和统一裁判标准。

(三)专业化法院的司法组织模式

专业化的法院是指建立独立且专门的法院来排他管辖专业性的案件,其属于司法适用专门化的最高形式。专业化法院的出现与司法领域的科学化趋势有关。在专业化法院的司法组织模式中,专门法院又是较为常见的司法组织类型。有学者认为,审理专业案件需要专门知识,专门法院审理能够保证案件审理的正确性和顺利性。[1] 专门法院是兼具专业性和权威性的审判机构。专门法院的设立与司法审判的技术性需求有关。设立专门法院提高案件适用的统一性和可预见性,具有审判示范效应。专门法院的设立还与某些类型的诉讼案件规模急剧增加有关。专门法院的设立有两种进路:一种是以美国为代表的自发性的不断修正模式;另一种是以我国为代表的整体规划模式。根据《人民法院组织法》第15条的规定,我国专门法院包括军事法院和海事法院、知识产权法院、金融法院等。[2] 专业性在我国的司法语境中主要是指法院受案范围具有专业性,但并非意味着管辖权具有绝对的排他性。在我国,设定专门法院的权力路径主要是自上而下的,但在创设专门法院的过程中也有地方力量的参与。我国在设立专门法院时需要结合特定诉讼发生的地域性特点,并在此基础上确定设立专门法院的地点。单独建立专门法院的组织成本较大,需要专业人员、审判权限和财政资金等支持条件。此外,专门法院的设定权限较高,例如《人民法院组织法》第15条规定,专门人民法院的设置、组织、职权和法官任免,由全国人民代表大会常务委员会规定。专门法院的创设虽然在办公地点和管辖范围上体现了地方参与,但其创设权和司法权分配仍然体现了以中央政府意志为主导的特征。

总体而言,经济法在大民商审判格局下具有局部的专门化趋势,这与国家以经济建设为中心、经济法作为部门法的独立性、市场经济发展中的新问题等具有密切关系。自经济法成为中国特色社会主义法律体系的组成部门之后,经济法司法适用的专门化进路便有了一定基础。特定类型案件数量的急剧增长也产生了司法适用专门化的诉求。市场经济一体化是以市场经济法治的统一性作为基础的。经济法体系内部分散型的立法模式会影响经济法司法适用专门化的进程。

二、经济法司法适用专门化的现实基础

司法适用是经济法的实施方式之一。法院可以在司法审判中发挥解释

---

〔1〕 参见刘树德:《关于〈人民法院组织法〉专门法院设置的若干思考——立足互联网时代网络强国战略的背景》,载《法治研究》2017年第4期。

〔2〕 但也有学者对此持不同的观点。例如侣化强认为军事法院属于特别法院,只有知识产权法院、海事法院、金融法院才属于专门法院。参见侣化强:《法院的类型、创设权归属及其司法权配置》,载《中外法学》2020年第5期。

经济法法律规范中不确定性概念的功能，由此提高经济立法的实施效力。法院也可以对国家干预行为进行合法性审查以及监督，维护市场主体的合法权益。司法适用专门化的目标包括整合优化诉讼资源、节约诉讼成本、提高诉讼效率等。全能型的普通法院在审理专业性较强的纠纷案件时，会面临更高的研判成本问题。由于缺乏专门的程序法，中国经济法在适用过程中更加注重规制效果的实现。经济法的司法适用具有区别于现有三大诉讼的特殊性，其对司法科学化和专业化的诉求也更加强烈。

（一）经济法司法适用中知识构成的专业性

“当立法者发现某一法律领域存在问题或者机会，会希望通过司法专业化解决。”[1]随着法学研究的精细化程度不断提高，部门法之间的知识壁垒逐渐形成。在传统的全能型法院模式下，法官的跨学科学习成本逐步加大，再加之各地区、各级别的法官在审判能力上存在客观差异，在审理专业性案件上会存在一定偏差。经济法与公共经济的关系较为紧密，超越了传统法学的司法适用逻辑。经济法体系的开放性特征以及问题导向立场，也超越了传统的成文法导向。经济法中的子部门法在不断地修改和更新，同时网络与信息技术的发展也带来了新类型的纠纷与案件。现阶段经济法的司法适用主要以部分地域为试点而开展。经济法司法适用的专业性特点对传统的审判模式提出了挑战。经济法司法适用专门化的需求建立在经济法知识和其他法学知识的专业性差异基础之上，具体表现为经济法的司法适用中需要融合其他学科的专业知识。这一特点在反垄断中的表现十分明显，经济分析方法对反垄断法的影响尤其深远，[2]例如，法院需要对反垄断民事诉讼中的经济证据进行全面审查。国务院反垄断委员会专家咨询组成员、商务部反垄断局前局长尚明也曾说过“经济学和法学一起支撑了反垄断的开拓和发展进步”。具体而言，反垄断法适用中引入的 HHI 指数、SSNIP 测试法等分析工具，就超越了既有的法律知识体系。上海市高级人民法院在审判锐邦诉强生案时，在对纵向垄断协议和竞争影响的测度中，也使用了经济分析的方法。此外，经济法的司法适用与专家证人的参与紧密相联。例如

---

〔1〕 参见[美]劳伦斯·鲍姆:《从专业化审判到专门法院:专门法院发展史》,何帆、方斯远译,北京大学出版社 2019 年版,第 235 页。

〔2〕 参见李剑:《制度成本与规范化的反垄断法:当然违法原则的回归》,载《中外法学》2019 年第 4 期。

《最高人民法院关于为设立科创板并试点注册制改革提供司法保障的若干意见》规定:“从证券监管机构、证券市场经营主体、研究机构等单位遴选专家陪审员,参与证券侵权案件审理。要充分发挥专家证人在案件审理中的作用,探索专家证人的资格认定和管理办法。”现行的全能型审判专业人员人才模式建立在法律职业资格考试的知识基础之上,并没有强调特定部门法知识的专业性和特殊性。在锐邦诉强生案中,专家证人的意见发挥了重要作用。在北京奇虎科技有限公司诉腾讯公司滥用市场支配地位案中,双方都聘请了经济学家出庭作证。经济法司法适用的过程中有时候还需要结合具体案件的经济效益进行考量。此外,经济法的解释方法中包含经济解释的方法。有学者就指出:“离开经济学分析,反垄断法解释和适用很可能掉入简单的语义循环和逻辑重复之中,行为定性难以令人信服。”[1]

(二)经济法司法适用中的积极性规制目的

司法在经济法的适用中并非总扮演消极的角色。经济法的适用,需要法官在程序正义的基础上重视绩效以及社会公共利益等目标。经济法与公共经济关系联系紧密,具有对策性法、干预法、促进法等多重特征。经济法的适用不仅要实现个案层面的公正,也要力图实现判决的社会经济整体效果。经济法的原则中也有传统公平正义价值之外的效率要求,如预算法中的绩效原则、反垄断法中的促进创新和提高经济效率原则等。此外,政府的利益诉求也会推动司法专业化的发展。[2] 全能型的法院一般不承担政策使命,[3]专门化的法院往往比全能型的法院更注意对政府提出的利益诉求的考量。[4] 专门法院因为其设立目的的专门性需要体现出设立机关的干预意图。经济法司法适用的目的并非完全解决私人之间的纠纷,而是要维护市场经济的交易秩序,具体包括交易安全、交易效率、交易公平等目标。例如“金融安全”等非严格意义上的法律概念会在法院的司法文件和裁判文书中

---

〔1〕 参见金善明:《反垄断法解释中经济学分析的限度》,载《环球法律评论》2018 年第 6 期。

〔2〕 参见[美]劳伦斯·鲍姆:《从专业化审判到专门法院:专门法院发展史》,何帆、方斯远译,北京大学出版社 2019 年版,第 229 页。

〔3〕 参见[美]劳伦斯·鲍姆:《从专业化审判到专门法院:专门法院发展史》,何帆、方斯远译,北京大学出版社 2019 年版,第 46 页。

〔4〕 参见[美]劳伦斯·鲍姆:《从专业化审判到专门法院:专门法院发展史》,何帆、方斯远译,北京大学出版社 2019 年版,第 190 页。

出现。[1] 我国的法院除承担司法的纠纷解决基本功能外，还承担着执行党和国家公共政策的职能。[2] 有学者认为，互联网反垄断民事诉讼还需要具有促进社会进步的功能。[3] 法院在一定程度上也在追求裁判的社会效果。[4]《最高人民法院关于依法妥善审理涉新冠肺炎疫情民事案件若干问题的指导意见(二)》中规定了人民法院在审理受疫情影响较大的中小微企业金融借款纠纷案件中，要充分考虑中国人民银行等五部门发布的《关于进一步强化金融支持防控新型冠状病毒感染肺炎疫情的通知》等系列金融支持政策。这也充分说明了经济法纠纷案件需要结合更深层次的法理。我们梳理了现行经济法法律文本中立法目的条款的高频动词，如表 3－11－3 所示。

表 3－11－3　经济法立法目的条款中的高频动词归类分析

高频动词归类	频次总计/次
保护权益类(保护、维护、保证、保障、巩固)	97
促进发展类(促进、支持、引导、鼓励、提升、改善、扩大、发展、强化、增加、加快、推进、推动、有利于发展等表述方式)	42
消极预防类(预防、制止、防范、化解、遏制、防治、减轻)	11
新建构类(建立、确立、建设)	7
规范行为类(保持合理限定范围、确定标准)、稳定类(规范、合理、明确、稳定、保持)	31

经济法立法目的条款中的国家目的呈现多元性的特点，并非只包括消极意义层面的维护交易安全，还包括国家积极干预的意志体现。我国经济法产生的语境是发展导向型的，体现为经济立法对经济发展速度和均衡的追求，也体现为对发展成果的保护与分享。经济法的司法适用具有较强的社会示范效应，经济法在司法适用过程中需要考量促进经济发展、维护市场经济秩序、降低交易成本以及监管成本等多重目标。

---

〔1〕 参见黄韬：《“金融安全”的司法表达》，载《法学家》2020 年第 4 期。

〔2〕 参见孟融：《中国法院如何通过司法裁判执行公共政策——以法院贯彻“社会主义核心价值观”的案例为分析对象》，载《法学评论》2018 年第 3 期。

〔3〕 参见黄勇、申耘宇：《论互联网反垄断民事诉讼的多重功能》，载《法律适用》2014 年第 7 期。

〔4〕 参见宋亚辉：《追求裁判的社会效果：1983—2012》，载《法学研究》2017 年第 5 期。

三、专门法院审理经济法纠纷的中国化进路

《最高人民法院关于深化人民法院司法体制综合配套改革的意见——人民法院第五个五年改革纲要(2019—2023)》提出:“根据经济社会发展需要,研究完善专门法院的设立标准、职能定位和配套机制。”由谁设立专门法院,如何设立专门法院,专门法院如何运行,除了上面的论述中提到的要点外,还要兼顾提高司法效率、降低司法成本的作用。

(一)专门法院设立的法律法规依据

设立专门法院的权限来源于宪法、单行法,还是民主程序?专门法院的设置来自宪法的规定、来自《人民法院组织法》的细化规定,体现的是人民的授权。要防止设立专门法院权力的滥用,要防止将专门法院作为服务于国家干预的虚化机构。

1. 专门法院设立的宪法规定

新型审判权力也是由宪法规定而形成的。通过宪法规定限制随意设置专门法院的权力,保证正当程序和必要性,防止专门法院成为行政机关的延伸。《宪法》第129条第1款规定,中华人民共和国设立最高人民法院、地方各级人民法院和军事法院等专门人民法院。值得注意的是,我国现有的专门法院大多是单独设立的,而非由现有的行政机构或者普通法院转化而来。

2. 专门法院设立的部门法依据

专门法院的种类与运行规则源自法律的规定。《人民法院组织法》第12条第3项规定了现行的法院体系中包括专门人民法院;第15条规定,专门人民法院包括军事法院和海事法院、知识产权法院、金融法院等。专门人民法院的设置、组织、职权和法官任免,由全国人民代表大会常务委员会规定。这一规定排除了基于地方利益设立专门法院的可能性。专门法院的设定权在中央政府,通过设定专门法院来保证中央政府经济干预意图的实现。其他国家例如英国、南非共和国都是依据本国的公司法、竞争法来设立专门的竞争上诉法院等。

3. 专门法院设立过程中的政策因素

特定目标导向的政策驱动是设置专门法院的动力。除此之外,地方政府围绕司法资源的竞争也是影响专门法院设置的因素之一。上海金融法院一方面属于专门法院的组成门类,另一方面也是上海金融中心建设规划的

组成部分,间接体现地方政府打造的营商环境与区域竞争力。地方政府将专门法院设置的地域视为一种司法资源,并展开积极的游说竞争。虽然设置专门法院是为了排除司法地方化的影响,但地方政府的利益诉求始终存在。设置专门法院的实施进路可以概括为以下几个阶段:来自地方政府的利益诉求→上升到党和国家领导人的部署→立法机关的推动实施→最高人民法院对于审判庭设置、管辖的具体规定。专门法院的设置一定程度上体现了中央与地方之间基于司法权的分享安排。专门法院的设置从表面上看虽然是"自上而下"的,但和地方政府的综合实力仍然有着密切关联。有学者认为人民法院的组织应当坚持从人民制宪权的维度去解释。[1]

(二)专门法院的类型及其受案范围

专门法院的种类和区域布局应当符合司法专门化的基本需求。专门法院的设立应当以必要性和技术成熟性为基础。数量过少容易导致专门法院的特权化和诉讼爆炸,数量过多则加剧了重塑审判体系的成本。现有的知识产权法院和金融法院还不足以承担经济法司法适用专门化的功能,应当在现有的专门法院体系基础上建立竞争法院、税务法院等专门法院。

竞争法院的功能在于实施对竞争政策的司法审查。反垄断执法虽然具有威慑力较大的优势,但覆盖面较小,而且地方政府之间的反垄断执法水平差异较大。竞争法院可以受理市场主体对竞争政策的审查请求。世界范围内,英国和南非共和国设立了专门的竞争上诉法院。

税务法院的功能定位包括保障国家税收的实现以及纳税人权利的救济。在税法法律关系中,强制性的权力占据主导地位,税收执法的重心主要是保障国家税收的实现,对纳税人权利的救济和保障显得不足,税务法院的设立应以保护处于相对弱势地位的纳税人的基本权利为出发点。

保持法院的相对独立性是遏制司法行政化的路径之一。[2] 专门法院的人员来源、管辖的地域范围、财政支持以及晋升渠道应当具有相对独立性。专门法院若不具备相对独立性及权威性,则很难作出对地方政府具有约束力的判决。专门法院的相对独立性,体现在专门法院组成人员的任免和本级人大常委会之间的关系、机构设立的权限和本级法院之间的关系、财政支

---

〔1〕 参见刘练军:《"人民法院的组织由法律规定"之规范分析》,载《吉林大学社会科学学报》2020 年第 3 期。

〔2〕 参见龙宗智、袁坚:《深化改革背景下对司法行政化的遏制》,载《法学研究》2014 年第 1 期。

持的来源(属于中央还是地方)、专门法院审判人员的升迁路径等几个方面。相对独立性还可以从横向与纵向两个方面来加以解释,纵向体现为国家审判权的组成部分,而横向则体现为与地方政府之间的利益阻隔机制。

1. 案件管辖的范围:区域性还是全国性

《全国人民代表大会常务委员会关于设立上海金融法院的决定》规定,上海金融法院对上海市人民代表大会常务委员会负责并报告工作。上海金融法院审判工作受最高人民法院和上海市高级人民法院监督。上海金融法院依法接受人民检察院法律监督。上海金融法院副院长、审判委员会委员、庭长、副庭长、审判员由上海金融法院院长提请上海市人民代表大会常务委员会任免。上海金融法院专门管辖上海金融法院设立之前由上海市的中级人民法院管辖的金融民商事案件和涉金融行政案件。管辖案件的具体范围由最高人民法院确定。上海金融法院管辖的第一审金融民商事案件的诉讼标的额上限原则上为50亿元人民币。这一模式的优点在于降低设立专门法院的成本,能够利用现有上海审判人才的专业化优势,降低不确定性,通过试点的方式降低改革的风险。

我们认为,专门法院管辖范围的确定要结合我国市场经济体量的超大规模性,而不仅是根据诉讼标的额大小。我国现有的专门法院的管辖范围依然是从区域性的试点再到管辖全国同类型的案件,基本理念是司法区域对行政区域的替代。市场交易是全国性的,而现有的普通法院的管辖范围则是地域性的。我们主张的专门法院管辖模式是在最高人民法院业务领导下的跨行政区域管辖。有学者提出特殊案件在跨行政区划法院(专门法院)审理的诉讼格局。[1] 在税法领域,有学者建议成立跨行政区域的税务法院。《中国知识产权司法保护纲要(2016—2020)》中提道,要在更大范围内实现知识产权法院的跨区域集中管辖。当然,专门法院的设置并非完全排除地方力量的参与。

2. 围绕专门法院设置的央地事权配置

依照《人民法院组织法》第57条的规定,人民法院的经费按照事权划分的原则列入财政预算。我们的观点是将其列为中央事权,或者属于中央与地方共享事权。法院对人才的吸引力、人才的流失及法院的日常运行状况

〔1〕 参见程琥:《论我国专门法院制度的反思与重构》,载《中国应用法学》2019年第3期。

是否良好都和法院经费状况有密切联系。财政压力会显著影响法院的司法行为,[1]具体表现为专业人员的选拔、研究成本、设备维护,经费是否充裕会影响法院的专业化水平。我们认为需要在《人民法院组织法》中进一步明确专门法院设置的事权分配事项。根据《国务院关于推进中央与地方财政事权和支出责任划分改革的指导意见》的规定,专门法院提供的审判服务应归类于基本公共服务,属于中央事权的范畴。

〔1〕 参见左卫民等:《中国基层司法财政变迁实证研究(1949—2008)》,北京大学出版社 2015 年版,第 248 页。

第十二章　以“政府—市场”关系为主线的基本认知范式

经济法学研究的根本性逻辑进路便是从政府与市场关系入手，对政府与市场在现代市场经济关系中的角色、位置、功能与版图予以廓清，将“国家（政府）—市场之间关系的法治化作为经济法学研究的基本理论框架”。[1] 尽管以这种研究框架为依托的经济法理论对政府与市场之间的动态关系描述有“干预”“协调”“管理”“调控”“规制”“调节”“调制”等用词上的差异，[2] 但在本质上基本是相同的，“均可理解为对市场滥用或市场失灵进行校正的描述，反映了国家在市场经济中对经济生活进行某种程度干预的理念，凸显出国家利用公权力对经济生活的干预，进而不同于民法‘私法自治’的调整模式，实现一种自然秩序与设计程序良性互动的法律机制”。[3] 随着经济法学术研究群体的共同努力，“政府—市场”关系认知范式的路径不断更新，法律规范性也逐步提高，业已达成的基本共识是需要干预、必要干预和适度干预的结合。有学者认为，政府干预与“市场之手”除了单向转化关系之外，还存在重合与双向转化的关系。[4] 在传统的理论研究范式中，政府干预与市场调节手段的二元结构分析模式虽然有助于明确法律关系的参

---

〔1〕 参见岳彩申、李永成：《中国经济法学三十年发展报告》，载《经济法论坛》2010 年第 1 期。

〔2〕 关于政府与市场关系的经济法理论研究成果，可参见李昌麒：《经济法——国家干预经济的基本法律形式》，四川人民出版社 1995 年版；史际春、邓峰：《经济法总论》，法律出版社 1998 年版；漆多俊：《经济法基础理论》（第 3 版），武汉大学出版社 2000 年版；程信和：《经济法与政府经济管理》，广东高等教育出版社 2000 年版；邱本：《自由竞争与秩序调控——经济法的基础建构与原理阐析》，中国政法大学出版社 2001 年版；王全兴：《经济法基础理论专题研究》，中国检察出版社 2002 年版；张守文：《经济法理论的重构》，人民出版社 2004 年版；单飞跃、卢代富等：《需要国家干预：经济法视域的解读》，法律出版社 2005 年版；杨紫烜：《国家协调论》，北京大学出版社 2009 年版；刘文华：《中国经济法基础理论》（校注版），法律出版社 2012 年版；邢会强：《走向规则的经济法原理》，法律出版社 2015 年版。

〔3〕 参见管斌：《中国经济法学总论 30 年研究：关键词视角》，载《北方法学》2009 年第 4 期。

〔4〕 参见侯利阳：《市场与政府关系的法学解构》，载《中国法学》2019 年第 1 期。

与主体,却忽略了事实上的政府与市场关系的复杂性和多样性。既有研究着重分析政府对市场单向的干预行为,而较少分析市场调节机制与政府干预的协调配合。经济法语境中的政府与市场关系与经济学语境中的政府与市场关系是有所区分的,因为市场失灵而产生的国家干预只是经济法语境中政府与市场关系的一种形态。中国语境中的"政府—市场"关系具有本土特色,比如执政党积极主动参与市场治理,党的政策也融入了经济立法的目标体系之中。在我国单一制的国家结构形式与超大规模领土相结合的国情下,央地关系治理也嵌入了政府与市场关系的认知范式之中。

第一节 "政府—市场"关系认知范式的内涵及其理论演进

政府与市场关系的经济法认知范式对推动市场经济条件下经济法学的体系化发挥了重要作用。以该认知范式为基础所形成的"市场规制法—宏观调控法"经济法体系,比较系统地将平行且分散的经济法律法规进行了板块式的整合,在非法典化的经济法形态条件下,使社会认知经济法的难度大大降低,使经济法知识的传播更加通达。在"政府—市场"关系认知范式之中,政府对经济的干预具有一定的合法性和合理性。市场更多地体现的是人类经济活动的环节和过程,而不是具体明确的物理地点。[1] 市场本身的问题和缺陷是政府干预的逻辑起点,政府作为公共意志凝聚的体现,掌握了丰富的政策资源与监管资源,拥有矫正市场失灵的能力。在一些市场发展相对薄弱、政府干预历史传统较为深厚的国家,市场主体及公众对政府干预保有较高的期待和信任。宏观调控作为一种国家治理方式在意识形态各异、经济发展水平不同的国家中都有所体现。因此,将政府作为经济法理论研究的主体具有重要价值。不同的经济社会场景中,政府所实施的干预会有不同的干预目的、干预期限、干预手段及干预程序,同时也会因为政府层级的区分有不同的干预偏好。国家干预理论认为,政府具有发展经济、保卫公共安全及提供公共物品的职能;政府通过制定经济法规界定产权,使市场制度正常运转及获得较快的改善,提升资源利用的效率;[2] 政府通过输出共

---

〔1〕 参见[美]兰迪·T.西蒙斯:《政府为什么会失败》,张媛译,新华出版社2017年版,第13页。

〔2〕 参见邱澎生:《当法律遇上经济:明清中国的商业法律》,浙江大学出版社2017年版,第14页。

同价值观及提供公共服务的方式获得征税所需的公信力。纯粹的市场自律管理是一种“乌托邦”状态,[1]政府调控市场是一种具有必然性的状态。

一、现代市场经济的主线:政府与市场关系

一般认为,经济法作为一种新型法律制度出现于19世纪末20世纪初,[2]此时正是古典市场经济向现代市场经济的转型时期。所谓古典市场经济,又称自由市场经济,“它是以机器生产力为基础,以单个厂商占有生产资料为特征,政府实行自由放任政策的市场经济形式”[3]。此种经济运行模式反射到政治学与法学视域,一个经典的说法便是“越小的政府是越好的政府”,政府的职责仅限于消极地保护社会成员的生命、财产与自由不受侵犯。彼时,人们相信市场是完美无缺的机制,在“市场之手”的牵引下,万物欣欣向荣,到处都充满着光辉灿烂、富足与进步的景象。但是好景不长,市场机制内蕴的反噬力量逐渐显现,取而代之的是大萧条、失业、垄断、消费者与劳动者的边缘化等一系列系统性危机,每个人都困在其中,却又无能为力。古典市场经济擘画的理想破灭了,人们不再相信市场万能的神话,转而谋求建设一个更强大的、履行更多经济职能的政府。

为此,有必要在自由放任的基础上重塑国家的经济职权体系,扩充、深化国家对经济生活的干预。经济学家凯恩斯从理论上证明了“国家之手”的可行性,1933年的“罗斯福新政”则在“国家之手”的引领下创造出了另一种实践的范例。但是,苏联和东欧社会主义国家试验的绝对的“国家之手”也遭遇了失败。历史的教训提醒我们:无论滑向哪个极端最终都会导致灾难性的后果。经济法穿行于自由和干预的两极之间,力图在流动性的世界里找到政府与市场、自由与干预、宏观与微观的最佳平衡点,维护一国(地区)经济持续、稳定和有效的增长。与古典市场经济条件下的法律形式相比,经

[1] 参见[匈]卡尔·波兰尼:《巨变:当代政治与经济的起源》,黄树民译,社会科学文献出版社2013年版,第52页。

[2] 参见刘水林:《经济法是什么——经济法的法哲学反思》,载《政治与法律》2014年第8期。相反的观点认为古代就有经济法,有研究成果认为《关于生活资料供应的优流斯法》是罗马法中的反不正当竞争法,483年的芝诺敕令属于反垄断法,参见徐国栋:《罗马经济法研究》,载《现代法学》2015年第1期。

[3] 参见白永秀、王颂吉:《城乡发展一体化的实质及其实现路径》,载《复旦大学学报(社会科学版)》2013年第4期。

济法强调的国家干预是其最鲜明的特色，也正因如此，经济法被认为是现代市场经济的法律产物，而现代市场经济正是“市场之手”与“国家之手”合作的结果。

现代各国的市场经济各有其特色，[1]比较观之，无一例外都是围绕着政府与市场的关系来展开。现代市场经济是政府与市场两种机制的混合运用，所谓的各国特色，主要指的是政府机制与市场机制在各国的特殊国情条件下如何进行最佳配置的问题。中国共产党十八届三中全会通过的《中共中央关于全面深化改革若干重大问题的决定》提出：经济体制改革的核心问题是处理好政府和市场的关系，使市场在资源配置中起决定性作用和更好发挥政府作用。执政党的顶层设计初步勾勒了我国政府与市场的关系，原则上，市场机制优先于政府机制发挥作用，在市场失灵的场合方有国家干预的基础。但二者的协调并不都是一块积木拼图，二者各有其发挥作用的领域，如楚河汉界、泾渭分明般清晰。更多的时候，政府与市场的关系犹如一幅水墨画，在很多地方交互使用“市场之手”与“国家之手”两支画笔，调和出自然与协调的色彩。

把握政府与市场的关系，主要可以从以下两个方面入手。

第一，市场优先。市场优先是“使市场在资源配置中起决定性作用”“更好发挥市场机制作用”的题中应有之义。生动的市场机制就是通过市场配置资源的机制、通过市场形成价格的机制、通过市场推动创新的机制、通过市场决定退出的机制。作为“无形之手”，市场机制的运作有赖于财产权、契约和竞争的支撑。财产权与契约一静一动，前者是市场交易的起点与终点，后者赋权当事人通过个人意思自主形成其所意欲形成的交易关系，各取所需，最有效地配置社会财富。竞争与交易关系如影随形，有交易就有竞争。基于意思自治的基本要求，原则上任何人均不负有强制缔约的义务，[2]而是根据自己的意愿，自行选择交易对象、交易客体、交易场合、交易方式等交易要素，在这种背景下，经营者如果希望获得消费者的缔约机会，就不得不努

---

〔1〕 例如，美国是自由市场经济，德国是社会市场经济，日本是政府主导型市场经济，中国是社会主义市场经济，参见邱本：《论经济法的共识》，载《现代法学》2013年第4期。

〔2〕 在供水、电、汽、热等公用事业领域，以及抢险救灾、疫情防控等特殊场合，特定主体负有强制缔约的义务，并没有自主选择权。例如，《民法典》第648条第2款规定：“向社会公众供电的供电人，不得拒绝用电人合理的订立合同要求。”这一条即否定了向社会公众供电的供电人的缔约自由。

力建立比较优势、张扬个性才能，在充分发挥个人潜质的同时实现社会整体效益极大化。与此同时，市场机制的有效运作有赖于一系列前提条件的支撑，这些条件具备时便无须“国家之手”的干预，这些条件缺失时便需要“国家之手”来充实。[1]

第二，政府有效。政府有效主要有两层含义：(1)政府干预的谦抑性。谦抑性最初是刑法的学科标签，有学者解释道，谦抑性是指在其他法律足以保护合法权益的场合，刑法不宜介入；即使必须介入，刑法适用应尽量往出罪、轻罪的方向靠拢。[2] 受此启发，有学者主张经济法中的“国家干预”应当转向“谦抑干预”，[3] 即非有足够且正当的理由，原则上应当推定市场有效；即使在确信市场失灵的场合，国家干预也应当恪守审慎、克制的态度，“依附于市场机制发挥作用”。[4] (2)非市场领域政府应有所作为。市场行为主要基于经济人的自利动机所驱动，因此，市场的整体结构失衡情形、公共物品的短缺现象不可避免，在一些市场不能、不得、不愿提供的公共服务领域，政府应当积极作为。尤其是工业社会后期，人类进入风险社会的信号越来越明显，对此，政府不仅应当矫正经营者的经济公害行为，更应当积极作为，主动管理市场风险，努力防范不确定性向风险的转化，努力将风险降低至可控状态。

二、“政府—市场”关系认知范式的理论演进路径

政府与市场关系经历了从二元对立结构到相互融合的立体关系结构，从价值判断和经验判断到实证分析判断，从立法体现到法律实施体现等几个阶段的演进。

(一)政府主体与市场主体的类型化区分尝试

在政府与市场关系范式产生初期，政府干预与市场调节通常被视为两

---

〔1〕 参见单飞跃：《〈民法典〉中经济公法规范的结构、功能及其影响》，载《现代法学》2022年第3期。

〔2〕 参见张明楷：《论刑法的谦抑性》，载《法商研究(中南政法学院学报)》1995年第4期。

〔3〕 参见刘大洪、段宏磊：《从“国家干预”到“谦抑干预”——谦抑性理念下中国经济法学逻辑起点之重构》，载《经济法研究》2015年第1期。实际上，在“谦抑干预”提出前，鲁篱教授就提出了经济法中的“适当干预原则”，该原则包括两个子原则：正当干预和谨慎干预，已经初步表达了“谦抑干预”的内涵，参见鲁篱：《经济法基本原则新论》，载《现代法学》2000年第5期。

〔4〕 参见刘大洪、段宏磊：《谦抑性视野中经济法理论体系的重构》，载《法商研究》2014年第6期。

种完全隔绝的机制，且政府干预是对市场调节手段的矫正。因此便有了围绕政府干预必要性的价值判断与相关印证，政府与市场关系也被简单地理解为主体与客体的关系。随着现代市场经济生活中政府与市场关系的交互性日趋加强，主客体思维逐渐消失，主体间思维逐步形成，政府主体以宏观调控主体和市场规制主体的身份出现，市场主体以生产者、经营者、消费者等形态存续。在后发国家中，国家干预实质上承担了发展市场的功能，促进型经济法是发展市场功能的立法体现，体现了从干预权力到干预责任的价值变化。

（二）根据市场规模与政府规模的变化设计权义结构及配置权责

政府与市场之间的规模关系是经常发生变化的，对政府与市场关系的考量也应从主观价值判断转向实证分析。经济立法数量的增加、政府机构的扩大，会增进国家干预的规模。同样，经营者、消费者、社会组织的数量增加也会扩大市场调节的适用规模。数据市场规模、基层政府规模、地方政府规模、农村区域规模、市场总量规模等的变化，也会对政府与市场关系产生具体影响。政府与市场主体规模的变化会引起权利义务结构配置的相应调整。

市场环境中规模要素的兴起，对政府干预的重点领域和干预方式会产生具体影响。市场规模的增加一方面具有积极效应，比如交易更加活跃、经济总量提升、国家税源扩大等；另一方面也会增加国家治理的成本，例如违法行为规模的扩大会引发监管及司法资源的不足。从我国的法治实践来看，市场主体规模的增加加速了公共利益的形成，例如，平台经营者、中小企业主体、消费者主体规模不断增加，相关经济立法的力度也随之增强，干预精准程度进一步提高。又如，《中小企业促进法》第15条规定："国务院银行业监督管理机构对金融机构开展小型微型企业金融服务应当制定差异化监管政策。"市场规模的扩大是国家税收收入增长的前提，也为国家宏观调控能力的完善提供了物质资源基础。立法者也经常根据市场规模的变化，对法律制度进行相应调整。在新兴交易模式发展初期，为促进该类市场主体规模的增加，相关立法会作出支持促进、放松管制和减轻责任的规定。但市场主体规模的扩张也会带来垄断的风险，因此相关经济立法中也会有对市场结构变化进行规制的具体制度。在《反垄断法》中，"市场支配地位"和"经营者集中"的状态或者行为都是规模积累结果或者积累过程的体现，国家干预在必要时便会介入。国务院反垄断委员会制定发布的《关于平台经济领域的反垄断指南》中"防止资本无序扩张"的表述便体现了干预者与市场监管者对于市场规模变化的关注。

为应对市场主体规模变化带来的不确定性影响，政府干预规模也会随之进行调整。例如，《反垄断法》第 11 条有“国家强化反垄断监管力量”的表述，监管力量的强化体现为机构规模、人员编制规模和预算规模的增长。在实践中，2018 年国务院机构改革，将原先分别由商务部、国家发展改革委、国家工商行政管理总局承担的反垄断执法工作统一归集，国家市场监督管理总局反垄断局成为专门负责反垄断执法的机构，同时承办国务院反垄断委员会日常工作。2021 年 11 月 18 日，国家反垄断局正式挂牌成立。

（三）政府主体能力与市场主体能力的关系

政府与市场之间的关系具有双向性，共同致力于完善宏观调控、维护经济秩序、促进经济发展的目标。经济法的实施包括公共实施机制和私人实施机制两种路径，这是基于政府与市场主体的能力区分而设置的。实施方式的区分并非完全基于成本因素的考虑，也基于对社会整体利益的维护，或者基于专业监管主体与司法机关能力的区分，还有更靠近经济政策还是司法解释的考量。例如，在消费者权益保护法中，对消费者主体与职业打假群体区分的意义就是对私人实施机制进行必要限制，鼓励消费者借助于立法框架救济权利。

三、政府与市场关系中市场优先的法律反映

无论是市场失灵，还是政府失灵的理论假设，都应当回归到法律讨论语境中加以验证。通过对立法、执法、司法等不同环节中政府与市场关系的考察，可以发现市场优先在法律规范中有着充分的反映。

（一）市场优先的立法体现

《宪法》第 15 条第 2 款规定：“国家加强经济立法、完善宏观调控。”这里的“加强”不仅指立法数量增加，也指立法质量和立法技术的提高；不仅指中央层面的经济立法，也指地方层面的经济立法；不仅包括整体性的经济立法，也包括行业特色、领域特色的经济立法。

1. 市场自律管理的立法体现

市场调节制度本身也可以供给管理规则。例如，现行经济法立法文本中对行业协会、第三方主体的相关规定，一方面立法者对行业协会主体正当的自律管理权、制定标准权进行了确认和保护。《中小企业促进法》第 34 条

第3款规定:“国家支持中小企业及中小企业的有关行业组织参与标准的制定。”《节约能源法》第23条规定:“国家鼓励行业协会在行业节能规划、节能标准的制定和实施、节能技术推广、能源消费统计、节能宣传培训和信息咨询等方面发挥作用。”另一方面是对行业协会组织行为的必要监督和管理。例如,《反垄断法》第14条规定:“行业协会应当加强行业自律,引导本行业的经营者依法竞争,合规经营,维护市场竞争秩序。”《反垄断法》第21条规定:“行业协会不得组织本行业的经营者从事本章禁止的垄断行为。”综上所述,政府干预与市场调节都有规则供给的权力,但是自律管理组织的行为不得突破市场经济秩序的边界。

2. 经济立法对商业道德、交易习惯、行业惯例的吸收与确认

市场参与主体在日常交易活动中形成的商业道德、交易习惯、行业惯例也能够起到节省交易成本、稳定交易预期的正向功能,从而降低外部监管的成本。外部经济立法确定的市场秩序和市场自发形成的秩序之间具有相互关联、相互吸收的关系。《反不正当竞争法》第2条规定的“商业道德”可以作为判断竞争行为是否正当的标准之一,《电子商务法》第5条也将“商业道德”作为经营者行为的边界。《反不正当竞争法》中的“商业贿赂行为”与“正当促销行为”之间的区分也体现了立法者对部分行业惯例的确认。经济立法对商业道德、交易习惯、行业惯例、地区风俗的适度引入保证了市场调节的空间。

3.《价格法》对政府价格行为的规制

《价格法》第18条第1项规定:“下列商品和服务价格,政府在必要时可以实行政府指导价或者政府定价:(一)与国民经济发展和人民生活关系重大的极少数商品价格。”由此可见,政府指导价或者政府定价的范围是受到严格限制的,相关经济立法通过限制政府定价边界的形式,保障市场在资源配置中发挥决定性作用。长期以来,食盐价格属于政府定价的范畴,但《国务院关于印发盐业体制改革方案的通知》(国发〔2016〕25号)规定:“放开食盐出厂、批发和零售价格,由企业根据生产经营成本、食盐品质、市场供求状况等因素自主确定。”这便是《价格法》第18条政府定价谦抑性适用的一个体现。

政府定价行为应当符合比例原则,遵循市场价值规律。《价格法》第21条规定,制定政府指导价、政府定价时要考虑社会平均成本和市场供求状况、国民经济与社会发展要求以及社会承受能力。

政府价格干预措施介入的时机和条件被严格限制。《价格法》第 30 条第 1 款规定:“当重要商品和服务价格显著上涨或者有可能显著上涨,国务院和省、自治区、直辖市人民政府可以对部分价格采取限定差价率或者利润率、规定限价、实行提价申报制度和调价备案制度等干预措施。”《价格法》第 31 条规定:“当市场价格总水平出现剧烈波动等异常状态时,国务院可以在全国范围内或者部分区域内采取临时集中定价权限、部分或者全面冻结价格的紧急措施。”由此可以看出,政府的价格干预手段被严格限制在有限的范围之内。

(二)市场主体利益的司法保护

政府与市场关系中的司法适用目的,主要是维护社会公共利益,对相关违法行为进行司法惩戒;维护市场主体的私人权益,以私人诉讼的方式进行司法救济;弥补私人主体维权能力的不足,以公益诉讼的方式,降低各类市场主体的维权成本,维护社会整体利益。

1. 明确侵犯公共利益行为追究法律责任的情形

通过立法确认“公共利益内涵 + 追究责任”的情形,对社会公共利益进行保护。《数据安全法》第 2 条第 2 款规定:“在中华人民共和国境外开展数据处理活动,损害中华人民共和国国家安全、公共利益或者公民、组织合法权益的,依法追究法律责任。”又如,《统计法》第 49 条第 3 款规定:“利用统计调查危害国家安全、损害社会公共利益或者进行欺诈活动的,依法追究法律责任。”

2. 私人诉讼与公益诉讼的衔接

民事公益诉讼制度建立在传统的私人诉讼制度基础之上,但在市场环境中形成的侵害社会公共利益现象也可以成为提起公益诉讼的事由。《民事诉讼法》第 58 条规定了对“侵害众多消费者合法权益等损害社会公共利益的行为”可以提起公益诉讼。《消费者权益保护法》第 37 条第 7 项也赋予了消费者协会提起公益诉讼的权利。最高人民法院公布的《关于为促进消费提供司法服务和保障的意见》也提及:“进一步完善消费民事公益诉讼与私益诉讼衔接机制。”由此可见,在经济法的司法适用领域,公益诉讼的范围在不断拓展,从传统的消费者权益保护领域延伸至竞争法领域。例如,《反垄断法》第 60 条第 2 款规定:“经营者实施垄断行为,损害社会公共利益的,设区的市级以上人民检察院可以依法向人民法院提起民事公益诉讼。”截至

2020年底,已有18个省级人大常委会通过决定或决议,授权检察机关在互联网侵害公益、个人信息保护等相关领域探索公益诉讼实践。最高人民检察院印发的《关于贯彻执行〈中华人民共和国反垄断法〉积极稳妥开展反垄断领域公益诉讼检察工作的通知》中规定要积极稳妥开展反垄断领域公益诉讼检察工作,重点关注互联网、公共事业、医药等民生保障领域。

3. 惩罚性赔偿与行政处罚之间的关系

如何加重违法经营成本,提升对违法经营者的威慑力度,一种是依赖于政府干预的行政处罚路径,另一种是依赖于私人实施的惩罚性赔偿制度。单纯依靠行政处罚不足以从根本上解决违法经营行为。政府监管资源是有限的,不足以对所有的市场违法行为进行调查和处罚,也会存在监管失灵和监管俘获现象,而且行政处罚结果不能直接救济受害者。"通过个别诉讼行使惩罚性赔偿请求权,难以对经营者形成足够的威慑力,消费者协会、检察机关提起惩罚性赔偿消费公益诉讼的必要性客观存在。"[1]惩罚性赔偿制度具有遏制潜在违法行为和降低维权成本的功能,受害者也能够获得直接的救济与补偿。《民法典》第1207条规定了被侵权人有权对产品质量缺陷造成的侵害提起惩罚性赔偿。在《消费者权益保护法》《食品安全法》等法律规范中,消费者在满足规定的情形下可以提起多倍赔偿的请求。

(三)包容市场的执法体现

1. 经济执法行为与市场经营行为之间的边界

市场经济秩序受损的风险既源于经营者的违法行为,又源于政府不当的经济执法行为。经济执法行为的边界便是经营者合法的经营自由权。

《产品质量法》第15条规定的不得重复抽查体现了对经营者正当经营活动的保护,旨在降低经营者的营业成本。在市场监管执法活动中,经营者的商业秘密应当得到保护。《反垄断法》第49条和《反不正当竞争法》第15条均规定了反垄断执法机构及其工作人员对经营者的商业秘密负有保密义务。

2. 经济执法中的非强制性手段

《优化营商环境条例》第59条规定行政执法中应当推广运用说服教育、劝导示范、行政指导等非强制性手段。在经济法执法中采取约谈、提醒、告诫等方式,引导市场主体的自觉服从,节约执法的成本,加强被执法主体的

〔1〕 参见黄忠顺:《惩罚性赔偿消费公益诉讼研究》,载《中国法学》2020年第1期。

心理认同。《农产品质量安全法》第55条和《反垄断法》第55条都规定了执法机构通过约谈方式要求经营者采取改进措施。

3. 社会监督机制与公共执法机制之间的关系

协调执法资源中的政府与市场关系，更多引入来自市场主体乃至社会主体的监督资源，采取举报、承诺、宽恕等多元化执法方式。在执法过程中采取激励性措施，引入社会监督机制，原因在于经济法执法领域的行业属性较强，经营者与外部监管之间仍然存在信息不对称的情形。例如，垄断协议行为通常具有较强的隐蔽性。有学者通过研究发现，有效的举报不仅可使反垄断机构掌握更多的市场信息，节约大量的前期调查成本，还能增进民众的反垄断维权意识。[1]

《反垄断法》第46条第2款和第3款规定了对涉嫌垄断行为，任何单位和个人有权向反垄断执法机构举报，举报采用书面形式并提供相关事实和证据的，反垄断执法机构应当进行必要的调查。《反不正当竞争法》第16条第1款也规定了对涉嫌不正当竞争行为，任何单位和个人有权向监督检查部门举报，监督检查部门接到举报后应当依法及时处理。

第二节　“政府—市场”关系认知范式的改进建议

市场调节有其自有的规律和理念，利用经济立法等方式人为地介入市场经济活动之中的政府干预手段的运用必须慎之又慎。由于政府通常以有形的机构存在，市场与之相比具有无形性的特征，在“政府—市场”关系范式中，极易将政府置于第一位，市场置于第二位。一些经济法学研究者也在检讨这种思维定式，对政府功能进行重新定位。[2] 市场的基础作用和优先作用并不意味着政府干预的完全退出，市场万能主义的取向也是不科学的。市场固然存在缺陷，但这些缺陷并非否定市场的借口，只是为政府干预提供合法性的证明和恰当的时机。

对政府与市场关系的分析要结合所在国家所处的具体时空背景，需要

---

〔1〕 参见陈林、张涛、刘振鹏：《第三方举报、行业协会与垄断协议稳定性——基于案件卷宗数据的分析》，载《财经研究》2022年第6期。

〔2〕 陈婉玲教授认为，经济法视野下治理市场失灵的根本手段是法律约束，政府作为国家授权的经济调节组织，在市场治理过程中的角色定位只能是法律的执行者。参见陈婉玲：《经济法权力干预思维的反思——以政府角色定位为视角》，载《法学》2013年第3期。

实证研究结论加以支撑而非简单的价值判断。中国改革开放40多年的经济发展历程,也是政府与市场关系变迁的一个缩影。中国经济法的"政府—市场"关系范式并非简单地为了矫正市场失灵,也绝非一方完全压倒或者替代另一方的二元对立模式。应当将政府作为市场经济运行机制的一个组成部分,而非一种纯粹的外在干预机制。

我们认为,体现不同国家、不同历史时期差异性的政府与市场关系,应当符合以下基本价值判断。

一、政府与市场关系是一种互益型的经济法治秩序

政府与市场关系不仅仅是政治考量与经济计量的哲学范畴与数量概念,更应当是一个法治定量。法治化的政府与市场关系,能够为市场主体提供稳定预期,为宏观调控和政府治理提供操作指南。中国共产党二十届三中全会提出,高水平社会主义市场经济体制与法治是中国式现代化的重要保障。构建高水平社会主义市场经济体制,需要法治化的政府与市场关系提供支持。作为互益型经济法治秩序的政府与市场关系,以社会主义市场经济为基础,具有"共生""互利""共治"的特点。所谓"共生"是指政府与市场作为资源配置手段都有其存在的必要性。经过长期的经济社会实践,关于市场基础性与决定性功能的社会认同基础越来越牢固,与此同时,对同样具有中国特色的政府干预模式合理性的认识也愈加清晰。政府与市场就像一枚硬币的两边,属于社会主义市场经济中的两种共生共存的实践样态。所谓"互利"是指政府与市场有相互促进与相互合作的可能,也有学者将其描述为有组织的相互依赖。[1] "权力经济""市场极端主义""监管父爱主义"都是一种非此即彼、非黑即白的关系模式。实际上,政府与市场完全可以相互成就与相互促进。政府为市场提供法治秩序、公共经济符号等,而市场也为政府运行提供资金资源,分担治理成本。所谓"共治"是指政府对市场基于法治共识而确定彼此的行动规则、边界和程序。政府与市场之间形成的是共治型的契约模式,政府与市场之间的关系是基于双方一致同意的秩序安排。这种秩序安排以宪法中的基本经济制度条款和各种具体的经济

〔1〕 参见[德]沃尔夫冈·费肯杰:《经济法》(第2卷),张世明译,中国民主法制出版社2010年版,第49页。

法规范为基础。在这样一种契约模式中，政府与市场之间并没有完全脱离于对方的优先性。政府介入市场经济生活并非仅仅以干预、管理的方式，同样也有保护、促进、引导、监督等多元化的治理手段。现有的市场结构中，平台特别是超级平台已成为重要的市场主体，平台经济带来了新的治理问题。由于平台的规模性特点，平台也在发挥自律管理的治理功能，而不只是被动地接受外在的政府监管。在共治型的契约结构中，管理和监督不仅是一种强制性、强迫性和具有成本负担性的约束方式，而且也是可以内化于彼此共同行动目标中的基本共识。

二、区分政府与市场关系中的正向作用和反向作用

对政府与市场关系的正向理解主要包括：第一，市场在资源配置中起决定性作用，更好地发挥政府作用。所谓更好地发挥政府作用，不仅是指政府的干预作用，更是指政府对市场的服务性作用、保障性作用及促进性作用。第二，市场发挥第一性的作用，政府发挥第二性的作用。我们认为《宪法》第15条中的三款规定并非并列的价值序列关系，而是具有层次间的优先顺序。首先要发挥社会主义市场经济的调节作用，这是最根本的宪法经济秩序；然后在确保市场在资源配置中起决定性作用的基础之上，发挥政府的宏观调控作用。因此，经济立法活动不能过度挤占市场调节的空间，只能以适度和必要为界限，以保证市场经济的基本秩序为目的。第三，国有经济与多种所有制经济共存、共生、共荣的关系。根据《宪法》第6条的规定，多种所有制经济之间并非对立或者互斥的关系，也不存在所谓的相互替代。第四，经济宪法对政府经济权力进行限制，利用经济行政法对危害市场秩序的行为进行干预。

当然，也可以就政府与市场的关系进行反向的理解。第一，应当矫正政府与市场关系中的极端主义倾向。既不要计划经济，又不要只有市场、只要市场的经济。第二，既不只强调市场失灵，又不只强调政府失灵。在需要发挥国有经济主导地位的行业应当保证和强化国有经济的份额，但是国有化的主导地位也绝非意味可以不顾经济效率和经济效益。

市场经济中的政府与市场关系也往往被简化为政府计划与市场调节的二分关系，但这“二分”式的结构只是存在于教科书中的理想状态，对现实经济生活的指导意义并不大。教科书理论往往追求“确定性”和“可视化”的知识结论，“二分法”能够最简单地揭示政府与市场关系的表象特征，但不能

从本质上解释政府与市场之间彼此渗透、互动共融的复杂关系。即使是在市场经济发展较为成熟的国家,纯粹的市场自发调节也已经不复存在,这些国家也存在大量的经济调节计划,甚至设置有专门的计划制定机构。例如,韩国历史上曾经存在的经济企划院、日本的通产省、荷兰的中央计划局等,都有类似制定产业计划调控经济的功能。

中国市场经济的产生和运行有其自身特点,市场发展初期暴露出来的缺陷并非竞争过度而造成的。与之相反,我国市场经济发展初期的最大的问题就在于市场功能发挥的不充分性。市场主体本身并没有拓宽市场规模的权限,市场功能的不断发展来自政府职能的转型与渐进式的简政放权,这些改革举措在之后的《宪法修正案》中得到了体现。这种模式下的政府与市场关系仍然是以政府干预为主导的。当市场调节的作用从补充性到根本性,再到决定性的功能确定后,市场调节已经在立法层面、经济运行层面破除了合法性的障碍。但观念中的政府出离市场规律的固有意识,需要通过更高层面的宪法制度安排才能得以去除。由于我国现行宪法实施体制需不断完善,经济宪法对政府经济权力的制衡作用需持续加强,还需要进一步落实各种深化改革的举措。有学者认为,政府与市场之间不只是补充关系,而且是互相转化与互相支撑的关系。[1]

三、重视政府与市场关系的实践转化

政府与市场关系在立法、执法、司法及守法环节中都会有明确具体的实践表现。对政府与市场之间关系的讨论需要结合具体的时间、事件与地域来进行,包括市场经济的发展程度、是否处在危机状态之中、国际市场与国内市场的互动关系等。一些具体事件对政府与市场关系产生了较深刻的影响。传统的经济法学习惯性将自身定性为“国内经济法”,较少思考国内经济法规的域外适用方式。人类命运共同体视域之下的全球市场催生了对新的全球公共物品的需求,从传统的若干大国主导模式开始向真正意义上的各国协同模式转型,这也是对既往的以民族国家为主体的竞争格局的重塑。

政府与市场关系所依托的新语境,已经发生了从传统的经营者主体为中心到经营者行为为中心,再到市场运行环境为中心的转变。有学者注意

---

〔1〕 参见侯利阳:《市场与政府关系的法学解构》,载《中国法学》2019 年第 1 期。

到了网络数字经济时代政府与市场关系出现的新变化。[1] 市场主体与监管主体之间的界限开始模糊。平台经营者因为规模效应开始承担一定的公共职能,尤其是具有数据信息优势地位的平台经营者,其竞争行为将对市场经济安全产生直接影响。

第三节　数字社会中现代市场经济的“变”与“不变”

数字与智能的勃兴是否意味着传统经济法背后的语境世界已经发生了根本性改变?对这个问题的回答要既要看数字与智能改变了什么,又要看这些改变是根本性的还是非根本性的。

一、现代市场经济之“变”

数字化、智能化给社会经济生活带来的改变是显而易见的。数字化、智能化的全面推进是一种经济学意义上的“创造性破坏”,任何改变、进步都意味着原有利益格局需要进行再平衡。17 世纪末,英国工业革命勃兴之际,机器的大规模推广压缩了工厂的用人计划,导致工人们的生活无以为继。基于一种朴素的直觉,失业的工人将代表先进生产力的机器视为敌人,通过捣毁机器的方式抵制工业化时代的到来。这是因为工业化以及工业经济的推进重新刻画了市场的尺度,劳动力(主要是体力劳动)作为一种生产要素的价值被弱化,工人也随之沦为边缘化的群体。进入数字化、智能化的时代,按照官方的说法,“数字经济是指以数据资源作为关键生产要素、以现代信息网络作为重要载体、以信息通信技术的有效使用作为效率提升和经济结构优化的重要推动力的一系列经济活动”[2]。由此定义可知,数字经济的三大特征或曰变革表现在关键生产要素、重要载体和经济推动力上。显然,这三大特征是相对工业经济而言,而不是针对市场经济而言的。[3] 市场经济与计划经济是以经济运行机制为标准的分类,而工业经济与数字经济、农业经济的区分标准主要是经济发展所倚重的生产要素,例如,工业经济时代

---

〔1〕 参见江小涓:《网络时代的政府与市场:边界重组与秩序重构》,载吴敬琏主编:《比较》2019 年第 2 辑(总第 101 辑),中信出版集团股份有限公司 2019 年版。

〔2〕 参见国家统计局:《数字经济及其核心产业统计分类(2021)》。

〔3〕 《“十四五”数字经济发展规划》提出,“数字经济是继农业经济、工业经济之后的主要经济形态”,可知数字经济绝非对市场经济的颠覆。

最重要的资源是能源,如石油。到了信息时代,人们为了突出数据、数字的重要性,强调"数据是21世纪的石油"。新生产要素的发现意味着市场的尺度被重新刻画,市场参与者的位置亦被重新安排。具言之,这些变化主要表现在以下三个方面。

(一)数字和数据对资产与财产概念的拓展

1896年《德国民法典》第90条规定:"本法意义上的物,仅指有体物。"当时人们对财产的理解也基本上限于有一定实体的物,信息因其无体性无法构成财产。数字经济的第一个定义项即"以数据资源作为关键生产要素",暗示了数据资源也具有财产属性与生产要素属性。毫无疑问,数据资源在工业经济时代并没有受到充分重视,[1]随着数字与智能的发展,人们才逐渐意识到数据也是一种生产力。这是历史发展的必然结果。威廉·配第(1662年)时代的生产要素只包括土地和劳动力,"土地是财富之母,劳动是财富之父"。在此基础上,萨伊(1803年)发现了第三种生产要素——资本。随后的马歇尔(1890年)发现了第四种生产要素——企业家才能。数据资源作为一种新型生产要素,在当代经济生活中的参与可谓无孔不入,其是否能作为权利,其作为权利的归属、使用、收益、保护等问题已经引发学界广泛的讨论。值得强调的是,重视数据资源并不意味着前述四种生产要素不再重要,土地、劳动、资本和企业家才能仍然在经济生活中发挥着不可替代的作用。数字资源的崛起一方面稀释了其他生产要素的比重,另一方面也作为一种技术深度挖掘其他生产要素的潜力,这时候确权的问题就出现了。数字资产与数据财产权拓宽了财产的外延,丰富了财产的形式,但所有的确权问题都离不开"人—物/财产"的基本关系,所不同的是数字资产所蕴含的利益应当如何分配方为妥当。另外,传统的人身法、财产法二分结构也逐渐消解,数字、数据既具有财产法上的财产意义,很多时候又是无数条个人信息的加工物,人身权益与财产权益的交织更为明显。

(二)数据信息触发的竞争结构变革

信息天然倾向于流动,在现代数字基础设施建成以前,信息只能在小范围缓慢且有误差地传播。例如,在公元前490年的希波战争中,雅典士兵菲

---

[1] 工业经济时代已经初步注意到了数据的价值,例如企业的客户名单、电话号码簿,这些数据在当时往往作为商业秘密进行保护。

迪皮茨为了尽快传递胜利的讯息，长跑奔跑报信最终因此牺牲。在数字经济时代，万物互联互通，理论上任何消息都可以瞬时传递。但是数据资源不同于一条条分散的信息本身，正如有学者指出，我们“已由过去的依赖性利用资源与财富转向创造性利用”[1]，数据资源较之于个别的信息而言，其价值主要生成于加工阶段。在契约形式下，阿里巴巴、腾讯、字节跳动等巨型互联网平台均通过App准入收集了数以亿计的个人信息，在用户参与交易、娱乐的过程中又不断地修正平台对用户的人格画像。除了个人用户之外，企业也不得不依附平台开展竞争，公司所代表的第三极力量[2]已经出现了再度分化的趋势，信息的聚集催生了少数市场层面的“数字利维坦”，在一定程度上挑战了市场供给侧的平行竞争结构。此外，数字垄断与工业时代的垄断尚不相同，后者是封闭市场，排除潜在竞争者、中小经营者的竞争自由，而数字垄断并不直接妨碍市场竞争，而是通过搭建数字交易平台促成买卖双方的交易，并同时为交易双方提供数字金融、担保等保障性服务，反而是中小经营者不得不依附在平台的服务下开展竞争，否则就必然丢掉数量庞大的潜在消费者。在这种背景下，市场上的竞争结构也更为复杂、更为立体。

（三）市场主体的议价能力变化

工业经济催生的头部企业一方面因其对当地经济举足轻重的地位，能够获得相对于政府的议价能力；另一方面也因其占据消费者所不具备的经济优势，当其面对消费者时也有更强的议价能力。数字化形成的以数字资源为核心的分配结构必然催生新的数字强者与数字弱者，因而会形成新的议价能力格局。与工业经济时代相同，消费者和劳动者仍然是此轮技术变革中的弱者，对弱势群体予以倾斜照顾的理由继续存在。与此同时，因为公司所代表的第三极力量已经分化，一些中小经营者与非数据企业的议价能力也被数字经济所削弱，沦为新一轮变革中的信息弱者。数据资源在当今经济格局中的地位也赋予了占据大量信息的平台更强的议价能力，它们构成一国经济结构的重要结点，使各行各业的经营者与其联结。消费者也是其建立的数字市场上不可或缺的组成部分。值得注意的是，议价格局的新贵—平台，也是一种新型主体形态。

---

〔1〕参见孟勤国：《物权二元结构论——中国物权制度的理论重构》（修订版），法律出版社2020年版，第11页。

〔2〕参见邓峰：《普通公司法》，中国人民大学出版社2009年版，第1～11页。

二、现代市场经济之“不变”

上述变化可以总结为数字化、智能化重新议定了工业经济场景中各种生产要素的价值，进而改变了各种市场参与者在数字经济场景中的处境。数字与智能只是在市场经济模式中增加一些指标、一组目标、一束变量，不会从根本上触动传统经济法背后的语境。政府与市场的关系仍然是经济法理论的主线。虽然数字与智能的勃兴深刻改变了市场的运作，但是财产权保护、契约、竞争与宏观调控无一例外地仍将是政府与市场关系的支点。交易形式的改变也不会触动交易的本质，农业经济时代的“一把斧头换两头羊”、工业经济时代的“一手交钱、一手交物”与进入数字经济后的在线购物、移动支付没有质的区别，有的只是法律所调整的“素材”的创新。如前所述，法律世界中的所有问题都是人的问题，工业化时代的核心问题是防止劳动者、消费者等弱势群体的边缘化，数字化、智能化时代这些问题非但没有消失，反而以一种新的形式继续存在；此外，数字化、智能化也催生了新的数字强者和数字弱者。旧有的问题与新问题交织在一起，但其主要面向并未发生根本性的改变，其核心问题始终是如何防止主体性的衰落与人的边缘化，在不同的经济场景中发现并实现人的价值。

“人之为人，其自身系属目的，不得仅以目的使用之。”[1]梅因所谓近代法制史的演进是一个从身份到契约的过程，也是一个人的主体性被不断发现的过程。奴隶制时代的罗马法并不承认普遍的人格，罗马法要求同时具有自由权、市民权和家族权三者才可以享有全部人格，相应地，丧失自由权即沦为法律上的客体——奴隶。[2] 古典市场经济的兴起为人们送来了自由平等，个人被假定为“具有充分理性和意思、自律性开拓自己命运的经济人”，[3]同时近代民法也通过所有权绝对、契约自由和自己责任最大限度地支持主体个性的挖掘。到了生产社会化的工业时代，消费者的主体性首先受到冲击。假货泛滥、虚假宣传等不正当竞争行为、市场欺诈行为使消费者降格为“猎物”，消费者的权利也在契约自由的掩盖下黯然失色。为此，1962年3月15日，美国《关于保护消费者利益的总统特别国情咨文》确认消费者

---

〔1〕 德国哲学家康德语，转引自王泽鉴：《民法总则》，北京大学出版社2017年版，第28页。

〔2〕 参见张绍欣：《法律位格、法律主体与人工智能的法律地位》，载《现代法学》2019年第4期。

〔3〕 参见［日］星野英一：《私法中的人》，王闯译，中国法制出版社2004年版。

享有四项权利:有权获得安全保障;有权获得正确资料;有权自由决定选择;有权提出消费意见。与此同时,劳动者的主体地位也未能幸免。早在市场经济发轫之际,英国通过劳工法规惩罚流浪汉,满足资本家对劳动力的需求,[1]"迫使被剥夺了土地的农民到资本家的工厂做工,建立强制性劳动关系"[2],以此促进资本主义的迅速发展。随着劳资冲突愈演愈烈,劳动者问题的大规模出现促使人们不得不重新思考古典市场经济的假设,掩藏在政治权利平等旗帜下的经济不平等问题逐渐浮出水面,成为政治、法学诸领域不得不仔细思考的命题。

财富、资源的聚集打破了市场参与者的可互换性,消费者、劳动者等弱势群体的身份再一次被锁定、被边缘化。为了防止不平等变得天经地义,法律通过消费者的法律主体化、权利主权化、保护组织化与公益化来设计消费者问题的解决方案。针对劳动者问题,各国也基本上倾向于对劳动者进行特殊保护,例如,我国《劳动合同法》第 1 条规定,"为了……保护劳动者的合法权益……"在表述上放弃了合同法平等保护合同双方的传统,强调对劳动者的单方保护。由上可知,主体性的衰落与人的边缘化是传统经济法的中心议题。那么数字与智能的兴起是否会改变这一局面呢?我们认为,防止人的边缘化并不会发生根本性改变,只不过数字与智能的兴起使边缘化的方式、手段更为隐蔽,在数字经济时代,这一问题会以新的面向呈现出来,为了接近理想形态,经济立法方案也需要适时调整。

第四节　超大规模市场结构对经济法实施的影响

国家之间的差异体现在领土规模、自然气候、地形资源等多个方面。传统经济法研究中的文化研究、文本研究和比较研究等方法,较少分析国家规模与法律实施方式与效果之间的关联,是经济法学研究结论同质化的影响因素之一。民族国家经济立法的首要动机在于解决本国市场环境中的现实问题与矛盾,因此各国的经济法律环境会存在较大差异。麦金德认为地方

[1] 参见章辉:《劳动监察制度的生成逻辑及其功能》,载《合肥工业大学学报(社会科学版)》2009 年第 6 期。

[2] 参见全承相:《世界劳动立法发展的历史轨迹与动态趋势》,载《财苑(湖南财经高等专科学校学报)》1998 年第 4 期。

政治建立在当地的自然特征基础之上。[1] 国家建构的路径通常具有地域特色,否则国家之间的差异便不复存在。在民族国家疆域区分的自然状态下,法律实施的空间是有界空间,[2]疆域内通常便是实施者的权力范围。[3] 在此基础上,各国法律原则上在本国有适用效力,这就决定了各国立法者所能调动的资源规模是有差异的。地理空间范畴并不是抽象的,法和具体的地理位置和地理范围有关。[4] 福山认为,国家权力是领土性的,而不以亲戚关系为基础。[5] 传统的法学研究较为关注法律本身的技术性规定,而较少关注各国不同的国家规模、自然地理结构等国情因素对法律实施效果的具体影响。纯粹脱离国家差异性的法律研究成果的对策建议功能较弱。有学者认为一国法律的形成永远与自然地理环境相伴而生。[6] 我国市场的超大规模性同时伴随单一制国家结构形式、中央集权传统及区域间发展不均衡等现实国情特点。在超大规模市场中,不同区域的资源禀赋差异客观存在。我国的立法、执法、司法和守法也存在地域差异的痕迹。[7] 在整体资源有限性的约束条件下,国家在同一时间段内按照同一标准实现区域均衡发展的目标并不切合实际。苏永钦教授认为,经济法的理念偏重国家经济整体的正确性,对因地制宜的需求较大。[8] 我国经济法现象的产生具有自己独特的时空逻辑,这就注定了我国经济法的实施难以遵循其他国家的既有模式。结合我国的实际而言,经济法在实施过程中需要解决基于超大领土规模而产生的特殊问题,包括如何降低治理成本和协调多元化利益。经济法在实施过程中以实现市场法治一体化为目标。超大市场规模是我国经济发展所依托的优势,发掘超大规模市场的内生潜力,降低超大规模带来的发展成本

〔1〕 参见[英]哈·麦金德:《历史的地理枢纽》,林尔蔚、陈江译,商务印书馆 2010 年版,第 44 页。

〔2〕 参见[美]保罗·卡恩:《法律的文化研究》,康向宇译,中国政法大学出版社 2018 年版,第 117 页。

〔3〕 参见[美]约拉姆·巴泽尔(Yoram Barzel):《国家理论——经济权利、法律权利与国家范围》,钱勇、曾咏梅译,上海财经大学出版社 2006 年版,第 7 页。

〔4〕 参见[法]孟德斯鸠:《论法的精神》,祝晓辉、刘宇飞、卢晓菲译,北京理工大学出版社 2018 年版,第 11 页。

〔5〕 参见[美]弗朗西斯·福山:《政治秩序的起源:从前人类时代到法国大革命》,毛俊杰译,广西师范大学出版社 2012 年版,第 79 页。

〔6〕 参见张本顺:《自然地理环境视野下的中西法律传统——以地形、土壤与气候为中心》,载《西部法学评论》2013 年第 6 期。

〔7〕 参见泮伟江:《如何理解中国的超大规模性》,载《读书》2019 年第 5 期。

〔8〕 参见张世明:《经济法学理论演变原论》,中国人民大学出版社 2019 年版,第 382 页。

是经济法在实施过程中的目标之一。

一、在超大规模市场环境中讨论经济法实施问题的必要性

法律是人类有意识地利用时空中的资源达成自己目的的一整套规则。[1] 物理层面的国土规模是国家发展的前提条件,也是法律制度实施的具体环境。有学者认为,自然地理差异及由此而来的历史路径依赖差异,是理解宪制演化的最重要前提。[2] 国家规模差异造就了不同的国家发展模式。例如,美国宪法的制定者认为希腊城邦的国土面积和人口数量有限,不可能为面积广袤的美国提供有效参考。[3] 领土规模会影响国家的经济增长结果、国体政体的组织形式等。制度层面的市场规模与物理层面国家规模的含义并不相同。主要表现为:第一,超大规模市场意味着一国市场一体化程度较高。有学者认为,从大国到大市场还需要空间集聚发展和市场整合的必要条件,[4]内部板块化的市场结构注定无法形成规模合力。第二,超大规模市场内部的资源分配差序格局中,中心区域对边缘区域的辐射能力较强。第三,超大规模市场中公共经济符号的完备性。诺思认为,国家通过提供统一的度量衡规格、鼓励生产和贸易的产权、解决争端的司法制度和履行合同的实施程序等以降低市场交易费用。[5] 板块化的封闭经济单元并不能自动聚合为超大规模市场,在超大规模市场中必然存在一个在资源分配中起到主导作用的权威主体。除此之外,有学者认为,中国的超大规模不仅是个地理概念,同时涉及多元的族群、宗教、文化、政治体制。[6] 不管从何种角度定义,超大规模市场都意味着多样性和复杂性,要投入更多的成本来维护一体化。

(一)经济法现象历史语境区分与市场规模差异的联系

经济法现象生成的历史语境包括战争语境、危机语境、垄断语境、集权

---

〔1〕 参见张世明:《中国大国空间特性的新历史法学透视》,载《中州学刊》2013 年第 5 期。

〔2〕 参见王恒:《边疆与英国宪制的生成》,载《法律和社会科学》2014 年第 2 期。

〔3〕 参见[美]拉塞尔·柯克:《美国秩序的根基》,张大军译,江苏凤凰文艺出版社 2018 年版,第 55 页。

〔4〕 参见陆铭、钟辉勇:《大国发展:地理的政治经济学分析》,载汪丁丁主编:《新政治经济学评论》,上海人民出版社 2015 年版。

〔5〕 参见[美]道格拉斯·C. 诺思:《经济史上的结构和变革》,厉以平译,商务印书馆 1992 年版,第 51 页。

〔6〕 参见翟志勇:《一个超大规模的社会主义国家的宪制如何可能》,载《探索与争鸣》2018 年第 6 期。

语境与发展语境等,不同语境体现的是各国市场规模的差异性。

1. 战时经济法的制定与市场规模的关系

德国战时经济统制法的制定背景和当时德国本国狭小的市场空间有关。第一次世界大战前的德国既是一个领土规模上的小国,又是一个市场规模上的小国。德国的海外殖民地规模较小,因此德国向殖民地移民的数量也是极其有限的。狭小市场的规模导致了战略资源集中化的需求,国家对经济干预的程度也随之加深。德国在统一之前还是一个工业尚不发达的国家,德国生产能力的提高与销售市场的狭小之间存在矛盾,因此德国选择了军事征服的方式扩展其市场规模。"出路在于借助大规模重整军备与兴建公共工程,首先在某种程度上暂时为德国开拓国内销售市场,然后再以制造的武器为手段,最终为德国开辟国外销售市场。"[1]拉德布鲁赫认为,第一次世界大战将德国的国内经济与世界经济隔离,个人的经济活动在狭小的国内市场中受到国家的干预,在这种情况下经济法就诞生了。[2]

2. 经济危机时期的经济法与市场规模的关联

总体而言,国家在经济危机时期需要扩大市场规模以刺激内需,但与此同时也要采取措施防止风险扩散。随着交通和通信技术的发展,区域市场间的边界和壁垒逐渐模糊,但也会造成不同监管主体之间的权责重叠。统一的国家监管主体对于抑制危机风险的进一步扩散具有重要作用。美国证券监管从以地方州政府为主导的"蓝天法"监管,到以联邦政府为主导的《证券法》监管,体现了证券市场规模变化对立法模式的具体影响。一体化的市场同时也为风险的扩散带来了快速通道。例如,证券市场的欺诈风险从州内部蔓延到州的边界,再传递至全国市场,市场危机随着市场规模的扩大而不断拓展。在公共卫生事件暴发后,地方政府之间主动采取的封锁边界的行为防止传染疾病的进一步扩散,在迅速阻却风险扩散的同时也影响了市场要素的自由流动。在此时,需要国家干预力量的介入以保证市场回归统一性。

3. 反垄断法立法需求与市场规模变动的关联

现代民族国家的竞争体现为市场规模的竞争。市场规模的拓展也体现

---

〔1〕 参见[法]夏尔·贝特兰:《纳粹德国经济史》,刘法智、杨燕怡译,商务印书馆1990年版,第16页。

〔2〕 参见[德]拉德布鲁赫:《法学导论》,米健译,法律出版社2012年版,第91~92页。

为“建立统一的经济区取决于建立统一的法律实施区”[1]。反垄断法的立法需求和市场规模的不断拓展有关。南北战争后,美国的铁路建设向西部和南部不断延伸,全国性的商业活动范围不断拓展,这些地区的农民也受到大型铁路公司随意定价的盘剥。[2] 美国国内市场规模的不断扩大使州际贸易的频率越来越高,由宪法赋予国会规制州际贸易权的条款被屡次激活,常伴随最高法院的判决而赋予联邦政府以更加广泛的经济干预权。与此同时,市场规模的拓展也为预防垄断行为的发生提供缓冲空间,超大规模市场意味着更多的交易机会,市场份额分配相对分散,因此经营者获得市场支配地位的难度相对较大。但小规模市场国家希望利用国家集中资源的方式做大企业规模以提高国际竞争力,由此对反垄断的需求并不如大规模市场国家迫切。日本明治维新时期,政府为了赶超发达资本主义国家而采取殖产兴业政策,国家通过高强度的干预政策人为创造资本和市场,并制定了一系列的保护产业性质的法律,突出的特点就是通过卡特尔组织限制竞争。[3] 但随着企业规模的不断扩大,跨国市场开始产生,超国家群体成为组织市场的新型主体,因此要求不同国家的竞争法开始进行调整与统一。世界性的竞争法随着国际市场群体的形成而显得尤为必要。经济法语境中的市场概念也从拟制回归到了具体的经济生活。

(二)经济法实施方式与市场规模之间的关联

奥尔森和汉森认为一国的法治水平与其国家规模存在负相关性。[4] 大型经济体主要通过增加公共支出刺激内需。[5] 因此在大规模市场中需要有力的权威和资源分配主体才能够保证市场秩序的基本稳定。

1. 经济法的体系构成与表现形式

学术界对经济法的分类方法包括市场规制法和宏观调控法、一般经济

---

[1] 参见[法]居伊·施朗斯、阿莱克西·雅克曼:《经济法》,宇泉译,商务印书馆1997年版,第40页。

[2] 参见[美]查里斯·R.吉斯特:《美国垄断史——帝国的缔造者和他们的敌人(从杰伊·古尔德到比尔·盖茨)》,傅浩、钱钢等译,经济科学出版社2004年版,第16页。

[3] 参见[日]丹宗昭信、伊从宽:《经济法总论》,吉田庆子译,中国法制出版社2010年版,第243~244页。

[4] See Olsson, Ola & Hansson, Gustav, *Country Size and the Rule of Law: Resuscitating Montesquieu*, European Economic Review, Elsevier, Vol. 55:5, p. 613–629(2011).

[5] 参见[法]奥尔法·阿卢伊尼:《国家规模、增长和货币联盟》,汤凌霄、陈彬等译,格致出版社、上海人民出版社2020年版,第175页。

法和特别经济法。经济法是以单行法构成的法群形式存在的,但法律体系内部各部分构成比例并不是均分的。市场规模对经济法内部体系构成的具体影响体现在经济立法的侧重点不同。超大规模市场国家的经济部门、资源种类较为全面,因此经济立法体系较为多元和庞杂,而较小规模市场国家的产业结构与能源结构不具有全面性,其经济立法的重点领域较为清晰。

较小规模市场国家中的科层制管理模式相对简单,经济部门相较于超大规模市场国家较为单一,其经济发展往往依赖于特定的产业或者企业,因此这些国家的特别经济立法较为全面,主要包括中小企业促进法、金融法、涉外经济法等。而超大规模市场国家需要解决更为复杂的央地关系问题、多层次群体的收入分配问题、多元化的资源开发利用问题等,因此这些国家经济法体系中的财税法、行业管理类经济法、竞争法的重要性更为突出。最为典型的差异就是我国和日本的中小企业立法的形式区分。我国对中小企业的法律保护体系主要是围绕《宪法》中的非公有制经济条款来展开,对中小企业支持促进的规范散见于各部门法中。而日本中小企业立法体系较为完整,原因在于日本的国土面积较为狭小,中小企业经营范围有限,抗击风险能力较弱,因此需要政府对中小企业发展给予整体的支持促进。超大规模国家的内部资源较为丰富,国家通常利用国有资本介入重点资源领域,保证国家的财政汲取能力,因此行业管理类经济法主要采取有限准入的形式。在小规模市场国家形成社会共识的难度较低,可以用较为集中的立法形式对资源进行有效配置。超大规模国家的资源配置需要借助更为复杂的法律体系,不能完全依赖纯粹的法典化调整。小规模市场国家市场交易的地域集中度会更高,监管资源可以向局部集中,甚至单一的监管主体就可以满足监管需求。而大规模市场国家的内部循环特征较为明显,这些国家的法律体系通常追求用稳定的法律体系化解不确定性风险,对创新可能采取相对保守的态度,更加倾向于长期稳定的产业政策。

2. 超大市场规模国家的经济法域外适用模式

竞争法虽然是国内法,却具有跨国性。[1] 我国《反垄断法》第 2 条规定了域外适用的情形,《证券法》第 2 条第 4 款规定:“在中华人民共和国境外

---

〔1〕 参见张世明、宓茜:《秩序出于喧闹:中国反垄断法制定过程的内外互动互制》,载《内蒙古师范大学学报(哲学社会科学版)》2014 年第 4 期。

的证券发行和交易活动，扰乱中华人民共和国境内市场秩序，损害境内投资者合法权益的，依照本法有关规定处理并追究法律责任。”法律域外适用的需求和市场规模扩大有关，有助于将本国话语体系传递到全球法律市场，参与国际规则竞争。域外适用的基本前提在于全球经济一体化的进程大大加快，本国市场与国际市场之间的混同化趋势加强，一国市场规模在全球相关市场中的份额被重点关注。小规模市场国家对外贸易依附性较强，自身发展路径的选择与国家增长前景容易受到国际局势影响，因此，小规模市场国家的经济法律体系具有多变性与主动适应性，与国际经贸规则的对接意愿更加强烈。除此之外，小规模市场国家所处的地理环境也影响了其法律体系的结构。小规模市场国家通常邻国众多、处于大陆的边缘地带，多为半岛国家或者岛国，国内消费需求规模有限或者自然资源匮乏，多倾向于发展旅游业、金融业、互联网产业等。例如2008年国际金融危机发生前的冰岛，其经济结构就呈现出经济金融化的特征。[1] 为发展这类产业，这些国家的经济法律法规对风险持相对包容的态度，国际化的水平也更高。大规模市场国家的资源多元化特征较为明显，但需要在经济立法对资源产权予以确认的前提下，才能够满足经济增长的需求。小规模市场国家的风险主要源自战略纵深空间的有限性，而超大规模市场国家的风险则主要来自内部结构的不稳定性。小规模市场国家为抵御风险更多选择的是主动适应国际市场，对国外资本持较为开放的态度。而超大规模国家为了降低治理成本可能带来的风险，会利用体量优势稀释既有风险，通过试点机制稀释改革中形成的风险，建立区域之间互补的保险机制。沈联涛便认为，中国庞大的市场规模提供了特别的风险对冲或机会。[2]

3. 超大规模市场国家中自律监管与他律监管的关系

自律监管是一种市场交易驱动型的管理模式，自律管理措施具有行业个性化和地域化的特点，其监管效力源自市场主体之间的信任和了解。自律管理组织的内部成员在地理空间上较为接近，在信息不发达时代沟通成本较低，在此基础上达成共识的概率也相对较大，管理成本也更低。有学者

---

〔1〕 参见忻华：《解读冰岛金融危机：演进历程、结构特征与形成机理》，载《世界经济研究》2009年第6期。

〔2〕 参见［马］沈联涛：《十年轮回：从亚洲到全球的金融危机》，杨宇光、刘敬国译，上海远东出版社2009年版，第250页。

认为,行会一般限定在特定的区域内发挥其职能,在履行跨区域的任务时需要建立暂时性或者持续性的联盟才能够实现。[1] 纯粹依靠市场自发力量建构跨区域统一联盟的成本相对较大,自律管理通常被限定在较小的区域内才能发挥最佳作用,在这种情况下小规模团体内的信息传递成本更低。奥尔森认为,集团越大,就越不可能增进公共利益。[2] 在较大规模国家中,影响政府所需要的资源比小规模国家要多得多。在较小的管辖区域内,每个人会更多地参加集体行动。[3] 但这并不意味着超大规模市场国家与自律管理模式相排斥,相反大规模市场内具有较为丰富而多元的地方参与因素。大规模市场国家有可能在部分地区或者特定行业内实行较为有效的自律管理,但完全实现私人监管的难度较大。

二、我国经济法实施过程中的地域差异性及其问题梳理

国家规模既可以转化为制度发展的优势,同样又会带来协同治理成本。经济法产生于"大规模市场的形成 + 高度发达的工业化"的时代背景之中,与传统的民法、刑法存在本质上的不同。民法与刑法调整的多为变动性较小的社会关系领域,主体间权利义务关系和守法预期受到区域差异的影响相对较小。经济法的实施效力和各地方市场的发展水平及市场规模有着较为密切的关系。大国为了实现富强和均衡发展,需要将资源集中并有规划地使用,才能够实现市场调节所无法单独实现的保障功能。由此,大国的中央政府通常具有积极干预的利益动机,大国的中央政府也具有扩张职能和机构的可能性,并倾向于对地方政府活动进行干预。我国在新中国成立之初也采取了"统收统支"的财政集权模式,其目的也在于集中稀缺的公共资源投入重点建设领域。不同市场规模的国家在经济发展过程中的价值目标排序存在区别,超大规模国家在增长之外也要处理好平衡与稳定的关系。

(一)经济治理资源分配的核心区与非核心区差异

超大市场内部地域资源禀赋差异会引发发展不均衡,导致竞争政策、税

〔1〕 参见[德]弗里茨·里特纳、迈因哈德·德雷埃尔:《欧洲与德国经济法》,张学哲译,法律出版社 2016 年版,第 276 页。

〔2〕 参见[美]曼瑟尔·奥尔森:《集体行动的逻辑》,陈郁、郭宇峰、李崇新译,上海人民出版社 1995 年版,第 30 页。

〔3〕 参见[美]曼瑟尔·奥尔森:《国家的兴衰:经济增长、滞胀和社会僵化》,李增刚译,上海人民出版社 2018 年版,第 39 页。

收优惠政策等经济法中的政策工具在地域间的适用不统一。

核心区与非核心区的差异体现在经济实力、监管资源及法治实施水平等方面。能否将非核心区的市场潜力充分发掘，取决于一国市场规模的拓展程度。《优化营商环境条例》第 20 条规定国家实行全国统一的市场准入负面清单制度，并且各地区、各部门不得另行制定市场准入性质的负面清单。[1] 由此可见，市场要素的自由流动是统一市场形成的前提。市场准入许可权只能是统一的，不能随着地域变化而重新设置。

“发挥市场在资源配置中的决定性作用”是处理政府与市场关系的基础，但这一要求在不同行业和不同地区会有不同体现。因为发展资源的有限性，国家发展的重点领域呈现出时间阶段上的规划性安排特征。事关国民经济发展的各类区域性规划或者中长期规划，体现了经济资源布局中的次序性选择。主体功能区的划分过程涉及地方发展利益与中央规划利益之间的冲突。各地政府的财力与管理能力的差异，会造成经济法在不同地区适用力度的差异，经营者的营商成本与违法成本也会由此产生较大差异，国内市场会产生一些碎片化的现象。

我们认为，经济发展过程中核心区与边缘区的进一步分化，会因为市场准入规则和监管标准的不统一，出现监管套利和发展不公平等不利后果。其解决办法可以选择通过区域性的政策安排来实现经济政策资源配置的均衡与协调。

（二）经济法执法能力的区域不均衡

以反垄断执法为例，我国反垄断执法监管资源供给与监管需求之间存在不匹配现象。市场规模越大意味着偶然性风险、突发性事件的概率增大。不同监管资源又是相对稀缺的，因此需要对有限的政策资源进行分配，这可能会造成监管资源在不同地区、不同层级政府间的不均衡分布。复杂多变的交易情况给政府监管带来较高的识别与调查成本。

有学者分析了我国法治政府建设过程中的地区化差异。[2] 地区间执法能力的差异源自执法资源的总体有限性与密度分布的不均衡性。通常来说，城市街头空间中的执法权密集程度一般要高于乡村空间，[3] 这是基于乡

---

〔1〕 参见《优化营商环境条例》第 20 条。

〔2〕 参见王青斌、高晨辉：《法治政府建设的地区化差异》，载《中国司法》2020 年第 12 期。

〔3〕 参见陈柏峰：《乡村基层执法的空间制约与机制再造》，载《法学研究》2020 年第 2 期。

村地区较为分散的生产生活环境所导致的监管半径相对较长与监管资源相对不足的原因所形成,因为地方监管能力往往与地方政府财力相关。[1] 市场经济规则的统一性依托于执法标准的统一、执法编制的充实及执法专业化水平的提高,市场执法中的地方烙印影响了执法活动的威慑力和公信力。我国是地域辽阔、人口众多的超大规模国家,中央层面的监管难以实现所有环节的全覆盖,因此市场执法实际上又被分解为地方性、区域性的闭环规则供给模式。有学者认为,地方政府在税收执法时就具有一定的"自由裁量权"。[2] 基于属地原则而建构的市场执法模式虽然可以缓解因行政级别分层而产生的信息不对称问题,但该模式忽略了区域间执法能力差异对法律实施效果的改善。除此之外,市场交易活动通常是跨区域的,这就增加了经营者跨区域交易的成本。例如,区域之间的监管力度、准入标准的差异客观存在,造成了市场交易制度成本的差异。在超大规模市场环境中,中央层面的监管机构进行执法标准统一化的成本较高,若要实现执法能力的改善就必然要选择中央与地方之间的监管分工与授权。在税收执法、反垄断执法、食品安全执法、生态环境执法等领域,行政执法活动的行政边界差异客观存在,会导致政策适用的区域差异,进而导致各地营商环境的区别。而营商环境差异形成的地方信用与声誉评价具有不可逆性。为解决执法能力区域不均衡导致的市场板块化现象,地方政府间的跨区域的监管协作开始出现。例如《长江三角洲区域一体化发展规划纲要》提出,"坚决破除制约一体化发展的行政壁垒和体制机制障碍,建立统一规范的制度体系"。但是现有的跨区域合作仍然是以行政区划或者经济带的毗邻为基础的,而且存在合而不协的现象。

(三)经济法司法实施的统一示范效应存在缺陷

司法裁判对公平竞争市场环境具有维护和指引作用。我国不同区域之间的经济法相关案例数量呈现不均衡分布的特点,不仅缺少经济法相关指导案例,且形成指导案例的难度也较大。建立在传统行政区划基础之上的法院审判体系,也使各地法院、各层级法院在审理具有专业性的市场经济纠

---

〔1〕 参见刘亚平:《中国式"监管国家"的问题与反思:以食品安全为例》,载《政治学研究》2011年第2期。

〔2〕 参见邓明:《经济集聚如何影响了中国地方政府的税收执法强度》,载《财政研究》2018年第3期。

纷时的解释角度不同。传统民事诉讼管辖中的管辖制度也容易造成审判中的“主客场”现象。在司法领域中，中央对法律解释资源的集中供应难以满足地方职能机关的释法需求。[1] 超大市场规模国家中的不同市场发展水平，会造成市场主体权利意识的差异。司法审判水平的区域差异而导致的“同案不同判”现象使经济法适用标准不一致，进而会对市场主体的行为及预期发生指向性作用。其解决办法之一是将区域审判能力差异通过专业化法院、集中审判的方式来予以一定的纾解。例如《最高人民法院关于为改善营商环境提供司法保障的若干意见》提及了金融审判、知识产权审判领域的专门法院建设工作，目的在于探索与行政区划相分离的司法管辖制度。

第五节　突发性公共卫生事件中政府与市场关系的法治化路径

一、突发性公共卫生事件中的市场规制措施

依照《突发事件应对法》第 3 条的规定，突发性公共卫生事件是指突然发生的、造成或者可能造成严重社会危害的公共卫生事件。“突发性”意味着事件爆发的时间和地点存在不确定性，需要各类主体事先采取预警机制降低风险的危害性程度。“公共性”意味着事件对不特定的群体造成危害，私人无法单独成为抵御风险的主体。“严重的社会危害性”意味着突发性公共卫生事件对总体安全带来的负面影响，这也是政府采取规制措施的原因。人类历史上的重大传染性疾病通常会造成经济总量下降和衰退的后果。在突发性公共卫生事件中，尤以“人传人”式的重大传染疾病威胁最甚。为遏制传染病的蔓延，国家通常采取保持社交距离等物理层面的隔断措施，人员的自由流动权和经营者的营业自由权会受到必要限制，进而导致物理层面的隔离措施与市场经济所需要的高度流动性之间存在根本冲突。突发性公共卫生事件会对市场主体造成直接恐慌，进而引发物资挤兑、价格总水平异常波动和经济低迷等连锁反应。突发性公共卫生事件造成的经济风险相比金融危机更具有广泛性，国家需要采取综合性的市场规制措施来应对危机。

（一）综合性市场规制机制：基于现行立法规定的检视

在突发性公共卫生事件中，由公权力机构提供的应急管理措施具有公

---

[1] 参见聂友伦：《司法解释场域的“央地矛盾”及其纾解——以“地方释法”为中心的分析》，载《法律科学》2021 年第 1 期。

共产品的属性。当发生重大灾难时，政府“迅速介入”体现了行政绩效的重要性，但并非意味着可以忽略干预的合法程序，也并非可以降低监管的专业化和精细化程度。我国是一个超大规模国家，地方政府的治理是解决大多数社会经济问题的起点。突发性事件的防控需要依靠地方政府的积极介入与配合，因此，《突发事件应对法》中风险防控的基本模式采取“属地原则”。由于超大规模国家具有人员流动性大等特点，各地防控和监管措施趋向于以高度一致性来全面抵御风险。应对风险的监管资源建立在高效的社会动员机制之上，无法由单一机构、部门乃至单行法自行调节。综合性的市场干预机制需要理顺部门法规范之间的关系，尽量避免法律规范之间的相互冲突。综合性的国家干预方式包括政策与法律的结合、中央政府与地方政府的协作式监管、不同部门法之间的协调。具体如表 3－12－1 所示。

表 3－12－1 突发性公共卫生事件中的综合性国家干预机制

国家干预机制	有关规定
政策与法律的配合	《价格法》《反垄断法》中的相关规定 《市场监管总局关于坚决维护防疫用品市场价格秩序的公告》 《市场监管总局关于支持疫情防控和复工复产反垄断执法的公告》
中央与地方的协作	《山东省经营者反垄断合规指引》《山东省行业协会反垄断合规指引》
单行法之间的协同	《突发事件应对法》《传染病防治法》《消费者权益保护法》《反垄断法》《价格法》中的应急管理类规范

在危机暴发时，由中央政府制定的应急性政策能够起到及时抑制社会恐慌的作用，地方政府的协调配合的功能在于保持政策的稳定性。但是单行法之间的法规协调配合在危机暴发初期有一定的滞后性，其功能也随之被忽略。应急管理类单行法中也有一定数量的“经济规制类”条款，他们和经济法单行法中的相关条款之间是否存在对应关系？我们以《突发事件应对法》为例进行了梳理与比较，如表 3－12－2 所示。

表 3 - 12 - 2　《突发事件应对法》中的经济型应急管理条款与其他法中同类型条款的比较

应急管理类条款	其他经济法中的相关对应条款
《突发事件应对法》第 32 条规定:“国家建立健全应急物资储备保障制度……”	《价格法》第 27 条规定:“政府可以建立重要商品储备制度,设立价格调节基金,调控价格,稳定市场。” 《农业法》第 34 条规定的“粮食储备调节制度”
《突发事件应对法》第 35 条规定:“……建立国家财政支持的巨灾风险保险体系……”	《保险法》中并没有专门的“巨灾保险”规定。 《农业保险条例》第 8 条规定:“国家建立财政支持的农业保险大灾风险分散机制……”
《突发事件应对法》第 49 条第 8 项规定:“依法从严惩处囤积居奇、哄抬物价、制假售假等扰乱市场秩序的行为,稳定市场价格,维护市场秩序”	《价格法》第 39 条、第 40 条的法律责任条款
《突发事件应对法》第 51 条规定:“……保障、控制等必要的应急措施,保障人民群众的基本生活需要,最大限度地减轻突发事件的影响”	《价格法》第 27 条规定:“政府可以建立重要商品储备制度,设立价格调节基金,调控价格,稳定市场。” 《价格法》第 31 条规定:“当市场价格总水平出现剧烈波动等异常状态时,国务院可以在全国范围内或者部分区域内采取临时集中定价权限、部分或者全面冻结价格的紧急措施”

由表 3 - 12 - 2 可见,《突发事件应对法》中的市场规制类措施主要包括物资储备保障体系的建构、巨灾保险、价格调控行为等。这些规制措施在《价格法》《农业法》等经济法单行法中也有体现。《价格法》第 1 条有“稳定市场价格总水平”及“保护消费者和经营者的合法权益”的表述。我们认为,《突发事件应对法》中的突发性公共卫生事件属于《价格法》中的“价格剧烈波动异常状态”,此时的国家临时性价格干预措施具有一定的合理性。但是,现实世界中的危机远比法律中规定的情况更为复杂。市场恐慌的原因并非完全来自价格的波动和暂时性的产能不足,也来自因不实信息或者信息不对称而导致的非理性“挤兑行为”。抵御市场风险不能仅靠临时性的惩

罚措施,还需要建立完善且科学的市场风险预警机制。经济法作为调节政府与市场经济关系的重要法律部门,在应对突发性公共卫生事件中需要发挥重要作用。我们认为,突发事件对市场秩序的影响并非只有价格问题,还包括消费者权益保护、产品质量、竞争秩序等多种问题。有学者认为,现行的战略物资储备问题在于立法分散、立法层级不高、内容陈旧以及存在相互冲突。[1] 一些部门法中的规范在形式上具有"孤立性",例如,《突发事件应对法》中规定的"巨灾保险"制度在《保险法》及其他相关的经济法单行法中并没有与之对应的规范。此外,现行法中关于市场风险预警和监测的条款较为笼统和模糊,需要制定更加细化的实施办法辅助实施。各种临时性的应急干预政策是当时抵御市场风险的主要形式,由此带来的过度干预风险无法自我进行排除。

（二）综合性市场干预方式的精细化进路:比例原则和时间节点的协调

精细化的干预需要监管资源与监管能力的匹配。紧急状态并非意味着国家干预对市场调节机制的完全替代,也绝非可以完全牺牲监管成本与监管绩效来达到以政府目的为中心的单一监管目标。粗放式的政府干预模式通常体现为"一刀切"式的监管和纯粹依靠强制措施的威慑性监管等。粗放式的政府干预与行政法中的比例原则精神相悖,缺少对监管绩效和社会成本的考量。有学者认为,证券监管中的"威慑式执法策略"并不能带来理想的监管效果。[2] 以公共安全为理由的过度管控行为挤占了市场调节的空间,也容易让受调制主体形成较强的管制依赖性。经济法中的国家干预手段需要符合调制绩效原则,以较少的监管成本、合适的干预力度换取最佳的监管效果。"精明的监管"(smart regulation)对监管工具和监管程序提出了较高要求。《突发事件应对法》中风险分级制度的目的在于区分国家干预的不同程度,体现监管精细化的需求。以价格监管为例,价格不仅能起到信号作用,也能反映市场参与主体之间的相互关系。在紧急状态下,因为正常的经济规律而形成的价格波动具有一定的合理性。经营者价格公平的目标在突发性事件中也应当有两个方面:一是价格监管主体对经营主体定价自由的必要限制;二是保证消费者的财产权免于明显过度的侵害。过度的价格

---

〔1〕 参见肖京:《国家安全视角下的战略物资储备立法完善》,载《中州学刊》2016 年第 11 期。
〔2〕 参见张红:《走向"精明"的证券监管》,载《中国法学》2017 年第 6 期。

管制措施也会导致产能的短缺,进而影响防疫物资的供应,因此,价格管制措施必须受到比例原则的限制。根据《价格法》规定,经营者定价需要依据成本与供求关系。在突发性公共卫生事件中,价格波动的原因不能一概而论。在突发性公共卫生事件期间,产能不足和需求激增之间的供求不平衡是价格剧烈波动的主要原因。在稳步恢复产能基础上防止物资的挤兑是维持物价稳定的必要举措,而防止资源挤兑需要依靠透明信息、通畅物流以及充足储备。比例原则是公法学说和实践中常见的审查立法和政府行为合理性的方法。[1] 时间观念决定了国家干预的时机。[2] 比例原则要求以最少的侵害取得最科学的干预结果。国家干预需要根据不同的时间段实施精准的干预措施,具体可分为预警阶段、全面暴发阶段、衰退阶段。在不同的阶段,国家干预有不同的侧重点和力度,国家干预对市场调节的介入程度存在区别。

二、突发性公共卫生事件预警阶段的政府抵御风险职责

抵御风险是宪法中的国家任务。[3] 国家信用、监管资源以及社会动员能力是抵御风险的基础石。也有学者对我国现行突发公共卫生事件预警机制的待完善的方面进行了具体评析。[4] 我们认为预警机制不能仅在公共卫生法治领域中体现,也应当在经济法规范中体现。风险产生之前的预警资金保障、权责分配等环节应该被纳入广义的预警体系之中。突发性公共卫生事件对经济安全的威胁,表现为市场秩序风险和各级政府的财政收支风险,会放大地方各级政府在处理积累与消费关系中的既有缺陷。由于突发性公共卫生事件暴发的地点、时间、概率具有较大的突发性,地方政府在预算中保留相应预算比例的主动性会受到影响,尤其是经济欠发达地区的基层财政通常会面临更多的压力。预警就是应对风险的各项储备,而“增产节约”便是实现储备的基本理念。具体而言,各级政府应当合理筹划预算收支活动和建构战略物资的储备体系。《宪法》第 14 条第 2 款和第 3 款便有“厉

---

〔1〕 参见戴昕、张永健:《比例原则还是成本收益分析:法学方法的批判性重构》,载《中外法学》2018 年第 6 期。

〔2〕 参见张玮:《论中国经济立法过程中的时间观》,载《经济法研究》2018 年第 2 期。

〔3〕 参见王建学:《论突发公共卫生事件预警中的央地权限配置》,载《当代法学》2020 年第 3 期。

〔4〕 参见江国华:《突发公共卫生事件预警的法理透析》,载《法学评论》2020 年第 2 期。

行节约、反对浪费”和“国家合理安排积累和消费”的相关规定。“国家合理安排积累”是进行大规模社会动员的资源基础。但该条款的规定较为笼统和原则化，并没有明确浪费行为应当受到何种处罚，因此不能直接转化为国家履行相应责任的强制规范。总体而言，国家对积累与消费比例的安排不应造成对个体权利的过度干预，而应当以公权力机关的预算限权为基础。公法中的节约和积累条款的实施，一是要对市场主体的节约行为进行激励和引导，二是要对公权力机关的浪费行为建立行政问责机制。

（一）在《预算法》中引入风险预警理念的必要性及具体路径

突发性公共卫生事件考验着各级政府应对危机的财力。财力的提高固然离不开财政收入的持续增长，也与地方政府的预算编制科学化水平相关。市场预警机制具有公共物品的属性，以政府公信力为依托指引市场主体行动，市场预警机制不宜完全由私人主体或者社会主体供给。预警机制费用的主要来源为财政资金。《预算法》是以常态化的资金类型进行预警制度设计的。该法第 40 条规定以预算预备费用的形式来应对自然灾害等临时性的突发开支。但预算预备费用的比例较低，只有 2% 的调整区间，对履行政府积累责任的约束性较低。在经济社会运行的非常态时期，各级政府开支会急剧增加，因此需要事先对政府的收支行为进行规范和约束。《预算法》第 1 条中的“规范政府收支行为”的表述并非仅具有宣示意义，而是具有一定的预警功能。为防止发生资金不足和财政困难，各级政府应当事先有资金储备的意识，具体可以从增加收入和节约开支两方面来保证。因此，必要的预备费用可以成为预警资源的建构基础。

风险预警机制的建立需要足额资金保障为基础。《突发事件应对法》第 31 条规定了国务院和各级政府应当采取财政措施保障突发事件应对工作所需要的经费。财政保障措施是否到位和各地政府的财力有关。突发性公共卫生事件有可能暴发在财力薄弱的地区，因此有可能发生财力与事权倒挂的现象。由于我国地域辽阔及区域间经济发展水平的差异，各地的医疗卫生条件和防疫水平有较大差异。不同地区暴发公共卫生事件的危险性和概率不同，再加上一些地区的财力有限，在编制预算时很难保障专项资金的投入。风险暴发的概率存在较大的差异性，导致地方政府预算编制中的预警动力缺失。长期性的应对突发事件措施对于经济增长的冲击较大，会在一定时期内对地方财政造成直接影响，因此需要在政府支出层面作出适当的调整。根据《预算法》第36条、第37条的规定，各级政府的预算收入编制应当与当地的经济社会发展水平相适应，预算支出的编制应当贯彻勤俭节约的原则，充分考虑本地的经济发展水平量力而行，压缩非必要和非紧急性的支出。我们认为，公共卫生风险暴发概率较大的地区可适当增加相关的风险预算。具体而言，应当在预算编制的过程中重视专家参与，尤其是公共卫生专家的参与，充分评估公共卫生事件对经济发展的影响程度。地方政府制定出台地区标准要充分考虑当地经济社会发展水平和财政承受能力，确保财政可持续，[1]根据《项目支出绩效评价管理办法》进行绩效评价，然后科学合理地调整预算编制。在预警阶段，仍然是以中央统筹协调为主，属地原则为主。在中央预算层面预留相应的资金，地方根据财政承受能力和风险概率设置必要的资金。在《国务院关于推进中央与地方财政事权和支出责任划分改革的指导意见》中，逐步将全国性重大传染病防治等公共服务确定或上划为中央事权，具体的规则设计如表3－12－3所示。

表3－12－3　预算编制中的中央与地方事权分配

模式	中央为主	地方为主	中央与地方分享
风险高发—财政承受能力高			√
风险高发—财政承受能力低	√		
风险低发—财政承受能力高		√	
风险低发—财政承受能力低			√

在预算编制完成后，各级人大应当根据《预算法》第48条的规定进行重点审查，具体包括第4项的重点支出和第6项的“对下级政府的转移性支出预算是否规范、适当”。预算审查的重点应当体现风险预警意识的引入，应当对预警类资金是否合理安排进行审查，比如预算预备费用是否足额设置。具体而言，各级预算应当将市场预警的资金保障作为重点支出。我们认为，有财力且风险高发的地区应当适当地提高预备费用的比例，财力不足但风险高发的地区可以获得相应的资金补助或者转移支付。

（二）《中小企业促进法》中的风险预警

中小企业出于非自身经营的原因，例如不可抗力因素及管制措施而遭

---

〔1〕参见《医疗卫生领域中央与地方财政事权和支出责任划分改革方案》。

受的损失，无法通过市场调节机制予以自救。政府对中小企业的临时性救助符合《宪法》中的基本经济制度条款及《中小企业促进法》的规定。相较于减税减费和商业贷款，来自政府的直接资金支持更能够起到纾困作用。《中小企业促进法》第 8 条规定："中央财政应当在本级预算中设立中小企业科目，安排中小企业发展专项资金。县级以上地方各级人民政府应当根据实际情况，在本级财政预算中安排中小企业发展专项资金。"但在实践中仍然存在以下挑战：首先，中央以下政府设置中小企业专项资金的刚性约束不足。现行法对中央财政采用了"应当设立"的刚性约束，而对地方政府则没有这样的要求。这或许会造成基层政府，尤其是财力不足的基层政府设立中小企业专项资金的能力不足。因此需要强化中小企业发展专项资金的区域整合和协调功能，并从中央下沉到地方。其次，中小企业专项资金的纾困功能尚待发掘。中小企业发展遭遇困难之时申请专项资金救助的法律依据不足。最后，中小企业专项资金的申请条件尚待完善，《中小企业发展专项资金管理暂行办法》第 9 条规定的申请条件仍要依据企业的"经济效益"。中小企业专项资金总体上不能替代企业的自救和市场救助功能，但依旧具有灵活机动性的特点，未来应当保证中小企业发展专项资金足额设置。

三、突发性公共卫生事件全面暴发阶段的政府与市场关系

在突发性公共卫生事件全面暴发时期，国家干预总体目标应当优先保障公民的生命健康权，其次是市场竞争秩序的维护，最后是国家设定的经济增长目标。在突发性公共卫生事件全面暴发阶段，法律程序性和时效性与政策的灵活性相比存在缺陷。有学者认为，应当建立起多元化的公共应急组织体系，其中尤其要发挥市场机制的作用。[1] 政府在突发性公共卫生事件暴发阶段采取的限制性措施对经营者自由和消费者的自由造成了一定的影响，涉及经济发展质量和社会整体利益之间的比例衡量。总体而言，政府执法会对自由裁量权进行扩张，干预的时间会存在不确定性，严格执法与弹性执法会同时并存。科学的监管建立在执法者对市场结构精确判断的基础之上，因为突发性公共卫生事件对不同行业或者企业造成的风险和损害是

---

〔1〕 参见林鸿潮：《论非常规突发事件应对中的市场机制——从社会动员的缺陷说起》，载《暨南学报（哲学社会科学版）》2015 年第 4 期。

不同的，其与不同行业的交易模式、企业规模和危机持续的时间有关。就交易形式而言，现今的市场交易模式包括单纯的线下交易模式、线上交易与线下交易相融合的模式及纯粹的线上模式。纯粹的线上模式受到突发性公共卫生事件的影响较小，而高度依赖线下交易模式的行业会受到较大影响。就企业的规模而言，中小型服务类企业受到突发性公共卫生事件的影响较大。大量中小企业的消亡将会改变部分市场的结构形态，导致相关市场的集中程度更高，进而产生垄断的风险。大量企业的破产也会带来预付性消费方式的违约问题。突发性公共卫生事件持续时间的长短对市场竞争秩序存在影响，长时间的营业限制措施会导致部分企业资金链断裂，对整体市场结构造成不可逆的变化。此外，为应对物理隔绝措施的“无接触消费模式”，也会逐步改变消费者的习惯，平台经济的发展将会更具有规模效应，相关市场的垄断风险随之增加。

（一）反垄断执法中的弹性措施

因为突发性公共卫生事件，反垄断执法机构现场执法调查的频率减少，执法资源及力度与常规状态存在不同。监管主体为了应对突发性公共卫生事件的需要也会适当简化执法程序，对有利于复工复产的交易采取加快审批速度和适度豁免的措施。《反垄断法》第20条第1款第4项也将“救灾救助行为”作为垄断协议豁免的情形之一。在突发性公共卫生事件的影响下，市场执法的重心在于那些不需要太多调查就可以定性的行为，比如价格执法案件。而对于需要复杂调查程序的执法案件，执法力度就会相对较弱一些，例如垄断协议行为与经营者集中行为。对与防疫相关的垄断协议行为会倾向于采取豁免执法。各国及地区反垄断执法简化以及豁免的措施见表3-12-4。

表 3－12－4 各国及地区反垄断执法简化以及豁免的措施

国别	主要措施
中国	(1)经营者集中电子申报方式。(2)依法加快审查复工复产的经营者集中案件、依法豁免复工复产的经营者合作协议
美国	经营者集中电子申报
欧盟	经营者集中电子申报。 挪威反垄断执法机构允许航空公司在3个月内免于反垄断法的监管,允许航空公司之间进行合作保证服务。 德国联邦卡特尔局允许超市零售业之间的临时合作以防止食品短缺
英国	临时放宽竞争法,允许超市之间的合作;临时暂停反垄断执法,允许部分行业经营者的集中。 竞争和市场管理局允许 Deliveroo 户户送外卖平台临时合并

反垄断执法机构采取弹性执法的目的主要是保证基本生活用品的提供和社会秩序的稳定。反垄断执法机构在放松执法时也是较为谨慎的,仅限于特定的行业,大多限定了时间,也规定了必要的限度。

(二)对价格违法行为的强化执法

突发性事件中的价格波动行为时有发生,公众对此的舆论效应也会影响监管者的行动策略。政府为回应舆论,倾向于采取较为严厉的市场执法措施。政府在紧急状态中的价格管制措施具有历史传统,例如,我国在非典时期也采取了各种直接价格管制措施。广东省物价局对在全省范围内属于市场调节价的防治非典型性肺炎的部分医药用品及相关商品实行价格干预措施,规定这些商品的销售利润率、购批差率、批零差率和最高限价范围等。德国在第一次世界大战时期颁布的各种经济统制法令就有大量涉及价格管制的措施,而且与刑事处罚的衔接甚为紧密。经营者在紧急状态中的价格调整行为也极容易受到公众舆论的影响,因为价格波动是容易被感知的,对消费者利益有着最为直接的影响,而且调查起来难度较小。监管机构对互联网平台执法力度的强化也与价格调控有关。合肥市人民政府决定从2020年3月到12月,在全市范围内开展整治公用企业垄断行为的专项执法,突发性公共卫生事件期间从严从快查处。意大利反垄断局对亚马逊和ebay的不合理涨价行为进行反垄断调查。突发性公共卫生事件期间的价格执法偏向于更加严格的程度,会对法条中的规定作出扩张性的解释。

我们认为，价格监管措施应当具有“临时性”“必要性”“可审查性”的总体特征，异常的价格剧烈波动与市场挤兑行为与恐慌状态下的信息不对称结构有关。此时的执法重点不在于对经营者价格制定过程的完全干预，而在于对不合理调价动机的审查。《价格法》第 14 条第 3 项规定：“经营者不得有下列不正当价格行为：（三）捏造、散布涨价信息，哄抬价格，推动商品价格过高上涨的。”因此，突发性公共卫生事件期间的价格执法不应偏离该条款的立法原意与精神，不能仅根据价格区间的变化判断行为是否违法。《价格法》第 30 条第 1 款规定：“当重要商品和服务价格显著上涨或者有可能显著上涨，国务院和省、自治区、直辖市人民政府可以对部分价格采取限定差价率或者利润率、规定限价、实行提价申报制度和调价备案制度等干预措施。”该条在实际适用中也存在范围限定过于模糊的弊端，法条中的“过高”“显著”“有可能显著”等表述方式赋予了执法机构较大的自由裁量空间。在进行市场监管执法时，应当结合各个地区、各个行业、主观恶性和危害程度等多重因素，慎用自由裁量权。

综上所述，战争和危机时期往往也是国家干预行为的活跃期，但此时的经济统制类措施很难继续作用于常态化时期。在突发性公共卫生事件持续时期，政府采取的市场监管措施属于临时性的措施，突发性事件紧急状态解除后，国家干预应当逐步退出。在突发事件的状态下，国家需要保证干预措施的精细化水平。国家干预的介入程度主要通过干预政策的密集程度、司法回应频率以及处罚力度来体现。突发性公共卫生事件期间的国家干预目标和价值排序随着时间阶段而有区分。在突发性公共卫生事件暴发之前，国家干预的主要目标在于确保国家正确安排积累与消费的比例，在为经济发展建立良好秩序的基础之上规范自身的收支行为。在突发性公共卫生事件全面暴发和迅速蔓延的阶段，国家干预的目标存在较为明显的价值位阶，此时应当将公民的生命健康权、市场经济的整体秩序置于经济效率、经济增长、国家财政汲取能力等目标之前。此时的国家干预在程序的基础上仍需兼顾比例和绩效，具体而言应当区分合理的市场波动和异常的市场波动，对异常的市场波动采取临时性的、更为强硬的监管措施，而对市场可以自发调节的合理波动采取弹性执法的措施。

四、突发性公共卫生事件消退阶段的政府与市场关系

在危机时刻,市场主体往往对国家干预措施有较强的依赖性和信任程度。市场主体对强干预的制度依赖将会引发临时性措施转向稳定制度的结果。国家干预的强度在危机结束后甚至会变得更强大,也可能因此诱发过度干预的风险。既往的理论研究更多关注国家干预的介入时机和情境,却忽略国家干预的退出时机和程序。当市场重新恢复到"原初市场"时,国家干预应该退出。[1] 在危机时刻,国家采取的临时性管制措施也具有一定的时效性。在突发性公共卫生事件风险消退乃至消除时期,国家干预调整的目标便在于市场经济秩序的恢复。例如,《价格法》第 32 条规定,依照本法第 30 条、第 31 条的规定实行干预措施、紧急措施的情形消除后,应当及时解除干预措施、紧急措施。在危机衰退和消除时期,局部市场失灵的风险不再成为主要问题,国家干预的目标也逐渐从压制风险转向秩序重构。《突发事件应对法》第 95 条也要求各级政府及时组织开展生产自救、恢复重建等善后工作。

(一)临时性干预措施的及时解除与公告

从时间维度来看,临时性干预措施的及时解除也标志着危机转态的变化。临时性干预措施的及时解除并不是一瞬间完成的,而是要根据市场发展的具体情况有序进行。从现有的法律规定来看,临时性干预措施的及时解除要考虑实施依据、标准依据和程序依据。例如,《突发事件应对法》第 70 条规定了临时性措施解除的事实依据是"有事实证明不可能发生突发事件"。《突发事件应对法》第 86 条规定了应急处置措施的解除依据是"突发事件的威胁和危害得到控制或者消除"。但从以上法条规定来看,事实依据的界定仍然有较大的自由裁量空间,因此必要的专业标准依据和程序依据也尤其必要。又如,《动物防疫法》将"国务院农业农村主管部门规定的标准和程序评估"作为临时性措施解除的相关依据。临时性措施的解除是国家干预力度调整的重要信号,市场参与主体需要据此进行行为调整。因此,相关部门应当及时进行信息披露。现行立法中也规定了相关部门在措施解除

---

〔1〕 参见古小刚:《国家干预进入和退出的判断标准——兼论经济法逻辑体系的一个缺陷》,载《青海社会科学》2013 年第 3 期。

后应及时进行宣布。

（二）过度时期不同层级政府之间的配合协调

从空间层面来看，突发事件或者状态的解除也存在地域差异性，不会在所有的地域空间内同时发生完成。因此，不同层级政府之间也应当进行适度配合。现行立法中也有相关内容的规定。按照属地原则，事件发生地的政府应当履行相应的职责。例如，《突发事件应对法》第 86 条规定了“履行统一领导职责或者组织处置突发事件的人民政府应当宣布解除应急响应，停止执行依照本法规定采取的应急处置措施”。当本级政府在处置善后事宜资源不足时，上级政府应当进行必要的资源支持。又如，《突发事件应对法》第 88 条规定了“上一级人民政府应当根据受影响地区遭受的损失和实际情况，提供资金、物资支持和技术指导，组织协调其他地区和有关方面提供资金、物资和人力支援”。由此可见，在危机衰退和解除时期，国家干预内部的权力分配有助于提高干预措施的精确性。

（三）临时性干预措施解除后政府对市场的支持促进措施

临时性干预措施的解除并不意味着国家职责的全部退出。根据现行法律规定，各级政府依然要承担必要的扶持市场发展职能。此时国家干预的自由裁量空间体现在为涉事相关主体的减负层面。例如，《突发事件应对法》第 89 条的规定国务院根据受突发事件影响地区遭受损失的情况，制定扶持该地区有关行业发展的优惠政策。为确保公平，优惠政策也应当有一定的时效性。又如，《汶川地震灾后恢复重建条例》中便将税收优惠政策的实施期间界定在“灾后恢复重建期间”。

总体而言，国家干预需要将比例原则融入具体的时间节点中，需要对干预风险进行合理评估，也要对因不当干预造成的损失进行合理补偿。

第十三章 经济法特定认知范式的凝练

作为现代法的经济法,应当有不同于传统法的方法论及认知范式。经济法是规范性与回应性交织的法律部门。作为法律科学层面的经济法学认知方法论,既要对政府与市场关系的体制与机制进行法治性确认,又要对经济社会发展中出现的新情况与新问题进行相机性回应,更要对实证法中的经济法要素、内涵与特征进行规律性升华,还要对经济法实施中的机制与方法进行系统性整理,并以此为基础,构建经济法学自身的特定认知范式。特定认知范式并不意味着无视法学的基本规律与基本方法,特定的研究方法与特定的价值判断并不必然与普遍性的法律适用的现实基础相脱离。经济法特定认知范式的价值与意义在于突破既往的西方法中心论和民法中心论的视角来观察经济法,适用经济法,传播经济法,完善经济法。经济法特定认知范式自身也是开放的和发展的,随着经济法立法、经济法实施、经济法研究的丰富而会有更多新范式的出现。

第一节 “促进—发展”目标范式

“促进—发展”范式是对经济法独特法律目标的一种认知范式。

发展语境是中国当代经济法得以生成的特殊语境,促进发展是中国经济法的法律品格之一,经济法的立法目的大多围绕促进经济发展、提高经济效率等目标而展开。发展的紧迫性、发展的不充分性和发展的不均衡性等现实因素,直接影响我国经济法的立法。发展的紧迫性要求我国的经济发展仍然需要政府的积极参与和引导,以求在较短的历史周期实现跨越式发展,既补齐工业文明与市场经济的短腿,又能与数字化、智能化保持同步发展态势。我国改革开放初期的经济立法,在“宜粗不宜细”的理念指导下,大量的经济立法是为了服务于改革开放特别是引进外资的需要。我国经济立法也存在较为明显的“轻重缓急”之分,鼓励外商投资的经济立法就要早于竞争法、消费者权益保护法等市场规制法的立法。发展的不均衡性是我国作为超大规模国家的国情特点，区域之间的发展差异客观存在，在资源有限的约束条件下，优先发展重点地区，以率先发展来带动整体发展，经济特区立法等形式成为解决发展不均衡问题的法律方案。

一、经济发展模式与所处阶段对促进型经济法产生的具体影响分析

政府介入市场的方式是多元化的，并非只有宏观调控和市场准入规制，也包括大量鼓励、支持、引导等促进手段。例如，理想状态的政府应当是有所作为，而非完全不干预的政府。现代国家经济职能的实现目标便是引导本国经济的发展、推动产业结构的优化升级。经济促进是指从法律上或在事实上改善个别经济主体地位的国家激励性经济措施，常常体现为对个别经济主体的优惠措施，也可能给某些企业施加负担而使其他竞争者获得收益。[1] 对于新兴的市场经济体国家而言，发展的使命更加迫切。高速的经济增长既可以提高本国国民的生活水平，又能够实现这些国家后发赶超的目标。新兴市场经济国家的经济发展模式与成熟市场经济体存在差别，国家的政策、政令、法律、法规是形成市场环境和基本制度的外在诱因，国家在扮演着经济发展促进者的角色。促进发展功能在经济法体系中的角色与定位是比较特殊的，其凝聚了较强的政府经济意志，嵌入了国家发展需要，其将发展的紧迫性通过市场机制传递给每一个市场参与主体。这种发展诉求和市场经济中公平竞争需求的出发点是不同的，自由竞争的动力源于市场个体的微观活力，而发展促进的动力机制则是自上而下的宏观经济与发展布局。由于每一个国家都面临不同的发展矛盾、发展阶段以及发展目标，担负促进发展使命的经济法子部门法，具有鲜明的法律个性，日本称为特别经济法，德国称为特别经济行政法。

二、“促进—发展”范式对中国经济法的具体影响

“促进—发展”范式是对经济法独特法律目标的认知范式。就我国的国情而言，经济生活中的国家主体并非消极的市场“看门人”，而是具有极强目的性和价值偏好的规划设计者，国家常常将促进、发展等意志融入经济立法

---

〔1〕 参见［德］乌茨·施利斯基：《经济公法》，喻文光译，法律出版社2006年版，第121页。

之中。值得注意的是,时间和空间是我国经济立法过程中不可回避的考量因素。发展是我国的迫切要务,体现为时间上的紧迫性以及空间上的不均衡性,这就要求国家主动承担更多的资源整合功能和扶持功能。在经济法部门中,有相当多的促进型法律,如《中小企业促进法》《循环经济促进法》《清洁生产促进法》《农业机械化促进法》等。除了上述以"促进法"为名称的企业促进法、产业促进法以外,经济特区、自由贸易区(自由贸易港)等经济功能区的专门性立法,也体现了促进区域发展的经济法法律主张。促进型经济法并不是确立空洞的促进目标,而是要逐步形成经济法独有的促进法律机制。[1] 促进的目的是发展,而发展在中国经济法中又被赋予独特内涵。发展中国家是中国的现实定位,发展矛盾是中国的现实国情,具体表现为发展不充分、发展不平衡问题突出,持续发展、超越式发展、跨越式发展的使命繁重。中国经济法生成于需要大力发展市场经济的历史关键时期,这也就决定了中国经济法注定具有问题对策法和矛盾回应法的法律品格。发展是中国经济法的核心理念与主体目标。[2] 中国经济法法律大多将促进经济发展与行业发展作为明确的法律目标[3],"促进—发展"型的经济法范式特征鲜明而突出,如我国民营经济立法就呈现出鲜明的由"认可型"到"管理型"再到"促进型"的规律性变迁特征。[4] 我国中小企业促进的法律规范体系见表3-13-1。

---

〔1〕 关于促进型经济法的研究成果,可参见张守文:《论促进型经济法》,载《重庆大学学报(社会科学版)》2008年第5期;焦海涛:《论"促进型"经济法的功能与结构》,载《政治与法律》2009年第8期。

〔2〕 关于发展理念与发展权的经济法学研究成果,可参见单飞跃、王显勇、王秀卫:《经济法发展理念论》,载《湘潭大学学报(社会科学版)》2000年第5期;程信和、李挚萍:《可持续发展——经济法的理念更新和制度创新》,载《学术研究》2001年第2期;张守文:《"发展法学"与法学的发展——兼论经济法理论中的发展观》,载《法学杂志》2005年第3期;刘大洪、岳振宇:《论经济法的发展理念——基于系统论的研究范式》,载《法学论坛》2005年第1期;张守文:《经济发展权的经济法思考》,载《现代法学》2012年第2期;张守文:《发展法学:经济法维度的解析》,中国人民大学出版社2021年版。

〔3〕 通过对《循环经济促进法》《清洁生产促进法》《中小企业促进法》《预算法》《政府采购法》《注册会计师法》等45部经济法法律的检索,这些法律中的第1条即立法宗旨中,均含有"促进……发展""促进……""发展……促进""有利于……的发展"的表述;其中一些法律专章规定了"激励措施""鼓励措施""扶持措施"等;其中一些法律条文专门规定了"扶持""鼓励""奖励""支持""减征""优惠"等具体的促进法律手段。

〔4〕 参见张琳:《营商环境视域下民营经济立法功能变迁》,载《地方立法研究》2021年第5期。

表 3-13-1　中小企业促进的法律规范体系

项目	具体规定
宪法依据	《宪法》中的促进非公有制经济发展条款
专门法依据	《中小企业促进法》
其他法中的中小企业促进条款	《对外贸易法》第 57 条规定:“国家扶持和促进中小企业开展对外贸易” 《促进科技成果转化法》第 32 条规定:“国家支持科技企业孵化器、大学科技园等科技企业孵化机构发展,为初创期科技型中小企业提供孵化场地、创业辅导、研究开发与管理咨询等服务。” 《政府采购法》第 9 条规定:“政府采购应当有助于实现国家的经济和社会发展政策目标,包括保护环境,扶持不发达地区和少数民族地区,促进中小企业发展等。” 《清洁生产促进法》第 32 条规定:“在依照国家规定设立的中小企业发展基金中,应当根据需要安排适当数额用于支持中小企业实施清洁生产。” 《民族区域自治法》第 63 条规定:“上级国家机关在投资、金融、税收等方面扶持民族自治地方改善农业、牧业、林业等生产条件和水利、交通、能源、通信等基础设施;扶持民族自治地方合理利用本地资源发展地方工业、乡镇企业、中小企业以及少数民族特需商品和传统手工业品的生产”

(一)“促进—发展”型经济法改变了传统法律的权利—义务结构

“促进—发展”型经济法改变了传统法律的权利—义务结构,在原有的“权利—义务”结构之上加入了“政府责任—政府信用”这一新的关系结构。在各种促进型经济法中,政府是各种促进政策的制定主体与实施主体,政府有责任为被促进主体供给各种促进政策。政府促进政策的目标不是调节既有存量利益之间的冲突,而是要刺激增量利益的提升,以及补强被促进者的发展权利。制定促进型经济法的根本原因在于对市场调节所产生的极端不公平现象的矫正,比如政府有职责去做那些市场不愿意做但又必须做的事情,如政府为中小企业增进信用的增益行为是无法通过市场自发完成的。以《中小企业促进法》为例,该法的重点在于中小企业融资,而中小企业融资难本身就有市场自身的规律性原因,但这种规律性并没有导致经济公平,而是产生了另一种市场自身无法解决的经济机会不公平。促进型经济法并非完全放任市场自发调节的作用,而是为政府的合理必要干预提供政策清单。我们认为,经济法中的国家干预首先需要以政府责任与政府信用的挂钩为基础,政府干预的绩效和干预的公平性,对政府信用会有直接影响,干预失败或者干预过度都会有损政府信用。

(二)"促进—发展"型经济法改变了传统法律的实施方式

1. 以引导为主的社会实施形式

"促进—发展"型经济法改变了传统法律的实施方式。促进型经济法并不是依靠私人来实施的实施方式与实施逻辑,其也不以法院实施为主导,并非基于强制力而予以实施。促进型经济法主要依赖于"自我实施"。[1] 很多法律规范的内容并非强制性的,而是含有鼓励、促进、引导等柔性约束的表述。促进型经济法主要依靠多部门参与的公共实施方式,具有公共实施与社会实施的属性。

2. 直接促进与间接促进相结合的实施体系

实施促进型经济法所面对的主要问题在于政府职责与政府责任之间的不对称,在于激励机制不足,在于政府信用衡量机制与制约机制不健全。促进的主体和职责来自政府。当下的促进模式仍然是政府引导市场去支持和促进企业发展,政府主要是在进行间接促进。我们认为,应当将促进发展、政府信用激励和营商环境改善一同联系起来。

促进型法主要是依靠政策引导资源的逆向流动来实施。政府需要将社会责任的价值理念输出到市场经济运行过程之中,纠正市场资源初次分配所产生的极端不公平情形。

(三)促进型经济法的实施效果考察:基于政府信用的视角

促进型经济法重行为实施规定,而较少关注促进型经济法的法律责任。促进型经济法的实施效力较弱的原因在于强制力的缺失。促进型经济法中的支持促进措施往往缺少责任条款的约束,因为对促进政策实施主体的绩效考量存在一定难度。促进型经济法实施过程主要呈现为自上而下的垂直方式,缺少自下到上的倒逼机制,实施主体只重视促进政策的制定及立法转化,而轻视政策实施的具体效果。被实施主体享受政策支持的前提仅仅是获得促进法规定的相应主体资格条件。

我们认为,应当引入对政府信用的考核与衡量机制,例如,通过对促进型经济法实施效果的考察,评估政府的信用状况,并将政府信用评估结果与

---

[1] 参见焦海涛:《论"促进型"经济法的功能与结构》,载《政治与法律》2009 年第 8 期。

地方政府的考核评价、项目资金、扶持政策等予以挂钩。

第二节　“秩序—权益”双层法益保护结构范式

“秩序—权益”范式是对经济法所保护的特定法益的一种认知范式，这一范式也可称为经济法的双层法益保护结构范式，其也是公共法益与个体法益相结合的法益保护范式。

法益最初在刑法中被反复提及。例如，张明楷教授认为，刑法中的法益是指“由刑法所保护的人的生活利益”。[1] 法益描述的是立法者基于特定的前见、取向、偏好对生活世界中形形色色的利益进行筛选并确认的过程，强调的是生活世界在法律世界中的投影。生活世界中的利益因人而异、因情景而异，与个人的主观好恶密不可分，只有经由国家立法确认并予以保护的利益才可以上升为法益，并进入法律世界之中。比照前述说法，经济法的法益应当是“由经济法所保护的经济法主体在参与社会主义市场经济实践中享有的各种利益”，这些利益始于经济生活，又为经济立法所确认。如果不能穿透经济法的法益结构，也就不能理解作为一种制度方案的经济法为何兴起，以及经济法相较于传统法律制度的独特优势。

一、经济法法益结构的研究成果

早在21世纪初，经济法的法益就已经进入我国经济法学的话语体系。王保树教授在2001年发表的论文就已经注意到了经济法法益结构的特殊性，他认为经济法的法益结构是“凸显社会公共利益的法益结构”，经济法“通过对社会公共利益的保护进而实现对公民、法人利益的保护”。[2]

既有的经济法法益结构研究成果大体上包含两种观点。第一，社会本位论。该说是经济法学界的主流观点，其核心在于经济法应当维护社会利益，但对社会利益的认知存有广、狭两义。广义的观点认为，社会利益就是对各种利益的平衡或是对各种利益的综合，“是对各种利益平衡协调后所表现出的一种利益类型”。狭义的观点则认为，社会利益本身就是一种独立的利益形态，而且“经济法是维护社会利益的唯一法律形式”。第二，利益均衡

〔1〕 参见张明楷：《法益初论》，中国政法大学出版社2003年版，第167页。

〔2〕 参见王保树：《论经济法的法益目标》，载《清华大学学报(哲学社会科学版)》2001年第5期。

论。该说认为作为现代法的经济法应当兼顾社会公共利益、国家利益和个人利益的保护，在总体上全面把握、综合协调，致力于实现“一般均衡”。〔1〕2011年《中国特色社会主义法律体系》白皮书强调经济法是“从社会整体利益出发”的法律部门，〔2〕在社会利益、社会公共利益外又引入了“社会整体利益”这个新概念。随后的研究大多与白皮书保持一致，用“社会整体利益”来表述经济法的法益。〔3〕学界似乎在这一问题上已经达成共识。我们不难发现这样的一个规律，目标越是抽象，越容易就该目标达成一致意见，〔4〕但这只是将对经济法法益结构的命名争论转移到对此结构的具体剖析上，目前所谓的共识仍然是一番难以言说的模糊景象。如何刺穿社会整体利益的神秘面纱仍然是摆在我们面前的难题。

如果我们将视角转移到更为具象的存在，公共法益与个体法益相结合的双层法益保护结构便会逐渐露出水面。双层法益保护结构这一提法同样源于刑法学。关于抽象危险犯的法益，刑法理论上素有具体法益说与抽象法益说之争，新近的学说则试图整合二者形成“阻挡层法益—背后层法益”的双层结构，并且，“从法益性质看，阻挡层法益是后设的秩序型法益，背后层法益是先验的利益型法益”。〔5〕当前中国经济法学界的主流观点在表述法益时虽未采用双层结构，但无论是秩序还是权益都频繁见诸学界的相关著述。我们以经济法最重要的三个子部门领域竞争法、金融法、财税法为例，对经济法的双层法益保护结构进行说明。

二、竞争法的“竞争秩序—消费者权益”保护结构

经济法中的双层法益保护结构在竞争法中的表现十分突出，保护竞争秩序与保护消费者权益构成了竞争法的双层法益保护结构。在反垄断法领域，“反垄断法保护的是竞争，而非竞争者”已成为世界各国反垄断学界和实

---

〔1〕 相关文献的梳理参见甘强：《经济法利益理论研究》，法律出版社2009年版，第36～43页。

〔2〕 参见中华人民共和国国务院新闻办公室：《中国特色社会主义法律体系》，载《人民日报》2011年10月28日，第14版。

〔3〕 以“社会整体利益”为关键词在知网进行检索，共获得1546条结果。代表性研究成果参见卢代富：《经济法对社会整体利益的维护》，载《现代法学》2013年第4期。

〔4〕 参见张占江：《竞争倡导研究》，载《法学研究》2010年第5期。

〔5〕 参见蓝学友：《规制抽象危险犯的新路径：双层法益与比例原则的融合》，载《法学研究》2019年第6期。

务界的共识。[1] 在反不正当竞争法领域,2017 年《反不正当竞争法》修订时将“扰乱市场竞争秩序”置于经营者和消费者权益之前,突出竞争秩序对认定不正当竞争行为的决定性意义。有学者认为,我国不正当竞争行为的认定已经从“保护竞争者”范式嬗变为“保护竞争”范式。[2]

只有竞争才能持续地创造市场繁荣和不间断地为消费者提供福利。保护竞争事实上也就是在间接地保护消费者。一个好的竞争秩序是市场经济的高效发动机。什么样的市场秩序是一个好的竞争秩序,博德维希教授认为“好的竞争”难以刻画,但“如果不能为竞争者提供一个平等的舞台,不能为消费者提供不受扭曲的决策机制,就一定不是好的竞争”[3]。竞争秩序的好坏最终要由经营者和消费者说了算,他们是市场最直接的参与者、竞争秩序好坏最直观的体验者,所以竞争秩序的好坏是与经营者权益、消费者权益相互勾连的。那为什么要用消费者权益而不是经营者权益作为竞争秩序的简化呢?一方面,在现代社会没有谁能够自给自足,任何人都会因购买商品、接受服务取得消费者的身份,经营者也不例外。这是消费者身份的普遍性。另一方面,经营者之间的竞争说到底竞争的是消费者的交易机会,只要非公平竞争行为破坏了特定经营者的一般竞争性利益乃至权益,同时就意味着对消费者权益的剥夺。例如,诋毁商誉行为虽然旨在破坏特定经营者的竞争优势,但几乎不可避免地会导致消费者的错误决策,进而损害消费者的权益。为了确立简明客观的标准,近几十年各国的反垄断法实践一直以消费者利益是否受损作为评估竞争损害的标准。在我国,消费者权益也逐渐被确认为独立的不正当竞争认定标准。[4]《反垄断法》《反不正当竞争法》第 1 条立法目的条款均重申了对公平竞争秩序和消费者权益的保护。

---

〔1〕 参见袁波:《走出互联网领域反垄断法分析的七个误区——以“微信封禁飞书”事件为中心》,载《竞争政策研究》2020 年第 1 期。

〔2〕 参见张占江:《不正当竞争行为认定范式的嬗变:从“保护竞争者”到“保护竞争”》,载《中外法学》2019 年第 1 期。

〔3〕 Frauke Henning-Bodewig, *International Handbook on Unfair Competition*, Oxford: Hart Publishing,2013, p. 3.

〔4〕 反对的观点认为消费者只是竞争秩序改善的受益者,参见焦海涛:《不正当竞争行为认定中的实用主义批判》,载《中国法学》2017 年第 1 期。另外,有学者认为消费者不属于经济法的主体,因为消费者并不具备影响经济秩序的力量,其“只是被卷入经济法律关系中的主体”,“正如刑法规范主体不包括被害人一样”。参见刘水林:《共同体理念下的经济法基本范畴研究》,载岳彩申、盛学军主编:《经济法论坛》第 22 卷,法律出版社 2019 年版。

三、金融法的“金融秩序—投资者权益”保护结构

“金融秩序—投资者权益”是金融法中的双层法益结构。金融在市场运行中具有乘数效应,既能通过融资通道为实体经济和市场主体提供资本支持,促进企业快速发展,又会因为金融风险因素为市场带来系统性的不稳定与不安全。为此,金融法既要建立高效安全的资金融通机制,为市场和企业提供金融性资本支持,又要防范和化解金融风险,稳定金融秩序,保障被吸引至资本市场中的投资者权益安全。《中国人民银行法》第 2 条第 2 款“中国人民银行在国务院领导下,制定和执行货币政策,防范和化解金融风险,维护金融稳定”的规定,就是金融秩序法益的一个具体体现。《商业银行法》第 1 条规定,“为了保护商业银行、存款人和其他客户的合法权益,规范商业银行的行为,提高信贷资产质量,加强监督管理,保障商业银行的稳健运行,维护金融秩序,促进社会主义市场经济的发展,制定本法”。《银行业监督管理法》第 1 条规定,“为了加强对银行业的监督管理,规范监督管理行为,防范和化解银行业风险,保护存款人和其他客户的合法权益,促进银行业健康发展,制定本法”,《证券法》第 1 条规定,“为了规范证券发行和交易行为,保护投资者的合法权益,维护社会经济秩序和社会公共利益,促进社会主义市场经济的发展,制定本法”,这些法律规定都确立了金融秩序和投资者权益的双层法益保护结构。

从表象上看,金融法与竞争法处理的经济素材极为相似,其差异在于前者务“虚”,后者务“实”。金融市场中的股票、债券、存托凭证、资产支持证券乃至各种新兴的金融产品,与竞争法语境中经营者生产、销售的商品别无二致,有学者举股票的例子说,“股票也是一种商品,一种投资的商品。买卖股票,就像买卖普通的商品一样”[1]。只不过这些商品无法像有体物那样直接满足消费者当下的生活需要,金融商品的购买是面向未来的。《商业银行法》第 9 条、《证券法》第 29 条、《保险法》第 115 条和第 116 条等金融法法律条文也重申了相关金融机构不得从事不正当竞争行为。那为何经营者和消费者会在金融法中演变为融资者和投资者并另外形成一套金融法的双层法益保护结构呢?问题出在股票等金融产品的风险上。在一般情况下,特

---

〔1〕 参见朱锦清:《证券法学》(第 4 版),北京大学出版社 2019 年版,第 106 页。

定工业产品(如汽车、冰箱等)的风险很难蔓延到其他领域,而且风险的受众相对有限。但金融机构居于一国经济网络的节点上,金融产品一旦发生违约等风险,就极易引发市场恐慌,乃至危及全局。此外,金融政策特别是货币政策的失误,有可能迅速恶化一国的整体经济状况。金融法的法益不能被竞争法所吸收,其不仅与实体经济密不可分,而且指向更加复杂的虚拟经济场景。

在直接融资场合,金融交易的典型结构是"投资者—融资者",投资者处分自己的私人财产换取债权和股权等投资性权利,投资者的投资行为是直接金融市场的起点。在间接融资场合,金融交易的典型结构是"投资者—银行等金融机构—融资者",储户将闲散资金投入银行换取债权,由银行通过发放贷款等方式满足融资者的融资需求,储户将闲散资金投入银行的行为同样是间接金融市场的起点。需要注意的是,我们将储户、投保人等金融消费者也纳入投资者的范畴,是因为即便是承担风险最小的储户,其存款也只能由存款保险基金在50万元以内兜底,超过部分仍有兑付不能的可能。金融法中的投资实质上是将资产(主要是货币)投入一项共同的风险事业且主要依靠他人经营和市场行情决定是否盈利的活动。不同类型的投资者承担的风险不同,收益也不同。具体的金融交易中,投资者与融资者的地位严重失衡,投资者大多是分散的、个别的,他们不得不依靠融资者提供的信息甄别该金融产品的质量,这一点在自然人股民上表现得特别明显。而融资者往往是掌握更多资讯的商事公司,有更大的操作空间。

随着金融市场的发达,金融产品层出不穷,投资者只能依靠融资者提供的信息作出投资决策。为了矫正这种失衡,金融法不得不对融资者施加信息披露等额外的义务,维护金融市场的秩序以及投资者的信心。投资者犹如金融市场的水源,一旦金融秩序以及投资者的信心崩坏,金融市场也将随之崩塌,因此投资者权益的保护极重要。当投资者权益得到了妥善的保护,也可以大致反映出当时的金融秩序是基本稳定和有序的。在一个良好的金融秩序中,所有金融市场的参与者均可以从中获得"他应得的部分",[1]即使是融资失败退出市场,"退出市场"本身就是该融资者应得的部分。当然,

---

〔1〕 古罗马法学家乌尔比安认为,"正义是给予每个人他应得的部分的这种坚定而恒久的愿望",参见[古罗马]查士丁尼:《法学总论——法学阶梯》,张企泰译,商务印书馆1989年版,第5页。

投资者权益的保护并不保证投资者一定能够获利，如果融资者切实履行了所有义务，这时候就应当遵循“买者自负”的原则，要求投资者为自己的冒险行为负责。

四、财税法的“财政秩序—纳税人权益”保护结构

经济法的双层法益保护结构运用于财税法中，可以发现财税法中鲜明的“财政秩序—纳税人权益”双层法益保护结构。财税法是国家通过征收、举债等方式组织财政收入，通过公共基础设施建设与公共产品的生产或者采购，为国民提供基本公共服务的法律机制。财政收入秩序与财政支出秩序是财政秩序中的基础性秩序。国家与纳税人、中央与地方、政府与企业需要通过合理、合法、有效的收入与支出形式、收入与支出权限、收入与支出义务、管理与监督机制，建立既能维护国家安全和保障公共服务供给，又能促进经济社会发展和实现社会分配公平；既能巩固国家统一，又能保护中央与地方两个积极性；既能实现财政目的，又能兼顾经济目的和社会目的；既能履行国家生产性职能，又能防范和控制财政风险的财政秩序。财税法中以财政秩序为代表的公共法益和以纳税人权益为代表的个体法益极为明显，但公共法益的基础来自纳税人个体利益向国家所代表的公共利益的让渡，而纳税人个体法益的实现和保障又依赖于公共法益的回馈与国家对其公共承诺的遵守。

在税收国家的理想形态中，国家本身并不从事生产，其财政收入主要来自税收。我国虽称不上典型的税收国家，但税收依然是财政收入的大部分。税法在主体上涉及纳税人与国家两方主体。从正向看，双方的利益变动大致可分两个环节观察：首先是征税（财政收入）环节，在这个环节中，纳税人个别地将其应向国家承担缴纳义务的私人财产无偿地转移给国家，国家并不需要为此向每一个纳税人个别地支付对价。其次是用税（财政支出）环节，在这个环节中，国家统筹使用税收，为其辖区内的纳税人群体供给非国家不得、不能、不愿提供的公共物品，这些公共物品反映在法益层面，主要表现为国防、治安、宏观经济安全、社会保障等非竞争性和非排他性的公共法益，也包括上述竞争法保护的竞争秩序、金融法保护的金融秩序等公共法益的维护。

从反向看，国家究竟应供给哪些公共物品、供给多少公共物品最终都取

决于纳税人的集体选择,这涉及纳税人“管理国家事务,管理经济和文化事业,管理社会事务”的宪法权利。可以说,国家供给的公共物品其实是纳税人集体定做的。国家为向其辖区内的纳税人供给非国家不得、不能、不愿提供的公共物品,自然会产生财政收入上的需求,供给公共物品的总成本大致相当于纳税人缴纳税收的总量。由于税收是私人财产向国家的无偿转移,作为公共物品唯一卖方的国家不可一味地主张财政扩张,压缩私人经济活动的空间,侵蚀纳税人的财产权、竞争自由等权益。税收的总量在纳税人群体中如何具体分配,又会涉及不同类型、不同收入的纳税人之间的公平等多项利益。

上述诸多事项最终取决于纳税人的集体选择,因此,良好的财政秩序以纳税人权益得到保护为起点和基础,财政秩序是纳税人权益圆满实现的结果,在征税与用税的过程中,国家的财政权等权力只具有手段意义,其行使最终是为了服务于纳税人权益的实现。

五、经济法双层法益保护结构的模式意义

经济法中的“秩序—权益”范式与前述抽象危险犯的双层结构也有相似之处。“经济法是社会经济秩序保护之法”,[1]而消费者权益、投资者权益、纳税人权益正是度量这种秩序优劣的最佳标尺,在此种意义上,可以说这三个群体的权益是隐藏在秩序背后的法益。消费者、纳税人和投资者都是群体意义上的概念,群体意义上的主体在具体案例中则会进一步特定化为个体意义上的主体,例如,在王某与五洋建设集团股份有限公司、陈某樟证券虚假陈述责任纠纷案[2]中,作为群体的投资者可以被特定化为受到虚假陈述损害的特定投资者,但如果涉案行为不能刺穿阻挡层法益影响经济秩序,仅损害了特定主体的权益,则该行为只能被定性为私法上的损害行为。如果无法具体化为特定的个体,就无法借助司法机制进行救济。从法律责任的角度看,损害特定主体权益的行为应当课以私法责任,而损害秩序的行为则更多地课以公法责任。同时,“公共法益—个体法益”范式也能够使经济法与民法商法区分开来,民法商法通过保护个体的权益进而实现秩序,形成

---

〔1〕参见刘水林:《经济法是什么——经济法的法哲学反思》,载《政治与法律》2014年第8期。
〔2〕参见浙江省杭州市中级人民法院民事判决书,(2020)浙01民初1691号。

"个体权益—经济秩序"的法益保护结构进路;经济法则直接着眼于秩序的保护,其对特定群体权益的保护可以称为"经济秩序下的反射利益",〔1〕呈现出"经济秩序—群体权益—个体权益"的法益保护结构路径。民法商法奉行"法无禁止即可为"的理念,通过对个体权益的保护促成自发秩序的实现,而经济法追求的秩序更多地依靠义务规范的配置来达到法益保护的目的。

第三节 "经营者—消费者"主体范式

"经营者—消费者"范式是对经济法特定主体的一种认知范式。

经济法主体的特殊性体现在市场经济参与主体的多元化和群团化。由于市场经济的复杂化程度日益加深,将经济法主体进行类型化区分比抽象的拟制化更加重要,差异化要比形式公平更能体现经济法的法律价值。有学者认为,"消费者"是"人"的进化中法律主体分化与整合的结果。〔2〕经营者与消费者关系不同于民法中的买卖合同关系,而是互为依存的关系。但消费者相较于经营者而言,处于相对弱势的地位。消费者群体现象的出现与市场经济发展到一定程度的细化分工有关,体现为消费者专属身份的出现。消费者群体规模随着经济发展水平而不断扩大、消费者权利保护意识的觉醒,体现了基本人权理念在消费者领域内的折射。经营者与消费者之间的关系不能仅仅用民商事法律调整。经营者与消费者之间的权利义务关系很难通过双方的意思自治达到最佳的调整状态,国家干预也因此具有了必要性。国家通过强制性的规定以实现消费者与经营者之间的实质公平,其最终目的在于通过消费者权利的实现来整顿市场秩序。〔3〕

一、"经营者—消费者"范式是对市场层面经济法主体的认知范式

消费者身份的产生与认同是政治领域的公民运动成果在市场经济领域的体现。消费者与经营者区分的意义在于新型法律关系的产生,是对民法绝对平等、抽象拟制关系的突破。经营者与消费者的关系本身便蕴含着对差异性和不公平性的体现,需要外部强制力量进行协调。经济法有着相异

---

〔1〕 廖义男教授、黄茂荣教授在论述竞争法时将消费者利益定位为"公平竞争下的反射利益",参见刘孔中:《公平交易法》,台北,元照出版有限公司2003年版,第7页。

〔2〕 参见谢晓尧:《消费者:人的法律形塑与制度价值》,载《中国法学》2003年第3期。

〔3〕 参见孙骁骥:《购物凶猛:20世纪中国消费史》,东方出版社2019年版,第389页。

于其他部门法的主体形式，与传统的民事法律部门相比，经济法中的主体多以群体形式而出现。20世纪的法律挑战主要来自不断加速的工业文明进程。工业化所带来的法律变革不仅是侵权责任的过错认定从过错责任向严格责任转变，还包括“经营者—消费者”主体结构对传统的“卖方—买方”交易主体结构的替代与升级。经营者与消费者是“群”意义上的概念，在“经营者—消费者”关系结构中，买方的权利发展为消费者的权益，卖方的义务升级为经营者的义务。有学者指出，差异与群体的形成所导致的交易中的弱势性，需要将消费者群体纳入经济法的主体范围。[1] 弱势地位并非源自具体的合同关系，而是一种群体性共性特征的描述。消费者的弱势地位在经济法中体现为权利实现成本的不对等。经营者可以通过消费者市场的规模性获得足够的利润，而单个消费者则无法通过选择经营者而弥补自身权利遭受的损失。

互联网技术的出现改变了传统的消费模式与消费习惯，是新一轮的身份解放运动。互联网消费方式的出现进一步强化了公民对市场经济体制的认同，也进一步缓解了生产消费领域的信息壁垒。传统基于信息不对称、地域发展差异而导致的城乡市场割裂局面得到了极大改善。农村消费者的需求通过互联网平台被释放，城乡之间的生产消费活动的交易成本也大大降低。随着消费者群体的规模不断扩大，消费者权益保护的社会共识基础进一步强化。由此，市场一体化成为政府与消费者利益诉求的共同点。

但平台经营者与普通消费者的关系也成为矛盾与问题最为集中的领域。互联网技术的大规模运用并没有从根本上改善经营者与消费者信息不对称的结构。平台经营者与消费者的矛盾，从传统的价格、质量等领域的矛盾逐步转向个人信息安全方面的矛盾。互联网平台经营者获取市场支配地位的方式更加具有隐秘性，方式也更加具有迷惑性，与此同时更具有高效性。通过互联网平台的消费方式具有诱导性与依赖性，消费者为了获得便利的交易条件不经意间让渡自身的合法权益。消费者之间也产生了分化，年轻消费者习惯互联网消费方式而忽略了风险，中老年消费群体在消费时的学习成本也在不断提高。以家庭为单位的消费习惯的相互影响力不容忽

---

〔1〕 参见应飞虎：《论经济法视野中的弱势群体——以消费者等为对象的考察》，载《南京大学学报(哲学·人文科学·社会科学)》2007年第3期。

视。互联网消费媒介兼具社交与情感维系功能,家庭成员为了彼此生活的便利也选择了彼此都能认可的消费方式。互联网平台经营者由此实现了将消费行为向社会生活习惯的引导,并通过用户的依赖获得了市场支配地位。互联网时代的经营者与消费者纠纷不再是简单的因合同相对性而产生的封闭式纠纷,而越发具有公共风险效应,并进一步传递到金融法、竞争法等其他领域。

二、“经营者—消费者”主体架构带来的法律权益结构与表达技术变化

经济法对经营者与消费者的法律关系采取了较为特殊的“权利—义务”结构,例如,《消费者权益保护法》突破了以往权利义务对等的法律表达惯例,采用“消费者的权利”与“经营者的义务”对应的非传统表达方式,以此扭转经营者与消费者之间极端不公平的力量对比关系。此外,《烟草专卖法》《价格法》《产品质量法》《消费者权益保护法》《反不正当竞争法》《反垄断法》《广告法》这些法律的目的条款中,都明确表达了保护消费者权益与利益的立法宗旨。权利义务倾斜性的表达机制,体现的是经济法的实质公平原则。法律授权的社会组织对消费者的权益进行专门保护,例如,消费者协会被赋予提起消费者民事公益诉讼的主体资格。

三、国家与经营者的关系:经营自由权的社会责任边界

在经济法学研究成果中,有学者提出了从经济法的角度看待经营者的独特视角,“经济法的视野要求对经营者的判断不再着眼于其商法意义上的营利性特征,而着眼于其经济活动对市场及宏观经济的影响,这时的经营者及其关于营利性经营活动的性质界定,已经不再强调其利润是否分配给投资者或者成员,而是强调在与交易对象的交易活动中是否以获得对价为条件”。[1] 纯粹的民事调整机制已不足以解决经营者与消费者之间的不公平问题,若仅依靠刑事法律则加重了经营者的负担及风险。传统的市场规制行为是以经营者的经营行为合法为基本要求,但新型的市场规制行为则越发关注经营者对社会责任的履行。

---

〔1〕 参见李友根:《论经济法视野中的经营者——基于不正当竞争案判例的整理与研究》,载《南京大学学报(哲学·人文科学·社会科学)》2007 年第 3 期。

四、国家与消费者之间的关系：消费者权益的公共利益边界

基于消费者弱势地位理论构建的经营者与消费者的法律关系较少关注消费者责任问题。但国家与消费者之间的关系并不能完全依照消费者的弱势地位来开展，应当重视消费行为的社会责任问题。[1] 消费行为不得违反公共利益，应根据消费对象的特征来区分“生活消费”的公共经济边界。在某些特定领域内的消费行为会对公共资源造成一定损耗，主要体现在由国家提供的城市道路资源、民生资源等公共物品消费领域，消费者基于这些具备稀缺性、短时期内不可再生性的资源的消费行为必须有一定的边界。以城市道路资源为例，城市道路资源在短时期内具有稀缺性的特征，在短时期内进行再生的成本较大。此时只能采取对消费自由进行必要限制的措施，从而实质上保证了公共物品的提供质量。

基于整体市场经济秩序而言，为防止对消费者权益的过度保护而导致交易成本过高，应对消费者的特定消费行为进行必要限制。一般来说，市场秩序的维护主要依靠公权力机构，私人执法机制仅仅在有限度的范围内适用，但在超大规模市场中，消费者与经营者的关系发生了一定变化，消费者的特定消费行为涉及整体市场经济秩序是否稳定，此时若仅依靠公权力机构的保护不仅导致消费者权利保护机制的不足，还将陷入消费者身份确认的司法实践难题。为解决上述问题，国家和社会必须对消费行为进行引导。在涉及重大公共利益的消费领域，国家可以对特定消费行为采取必要的限制，例如，《反食品浪费法》的出台便是对食品浪费行为的矫正。而在涉及满足基本生活消费需求等领域，消费者协会等私人执法机构只能用促进、引导及鼓励的方式，提倡消费者树立绿色消费、可持续消费的理念。

第四节　“风险—安全”功能范式

“风险—安全”范式是对经济法特定社会功能的一种认知范式。

人类社会发展的历史也是利用技术、制度乃至组织克服风险的历史。伴随生产力水平的不断提高，人类社会面临的风险的形式已经从自然风险

---

〔1〕 参见吴金海：《面向社会责任消费：消费社会理论的批判性及其反思》，载《社会科学》2020年第2期。

发展到市场经济风险、制度运行风险、人类生存环境风险,更多的风险不再源自对象本身,而是来自人类对自然及社会的不当改造。风险也从形态上的有形性逐渐转化为无形的心理感受。乌尔里希·贝克认为,风险可以被界定为系统处理现代化自身引致的危险和不安全感的方式。〔1〕风险社会对法学研究也产生了具体的影响。现有的风险社会语境下的立法和法学研究多集中于刑法领域。〔2〕经济法具有危机对策法的属性,对风险的预防和化解也是经济法的重要功能和使命。〔3〕

一、"风险—安全"范式的研究成果梳理

经济法学界对风险社会理论也进行了相关回应,比如,袁达松教授的《证券市场风险管理法论》、冯果教授的《略论经济法在风险社会中的适应性》、欧阳恩钱的《风险社会的经济法适应》都属于其中有代表性的作品。有学者认为,经济法的产生就是应对经济与社会风险的选择。〔4〕工业革命兴起后,来自工业化的生产、服务与商品给人们带来的风险不断增加,并且这种风险由个体的生产、商品与服务逐渐向局部性或整体性的环境、食品、金融等领域发展。"风险社会的风险,其实质是人们利用高科技和发达的市场体系创造财富的过程中,高科技与发达市场(制度)体系本身隐含的风险的呈现。因而,它们是一种人为的行为风险。"〔5〕而当信息化的速度在全社会不断加快的同时,工业社会原有的信息不对称结构在信息社会中因信息功能的快速膨胀而在信息权利与信息利用方面形成了更加不平衡的信息结构,风险社会的特征进一步加剧。"如何缓解与分配风险损害成为风险社会的核心问题。侵权法解决的损害问题是私人对私人利益的侵害,其主要功能在于补偿受害者,其制度运行有赖于损害的确定性、有限性、可计量性、可预期和可控制性、私人性。风险损害所具有的不确定性、无限性、不可计量

---

〔1〕参见[德]乌尔里希·贝克:《风险社会》,何博闻译,译林出版社2004年版,第19页。

〔2〕主要研究成果有:郝艳兵:《风险社会下的刑法价值观念及其立法实践》,载《中国刑事法杂志》2009年第7期;高铭暄:《风险社会中刑事立法正当性理论研究》,载《法学论坛》2011年第4期;劳东燕:《风险社会中的刑法:社会转型与刑法理论的变迁》,北京大学出版社2015年版。

〔3〕参见张守文:《中国经济法理论的新发展》,载《政治与法律》2016年第12期。

〔4〕参见阳建勋:《论风险社会中的法律责任制度变革——传统部门法的内部修正与经济法的责任拓展》,载《广州大学学报(社会科学版)》2012年第3期。

〔5〕参见刘水林:《风险社会大规模损害责任法的范式重构——从侵权赔偿到成本分担》,载《法学研究》2014年第3期。

性、不可预期性、不可控制性和社会公共性颠覆了这些条件,对风险损害主要以规制法予以事前防范。"[1]

二、"风险—安全"理念对经济法的影响

(一)经济法语境中的风险类型及其来源

经济法调整的风险源自市场经济运行中的宏观领域安全风险,而不是私人经济关系中当事人的经济利益风险或者违法风险。经济法中所指的风险通常发生在公共经济空间内,被侵害对象具有不特定性,且危害结果在大规模社会内存在传导效应,市场经济的各类参与主体无法自发提供风险抵御与稀释工具,因此依赖国家干预提供阻却与缓释机制。从风险的范围来分析,包括违法经营行为直接导致的风险、不合理的市场结构状态及规模导致的风险、资源或者行业畸形发展的风险、自然资源不可逆趋势导致的短缺风险、突发事件导致的资源挤兑性风险、不确定的外部国际环境导致的风险。各种风险冲击监管能力和监管资源,破坏既有结构秩序,带来的恐慌将影响宏观调控效果,从而导致发展成果的减损和短缺,对国家安全、市场经济秩序安全造成侵害,在市场经济领域则更多地体现为一种对公共利益的侵害。

统筹好发展与安全的关系,是中国式现代化的重要议题。我们认为,经济法产生的使命就是与克服风险息息相关的。社会化大生产使风险的领域范围不断扩大,由于市场规模的扩大和交易模式的复杂化,风险从私人领域拓展到公共空间,传统的民商法出于消极介入的原因不足以单独化解风险,风险社会的产生和经济法生成的市场环境结构存在一致性。现代社会的风险具有综合性的特征,风险社会并不一定是由市场失灵单独而产生的,自然灾害、突发性公共卫生事件都会带来市场风险的连锁反应,传统干预主义在应对风险社会时存在比较明显的功能局限,主要体现在风险因为社会互动而变得不可控制,技术创新引发新交易模式也会让市场风险指数成倍地增长,大规模的人员流动和交往还可能加剧突发性公共卫生事件的风险,政府干预行为在消除风险的过程中又会产生新的风险,例如干预失败的风险、干预成本过大的风险等。

---

[1] 参见刘水林:《风险社会大规模损害责任法的范式重构——从侵权赔偿到成本分担》,载《法学研究》2014 年第 3 期。

虽然风险是现代社会的常态，但不同国家的风险形式与表现是不尽相同的。风险和一个国家的结构形式有关，松散的联邦要比强大的中央集权面临更多的不确定性。一个频繁爆发自然灾害的国家也会面临更多的风险威胁。人类社会还会面临超越国境的共同风险，例如，突发性公共卫生事件带来的社会治理风险，全球性的气候问题带来的生存环境风险，经济危机或者经济周期现象带来的市场风险。风险社会表现为综合形式的风险观，风险并非来自具体的个人，风险通常与科技创新有关，风险也和制度相关，与宏观调控相关。〔1〕风险具有随机性、概率性、周期性的特征，人类能够预测风险、抵御风险，但无法彻底根除风险发生的可能性。以德国为例，自德意志帝国 1871 年成立，即从统一的市场经济国家形成算起，截至 20 世纪末的 130 年间，德国发生过形形色色的经济危机或衰退、萧条。对社会经济政治有重大影响的共 12 次，其中德意志帝国时期 5 次（1873 年、1883 年、1891 年、1900 年、1907～1908 年），魏玛共和国时期 2 次（1922～1923 年、1929～1933 年），纳粹德国时期 1 次（1937 年），联邦德国时期 4 次（1966～1967 年、1974～1975 年、1981～1982 年、1993 年）。据统计，魏玛共和国时期 10 次、联邦德国时期两次政府更迭直接与经济危机有关。经济危机甚至还成为在德国建立法西斯独裁政权的重要诱因。〔2〕 人们不能因为风险的存在而采取消极应对的态度，因为抵御风险也可以带来制度创新。〔3〕

（二）经济法中的安全观念

经济法中的安全主要是指公共经济安全，立法者要满足社会群体的经济安全诉求。安全目标的实现建立在秩序基础上，依赖于权威主体的积极作为。经济法具有现代法和回应型法的特征，经济立法具有回应风险的可能性。

经济法中的安全观念既体现了传统安全观的基本要求，又有经济法部门法的自身特征。经济法中的安全观念的上位法依据源自我国《宪法》中的“国家安全”“祖国安全”的规定或者表述。例如，《宪法》第 28 条规定了国家维护社会秩序，镇压叛国和其他危害国家安全的犯罪活动，《宪法》第 54

〔1〕 参见倪斐：《风险社会中的宏观调控及其法律规制》，载《江海学刊》2011 年第 2 期。

〔2〕 参见吴必康、张丽等：《世界历史（第 8 册）：西方国家政府与市场经济》，江西人民出版社 2012 年版，第 271 页。

〔3〕 参见徐显明：《风险社会中的法律变迁》，载《法制资讯》2010 年第 1 期。

条规定了中华人民共和国公民有维护祖国的安全的义务。由此可见,经济法中的安全观念及制度设计是《宪法》相关条款的具体化。《宪法》第15条第3款规定的“国家依法禁止任何组织或者个人扰乱社会经济秩序”则更加直接体现了经济安全的诉求。

在经济法的单行法中,安全观念的表述方式呈现多元化的特点,在语义形式上体现为“具体领域或者行业+安全”。例如,《水法》中的“水工程安全”和“堤防安全”,《农业技术推广法》中的“农业生态安全”,《民用航空法》中的“飞行安全”,《煤炭法》中的“安全生产”,《农业法》《种子法》《乡村振兴促进法》中的“粮食安全”,《可再生能源法》中的“能源安全”等。在行业管理或者资源型管理类经济法中,法律文本中体现出来的“安全诉求”较为典型,例如,《民用航空法》《电力法》《煤炭法》《公路法》《海域使用管理法》《港口法》《畜牧法》《农产品质量安全法》《海南自由贸易港法》等法律中都有安全诉求的相关规定。

三、经济法法律文本中的“风险—安全”机制

不同国家面临不同的“风险—安全”问题。中国模式中的风险与安全问题更多表现为发展不充分不均衡带来的资本稀缺与大规模国家风险诱因多元化相叠加所产生的问题。解决这些问题,有赖于以政府支持为主导的持续性经济增长机制,并在其中引入地方政府参与治理的路径。促进经济发展通常体现为发展成果的持续性积累与稳定增长,即遵循“基本经济秩序建构—促进经济增长与发展成果积累—化解危机与恐慌”的实现机理。

经济立法的功能应当从传统的干预思路,转向风险的事前防控以及对经济发展成果的捍卫。针对风险不断加剧的社会挑战,经济法法律中应对风险的制度与机制也逐渐产生和建立。经济法的安全价值理念便源于对风险的应对。《产品质量法》所确立的产品质量检验合格制度、产品质量标准制度、企业质量体系认证制度、产品质量认证制度、产品质量抽查制度等,就是为了有效控制产品质量风险而建立。《中国人民银行法》将“防范和化解金融风险,维护金融稳定”作为中国人民银行的职能进行了设置。《银行业监督管理法》将“防范和化解银行业风险”作为该法的立法宗旨,并规定商业银行应执行包括风险管理在内的审慎经营规则。《农业法》中规定建立“粮食安全预警制度”“粮食风险基金制度”等,用以确保粮食安全。经济法法律

中的风险防范与风险管理内容的摄入,使"风险—安全"模式成为经济法中的重要规范结构。风险社会对于经济法的体系构成也会产生影响,在今后的立法以及法律修改中,应考虑到各种风险可能对市场秩序造成的影响,具体包括:市场运行过程中的风险,例如竞争风险、产业风险等;因为政府宏观调控而产生的风险,例如过度干预而产生的市场误伤风险、干预不足而产生的市场失序风险;因为参与经济全球化而产生的风险。又如,海外投资产生的风险、贸易纠纷产生的风险、全球经济波动产生的风险。现代社会的风险来源是多维度的,无论是政府、市场乃至个人都会遭遇风险。我们认为,治理风险应当考虑到时间和时机的元素,防止过度干预或者干预缺位,具体而言:第一,应当建立事前的风险监测与预警体系。比如,《预算法》规定的政府债务的管理规范中,政府应当建立政府债务风险评估、预警与应急处置机制。第二,应当建立市场运行中的风险识别与排除机制。执法者需要掌握足够的信息,同时也需要必要的权限及时处置风险,在风险发生时采取的各种干预手段需要于法有据,但也需要适当变通,因为经济法的适用并非完全依靠诉讼机制,也依靠临时性的行政方式。第三,应当建立风险结束后的干预退出路径与机制。

(一)经济法中风险抵御机制的建构

1.预防风险的事前干预

预防风险的事前干预措施主要包括风险基金、风险监测、风险评估、安全评估、规模控制、预警机制、安全审查等。比如,政府债务规模如果过大就会引发债务违约等财政风险,因此《预算法》规定对我国中央政府债务与地方政府债务实行债务余额限额管理,对政府举债规模进行限制。除此之外,《预算法》还规定国务院建立地方政府债务风险评估和预警机制、应急处置机制以及责任追究制度,对地方政府债务进行监督。再如,商业银行等金融机构的能力与资质,关系金融市场的稳定和安全,因此《商业银行法》将安全防范措施作为设立商业银行的准入条件之一。

我们对现行经济立法有关风险预防的条款进行了梳理,具体如表3-13-2所示。

表 3－13－2　经济法中的风险预防条款

风险预防的方式	代表性法条
安全防范措施	《商业银行法》第 12 条、第 20 条
安全预警与监测制度	《农业法》第 34 条、《农产品质量安全法》第 13 条、《海南自由贸易港法》第 55 条
风险基金制度	《农业法》第 35 条、《注册会计师法》第 28 条、《中华人民共和国资产评估法》第 21 条
安全审查制度	《种子法》第 61 条、《反垄断法》第 38 条、《乡村振兴促进法》第 15 条、《海南自由贸易港法》第 55 条

2. 常态化的风险过程管理制度

现行立法常态化的风险过程管理措施主要包括安全规范、常态化的检查监督、安全管理、设定安全标准、安全使用制度、安全性评价、安全保障机制等，立法者对风险发生进行全过程的控制。

我们对现行经济立法中的风险过程管理条款进行了梳理，具体如表 3－13－3 所示。

表 3－13－3　经济法中的风险过程管理条款

风险过程管理的方式	代表性法条
安全标准	《农业法》第 22 条、《标准化法》第 10 条
安全使用制度	《农业法》第 25 条
安全管理	《农业法》第 20 条、第 29 条，《乡村振兴促进法》第 38 条、《银行业监督管理法》第 36 条
安全保障措施	《邮政法》第 6 条
安全措施	《矿产资源法》第 26 条、《野生动物保护法》第 40 条

3. 风险治理过程中的主体责任分配

在风险治理过程中，政府与市场的关系、中央与地方的关系需要在经济立法中予以明确。

我们对现行经济立法中的风险治理主体进行了梳理，具体如表 3－13－4 所示。

表3－13－4　经济法中的风险治理主体

风险治理主体类型	代表性法条
各级地方政府	《铁路法》第7条、《乡村振兴促进法》第49条、《煤炭法》第8条
县级以上人民政府	《广告法》第41条、《农业机械化促进法》第3条
企业主体	《煤炭法》第8条、《可再生能源法》第14条
专门机构主体	《银行业监督管理法》第13条、第28条 《农产品质量安全法》第15条

综上所述，在风险治理过程中，现行立法主要是采取属地原则与专业机构负责相结合的方式。

（二）经济法中安全目标的实现路径

最为常见的是将安全目标嵌入经济法单行法的立法目的条款中。例如，《标准化法》第1条规定："为了加强标准化工作，提升产品和服务质量，促进科学技术进步，保障人身健康和生命财产安全，维护国家安全、生态环境安全，提高经济社会发展水平，制定本法。"现行立法将保障安全作为国家的积极义务或者责任明确列出，在此种场景中，政府干预主体通过主动供给秩序、公共经济符号、市场基础设施、救济手段等方式确保安全目标的实现。

1．基本经济秩序的建构

建构基本经济秩序的主要措施包括国家提供公共经济符号、市场基础设施等，降低个体参与市场经济的制度成本，并以此降低区域之间、行业间因发展不均衡而产生的风险，通过公共基础设施的构建、保障设施之间的互联互通缓解资本初始分布的不均衡状态。例如，《种子法》第63条第1款规定国家加强种业公益性基础设施建设，保障育种科研设施用地合理需求。《数据安全法》第14条第1款规定国家实施大数据战略，推进数据基础设施建设，鼓励和支持数据在各行业、各领域的创新应用。《乡村振兴促进法》中提及的"农田水利基础设施""公共基础设施""新型基础设施"等。《电子商务法》第66条规定国家推动电子商务基础设施和物流网络建设，完善电子商务统计制度，加强电子商务标准体系建设。《邮政法》第8条第4款规定提供邮政普遍服务的邮政设施等组成的邮政网络是国家重要的通信基础设施。《农业法》第6条第2款规定国家采取措施加强农业和农村基础设施建设，调整、优化农业和农村经济结构，推进农业产业化经营，发展农业科技、教育事业,保护农业生态环境,促进农业机械化和信息化,提高农业综合生产能力。

2. 促进经济增长与成果积累

纯粹的市场力量在风险与危机时刻难以通过自身力量保持经济持续增长。在经济立法中,立法者以促进经济增长为根本目标,通过持续性经济增长的结果扩大税源以增进宏观调控的能力,实现收入增长和财富总量增加。例如,《乡村振兴促进法》第 21 条第 1 款规定各级人民政府应当建立健全有利于农民收入稳定增长的机制,鼓励支持农民拓宽增收渠道,促进农民增加收入。《农业法》第 31 条第 1 款规定了国家采取措施保护和提高粮食综合生产能力,稳步提高粮食生产水平,保障粮食安全。

3. 市场信心的维护与恢复机制

《银行业监督管理法》第 3 条第 1 款规定了银行业监督管理的目标是促进银行业的合法、稳健运行,维护公众对银行业的信心。《商业银行法》第 64 条第 1 款规定商业银行已经或者可能发生信用危机,严重影响存款人的利益时,国务院银行业监督管理机构可以对该银行实行接管。《价格法》第 31 条规定当市场价格总水平出现剧烈波动等异常状态时,国务院可以在全国范围内或者部分区域内采取临时集中定价权限、部分或者全面冻结价格的紧急措施。

第五节　“监管—监督”实施范式

“监管—监督”范式是对经济法实施方式的一种认知范式。

与其他法律部门相比,经济法有着比较丰富的实施手段,且更偏重于公法手段,经济法的公共设施比私人设施的领域要宽很多。经济法的实施既有柔性的经济政策、经济社会发展规划等实施手段,又有刚性的行政执法与司法诉讼等实施手段;既有基于职责与职权的监管与监督手段,又有基于请求权的私人诉讼与公益诉讼手段;既有纵向的管理性手段,又有横向的牵制性手段;既有积极的促进性手段,又有消极的禁止性手段;既有行政性的监管实施手段,又有社会性的监管实施手段;既有他律性的监管手段,又有自律性的监管手段;既有惩罚性的实施手段,又有补偿性的实施手段。由于经济法所调整的领域具有极强的职权特征与政策属性,仅依靠传统部门法中的司法裁判方式来实施经济法是远远不够的,并且经济法的很多调整领域存在司法难以适用的情形。在经济法实施过程中,赋有监督职权的权力机关、监督机关,赋有监管权力的专业性行政执法机构、行业自律组织、社会性规制机构发挥着重要作用,监管与监督是经济法中至关重要的实施方式。

一、监管与监督的含义

"关于监管的定义,在行政法学的意义上,政府的行政监管是一种外部行政行为,是发生在特定行政主体和具体行政相对人之间的一种直接的行政法律关系。而在经济学家看来,政府的行政监管是行政机构通过法律授权,通过制定规章,设定许可,监督检查,行政处罚和行政裁决等行政处理行为对社会经济个体的行为实施的直接控制。它的最终目的是要增进公共利益或合法私人利益,并使之避免或减少由个体经济决策(生产,销售及价格行为)带来的损害。"[1]监管在广义上包含监督管理、管理、主管、监督检查、调查等内涵,是依法律规定的职责和职权对一定的对象、行为所实施的具有命令服从性质的行政行为以及具有管束性质的自律管理行为。监管者对被监管者的行为可以直接进行合法性与合规性的效力认定,可以直接纠正被监管者的不当行为,可以直接发出要求被监管者作出行为上的相应改变的命令,可以直接对被监管者进行处罚。监管者对被监管者能进行直接管束是监管的主要特征。

关于监管的研究多在经济学和法学两大学科之间进行展开。一般认为,现代意义上的"监管"一词由"regulate"或者"regulation"这两个词翻译而来。[2] 经济学对监管的研究相对较早,且在研究监管时多与垄断相结合进行,也关注到了具体的经济问题,其中主要落脚点在对价格的设定、市场准

---

〔1〕 参见余晖:《管制与自律》,浙江大学出版社 2008 年版,第 231 页。

〔2〕 我国学者余晖认为,"监管""规制""管制"三个词都是由"regulation"翻译而来,但存在不同。"管制"能给人更为直观的"严酷感",而对于"监管"他认为这有"监督管理"的含义,"规制"代表着"规范制约"的意思。马英娟认为,"监管"有监督或者监视管理的意思,指的是保持一定的距离范围,通过监督和控制来保证事物正常运行。"监管"的提法既比"管制"柔和,也比"规制"更令人熟悉且接近原意。宋慧宇认为,"管制"在《辞海》中被解释为刑事处罚的一种,体现为不进行关押但短期限制其人身自由,在《现代汉语词典中》"管制"还有强制管理的意思。将"管制"和刑事处罚联系在一起确实有严酷之感,甚至容易产生压制和过度的感觉。"规制"在《新编现代汉语词典》有规范制约的意思,但其认为"规制"较为中性,用途更普遍。相比之下,"监管"更为人熟知,含义也更为贴切。参见余晖:《论行政体制改革中的政府监管》,载《江海学刊》2004 年第 1 期;马英娟:《监管的概念:国际视野与中国话语》,载《浙江学刊》2018 年第 4 期;宋慧宇:《行政监管权研究》,吉林大学 2010 年博士学位论文。本书采用"监管"的提法,如无特殊说明,监管、管制、规制均在同一意义上予以使用。

入的要求和产品服务的质量控制上。从经济政策的角度出发,《新帕尔格雷夫经济学大辞典》中提道,在凯恩斯主义体系中,管制指的是通过一些反周期的预算或货币干预手段对宏观经济活动进行调节。更具体而言,管制是政府为了控制企业的价格、销售和生产决策而采取的各种行动,这些行动的目的在于制止对社会利益不重视的私人决策。〔1〕美国经济学家斯蒂格勒提出,管制是产业自身所需要的,并且是按照其利益进行建构的,这主要也是对国家强制权力的运用表现。〔2〕美国经济学家卡恩认为,监管是用政府命令这一制度手段来代替市场的竞争机制,具体到公共事业之中,监管主要是对产业结构和经济绩效这两方面直接作出的规定。〔3〕日本学者植草益提出,一般的规制是指根据相关的规则对经济主体的活动进行限制的一种行为,在这个过程中根据规制主体的不同,又可以进一步分为私人规制和公共层面的规制。〔4〕在经济学的研究中,关于监管的表达方式虽略有不同,但是基本已形成将监管定位为政府公权力在市场之中的一种运用的共识。法学界关于监管的研究成果也比较丰富。《牛津法律大辞典》对"regulation"的广义解释是一切为了规范行为的法律规定,并且进一步将"regulatory agency"解释为"管理机构",其职能在于管理特定的经济领域。〔5〕《布莱克法律词典》对"regulation"作出了解释,其中谈到监管指的是依法设置规则或者命令以及限制的行为。〔6〕安东尼·奥格斯认为,规制包含了一个更高主体的要求,这个更高的主体就是国家。我国学者马英娟提出,监管可以分为广义的监管、狭义的监管和最狭义的监管三类,这样的分类是基于监管主体和监管范围的不同,其认为监管应采用最狭义的概念,即将监管置于市场这一机制的框架内,目的是解决市场失灵,从而对市场主体依法进行经济活动的干预

---

〔1〕参见[英]约翰·伊特韦尔、[美]默里·米尔盖特、[美]彼得·纽曼编:《新帕尔格雷夫经济学大辞典》(第4卷),陈岱孙主编译,经济科学出版社1996年版,第135~137页。

〔2〕参见[美]丹尼尔·F.史普博:《管制与市场》,余晖、何帆、钱家骏、周维富译,格致出版社、上海三联书店、上海人民出版社2008年版,第27~29页。

〔3〕See Alfred. E. Kahn, *The Economics of Regulation: Principles and Institutions*, The MIT Press, 1988, p.58.

〔4〕参见[日]植草益:《微观规制经济学》,朱绍文、胡欣欣等译,中国发展出版社1992年版,第1页。

〔5〕参见[英]戴维·M.沃克:《牛津法律大辞典》,李双元等译,法律出版社2003年版,第954页。

〔6〕See Bryan A. Garner, *Black's Law Dictionary* (*the Eighth Edition*), West Publishing Press, 2004, p.1311.

和控制。[1] 有学者提道,监管是特定主体依据法律授权通过强制权干预和控制市场经济,私人之间基于自愿的监管不在专业研究的范围之内。[2] 盛学军教授认为,监管是依照法律的规定通过公权力直接限制了市场主体的权利或者增加了其义务。[3] 在法学的研究中,国内外学者都关注到了监管所包含的强制性,也注意到了监管蕴含着"依法"的精神和原则。此外,我们需要注意到,监管除了具有管理的基本属性外,也包含监督的内涵。从某种意义上说,管理必然包含监督的因素在内。

监督是基于法律规定而由国家机关、社会团体、公民个人对一定的对象与行为进行建议、督促、批评、质询、举报的行为。在监督关系中,监督主体有权获得被监督者的相关情况与信息,有权启动法律授权的调查程序,有权要求有关部门启动对被监督者的问责程序,有权要求被监督者按照法律规定作出不当行为的相应矫正。但监督毕竟不同于监管,监督关系不具有管理性质,监督主体无权直接纠正被监督者的不当行为,也不能直接对被监督者追究责任。

不受约束的权力将会产生极大风险,监督兼具风险控制与及时纠错的功能。权力与责任相匹配的要求产生了对权力进行监督的利益诉求,有效的监督建立在监督主体专业性和权威性的基础之上、建立在监督主体对被监督主体的权力制约基础之上。其一,监督效果的实现建立在监督主体的权威性基础上,最典型的监督便是在科层制结构中行政主体自上而下的监督。例如,《税收征收管理法》第 10 条第 2 款规定了上级税务机关应当对下级税务机关的执法活动依法进行监督。《预算法》第 87 条规定了各级政府监督下级政府的预算执行。其二,监督主体对被监督主体的权力制衡。根据《预算法》第 48 条的规定,各级人大及其常委会对各级政府的预算编制、调整享有审查、批准权,对预算执行享有监督权。有学者就认为,立法机关对政府预算编制和预算执行活动进行监督是落实财政民主原则的主要途径。[4] 其三,监督机制体现专业性和科学性。例如,《审计法》第 2 条第 1 款

---

〔1〕 参见马英娟:《监管的语义辨析》,载《法学杂志》2005 年第 5 期。

〔2〕 参见宋慧宇:《行政监管概念的界定与解析》,载《长春工业大学学报(社会科学版)》2011 年第 1 期。

〔3〕 参见盛学军:《监管失灵与市场监管权的重构》,载《现代法学》2006 年第 1 期。

〔4〕 参见邢斌文:《全国人大财政经济委员会预算监督功能的实证考察》,载《财经法学》2019 年第 5 期。

规定构建集中统一、全面覆盖、权威高效的审计监督体系。《审计法》第13条第1款规定审计人员应当具备与其从事的审计工作相适应的专业知识和业务能力。

监督体现了决策公共性与民主性，例如，参与式预算编制模式的引入，契合了经济民主的理念，参与监督的主体范围大大拓展。监督具有范围上的全覆盖性，例如全口径预算审查监督制度。监督手段通常适用在专业性、综合性较强的领域，监督主体提供业务指导、效率较高、可以随时介入，节省了监管与诉讼资源，也具有一定威慑力度，并能够保证被监督主体具有相对独立性。监督的方式较为多元，与监管手段相比，运用监督手段也是适度干预的体现，并非直接介入微观的市场行为与行政行为的操作过程，能保证政策运行的持续性。

监管与监督，特别是监督，在中国经济法学理论研究中并没有受到充分重视。以往的经济法学研究成果主要是将监管当作一种纯粹的干预市场的技术手段来看待，没有对监管者主体地位、监管规则供给、监管中立、监管救济等深层次的监管法治问题作出深入探讨。而对平行状态下运行的经济职权或没有直接拘束力的监督方式，经济法学界的关注甚少，这就使经济法中的主要实施手段失去了法理上的支持。"监管—监督"认知范式对竞争法、金融法、财税法等经济法中的子部门法的相互关联能够起到链接作用，经济法学研究有必要对"监管—监督"实施范式予以关注和重视。

二、经济法法律规范中的监管

监管在经济法法律规范中是一个出现频率极高的词。《农产品质量安全法》第33条第1款规定："国家支持农产品产地冷链物流基础设施建设，健全有关农产品冷链物流标准、服务规范和监管保障机制，保障冷链物流农产品畅通高效、安全便捷，扩大高品质市场供给。"此处将监管的主体定位为"国家"，将监管界定为一种"保障机制"。《反垄断法》第8条第1款规定："国有经济占控制地位的关系国民经济命脉和国家安全的行业以及依法实行专营专卖的行业，国家对其经营者的合法经营活动予以保护，并对经营者的经营行为及其商品和服务的价格依法实施监管和调控，维护消费者利益，促进技术进步。"第11条规定："国家健全完善反垄断规则制度，强化反垄断监管力量，提高监管能力和监管体系现代化水平，加强反垄断执法司法，依法公正高效审理垄断案件,健全行政执法和司法衔接机制,维护公平竞争秩序。”《银行业监督管理法》第23条规定:“银行业监督管理机构应当对银行业金融机构的业务活动及其风险状况进行非现场监管,建立银行业金融机构监督管理信息系统,分析、评价银行业金融机构的风险状况。”这些法律规范中的规定,将监管的主体定位为“国家”,监管被设定为国家的一种职能,并且是一种规范化、制度化的职能。《海南自由贸易港法》第11条、第13条、第14条、第15条、第20条、第23条、第55条,《数据安全法》第2条、第44条、第50条,《长江保护法》第43条,均涉及对监管的规定,这些规定将监管的主体定位为国家部门,将监管界定为一种法定职责、法定制度和法定机制,并且明确了监管必须依法实施。《电子商务法》第72条规定:“国家进出口管理部门应当推进跨境电子商务海关申报、纳税、检验检疫等环节的综合服务和监管体系建设,优化监管流程,推动实现信息共享、监管互认、执法互助,提高跨境电子商务服务和监管效率。跨境电子商务经营者可以凭电子单证向国家进出口管理部门办理有关手续。”《中小企业促进法》第15条规定:“国务院银行业监督管理机构对金融机构开展小型微型企业金融服务应当制定差异化监管政策,采取合理提高小型微型企业不良贷款容忍度等措施,引导金融机构增加小型微型企业融资规模和比重,提高金融服务水平。”第38条规定:“国家完善市场体系,实行统一的市场准入和市场监管制度,反对垄断和不正当竞争,营造中小企业公平参与竞争的市场环境。”《农业法》第45条第1款规定:“国家建立健全农村金融体系,加强农村信用制度建设,加强农村金融监管。”这些规定中的监管,很明显是一种法定制度的设计。《出口管制法》第30条规定:“为加强管制物项出口管理,防范管制物项出口违法风险,国家出口管制管理部门可以采取监管谈话、出具警示函等措施。”这一规定将监管界定为一种法定措施。

三、监督权力的来源:基于法律文本的考察

监督权力最为根本的来源是宪法层面的规范依据。我国《宪法》第2条规定:“中华人民共和国的一切权力属于人民。人民行使国家权力的机关是全国人民代表大会和地方各级人民代表大会。人民依照法律规定,通过各种途径和形式,管理国家事务,管理经济和文化事业,管理社会事务。”这从根本上建构了监督的宪法基础。《宪法》第27条第2款进一步规定了一切

国家机关和国家工作人员必须依靠人民的支持,经常保持同人民的密切联系,倾听人民的意见和建议,接受人民的监督。除此之外,《各级人民代表大会常务委员会监督法》、经济法单行法中有关监督的规定与规范,共同构成了经济法中监督方式以及监督权力的法律依据。

如果说宪法中的人民主权条款是人民参与政治监督的权力基础,那么宪法中的国有财产条款则构筑了人民参与经济监督的法律基础。全民所有制是人民对国有经营机构和国有经营行为进行监督的前提。我国《宪法》第6条规定了社会主义经济制度的基础是生产资料的社会主义公有制,因此《反垄断法》第8条规定国有经济占控制地位的关系国民经济命脉和国家安全的行业以及依法实行专营专卖的行业,要自觉接受社会公众的监督。《中国人民银行法》第8条规定,中国人民银行的全部资本由国家出资,属于国家所有。正是因为中国人民银行资本来源的国有属性,中国人民银行也要自觉接受全国人民代表大会的监督。

缺乏实质拘束力的监督方式很难产生实质效果。监督效力和被监督主体的人事安排、资金来源、决策机制等内部治理结构直接关联。《中国人民银行法》第38条第2款规定中国人民银行的预算经国务院财政部门审核后,纳入中央预算,接受国务院财政部门的预算执行监督。由此可见,中国人民银行日常活动的经费预算受到必要的预算监督。《中国人民银行法》第10条第2款规定,中国人民银行行长的人选,根据国务院总理的提名,由全国人民代表大会决定;全国人民代表大会闭会期间,由全国人民代表大会常务委员会决定,由中华人民共和国主席任免。中国人民银行副行长由国务院总理任免。从上述规定中可以看出,监督权的实现需要监督主体对被监督主体具有各种实质性影响。

四、监督的主体与形式

(一)实施监督的主体

基于职责和职权的监督形式主要有财政监督、审计监督等,基于人民主权的监督形式主要是社会监督。根据监督主体的类型可以区分为立法机关的监督、政府上下级之间的监督、专门监督(审计监督)、社会监督等。

1.立法机关的监督

根据我国现行立法的规定,各级人大及其常委会是典型的立法机关监督主体。《宪法》第67条第6项规定,全国人大常委会监督国务院、中央军事委员会、国家监察委员会、最高人民法院和最高人民检察院的工作。《各级人民代表大会常务委员会监督法》第2条第1款规定,各级人民代表大会常务委员会依据《宪法》和有关法律的规定,行使监督职权。立法机关的监督权在部门法中也有具体的体现,例如《预算法》中各级人大对预算的审查批准权。有学者认为,人大预算监督包括信息、对话与强制三个维度。[1] 人大在金融监管中的监督权也有体现,《中国人民银行法》的立法目的之一便是加强对金融业的监督,该法第6条规定了全国人大常委会对中国人民银行的监督权。[2]

2. 行政层级间的监督

行政层级间的监督建立在科层制的管理模式基础之上。科层制是我国地方政府治理的传统经验,纵向治理是政治稳定的支柱。[3] 在科层制结构中,下级对上级服从并负责,上级对下级进行业务指导和监督。例如,《宪法》第109条规定了地方各级审计机关对上一级审计机关负责。行政层级监督由于监督与管理合二为一而具有专业性与权威性。[4] 尤其是在专业性较强的垂直领导领域内,上级机构对下级机构的监督可以防止地方保护主义的干预,其监督效果也能够得到保障。《税收征收管理法》第10条第2款规定了上级税务机关应当对下级税务机关的执法活动依法进行监督。《预算法》第87条规定了各级政府监督下级政府的预算执行。《中国人民银行法》第5条第1款规定了中国人民银行就年度货币供应量、利率、汇率和国务院规定的其他重要事项作出的决定,报国务院批准后执行。在实践中,上级机构对下级机构可以采取考核、检查、责令改正、行政处分、停止支付资金等方式来确保监督效力。

---

〔1〕 参见林慕华、马骏:《中国地方人民代表大会预算监督研究》,载《中国社会科学》2012年第6期。

〔2〕 《中国人民银行法》第6条规定:"中国人民银行应当向全国人民代表大会常务委员会提出有关货币政策情况和金融业运行情况的工作报告。"

〔3〕 参见张贤明、张力伟:《国家纵向治理体系现代化:结构、过程与功能》,载《政治学研究》2021年第6期。

〔4〕 参见刘素梅:《行政层级监督法制化建设存在的问题及其完善路径》,载《湖北社会科学》2014年第12期。

3. 审计监督

在宪法层面,《宪法》第 91 条规定了审计机关行使审计监督权。在经济法的单行法中亦有围绕审计监督的专门规定。例如,《政府采购法》第 68 条规定,审计机关应当对政府采购进行审计监督。政府采购监督管理部门、政府采购各当事人有关政府采购活动,应当接受审计机关的审计监督。《中国人民银行法》第 40 条规定,中国人民银行的财务收支和会计事务,应当执行法律、行政法规和国家统一的财务、会计制度,接受国务院审计机关和财政部门依法分别进行的审计和监督。审计监督的目的在于保证公共资金的合法合规使用。审计监督通过报告、整改与问责等方式实施,例如,在《国务院关于 2021 年度中央预算执行和其他财政收支审计查出问题整改情况的报告》中,就提到当年已有 1.4 万人因为查出问题而被追责问责。

4. 社会监督

社会监督也是一种提高经济法实施效力的重要手段。社会监督方式的运用,可以减少执法的成本以及降低信息不对称的程度。社会监督的主体范围较广,例如,《反不正当竞争法》第 5 条第 1 款规定国家鼓励、支持和保护一切组织和个人对不正当竞争行为进行社会监督,《反垄断法》第 8 条规定社会公众对国有经济占控制地位的关系国民经济命脉和国家安全的行业以及依法实行专营专卖的行业进行监督。

根据《2018 年食品舆情报告》的统计,自媒体平台已经成为食品安全舆情的重要来源,比如食品安全问题中自媒体监督方式的参与。[1]监督并不一定意味着硬性的责任和制裁,却能够对其行为及其后果产生影响。《消费者权益保护法》第 15 条规定了消费者享有监督权,但消费者的监督权是否只留存于形式,能否对经营者的行为产生直接影响呢?我们认为,应当将消费者的监督权和市场监管执法行为有机结合起来。消费者自发的抵制行为也属于监督权的一种行使方式,那么,消费者抵制是否能够起到应有的作用呢?消费者的抵制行为需要在集体行动的基础之上才能起到一定作用,现有的消费者抵制行为更多是消费者的个人选择与个体行动,对经营者并不能起到足够强烈的威慑作用。目前的消费者抵制行为也多为对突发事件的

---

〔1〕 参见郭兰英、单飞跃、赵文焕:《食品安全自媒体监督:现状、问题及其法律规制》,载《宏观质量研究》2014 年第 1 期。

临时性反应,不具有持续性,而且很多时候容易导致非理性行为的产生。我们认为,消费者的监督能够对违法主体的信用与声誉产生减损的影响,进而可以对经营者起到约束作用,但监督必须在法律设定的程序框架内进行。

(二)监督的形式

监督的形式多种多样,比如对政府与市场的双向监督。监督也可区分为形式监督与实质监督。根据不同阶段,监督还可以区分为事前预防、事中监测纠错、事后解释汇报与问责追究。

1. 事前监督

事前监督主要是对被监督机构的经费使用状况进行监督,防止资金使用浪费对纳税人权利的侵害。最为常见的事前监督方式便是预算监督方式。预算监督主要是对预算编制、执行以及决算等活动的真实性、合法性、有效性实施的监察和督促。[1]《预算法》第22条第1款规定全国人民代表大会财政经济委员会对中央预算草案初步方案进行初步审查,提出初步审查意见。《预算法》第44条第1款规定:“国务院财政部门应当在每年全国人民代表大会会议举行的四十五日前,将中央预算草案的初步方案提交全国人民代表大会财政经济委员会进行初步审查。”预算草案初步审查制度属于典型的权力机关事前监督方式。

2. 事中监督

在事中监督模式中,监督主体可以随时对被监督主体的违规行为进行及时纠正,防止危害结果的进一步发生。例如,《预算法》第86条规定:“国务院和县级以上地方各级政府应当在每年六月至九月期间向本级人民代表大会常务委员会报告预算执行情况。”《中国人民银行法》第32条规定,中国人民银行有权对金融机构以及其他单位和个人的执行有关存款准备金管理规定、与中国人民银行特种贷款有关、执行有关清算管理规定等行为进行检查监督。

3. 事后监督

事后监督主要是指被监督主体向监督机关进行工作报告的监督制度。监督的方式为监督机关听取、审议报告,对审议报告中提出的问题要求被监

---

〔1〕 参见任喜荣:《预算监督与财政民主:人大预算监督权的成长》,载《华东政法大学学报》2009年第5期。

督主体进行整改。事后监督的效力建立在工作报告信息真实全面的基础之上。《预算法》在对全国人民代表大会常务委员会预算管理职权作出的规定中,规定全国人民代表大会常务委员会有权撤销省、自治区、直辖市人民代表大会及其常务委员会制定的同宪法、法律和行政法规相抵触的关于预算、决算的地方性法规和决议。《中国人民银行法》第 6 条规定,中国人民银行应当向全国人民代表大会常务委员会提出有关货币政策情况和金融业运行情况的工作报告。《审计法》第 4 条规定,国务院和县级以上地方人民政府应当每年向本级人民代表大会常务委员会提出审计工作报告。《企业国有资产法》第 63 条规定,各级人民代表大会常务委员会通过听取和审议本级人民政府履行出资人职责的情况和国有资产监督管理情况的专项工作报告,组织对该法实施情况的执法检查等,依法行使监督职权。

第六节 "经济宪法—经济行政法—社会经济法"体系范式

"经济宪法—经济行政法—社会经济法"范式是从学理意义上对经济法体系的认知范式,更进一步地说,是经济法学的体系范式。"经济宪法—经济行政法—社会经济法"范式是基于经济法是调整公共经济关系的法律规范、经济法在本质上就是经济公法的基本价值判断,而对经济法体系所提供的一种认知范式。依据这一认知范式,经济法学的体系由经济宪法、经济行政法、社会经济法三个部分组成。

一、学理层面上经济法体系的意义

经济法体系与经济法学体系是既相联系,又相区别的两个概念。经济法是一个具有开放性的法律部门,既要对既有经济立法进行系统性的整理,又要对现有社会经济关系所产生的经济立法需求进行回应。经济立法立足于经济社会发展的需要,不会消极受制于法律体系的严谨性要求。只要有需求,就会有经济立法。经济立法的这一特点,决定了构建经济法体系时必须预留充分的空间来容纳新的经济立法所带来的体系扩容要求。经济法的体系是开放的和发展的,但经济法学作为知识体系与学科体系,需要具有一定的稳定性和对经济法体系的超越性。经济法学体系既立足于经济法体系,但又不局限于和消极受制于经济法体系,其是经济法体系的理论抽象与整体超越。将经济法学体系简单等同于经济法体系,既不科学,又不适当。

就现有研究成果而言，经济法学研究需要实现两大转变：一是从经济学的话语体系向经济法学的话语体系的转变。市场规制法与宏观调控法的经济法体系二元构成法，虽然表意直白、清晰明了，但“市场规制”与“宏观调控”二词的经济学意味太浓，法学意蕴与法学色彩太弱。二是从经济法体系向经济法学体系的转变。动态的经济法体系与相对稳定的经济法学体系都是经济法治建设追求的目标。经济法学体系要充分尊重法学的表达方式与表达惯例，强化法学对经济法学话语体系的基本约束。

经济法是一个具有强烈的综合性与跨法律部门属性的法律部门。经济法的综合性表现为政治性与经济性、公共性与个体性、行政性与社会性、公法属性与私法属性、公共利益属性与私人利益属性、宪法属性与部门法属性、纵向属性与横向属性、外在约束性与自律管理性等的交织与并存，只是在其中的一些关系中，某一个方面的属性会居于主导地位。经济法的这些特点也必然反映在经济法学体系之中，经济法学体系在保持理论性、稳定性、抽象性、法学性的基础上，会突出其综合性与跨法律部门性的特点。经济宪法、经济行政法、社会经济法三个领域概念，既反映了各自的部门与学科交叉性和综合性特征，又反映了三个领域概念相互间的交织性和层次性特征，是经济法学体系的重要组成部分。经济法是调整政府与市场关系之法，是规范政府经济行为之法。作为配置国家机关经济职权的经济法部门，作为对市场主体与市场行为构成直接约束甚至有可能减损市场主体经济权利的经济法规则，其必须受到经济宪法的控制与约束。随着规制理念与监管机制中社会性力量的植入，行政机关在经济生活中的刚性管理职能向柔性管理职能的转变趋势十分明显，但经济行政法仍然是各类市场监管的主要手段。市场主体的权利要得到尊重和保护，就必须使经济行政行为接受经济行政法的有效约束。社会经济法是非行政性社会主体参与经济社会治理和市场经济活动的行为规则。社会经济法的主体内生于市场，其法律地位为法律所确认，其权能为法律所赋予，其所实施的法律行为具有法律效力。社会经济法是对经济行政法的有效补充，其与经济行政法共同构成经济法的一体两翼。

二、经济宪法的表达形式

从语源上考察，“经济宪法”一词为德国的秩序自由主义学派（弗莱堡学派）提出，该学派的创始人为欧肯和伯姆，他们创立了一个著名的经济学专业杂志《秩序年鉴》，力图构建一种经济的秩序，又称“奥尔多秩序”（ordo）。[1] 这种秩序是“合乎人和事物的本质的秩序。它是一种其中存在着度和均衡的秩序”，也是“有运行能力的、合乎人的尊严的、持久的秩序”，是一种有用的、公平的秩序，也是一种规范性的秩序。“奥尔多秩序”具有两层含义：第一层含义是指一个法律面前人人平等的、没有特权的秩序，是合乎人类尊严的，也即合意的秩序；第二层含义是指这一秩序作为市场竞争秩序，是一种符合辖区内所有成员可达成一致同意的立宪利益的经济宪法。欧肯明确提出了“经济宪法”概念，在欧肯看来，国家是市场经济中的竞争保障者，“应当将经济宪法理解为国民经济生活秩序的整体抉择”，要将“法律秩序作为经济宪法来塑造”。弗莱堡学派把经济描述为一个各部分有着结构性关系的有机整体，如果选择了产权和竞争为基本的经济形式，那么它的制度安排和政策也必须与之形成完美的配合。正如政府的行为要遵守政治宪法一样，经济也必须受到一部经济宪法的规范，凡是涉及市场法律环境的决定，都要处在这部经济宪法的约束之下。弗莱堡学派不仅区分了经济秩序和经济过程，而且还将经济政策区分为秩序政策和过程政策。过程政策主要包括货币政策、财政政策、收入政策等。在秩序政策与过程政策的关系方面，秩序政策的地位要高于过程政策，过程政策是为秩序政策服务的，要奉行与市场一致的原则。过程政策是一种最低程度的政府干预，目的在于纠正竞争扭曲，重新为竞争打通道路。过程政策必须遵守三条原则：一是国家必须限制利益集团的权力；二是所有的国家干预必须面向维护经济秩序，而不是面向市场过程；三是经济与社会方面的干预政策必须是系统性的，而不能是特定性的和选择性的。

我国学者赵世义教授认为，经济宪法以三种形态呈现出来：第一，观念形态的经济宪法，体现市场经济原理与规律；第二，书面形态的经济宪法，调

〔1〕 参见［德］何梦笔主编：《秩序自由主义》，董靖、陈凌、冯兴元等译，中国社会科学出版社2002年版。

整个人与国家、国家机关与国家机关在经济活动中的关系的基本原则和根本法规范；第三，现实的经济宪法，即宪治经济秩序。[1]

吴越教授认为，在经济宪法的规范结构方面，可以作出广义的经济宪法与狭义的经济宪法、实然的经济宪法与应然的经济宪法、形式的经济宪法与实质的经济宪法三种类型的划分。广义的经济宪法是指宪法中的经济规范，以及直接依据宪法经济规范而制定的与经济制度以及政府、个人的经济活动直接相关的，具有基础性和全局性地位的法律规范的总和。广义的经济宪法就是一个法群，其核心是宪法中的涉经济性的法律规范，其周围则是与宪法中的涉经济性的法律规范紧密相关的具有基础性与全局性的法律规范的总和。广义的经济宪法是一种法学观，而非指一部具体的“经济宪法”或“经济基本法”，其涵摄的范围包括：(1)基本经济权利法及相应的经济行政法；(2)基本经济制度及与之相关的产权制度、分配制度法；(3)市场秩序法，尤其是反垄断法；(4)经济可持续发展宪法，尤其是国民经济与社会发展规划法和经济稳定与增长促进法(宏观调控法)。狭义的经济宪法是指宪法中涉及经济的法律规范的总和，其主要包括：(1)个体经济权利规范；(2)国民经济基本制度规范；(3)个体与国家、政府的经济关系的法律规范。实然的经济宪法就是一个国家的现行法律，尤其是个体经济权利、国民经济制度以及个体与国家的关系的法律规范的总和。应然的经济宪法是一个国家的整体经济对法律制度整体上的、内在的实质要求，涉及任何塑造个体的经济权利、国民经济制度以及个体与国家的理想状态的经济关系。形式的经济宪法就是宪法对个体经济权利、经济制度以及个体与国家、政府与经济的关系的成文法规定以及相关的有权的成文解释。实质意义的经济宪法是指存在虽然不成文却与宪法的其他规范具有同等效力的规范或者规则。[2]

在经济宪法的语境下，还出现了财政宪法、[3]税法中的宪法问题、[4]

---

〔1〕 参见赵世义：《经济宪法学基本问题》，载《法学研究》2001年第4期。

〔2〕 相关内容参见吴越：《经济宪法学导论——转型中国经济权利与权力之博弈》，法律出版社2007年版，第25页。

〔3〕 主要研究成果有：朱孔武：《财政立宪主义研究》，法律出版社2006年版；周刚志：《财政转型的宪法原理》，中国人民大学出版社2014年版。

〔4〕 参见单飞跃、王霞：《纳税人税权研究》，载《中国法学》2004年第4期；刘剑文、苗连营、熊文钊、熊伟：《财税法学与宪法学的对话：国家宪法任务、公民基本权利与财税法治建设》，载《中国法律评论》2019年第1期。

货币宪法、[1]金融危机与宪法[2]等分支领域的命题。这些研究的主要目的是在宪法文本中发掘政治权利条款之外的基本经济制度条款,研究宪法文本中的基本经济制度条款的适用。中国经济宪法还有很多领域值得关注,如中国经济宪法的表达范式、中国经济宪法的职权谱系、中国经济宪法实施、中国经济宪法评价、中国经济宪法的完善等。[3]

我们认为,市场经济是所有人都具有不确定性的社会场景,除了产权是事先给定的以外,没有任何人能够在市场经济中作出自己拥有确定性的承诺,因此,市场经济具有强烈的立宪要求。立宪对立宪后的规则选择构成约束,是在后规则选择的约束条件,任何摆脱约束条件的行为均被视为违宪。经济宪法就是用宪法约束的条件与框架来讨论经济制度的安排问题,即经济制度的安排应该受到怎样的宪法条件约束,而这里的宪法条件是带有强烈的价值判断的,并且是先在的和实在的,对经济制度的安排具有实质性管束意义。经济宪法主要规定国家经济体制机制,确立国家基本经济制度,调整国家机关之间的经济职权配置关系。从规范意义上讲,经济宪法被用来指宪法中的经济条款、涉及基本经济权利与自由的宪法条款、涉及对国家经济权力进行综合性安排的法律。需要特别强调的是,经济暴力的规制应当作为重大的经济宪法问题来对待。征税、国有化、征收、强制性定价等都属于经济暴力。经济暴力中的硬暴力容易发现,也容易感知,但软暴力、无形暴力、隐性暴力不易察觉,例如,滥用货币定价权的通货膨胀方式,就是不易察觉的侵蚀和损害持币人货币财产权的经济暴力行为;滥用公共债务举债权的债务扩张行为,就是绕开税收法定原则增加纳税人财政负担义务的经济暴力行为。

通过对已有经济宪法实践的归结与凝练,经济宪法的表达形式可以总结为三种范式类型:一是经济制度宪法范式,以中国宪法经济制度为代表。

---

〔1〕 主要研究成果有:单飞跃、何自强:《币值稳定的货币宪法分析》,载《上海财经大学学报》2011 年第 6 期;王泽群:《论美国货币宪法的形成》,载《学术交流》2014 年第 6 期;鲁勇睿:《通货膨胀的货币宪法规制》,中国社会科学出版社 2014 年版;吴礼宁:《货币宪法学:知识谱系与中国语境》,法律出版社 2015 年版;何自强:《币值稳定的制度保障研究》,立信会计出版社 2017 年版。

〔2〕 参见单飞跃:《宪法政治场景中的金融危机干预》,载《法学家》2010 年第 6 期。

〔3〕 主要研究成果有:王宏:《用经济宪法的解释弥补宪法对金融制度规定的笼统——从国家干预有问题的金融机构谈起》,载《经济问题》2013 年第 4 期;单飞跃:《经济宪法在中国经济法学研究中的导入》,载《经济法论丛》2018 年第 1 期。

二是经济权利宪法范式，以德国基本法为代表。三是经济职权宪法范式，以美国宪法为代表。

我国属于经济制度特征比较鲜明的经济制度宪法范式，这种范式主要是通过宪法对国家经济体制、经济运行机制、所有制、分配制度，以及其他重要的经济制度等内容作出规定，并对公民的基本经济义务作出规定，在宪法条款中一般不单独设计经济权利与自由条款。

就中国经济宪法在具体规范层面的存在形式而言，可以从 3 个部分进行相应的表达：第一部分是宪法经济条款，包括宪法中涉及经济内容的一般条款以及宪法中的经济条款；第二部分是宪法相关法中的经济宪法规范，包括《各级人民代表大会常务委员会监督法》《立法法》《民族区域自治法》《香港特别行政区基本法》《澳门特别行政区基本法》，这些法律中含有相当丰富的经济宪法规范；第三部分是部门经济宪法，如《预算法》《中国人民银行法》等，其中包含着国家经济职权复杂配置关系的调整内容。《预算法》中关于分税制的规定、关于预算和决算审查、批准、监督的规定，《中国人民银行法》中关于中国人民银行法律地位的规定、关于货币政策目标的规定，这些法律规范具有非常鲜明的部门经济宪法特征，属于经济宪法规范的范畴。我们认为，公法性部门法的宪法化有助于维护基本权利并防范经济领域中最危险的干预力量。对政府经济行为进行动态的宪法监测，进行必要的经济宪法审查应当成为经济宪法的常态。

就中国经济宪法在抽象规范层面的表现形式而言，基本经济制度是中国经济宪法的灵魂与核心，财政宪法与货币宪法是中国经济宪法最重要的两大组成部分。

经济权利宪法范式着重强调的是公民的基本权利与自由，并对经济权利与自由作出专门表述，通过对职业（营业）自由、契约自由、财产权、迁徙自由等的规定，确立基本的宪法经济体制，宪法不再对经济制度等方面另行作出规定。在德国基本法中可以发现非常多的基本经济权利范畴，如职业自由、财产权等，此外，尊严权、人权、平等权、结社权、迁徙自由等基本权利中蕴含着丰富的经济权利内涵。除基本权利的宪法表述外，德国基本法规定基本权利直接拘束立法权、行政权、司法权，立法权应受宪法之限制，行政权与司法权应受立法权与法律之限制，确立了“基本权利→宪法→立法权与法律→行政权与司法权”的宪法权利（力）层级，形成了基本权利至上的德国经济宪法模式。

经济职权宪法范式主要是从国家机关所享有的经济权力，以及中央（联邦）与地方（州）之间经济权力的配置角度出发，对经济权力所及范围以及职权方式在宪法中加以明确记载，对公民的经济权利与自由主要交由政治宪法来加以规定和兜底。美国经济宪法呈现出比较鲜明的经济职权宪法模式特征，调节联邦与州的关系，打造一个强大的联邦，特别是建立联邦自由贸易体系，是美国宪法的核心使命。为此，国会垄断了征税权、举债权、贸易管理权、铸币权等重要经济权力。

三、经济行政法的范围指涉

经济行政法主要规定行政机关以运用行政职权、履行行政职能的方式，对社会经济生活所进行的监督管理活动。行政机关是经济法中最活跃的法律主体之一，反垄断法、反不正当竞争法、产品质量法、消费者权益保护法、价格法、金融监管法、税收征收管理法、出口管制法等法律中都有行政机关作为市场监管主体的身影，农业法、渔业法、电信法、铁路法、航空法、反外国制裁法、中小企业促进法、外商投资法、出口管制法等法律中含有行政机关应履行相应经济行政职责的规定。

经济行政法属于经济法的一个组成部分，[1]经济法法律中有相当一部分规范具有经济行政属性，既调整行政机关作为国家干预、管理、调控经济生活的主要代表或主要执行者的职责与职权配置关系，又调整行政机关与市场主体之间发生的与经济生活有关的社会关系。《反垄断法》《反不正当竞争法》《产品质量法》《广告法》《银行业监督管理法》《证券法》《保险法》

---

〔1〕 经济法学界与行政法学界尽管都有关于经济行政法研究的一些相关成果，对于经济行政法的归属却存在比较明显的差异。行政法学者习惯于将经济行政法作为部门行政法来看待，“经济行政法作为规范政府干预经济的法律，是在市场经济和法治国家建设过程中逐渐产生并发展起来的一个部门行政法，是调整有关国家经济行政活动的法律规范的总称”。参见吴建依：《经济行政法理论与制度》，中国检察出版社 2006 年版，第 1 页。经济法学者在研究中大多选择绕开“经济行政”这一概念的做法，采用干预、管理、调控、协调、调节、调制等概念来表述政府作用市场的行为，避免与行政法学界进行经济行政法的部门归属论争。有经济法学者认为“经济行政法只是在计划经济和集权行政体制下管理行政法中的一个下位概念”。“在法治语境下，经济行政法应当与行政法宗旨保持一致，即以政府经济行为为规制对象。”参见薛克鹏：《经济行政法理论探源——经济法语境下的经济行政法》，载《当代法学》2013 年第 5 期。在我们看来，经济行政法属于经济法的一个组成部分。因为经济宪法的拓展与社会经济法的勃兴，经济行政法的行政刚性已经大为消解。

《价格法》《税收征收管理法》《出口管制法》《反外国制裁法》等法律中的经济行政属性表现得比较突出。

经济行政法并不具体指向和指称经济法中的某一部特定法律，而是指经济法法律中具有经济行政性质的规范构成，如《反不正当竞争法》中有关市场监督管理部门的职责与职权配置，以及其所实施的经济行政执法行为（监督管理行为）的法律规范。需要注意的是，《反不正当竞争法》中经济行政规范与社会性规范处于并存状态，行业协会作为社会主体参与竞争治理也为《反不正当竞争法》所确认。经济行政法属性在一些经济法法律中可能具有主流规范特征，如行业管理类经济法法律中，关于行业管理体制和行业主管部门职责职权的规定，是这些经济法法律中的主体性规范构成。经济行政法属性的法律规范在一些经济宪法特征突出的经济法法律中，只是处于从属性地位，如《预算法》中各级政府的预算职权配置，以及上下级政府之间、上下级政府财政部门之间预算管理关系的法律规定，这些规范尽管可以归结为经济行政法规范，但其为经济宪法规范在整体上和总体上所控制和支配。

从抽象层面进行归结，经济行政法涵括：（1）经济社会发展规划法；（2）经济社会发展促进法；（3）经济社会发展安全法；（4）行业产业管理法；（5）自然资源管理法；（6）市场监督管理法；（7）金融监督管理法；（8）财政收支管理法；（9）税收征收管理法。

经济行政法作为经济法的规范组成部分，有助于使行政机关所实施的行政行为受到行政法原则与程序的约束。经济法无须为行政机关的经济行政行为重构一套一般行为规则，只需要规定行政机关实施经济行政行为的特定法律依据、特定法律职责、特定法律职权、特殊法律责任，照顾到行政法一般规则无法延伸到的特定经济行为领域。

值得注意的是，经济宪法与经济行政法并不是同一位阶的法律规范，经济宪法是第一性的，经济行政法是第二性的，经济行政法须接受经济宪法的约束与审查。

四、社会经济法中的主体与行为

社会经济法是指基于法律授权或者基于平等主体间社会成员的权利让渡协议，社会性组织以社会性公共权力对其成员所参与的社会经济活动，进行社会性规制的法律规范。社会经济法是经济法未来的一个重要发展走向。随着交易所、市场中介服务机构、平台、行业协会等社会性经济主体的不断壮大与发展,经济法中的社会经济法规范会不断增多,经济法规范中的社会性条款会不断扩容,《证券法》《资产评估法》《注册会计师法》中的社会性经济法律规范对经济生活的调节范围与调节作用愈加宽广与重要。就社会经济法的规范形态而言,其包括:(1)消费者保护法;(2)行业协会法;(3)交易所法;(4)第三方市场服务机构法;(5)平台法。

(一)关于社会经济法的主体研究

王全兴教授、管斌教授提出了社会中间层主体的概念,并主张赋予该主体一定的市场规制和宏观调控职能。[1] 张继恒教授认为,经济法中的社会中间层所在领域是一种场所,是位于政府和市场之间的"中观"媒介。[2] 郑少华教授认为,经济法中的社团具有防止政府失灵和市场失灵的功能。[3] 由此可见,传统的政府—市场二元结构主体分类方式不足以解释现代市场经济环境中新出现的组织结构和行为状态,政府干预与市场调节之间需要必要的缓冲地带。有学者通过对经济法文本的梳理分析了我国社会组织发展的现状、问题及对策。[4] 张占江教授则认为,社会团体具有专业优势,可以降低政府规制的成本。[5] 现有的研究大多论述了社会主体的产生背景、表现形式及功能等,社会主体的产生和市场经济发展到一定阶段伴随的精细化、复杂化的调整环境有关。现代社会主体或者社会组织也大多具有严密科学的组织形式及内部治理结构,但社会主体本身不属于行政科层制结构的组成部分,也不依靠行政命令手段组织行动。社会主体的行动目标也不具有营利性,而是基于中立价值取向为政府主体与市场参与主体提供具有公共品属性的信息服务、标准服务或者技能服务等。由此可见,社会主体的设立、运行及行为结果对政府与市场关系的是否良性运行产生影响,应当

[1] 参见王全兴、管斌:《经济法与社会法关系初探》,载《现代法学》2003 年第 2 期。

[2] 参见张继恒:《社会中间层的法律维度——对经济法主体"三元框架"的重新解读》,载《甘肃政法学院学报》2015 年第 1 期。

[3] 参见郑少华:《经济法中的社团——从社会法视角展开》,载《法学》2000 年第 2 期。

[4] 参见张妮:《社会组织在经济法中的地位:现状、问题及对策——以我国 63 部经济法文本为样本研究》,载《社会科学研究》2015 年第 6 期。

[5] 参见张占江:《政府与市场和谐互动关系之经济法构建研究——以社会中间层主体为路径》,载《法律科学》2007 年第 3 期。

被纳入经济法的调整范围中,而且独立于经济宪法、经济行政法之外属于社会经济法的领域范畴。

(二)社会主体的功能定位

现代市场经济运行结构日趋复杂、参与主体类型呈现多样化的态势。政府主体与市场主体之间需要必要的连接与缓冲区域,政府放权与市场主体的自发联合形成了社会中间地带。政府宏观调控行为的完善需要借助于社会组织提供的专业服务,处于弱势地位的市场参与主体也需要依赖于社会组织的力量提升能力,例如,以个体形式存在的消费者在面对组织严密的公司或企业时维权力量有限。因此,《消费者权益保护法》第12条明确了消费者可以依法设立社会组织维护自身权益。部分社会组织主体具有专业性和中立性的特征,社会组织提供的服务具有标准确认、信用鉴证、信息发布、教育辅导等功能,能够降低市场交易成本,缓解信息不对称结构,进而弥补政府监管能力的不足,缓解政府干预的刚性。与此同时,社会主体、社会组织也能够集中市场主体的利益诉求,便于政府决策。有学者认为,行业协会的自我管理也同时具有公共利益实现的效果。[1] 由此可见,社会主体的参与能够有效缓解个体利益与政府利益之间的冲突,为社会公共利益的形成创制载体。

现行经济立法为保证社会主体独立性进行了明文规定。例如,《产品质量法》第20条规定了从事产品质量检验、认证的社会中介机构必须依法设立,不得与行政机关和其他国家机关存在隶属关系或者其他利益关系。《政府采购法》第60条第2款也规定了采购代理机构与行政机关不得存在隶属关系或者其他利益关系。这些规定有助于防止社会主体成为行政主体的功能延伸部分,有损其价值判断的中立性。为确保行业协会等主体在人、财、物、权等方面与行政部门的脱钩,《中共中央办公厅、国务院办公厅关于改革社会组织管理制度促进社会组织健康有序发展的意见》规定:"除法律法规有特殊规定外,政府部门不得授权或委托社会组织行使行政审批。"《中共中央组织部关于规范退(离)休领导干部在社会团体兼职问题的通知》也严格规范了公务员兼任社会团体法人负责人的情形。

---

〔1〕 参见高秦伟:《竞争的市场与聪明的监管》,载《财经法学》2016年第2期。

（三）社会主体的类型区分

有学者对经济法中的社会主体进行了分类，认为社会组织包括工商业者团体、消费者团体、劳动者团体、国有资产投资机构、商业银行、政策性银行、资产评估机构、交易中介机构、产品质量检验机构及基金会和民办非企业单位。[1] 由此可见，社会主体的类型较为多元，且并没有达成共识的标准。在现行经济法文本规定中，社会主体的类型主要包括以下种类。

1. 第三方评级、认证、评估、检验及提供其他中介服务的机构

在现行经济立法中，立法者赋予特定第三方主体信用评级的权力，通过公布评级评分等服务缓解市场中的信息不对称结构。中小企业长期存在的融资难和融资贵的困境与中小企业信用评价体系不够完善有关。金融机构与中小企业之间存在信用信息不对称等问题，科学的信用评价指标缺失导致了各级金融机构难以对中小企业信用进行合理评估，进而影响了贷款意愿和积极性。第三方主体提供的评级服务有助于提升市场参与主体的信息获取能力，形成良性的激励和自我提升机制。例如，《中小企业促进法》第23条规定："国家支持征信机构发展针对中小企业融资的征信产品和服务，依法向政府有关部门、公用事业单位和商业机构采集信息。国家鼓励第三方评级机构开展中小企业评级服务。"

认证机构多在产品质量监督领域出现。在消费者权益保护领域和产品质量安全领域，消费者与经营者之间也存在较为严重的信息不对称结构。消费者的知情权有赖于经营者的各种信息披露。除法律规定的强制性披露信息之外，消费者也期待经营者可以自愿披露与经营相关的其他信息。质量认证对经营者同样产生行为激励，经营者通过获得高标准的认证获得消费者信任，从而在市场竞争中获得优势地位。例如，《种子法》第51条规定："种子生产经营者可自愿向具有资质的认证机构申请种子质量认证。经认证合格的，可以在包装上使用认证标识。"《建筑法》第53条规定："国家对从事建筑活动的单位推行质量体系认证制度。从事建筑活动的单位根据自愿原则可以向国务院产品质量监督管理部门或者国务院产品质量监督管理部门授权的部门认可的认证机构申请质量体系认证。经认证合格的，由认证

---

〔1〕 参见张妮：《社会组织在经济法中的地位：现状、问题及对策——以我国63部经济法文本为样本研究》，载《社会科学研究》2015年第6期。

机构颁发质量体系认证证书。”《产品质量法》第 14 条第 1 款规定：“国家根据国际通用的质量管理标准，推行企业质量体系认证制度。企业根据自愿原则可以向国务院市场监督管理部门认可的或者国务院市场监督管理部门授权的部门认可的认证机构申请企业质量体系认证。经认证合格的，由认证机构颁发企业质量体系认证证书。”

专业性的第三方评估机构通过评估报告形式为政府决策提供参考依据，检验政策实施效力，满足社会监督需求。例如，《中小企业促进法》第 58 条规定：“国务院负责中小企业促进工作综合管理的部门应当委托第三方机构定期开展中小企业发展环境评估，并向社会公布。地方各级人民政府可以根据实际情况委托第三方机构开展中小企业发展环境评估。”

在质量安全领域，具有合法资质的专业性检验机构出具的检验报告的功能包括：其一，帮助确定产品质量与损害结果之间的因果关系，便于归责；其二，通过定期发布质量报告为消费者提示风险，起到消费者教育的作用。例如，《种子法》第 47 条第 1 款规定：“农业农村、林业草原主管部门可以委托种子质量检验机构对种子质量进行检验。”《产品质量法》第 19 条规定：“产品质量检验机构必须具备相应的检测条件和能力，经省级以上人民政府市场监督管理部门或者其授权的部门考核合格后，方可承担产品质量检验工作。法律、行政法规对产品质量检验机构另有规定的，依照有关法律、行政法规的规定执行。”《畜牧法》第 34 条规定：“县级以上人民政府农业农村主管部门负责种畜禽质量安全的监督管理工作。种畜禽质量安全的监督检验应当委托具有法定资质的种畜禽质量检验机构进行；所需检验费用由同级预算列支，不得向被检验人收取。”

除以上第三方组织外，注册会计师事务所、律师事务所等也是重要的第三方市场服务主体。

2. 行业协会组织

行业协会具有自我管理的职能，引导行业内经营者改善经营服务。《循环经济促进法》第 11 条规定：“国家鼓励和支持行业协会在循环经济发展中发挥技术指导和服务作用。县级以上人民政府可以委托有条件的行业协会等社会组织开展促进循环经济发展的公共服务。国家鼓励和支持中介机构、学会和其他社会组织开展循环经济宣传、技术推广和咨询服务，促进循环经济发展。”但是行业协会的不当行为也有对竞争秩序与市场秩序造成破坏的风险,《反垄断法》《反不正当竞争法》等法律就对行业协会组织的垄断行为进行了相应的法律规制。

3. 社会团体组织

社会团体的主体功能包括提供技术服务、标准制定、公益性服务等。例如,《黑土地保护法》第 11 条第 3 款规定:"国家鼓励企业、高等学校、职业学校、科研机构、科学技术社会团体、农民专业合作社、农业社会化服务组织、农业科技人员等开展黑土地保护相关技术服务。"《数据安全法》第 17 条规定:"国家支持企业、社会团体和教育、科研机构等参与标准制定。"《标准化法》第 7 条规定:"国家鼓励企业、社会团体和教育、科研机构等开展或者参与标准化工作。"《湿地保护法》第 7 条规定各级人民政府鼓励基层群众性自治组织、社会组织、志愿者开展湿地保护法律法规和湿地保护知识宣传活动,营造保护湿地的良好氛围。《个人信息保护法》第 11 条规定:"国家建立健全个人信息保护制度,预防和惩治侵害个人信息权益的行为,加强个人信息保护宣传教育,推动形成政府、企业、相关社会组织、公众共同参与个人信息保护的良好环境。"《乡村振兴促进法》第 11 条第 1 款规定:"各级人民政府及其有关部门应当采取多种形式,广泛宣传乡村振兴促进相关法律法规和政策,鼓励、支持人民团体、社会组织、企事业单位等社会各方面参与乡村振兴促进相关活动。"

4. 平台组织

平台是信息化与互联网技术所带来的新的市场组织形式与市场经营机制。平台既是市场主体的一个部分,直接从事市场经营活动,同时又是政府与市场、平台内经营者与消费者之间的交易介质与服务主体,并且承担对平台内经营者的自律监管职责。平台在市场经济活动中,凭借自身的网络基础设施优势,在提供信息、撮合交易、服务市场、自律管理等方面发挥着特殊作用,是新兴的与特殊的市场现象和法律现象。平台的法律地位、权利义务、社会职责都是有待探索的法律话题,本书在此不作过多的展开。

(四)社会主体的行为功能

1. 社会监督功能。社会主体的监督方式能够调动和整合各类社会监督资源,与传统的行政监管方式相比成本更低且覆盖领域更广。例如,《价格法》第 37 条第 1 款规定:"消费者组织、职工价格监督组织、居民委员会、村民委员会等组织以及消费者,有权对价格行为进行社会监督。"《广告法》第54条规定:"消费者协会和其他消费者组织对违反本法规定,发布虚假广告侵害消费者合法权益,以及其他损害社会公共利益的行为,依法进行社会监督。"《农产品质量安全法》第56条第1款规定:"国家鼓励消费者协会和其他单位或者个人对农产品质量安全进行社会监督,对农产品质量安全监督管理工作提出意见和建议。"

2. 争议解决功能。社会主体居于政府主体与市场主体之间,也居于消费者与经营者之间,其利益取向较为中立,在解决市场纠纷中具有自身的优势。《电子商务法》第60条规定:"电子商务争议可以通过协商和解,请求消费者组织、行业协会或者其他依法成立的调解组织调解,向有关部门投诉,提请仲裁,或者提起诉讼等方式解决。"

3. 专业服务功能。社会主体通常具有专业性的特征,能够提供技术规则与行业标准。《个人信息保护法》第11条规定:"国家建立健全个人信息保护制度,预防和惩治侵害个人信息权益的行为,加强个人信息保护宣传教育,推动形成政府、企业、相关社会组织、公众共同参与个人信息保护的良好环境。"《乡村振兴促进法》第11条第1款规定:"各级人民政府及其有关部门应当采取多种形式,广泛宣传乡村振兴促进相关法律法规和政策,鼓励、支持人民团体、社会组织、企事业单位等社会各方面参与乡村振兴促进相关活动。"《循环经济促进法》第11条第2款规定:"国家鼓励和支持中介机构、学会和其他社会组织开展循环经济宣传、技术推广和咨询服务,促进循环经济发展。"《黑土地保护法》第11条第3款规定:"国家鼓励企业、高等学校、职业学校、科研机构、科学技术社会团体、农民专业合作社、农业社会化服务组织、农业科技人员等开展黑土地保护相关技术服务。"《数据安全法》第17条规定:"国家推进数据开发利用技术和数据安全标准体系建设。国务院标准化行政主管部门和国务院有关部门根据各自的职责,组织制定并适时修订有关数据开发利用技术、产品和数据安全相关标准。国家支持企业、社会团体和教育、科研机构等参与标准制定。"《标准化法》第7条规定:"国家鼓励企业、社会团体和教育、科研机构等开展或者参与标准化工作。"《农业法》第41条第1款规定:"国家鼓励社会资金投向农业,鼓励企业事业单位、社会团体和个人捐资设立各种农业建设和农业科技、教育基金。"《农业技术推广法》第10条第2款规定:"国家鼓励和支持供销合作社、其他企业事业单位、社会团体以及社会各界的科技人员，开展农业技术推广服务。”《清洁生产促进法》第 6 条规定：“国家鼓励开展有关清洁生产的科学研究、技术开发和国际合作，组织宣传、普及清洁生产知识，推广清洁生产技术。国家鼓励社会团体和公众参与清洁生产的宣传、教育、推广、实施及监督。”

4. 维护权益功能。个体消费者因为势单力孤，其维权能力较弱，需要借助消费者维权组织增进其维权能力。《消费者权益保护法》规定了消费者具有结社权，并明确消费者协会具有提高消费者维护自身合法权益能力的公益性职责。除此之外，《产品质量法》第 23 条规定：“保护消费者权益的社会组织可以就消费者反映的产品质量问题建议有关部门负责处理，支持消费者对因产品质量造成的损害向人民法院起诉。”

综上所述，社会主体具有增加信用、缓解市场信息不对称、降低外部监管成本、补强市场经济弱势群体的能力。

(五)社会主体的行为边界及其法律规制

1. 中立性的保证

为保障社会主体作为第三方机构提供的评价结果真实可信，社会主体行为中立性的保证措施主要有：通过准入限制方式对社会主体进行资格筛选，对社会主体检测条件设置能力要求和考核评估机制等。《计量法》第 22 条规定：“为社会提供公证数据的产品质量检验机构，必须经省级以上人民政府计量行政部门对其计量检定、测试的能力和可靠性考核合格。”《产品质量法》第 19 条规定：“产品质量检验机构必须具备相应的检测条件和能力，经省级以上人民政府市场监督管理部门或者其授权的部门考核合格后，方可承担产品质量检验工作。法律、行政法规对产品质量检验机构另有规定的，依照有关法律、行政法规的规定执行。”《种子法》第 47 条第 2 款规定：“承担种子质量检验的机构应当具备相应的检测条件、能力，并经省级以上人民政府有关主管部门考核合格。”《农产品质量安全法》第 48 条第 2 款规定：“从事农产品质量安全检测的机构，应当具备相应的检测条件和能力，由省级以上人民政府农业农村主管部门或者其授权的部门考核合格。具体办法由国务院农业农村主管部门制定。”

2. 不得从事的行为

社会主体不得从事法律所禁止的相关行为。《中国人民银行法》第 7 条规定：“中国人民银行在国务院领导下依法独立执行货币政策，履行职责，开展业务,不受地方政府、各级政府部门、社会团体和个人的干涉。"《中国人民银行法》第 49 条规定:"地方政府、各级政府部门、社会团体和个人强令中国人民银行及其工作人员违反本法第三十条的规定提供贷款或者担保的,对负有直接责任的主管人员和其他直接责任人员,依法给予行政处分;构成犯罪的,依法追究刑事责任;造成损失的,应当承担部分或者全部赔偿责任。"其中的社会团体当然包括社会主体在内。《反垄断法》第 21 条规定:"行业协会不得组织本行业的经营者从事本章禁止的垄断行为。"

3. 履行必要义务

对社会主体提供市场服务与行业服务的特定行为,从法律上设定社会主体的相应义务。《个人信息保护法》第 58 条规定,提供重要互联网平台服务、用户数量巨大、业务类型复杂的个人信息处理者,应当履行必要义务。《反垄断法》第 14 条规定:"行业协会应当加强行业自律,引导本行业的经营者依法竞争,合规经营,维护市场竞争秩序。"

4. 责任承担

对认证机构和平台主体所提供的特定市场服务没有达到法律规定要求的行为,设立专门的法律责任。《产品质量法》第 57 条第 3 款规定:"产品质量认证机构违反本法第二十一条第二款的规定,对不符合认证标准而使用认证标志的产品,未依法要求其改正或者取消其使用认证标志资格的,对因产品不符合认证标准给消费者造成的损失,与产品的生产者、销售者承担连带责任;情节严重的,撤销其认证资格。"《产品质量法》第 58 条规定:"社会团体、社会中介机构对产品质量作出承诺、保证,而该产品又不符合其承诺、保证的质量要求,给消费者造成损失的,与产品的生产者、销售者承担连带责任。"《电子商务法》第 38 条第 1 款规定:"电子商务平台经营者知道或者应当知道平台内经营者销售的商品或者提供的服务不符合保障人身、财产安全的要求,或者有其他侵害消费者合法权益行为,未采取必要措施的,依法与该平台内经营者承担连带责任。"《反洗钱法》第 17 条规定:"金融机构通过第三方识别客户身份的,应当确保第三方已经采取符合本法要求的客户身份识别措施;第三方未采取符合本法要求的客户身份识别措施的,由该金融机构承担未履行客户身份识别义务的责任。"

本编小结

中国经济法学经历了以《民法通则》的颁布、市场经济法律体系的建立、中国特色社会主义法律体系的形成为标志的三个递进式理论周期，使大经济法与小经济法、计划经济的经济法与市场经济的经济法、理性经济法与实证经济法得以区分。中国经济法认知范式可以作传统认知范式、基本认知范式、特定认知范式的归结。以调整对象和法律关系为核心的传统认知范式，具体由“调整对象—法律价值—基本原则—法律体系”认知范式和“主体—权利—行为—责任”认知范式所组成。以“政府—市场”关系为主线的基本认知范式，将政府与市场之间关系的法治化作为经济法学研究的基本理论框架，并以此为基础形成了“市场规制法—宏观调控法”的经济法基本体系。作为现代法的经济法，应当有不同于传统法的认知方法论。“促进—发展”目标范式、“秩序—权益”法益范式（双层法益保护结构范式）、“经营者—消费者”主体范式、“风险—安全”功能范式、“监管—监督”实施范式、“经济宪法—经济行政法—社会经济法”体系范式，分别从经济法的法律目标、经济法的法益保护、经济法的特定主体、经济法的社会功能、经济法的实施方式、经济法的体系构成等角度，提炼了经济法的一些特定认知规律。这些特定认知范式的形成，对中国经济法制度的完善以及中国经济法学研究的深入具有指导意义和引领价值。

经济法目标认知范式体现了积极性国家参与经济生活的必然要求，立法者将发展型诉求融入法律规范之中。市场自发调节机制无法实现最优的市场分配结构和状态。私人主体间依靠意思自治形成的契约分配方式无法解决发展公平难题。在立法目标中融入国家理性干预的目标，将宪法中的国家任务条款予以具体化。中国经济法部门中的“促进—发展”型法律体现了法律积极介入资本生产与积累过程之中，并对市场竞争和分配结构产生影响。“促进—发展”型经济法仍然有扩围的趋势。

经济法具有典型的公法属性。既包含了对特定主体权益的保护,又对整体市场经济秩序进行保护。经济法法益保护具有双层保护的特征。以竞争法为例,立法者通过对经营者公平竞争权益的保护来实现整体公平竞争秩序。经济法所保护的法益具有社会整体利益的属性,并不是建立在原子化个体对正义认知的基础之上。正所谓反垄断法保护的不是具体的竞争者,而是保护市场竞争。反不正当竞争法中规制的巨额有奖销售行为虽然并没有对消费者权益造成直接侵害,却依然被认定为不正当竞争行为,这是立法者将市场经济秩序与具体经营者的公平竞争权作为共同的保护目标。此外,反垄断法中对经营者集中行为的规制体现了经营者之间意思自治行为的必要限制。经济法对公共空间秩序进行建构与维护,为个体权利的行使创造安全环境。

经济法主体具有描述性的特征。经济法主体的确定常与特定的资格身份或者行业领域相关联,并以主体身份锁定权利义务结构和法律环境。立法者在对经济法主体构造过程中实现了道德判断到理性判断的转变,从追求绝对意义层面的平等转向在承认主体能力差异的基础上重塑平等观念。传统民商事主体之间的权利义务结构不足以解决消费关系中的消费者弱势地位困境,因此消费者与经营者之间倾斜式的权利义务结构体现了实质公平理念的引入。对消费者权益的特别保护是宪法中的基本权利理念在法律主体构成层面的运用。消费者与经营者主体的区分体现了经济法的现代性特点,社会大生产的专业分工越来越精细化,单纯依靠契约本身无法达成主体之间的平等状态。民法中的“人”被发现是从身份到契约转变的结果,经济法中的“人”被发现则是从契约到身份的转变。

经济法的“风险—安全”功能范式体现了国家干预中心从防范个体风险到公共风险的转变。私人经济生活中的风险主要依靠个体防范和协商控制加以化解,而公共经济生活中的风险控制则是国家职责的内容。经济法沟通了预防风险、化解风险、处置风险与保障安全之间的因果关系。在行业监管类经济法中,相关立法体现了法律事后救济的功能、事前的风险预防和事中的及时应对功能的整合,体现了市场经济参与主体对稳定秩序的追求,通过经济立法化解市场经济运行中的风险因素,实现整体安全的目标。经济法视域中的安全内涵既包括传统安全需求,又包括行业中的特别安全需求。不同于传统的基于自我负责的有限度安全,经济法的安全观念建立在公共经济安全诉求之上,是国家、社会、市场、个体多主体协同参与的集体安全机制。以价格监管为例,价格违法行为与突发事件之间有一定的对应性。立法者对价格违法行为的高发领域和高发时间段进行预判,在风险发生时进行必要而及时的干预,当风险处置完成时又及时退出,并引入新一轮的风险预测机制。

由于市场经济运行过程的复杂性与问题突发性,国家干预贯穿事前、事中与事后的全过程。经济法的产生丰富了传统部门法的实施机制与内涵,体现为多元化的实施方式,而不仅是传统的监管与诉讼的二元模式。经济法的实施范式兼具程序价值与工具价值,形成了国家、市场与社会共同治理的模式。经济法中的监督与管理等实施方式的运用体现了经济法实施过程中的专业机构及手段的介入,有助于减少对微观经济过程的直接干预,也有助于节约监管与诉讼资源,提升了国家干预的科学化水平。

在经济法体系认知范式中,中国经济法的内部体系具有综合性与包容性的特征,因此不能用国家干预理论或者竞争法中心论来描述经济法法律品格的全貌。我们认为中国经济法体系主要包括经济宪法、经济行政法、社会经济法等构成部分。经济宪法体系是以国家干预程序与责任为中心建构,经济行政法则是以国家干预的目标与手段为中心建构,而社会经济法则是以国家干预与市场调节中的社会主体身份角色为中心建构。现代经济法呈现出治理主体多层次性、利益诉求多样性、治理手段多元性的特征。

参考文献

一、著作类

［日］金泽良雄：《经济法概论》，满达人译，甘肃人民出版社1985年版。

［日］丹宗昭信、厚谷襄儿编：《现代经济法入门》，谢次昌译，群众出版社1985年版。

［日］丹宗昭信、伊从宽：《经济法总论》，吉田庆子译，中国法制出版社2010年版。

［苏］国立莫斯科大学斯维尔德洛夫学院编：《经济法》，路建京等译，中国人民大学出版社1980年版。

［苏］B. B. 拉普捷夫：《经济法理论问题》，中国人民大学法律系民法教研室译，中国人民大学出版社1981年版。

［苏］B. B. 拉普捷夫主编：《经济法》，中国社会科学院法学研究所民法经济法研究室译，群众出版社1987年版。

［法］阿莱克西·雅克曼、居伊·施朗斯：《经济法》，宇泉译，商务印书馆1997年版。

［德］罗尔夫·斯特博：《德国经济行政法》，苏颖霞、陈少康译，中国政法大学出版社1999年版。

［德］乌茨·施利斯基：《经济公法》，喻文光译，法律出版社2006年版。

［德］罗尔夫·施托贝尔：《经济宪法与经济行政法》，谢立斌译，商务印书馆2008年版。

［德］弗里茨·里特纳、迈因哈德·德雷埃尔：《欧洲与德国经济法》，张学哲译，法律出版社2016年版。

［德］拉德布鲁赫：《法学导论》，米健译，法律出版社2012年版。

［德］沃尔夫冈·费肯杰：《经济法》（第一、二卷），张世明译，中国民主法制出版社2010年版。

［日］金子宏：《日本税法》，战宪斌等译，法律出版社2004年版。

［日］根岸哲、舟田正之：《日本禁止垄断法概论》，王为农、陈杰译，中国法制出版社2007年版。

［日］北野弘久：《税法学原论》，吉田庆子等译，中国检察出版社2001年版。

［美］凯斯·R. 桑斯坦：《权利革命之后：重塑规制国》，钟瑞华译，中国人民大学出版社2008年版。

［英］安东尼·奥格斯：《规制：法律形式与经济学理论》，骆梅英译，中国人民大学出

版社 2008 年版。

［日］美浓部达吉：《公法与私法》，黄冯明译，中国政法大学出版社 2003 年版。

［比］R. C. 范·卡内冈：《法官、立法者与法学教授——欧洲法律史篇》，薛张敏敏译，北京大学出版社 2006 年版。

［印］阿玛蒂亚·森：《以自由看待发展》，任赜、于真译，中国人民大学出版社 2013 年版。

［美］斯蒂文·K. 沃格尔：《市场治理术：政府如何让市场运作》，毛海栋译，北京大学出版社 2020 年版。

［美］爱德华·S. 考文：《美国宪法的"高级法"背景》，强世功译，北京大学出版社 2015 年版。

［奥］欧根·埃利希：《法社会学原理》，舒国滢译，中国大百科全书出版社 2009 年版。

［英］弗里德里希·冯·哈耶克：《个人主义与经济秩序》，邓正来编译，复旦大学出版社 2012 年版。

［美］R. M. 昂格尔：《现代社会中的法律》，吴玉章等译，译林出版社 2001 年版。

［美］诺内特、塞尔兹尼克：《转变中的法律与社会：迈向回应型法》，张志铭译，中国政法大学出版社 2004 年版。

［美］劳伦斯·弗里德曼：《二十世纪美国法律史》，周大伟等译，北京大学出版社 2016 年版。

［英］亨利·萨姆奈·梅因：《古代法》，高敏、瞿慧虹译，中国社会科学出版社 2009 年版。

［美］保罗·卡恩：《法律的文化研究》，康向宇译，中国政法大学出版社 2018 年版。

［德］鲁道夫·冯·耶林著，［德］奥科·贝伦茨编注：《法学是一门科学吗？》，李君韬译，法律出版社 2010 年版。

［德］卡尔·拉伦茨：《法学方法论》，陈爱娥译，商务印书馆 2003 年版。

［美］维托·坦茨：《政府与市场——变革中的政府职能》，王宇等译，商务印书馆 2014 年版。

［美］查理斯·R. 吉斯特：《美国垄断史：帝国的缔造者和他们的敌人（从杰伊·古尔德到比尔·盖茨）》，傅浩、钱钢等译，经济科学出版社 2004 年版。

［美］E. 博登海默：《法理学：法律哲学与法律方法》，邓正来译，中国政法大学出版社 2004 年版。

［美］劳伦斯·鲍姆：《从专业化审判到专门法院》，何帆等译，北京大学出版社 2019 年版。

［美］兰迪·T. 西蒙斯：《政府为什么会失败》，张媛译，新华出版社 2017 年版。

［美］曼瑟尔·奥尔森：《国家的兴衰：经济增长、滞胀和社会僵化》，李增刚译，上海人民出版社 2018 年版。

［美］丹尼尔·F. 史普博：《管制与市场》，余晖等译，格致出版社、上海三联书店、上海

人民出版社 2008 年版。

[瑞典]莫罗·赞博尼:《法律政策:一种法律理论框架》,张昌辉译,知识产权出版社 2023 年版。

中国社会科学院法学研究所民法研究室编:《捷克斯洛伐克社会主义共和国经济法典》,谢怀栻校,中国社会科学出版社 1981 年版。

上海社会科学院法学研究所编译:《经济法》,知识出版社 1982 年版。

《中国经济法诸论》编写组编著:《中国经济法诸论》,法律出版社 1987 年版。

李昌麒:《经济法:国家干预经济的基本法律形式》,四川人民出版社 1995 年版。

李昌麒:《寻求经济法真谛之路》,法律出版社 2003 年版。

李昌麒主编:《经济法理念研究》,法律出版社 2009 年版。

杨紫烜:《国家协调论》,北京大学出版社 2009 年版。

刘文华:《中国经济法基础理论》,法律出版社 2012 年版。

潘静成、刘文华主编:《经济法基础理论教程》,高等教育出版社 1993 年版。

刘文华、肖乾刚主编:《经济法律通论》,高等教育出版社 2000 年版。

陶和谦主编:《经济法基础理论》,法律出版社 1992 年版。

刘瑞复:《经济法:国民经济运行法》,中国政法大学出版社 1994 年版。

刘瑞复:《经济法学原理》,北京大学出版社 2000 年版。

漆多俊:《经济法基础理论》,武汉大学出版社 1993 年版。

漆多俊:《经济法基础理论》(第 5 版),法律出版社 2017 年版。

张士元:《企业法》,法律出版社 2015 年版。

程信和:《经济法与政府经济管理》,广东高等教育出版社 2000 年版。

程信和:《经济法通则立法专论》,濠江法律学社 2019 年版。

吴志攀:《金融法的"四色定理"》,法律出版社 2003 年版。

徐孟洲等:《金融监管法研究》,中国法制出版社 2008 年版。

史际春、邓峰:《经济法总论》,法律出版社 1998 年版。

史际春:《经济与法探究:从部门法到法治一般》,光明日报出版社 2023 年版。

《经济法学》编写组:《经济法学》(第 2 版),高等教育出版社 2018 年版。

王全兴:《经济法基础理论专题研究》,中国检察出版社 2002 年版。

张守文、于雷:《市场经济与新经济法》,北京大学出版社 1993 年版。

张守文:《经济法理论的重构》,人民出版社 2004 年版。

张守文主编:《经济法学》(第 7 版),北京大学出版社 2018 年版。

张守文:《当代中国经济法理论的新视域》,中国人民大学出版社 2018 年版。

张守文:《税法原理》(第 9 版),北京大学出版社 2019 年版。

张守文:《发展法学:经济法维度的解析》,中国人民大学出版社 2021 年版。

梁慧星、王利明:《经济法的理论问题》,中国政法大学出版社 1986 年版。

刘剑文:《领域法学:社会科学的新思维与法学共同体的新融合》,北京大学出版社

2019 年版。

顾功耘:《国有经济法论》,北京大学出版社 2006 年版。

孙皓晖:《经济法学原理》,陕西人民出版社 1987 年版。

吕忠梅、陈虹、彭晓辉:《规范政府之法——政府经济行为的法律规制》,法律出版社 2001 年版。

吕忠梅等:《经济法原论》(第 2 版),法律出版社 2008 年版。

程宝山:《经济法基本理论研究》,郑州大学出版社 2003 年版。

张忠军:《金融监管法论——以银行法为中心的研究》,法律出版社 1998 年版。

陈乃新:《经济法理性论纲——以剩余价值法权化为中心》,中国检察出版社 2004 年版。

陈乃新:《经济法精神之展开》,中国政法大学出版社 2005 年版。

陶广峰主编:《金融法》(第 4 版),中国人民大学出版社 2023 年版。

赵红梅:《私法与社会法:第三法域之社会法基本理论范式》,中国政法大学出版社 2009 年版。

鲁篱:《行业协会经济自治权研究》,法律出版社 2003 年版。

卢代富:《企业社会责任的经济学与法学分析》,法律出版社 2002 年版。

张世明:《经济法学理论演变研究》,中国民主法制出版社 2002 年版。

张世明:《中国经济法历史渊源原论》,中国民主法制出版社 2002 年版。

张世明:《经济法学理论演变原论》,中国人民大学出版社 2019 年版。

张世明、王济东:《中国早期经济法文献辑注与研究》,社会科学文献出版社 2019 年版。

张世明、王济东等:《经济法哲学贯通论》,中国政法大学出版社 2020 年版。

邱本:《经济法原论》,高等教育出版社 2001 年版。

邱本:《自由竞争与秩序调控——经济法的基础建构与原理阐析》,中国政法大学出版社 2001 年版。

邱本:《经济法总论》,法律出版社 2007 年版。

岳彩申:《论经济法的形式理性》,法律出版社 2004 年版。

肖江平:《中国经济法学史研究》,人民法院出版社 2002 年版。

孟庆瑜:《分配关系的法律调整——基于经济法的研究视野》,法律出版社 2005 年版。

王为农:《经济法学研究法理与实践》,中国方正出版社 2005 年版。

时建中主编:《经济法基础理论文献辑要》(第 1 辑),中国政法大学出版社 2009 年版。

许明月主编:《经济法学论点要览》,法律出版社 2000 年版。

胡光志:《人性经济法论》,法律出版社 2010 年版。

高晋康、吴治繁主编:《新中国经济法律制度变迁》,西南财经大学出版社 2020 年版。

陈婉玲等:《经济法责任论》,中国法制出版社 2005 年版。

韩志红:《经济法调整机制研究》,中国检察出版社 2005 年版。

薛克鹏:《经济法的定义》,中国法制出版社 2003 年版。

薛克鹏:《经济法基本范畴研究》,北京大学出版社 2013 年版。

周林彬:《法律经济学论纲:中国经济法律构成和运行的经济分析》,北京大学出版社 1998 年版。

郑少华:《从对峙走向和谐:循环型社会法的形成》,科学出版社 2005 年版。

董玉明:《市场经济条件下的计划法研究》,书海出版社 2001 年版。

孔德周:《系统经济法论》,中国法制出版社 2005 年版。

韩志红、阮大强:《新型诉讼——经济公益诉讼的理论与实践》,法律出版社 1999 年版。

陈云良主编:《国家调节说的理论与实践》,法律出版社 2008 年版。

刘水林:《经济法基本范畴的整体主义解释》,厦门大学出版社 2006 年版。

刘水林:《秩序理念下的经济法研究》,浙江大学出版社 2021 年版。

刘光华:《经济法的分析实证基础》,中国人民大学出版社 2008 年版。

熊伟:《财政法基本问题》,北京大学出版社 2012 年版。

赵世义:《经济宪法学的界面》,浙江大学出版社 2023 年版。

蒋晓伟:《中国经济法制史》,知识出版社 1994 年版。

张寿民主编:《外国经济法制史》,华东理工大学出版社 1996 年版。

郭建:《中国经济立法史》,新华出版社 2019 年版。

魏琼:《西方经济法发达史》,北京大学出版社 2006 年版。

吴越:《经济宪法学导论:转型中国经济权利与权力之博弈》,法律出版社 2007 年版。

桂宇石主编:《中国宪法经济制度》,武汉大学出版社 2005 年版。

单飞跃:《经济法学》,中南工业大学出版社 1999 年版。

单飞跃:《经济法理念与范畴的解析》,中国检察出版社 2002 年版。

单飞跃、卢代富等:《需要国家干预:经济法视域的解读》,法律出版社 2005 年版。

单飞跃、王显勇:《经济法视域中的企业法》,中国检察出版社 2005 年版。

单飞跃主编:《经济法教程》,法律出版社 2006 年版。

单飞跃:《经济公法理论问题——经济法的公共观念与宪治逻辑》,法律出版社 2019 年版。

郑鹏程:《对政府规制的规制——市场统一法律制度研究》,法律出版社 2012 年版。

郑鹏程:《行政垄断的法律控制研究》,北京大学出版社 2002 年版。

孙晋主编:《公平竞争审查制度:基本原理与中国实践》,经济科学出版社 2020 年版。

曹平等:《中国经济法基础理论新探索》,中国法制出版社 2005 年版。

叶明:《经济法实质化研究》,法律出版社 2005 年版。

蒋大兴主编:《经济法学问题点与文献源》,中信出版社 2004 年版。

邢会强:《走向规则的经济法原理》,法律出版社 2015 年版。

邢会强:《宏观调控权运行的法律问题》,北京大学出版社 2004 年版。

蒋悟真:《预算治理现代化中国图景》,法律出版社 2019 年版。

颜运秋:《公益诉讼理念研究》,中国检察出版社 2002 年版。

颜运秋:《公益经济诉讼:经济法诉讼体系的构建》,法律出版社 2008 年版。

王伦刚:《中国经济法的根基》,法律出版社 2007 年版。

姚海放:《经济法主体理论研究》,中国法制出版社 2011 年版。

叶姗:《财政赤字的法律控制》,北京大学出版社 2013 年版。

任超:《英国财税法史研究》,法律出版社 2017 年版。

王霞:《税收优惠法律制度研究:以法律的规范性及正当性为视角》,法律出版社 2012 年版。

靳文辉:《经济法行为理论研究》,中国政法大学出版社 2013 年版。

徐阳光:《政府间财政关系法治化研究》,法律出版社 2016 年版。

宋亚辉:《社会性规制的路径选择:行政规制、司法控制抑或合作规制》,法律出版社 2017 年版。

宋亚辉:《超越公私二分:风险领域的公私法合作理论》,商务印书馆 2022 年版。

黄茂钦:《经济法现代性研究》,法律出版社 2006 年版。

甘强:《经济法利益理论研究》,法律出版社 2009 年版。

甘强:《经济法思维的实践运用》,法律出版社 2020 年版。

肖顺武:《公共利益研究:一种分析范式及其在土地征收中的运用》,法律出版社 2010 年版。

王克稳:《经济行政法基本论》,北京大学出版社 2004 年版。

宋功德:《论经济行政法的制度结构——交易费用的视角》,北京大学出版社 2003 年版。

吴建依:《经济行政法理论与制度》,中国检察出版社 2006 年版。

张莉莉:《经济法自由理念研究》,中国检察出版社 2007 年版。

高桂林、杨雪婧:《中国经济法基本原则研究》,法律出版社 2022 年版。

高桂林、李帅:《经济法总论》,中国法制出版社 2012 年版。

李晓新:《中国经济制度变迁的宪法基础》,安徽大学出版社 2011 年版。

周林军:《公用事业管制要论》,人民法院出版社 2004 年版。

钟雯彬:《公共产品法律调整研究》,法律出版社 2008 年版。

齐建辉:《经济法正当程序机制研究》,商务印书馆 2017 年版。

范水兰:《经济法权利研究》,法律出版社 2014 年版。

李永成:《经济法人本主义论》,法律出版社 2006 年版。

石金平:《经济法责任研究——以国家调节说为视角》,法律出版社 2013 年版。

董保华等:《社会法原论》,中国政法大学出版社 2001 年版。

汤黎虹:《社会法通论》,吉林人民出版社 2004 年版。

封丽霞:《法典编纂论——一个比较法的视角》,清华大学出版社 2002 年版。

封丽霞:《大国立法的逻辑》,商务印书馆 2022 年版。

刘风景:《法律隐喻学》,中国人民大学出版社 2016 年版。

冯辉:《论经济国家——以经济法学为语境的研究》,中国政法大学出版社 2011 年版。

李挚萍:《经济法的生态化——经济与环境协调发展的法律机制探讨》,法律出版社 2003 年版。

张卫华主编:《经济法理论研究与制度创新》,中国法制出版社 2006 年版。

董延林:《经济法原理问题》,中国方正出版社 2004 年版。

张廉:《中国经济法的起源与发展:民国时代经济法律的实证考察与理论分析》,中国法制出版社 2006 年版。

王霄燕:《规制与调控:五国经济法历史研究》,新华出版社 2007 年版。

于维君:《经济法的历史合理性研究:基于社会演化的考察》,法律出版社 2014 年版。

赵大华:《经济法中权力主体法律责任研究》,中国政法大学出版社 2016 年版。

鲁勇睿:《通货膨胀的货币宪法规制》,中国社会科学出版社 2016 年版。

何自强:《币值稳定的制度保障研究》,立信会计出版社 2017 年版。

张扩振:《经济宪法初论:经济宪法的理念、制度与权利》,中国政法大学出版社 2017 年版。

吴礼宁:《货币宪法学:知识谱系与中国语境》,法律出版社 2015 年版。

胡明:《财政信托论》,法律出版社 2018 年版。

彭飞荣:《中国经济法学:一种知识系统论的研究视角》,法律出版社 2018 年版。

二、论文类

李昌麒、代大奎:《经济法应当是一个独立的法律部门》,载《现代法学》1981 年第 1 期。

李昌麒:《论社会主义市场经济与经济法制观念的更新》,载《现代法学》1994 年第 1 期。

李昌麒、鲁篱:《中国经济法现代化的若干思考》,载《法学研究》1999 年第 3 期。

李昌麒、胡光志:《宏观调控法若干基本范畴的法理分析》,载《中国法学》2002 年第 2 期。

李昌麒、黄茂钦:《论经济法的时空性》,载《现代法学》2002 年第 5 期。

李昌麒、单飞跃、甘强:《经济法与社会法关系考辨——兼与董保华先生商榷》,载《现代法学》2003 年第 5 期。

李昌麒、陈治:《经济法的社会利益考辩》,载《现代法学》2005 年第 5 期。

李昌麒:《论经济法语境中的国家干预》,载《重庆大学学报(社会科学版)》2008 年第 4 期。

李昌麒:《直面中国经济法学的贡献、不足与未来》,载《法学家》2009 年第 5 期。

杨紫烜:《关于制定〈经济法纲要〉的若干问题》,载《南华大学学报(社会科学版)》

2015 年第 4 期。

刘文华:《我们需要的是有中国特色的社会主义经济法学——读新出版的〈经济法学〉后的思考与感言》,载《人大法律评论》2017 年第 3 期。

刘文华:《中国经济法"干预论"之批判》,载《首都师范大学学报(社会科学版)》2017 年第 6 期。

江平、陶和谦:《谈谈民法与经济法的划分问题》,载《北京政法学院学报》1979 年第 1 期。

谢怀栻:《从经济法的形成看我国的经济法》,载《法学研究》1984 年第 2 期。

王保树:《论经济法的法益目标》,载《清华大学学报(哲学社会科学版)》2001 年第 5 期。

漆多俊:《"国家调节说"的形成和发展——我的经济法学术之路》,载《河北法学》2008 年第 12 期。

程信和、刘国臻:《比较法在日本经济法发展中的作用及对中国的启示》,载《法学评论》1999 年第 2 期。

程信和:《经济法通则原论》,载《地方立法研究》2019 年第 1 期。

程信和、曾晓昀:《经济法典"分则"论》,载《法治社会》2021 年第 3 期。

程信和、曾晓昀:《经济法典:经济法集成化之历史大势》,载《政法学刊》2021 年第 1 期。

徐孟洲:《论市场机制与宏观调控的经济法耦合》,载《法学家》1996 年第 2 期。

徐孟洲:《论中国特色社会主义法律体系建设中经济法的系统化》,载《经济法研究》2019 年第 2 期。

王全兴:《经济法学框架的初步设计》,载《法商研究》1998 年第 6 期。

王全兴、管斌:《经济法学研究框架初探》,载《中国法学》2001 年第 6 期。

张晋藩:《中华民族精神与传统法律》,载《比较法研究》2018 年第 1 期。

朱景文:《中国特色社会主义法律体系:结构、特色和趋势》,载《中国社会科学》2011 年第 3 期。

何勤华:《大陆法系变迁考》,载《现代法学》2013 年第 1 期。

韩大元:《中国宪法上"社会主义市场经济"的规范结构》,载《中国法学》2019 年第 2 期。

徐国栋:《罗马经济法研究》,载《现代法学》2015 年第 1 期。

赵世义:《经济宪法学基本问题》,载《法学研究》2001 年第 4 期。

赵世义:《经济宪法学——宪法学与经济学理论交融的历史启迪》,载《法律科学》1997 年第 3 期。

张翔:《财产权的社会义务》,载《中国社会科学》2012 年第 9 期。

赵立行;《欧洲中世纪教会经济立法及其伦理》,载《中国社会科学》2018 年第 2 期。

张维迎、邓峰:《国家的刑法与社会的民法礼法分野的法律经济学解释》,载《中外法学》2020 年第 6 期。

贾康、吴园林:《复合单一制下的财政分权格局——对当代中国隐性财政宪法的考察与展望》,载《学术界》2020 年第 6 期。

俞梅荪、吴承任:《经济立法超前性的初探》,载《法学》1986 年第 8 期。

张守文:《论经济法的现代性》,载《中国法学》2000 年第 5 期。

张守文:《论促进型经济法》,载《重庆大学学报(社会科学版)》2008 年第 5 期。

张守文:《宪法与经济法关系的"经济性"分析》,载《法学论坛》2013 年第 3 期。

张守文:《"双重调整"的经济法思考》,载《法学杂志》2011 年第 1 期。

张守文:《论经济法与宪法的协调发展》,载《现代法学》2013 年第 4 期。

张守文:《经济的立法统合:需要与可能》,载《现代法学》2016 年第 3 期。

张守文:《现代化、改革开放与经济法的生成》,载《法学论坛》2018 年第 4 期。

张守文:《宪法问题:经济法视角的观察与解析》,载《中国法律评论》2020 年第 2 期。

张守文:《经济法的立法路径选择》,载《现代法学》2023 年第 1 期。

张守文:《数字经济发展的经济法理论因应》,载《政法论坛》2023 年第 2 期。

卢代富:《经济法对社会整体利益的维护》,载《现代法学》2013 年第 4 期。

卢代富:《经济法中的国家干预解读》,载《现代法学》2019 年第 4 期。

邱本:《重思民法与经济法的关系——写在中国民法典制定之际》,载《社会科学战线》2012 年第 4 期。

邱本:《论经济法的共识》,载《现代法学》2013 年第 4 期。

刘剑文:《论领域法学:一种立足新兴交叉领域的法学研究范式》,载《政法论坛》2016 年第 5 期。

刘剑文、赵菁:《高质量立法导向下的税收法定重申》,载《法学杂志》2021 年第 8 期。

刘剑文、侯卓:《发展型财税法的理念跃迁与制度构造》,载《中国社会科学》2023 年第 5 期。

刘剑文、苗连营、熊伟、熊文钊:《财税法学与宪法学的对话:国家宪法任务、公民基本权利与财税法治建设》,载《中国法律评论》2019 年第 1 期。

朱大旗:《试论我国中央银行独立性的法律确认与实现》,载《法学家》1998 年第 5 期。

徐士英:《论建立社会主义的公平竞争法律制度》,载《法学》1993 年第 7 期。

鲁篱:《经济法基本原则新论》,载《现代法学》2000 年第 5 期。

岳彩申:《论经济法形式理性的优先性》,载《社会科学研究》2003 年第 5 期。

岳彩申、李永成:《中国经济法学三十年发展报告》,载《经济法论坛》2010 年第 0 期。

李友根:《论时政话语的经济法学研究——以"包容性发展"为例》,载《现代法学》2013 年第 1 期。

李友根:《社会整体利益代表机制研究——兼论公益诉讼的理论基础》,载《南京大学学报(哲学·人文科学·社会科学)》2002 年第 2 期。

李友根:《经济法规的合宪性审查标准——基于对美国联邦最高法院判例的考察》,载

《法学评论》2020 年第 1 期。

李友根:《中国经济法治七十年考——以投机倒把行为的规制史为研究对象》,载《南京大学学报(哲学·人文科学·社会科学)》2019 年第 5 期。

李友根:《论经济法权利的生成——以知情权为例》,载《法制与社会发展》2008 年第 6 期。

李友根:《法学研究的反思:美国最高法院维 C 企业垄断案的启示》,载《经贸法律评论》2019 年第 1 期。

刘大洪、段宏磊:《谦抑性视野中经济法理论体系的重构》,载《法商研究》2014 年第 6 期。

刘大洪:《论经济法上的市场优先原则:内涵与适用》,载《法商研究》2017 年第 2 期。

刘大洪:《"中国式现代化"与有为政府的经济法促进》,载《政治与法律》2023 年第 8 期。

王艳林、赵雄:《中国经济法学:面向二十一世纪的回顾与展望》,载《法学评论》1999 年第 1 期。

陈云良:《转轨经济法学:西方范式与中国现实之抉择》,载《现代法学》2006 年第 3 期。

冯彦君:《WTO·有限政府·现代经济法》,载《社会科学战线》2004 年第 6 期。

冯果:《整体主义视角下公司法的理念调适与体系重塑》,载《中国法学》2021 年第 2 期。

本刊编辑部:《中国经济法学发展评价(2010—2011)——基于期刊论文的分析》,载《中外法学》2013 年第 6 期。

杨松:《新金融监管体制下央地监管权关系再审思》,载《法学评论》2022 年第 6 期。

王先林:《论市场管理法的几个基本理论问题》,载《中国法学》1998 年第 2 期。

王先林:《产业政策法初论》,载《中国法学》2003 年第 3 期。

吴越:《经济法思维的宪法指向——兼论经济法学的历史命运》,载《法学论坛》2013 年第 3 期。

马跃进:《论农村股份合作企业的股权结构》,载《中国法学》1997 年第 3 期。

刘水林:《经济法是什么——经济法的法哲学反思》,载《政治与法律》2014 年第 8 期。

刘水林:《试析民法与经济法的基本假设差异》,载《法律科学·西北政法学院学报》1998 年第 3 期。

刘水林:《从个人权利到社会责任——对我国〈食品安全法〉的整体主义解释》,载《现代法学》2010 年第 3 期。

刘水林:《反垄断法的挑战——对反垄断法的整体主义解释》,载《法学家》2010 年第 1 期。

刘水林、高寒:《干预行为——经济法中的"法律行为"》,载《上海财经大学学报》2008 年第 1 期。

胡光志、王福波:《论中国经济法与儒家文化的耦合——关于经济法民族性的另一条探索路径》,载《学术探索》2010 年第 4 期。

胡光志:《〈民法典〉的实施与经济法的职责担当》,载《现代法学》2022 年第 3 期。

应飞虎:《论经济法视野中的弱势群体——以消费者等为对象的考察》,载《南京大学学报(哲学·人文科学·社会科学版)》2007 年第 3 期。

施正文:《税法总则立法的基本问题探讨——兼论〈税法典〉编纂》,载《税务研究》2021 年第 2 期。

吴越:《经济法思维的宪法导向——兼论经济法学的历史命运》,载《法学论坛》2013 年第 3 期。

张世明:《中国大国空间特性与新历史法学透视》,载《中州学刊》2013 年第 5 期。

张世明:《税收法律制度对于公民意识的培养解析》,载《政法论丛》2023 年第 3 期。

刘光华:《反垄断法的文本特征及其对反垄断法实施的要求与影响》,载《经济法研究》2007 年第 1 期。

刘光华、赵幸:《新中国成立 70 年来中国经济法学的现状、共识与前景》,载《中国矿业大学学报(社会科学版)》2019 年第 5 期。

薛克鹏:《法典化背景下的经济法体系构造——兼论经济法的法典化》,载《北方法学》2016 年第 5 期。

陈婉玲:《法律监管抑或权力监管——经济法"市场监管法"定性分析》,载《现代法学》2014 年第 3 期。

陈婉玲:《区际利益补偿权利生成与基本构造》,载《中国法学》2020 年第 6 期。

黎江虹:《坚守与创新——经济法学科建设的现在与未来》,载《财经法学》2017 年第 6 期。

江帆:《论经济法与国家干预》,载《现代法学》1996 年第 1 期。

许多奇:《论税法量能平等负担原则》,载《中国法学》2013 年第 5 期。

王彦明、张翼飞:《金融危机下国家干预经济的反思与对策——以国家干预行为的程序理性为视角》,载《广东社会科学》2010 年第 3 期。

徐澜波:《宏观调控的可诉性之辩》,载《法学》2012 年第 5 期。

单飞跃:《经济法的法价值范畴研究》,载《现代法学》2000 年第 1 期。

单飞跃、阳永恒:《紧急状态下经济安全法律问题研究》,载《法商研究》2004 年第 1 期。

单飞跃:《公共经济法:经济法的本质解释——兼与李曙光〈经济法词义解释与理论研究的重心〉一文商榷》,载《政法论坛》2006 年第 3 期。

单飞跃:《宪法政治场景中的金融危机干预》,载《法学家》2010 年第 6 期。

单飞跃、肖顺武:《市场极端主义的经济法矫正研究——基于经济法与民商法功能互补的视角》,载《北方法学》2011 年第 4 期。

单飞跃、张玮:《经济法中的政策——基于法律文本的实证分析》,载《社会科学》2012

年第4期。

单飞跃:《中国经济法部门的形成:轨迹、事件与特征》,载《现代法学》2013年第4期。

单飞跃、张玮:《为什么是大陆法系传统国家——经济法文化现象的考察与解释》,载《财经法学》2015年第2期。

单飞跃:《中国经济法的文化解释——一个现代法命题与传统文化间的沟通》,载《法治现代化研究》2017年第2期。

单飞跃、余骁:《经济法法律责任:语义、规范及其整体谱系——基于法律文本的实证分析》,载《现代法学》2017年第3期。

单飞跃:《经济宪法在中国经济法学研究中的导入》,载《经济法论丛》2018年第1期。

单飞跃:《中国经济法理论研究四十年:反思、转型与再认识》,载《经济法论丛》2018年第2期。

单飞跃:《中国经济法学40年:理论周期与认知范式》,载《现代法学》2019年第1期。

单飞跃:《纳税便利原则研究》,载《中国法学》2019年第1期。

单飞跃、徐开元:《基本经济制度的经济宪法学解释》,载《经济法论坛》2020年第1期。

单飞跃、徐开元:《"社会主义市场经济"的宪法内涵与法秩序意义》,载《东南学术》2020年第2期。

单飞跃、徐开元:《从国家的经济干预到经济的宪法治理——经济法学理论基础的转换》,载《社会科学战线》2021年第5期。

单飞跃、邓然:《1921~2021年百年间中国经济立法的变迁——中国共产党经济治理逻辑的立法考察视角》,载《经济法论丛》2022年第2期。

单飞跃:《〈民法典〉中经济公法规范的结构、功能及其影响》,载《现代法学》2022年第3期。

单飞跃:《数字与智能对经济法主体结构的初步影响》,载《地方立法研究》2023年第4期。

李国海:《论中国经济法学的价值》,载《经济法论丛》2013年第2期。

蒋大兴:《公司法改革的文化拘束》,载《中国法学》2021年第2期。

蒋大兴:《国民性、资本市场与法律的深层结构——民众的"好赌性"与市场调控法则》,载《北方法学》2009年第1期。

陈柏峰:《法律实证研究的兴起与分化》,载《中国法学》2018年第3期。

孟庆瑜:《反思与前瞻:中国经济法主体研究30年》,载《云南大学学报(法学版)》2009年第1期。

孟庆瑜、刘婷婷:《法典化背景下中国经济法的立法回望与发展前瞻》,载《河北大学学报(哲学社会科学版)》2022年第6期。

盛学军:《监管失灵与市场监管权的重构》,载《现代法学》2006年第1期。

吴元元:《反垄断司法的知识生产——一个知识社会学的视角》,载《现代法学》2014

年第6期。

吴元元:《司法无言之知的转化机制及其优化——案例研究的知识社会学反思》,载《法学》2019年第9期。

曾东红、肖江平:《进路:经济法总论研究反思——以总论中调整对象的地位及其演进为例》,载《学术研究》2002年第8期。

邢会强:《经济法基础理论研究与经济法学术共同体的建立——基于CNKI统计的30篇高频被引论文的深度分析》,载《南都学坛》2011年第2期。

邢会强:《经济法程序的特色与逻辑》,载《厦门大学学报(哲学社会科学版)》2013年第4期。

邢会强:《政策增长与法律空洞化——以经济法为例的观察》,载《法制与社会发展》2012年第3期。

邢会强:《论金融法的法典化》,载《首都师范大学学报(社会科学版)》2016年第1期。

谢鸿飞:《历史法学的思想内核及其中国复兴》,载《中国法律评论》2015年第2期。

谢立斌:《经济法与宪法的交互作用》,载《中国法律评论》2020年第2期。

陈征:《国家从事经济活动的宪法界限——以私营企业家的基本权利为视角》,载《中国法学》2011年第1期。

陈征:《国家征税的宪法界限——以公民私有财产权为视角》,载《清华法学》2014年第3期。

陈征:《国家举借债务的宪法界限》,载《政治与法律》2020年第10期。

靳文辉:《空间正义实现的公共规制》,载《中国社会科学》2021年第9期。

靳文辉、苟学珍:《构建双循环新发展格局的经济法回应》,载《重庆大学学报(社会科学版)》2021年第1期。

王健:《我国反垄断罚款制度的革新——基于整体主义理念的研究》,载《法商研究》2022年第1期。

蒋悟真、李晟:《社会整体利益的法律维度——经济法基石范畴解读》,载《法律科学》2005年第1期。

蒋悟真、詹国旗:《现代经济法基本原则的梳理与提炼》,载《江西财经大学学报》2010年第4期。

蒋悟真:《经济法总论研究之检视——以近年来法学主流刊物论文为视角》,载《法学评论》2011年第6期。

叶姗:《再议制定经济法通则的必要与可能》,载《人大法律评论》2016年第3期。

宋亚辉:《社会基础变迁与部门法分立格局的现代发展》,载《法学家》2021年第1期。

颜运秋:《经济法与公益诉讼的契合性分析》,载《北方法学》2007年第3期。

王伦刚、董巍:《论中国式经济法体系——基于中国知网—引文数据库引证数据的实证分析》,载《社会科学研究》2023年第3期。

江国华:《突发公共卫生事件预警的法理透析》,载《法学评论》2020年第2期。

黄茂钦:《经济法视域下的“时空”之辨》,载《北大法律评论》2019 年第 1 期。

叶卫平:《反垄断法的价值构造》,载《中国法学》2012 年第 3 期。

肖顺武:《论经济法的基本原则》,载《社会科学家》2007 年第 2 期。

甘强:《经济法中的国家干预——基于法律文本的实证考察》,载《现代法学》2013 年第 5 期。

甘强:《论经济法中的经济政策——以银行法领域的政策运用为例》,载《江西财经大学学报》2019 年第 6 期。

甘强:《〈民法典〉背景下的经济法司法发展进路》,载《当代法学》2023 年第 1 期。

侯利阳:《大历史视角下的反垄断法与本土化移植》,载《交大法学》2018 年第 4 期。

侯利阳:《市场与政府关系的法学解构》,载《中国法学》2019 年第 1 期。

张占江:《不正当竞争行为认定范式的嬗变:从“保护竞争者”到“保护竞争”》,载《中外法学》2019 年第 1 期。

谢晓尧:《消费者:人的法律形塑与制度价值》,载《中国法学》2003 年第 3 期。

周刚志、谢令怡:《“风险社会”中的财税法制及其宪法控制》,载《江苏行政学院学报》2021 年第 3 期。

王煜宇:《中国古代经济法溯源》,载《西南大学学报(社会科学版)》2023 年第 2 期。

张继恒:《经济法的部门法理学建构》,载《现代法学》2014 年第 2 期。

张继恒:《从“规范教义”到“法理守则”:经济法学研究之转型》,载《法商研究》2015 年第 5 期。

张继恒:《法教义学的勃兴对经济法学意味着什么》,载《现代法学》2016 年第 1 期。

张继恒:《走向“经济法法理学”:经济法研究进路反思》,载《法制与社会发展》2018 年第 2 期。

张继恒:《领域法学批判与领域法理论的重建——再论经济法与财税法的关系》,载《北方法学》2023 年第 3 期。

邓伟:《经济法责任转向经济法后果的规范依据与理论基础》,载《法学》2022 年第 5 期。

刘凯:《法典化背景下的经济法统合性立法》,载《法学》2020 年第 7 期。

刘凯:《经济法学科学化的法教义学路径》,载《政法论坛》2020 年第 1 期。

刘凯:《经济法体系化的系统论分析框架》,载《政法论坛》2022 年第 2 期。

刘凯:《价格行为规制的法理逻辑——基于整体价格法秩序的视角》,载《法学研究》2023 年第 4 期。

刘红臻:《经济法哲学:经济法的“法理”表达》,载《中国法律评论》2018 年第 3 期。

商红明:《我国〈经济法通则〉研究的过去、现在与未来》,载《财经法学》2020 年第 1 期。

李玉虎:《民法典时代的经济法体系构造——兼论〈经济法通则〉的结构》,载《财经法学》2020 年第 2 期。

尹亚军:《"问题导向式立法":一个经济法立法趋势》,载《法制与社会发展》2017 年第 1 期。

柴瑞娟:《民众愤怒的回馈控制:经济立法的心理解释》,载《山东大学学报(哲学社会科学版)》2016 年第 4 期。

曹胜亮:《经济法价值目标实现理路重构的诱因、基础及取向》,载《政法论丛》2014 年第 3 期。

张钦昱:《中国市场经济立法的系统论范式》,载《深圳社会科学》2022 年第 2 期。

刘风景:《立法目的条款之法理基础及表述技术》,载《法商研究》2013 年第 3 期。

泮伟江:《如何理解中国的超大规模性》,载《读书》2019 年第 5 期。

门中敬:《中国富强宪法的理念传承与文本表征》,载《法学评论》2014 年第 5 期。

金欣:《中国立宪史上的"宪法—富强"观再探讨》,载《交大法学》2018 年第 1 期。

张燕:《中国经济法学研究影响力与经济法实践发展——基于 CNKI39 年文献大数据》,载《法学评论》2019 年第 3 期。

侯猛:《最高法院司法知识体制再生产——以最高法院规制经济的司法过程为例》,载《北大法律评论》2004 年第 1 期。

李晓辉、程宝山:《经济法对法理学的借鉴、贡献与突破》,载《郑州大学学报(哲学社会科学版)》2009 年第 1 期。

翟国强:《经济权利保障的宪法逻辑》,载《中国社会科学》2019 年第 12 期。

王显勇:《论经济法的宪法基础》,载《湖南大学学报(社会科学版)》2006 年第 3 期。

潘昀:《论宪法上的"社会主义市场经济"——围绕宪法文本的规范分析》,载《政治与法律》2015 年第 5 期。

廖呈钱:《经济法基本范畴的宪法基础——以经济法起源与现代宪法理念为视角》,载《温州大学学报(社会科学版)》2015 年第 4 期。

金励:《论经济法模型世界的构筑——对经济法理念研究的历程回顾与评价》,载《现代法学》2009 年第 4 期。

陈云贤:《中国特色社会主义市场经济:有为政府 + 有效市场》,载《经济研究》2019 年第 1 期。

凌维慈:《规制抑或调控:我国房地产市场的国家干预》,载《华东政法大学学报》2017 年第 1 期。

王宏:《用经济宪法的解释弥补宪法对金融制度规定的笼统——从国家干预有问题的金融机构谈起》,载《经济问题》2013 年第 4 期。

缪因知:《国家干预的法系差异——以证券市场为重心的考察》,载《法商研究》2012 年第 1 期。

季萍:《论形式理性的发展及其在经济法中的体现》,载《商业时代》2013 年第 21 期。

黄金荣:《法的形式理性论——以法之确定性问题为中心》,载《比较法研究》2000 年第 3 期。

杨三正:《经济法基本原则的提炼》,载《西北师大学报(社会科学版)》2012 年第 2 期。

常健:《现代性、经济法理念与经济法治——科学发展观语境下的解析与重塑》,载《现代法学》2005 年第 6 期。

娄丙录、孙宇:《从国家干预走向法律治理——疫情背景下经济法研究范式的反思与转换》,载《河南理工大学学报(社会科学版)》2022 年第 2 期。

唐士亚:《组织社会学视角下的经济法宏观调控原理——以新冠肺炎疫情防控为例》,载《北京科技大学学报(社会科学版)》2021 年第 1 期。

王腊梅:《中国经济法的生成反思及完善路径——基于我国全面深化改革背景》,载《河北法学》2018 年第 4 期。

潘宁:《经济法的历史变迁与未来挑战——基于人口视角的分析》,载《地方立法研究》2021 年第 2 期。

唐丰鹤:《法律的民族精神正当性》,载《浙江学刊》2016 年第 4 期。

张玮:《论中国经济立法过程中的时间观》,载《经济法研究》2018 年第 2 期。

张玮:《经济法立法目的条款司法适用路径的考察与解释》,载《财经法学》2020 年第 5 期。

张妮:《社会组织在经济法中的地位:现状、问题及对策——以我国 63 部经济法文本为样本研究》,载《社会科学研究》2015 年第 6 期。

郝晓玲、董玉明:《经济法中的刑事责任条款实证研究》,载《北京政法职业学院学报》2005 年第 3 期。

刘思萱:《经济法政策性特征的实证考察——基于 31 年最高人民法院工作报告的整理与分析》,载《南京大学学报(哲学·人文科学·社会科学版)》,2011 年第 1 期。

李昌庚:《金融危机视野下经济法价值拷辨——以国有企业为例的实证分析》,载《政治与法律》2010 年第 6 期。

江玉荣:《基于科学知识图谱的我国经济法学研究热点和前沿分析》,载《理论建设》2012 年第 6 期。

席涛、陈建伟:《法律、货币与价格——〈人民银行法〉的一个法律经济学分析框架》,载《中国政法大学学报》2013 年第 4 期。

席涛:《货币、市场与〈商业银行法〉》,载《政法论坛》2015 年第 1 期。

高景芳:《中国经济宪法学理论研究:回顾、评析与展望》,载《河北法学》2009 年第 8 期。

徐强胜:《德日经济法理论演进及启示》,载《石家庄经济学院学报》2002 年第 5 期。

喻中:《在经济宪法与经济秩序之间——欧肯法律经济学思想的理论逻辑》,载《中国政法大学学报》2016 年第 5 期。

许俊伟:《经济宪法概念重释:还原经济宪法的起点》,载《华南理工大学学报(社会科学版)》2021 年第 4 期。

胡丽文:《论经济法学正当性建构的经济宪法基础——基于范式转换的视角》,载《甘肃政法学院学报》2020 年第 3 期。

李国强、李雨佳:《公私法接轨的自然资源国家所有权的规制逻辑》,载《社会科学战线》2021 年第 5 期。

鲁冰清:《公物理论视域下水资源国家所有权性质研究》,载《甘肃政法大学学报》2020 年第 6 期。

阎天:《宪法按劳分配规范的当代意涵》,载《法学评论》2022 年第 1 期。

李响:《"按劳分配"在中国:一个宪法概念的浮沉史》,载《中外法学》2019 年第 5 期。

徐海燕:《论实现共同富裕的法律途径——以国家所有权制度为视角》,载《北京理工大学学报(社会科学版)》2022 年第 2 期。

何锦前、赵福乾:《论税收法定原则的司法化》,载《河北法学》2022 年第 1 期。

钱玉文:《消费者权的经济法表达——兼论对〈民法典〉编纂的启示》,载《法商研究》2017 年第 1 期。

焦海涛:《经济法法典化:从"综合法"走向"整合法"》,载《学术界》2020 年第 6 期。

焦海涛:《经济法主体制度重构:一个常识主义视角》,载《现代法学》2016 年第 3 期。

杨小强、吴玉梅:《论〈民法典〉与税法的价值协调》,载《税务研究》2021 年第 1 期。

陈耿华:《反不正当竞争法自由竞争价值的理论证成与制度调适》,载《比较法研究》2021 年第 6 期。

钱叶芳:《论经济法的司法问题——从行政法与经济法的区分开始》,载《东南学术》2018 年第 4 期。

管斌:《中国经济法学总论 30 年研究:关键词视角》,载《北方法学》2009 年第 4 期。

林越坚:《重识经济民主:波兰尼视角与经济法的社会建构逻辑》,载《政法论坛》2017 年第 6 期。

肖京:《国家安全视角下的战略物资储备立法完善》,载《中州学刊》2016 年第 11 期。

刘晗:《中国宪法社会权的体系解释》,载《中国社会科学》2023 年第 3 期。

彭运朋:《中国式现代化与经济法制度创新的竞争性供给理论》,载《法学评论》2023 年第 1 期。

李晓辉:《新时代区域协调发展的经济法理论解读》,载《经济法研究》2023 年第 1 期。

史欣媛:《论比例原则在经济法中的适用》,载《现代法学》2022 年第 2 期。

史欣媛:《论比例原则在经济法司法适用中的谦抑性》,载《厦门大学学报(哲学社会科学版)》2022 年第 6 期。

马辉:《经济法解释论的整体主义方法论立场阐释——以"知假买假"惩罚性赔偿争议为切入点》,载《政治与法律》2022 年第 10 期。

胡翔:《财产税制度的分配逻辑及法学解构》,载《法学》2023 年第 4 期。

后　　记

当代中国经济法学理论是中国经济法治的建设者们与中国经济法学的研究者们，立足于中国改革开放、市场经济建设、经济立法的伟大实践所形成的中国化的自主知识体系。写一本全面展示中国经济法学风貌的学术著作，一直是我心中想要去完成的事。2019 年 4 月，在广州召开的“经济法中的法理”学术研讨会上，我以“中国经济法学：理论思潮与认知范式”为题，作了一个与本书书名相同的学术报告，阐释了干预主义、整体主义、理性主义、历史主义、分析实证主义、立宪主义等六大中国经济法学理论思潮，并提出了传统认知范式、基本认知范式、特定认知范式三个层面的中国经济法学认知范式框架。会议期间，邱本教授建议我将这个报告的体系形成一部著作，并尽快出版。尽管前期我对该体系已有较多积累，但因为资料收集与文字创作的工作量仍然比较大，我邀请了我的学生张玮一起参与本书的写作。张玮是我指导的硕士研究生与博士研究生。张玮在上海财经大学读书期间，我与他就经济法政策的实证分析、经济法文化现象的形成原因等问题一起作过协作性研究，合作发表过学术论文。张玮对我的经济法观念、思维与框架十分熟悉，并且有比较好的把握。他本人对经济法的文本实证、超大规模市场法制、超前性经济立法、交易所法、经济法司法适用等领域也有比较深入的研究。2020 年 5 月，本书被确定为上海财经大学学术著作培育项目，并获得上海财经大学“中央高校双一流引导专项资金资助出版”和“中央高校基本科研业务费资助出版”的支持。上海财经大学法学院也为本书的出版提供了大力支持。

本书的写作周期整整四年。写作过程中，我们始终坚持全面展现中国经济法学人成果与智慧的创作动机，以中立的学术心态，对中国经济法学的各家之言尽可能地予以吸纳。如果说我们吸收的成果有遗漏之处，这一定不是我们有意为之，而是我们收集整理资料不够全面所致。

本书从创作到面世,要感谢的人很多。要感谢我的合作者张玮博士,他忠实地执行我的创作意图,按照我的要求,一遍又一遍地修改和补充他撰写的文稿,甚至还要承受我非常直白的批评,直到把稿子改到我满意为止。我知道这个过程是极其难受的,但张玮博士都以恒心和勇气坚持了下来。在写作本书的过程中,张玮博士承担了安徽省优秀青年科研项目“超大规模市场视角下实现共同富裕的经济法保障研究”任务,本书的相关部分成果也是该项目的阶段性研究成果之一。要感谢西南政法大学甘强教授,他阅读了本书的初稿,并提出了十分宝贵的修改意见。要感谢近年来和我一起进行合作研究的学生徐开元、邓然、李心怡、余德飞,本书吸收了我与他(她)们合作研究的部分成果,余德飞同学还参与了本书部分章节的资料收集整理及初稿补充完善,为本书作出了贡献。要感谢本书初稿的校读者李心怡同学、余德飞同学、罗梅同学,她(他)们的细心与认真使本书避免了许多我们作为作者难以发现的差错。要感谢上海财经大学科研处赵赫老师、上海财经大学法学院副院长朱晓喆教授、上海财经大学法学院办公室主任姚永美老师为本书出版所付出的努力和所给予的支持。要感谢法律出版社陈妮编辑及其他编辑为本书出版所付出的辛苦劳动。

我是 1983 年在西南政法学院本科课堂上开始接受经济法启蒙教育的,当时经济法课程的任课教师是李昌麒老师,之后我的硕士研究生和博士研究生阶段的学习也都是在李老师的指导下完成的。2023 年初,李昌麒教授因病辞世。我作为沐浴李老师师恩成长起来的学生,感到无比悲痛!李老师毕生致力于经济法学的教学与研究,为中国经济法学的创立和发展作出了卓越的历史贡献。本书也是我和我的学生张玮博士向李昌麒老师所表达的深切怀念与崇高敬意!

任何一个作品总是会或多或少地留下一些遗憾,我和张玮博士的这本书也同样会是这样。尽管我很想将这本书写成一本中国经济法学理论的微型小百科,展现中国经济法学的整体性成果与独特性魅力,揭示经济法与中国结缘的原因和规律,为学界与社会更好地了解经济法、理解经济法、认知经济法、运用经济法、再研究经济法提供一些支持与便利,但这一目标是否能够实现,尚需留给时间来进行验证。我的学生余德飞同学在阅读完本书的初稿后,给我写了这么一段话:“经济法与成熟法学学科(主要是民法和刑法)相比,欠缺一套为学术界和实务界共享的分析工具,没有一套公认的、有解释力的概念范畴，本书迈出了重要一步。民法可以说就是一套精致的概念体系，认知民事立法的概念范畴，例如温德沙伊德 1856 年从罗马诉权法中分离出来‘请求权’，直到 1896 年经《德国民法典》采纳才成为一般性分析工具。《德国民法典》采纳的总则体例，根据朱庆育教授的考证，更是肇始于 1789 年胡果的学术构想，其后历经海泽、萨维尼、普赫塔、温德沙伊德几代学术大家近百年的接续努力才固定下来。所以，我认为，从事理论思潮的总结和认知范式的提炼也是一种学术的冒险，这种冒险意义非凡。”我很认可余德飞同学所提到的本书是一次学术冒险的说法，但学术研究总归是需要有人去冒险的，中国经济法学的研究更是这样。

单飞跃

初稿于 2023 年 9 月

定稿于 2024 年 7 月